Informatik-Fachberichte 127

Herausgegeben von W. Brauer
im Auftrag der Gesellschaft für Informatik (GI)

GI – 16. Jahrestagung II

Informatik-Anwendungen – Trends und Perspektiven

Berlin, 6.-10. Oktober 1986

Proceedings

Herausgegeben von
G. Hommel und S. Schindler

Springer-Verlag
Berlin Heidelberg New York
London Paris Tokyo

Herausgeber

G. Hommel
S. Schindler
TU Berlin
Franklinstr. 28/29, 1000 Berlin 10

CR Subject Classifications (1985): J.1, H.4.1, I.7, H.4.3, I.2.1, J.3, I.5

ISBN-13:978-3-540-16814-0 e-ISBN-13:978-3-642-71389-7
DOI: 10.1007/978-3-642-71389-7

CIP-Kurztitelaufnahme der Deutschen Bibliothek. Gesellschaft für Informatik: GI-Jahrestagung: proceedings. - Berlin; Heidelberg; New York; Tokyo: Springer
16. Informatik-Anwendungen - Trends und Perspektiven: Berlin, 6.-10. Oktober 1986. 2 (1986).
(Informatik-Fachberichte; 127)
ISBN-13:978-3-540-16814-0

NE: HST; GT

2145/3140-543210

Vorwort

Die Informatik befindet sich im Umbruch: Aufgrund des Wegfalls bisheriger technischer Barrieren erschließen sich Anwendungsgebiete in großem Stil. Sie wird damit noch mehr als bisher zum Hoffnungsträger für Innovationen in den unterschiedlichsten Fachgebieten und Märkten. Dies erfordert neben einer Analyse der neuen technologischen Gegebenheiten das Erarbeiten der nunmehr möglichen und notwendigen Perspektiven der Informatik in den verschiedenen Anwendungsbereichen.

Informatik-Anwendungen im Verwaltungs- und Produktionsbereich bilden deshalb den Tagungsschwerpunkt der GI-Jahrestagung 1986. Es wird aufgezeigt, welche Perspektiven sich für künftige Informatik-Anwendungen eröffnen durch den Einsatz von

- Methoden der künstlichen Intelligenz (z.B. in der Robotik),
- Techniken des papierarmen Büros (z.B. in Verwaltungen) oder
- Verfahren der Computer-Graphik und Bildverarbeitung (z.B. in der Medizin).

Die beiden vorliegenden Tagungsbände enthalten die eingeladenen Vorträge und die Beiträge zu den Fachgesprächen.

In den eingeladenen Vorträgen werden aktuelle Entwicklungen der Informatik dargestellt. Da Informatik-Methoden in immer neue Anwendungsgebiete eindringen, kann der einzelne Trends und Perspektiven in den verschiedenen Bereichen nicht mehr in voller Breite und Tiefe verfolgen. Trotzdem sind Kenntnisse von Entwicklungen in anderen Bereichen für die eigene Arbeit unerläßlich. Diesen Überblick vermitteln die eingeladenen Vorträge. Häufig bieten die eingeladenen Vorträge auch Einführungen in Fachgespräche, in denen dann technische Details in größerer Tiefe behandelt werden.

Die Fülle der Beiträge zu den einzelnen Fachgesprächen, die auch eine Aufteilung in zwei Tagungsbände notwendig machte, zeigt, daß in den Fachgruppen der GI aktive wissenschaftliche Arbeit geleistet wird.

Für die Mithilfe bei der Gestaltung der Tagung möchten wir insbesondere danken

- den Vortragenden,
- den Mitgliedern des zentralen Programmkomitees,
- den Mitgliedern der Programmkomitees für die Fachgespräche,
- den Sekretärinnen des Fachbereichs Informatik, Frau Karin Dahlheim, Frau Ruth Mahler und Frau Ingeborg Weber,
- den Mitgliedern des Organisationskomitees unter Leitung von Ralf Guido Herrtwich, der, unterstützt von Wolfgang Brandenburg und Fred Schneidereit, die Hauptlast der Vorbereitung und Abwicklung der Tagung mit ebenso großem Engagement wie Geschick getragen hat, und
- den Förderern der Jahrestagung sowie den Ausstellern des Industrieprogramms.

Berlin, im Juli 1986

G. Hommel
S. Schindler

Vorsitzender des Programmkomitees:

Günter Hommel

Tagungsleitung:

Sigram Schindler

Tagungsorganisation:

Ralf Guido Herrtwich

Zentrales Programmkomitee:

H. Balzert (Triumph-Adler Nürnberg)
A. Blaser (IBM Heidelberg)
M. Broy (Universität Passau)
E. Danke (Bundespostministerium Bonn)
U. Dierk (Nixdorf Paderborn)
H.-D. Ehrich (TU Braunschweig)
J. Encarnação (TH Darmstadt)
H. Fiedler (Universität/GMD Bonn)
N. Gerner (Siemens München)
G. Hommel (TU Berlin)
U. Kastens (Universität-Gesamthochschule Paderborn)
K.-P. Löhr (FU Berlin)
H. Niemann (Universität Erlangen-Nürnberg)
M. Paul (TU München)
P. L. Reichertz (Medizinische Hochschule Hannover)
S. Schindler (TELES/TU Berlin)
H. E. Schwärtzel (Siemens München)
G. Siegel (TFH Berlin)
P. Stahlknecht (Universität Osnabrück)
H. Strunz (ExperTeam Dortmund)

Inhaltsverzeichnis von Band II

Inhaltsverzeichnis von Band I

Fachgespräch Datenbanken in Netzen

Fachgespräch Methoden der künstlichen Intelligenz in der Robotik

Fachgespräch
Informatik-Arbeitsplätze in öffentlichen Verwaltungen

Öffentliche Verwaltungen sind zur Bewältigung ihrer Aufgaben heute auf den Einsatz von Informations- und Kommunikationstechnik angewiesen. Sie sind die bedeutendsten Anwender dieser Technik. Die Nutzung der Technik hat Auswirkungen auf die Aufgabenerfüllung, die Organisation und Leistung öffentlicher Verwaltungen; sie verändert die Arbeitsplätze und stellt neue Qualitätsanforderungen. Die heute zur Verfügung stehende Technik und ihre Anwendungsorganisation entspricht nicht immer den spezifischen Anforderungen öffentlicher Verwaltungen.

In diesem Fachgespräch werden Entwicklungen und Anwendungen der Informationstechnik in verschiedenen öffentlichen Verwaltungen dargestellt. Auf der Grundlage der jeweiligen Aufgaben und Organisation der Verwaltungen werden spezifische Anforderungen an die Entwicklung und Ausgestaltung der Informations- und Kommunikationstechnik und Grenzen ihrer Nutzung genannt sowie Anforderungen an die zukünftige Gestaltung von Informatikarbeitsplätzen in öffentlichen Verwaltungen zur Diskussion gestellt. Das Fachgespräch will so

- Anforderungsprofile der öffentlichen Verwaltung an die informations- und kommunikationstechnische Unterstützung verdeutlichen,
- Erfahrungsaustausch zwischen verschiedenen Anwendern der Informations- und Kommunikationstechnik im öffentlichen Bereich und zwischen öffentlichem und privatwirtschaftlichem Bereich vermitteln und
- Kriterien für die künftige Gestaltung von Informatikerarbeitsplätzen erarbeiten.

Im Fachgespräch verbinden sich dazu eingeladene Vorträge, angemeldete Referate und Adhoc-Diskussionsbeiträge.

Programmkomitee für dieses Fachgespräch: H. Bonin (Hochschule Bremerhaven), W. Bruns (Kraftfahrt-Bundesamt Flensburg), E. Dollenbacher (Hochschule für Verwaltungswissenschaften Speyer), K. Grimmer (GH/Uni Kassel, Vorsitz), W. Landsberg (Stadtverwaltung Köln), K. Lenk (Uni Oldenburg), D. Michiels (Kommunale DV-Zentrale Südost-Niedersachsen Braunschweig), E. Mundhenke (FH des Bundes für öffentliche Verwaltung Köln), R. Oppermann (GMD St. Augustin)

Einführung: VERWALTUNGSPOLITISCHE DIMENSIONEN DER INFORMATIK

Klaus Grimmer
Forschungsgruppe Verwaltungsautomation
Gesamthochschule Kassel - Universität

---

1. Öffentliche Verwaltungen verwenden zur Erfüllung ihrer Aufgaben Informationstechnik. Die Nutzung der Technik hat tiefgreifende Auswirkungen auf Struktur und Funktion der Verwaltungen, ihre Produktions- und Arbeitsprozesse und ihre Leistungen. Sie beeinflußt so die Art und Weise wie der Staat und mit welchen Instrumenten er gesellschaftliche Probleme bearbeitet.

Es wäre falsch anzunehmen, daß der Nutzungsstand der Informationstechnik in allen öffentlichen Verwaltungen gleich oder die Wirkungen des Technikeinsatzes vergleichbar sind. Dies liegt zunächst darin begründet, daß es nicht d i e öffentliche Verwaltung, sondern eine Vielzahl von Verwaltungen gibt, die sich in ihren Aufgaben und Leistungen, in ihrer Organisationsform und in den ihnen zur Verfügung stehenden Ressourcen sowie in der Qualifikation ihres Personals unterscheiden. In Abhängigkeit von diesen Faktoren bestimmen sich die Einsatzmöglichkeiten für die Informations- und Kommunikationstechnik und ihre Wirkung. Dies wird in den Beiträgen zu dem Fachgespräch am Beispiel verschiedener Verwaltungen dargestellt, ebenso werden Gestaltungsanforderungen und künftige Gestaltungsmöglichkeiten zur Diskussion gestellt.

2. Ich will in meinen einführenden Erläuterungen drei verwaltungspolitische Dimensionen der Informatik erörtern.

Zunächst, ich verstehe Informations- und Kommunikationstechnik aufgrund ihrer strukturellen Eigenschaften und der mit ihrer Anwendung verbundenen Notwendigkeit, systemkonzeptionelle Vorentscheidungen zu treffen, nicht nur als ein Arbeitsmittel, das Produktionsprozesse intensiviert. In unseren Forschungsarbeiten ordnen wir ihr vielmehr eine Eigenqualität und damit bestimmte Wirkungen bei ihrer Anwendung im Verwaltungsbereich zu wie Formalisierung und Standardisierung von Informationen bei ihrer Übersetzung in maschinell verarbeitungsfähige Daten, verbunden mit organisatorischen Vorkehrungen wie räumliche Einordnung der Technik, Programmbindung der Arbeitsabläufe, gegliederte arbeitsteilige Erledigungsformen und ihre Zusammenführung zu einer Einheit von maschinellen und manuellen Arbeitsschritten.

Der Einsatz der Informationstechnik greift deshalb - so unsere Feststellungen - abhängig von ihrer gewählten Ausprägung und den mit ihrem Einsatz verbundenen Strategien in Aufgaben und Organisation öffentlicher Verwaltungen ein

- auf der Ebene der Aufgaben durch ihre notwendige Übersetzung in maschinell verarbeitungsfähige Daten mit der möglichen Folge eines Informationsverlustes und einer Veränderung des Aufgabenverständnisses.
- auf der Ebene der Organisation durch die Einrichtung zusätzlicher Verwaltungsstellen für die maschinelle Datenverarbeitung (DV-Verwaltungen, Rechenzentren), von Verbindungsstellen zwischen Fachverwaltungen und DV-Verwaltungen und damit verbundenen Koordinations- und Kooperationsanforderungen.
- auf der Ebene der Arbeitsmittel durch die Bereitstellung arbeitsplatzbezogener Technik oder zumindest von Hilfsmitteln (Formularen) für die Übersetzung von Informationen in Daten und ihren Transport.
- auf der Ebene der Verfahren durch eine Aufsplitterung ursprünglich einheitlicher Verfahren in manuelle Verfahrensschritte (insbesondere Sachverhaltsermittlung) und maschinelle Verfahrensschritte, durch informationstechnisch vermittelte Kommunikation zwischen Verwaltungen und Verwaltung mit dem Bürger, durch neue Regelwerke (Dienstanweisungen, Arbeitsanweisungen, Arbeitsanleitungen), die die einzelnen manuellen und maschinellen Verfahrensschritte sowie den Zusammenhang zwischen ihnen definieren.
- auf der Ebene der Ressourcen durch die Ergänzung oder Ersetzung von Personal durch Sachmittel.
- auf der Ebene der Qualifikation durch die Ausbildung neuer Qualifikationsanforderungen für DV-bezogene Tätigkeiten und die Ersetzung bisheriger Qualifikationen durch informations- und kommunikationstechnikbezogene Kenntnisse und Fähigkeiten.

Zwischen Aufgabe, Organisation, Arbeitssituation, Technik (Ressourcen) und Verwaltungsleistung bestehen Zusammenhänge. Die Veränderung eines der Faktoren hat regelmäßig auch Auswirkungen auf andere Faktoren. Technischen Entwicklungen und Einführungen kommt dabei vielfach eine Anstoßfunktion zu.

3. Fragt man nun nach den Wirkungen des Technikeinsatzes in den Verwaltungen, so zeigen sich Verschiebungen in der staatlichen Problemwahrnehmung und -verarbeitung, auch wenn sich insgesamt entsprechend den Funktionsbedingungen und Leistungsmöglichkeiten bisheriger Informationstechnikanwendungen kein einheitliches Bild ergibt. Soweit es sich um Anwendungen bei quantifizierten oder routinisierten Tätigkeiten vor allem in Massenverwaltungen handelt, werden Verwaltungsabläufe beschleunigt (z. B. Rentenberechnung, Steuerverwaltung), wird die Beachtung von Normen gewährleistet

(z. B. Arbeitslosenversicherung) und die Präsenz von Daten sichergestellt (z. B. Meldewesen, polizeiliche Informationssysteme). Als Risikobereiche erweisen sich einerseits die Sachverhaltsermittlung, andererseits die informationstechnisch bedingte Veränderung der Entscheidungsgrundlagen, also der Zusammenhang zwischen maschinellen und manuellen Arbeitsschritten.

Deutlich wird dies beim Informationstechnikeinsatz in qualitativen Verwaltungsarbeiten, also vor allem bei Dienstleistungen. Hier ergibt sich eine Veränderung der Dienstleistungsqualität, da einerseits die Informationsbasis komplexer und standardisierter, andererseits die Kommunikationsbeziehungen formalisiert und reduziert werden.

Die Verwaltungen selbst sichern mittels Informationstechnik vorwiegend ihre eigenen Produktionsbedingungen ab. Die spezifischen Merkmale von Dienstleistung werden bei Verwendung der Informationstechnik zurückgedrängt, Dienstleistung wird zu (bürokratischer) Verwaltungsarbeit, wenn man unter solcher Verwaltungsarbeit ein normorientiertes, formalisiertes, entindividualisiertes, schriftliches Agieren der Verwaltung versteht. Die soziale Ordnungsfunktion der Verwaltung tritt mehr in den Vordergrund.

Der Bürger wird stärker in die Produktion der Verwaltungsleistung einbezogen, indem er bestimmte Vorarbeiten, in der Regel auch in bestimmter Form, zu erfüllen hat (Beispiel: Formulare) oder sich selbständig um Verständnis und Nachprüfbarkeit der Verwaltungsleistung bemühen muß (Beispiel: Bescheide). Diese Entwicklung lockert gleichzeitig für den kompetenten Bürger das auch im Handeln der Leistungsverwaltung eingebundene Herrschaftselement der Beziehung Verwaltung zum Bürger. Im Ergebnis wirkt sie sozial selektiv.

Bestimmten technisch-organisatorisch induzierten Verbesserungen in der Problemlösungsfähigkeit der Verwaltungen entsprechen häufig Problemverschiebungen - etwa im Verhältnis Verwaltung zu ihren Klienten - oder Problemvernachlässigungen wie im Umweltschutzbereich, Gesundheitswesen oder bei sozialen Dienstleistungen; Aufgaben, die durch den gezielten Einsatz von Informations- und Kommunikationstechnik unter Umständen etwas effektiver zu bearbeiten wären.

4. Die starke Ausrichtung der Art und Weise der Techniknutzung auf binnenorganisatorische Probleme der öffentlichen Verwaltungen und damit auf die Stabilisierung ihrer instrumentellen Funktion für die staatliche Bearbeitung gesellschaftlicher Probleme sichert diese gegenüber Einwirkungen der Umwelt ab. Technisierung des Verwaltungshandelns ist so eine spezifische Ausprägung formalen Organisierens und Rationalisierens. Technisch-organisatorische Rationalität von Verwaltungssystemen ist aber angemessen und zweckmäßig nur in bezug auf die zugrundegelegte Ziel-Mittel-

Relation und die Entscheidung über die Entwicklung bestimmter Techniken; sie ist Ergebnis sozialer Strategien und Selektionen und bedarf der Anpassung des organisatorischen Umfeldes.

Technische Instrumentalisierung und Rationalisierung der Verwaltungen formt die Interaktions- und Kommunikationsbeziehungen der Verwaltungen zu ihrer Umwelt mit und wirkt strukturierend in die Umwelt hinein. Sie wird die Art und Weise der Befriedigung gesellschaftlicher Ansprüche und Problemlagen verschieben und vor allem dort beeinträchtigen, wo diese eine nicht vergleichbare rationale Struktur aufweisen.

Die Ausbildung technischer Entwicklungen, ihre Nutzung in Verwaltungen und ihre Wirkungen sind so selbst soziale Prozesse und als politische Prozesse wirksam.

Natürlich besteht zwischen Verbesserung der Problemlösungsfähigkeit einerseits und Problemvernachlässigung andererseits kein unmittelbarer technikbedingter Zusammenhang. Zugrunde liegen mehr oder weniger bewußte politische Optionen. Gleichwohl gehen von der Informatik unterstützende Impulse aus: ihr Entwicklungsstand bestimmt die Anwendungsbedingungen und Nutzungsfolgen. Sie bestimmt damit nicht nur mit die Art und Weise, wie der Staat in seinen Verwaltungen Probleme bearbeitet, sondern auch, welche Probleme er - technikunterstützt - bearbeitet.

Um Verzerrungen in der staatlichen Problembearbeitungsfähigkeit zu vermeiden, halte ich es deshalb für erforderlich,

- daß öffentliche Verwaltungen verstärkt ihre Ansprüche und Erwartungen an die Informatik konkret artikulieren
- daß die Informatik in der Entwicklung informations- und kommunikationstechnischer Instrumente verstärkt die Eigenart von Verwaltungsaufgaben und Arbeitssituationen in öffentlichen Verwaltungen berücksichtigt.

Dies ist eine erste verwaltungspolitische Dimension der Informatik.

5. Bisherige Technikanwendungen in öffentlichen Verwaltungen sind vor allem von dem Versuch gekennzeichnet, bestehende Organisationsformen zu erhalten und durch "Anbau" die Technik zu kooptieren. Dies ist nicht nur in der Festigkeit von Verwaltungsorganisationen begründet, sondern ergab sich auch aus dem Entwicklungsstand und den Nutzungsmöglichkeiten der Informationstechnik.

Die Zukunft kann anders sein. In dem Maße, in dem flexible, anpaßbare technische Lösungen einerseits, wissensbasierte Systeme andererseits zur Verfügung stehen, die entsprechend der spezifischen Struktur einer Verwaltungsaufgabe in die Arbeitsprozesse integrierbar sind, ergibt sich nicht nur die Möglichkeit zur einer verwalttungsadäquaten Nutzung der Technik. Überlieferte Strukturen öffentlicher Verwaltungen können auch hinsichtlich ihrer Aufgabenangemessenheit überprüft, Konzepte einer funktionalen und arbeitsprozeduralen Neuorganisation erprobt werden.

Mit der weiteren Entwicklung der Informations- und Kommunikationstechnik verbinden sich also auch alte Hoffnungen auf eine Verwaltungsreform - dies ist eine zweite verwaltungspolitische Dimension der Informatik.

6. Erforderlich sind nicht nur Kreativität und Sensibilität der Informatiker, sondern auch der Organisatoren in den Verwaltungen. Die Kompetenz des einzelnen Sachbearbeiters und seine Informations- und Kommunikationsmöglichkeiten können technikgestützt und damit gestärkt werden, ohne daß das Richtigkeitsrisiko in der Erledigung der Verwaltungsaufgaben zunimmt und ohne daß über die erforderliche Definition von Schnittstellen neue Formen der Formalisierung und Standardisierung eingeführt werden. Bindung durch Vorschriften erscheint in dieser Sicht ersetzbar durch Qualifikation, Risikobeherrschung möglich durch Bindung an "Kern"-Programme und die Möglichkeit technisch gesicherter Informations- und Kommunikationszusammenhänge.

Qualifikation und Kompetenz der Beschäftigten in öffentlichen Verwaltungen und die Qualität der Verwaltungsleistungen können verbessert werden - dies ist eine dritte verwaltungspolitische Dimension der Informatik.

7. Auch in dieser Richtung wollen wir in dem Fachgespräch weiterdenken und dabei die Anforderungen öffentlicher Verwaltungen an eine informations- und kommunikationstechnische Unterstützung in der Erledigung ihrer Aufgaben und an eine entsprechende Ausbildung von Informatikern verdeutlichen, um technisch-organisatorische Systemgestaltungen entwickeln zu können, die politikgerecht, bürgergerecht und mitarbeitergerecht, aber auch sparsam sind. Über die möglichen künftigen Beiträge der Informatik hierzu wollen wir diskutieren.

Dies soll und kann nicht bedeuten, daß die Probleme öffentlicher Verwaltungen nun von den Informatikern gelöst werden sollen, nachdem bisherige Diskussionen um eine Verwaltungsreform und Entbürokratisierung zwar viele Aktivitäten zeitigten, aber nur wenig fruchtbar waren. Die Verantwortung bleibt bei den Verwaltungen.

Informatik-Arbeitsplätze in öffentlichen Verwaltungen

Willy Landsberg
Stadt Köln

A Anforderungen an die Gestaltung von Informatikarbeitsplätzen

1. Wer sich auf die Publikationsflut in Sachen Informationstechnologie einläßt, d.h., sein Lesepensum fleißig absolviert und dann auch noch aktiv wird, ist nicht immer ganz sicher, ob er einen originären Beitrag leistet oder im Unterbewußtsein schon bekannte Botschaften transportiert. Letzteres muß kein Mangel sein, denn man wird die Botschaft weitergeben, die sich mit der eigenen Erfahrungswelt deckt und trägt so zur Anreicherung des Beweismaterials bei. Dies ist insbesondere dann wieder löblich, wenn eine Idee theoretisch sehr praktisch erscheint, sich in der Praxis jedoch als sehr unpraktisch erweist.

   Damit sind wir bereits am ersten wunden Punkt, wie einerseits Hersteller und Berater sich vorstellen, daß die Verwaltung gestaltet werden müßte, damit die Vielfalt der angebotenen Produkte zum Einsatz kommt und andererseits der Sprachlosigkeit der Verwaltung, ihren Bedarf konkret und zukunftssicher zu beschreiben.

   Die Frage nach der Gestaltung von Informatikarbeitsplätzen ist ja nicht allein innerbetrieblich im Sinne einer wirtschaftlich optimalen Betriebsführung zu beantworten. Da die Verwaltung - und das gilt ganz besonders für eine Kommunalverwaltung - im wesentlichen Dienste für die Bürger zu erbringen hat, nimmt auch die Einstellung des Bürgers, in welcher qualitativen Verfassung er die Verwaltung wünscht, Einfluß auf die Gestaltung. In dem Maß, wie die Bürger erfahren und anerkennen, daß der Einsatz der Informationstechnologie nicht nur einen innerbetrieblichen Nutzen hat, sondern auch nach außen wirkt (z.B. erhebliche Verkürzung einer Baugenehmigung), in dem Maß steigt auch der Anspruch an die Ausgestaltung der Arbeitsplätze und die Befähigung der Mitarbeiter.

   Von daher ist die Ausgestaltung der Informatikarbeitsplätze von der öffentlichen Diskussion beeinflußt, je nachdem, ob optimale Leistung verlangt wird(z.B. Platzbuchungssystem) oder unerwünschte Kontrolle befürchtet wird (z.B. Erkennung von Wiederholungsfällen bei Ordnungswidrigkeiten).

Vergleichbares gilt auch für die innerbetriebliche Diskussion bezügl. der Wirkung auf die Mitarbeiter, wie dies die Diskussionen um Betriebsvereinbarungen in jüngster Zeit deutlich gemacht haben. Hier konkurriert der Wunsch nach einer modernen und leistungsfähigen Büroausstattung mit der Sorge um den Arbeitsplatzverlust im Zuge von Rationalisierungsprojekten.
Die jeweils dominierende Einschätzung wirkt auf den Grad der Ausschöpfung techn. Möglichkeiten.

Ich stelle diese Bemerkung vorweg, weil es aus meiner Erfahrung keinen Sinn macht, eine abstrakte Beschreibung abzuliefern, wie ein zukünftiger Informatikarbeitsplatz nach der Anpassung von technischen und organisatorischen Möglichkeiten funktionieren wird.

Es kommt hinzu, daß die Zeiten vorbei sind, in denen bestimmte Organisationsstrukturen durch techn. Begrenzung und Technikkosten vorgeprägt waren. Die Technikausstattung ist heute im Vergleich zur Organisationsgestaltung die cura posterior; wie die Entwicklung der zentralen Datenverarbeitung zur dezentralen Verarbeitung eindeutig zeigt.

2. Der Ausblick auf zukünftige Informatik-Arbeitsplätze ist der Versuch einer Prognose auf die nächsten 5 bis 10 Jahre mit allen damit verbundenen Unsicherheiten. Mit Blick auf die Treffsicherheit der Prognose sind vielleicht drei Erfahrungen aus der Entwicklung der ADV interessant:

   1. Wenn diejenigen, die 1960 beim Übergang von Lochkartenverfahren bzw. Tabelliermaschinen auf elektronische Rechner schon dabei waren, das Scenario der heutigen Anwendung damals nicht exakt beschreiben konnten, hat diese "Beschreibungsunfähigkeit" die technolog. Entwicklung nicht verzögert.

   2. 1970 sind die techn. Systeme (Hard- und Software) hinter dem zurückgeblieben, was vom Anwender versucht wurde, zu realisieren: MIS-Systeme und Simulationsmodelle für Kommunale Planung oder aber technisch taugliche Systeme konnten nicht realisiert werden, weil sie wirtschaftlich nicht durchzuhalten waren.

3. Die heutige Differenz zwischen dem Stand der technolog. Durchdringung von Verwaltungsabläufen im Verwaltungsvollzug sowie der Planung und den techn. Möglichkeiten ist eine Folge des mangelnden Realisierungstempos; das Realisierungstempo die Folge fehlender Gestaltungskapazität beim Anwender.

3. Das bedeutet mit Blick nach vorne, daß die Verbreitung neuer und Intensivierung vorhandener Informatikarbeitsplätze davon abhängt, wie beim Anwender qualitative und quantitative Gestaltungskapazitäten bereitgestellt werden können.
Dabei wird es darauf ankommen, daß der Benutzer des Informatik-Arbeitsplatzes nicht wie bisher nur Konsument einer vorgefertigten Lösung bleibt sondern aktiv in die Gestaltung einbezogen wird. Dieser Trend kündigt sich am deutlichsten im Bereich der interaktiven grafischen Datenverarbeitung bei Ingenieuraufgaben und der Verknüpfung von Prozeßdatenverarbeitung mit dem klassischen Verwaltungsvollzug an.
Als Beispiele sind die Entwicklung digitaler Kartenwerke und die Verknüpfung der Meß- und Regeltechnik mit Bewirtschaftungsaufgaben beim Energieverbrauch öffentl. Einrichtungen zu nennen.
Es wird einem zentralistisch geprägten Organisator - und deren Summe, der Zentralinstanz - schwerfallen, diesem Gedanken zu folgen; er prophezeit Organisationschaos, wenn er Machtverlust meint. Auf Grund der Bandbreite der Anwendungsmöglichkeiten und damit verbunden die Anwendungshäufigkeiten, werden auf mittlerer Sicht nicht bewältigt werden können, indem man jede Realisierung durch ein zentrales Nadelöhr zwingt.
Die Tatsache, daß heute Verbote über die Benutzung privater Computer am Arbeitsplatz erlassen werden müssen, ist ein alamierendes Signal.
Wenn diese Einschätzung richtig sein sollte, müssen allerdings drei Bedingungen erfüllt werden:

1. Die Benutzer müssen so geschult werden, daß sie ihrer Rolle als Anwendungsgestalter gerecht werden können,

2. eine zentrale Leitfunktion wird nicht überflüssig sondern höchst notwendig, um mittels genereller Vorgaben und Bereitstellung von techn. Resourcen die Organisation des Unternehmens in den Fugen zu halten,

3. die Verlagerung der Gestaltung an den Arbeitsplatz erfordert einen disziplinierten Umgang mit dem Medium (z.B. wirtschaftliche Verantwortung für die Inanspruchnahme der Resourcen).

4. Der zukünftige Informatikarbeitsplatz zielt primär nicht auf die quantitative Rationalisierung, d.h. der Produktion höherer Stückzahlen zu geringeren Kosten, sondern auf eine Kommunikation höherer Qualität. Im Mittelpunkt steht wieder die fallorientierte Bearbeitung mit dem Ziel einer möglichst vollständigen und abschließenden Bearbeitung an einer Stelle. Dieses Ziel ist aber ehrlicherweise nur zu erreichen, wenn der quantitative Rationalisierungseffekt nicht voll abgeschöpft sondern zur Qualitätssicherung und Qualitätssteigerung reinvestiert wird.
Schon in der Hochzeit der zentralen Datenverarbeitung ist oft gesagt worden "nicht der Bürger soll laufen, sondern die Daten". In der Praxis sah das bei einem computerunterstützten Verfahren für die Ausstellung von Pässen so aus, daß der Bürger zweimal zur Behörde mußte:

   1. Besuch - Antrag auf einen Pass
   2. Besuch - Abholen des Passes

   In diesem Zusammenhang darf allerdings nicht übersehen werden, daß einem optimalen Ablauf aus Gründen der Sicherheit und Kontrolle Rechtsvorschriften entgegenstehen können, wie z. B. die Trennung von Anordnung und Ausführung im Finanzwesen oder das Verbot der Mehrfachverwendung von Daten auf Grund datenschutzrechtlicher Bestimmungen.

5. Wenn der zukünftige Informatikarbeitsplatz das leisten soll, was er von Haus aus kann, müssen die Strukturen der Kompetenzverteilung geändert werden. Solange Papier als Informationsträger eingesetzt wird, können Unterschriftsverfahren beliebig gestaltet werden. In dem Maße, wie elektronische Speicherung an die Stelle von Papierdokumenten tritt, fehlt nicht nur die Fläche für Paraphen und Unterschriften, es müssen Kompetenzen an den Arbeitsplatz verlagert werden. Dies wird nur so möglich sein, indem durch Arbeitsteilung zerstückelte Arbeitsabläufe wieder verdichtet werden. Dabei werden gleichzeitig die Anforderungen an den Benutzer des Systems steigen. Für die Dienst- und Fachaufsicht des Vorgesetzten ergeben sich zwei Möglichkeiten: entweder der Medienbruch Papier auszudrucken oder aber der "elektronische Einblick" in das System des Mitarbeiters. Wenn man den Medienbruch nicht will, müssen neue Verhaltensmuster

entwickelt werden. Heute ist es üblich, daß der Mitarbeiter nur fertige Produkte vorlegt. Der elektronische Einblick würde bedeuten, daß der Vorgesetzte bereits den Produktionsprozeß mitverfolgen und u.U. eingreifen kann, es sei denn, es würde verabredet und von der Software gesteuert, daß der Mitarbeiter bestimmen kann, wann er ein Dokument zur Einsicht freigibt.
Ein anderes Beispiel ist die Abkehr von der fallartenorientierten Bearbeitung, die meist eng mit der Bewertung von Arbeitsplätzen verbunden ist. Bei einer technikfreien Organisation finden wir in aller Regel - z.B. bei der Kfz.-Zulassung- Schalter, die nach Bearbeitungsarten (An-, Ab-, Ummeldung etc.) oder nach organisatorischen Merkmalen (Kennzeichen; Adresse u.ä.) geordnet sind. Eine solche Aufteilung wäre bei einem Informatikarbeitsplatz geradezu künstlich. Gerade die Möglichkeit, alle Falltypen an einem Schalter bearbeiten zu können, würde Warteschlangen und ungleiche Belastung des Personals abbauen, der Bürger hätte die Möglichkeit mehr an einer Stelle zu erledigen.

6. Ähnliche Veränderungen, wie bei der Fallorientierung mit Blick auf die Außenwirkung, wird es in der innerbetrieblichen Kommunikation geben müssen. Bei der Kommunikation zwischen zwei Ämtern durchläuft die abzugebende Information die Hierarchie von unten nach oben und die ankommende Information von oben nach unten.
Geht man bei zukünftigen Informatikplätzen davon aus, daß sie in einem Netz betrieben werden, wäre dieses Muster im Vergleich zur direkten Kommunikation der Partner künstlich. Sollen die Möglichkeiten der Technik intensiv genutzt werden, geht dies nur im Einklang mit der Delegation von Zuständigkeiten, gepaart mit einem Rückholrecht der Hierarchie.

7. Informatikarbeitsplätze werden zukünftig Mischarbeitsplätze sein, weil heute zentralisierte Assistenzdienste in die Fachbereiche zurückverlagert werden können bzw. müssen, wenn man Mischarbeitsplätze ernsthaft will. Ein typisches Beispiel dürfte die Auflösung zentraler Schreibdienste sein. Die Rationalisierung des Schreibdienstes bedingt beim Einsatz von Textsystemen keine Zentralisierung des Personals. Es kommt hinzu, daß bei einer technologiegestützten Bearbeitung ein Teil der Schreibarbeiten in die Sachbearbeitung integriert wird (z. B. Bescheide im Baugenehmigungsverfahren oder Ausschreibungsblankette bei der Bauausschreibung).
Das bedeutet aber auch, daß sich das Berufsbild der Stenosekretärin ändert.

B Anforderungen an die Informations- und Kommunikationstechnik

1. Die bisher genannten Beispiele betreffen die Einbettung der Informations- und Kommunikationstechnologie in die Verwaltung. Der hier zur Verfügung stehende Rahmen läßt weder eine vollständige Aufzählung und noch weniger eine vollständige Behandlung zu. Es sollte nur deutlich werden, wie komplex die nichttechnischen Probleme sind, die gelöst werden müssen, um die Technik sinnvoll einsetzen zu können. Im übrigen darf an dieser Stelle vermerkt werden, daß die Probleme durch die aktuelle Technik nicht neu entstanden sind.
Neu ist eigentlich nur, daß man an ihrer Lösung nicht mehr vorbeikommt, wenn die Chancen der Technologie sinnvoll genutzt werden sollen.

   Aber auch einmal unterstellt, diese Probleme sind zufriedenstellend lösbar, bleiben noch Anforderungen an die Technik selbst.
Hierzu einige Ansätze, ohne den Versuch, sie nach Prioritäten zu ordnen.

2. Entsprechend der These, die Gestaltung des Informatikarbeitsplatzes maßgeblich auf den Benutzer zu übertragen, müssen die systemtechnischen Anforderungen an den Mitarbeiter so geartet sein, daß nicht eine neue Generation von Spezialisten entsteht, die sich von den Betreibern der klassischen Datenverarbeitung nur dadurch unterscheidet, daß sie über die gesamte Verwaltung verteilt ist. Damit hängt das Tempo, mit dem Informatikarbeitsplätze entstehen, weitgehend davon ab, wie sehr sich die Hersteller mit ihren Produkten auf das vorhandene Personal einstellen.

   Da die Systemgestaltung weder die Hauptaufgabe noch die Daueraufgabe des Benutzers ist, muß die Nutzung des Systems mit einem relativ geringen Lern- und Implementierungsaufwand möglich werden. Damit eng verbunden ist die Frage der Wirtschaftlichkeit. Der Implementierungsaufwand muß in einem vernünftigen Verhältnis zur anschließenden Nutzung stehen.

3. Eine gängige Formel der Hersteller und Berater ist die Integration von Sprache - Bild - Text und Daten und damit die technische Integration der verschiedenen Dienste in einem Gerät. Diese Verdichtung des Geräteparks ist auf den ersten Blick bestechend und schlüssig. Für die Praxis

muß allerdings noch sehr sorgfältig untersucht werden, ob diese Zusammenfassung auch dem Technikbedarf der Aufgabe entspricht.
Die Komprimierung der Technik macht nur solange einen Sinn, wie sichergestellt ist, daß die Bedienung des Gerätes nicht komplizierter wird als die Aufgabe, die auf dem Gerät gelöst werden soll.

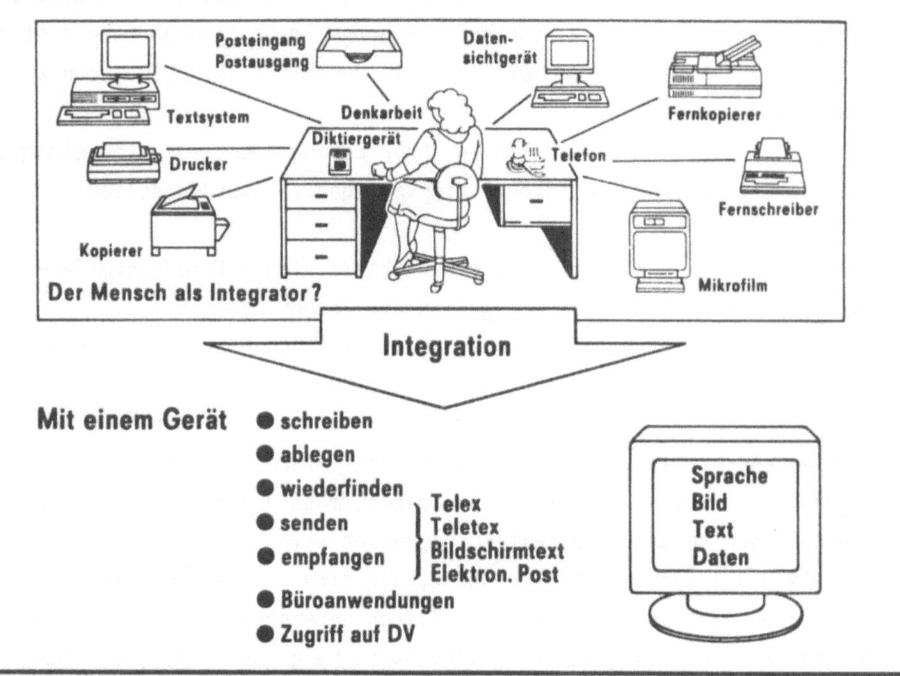

Multifunktionales Arbeitsplatzsystem QUELLE: SIEMENS

Man wird die Forderung nach modular gestaltbaren Systemen stellen müssen, die mit Funktionen ausgestattet werden, wie sie der Häufigkeit ihrer Benutzung entsprechen.
Völlig unangebracht ist hier der Vorwurf an die Hersteller, einen Produktzirkus anzubieten. Die Aufgabe der organisatorischen Umsetzung liegt beim Anwender und damit der Einfluß auf den Hersteller, anwendungsadäquate Systeme zu liefern, da nur diese am Markt untergebracht werden können.
Der Einfluß auf eine aus der Sicht des Anwenders geordnete Produkt- und Vertriebslinie beim Hersteller ist aber nur möglich, wenn der Anwender diese Ordnung bei der Bedarfsdefinition bei sich selbst einhält. Hier stehen vielfach noch die, aus welchen Gründen auch immer, verteilten Zuständigkeiten im Wege.

4. Auch für den einzelnen Informatikarbeitsplatz stellt sich die Forderung nach hoher Verfügbarkeit bzw. hoher Ausfallsicherheit. Je mehr Funktionen in einem System vereinigt werden, um so gravierender wirkt der Systemausfall. Anders als bei Großrechnerverfahren wird man insbesondere bei lokal autonomen Informatikarbeitsplätzen keine Duplexsysteme oder ein Reservesystem vorhalten können. Von daher ist die vorgenannte Verdichtung von Funktionen in einem System mit Vorsicht zu behandeln. Der Vorzug, alles in einem System, heißt auch 100 % Ausfall bei einer Störung.

5. Es müssen auch noch vordergründig banal erscheinende Probleme gelöst werden, so z. B. der einheitliche Zeichenvorrat aller in einem Netz arbeitenden Systeme. Die Benutzer gehen zurecht davon aus, daß zukünftig bereits in der Groß-DV gespeicherte Informationen an dezentralen Informatikarbeitsplätzen aktiviert und weiterverwendet werden können.
Das Problem beginnt damit, daß umfangreiche Datenbestände auf dem Zentralrechner nur in Großschreibung vorhanden sind oder da, wo bereits Groß-Kleinschreibung eingesetzt wird, verwenden die einzelnen Systeme einen unterschiedlichen Code. Es geht hier nicht um die Frage, ob man einem Bürger einen vom Textsystem erstellten Brief zumuten kann, in dem seine vom Zentralrechner eingesteuerten Daten in Großbuchstaben erscheinen, sondern um den Software-Aufwand, der betrieben werden muß, die Systeme übereinander zu bringen. Die Neuerfassung zentraler Datenbestände, wie das Einwohnerregister, scheidet als Lösung aus.

6. Die papierlose Verwaltung wird es nicht geben, wohl aber - so ist wenigstens zu hoffen - das papierärmere Büro. Es wird ein großer Erfolg sein, wenn die 'Papierproduktion' im wesentlichen auf die notwendige Kommunikation mit dem Bürger reduziert werden kann und verwaltungsintern gespeicherte Dokumente größere Verbreitung finden.

   Daraus ergeben sich spezielle Sicherungsprobleme für den Arbeitsablauf und Schutzprobleme zur Sicherung der Dokumente. Ohne hier auf Details eingehen zu können, müssen die Verarbeitungssysteme folgenden Ansprüchen genügen:

   1. Sogenannte begründende Dokumente (z. B. im Finanzwesen) müssen verlust- und manipulationssicher aufbewahrt werden.
   2. Es muß ein vor Manipulation oder Fälschung schützender Systemzugang organisierbar sein.

3. Es muß ein ausreichender Manipulationsschutz bei erlaubtem Systemzugang vorhanden sein.

Die hier anstehende Problematik wäre einen eigenen Beitrag wert. Fertige Lösungen, wie sie die Innen-Revision (Rechnungsprüfungsämter) braucht, sind noch nicht in Sicht. Es steht zu vermuten, daß z.Zt. geltende Rechtsvorschriften angepaßt werden müssen, damit techn. Nutzungsmöglichkeiten auch organisatorisch umgesetzt werden können.

C Schlußbemerkung

Ziel dieses Beitrages konnte es nicht sein, für alle anstehenden Fragen eine schlüssige und gültige Antwort zu geben. Vielleicht ist es gelungen, einige Ansätze aufzuzeigen, in welche Richtung der Lösungsweg gehen muß.

Informationsverarbeitung in der Bundesanstalt für Arbeit

Friedrich Petersen
Bundesanstalt für Arbeit

1. Einleitung

Ich darf zunächst mit wenigen Sätzen die Bundesanstalt für Arbeit (BA) vorstellen:

Nach §189 des Arbeitsförderungsgesetzes gliedert sich die Bundesanstalt in Hauptstelle, Landesarbeitsämter und Arbeitsämter. Die Zentrale der BA, die Hauptstelle, hat ihren Sitz in Nürnberg. Ihr ist als Abteilung VII auch das Institut für Arbeitsmarkt- und Berufsforschung angeschlossen. Regional gliedert sich die BA in 9 Landesarbeitsämter, 146 Arbeitsämter und 481 Nebenstellen. Hinzu kommen u.a. die Zentralstelle für Arbeitsvermittlung in Frankfurt und das Zentralamt in Nürnberg mit einem sehr leistungsfähigen Rechenzentrum für die Abwicklung zentraler DV-Aufgaben.

Jedes Arbeitsamt hat vier Abteilungen:

Arbeitsvermittlung und Arbeitsberatung
Berufsberatung und Lehrstellenvermittlung
Leistung sowie
Verwaltung.

Damit sind zugleich die wesentlichsten Aufgaben der BA umrissen.

Die Informationsverarbeitung in der BA hat eine lange Geschichte. Sie begann 1959. Im Vordergrund stand damals die Abrechnung von

Leistungszahlungen in einem zentralen Rechenzentrum. Seit 1978 wurde damit begonnen, in den Arbeitsämtern Rechenzentren einzurichten. Diese dezentralen Rechenzentren leisten Computerunterstützung für die Abwicklung der im Arbeitsamt anfallenden Arbeiten. Das Projekt läuft unter der Bezeichnung COSIMA und bedeutet "Computersysteme im Arbeitsamt". Im einzelnen handelt es sich um die computerunterstützte Arbeitsvermittlung, die auch die Nebenstellen mit einschließt, die computerunterstützte Leistungsgewährung und die computerunterstützte Ausbildungsvermittlung sowie den Forderungseinzug. Daß die BA für die Abwicklung dieser und künftiger Arbeiten über eine flächendeckende und alle Dienststellenebenen umfassende informationstechnische Infrastruktur verfügen muß, liegt auf der Hand. Inzwischen sind in den Arbeitsämtern und Nebenstellen über 9000 Bildschirme (Stand 1.5.86) installiert. In einigen Jahren werden es nach den Zielvorstellungen über 20 000 sein. Die rasante Entwicklung läßt sich auch an den Zahlen des Haushaltsplans ablesen: er sieht für das Haushaltsjahr 1986 fast 200 Mill. DM unter der Titelgruppe "Kosten der Datenverarbeitung" vor; für 1985 waren es 122 Mill., für 1980 nur 22 Mill..

2. Organisation der Informationsverarbeitung

Mit der maschinellen Vorbereitung und Abrechnung von Arbeitslosenbezügen begann vor nahezu 30 Jahren die Datenverarbeitung in der BA. Sie wurde von Anfang an in die Finanzabteilung der Zentrale in Nürnberg eingegliedert. Da nach und nach alle Bereiche unseres Hauses in die Datenverarbeitung - oder, wie wir heute sagen: die Informationsverarbeitung - einbezogen wurden, entsprach ihre organisatorische Einbindung in den Haushalts- und Finanzbereich schon lange nicht mehr den tatsächlichen Gegebenheiten. Der Vorstand der BA beschloß nach intensiven Beratungen und Prüfung verschiedener Organisationsmodelle die Eingliederung der Informationsverarbeitung in die Fachabteilungen der Hauptstelle. Hier ist nunmehr in der Regel ein Referat nur für Fragen der Organisation und der Informationsverarbeitung zuständig. Um trotz dieser organisatorischen Lösung ein Auseinanderdriften der Entwicklungen in den einzelnen Fachabteilungen im informationstechnischen Bereich zu vermeiden, ist eine neue Organisationseinheit geschaffen worden. Ihr obliegt die Gesamtplanung und Steuerung der Informationsverarbeitung des Hauses, die Koordinierung der fachspezifischen Anwendungen sowie die fachübergreifende Verfahrensplanung und -entwicklung. Grundsatzfragen der Hard- und Software fallen außerdem in ihre Zuständigkeit.

Schon vor längerer Zeit ist in den Verwaltungsabteilungen der Landesarbeitsämter innerhalb des Referats "Organisation und allgemeine Verwaltung" ein Sachgebiet "Dezentrale Informationsverarbeitung" eingerichtet worden. In den Arbeitsämtern ist die dezentrale Informationsverarbeitung ebenfalls der Verwaltungsabteilung angegliedert. Die qualitative Schichtung des Personals richtet sich nach der Größe des Arbeitsamtes.

Für alle zentral abzuwickelnden Aufgaben, insbesondere die Leistungszahlungen, ist das Zentralamt in Nürnberg zuständig. Dem Zentralamt obliegt u.a. auch die Einrichtung und Betreuung der dezentralen Rechenzentren.

3. Besondere Problemstellungen

Besondere Problemstellungen innerhalb der BA ergeben sich u.a. aus der sehr unterschiedlichen Dienststellengröße und der zum Teil heterogenen Aufgabenstellung.

Es ist keine Frage, daß die Durchführung der einzelnen Fachaufgaben in den Dienststellen der BA nach einheitlichen Grundsätzen erfolgen muß. Daraus folgt, daß den Mitarbeitern für ihre fachlichen Arbeiten gleichwertige und möglichst auch gleichartige Hilfsmittel zur Verfügung gestellt werden. Dazu gehört heute weitgehend der Bildschirm. Die Entwicklung der Informationsverarbeitung in der BA führte dazu, daß die Computerunterstützung in kleinen und mittleren Dienststellen, wie z.B. im AA Limburg mit ca. 170 Mitarbeitern, mit sogen. Büro-Computern, in großen Dienststellen, wie z.B. dem AA Hamburg mit über 1.400 Mitarbeitern, dagegen mit Universal-Computern realisiert wird. Nicht problemlos ist der Anschluß von Nebenstellen und anderen kleinen, vor allem außerhalb der Arbeitsamtsgebäude angesiedelten Organisationseinheiten, wie z.B. den Messe-Service, an das Rechenzentrum des Arbeitsamtes.

Zur unterschiedlichen Aufgabenstellung: Für die Arbeitsvermittlung und Arbeitsberatung braucht der Arbeitsvermittler Informationen über Stellen und Bewerber. Der Computer stellt ihm solche Informationen zur Verfügung und gestattet den Abgleich von Stellen- und Bewerberprofilen. Die Entscheidung über den Vermittlungsvorschlag trifft der Arbeitsvermittler. In seine Entscheidung fließen auch Kriterien ein, die sich einem maschinellen Abgleich entziehen. Ähnlich verhält es sich bei der Vermittlung von Ausbildungsstellen.

Etwas völlig anderes stellt die Anweisung und Abrechnung von Arbeitslosenbezügen dar. Die Anweisung und Auskunft erfolgt dezentral und wird vom Computer am Arbeitsplatz unterstützt; bei den laufenden Zahlungen handelt es sich aber um ein Massengeschäft, das zentral als batch-Verfahren abläuft. Dabei werden gleichzeitig Bescheide gedruckt, DÜVO-Meldungen erzeugt, Kranken- und Rentenversicherungsbeiträge berechnet usw.

Vor besondere Probleme stellte und stellt uns auch immer wieder die stark schwankende Arbeitsbelastung. In den Wintermonaten steigt die Zahl der Arbeitslosen stets sprunghaft an, wenn die Ausschläge zwischen Sommer und Winter früher auch noch ausgeprägter waren. Konjunkturschwankungen können zu plötzlichen Spitzenbelastungen führen. Die Informationsverarbeitung muß für den ungünstigsten Fall gerüstet sein. Bildschirmarbeitsplätze, vor allem aber alles, was zum Hintergrund gehört, lassen sich aber bekanntlich nicht von heute auf morgen einrichten. Auf die Probleme, die der Gesetzgeber uns des öfteren beschert, will ich gar nicht eingehen.

4. Informationstechnische Zielvorstellungen

Die Entwicklung der Informationsverarbeitung der BA orientiert sich an der Zielvorstellung einer umfassenden und integrierten Computerunterstützung vor allem für die Fachaufgaben Vermittlung, Berufsberatung und Leistungen. Unter Berücksichtigung der vielfältigen integrativen Beziehungen und der gemeinsamen Nutzung der in den einzelnen Fachbereichen verfügbaren Daten soll eine möglichst geschlossene Informations-Infrastruktur im Arbeitsamt entstehen. Damit die bereitstehenden Informationen bei der Erledigung der Fachaufgaben auch voll genutzt werden können, soll dem einzelnen Mitarbeiter in der Fachabteilung vermehrt Computerleistung am Arbeitsplatz zur Verfügung gestellt werden. Akzeptanzfragen haben an Bedeutung verloren, nachdem die Hardware-Ergonomie den Anforderungen der Praxis weitgehend entspricht und auch die Software-Ergonomie einen Stand erreicht hat, der zufriedenstellt. Eine Ausweitung der einzelnen Anwendung über die reine Fachanwendung hinaus z.B. in den Bereich der Textverarbeitung wird vorbereitet.

Hohe Priorität genießt daher in diesem Zusammenhang die Ausweitung der Computerkapazität in den Rechenzentren der Arbeitsämter, zumal die fachlichen Anwendungen ständig an Breite und Tiefe gewinnen und die Wünsche der Anwender an intensive und umfassende Computerunterstützung wachsen. Die in den Arbeitsämtern zum Einsatz kommenden Anwendungen sind daher auf eine technische Grundlage zu stellen, die den Anforderungen aus allen Fachbereichen Rechnung trägt und darüber hinaus eine flexible Anpassung an veränderte Aufgabenstellungen ermöglicht. Das ist ein hoher Anspruch, zumal Konjunkturzyklen, Strukturveränderungen auf dem Arbeitsmarkt und sozialpolitische Aktivitäten des Gesetzgebers ein immer schnelleren Reagieren erfordern.

Wie bereits erwähnt, arbeitet die BA mit zwei Herstellern zusammen. Die derzeitigen unterschiedlichen Betriebssysteme führen zumindest in Teilbereichen zur Abhängigkeit vom jeweiligen Hersteller. Auf der anderen Seite sind die Vorteile für den Anwender, die ihm aus der Konkurrenzsituation der Hersteller erwachsen, nicht zu unterschätzen.

5. Anforderungen an Informations- und Kommunikationstechnik

Die Anforderungen an die Informations- und Kommunikationstechnik werden von den Anwendungen und den Anwendern bestimmt. Auf einige wesentliche Anforderungen, die bei der BA ein besonderes Gewicht haben, möchte ich kurz eingehen. Da ist zunächst die

Ausfallsicherheit.

Jede Dialoganwendung ist sensibel gegen einen Systemausfall. Mit zunehmender Integration der Informationsverarbeitung nimmt daher die Bedeutung der Ausfallsicherheit zu. Für den Benutzer muß das System stets ohne Einschränkung zur Verfügung stehen. Die Ausfallsicherheit ist realisiert einmal durch Duplexsysteme; bei Ausfall eines Rechners übernimmt das andere System vorübergehend die volle Last. Zum anderen soll ein fehlertolerantes System die Ausfallsicherheit gewährleisten. Für den Notfall (z.B. Stromausfall) muß natürlich dennoch eine Verfahrensregelung getroffen sein.

Reaktionszeit

Die Reaktionszeit eines Systems ist von vielen Komponenten abhängig. Der Benutzer akzeptiert nicht jede Antwortzeit. Er ist zwar bereit, z.B. bei einem auch für ihn erkennbar schwierigen Suchprozess dem System einige Sekunden zuzubilligen, im Normalfall muß das System aber sofort oder in einem Bereich von weniger als drei Sekunden reagieren. Das gilt insbesondere für normale Bildschirmwechsel und Blätterfunktionen.

Rechenzentrumsbetrieb

Für das Operating in einem dezentralen Rechenzentrum gelten andere Maßstäbe als z.B. in "konventionellen" zentralen Groß-Rechenzentren mit großen batch-Anteilen. In den Rechenzentren der Arbeitsämter spielen batch-Arbeiten nur eine untergeordnete Rolle. Der gesamte Rechenzentrumsbetrieb ist soweit wie möglich automatisiert. Die Programmversorgung erfolgt zentral, so daß alle dezentralen Rechenzentren stets den gleichen Programmstand aufweisen. Datenübertragungen von den Arbeitsämtern zur Zentrale sowie von der Zentrale an die Rechenzentren der Arbeitsämter und die Verarbeitung dieser Daten im dezentralen Rechenzentrum (vor allem up-data-Arbeiten) werden in den Nachtstunden automatisch angestoßen.

Hardware-Flexibilität

Bei der Einrichtung dezentraler Rechenzentren für ein so breites Aufgabenspektrum steht in der Regel nur in Umrissen fest, welchen Umfang die hier abzuwickelnden Arbeiten im Laufe der Zeit annehmen werden. Die theoretisch ermittelte Grenze der Höchstbelastung kann sich durch erweiterte oder neue Aufgaben nach oben verschieben. Das Gegenteil war bisher leider nie der Fall. Hochrüstungen bzw. Umrüstungen vor Ort müssen deshalb problemlos und vor allem ohne großen Zeitaufwand (also ohne Beeinträchtigung der Dialogarbeiten während der normalen Arbeitszeit!) möglich sein. Auch das "Umhängen" von Bildschirmen z.B. bei organisatorischen Änderungen, Umzügen innerhalb des Gebäudes muß ohne Schwierigkeit realisiert werden können.

Bildschirmarbeitsplatz

Der verfügbare Platz auf dem Schreibtisch eines Sachbearbeiters ist begrenzt. Bildschirme sind oft so platzaufwendig, daß sie vor allem dann, wenn sie nicht benutzt werden, äußerst störend wirken. Die Beweglichkeit des Bildschirms ist noch immer nicht zufriedenstellend gelöst. Geräusche (z.B. durch eingebaute Entlüfter) sind unerwünscht. Die zugehörige Tastatur ist zu groß dimensioniert und vermindert den verbleibenden Platz auf dem Schreibtisch erheblich. Außerdem sind die Verbindungskabel ständig im Weg. Es fehlen kabellose Konstruktionen, die es zulassen, die Tastatur z.B. in der Schublade des Schreibtisches zu deponieren und sie bei Bedarf auch an einem entfernteren Platz zu bedienen.

Gehört zum Bildschirmarbeitsplatz auch ein Drucker, wie es bei den Anwendungen in den von mir genannten Bereichen in der Regel der Fall ist, so muß er leicht zu bedienen, geräuscharm und sehr schnell (mindestens 300 Zeichen/s bei Korrespondenzqualität des Druckbildes) sein. Unterschiedlicher Einzelblattausdruck und programmgesteuerte Zuführung aus einer Kassette sind Forderungen der Praktiker.

6. Anforderungen an die Mitarbeiter

Die wachsenden integrativen Beziehungen der einzelnen Informationsverfahren und der allein damit verbundene Komplexitätszuwachs stellt an die Mitarbeiter steigende Anforderungen. Auch die Anzahl im Bereich Planung und Entwicklung von Verfahren der Informationsverarbeitung tätigen Mitarbeiter zeigt nach wie vor steigende Tendenz. Dies gilt insbesondere für die eigentlichen Entwicklungsarbeiten und die laufende Programmpflege. Diese Arbeiten sind - wie bereits erwähnt - bei der Hauptstelle der BA in Nürnberg konzentriert. Die hier tätigen Mitarbeiter sind zum großen Teil Laufbahnbeamte oder Angestellte des gehobenen Dienstes, die sich ihre zusätzlichen Kenntnisse durch Lehrgänge, und zwar sowohl in eigener Regie durchgeführte Grundlehrgänge als auch in weiterführenden Lehrgängen von Softwarehäusern und Herstellern, erworben haben. Die zu besetzenden Stellen werden jeweils ausgeschrieben. Ein vom psychologischen Dienst unseres Hauses zusätzlich durchgeführter Eignungstest sichert das Auswahlverfahren ab. Schwierig gestaltet sich die Einarbeitung von neuen Mitarbeitern vor allem dann, wenn sie in laufende Projekte einsteigen müssen. Ihre vollwertige Leistung erbringt eine solche Kraft nach unserer Erfahrung erst nach etwa zwei Jahren. Bei Kräften mit entsprechender Vorbildung oder stark eingeengtem Tätigkeitsfeld verkürzt sich dieser Zeitraum. In den letzten Jahren hat sich die Anzahl der "Quereinsteiger" erhöht. Es handelt sich um Mitarbeiter mit unterschiedlichster, meist akademischer Ausbildung; z.B. ehemals arbeitslose Kräfte mit Hochschulabschluß, die mit Mitteln der BA zu EDV-Fachleuten umgeschult wurden. Der prozentuale Anteil solcher Kräfte bleibt im ganzen gesehen aber gering. Als äußerst hinderlich hat sich bei diesen Mitarbeitern stets das mangelnde Wissen um die Fachaufgaben der BA erwiesen. Dieser Mangel läßt sich nach unseren Erfahrungen nur schwer beheben.

Sieht man von den Hilfskräften und sonstigen, nur zu Teil mit Aufgaben der Informationsverarbeitung tätigen Kräfte ab, so waren im Bereich der Planung und Entwicklung von Verfahren der Informationsverarbeitung im Jahr 1985 etwa 80 Mitarbeiter tätig. Sie besuchten insgesamt 160 Lehrgänge (wobei die im Hause durchgeführten Grundlehrgänge außer Betracht geblieben sind) mit zusammen 813 Stunden. Auf einen Mitarbeiter entfallen demnach im Jahr zwei Lehrgänge von je etwa 5 Tagen. Dabei ist jedoch zu berücksichtigen, daß der größte Teil auf Ausbildung und ein geringerer Teil auf Fortbildung ent fällt. Die Daten der Vorjahre lauten ähnlich.

Die Ausbildung der in den Arbeitsämtern für Aufgaben der dezentralen Informationsverarbeitung, also vor allem für den Betrieb des Rechenzentrums eingesetzten Kräfte, regelt ein Rahmenplan. Er sieht für die einzelnen Mitarbeiter je nach ihrer Aufgabenstellung rund 30 Wochen zusätzlicher Ausbildung vor.

In diesem Zusammenhang sei noch erwähnt, daß die in den Fachabteilungen am Bildschirm tätigen Mitarbeiter grundsätzlich in Lehrgängen unserer Verwaltungsschulen in ihre neue Aufgabe eingewiesen werden. Eine solche Schulung dauert - je nach der Tätigkeit des einzelnen Mitarbeiters - bis zu eine Woche. In den Verwaltungsschulen stehen uns z.Zt. 86 Bildschirmarbeitsplätze für Ausbildungszwecke zur Verfügung. Bei Bedarf werden zusätzliche Lehrgänge unter Nutzung von Einrichtungen der Hersteller geschaffen. Die Schulung selbst erfolgt ausschließlich durch entsprechend ausgebildete Mitarbeiter der BA. Diese auf regionaler Basis zentralisierte Schulung ist der Unterweisung am Arbeitsplatz nach unseren Erfahrungen aus vielen Gründen überlegen. Zusätzlich zu dieser Schulung steht bei der Einführung einer neuen Anwendung ein sog. "Projektbegleiter" zur Verfügung, der für eine Übergangszeit auch am Arbeitsplatz nähere Hinweise gibt und den Kontakt zwischen Anwender, Rechenzentrum und ggfs. Anwendungsentwickler herstellt. Im übrigen wird die Bildschirmarbeit praktisch von allen Mitarbeitern akzeptiert. Entgegen den anfänglichen Erwartungen wird die Arbeit mit dem Bildschirm allgemein als Aufwertung des Arbeitsplatzes empfunden und zwar in einem Umfang, der uns überrascht hat.

7. Veränderung der Arbeit durch Informations-Technologie

Allgemeine Zielsetzung bei der Entwicklung von Verfahren der Informationsverarbeitung ist einmal die Erhöhung der Leistungsfähigkeit des Mitarbeiters sowie die Steigerung seiner Zufriedenheit, zum anderen soll - und das hat für die BA erhebliches Gewicht - mehr Bürgerfreundlichkeit erreicht und damit auch das Ansehen der Verwaltung erhalten bzw. gefördert worden. Daß sich diese Zielvorstellungen nicht immer gleichzeitig und im gewünschten Ausmaß verwirklichen lassen, steht auf einem anderen Blatt. Geht man von dem einzelnen Mitarbeiter aus, so hängt es sehr von der jeweiligen Anwendung ab, wie stark sich seine Arbeit im Einzelfall durch die Informationstechnik, hier also durch die Nutzung des Bildschirms, verändert. Bei Auskunftssystemen, z.B. im Bereich der Leistungszahlungen, ist dies weniger gravierend, bei computer-unterstützter Arbeitsvermittlung dagegen sehr.

Grundsätzlich sind wir bei allen Entwicklungsarbeiten bestrebt, den Spielraum des jeweiligen Benutzers nicht einzuengen, sondern möglichst zu erweitern. Es liegt in der Natur der Sache, daß sein Handlungsrahmen vom jeweiligen Komfort der Anwenderprogramme bestimmt wird. Im ganzen gesehen hat sich durch die Anwendung der Informationstechnik im Laufe der Zeit sehr vieles geändert. Da es sich um kontinuierliche Prozesse handelt, werden solche Veränderungen nicht immer in ihrem vollen Ausmaß registriert.

Auf einige Änderungen in der Aufgabenabwicklung, die mir besonders wesentlich erscheinen, möchte ich eingehen. Da ist zunächst die

Erweiterung des Aktionsfeldes

des Mitarbeiters. So hatte z.B. der Arbeitsvermittler in der Vergangenheit stets nur die Stellen- und Bewerberangebote für seinen eigenen regionalen und beruflichen Zuständigkeitsbereich in Form von Karteikarten verfügbar. Heute dagegen sind beide Einschränkungen fortgefallen. Der Arbeitsvermittler hat über seinen Bildschirm Zugriff auf alle Stellenangebote seines Tagespendelbereiches, bei Bewerbern auf alle Bewerber des Arbeitsamtsbezirkes. Im Fachvermittlungsdienst für besonders qualifizierte Fach- und Führungskräfte stehen ihm alle Stellen- und Bewerberangebote des Bundesgebietes zur Verfügung. Sein Aktionsradius hat sich somit erheblich erweitert, die Voraussetzungen für noch mehr Qualität bei der Arbeitsvermittlung sind insoweit geschaffen. Es genügt natürlich nicht, nur die Anzahl der verfügbaren Informationen zu erhöhen. Für die Bewältigung der Informationsflut sorgen komfortable Such- und Selektionsprogramme.

Die Möglichkeit der

Auskunftserteilung

ist entscheidend verbessert worden. Bei Nachfragen eines Leistungsberechtigten braucht meistens keine Akte mehr gesucht zu werden. Die aktuellen Daten sind per Bildschirm abzurufbar. Das gilt nicht nur für die Leistungsabteilung, sondern z.B. auch für den Arbeitsvermittler in einer weit vom Hauptamt entfernten Nebenstelle.

Informationen über Stellen- und Bewerber waren bislang nur auf Karteikarten verfügbar. Solche Karteikarten sind nicht mehr erforderlich: jeder dazu Berechtigte kann Daten von Stellen- und Bewerberangeboten nach unterschiedlichsten Kriterien auf seinen Bildschirm rufen. Das Suchen und Transportieren von Unterlagen ist dadurch stark reduziert worden.

Auch die

Verkürzung der Durchlaufzeit

ist hier zu erwähnen. Stellenangebote können bei den heute verfügbaren technischen Möglichkeiten schneller besetzt werden, bei Leistungsanträgen hat sich die Zeit zwischen Antragstellung und dem Eintreffen der Zahlung bei dem Berechtigten verkürzt.

Durch konsequente Nutzung der Möglichkeiten der Informationsverarbeitung, ist auch der

Wegfall von Arbeiten

bemerkenswert. Das gilt z.B. im Bereich der Kindergeldzahlungen. Hier ist ein maschineller Datenabgleich mit den Meldebehörden eingeführt, der einmal dem Kunden Wege und Zeit erspart und zum anderen viele Bearbeitungsvorgänge im Arbeitsamt wegfallen läßt. Ähnliches gilt für den Nachweis des Einkommens bei Anspruch auf Kindergeld für das zweite und die weiteren Kinder. Ein mit Einwilligung des Berechtigten durchgeführter Datenabgleich mit den Finanzbehörden führt dazu, daß Kindergeld in solchen Fällen ohne Nachweis des Einkommens durch den Berechtigten gezahlt werden kann.

Zu den Arbeiten, die wegfallen, gehören auch die insbesondere im Bereich der Arbeitsvermittlung sehr belastenden statistischen Auszählungen. Soweit die Daten schon auf maschinenlesbaren Datenträgern verfügbar sind, können Auswertungen zu jeder Zeit und in jeder gewünschten Gliederung erstellt werden. Auch hier gilt es allerdings, Zahlenfriedhöfe zu vermeiden.

Die z.Zt. häufig zitierte Beschäftigtenstatistik sollte nicht unerwähnt bleiben. Beschäftigtenzahlen wurden früher durch manuelles Auszählen von Karteikarten gewonnen. Das war ein mühsames, zeitraubendes und fehleranfälliges Verfahren. Erst durch das gemeinsame Meldeverfahren zur Sozialversicherung und zur Bundesanstalt für Arbeit ab 1973 ist es möglich, mit einem gewissen Zeitverzug eine brauchbare Beschäftigtenstatistik aufzustellen. Ohne Informationsverarbeitung in allen am Meldeverfahren beteiligten Sozialversicherungsträgern wären solche Zahlen mit vertretbarem Aufwand nicht zu gewinnen.

In diesem Zusammenhang soll noch ein weiterer Datenabgleich genannt werden: Beendete Leistungsfälle werden mit den Anmeldedaten der DEVO/DÜVO-Meldungen des Arbeitgebers verglichen und so Überschneidungen von Zeiten des Leistungsbezuges mit Beschäftigungszeiten aufgedeckt. Das waren vom Aug. 84 - Juli 85 immerhin 71 000 Fälle mit einem festgestellten Überzahlungsbetrag von über 24 Mill. DM.

Zu dem Wegfall von Arbeiten treten auch eine ganze Reihe von

Arbeitsvereinfachungen.

Da ist die maschinelle Fehlerprüfung, das schon erwähnte Suchen von Vorgängen und das automatische Ausdrucken einer Vielzahl der in einer Verwaltung anfallenden Schreiben.

Die statistische Auswertung des umfangreichen Datenmaterials unseres Hauses wäre ohne massiven Einsatz der Mittel der Informationsverarbeitung nicht möglich. Das gilt ganz besonders für die Auswertungsanforderungen des Instituts für Arbeitsmarkt- und Berufsforschung.

An dieser Stelle sollten noch die Stichworte Datenaustausch bzw. -weitergabe mittels Magnetband an Sozialversicherungsträger, Landeszentralbank usw. genannt werden.

Wegen der Eigenart ihrer Aufgabenstellung spielen Fragen der Image-Pflege für die Bundesanstalt - wie schon angedeutet - eine bedeutende Rolle. Sie ist deshalb stetig um Bürgernähe und

Bürgerfreundlichkeit

bemüht. Die durch die Informationsverarbeitung erheblich gewachsenen Möglichkeiten aktueller mündlicher und schriftlicher Auskunftserteilung kommen ihr daher sehr entgegen. Das gilt auch für die von Schnelldruckern oder Arbeitsplatzdruckern gedruckten Informationen. Hier zeigt sich allerdings in der Beschränkung erst der Meister. Leider liegen Ausführlichkeit, Übersichtlichkeit und Lesbarkeit solcher gedruckter Bescheide oft im Widerstreit.

Alle Leistungen der BA werden grundsätzlich unbar geleistet. Solche Zahlungen manuell vorzubereiten und abzurechnen, ist heute gar nicht mehr vorstellbar. Dazu zwei Zahlen: im Kalenderjahr 1985 wurden vom Zentralamt in Nürnberg über 93 Mill. Zahlungen (Kindergeld, Arbeitslosengeld usw.) mit einem Zahlungsvolumen von mehr als 50 Milliarden DM abgewickelt.
Einen anderen Aspekt möchte ich noch anfügen: Kurzfristige Änderungen von Arbeitsverfahren wurden durch die Informationsverarbeitung in der Regel erschwert. Jede Änderung will rechtzeitig geplant sein und kann erst nach Entwicklung der jeweiligen Programme und gründlichem Test eingeführt werden. Diese gewisse Starrheit wird sich nur schwer beseitigen lassen. Sie verhindert allerdings auch den bei herkömmlichen Verfahren früher möglichen "Durchgriff" von oben nach unten!

8. Ausblick

Die Ausweitung der Informationsverarbeitung in allen Fachbereichen wird auch künftig die Arbeitsqualität erhöhen und zu spürbaren Erleichterungen in der Aufgabenabwicklung führen. Wir bemühen uns dabei, abrupte Änderungen zu vermeiden und streben möglichst "weiche" Übergänge an. Unsere Erfahrungen zeigen - und sicher nicht nur unsere -, daß sich Entwicklungen in der Regel eher verzögern als verkürzen, so daß der Anpassungsprozeß an neue Arten der Aufgabenerledigung meistens zeitlich gestreckt werden kann. Es ist ja eine allgemeine Beobachtung, daß sich die Produktzyklen der Hersteller ständig verkürzen, die Anwendungszyklen dagegen immer länger werden.

Bei allem sollte nicht übersehen werden, daß Menschen mit dieser Technik umgehen und von der Technik Betroffene sind. Mittel der Informationsverarbeitung sind immer nur Hilfsmittel, Handwerkszeug. Die Mensch-zu-Mensch-Beziehung z.B. in der Arbeitsvermittlung und Arbeitsberatung können sie nicht ersetzen. Gerade bei den aktiv in der Informationsverarbeitung Tätigen besteht leicht die Gefahr, die Technik zu hoch zu bewerten. Es sollte immer wieder daran erinnert werden, daß Technik keinen Selbstzweck erfüllt, sondern dem Menschen zu dienen hat.

Ohne neue Technologie keine moderne Verwaltung

Jürgen Below, Abteilungsdirektor bei der BfA

1. Grundsätzliches

Der Gesetzgeber verläßt sich in zunehmendem Maße darauf, daß seine in schneller Folge erscheinenden und sich ununterbrochen ändernden Produkte nur noch mit Hilfe der DV in praktische Ergebnisse umgesetzt werden können. Die heutige Leistungsverwaltung soll dementsprechend massenhaft vorkommende, häufig sehr komplizierte Tatbestände trotz ununterbrochener Änderungen der Rechtslage schnell, umfassend und natürlich richtig sowie noch möglichst individuell abwickeln. All das ist ohne den Einsatz moderner Technik gar nicht mehr darstellbar.

Die Leistungsverwaltung setzt daher DV-Systeme schon seit Jahrzehnten ein, wenn auch mit unterschiedlicher Intensität. Dabei unterscheidet sich die DV-Organisation in einer Leistungsverwaltung nur graduell von der einer ähnlich gelagerten privatwirtschaftlich organisierten Institution (z.B. Sozialversicherung - Privatversicherung, öffentlich-rechtliches Geldinstitut - privatwirtschaftliches Geldinstitut).

Die Anforderungen der öffentlich-rechtlichen Institutionen liegen nach meinen Erfahrungen im wesentlichen auf der gleichen Linie wie die der privatwirtschaftlichen Institute. Viel wichtiger als der Unterschied staatlich - privatwirtschaftlich ist der bei dem jeweiligen DV-Anwender zwischenzeitlich erreichte Grad der DV-Anwendung.Bei im wesentlichen ähnlicher Aufgabenstellung und gleichem Entwicklungsstand werden auch die Anforderungen beider Institutionen ähnlich sein.

Innerhalb der öffentlichen Verwaltung führen die vielfältigen Unterschiede in der Aufgabenstellung, Zuständigkeit und Organisation der jeweiligen öffentlich-rechtlichen Institutionen auch zu unterschiedlichen Anforderungen. Insoweit gibt es nicht den "Informatik-Arbeitsplatz in der öffentlichen Verwaltung". Selbst innerhalb ein und derselben Verwaltungseinheit kann und wird es Divergenzen bei der Gestaltung von Informatik-Arbeitsplätzen geben.

So gesehen basieren die in diesem Beitrag formulierten Anforderungen und deren Konsequenzen auf dem Stand der Datenverarbeitung, den die BfA derzeit erreicht hat, den zu erwartenden Aufgaben und den sich abzeichnenden Möglichkeiten.

2. Ist-Zustand

2.1 Mengendaten

Die BfA betreut derzeitig 16,2 Millionen Versicherte und 4,5 Millionen Rentenempfänger mit zunehmender Tendenz. In Erfüllung dieser Aufgaben wurden 1985

rd. 586.000 Renten erstmalig oder erneut berechnet bzw. umgewandelt,

über 3,8 Millionen Vorgänge zur Führung der Versichertenkonten bearbeitet,

in 88.000 Fällen der Versorgungsausgleich bei Scheidungen durchgeführt und

386.000 Anträge auf Rehabilitationsmaßnahmen bearbeitet.

Dazu wurden 1985 im Rahmen des Datenaustauschs mit den verschiedensten Stellen 44 Millionen Datensätze zur Verarbeitung entgegengenommen und 30 Millionen Datensätze an andere Stellen übersandt.

2.2 Hardware

Die BfA verfügt über eine zur Zeit genügende und ausbaufähige Großrechner-Kapazität mit insgesamt 21 MIPS interner Verarbeitungsleistung und 64 MB Arbeitsspeicherkapazität. Die periphere Speicherkapazität umfaßt zur Zeit 82 GB im Direktzugriff.Die zentrale Druckerleistung mit 3 Laserdruckern, 3 Off-line- und 6 On-line-Schnelldrucksystemen erreicht eine Tagesleistung von 3 Tonnen.

Der Dialog-Verkehr wird im Rahmen der verteilten Datenverarbeitung realisiert. Zur Regelung des Daten-Transfers sind 9 Vorrechner sowie dezentral zur Unterstützung der Sachbearbeitung 135 periphere Rechner in den verschiedenen Dienststellen sowohl in Berlin als auch im Bundesgebiet eingesetzt. Daran angeschlossen sind rd. 1.000 Dialog-Arbeitsplätze mit rd. 800 peripheren Druckern bei eindeutig steigender Tendenz.

Seit 1981 praktiziert die BfA die Dialog-Verarbeitung in Realzeit bei ausgezeichneter Akzeptanz durch die Sachbearbeitung.

Ständig angeschlossen sind 30 Auskunfts- und Beratungsstellen sowie nach Bedarf weitere 370 örtliche Beratungsstellen im Bundesgebiet einschließlich Berlin-West.

Parallel sind zusätzlich noch installiert 150 Bildschirm-Arbeitsplätze für Off-line-Datenerfassungs- und Textsysteme mit abnehmender Tendenz.

2.3 Software

Die Anwender-Software wird zu 100 % selbst gestellt und gewartet. Dazu gehören - wegen des hohen Datendurchsatzes - mit Unterstützung des Herstellers in eigener Regie erstellte Zugriffsprozeduren, Datensicherungs-, Datenträgerverwaltungs- und Organisationssysteme sowie Verfahren zur Verwaltung des Datenträgerarchivs mit rd. 21.500 Magnetbändern.

Ebenfalls überwiegend in eigener Regie werden die peripheren Rechner programmiert (PDN). Das gilt auch für Verfahren zur Datenfernübertragung, bei denen im Rahmen des Transdata-Systems ^UTM^ und ^BERMUDA^ verwendet werden.

Ausgebaut wird ebenfalls in eigener Verantwortung ein Datenbanksystem (ADABAS) für die Verarbeitung und Verwertung aller Daten und Ergebnisse, die bei der medizinischen, beruflichen und besonderen Rehabilitation anfallen. Zusätzlich wird SESAM verwendet (lineare Dateien).

3. Anforderungen

In der DV gibt es keinen Stillstand, denn das wäre schon Rückschritt. Daher werden Anforderungen stets eine Momentaufnahme sein, die ständig zu überprüfen bzw. neu zu definieren sind. Aus heutiger Sicht stellen sich schwergewichtig folgende Anforderungen:

3.1 Ausbau eines umfassenden Kommunikations- und Informationsnetzes

Das derzeitige Netz besteht aus dem Telefonnetz und den Kabeln für die Datenübertragung, die gerätespezifisch nach Bedarf verlegt werden. Dabei führt die zunehmende Terminalisierung zu einer Vielfalt von verlegten Kabeln und kaum mehr aufnahmefähigen Kabelschächten. Gerade bei Änderungen führt das zu erheblichen Erschwernissen. Wir unterscheiden uns hier wohl kaum von den Betrieben in der Privatwirtschaft.

In den nächsten Jahren müssen wir darangehen, vorhandene Kommunikationsdienste wie das Telefonnetz, das EDV-Netz und auch zukünftige Übermittlungsnetze zu vereinen. Notwendig ist die künftige Integration der Dienste in einem leistungsfähigeren und zudem preiswerteren Netz (dem Integrated-Services-Digital-Network - kurz ISDN genannt), das unproduktive Umsetzvorgänge zwischen den verschiedenen Informationsträgern vermeidet. Dieses Netz muß für digitale Signale eingerichtet sein und sich damit wesentlich von der herkömmlichen analogen Sprachsignalübertragung des Fernsprechdienstes unterscheiden.

Als erster Schritt soll das Telefonnetz und das EDV-Netz unserer als Testanlage genutzten Zentraleinheit unter Verwendung neuer Vermittlungsrechner und der vorhandenen Telefonleitungen zu einem schmalbandigen ISDN zusammengefaßt werden, so daß an jedem Test-Arbeitsplatz neben dem Telefon ein Terminal ohne jeweils neue Leitungsverlegung installiert werden könnte. Dabei würden Telefon- und EDV-Signale über dieselbe Leitung gehen. Vordringlich wird zu klären sein, ob das digitale Netz unter Beibehaltung der vorhandenen peripheren Rechner oder mit Hilfe einer neuen Technik (server) realisiert werden kann.

Mittelfristig muß dieses Netz so ausbaufähig sein, daß später über ein Breitband - ISDN sowohl Sprache als auch Bilder (archivierte Dokumente) als auch EDV-Daten mit hoher Übertragungsgeschwindigkeit von einigen Mbit/sek. übermittelt werden können.

Daraus folgt, daß der zukünftige Sachbearbeiter-Arbeitsplatz alle Komponenten für Sprache, Bild und EDV-Daten enthalten muß. Graphik ist generell nicht erforderlich, Btx in der Regel zu langsam bzw. für die Sachbearbeitung nicht notwendig, electronic mail nicht sinnvoll.

3.2 Integrierter Einsatz von Personalcomputern

Der Einsatz von Personalcomputern im Stand-alone-Betrieb wird sich aus der Sicht der Leistungsverwaltung auf wenige isoliert abzuwickelnde Ausnahmefälle beschränken. Interessanter wird der Einsatz des Personalcomputers mit Anschluß an und Durchgriff auf die Großrechner sein. Dabei wird gefordert werden müssen, daß der PC auf alle Bereiche der Bürokommunikation ausbaufähig ist. Besonderes Gewicht kommt dabei der Textverarbeitung zu, die bislang vernachlässigt wurde. Beim Einsatz der PC muß ein Typen-Wirrwarr unbedingt vermieden werden. Die Anforderung an die Hersteller geht daher dahin, einen mehrfach verwendbaren Personalcomputer mit Integrationsmöglichkeit zur Groß-EDV zur Verfügung zu stellen.

3.3 Papierarme Verwaltung

Hier handelt es sich um ein Anliegen, das fast umweltschonenden Charakter hat. Die immer noch zunehmenden Papiermengen, die die Anwendung der DV nach sich zieht, führen zu einer Vergeudung natürlicher Ressourcen und unnötiger räumlicher Ausdehnung der Archive. Es muß daher erreicht werden, den Papieraufwand in nicht allzu ferner Zukunft erheblich zu reduzieren. Dazu bedarf es zunächst einer Bewußtseinsänderung bei der Bürokratie selbst, den Gerichten, dem Gesetzgeber und auch dem davon betroffenen Bürger. Es muß möglich sein, das, was mehrfach gespeichert ist und jederzeit reproduziert werden könnte, als Grundlage für weitere Entscheidungen zu akzeptieren, ohne in jedem Fall Originale oder Durchschriften in Papier aufzubewahren.

An die Stelle der heute benötigten umfangreichen Aktenlager in verschiedener Form muß das elektronische Archiv treten. Alle an den Bürger oder andere Stellen herausgehenden Schriftstücke sind digital (z.B. optische Platte) so zu speichern, daß sie bei Bedarf von der sachbearbeitenden Stelle im Direktzugriff abgerufen und dafür ggfs. auch reproduziert werden können. Der Informatik-Arbeitsplatz der Zukunft muß daher in absehbarer Zeit auch Einrichtungen zur optimalen Wiedergabe digital gespeicherter Dokumente bieten (Drucker ohnehin) .

3.4 Bedienungsarmes Rechenzentrum

Bei der Gestaltung von Informatik-Arbeitsplätzen wird leider häufig die sich zwar im Hintergrund abspielende, dafür aber umso wichtigere Arbeit im Rechenzentrum selbst vergessen. Gerade hierbei handelt es sich um Informatik-Arbeitsplätze von nicht zu unterschätzender Bedeutung. Dabei wird der Maschinenbediener oder Operateur an der Console allmählich, aber immer schneller vom Anlagenvorbereiter oder -planer abgelöst, der über den Bildschirm-Arbeitsplatz die Programmsysteme lädt, startet und laufend überwacht, dabei ständig neue Informationen erhält und ggfs. über Dialog eingreifen muß.

Schon heute werden für die Abwicklung der Arbeiten im Rechenzentrum weitgehend standardisierte Einrichtungen genutzt, die ein uhrzeitgesteuertes Ein- und Ausschalten der Hardware, das Laden und Starten des Betriebssystems sowie das Hochfahren der Anwenderprogramme übernehmen. Dennoch ist das bedienerarme Rechenzentrum noch verbesserungsfähig.

Dazu bieten sich Einrichtungen an, die für die nach wie vor erforderlichen Nachtschichten eine automatisierte Steuerung und Fehlerüberwachung mit dem Ziel sicherstellen, die Anwesenheit von Bedienern auf ein Minimum beschränken oder in der Nacht vollständig zu erübrigen. Es müßte erreichbar sein, mittels Fernsteuerung das System bei Nacht zu kontrollieren und Fehlermeldungen zu erhalten, die dann erst den Einsatz von entsprechenden Bedienern auslösen. Auf diese Weise können wesentliche Verbesserungen der Arbeitsbedingungen für die in Wechselschicht tätigen Mitarbeiter geschaffen werden.

3.5 Einrichtung zur Systementwicklung

Die Systementwicklung (Konzeptdetaillierung und Programmierung) erfolgt heute bereits weitgehend über Dialog-Arbeitsplätze. Allerdings ist die Unterstützung der DV-Organisatoren und Programmierer im Rahmen der Entwicklung von Systemen noch verbesserungsbedürftig. Zur Zeit werden im wesentlichen nur die Programmierer durch standardisierte Systemtechnik unterstützt. Für die Konzeptentwicklung fehlen derartige unterstützende Systeme weitgehend.

Ziel muß es sein, einerseits die DV-Organisatoren, andererseits aber auch die mit der Projektsteuerung befaßten Kräfte rechnergestützt tätig sein zu lassen. DV-Organisatoren und Programmierer müssen auf diese Weise schon in der Konzeptionsphase gemeinsam und mit den gleichen Standardsystemen möglichst parallel arbeiten können. Als Folge dieser Arbeit müßte möglichst automatisch die entsprechende Dokumentation anfallen. Anhand dieser Dokumentation muß es dann der Projektsteuerung möglich sein, den Projektfortschritt jederzeit feststellen zu können.

Die bisher auf dem Markt befindlichen Systeme erfüllen nur einen Teil dieser Forderungen. Insbesondere bieten sie nicht die vollständige Integration in die Produktionsebene. Hier Wandel zu schaffen, würde die Systementwicklung wesentlich erleichtern, beschleunigen und transparenter gestalten.

3.6 Reorganisation der EDV-Ausbildung

Die derzeitige EDV-Ausbildung beruht weitgehend noch auf der Unterscheidung der Konzeptentwicklung durch die DV-Organisation und deren Realisierung durch die Programmierung. Diese Arbeitsteilung wird in Bälde überholt sein. Daher bietet es sich an, die bisherige Trennung von DV-Organisation und Programmierung in der Ausbildung sofort aufzugeben. Die Grundausbildung für DV-Organisatoren und Programmierer muß gleich sein mit dem Ziel, den Organisationsprogrammierer zu etablieren.

Als Folge davon muß die Ausbildung der Informatiker praxisbezogener werden. Der Informatiker (gleichgültig, ob Hochschule oder Fachschule) verfügt über ein gutes theoretisches Wissen, hat jedoch in der Regel Schwierigkeiten, dieses in praxi anzuwenden.

Neben den Organisationsprogrammierer tritt in Zukunft der Systemprogrammierer, für den spezialisierte Lehrgänge nach mehrjähriger Praxis als Organisationsprogrammierer angebracht sind. Dazu zählen u.a. Systembetreuer für Datenfernverarbeitung, Betriebssysteme, Datenbanken usw.

3.7 Ergonomie und Mischarbeitsplätze

Der Begriff von der ^Gestaltung humangerechter Einsatzformen^ ist wenig griffig. Ergonomische Probleme gibt es an sich kaum. Fast alle Anforderungen dieser Art lassen sich erfüllen, jedoch nicht immer bezahlen.

Mischarbeitsplätze werden die Zukunft bestimmen. Sie führen jedoch dazu, daß Anlerntätigkeiten entfallen, weil die Aufgaben dieser Ebene häufig von höherwertigen Stellen nebenbei wahrgenommen werden.

Der Einsatz der Datenverarbeitung qualifiziert und vermehrt die ohnehin schon qualifizierten Mitarbeiter. Er führt aber dazu, daß zunehmend einfache und Anlernfunktionen entfallen.

3.8 Personelle Probleme

Es ist nicht allzu schwierig, interessierten und qualifizierten Nachwuchs für DV-Organisatoren/Anwenderprogrammierer oder Operateure zu erhalten. Allerdings empfiehlt sich eine scharfe Auslese in der Ausbildungs- und in der Probezeit, denn neben fachlicher Eignung muß der Mitarbeiter in der EDV hohe Einsatzbereitschaft und Stetigkeit unter Beweis stellen. In der Regel ist dafür eine Probezeit von 3 - 6 Monaten zu kurz.

Problematisch ist das Tarifrecht des öffentlichen Dienstes für DV-Organisatoren, Programmierer und Operateure. Das jetzt vorliegende Tarifwerk ist wenig hilfreich und leistungsfördernd. Mit den dort festgeschriebenen Bedingungen kann der öffentliche Dienst mit der Privatwirtschaft nicht konkurrieren. Die Folge ist, daß gute ausgebildete Kräfte zunehmend von Handel, Industrie und privatwirtschaftlichen Einrichtungen abgeworben werden.

Schwer lösbar ist das Problem, wie man altgediente und in der Vergangenheit verdiente Mitarbeiter einsetzen soll, weil sie dem enormen Entwicklungstempo nicht mehr gewachsen sind.

Besonderes Augenmerk ist der Ausbildung des Verwaltungsnachwuchses zu widmen. Dieser muß an den jeweils neuesten Entwicklungsstand so rechtzeitig herangeführt werden, daß er bei der Übernahme von Verwaltungsfunktionen in der Lage ist, das Kommunikationsnetz zu bedienen und zu nutzen. Die heutigen Ausbildungsordnungen sind insoweit veraltet und zu theoretisch. Der Verwaltungsnachwuchs (Auszubildende und Anwärter) muß schon während der Ausbildungszeit praktisch an die Handhabung von Dialog-Arbeitsplätzen herangeführt werden. Das Problem hierbei ist nicht die Einstellung der jungen Auszubildenden und Anwärter, sondern liegt in dem nicht mehr aktuellen Informationsstand der Lehrkräfte. Das Lehrpersonal müßte in Fortbildungskursen permanent an den neuesten Entwicklungsstand der Kommunikations- und Informationstechnik herangeführt werden, um in der Lage zu sein, diesen dem Nachwuchs zu vermitteln.

4. Fazit

Der multifunktionale Bildschirm-Arbeitsplatz wird in Kürze die Standardausstattung des Sachbearbeiters in der Leistungsverwaltung darstellen. Nicht nur die einzelnen Arbeitsplätze innerhalb einer Dienststelle, sondern zunehmend auch die verschiedenen Dienststellen untereinander werden in Bälde an ein Kommunikations- und Informationsnetz angeschlossen sein. Die Datenverarbeitung hat sich in den letzten Jahren so gravierend verändert, daß der Begriff ^Rechenzentrum^ als zentrale Verarbeitungsstelle für den jetzigen

Stand der Informationsverarbeitung überprüft werden muß. Der jetzige Rechnerbetrieb als zentrale Kommunikations- und Informationsstelle wird stärker in den Vordergrund treten und primär unterstützende bzw. beratende Funktionen beim Einsatz von Teilhaber- und Teilnehmer-Systemen wahrnehmen. Durch eine sinnvolle und wirtschaftlich vertretbare Vernetzung von Rechnern wird in Zukunft starkes Gewicht auf die Netzadministration zu legen sein. Ob das Schwergewicht mehr auf der zentralen oder mehr auf der dezentralen Datenverarbeitung liegt, wird von Fall zu Fall entschieden werden müssen. Dabei wird sich in vielen Fällen herausstellen, daß eine Mischung von zentraler und dezentraler (verteilter) Datenverarbeitung in vielen Fällen die optimale Lösung darstellen wird. Ziel muß es dabei sein, dem Mitarbeiter in der Leistungsverwaltung ein Dialog-System zur Verfügung zu stellen, das Verarbeitung mit einfacher Handhabung kombiniert.

Diese Entwicklung ist im vollen Fluß. An sie müssen die Mitarbeiter aller Ebenen in der öffentlichen Verwaltung,nicht zuletzt auch die Führungsebenen , herangeführt werden.

WAS NÜTZEN PERSONAL COMPUTER DEN KLEINEN KOMMUNALVERWALTUNGEN?

Bernd Jungesblut
Gesamthochschule Kassel (Universität)
Forschungsgruppe Verwaltungsautomation

1. Vorbemerkung

In diesem Beitrag werden Möglichkeiten vorgestellt, die der Einsatz von Personal Computern insbesondere den in der BRD so zahlreichen kleinen Kommunalverwaltungen bietet. Im Mittelpunkt steht die Darstellung der Vorteile und Nutzungschancen dieser relativ neuen Form der Informationstechnik. Die folgenden Ausführungen beruhen auf der Untersuchung "Informationstechnik in kleinen Kommunalverwaltungen", welche die Forschungsgruppe Verwaltungsautomation vor allem in Nordhessen und Nordrhein-Westfalen 1983/84 durchführte. Sie geben einen knappen Überblick über erste Konzepte und Anwendungen, die von einzelnen "Pionierverwaltungen", teils selbständig, teils gemeinsam mit kommunalen Datenzentralen oder Softwarehäusern, entwickelt wurden. Die bislang vorliegenden Erfahrungen in diesem Bereich sind noch sehr gering.

2. Rahmenbedingungen des Informationstechnikeinsatzes

Die Entwicklung und Einführung von Informationssystemen sind zeit- und kostenaufwendige Aufgaben, die den finanziellen, organisatorischen und personellen Rahmen einer kleinen Kommunalverwaltung übersteigen. Während die Verwaltungen der Großstädte den Aufbau ihrer informationstechnischen Infrastruktur zumeist vollzogen haben und nun daran gehen, diese weiterzuentwickeln und auszubauen, gilt es für die Städte und Gemeinden der unteren Größenklasse, eine sinnvolle Strategie für den Einsatz von Informationstechnik erst noch zu entwickeln.

Die technische Ausstattung der kleinen Kommunalverwaltungen beschränkt sich häufig auf Telefon, Schreibmaschine und Kopiergerät. Eine eigene

DV-Anlage ist in den seltensten Fällen vorhanden. Viele Gemeinden arbeiten noch mit mechanischen Buchhaltungssystemen oder gar mit Durchschreibebuchhaltung. Hier wird der Personal Computer (im weiteren: PC) in absehbarer Zeit schnell vordringen. Die neueren Entwicklungen auf dem DV-Markt schaffen auch für diese Verwaltungen die Voraussetzungen für einen nutzbringenden Einsatz von Informationstechnik. Aus diesem Grund sind überlegungen darüber anzustellen, wie eine möglichst effektive Nutzung der PC unter den gegebenen Bedingungen erreicht werden kann.

Für den Einsatz in kleinen Kommunalverwaltungen bieten sich PC aus vielerlei Gründen an:

(1) Kleine Kommunalverwaltungen benötigen in der Regel nicht weniger Informationen als Großstadtverwaltungen. Zwar haben sie ein geringeres Volumen an Informationen zu verarbeiten, die Varietät, also die Anzahl der unterschiedlichen Informationsarten, bleibt - da von der Art der zu erfüllenden Aufgaben und nicht von der Einwohnerzahl einer Gemeinde bestimmt - für alle Kommunalverwaltungen verhältnismäßig gleich. Um die Verwaltungsaufgaben auch im ländlichen Bereich im gleichen Umfang und mit gleicher Qualität zu erfüllen wie in den Großstädten, sind kleine Gemeinden auf den Einsatz von Informationstechnik angewiesen.

(2) Auch kleine Kommunalverwaltungen haben verhältnismäßig viele verschiedene Aufgaben mittels Computer durchzuführen, die Anzahl der einzelnen Vorgänge je Aufgabenbereich ist aber, gemessen an der Leistungsfähigkeit der heute angebotenen Technik, für einen wirtschaftlichen Einsatz zu gering. Erwogen wird der Technikeinsatz für Anwendungsbereiche, wo das manuelle Verfahren zu langsam, unzuverlässig oder unzweckmäßig ist.

Entscheidungskriterien wie Abbau von Personal, Senkung der Verwaltungskosten oder Verbesserung des Informationsangebots für Planungszwecke spielen für den Computereinsatz in kleinen Kommunalverwaltungen nicht annähernd die Rolle wie in Großstadtverwaltungen.

(3) Wegen der knappen Personaldecke kleiner Verwaltungen schlagen hier Schwankungen im Arbeitsanfall viel stärker durch als bei Verwaltungen

der Großstädte. Während letztere auch kurzfristig zwischen den Sachgebieten und Ämtern einen personellen Ausgleich herstellen können, verfügen kleine Verwaltungen über solche Reserven nicht. Nicht kalkulierbarer Arbeitsanfall und zeitlicher Druck kennzeichnen die Arbeitssituation der Beschäftigten. Bereits der Ausfall nur eines Sachbearbeiters kann ernste Störungen in der Aufgabenerledigung zur Folge haben. Umso wichtiger ist es, daß die kleine Gemeindeverwaltung über eine Informationstechnik verfügt, die einen reibungslosen Übergang vom alten auf das neue Verfahren ermöglicht.

(4) Die erforderliche Software muß entsprechend dem Stand der technischen Ausstattung "mitwachsen". Um dies zu realisieren, ist der Einsatz einer Informationstechnik erforderlich, die eine Weiterentwicklung und Erweiterung schon vorhandener Anwendungen in der nächsten Ausbaustufe gewährleistet.

(5) Im Hinblick auf den geringen Datenanfall sind die möglichen Einsparungen bei der Computernutzung begrenzt. Die Aufwendungen für das System müssen aber im Rahmen der finanziellen Kapazität der kleinen Verwaltungen liegen. Sie benötigen einen billigen Computer mit einer höheren Leistung als die derzeit eingesetzten Tischrechner, mechanischen Buchungsmaschinen oder Anlagen der mittleren Datentechnik. Erwartet wird, daß mit dem Computereinsatz dennoch größere Vorteile verbunden sind als sie bei Einführung landeseinheitlicher DV-Verfahren (z.B. für das Finanz-, Einwohner- oder Personalwesen) bislang zu erzielen waren. So ist man heute nicht mehr bereit, die bekannten Nachteile zentraler Stapelverarbeitung hinzunehmen. Vielmehr gehen die Erwartungen der Anwender dahin, Sachbearbeitung im Dialog durchzuführen.

(6) Durch die Übernahme zentral entwickelter, landeseinheitlicher DV-Verfahren werden zum Teil völlig ungeeignete Formen der Arbeitsorganisation aus Großstadtverwaltungen mit ganz anderen Rahmenbedingungen in den Verwaltungsalltag kleiner und kleinster Gemeinden übertragen. Weder das Management noch die Beschäftigten dieser Verwaltungen sind heute noch bereit, ihre Tätigkeit durch technische Lösungen vorstrukturieren bzw. durch Dritte inhaltlich organisieren zu lassen. Vielmehr verlangen sie den Einsatz einer Informationstechnik, die ie in hohem Maße nach ihren Vorstellungen eigenverantwortlich gestalten können.

3. Nutzungsmöglichkeiten von Personal Computern

Im folgenden werden die möglichen Einsatzformen des PCs in kleinen Kommunalverwaltungen kurz skizziert und an Beispielen demonstriert.

Orientiert man sich an den Einsatzpotentialen des PCs, ergibt sich zunächst eine Einteilung nach den Funktionen Rechnen, Schreiben, Speichern (inkl. Sortieren und Verwalten) sowie übertragen von Informationen. Demzufolge lassen sich solche Anwendungen voneinander unterscheiden, die primär auf einem Softwaresystem zur Kalkulation, Erstellung von Rechnungen bzw. Lösung von Gleichungssystemen, zur Verwaltung und Pflege von Datenbanken, zur Be- und Verarbeitung von Texten oder zur übertragung von Daten an weitere PC bzw. Großrechner basieren. Dabei kann unberücksichtigt bleiben, daß Verwaltungsarbeit in kleinen Städten und Gemeinden der Unterstützung durch multifunktionale Informationstechnik bedarf und die meisten derzeit angebotenen Softwaresysteme eine Integration der genannten Informationsfunktionen bereits gestatten.

3.1 Personal Computer im Verbund mit zentralen Großrechnern

Viele der in kleinen Gemeinden aufgestellten PC sind heute in ein DFÜeNtz eingebunden und als Datenerfassungs- und/oder Endgerät eines landeseinheitlichen bzw. zentralen DV-Verfahrens eingesetzt.

(1) Datenerfassung

Die kleinen Kommunalverwaltungen setzen, soweit sie ein zentrales Stapelverfahren benutzen, häufig noch veraltete und zugleich kostenaufwendige Datenerfassungsgeräte ein, und zwar für Anwendungen, für die das zuständige KGRZ keine oder noch keine On-line-Lösung anbieten kann (z.B. Personal-, Steuer- oder Sozialwesen). Seit 1984 haben eine Reihe von Datenzentralen damit begonnen, diese Datenerfassungsgeräte (z.B. TA 1000, IBM 3741) durch PC zu ersetzen. Gegenüber diesen Geräten haben PC u.a. den Vorteil einer komfortableren und damit sicheren Gestaltung des DE-Programms ("qualifizierte Datenerfassung", d.h. Datenerfassung mit erweiterter Plausibilität und Ausgabe von Ergebnissen über den Drucker am Arbeitsplatz sowie Datenerfassung in Verbindung mit Auskunft aus zentral geführten Datenbeständen). Schließlich sind PC kostengünstiger als die herkömmlichen DE-Geräte und erlauben darüber hinaus zusätzliche Nutzungen (z.B. dezentrale Anwendungen).

Aus dem zuletzt genannten Grunde überlegen einige Verwaltungen, die üblichen Terminals (z.B. IBM 3278) durch PC zu ersetzen und diese als "multifunktionale Arbeitsstation" zu nutzen. Dabei soll, neben der beschriebenen DE-Funktion, vor allem die Datenvorverarbeitung und -abfrage im Rahmen eines PC-Großrechner-Verbundes und damit zentraler Anwendungen im Vordergrund stehen.

(2) PC-Großrechner-Verbund

In dieser Funktion tritt der PC an die Stelle der vergleichsweise teueren Bürocomputer, die seit Anfang der achtziger Jahre als Datensammel- und -vorverarbeitungssysteme vor allem in mittleren und großen Kommunalverwaltungen - teilweise mit remote-Anschluß für die Terminals kleiner Gemeinden - eingesetzt werden. Mit Hilfe des PCs läßt sich nun auch für kleine Kommunen das von den Datenzentralen häufig favorisierte Verbundkonzept, bestehend aus dezentraler Datenerfassung, dezentralem Zugang zu zentral gespeicherten Daten sowie Vorverarbeitung zeitkritischer Aufgaben, relativ kostengünstig realisieren.

Bei dieser Aufgabenstellung kommen die Vorteile des PCs allerdings nicht voll zur Geltung. Zwar trägt er mit seiner "dezentralen Intelligenz" erheblich zur Entlastung der Groß-DV bei, aber dies kann nur ein Aspekt des PC-Einsatzes in kleinen Gemeinden sein. Vielmehr ist nach solchen Nutzungen zu suchen, bei denen die spezifischen Probleme kleiner und kleinster Gemeinden überhaupt erst durch den PC sinnvoll gelöst werden können. Dazu gehört u.a. auch der Einsatz des PC als "Kommunikationswerkzeug".

(3) Vernetzte PC-Anwendungen

Durch den Einsatz von "Kommunikationswerkzeugen" ist es kleinen Gemeinden im ländlichen Raum durchaus möglich, die Nachteile ihrer räumlichen Isolierung zu überwinden und Dienstleistungen, die bislang nur zentralisiert vorgehalten werden, vor Ort durch eigene Beschäftigte anzubieten. Ähnliche Effekte lassen sich auch durch ihren Einsatz in Teilortsverwaltungen und räumlich ausgelagerten Ämtern erzielen.

Um der Unausgewogenheit zwischen kleinen Gemeinden im ländlichen Raum und Zentren in den Verdichtungsgebieten entgegenzuwirken, ist es notwendig, die Dienstleistungsfunktionen der kleinen Kommunalverwaltungen zu verbessern. Dazu benötigen sie den Zugriff auf die in übergeordneten Verwaltungen zentralisierten Informationen und Qualifikationen. Der PC kann solche Kommunikationsbeziehungen unterstützen, kann die räumliche Trennung zwischen Verwaltungsbereichen, dezentralen Dienststellen und zentralen Fachämtern, Gemeinde- und Landkreisverwaltungen usw. problemlos überbrücken.

Schließlich läßt sich der PC als arbeitsplatzorientiertes Informationssystem nutzen. Zur Erfüllung ihrer Aufgaben müssen kleine Kommunalverwaltungen täglich auf einen umfangreichen Dokumentenbestand zurückgreifen. Bei diesen Dokumenten handelt es sich im wesentlichen um Gesetze, Verwaltungsrichtlinien, Durchführungsverordnungen, Verträge usw., die nicht oder nicht vollständig dem Sachbearbeiter zur Verfügung stehen, sondern bei übergeordneten Stellen erfaßt, gespeichert und archiviert werden. In diesem Zusammenhang bietet der PC die Möglichkeit, durch Zugriff auf externe Datenbanken die Informationslage des Sachbearbeiters und damit der Verwaltung insgesamt zu verbessern.

Bei der Entscheidung über die PC-Nutzung ist vor allem solchen Anwendungen mehr Aufmerksamkeit als bisher zu schenken, die generell dazu geeignet sind, die Situation der kleinen Gemeinden im ländlichen Raum und ihrer Bürger zu verbessern sowie die fachliche Qualifikation und Kompetenz der politisch Verantwortlichen wie auch der Beschäfigten der Gemeindeverwaltung zu stärken. Aus dieser Sicht kommt der autonomen Nutzung der Informationstechnik in kleinen Kommunalverwaltungen ein besonders hoher Stellenwert zu.

3.2 Autonome Nutzung des Personal Computers

Bei dieser Nutzungsform geht es primär um die Rolle des PCs als praktische Arbeitshilfe, die der besonderen Situation eines Sachbearbeiters in einer kleinen Gemeinde angemessener ist als die derzeit vorherrschenden zentralen DV-Verfahren. Der Einsatz der Informationstechnik ist so zu gestalten, daß der Sachbearbeiter weniger Einbindung in vorgegebene Verfahrensweisen und von außen gesetzte Terminzwänge erfährt, stattdessen mehr Freiheit in der Art und Weise seiner Aufgabenerledigung sowie die Chance erhält, über die Gestaltung der Verwaltungsvorgänge und Techniknutzung mitzuentscheiden, sie im Einzelfall zu beherrschen und nach eigenen Bedürfnissen zu nutzen. In diesem Sinne soll der PC Hilfsaufgaben am Sachbearbeiterplatz in der kleinen Gemeindeverwaltung unterstützen; er soll - wo es sinnvoll ist - Karteien ersetzen, Daten ordnen, Listen und Bescheide ausdrucken, Textverarbeitung komfortabler gestalten sowie weitere einfache Aufgaben übernehmen.

(1) Verwaltung kleiner Adreß- und sonstiger Datenbestände

Anwendungen des PCs, die primär auf einem Datenbanksystem beruhen, also vor allem Tätigkeiten der Kartei-, Akten- und Listenführung in der Gemeindeverwaltung unterstützen, sind z.B. Friedhofsverwaltung (Gräberkataster, Grünflächendatei), Inventarverwaltung (Maschinen- und Gerätedatei), Kindergartenverwaltung oder Liegenschaftskataster (Verzeichnis der gemeindeeigenen Grundstücke). Die wichtigsten Funktionen, die DV-gestützt abgewickelt werden können, sind Aufbau und Pflege der Datei, Auswertungen in Form von Listen, Ad-hoc-Auskünfte außerhalb der Sortierung, Terminüberwachungen der Vorgänge usw. Die technischen Voraussetzungen (Datenbanksystem, Abfragesprache, Listgenerator, ggf. Integration mit Text- und Rechenprogrammen) sind durch den Einsatz eines PCs im Verbindung mit einer geeigneten Datenbanksoftware erfüllt. Geplante Effekte dieser Nutzungsform des PCs sind u.a. Einsparung manueller Tätigkeiten, Verringerung des Suchaufwands sowie Transparenz über gespeicherte Informationen.

(2) Textbe- und Textverarbeitung

Für den Sachbearbeiter in der Kommunalverwaltung hat die Textverarbeitung von allen Informationstechniken die größte Bedeutung. Er produziert Bescheide, Aktenvermerke, führt Listen, schreibt Berichte und Briefe. Je nach dem eingesetzten Verfahren handelt es dabei um Textbearbeitung, Textverarbeitung oder im integrierte Textverarbeitung. Alle Verfahrenstypen sind mit Hilfe eines PCs realisierbar. Auf seiner

Grundlage lassen sich somit große Teile der Verwaltungsarbeit in kleinen Gemeinden organisieren und wirksam unterstützen. Hier sind in erster Linie das Schreiben von Serienbriefen und Bescheiden zu nennen, bei denen beliebige Texte mit Informationen aus gespeicherten Datensätzen (z.B. Adressen, Gebühren oder Beiträge) verknüpft werden müssen.

Ein wesentlicher Vorteil des PCs ist seine Multifunktionalität. Im Gegensatz zu den bisher in der Verwaltung eingesetzten DV-Geräten ist er für die alle Bereiche der Informationsverarbeitung, für die Verarbeitung von Texten und Daten, ihre Speicherung und Kommunikation gleichermaßen gut geeignet. Dadurch erscheint er besonders für die kleine Gemeindeverwaltung gut geeignet: Der allzuständige Sachbearbeiter hat es bei der Erledigung seiner Verwaltungsaufgaben immer mit zwei oder sogar drei Informationsfunktionen zu tun: Textverarbeitung, Datenverarbeitung und Kommunikation.

(3) Berechnungen

Anwendungen, die primär auf Rechenfunktionen beruhen, werden zumeist von den landeseinheitlichen zentralen DV-Verfahren (z.B. Haushalts-, Kassen- und Rechnungswesen) abgedeckt. Dennoch hatten die PC in diesem Bereich von Anfang an ihren Einsatzschwerpunkt. Standen zunächst technische und statistische Berechnungen im Vordergrund, die mit Hilfe von selbstgeschriebenen BASIC-Programmen relativ einfach durchgeführt werden konnten, kamen später alltäglichere Anwendungen wie die Berechnung von Gebühren, Haushaltsansätzen oder Zinsen hinzu.

Die DV-gestützte Durchführung dieser Verwaltungsaufgaben setzt die Entwicklung spezieller Programme voraus, die zumeist von interessierten Mitarbeitern einzelner kommunaler Datenzentralen oder verwaltungsfremden Hobbyprogrammierern übernommen wurde. Damit treten ähnliche Probleme auf wie beim Einsatz zentral entwickelter DV-Verfahren. Aus diesem Grunde ist für die kleine Kommunalverwaltung der Einsatz eines leistungsfähigen Softwarewerkzeugs wie z.B. eines Tabellenkalkulationsprogramms unabdingbar. Erste positive Erfahrungen mit dieser Form der PC-Nutzung in kleinen Gemeinden (z.B. Aufstellung von Haushaltsplänen) liegen bereits vor.

Der Einsatz von Tabellenkalkulationsprogrammen ist für die kleine Kommunalverwaltung immer dann lohnend, wenn kleinere Aufgaben mit einem bestimmten, immer wiederkehrenden Berechnungsschema (z.B. Gebühren, Anliegerbeiträge, Hebelisten) zu lösen, Prognosewerte auf der Basis von Ist-Zahlen (z.B. Hochrechnung der km-Leistung für die nächsten Jahre, die als Grundlage für die Bereitstellung von Haushaltsmitteln zur Neuanschaffung von Kraftfahrzeugen dient) zu berechnen, Zahlenreihen schematisch (z.B. Umsatzentwicklungen) auszuwerten, kurzfistig aktuelle Zahlenwerte (z.B. bei Geldanlagen, Folgekostenberechnungen, Schuldendienstleistungen) zu analysieren, Abteilungswerte (z.B. im Rahmen von Betriebsabrechnungen, Kostenplänen oder Nutzwertanalysen) zu aggregieren oder Alternativen für Investitionsentscheidungen, Angebote, Kostenverteilungen usw. zu vergleichen sind.

3.3 PC als Schulungswerkzeug

In vielen Schulen wird der PC heute zu Ausbildungszwecken eingesetzt. Dabei hat er eine dreifache Funktion. Er ist erstens Objekt, das nicht nur als Hilfsmittel für die Arbeit, sondern auch in seiner Beziehung zur Umwelt und Gesellschaft begriffen werden kann; er ist zweitens eigenständiges Lehrobjekt, an dem Fertigkeiten und Kenntnisse erworben und trainiert werden können und er ist drittens ein Mittel zur Lernhilfe, das vor allem der Illustration von komplizierten Lernstoffen dient.

So wie die höheren Schulen und Berufsschulen den PC im Unterricht nutzen, könnten ihn auch kleine Kommunalverwaltungen für die Aus- und Weiterbildung ihrer Beschäftigten einsetzen. Die auf dem Markt angebotenen Kurse, die zumeist eine erste Einführung in ein Softwarewerkzeug oder eine Programmiersprache zum Gegenstand haben, erläutern die einzelnen Befehle, zeigen Beispiele und ermöglichen durch Fragen und Auswertung der Anworten eine Selbstkontrolle des Benutzers. Für diesen Zweck reichen zumeist schon die einfachsten Gerätekonfigurationen aus. Besonders hohe Anforderungen sind jedoch an die Schulungssoftware zu stellen, wenn diese zum Selbststudium der Beschäftigten in kleinen Gemeinden eingesetzt werden soll.

3.4 Einsatz des Personal Computers als "kleiner Großrechner"

Obwohl in Größe und Gewicht kleine Computer, sind die derzeit auf dem Markt erhältlichen professionellen PC wegen ihrer hohen Leistungsfähigkeit keine "Klein-Computer". Die Datenzentralen erkannten sehr bald das Potential, das im PC steckt. Für ihre Produktion nicht wirtschaftliche Anwendungen sollten gemäß ihrer strategischen und operativen Planungen auf den PC ausgelagert werden. Um für die Anwendungen des "kleinen Großrechners" die entsprechenden Programme zu erhalten, standen den Datenzentralen zunächst zwei Wege offen: Eigenentwicklung (Selbsterstellung) der PC-Programme oder Kauf von Standardlösungen auf dem DV-Markt.

Den ersten Weg ging z.B. die Datenzentrale Schleswig-Holstein. Gemeinsam mit einem Softwarehaus entwickelte sie Standard-Anwendungssoftware für Fremdenverkehrsaufgaben kleiner Gemeinden, teilweise mit Unterstützung von Sachbearbeitern aus Anwenderverwaltungen Basic-Programme für Zinsberechnung, Verfahren zur Gebührenabrechnung für Kindergärten, Musikschulen, Krankentransporte, Sonderabfallbeseitigung usw. Diese Angebote kommen den Vorstellungen der kleinen Gemeinden sehr entgegen. Ihre Beschaffungsüberlegungen sind oft stark von dem Wunsch geprägt, neben Hardware auch Software von ein und demselben Lieferanten zu beziehen ("Alles aus einer Hand"). Hinzu kommen hohe Anforderungen an Bedienerkomfort und Ablaufsicherheit der PC-Anwendung, da den kleinen Gemeinden DV-geschultes Personal mit entsprechendem Know-how nicht zur Verfügung steht.

Einschränkend muß beachtet werden, daß der PC (noch) nicht für die Aufnahme großer Datenmengen geeignet ist. Sein Einsatz bleibt deshalb häufig auf abgrenzbare Bereiche in einem Sachgebiet beschränkt. Integrierte Anwendungen auf dem PC sind dagegen äußerst selten. überhaupt findet sich auf dem DV-Markt nur wenig Standardsoftware für Kommunalverwaltungen. Ausnahmen sind z.B. PC-Programme für das Standesamts- oder Sozialwesen. Wegen der nur geringen Gewinnspannen sind die PC-Hersteller nicht in der Lage, individuelle Programmlösungen zu liefern. So bleibt den kleinen Kommunen, wenn sie sich nicht in die Abhängigkeit eines Softwarehauses oder einer Datenzentrale begeben wollen, nur der Weg der Selbstprogrammierung. Damit bestehen recht gute Aussichten, daß in Zukunft organisatorische Einheitslösungen für Kommunalverwaltungen verschiedener Aufgaben, Funktionen und Größenklassen vermieden werden.

4. Vorteile des Personal Computers

Abschließend werden einige der Gründe genannt, die den PC für kleine Kommunalverwaltungen als eine besonders geeignete Form der Computernutzung erscheinen lassen.

4.1 Verwirklichung der kommunalen Autonomie

Die Zahl der in der Kommunalverwaltung zu verarbeitenden Daten ist auf Grund ihres allgemeinen Aufgabenzuwachses ständig gestiegen, so daß eine manuelle Verarbeitung unwirtschaftlich ist. Auf der anderen Seite ist die Anzahl der Daten nicht so groß, um hierfür einen Mini- oder Bürocomputer einzusetzen. Hinzu kommt, daß die Anschaffungskosten für Minicomputer auch heute noch die finanziellen Möglichkeiten so mancher ländlichen Kleingemeinde überfordern. Anders liegen dagegen die Verhältnisse beim PC. Seine vergleichsweise geringen Anschaffungskosten, die noch unter der Schwelle der Fühlbarkeit (der Gemeindevertretungen) liegen, geben dem Verwaltungsbeamten die verlorene Flexibilität der eigenen Entscheidung beim Einsatz von Informationstechnik zurück.

In der Tat hatten die Kommunalverwaltungen noch nie eine so große Möglichkeit, sich von den Zwängen der zentralen DV-Verfahren, wie sie von den Datenzentralen zumeist angeboten werden, zu emanzipieren. Erst durch den PC in Verbindung mit einer kostengünstigen und benutzerfreundlichen Software sind sie heute generell in der Lage, ihre DV-Probleme selbständiger zu lösen. Dabei steht die Entwicklung noch am Anfang.

Der Einsatz des PCs trägt mit dazu bei, daß in den kleinen Gemeindeverwaltungen Benutzungs- und Gestaltungsspielräume für den Sachbearbeiter zurückgewonnen bzw. neu geschaffen werden. Von einem Benutzungsspielraum kann immer dann die Rede sein, wenn der Sachbearbeiter die Wahl zwischen mehreren vordefinierten Vorgehensweisen hat, um sein Ziel zu erreichen. Gestaltungsspielraum bietet ihm ein DV-System dann, wenn es auch die Definition neuer Methoden durch den Benutzer zuläßt. Die Erfahrungen mit zentral entwickelten und betriebenen kommunalen Anwendungssystemen haben gezeigt, daß sie weder Benutzungs- noch Gestaltungsspielräume bieten und den Sachbearbeiter in der kleinen Kommunalverwaltung in seiner gewohnten Handlungsfähigkeit und Kreativität stark einengen. Um zu einer der kleinen Kommunalverwaltung, ihrer Größe und und besonderen Bedingungen vor Ort angemessenen Technikgestaltung zu gelangen, ist ein experimentelles, prototypisches Vorgehen notwendig. Diese Entwicklungsstrategie wird durch den PC wirksam unterstützt, wenn nicht sogar erst ermöglicht.

Unter dem Aspekt des Benutzungsspielraumes hat der Einsatz von PC in kleinen Verwaltungen gegenüber der Inanspruchnahme eines zentralen Stapelverfahrens sämtliche Vorteile der autonomen DV: Die Verwaltung ist von vorgegebenen Terminplänen unabhängig, ein Mißbrauch ihrer Daten ist nicht zu befürchten. Da die Datenverarbeitung ausschließlich in der Verwaltung stattfindet, brauchen nicht mehr wie bisher Belege an Dritte (DE-Büros, Rechenzentren usw.) abgegeben werden. Aufwendige Maßnahmen zum Schutz besonders empfindlicher Daten können insofern entfallen.

Wartezeiten auf eine freie Telefonleitung für die Übertragung zum Rechenzentrum gibt es ebenso wenig wie auf freie Rechnerzeit und Rückübertragung. Was den Gestaltungsspielraum bei der Techniknutzung anbetrifft, so verfügt die Verwaltung nunmehr über mehr Selbstbestimmung, und zwar sowohl hinsichtlich der Verarbeitungsform und -häufigkeit als auch der Arbeitsorganisation und Programmnutzung. Die Verwaltung hat erstmals wieder die ausschließliche Verfügungsbefugnis in ihrer informationstechnischen Ausstattung.

4.2 Benutzerfreundlichkeit

Der Beschäftigte in der kleinen, an eine kommunale Datenzentrale angeschlossenen Gemeindeverwaltung, durchschaut die komplexen, landeseinheitlichen DV-Verfahren für das Einwohner-, Finanz-, Sozial- oder Personalwesen nicht. Ihr Einsatz vermittelt ihm eher ein Gefühl der Frustration. So eingesetzte Computer sind nicht Werkzeug oder Arbeitsmittel, sondern Herrschaftsinstrument in den Händen der Systementwickler.

Denn sie sind es, die vorschreiben, was der Computer tut (und nach dem landeseinheitlichen Recht zu tun hat), während sich der Sachbearbeiter in der Kommunalverwaltung als "Bediener" des DV-Verfahrens seiner Herrschaft unterwerfen muß.

Die Forderung nach aufgaben- und sachbearbeitergerechten DV-Lösungen heißt nun nichts anderes, als daß die Verwaltung, ihre spezifische Organisation, ihre finanziellen und personellen Bedingungen sowie ihre "Kultur" zum Maßstab der Systemgestaltung gemacht werden sollen. Für den einzelnen Beschäftigten in der Verwaltung ist daraus die Forderung abzuleiten, daß nicht er sich dem Computer zu unterwerfen hat, sondern umgekehrt, daß er den Computer als "Werkzeug", "Werkbank" oder "Werkstatt" benutzt. Das setzt jedoch voraus, daß er sich die in der Software vorgegebenen Befehle zunutze machen, beherrschen und überblicken kann, welche Funktionen er mit welchen Tasten auslöst und wie diese vom System durchgeführt werden.

Im Gegensatz zu den meisten derzeit verfügbaren informationstechnischen Systemen entspricht der Personal Computer wenigstens annäherungsweise dem traditionellen Bild vom handwerklichen Werkzeug bzw. Werkzeugkasten. Bei den heutigen Kosten für PC ist es möglich, jedem Sachbearbeiter einen Computer zur eigenen Nutzung auf den Schreibtisch zu stellen. Damit geht allmählich ein Funktionswandel des Computers vom reinen Organisationsinstrument zum Arbeitsmittel für den einzelnen Sachbearbeiter einher. Zwar ist es zutreffend, daß der zentrale Großrechner auch weiterhin seine hervorragende Rolle in der öffentlichen Verwaltung spielen wird, nämlich dort, wo große Datenmengen zu verarbeiten und zu speichern sind (z.B. im Einwohner-, Finanz- oder Kraftfahrzeugwesen). Aber diese Anwendungen haben nur einen kleinen Anteil an dem möglichen Einsatzbereich des Mikrocomputers. Dies gilt insbesondere für kleine Kommunalverwaltungen mit ihren vergleichsweise geringen Fallzahlen, aber heterogenen Aufgabenstrukturen. Ohnehin liegt das große Potential des PCs in der Kommunalverwaltung mehr in der Nutzung als produktives Werkzeug. In der Hand des qualifizierten Sachbearbeiters kann der PC die Effizienz und Effektivität der Kommunalverwaltung erheblich erhöhen.

4.4 Kurzfristige Realisierbarkeit der softwaretechnischen Lösung

Mit dem PC lassen sich große Anfangserfolge erzielen, die im Vergleich zu den Angeboten der kommunalen Datenzentralen recht häufig sehr spektakulär erscheinen. Tatsächlich sind programmtechnische Lösungen - in Abhängigkeit vom gewählten Nutzungskonzept - kurzfristig realisierbar, so daß der Erfolg des Einsatzes sofort ersichtlich wird (Prototyping als Entwicklungsstrategie). Die kurzfristige Realisierbarkeit der programmtechnischen Lösung und generelle Erweiterbarkeit der Anlagenausstattung halten das Investitionsrisiko für die Verwaltung in Grenzen. Die Anfangsinvestition ist vergleichsweise gering, mit zunehmender Erfahrung kann das zunächst beschaffte kleine System an den wachsenden Aufgabenumfang stufenweise angepaßt werden. In vielen Fällen - je nach dem gewählten Softwarekonzept - kann die Verwaltung die notwendigen Erweiterungen selbst vornehmen. Damit kann auch die Qualität der Problemlösung im Verlauf der Systemnutzung schrittweise erhöht werden.

4.4 Verfügbarkeit

Die Computerleistung wird am Arbeitsplatz bereitgestellt und ist permanent verfügbar. Damit ist der größte und wichtigste Vorteil des PC-Einsatzes gegenüber der zentralen DV angesprochen: Zu jeder Zeit ist ein Direktzugriff zu den gespeicherten Informationen möglich, Wartezeiten entstehen so gut wie gar nicht. Setzt man den Computer als persönliches Werkzeug ein, so liegt die Kompetenz der Anwendungsentscheidung eher bei Sachbearbeiter als bei der Verwaltungsführung oder bei den DV-Experten. Und schließlich, der (die) Sachbearbeiter(in) ist noch am ehesten in der Lage zu beurteilen, mit welcher Anwendung die Produktivität seines oder ihres Arbeitsplatzes verbessert werden kann.

Vor allem ist der PC ein Mittel, die Kreativität des Sachbearbeiters zu fördern. Er kann die Beschäftigten in der Kommunalverwaltung von repetitiver Arbeit entlasten. Sie haben dadurch mehr Zeit, sich mit komplexen, kreativen Aufgaben zu befassen, die ihrer hohen Qualifikation eher entsprechen. Sie müssen von der Verwaltungsführung dazu ermutigt werden, innovations- und produktivitätsträchtige Formen der Computernutzung am eigenen Arbeitsplatz aufzuspüren. Eine innovative Nutzung dieses neuen Werkzeuges sollte demgegenüber nicht durch unnötig starre Regelungen behindert werden. Das heißt nun nicht, daß keine Regeln für den PC-Einsatz gelten sollen. Es liegt nahe, daß eine Nutzung des PCs in der beschriebenen Art und Weise die umfassende Qualifizierung der Beschäftigten aller Bereiche und Ebenen voraussetzt.

5. Ausblick

Nicht ausgeführt wurden die Nachteile und Grenzen des Einsatzes von PC. Dabei dürfte es sich im wesentlichen um die Argumente handeln, die von den Gegnern dieser Informationstechnik als Einwände gegen die oben genannten Chancen und Vorteile ins Feld führen. Hingewiesen wird vor allem auf das Fehlen an Kompetenz und Qualifikation auf Seiten der Anwenderverwaltungen. Nach unseren Erfahrungen trifft diese Feststellung bei den meisten Verwaltungen der kleinen Städte und Gemeinden zu.

Viele Kommunen haben, sieht man einmal von den zentralen Stapelverfahren ab, noch keine Erfahrung mit dem Einsatz von DV-Systemen. Die Überzentralisierung im kommunalen DV-Bereich hat mit dazu beigetragen, daß die fast revolutionären Entwicklungen im Bereich der Informations- und Kommunikationstechnik von den Anwendern fast unbemerkt blieben. Der traditionell ausgebildete Sachbearbeiter in der Kommunalverwaltung verfügt in den seltensten Fällen über technisch-organisatorische Grundkenntnisse. Auch Mindestkenntnisse über Datenverarbeitung, die oft schon ausreichen würden, fehlen ebenso wie das Verständnis für Verbesserungsmöglichkeiten in der täglichen Verwaltungsroutine.

Eine PC-Nutzungsstrategie, wie sie hier in groben Zügen skizziert wurde, muß deshalb die Qualifizierung der Beschäftigten wie der politisch Verantwortlichen zum Ausgangspunkt aller organisatorischen und DV-bezogenen Maßnahmen machen. Leider verfügt die Kommunalverwaltung, was die Qualifikationsentwicklung in diesem Bereich betrifft, noch über keine brauchbaren Konzepte. Eine Reihe von Modellvorhaben, die sich mit der PC-Einsatz in der öffentlichen Verwaltung befassen, versprechen jedoch, hier Abhilfe zu schaffen. Man darf ihren Ergebnisse mit Spannung entgegensehen.

Zur Anwendung von Werkzeugen "Individueller Datenverarbeitung" in der öffentlichen Verwaltung

Jürgen Gornas

1. Zum Begriff der individuellen Datenverarbeitung

2. Formen und Möglichkeiten der Software-Werkzeuge

3. Anwendungsaspekte

1. Zum Begriff der individuellen Datenverarbeitung

Individuelle Datenverarbeitung (IDV) kann sowohl hardware- als auch softwareorientiert interpretiert werden.

Hardwareorientiert bedeutet IDV, daß EDV-Leistung unmittelbar, also dezentral, am Arbeitsplatz des Mitarbeiters zur Verfügung steht. Dies wird realisiert durch die sattsam bekannten und viel diskutierten Mikrocomputer. Sie besitzen darüber hinaus auch die Fähigkeit, als "dummes" Terminal zu einem host zu fungieren und damit zentrale EDV-Leistung verfügbar zu machen. Kaum eine Computerentwicklung und -technologie der letzten Jahre dürfte für soviel Aufsehen gesorgt und bislang strukturell und organisatorisch so wenig "verdaut" sein wie diese nur äußerlich kleinen, zum Teil aber sehr leistungsfähigen Rechenanlagen.

Softwareorientiert bedeutet IDV, daß Mitarbeiter außerhalb des unmittelbaren EDV-Bereichs die Möglichkeit besitzen, an ihrem Arbeitsplatz und in ihrem Arbeitsbereich mit Hilfe vorgefertigter "Stücke" Software, den sogenannten Werkzeugen (Tools) bzw. Endbenutzersystemen, eigenständig EDV-Anwendungen zu modellieren und bis zur Einsatzfähigkeit zu entwickeln. Wichtig ist hierbei, daß diese Möglichkeiten zur eigenständigen Software-Entwicklung so ausgelegt sind, daß sie auch - was durch die Formulierung "außerhalb des unmittelbaren EDV-Bereichs" ausgedrückt werden soll - EDV-Laien als direkte Endbenutzer (1) problemlos handhaben können. Während hardwareorientierte IDV als Tatbestand konstatiert oder nicht konstatiert werden kann (dezentrale und/oder zentrale EDV-Leistung), beruht der Begriff der softwaremäßigen IDV auf sehr weichen und konjunktivisch gehaltenen Formulierungen. Damit wird deutlich, daß sich Software-IDV nicht feststellen läßt wie die Farbe einer Wand oder der Geldbestand in der Kasse. Ihre Ausprägung und ihr Umfang hängt vielmehr ab

- vom Potential und der Motivation der Mitarbeiter,
- von der Art und Weise des Zugangs zur EDV-Leistung am Arbeitsplatz
- und von den verfügbaren Werkzeugen/Endbenutzersystemen zur Software-Entwicklung.

Der erstgenannte Aspekt wird noch mit Blick auf die spezifische Situation der Verwaltungsmitarbeiter in Abschnitt 3 erörtert. Der zweite Punkt, der Zugang zur EDV-Leistung, soll nur kurz angesprochen werden, obwohl er einen für das Gelingen der IDV wesentlichen Faktor darstellt.

Unabhängig davon, ob EDV-Leistung dezentral durch Mikrocomputer am Arbeitsplatz bereitgestellt und/oder ob sie durch das Arbeitsplatz-Terminal vom zentralen Rechner beschafft wird, stets ist darauf Wert zu legen, daß die Prozeduren, die der Endbenutzer durchführen muß, um in "das System hineinzukommen", einfach und einsichtig gestaltet sind. Wenn das System im Dialog mit dem Benutzer erst eine Reihe von Commands und Responses verlangt, deren Bedeutung er nicht ohne weiteres nachzuvollziehen vermag, die er sich also zunächst andressieren muß, dann kann sich dadurch der black box-Charakter der EDV, der ja gerade durch IDV abgebaut werden soll, für ihn verstärken. Solche systembedingten Barrieren, wie Anmelde- und Ressourcenzuweisungsprozeduren, sind zwar nicht gänzlich zu vermeiden, sollten aber auf ein Mindestmaß reduziert werden und in ihrer Syntax und Semantik der Denkwelt nicht EDV-geschulter Endbenutzer entsprechen. Auf diesem Gebiet besitzen zweifellos die Mikrocomputer Vorteile. Der Zugang zu den Software-Werkzeugen verlangt hier nur das Starten des Systems mit der Eingabe von Datum und Uhrzeit (in der Regel optional) und der Eingabe des Namens des gewünschten Werkzeugs, es sei denn, dieses Werkzeug ist in einer Subdirectory abgelegt, dann muß noch zusätzlich auf dieses Unterverzeichnis umgeschaltet werden (2). Bei Zugriff auf Werkzeuge in zentralen Rechenanlagen (mainframes) wird in dieser Hinsicht einiges mehr verlangt.

2. Formen und Möglichkeiten der Software-Werkzeuge

In Abschnitt 1 sind hard- und softwareorientierte IDV unabhängig voneinander definiert worden. Dieses Vorgehen bedarf einer Korrektur bzw. Ergänzung, und zwar insofern, als sich die verfügbaren Werkzeuge danach unterscheiden, ob sie primär für Mikrocomputer (dezentrale EDV-Leistung) oder für Großrechenanlagen (zentrale EDV-Leistung) konzipiert und entwickelt worden sind. Diese Technologieorientierung bedeutet - von Ausnahmen abgesehen - (3), daß das, was auf einem Mikrocomputer läuft, nicht in adäquater Weise auf einer mainframe gefahren werden kann und umgekehrt. Mikrocomputer sind von ihrer ursprünglichen Konzeption her single-user-Systeme, d.h. daß ihre System- und Anwendungssoftware einschließlich der Software-Werkzeuge nicht in der Lage sein muß, Mehrfachzugriffe auf Datenbestände organisatorisch zu bewältigen. Dazu gehört beispielsweise die Vermeidung von Konflikten bei konkurrierender Fortschreibung von Daten sowie die Fähigkeit zum Locking nicht nur auf Datei-, sondern insbesondere auf Satzebene. Solche Eigenschaften sind für die Betriebssysteme im Großrechner- und MDT-Bereich eine Selbstverständlichkeit, so daß auch die dort verfügbaren Werkzeuge auf diese Belange zugeschnitten sind. Da Mikrocomputer mittlerweile Netzwerke mit gemeinsamen Ressourcen und Datenbeständen bilden können und auch hard- und softwaretechnisch zu Mehrplatzsystemen hochgezogen worden sind, haben die Software-Werkzeuge, unterstützt durch neue System - Software (UNIX/XENIX, CDOS), diese Entwicklung zum Teil mitvollzogen (so z.B. das mehrplatzfähige dBase III+, das aus dem dBase II und III entstanden ist), so daß eine gewisse Annäherung festzustellen ist.

Diese zum Teil qualitativ sehr unterschiedlichen Software-Werkzeuge bzw. Endbenutzersysteme decken mittlerweile ein breites Anwendungs- bzw. Funktionsspektrum ab. Im wesentlichen lassen sich fünf Kategorien unterscheiden, wobei hier wie bei zahlreichen anderen Kategorisierungen im EDV-Bereich die Grenzen oft nur schwer abzustecken sind (4):

(a) Abfragesprachen und Reportgeneratoren zur Wiedergewinnung und Aufbereitung von Daten aus Datenbanksystemen (oft mit Elementen für die Datendefinition und -fortschreibung versehen), so z.B. Query/ 36 (IBM), Kiquest (Kienzle) und auch schon das betagte RPG II/III.

(b) Textverarbeitungs- und Dokumentenverwaltungssysteme (vielfach mit Datenbanken- und Dateiverwaltungsfunktionen angereichert), so z.B. das IPS (Intext Programmier-Sprache der Fa. Ericsson), das SPF/DCF, Text/36 (IBM) sowie die zahlreichen auf Microcomputern verfügbaren Textverarbeitungssysteme (PC-Text, Wordstar, TexAss usw.).

(c) Tabellen- bzw. Kalkulationssprachen (spreadsheets), die dem Benutzer ein elektronisches Kalkulationsblatt zur Verfügung stellen, auf dem er mit den Commands einer vorgegebenen, durch den Cursor oder die Maus ansteuerbaren Befehlshierarchie arbeiten kann, z.B. Lotus 1-2-3, Multiplan, KiCalc usw.

(d) Datenbanksprachen, die Funktionen zur Erzeugung der Datenstrukturen, zur Datenverwaltung und zur Datenerfassung (z.B. Maskengenerierung) beinhalten, so z.B. dBase, Adabas, Knowledgeman usw.

(e) Hochsprachen, die sich vor allem auszeichnen durch umfangreiche, nicht-prozedurale Sprachelemente sowie durch einen geringen, aber mächtigen Befehlsvorrat, der umgangssprachlich ausgerichtet ist (oft auch verbunden mit Funktionen der Datenbanksprachen), so z.B.

NATURAL, APL, MERCUR usw.

Die Grafik ist nicht als eigenständige Sprachkategorie aufgeführt worden, da sie zunehmend als zusätzliche Funktion in einigen der genannten Sprachkategorien integriert ist. Speziell im Microcomputerbereich werden auch einzelne dieser Kategorien zusammengefaßt und als sogenannte integrierte Pakete angeboten, so z.B. das Framework und das Open Access, die beide Datenbank, Text und Kalkulation beinhalten. Überhaupt ist der Markt für Software-Werkzeuge in einzelnen Teilbereichen kaum noch überschaubar, wobei stets auch noch neue Software-Produkte nachdrängen. Hingewiesen werden soll in diesem Zusammenhang auch auf den neuen Marketingbegriff der Bürokommunikation, unter dem solche Software-Tools oft gekoppelt mit einer speziell dazu entwickelten Hardware von immer mehr Herstellern angeboten werden.

Diese Kategorien von Endbenutzersystemen, insbesondere die unter (e) aufgeführten Hochsprachen, führen unmittelbar zu den sogenannten Sprachen der 4. Generation (forth generation languages = 4 GLs). Ihre Merkmale sind bereits bei den Hochsprachen skizziert worden (5), wobei das Schwergewicht bei den nicht-prozeduralen Sprachelementen liegt, d.h. der Endbenutzer soll nur die von ihm gewünschten Ergebnisse, also seine Informationsanforderungen, gegenüber der Maschine formulieren und nicht mehr den Weg bzw. die Prozedur zur Erzielung dieser Ergebnisse beschreiben. Eine wesentliche Voraussetzung für die Entstehung dieser Sprachen liegt in der Organisation und dem Management der Datenbestände, und zwar darf die Art und Weise der Gestaltung dieser Funktionen keinerlei Auswirkungen haben auf die Form der Formulierung von Auswertungen aus den vorhandenen Datenbeständen, d.h. der Benutzer braucht für die Artikulierung seiner Informationswünsche nicht mehr zu wissen, wie die Datenbestände tatsächlich organisiert und gespeichert sind. Solche strukturunabhängigen Datenbanken waren bei den Vorläufern dieser 4 GLs noch nicht gegeben, was den Programmierer zwang, sich in mehr oder weniger großem Umfang auch mit der Struktur der Datenbestände zu beschäftigen, um sie in seinen Programmen abbilden zu können. Als Vorläufer dieser 4 GLs sind in chronologischer Folge zu nennen (6):

(a) die Maschinensprache, d.h. die auf Bitmustern beruhende Sprache der Hardware selbst,

(b) die Assemblersprache, die dem Programmierer erlaubt, für die Bitmuster der Maschinenbefehle Symbole und mnemonische Schlüssel zu verwenden

(c) und die höheren Programmiersprachen, in denen ausschließlich mit Symbolen gearbeitet wird und die in ihrer Syntax und Semantik schon umgangssprachliche Elemente enthalten.

Die Landschaft der Anwendungssoftware in der Verwaltung ist heute noch eindeutig durch die höheren Programmiersprachen, also die Sprachen der 3. Generation bestimmt, wobei COBOL eine herausragende Rolle einnimmt. Es gibt - nebenher gesagt - aber einige "Idealisten", die ihre gesamten Anwendungen PL/I überantwortet haben. Daneben existieren auch noch Assembler-Anwendungen, nicht nur als Relikte bislang nicht umgestellter Verfahren vergangener Tage, sondern auch neueren Datums, denn die Art des zu lösenden Problems sowie Performance-Gesichtspunkte lassen es oft ratsam erscheinen, maschinennah zu programmieren.

Diesen in der Regel prozeduralen Sprachen, angewendet von speziell dazu ausgebildeten Mitarbeitern in den EDV-Abteilungen, stehen nun die neueren Sprachentwicklungen der Endbenutzersysteme bzw. die forth generation languages gegenüber (hinter denen am Horizont auch schon eine 5. Generation auftaucht, die auf Expertensystemen und künstlicher Intelligenz beruhenden wissensorientierten Sprachen). Dieses dadurch zweifellos gegebene Spannungsfeld soll mit Sicht auf die Verwaltung im nächsten Abschnitt ausgeleuchtet werden.

3. Anwendungsaspekte

Im Blick- und Mittelpunkt steht der Endbenutzer, und in der Literatur existieren auch zahlreiche Versuche, ihn unter EDV-Aspekten nach verschiedenen Merkmalen zu klassifizieren (7). Er wirft eine Reihe von Fragen auf: Soll es den programmierenden Endbenutzer geben, wobei hier nicht mehr Programmierung im herkömmlichen Stil als Definition von Prozeduren gemeint ist? Soll man EDV-Anwendungen weiterhin vorrangig zentral in dafür vorgesehenen Fachabteilungen programmieren lassen oder soll man sie letztendlich dort unter Einsatz von Software-Werkzeugen maschinengerecht formulieren, wo sie auch zur Aufgabenerfüllung und Entscheidungsfindung eingesetzt werden, also bei und von den Endbenutzern? Soll man also von einer der Haupttätigkeiten bei der Einführung von EDV, der Einweisung der Mitarbeiter in die Bedienung von

Anwendungssoftware, die sie selbst nicht produziert haben, allmählich Abstand nehmen? Eine Reihe von Fragen, die hier nicht abschließend beantwortet werden können, für die ich aber im folgenden einige Aspekte aufzeigen will:

(a) Eine Reihe von Aufgaben sind schon von ihrer Art her in breitem Maße prozedural angelegt, so z.B. im Bereich des Sozial- und Personalwesens, wo zu festgelegten Zeitpunkten umfangreiche Prüf-, Rechen- und Druckroutinen in der EDV ablaufen, so daß dafür zwangsläufig prozedurale Sprachen als geeignetes Automatisierungsmedium auch weiterhin infrage kommen werden. Allerdings sollte man bei solchen Aufgaben bzw. Anwendungen prüfen, inwieweit eine Zweiteilung möglich und sinnvoll erscheint, und zwar
- in einem Batchteil, der das gesamte Abrechnungsgeschäft umfaßt und der prozedural abgewickelt wird (u.U. unter Benutzung zentraler EDV-Leistung)
- und in Dialogkomponenten, die der Datenerfassung und -fortschreibung sowie der Auskunftserteilung dienen, und zwar gegebenenfalls mit Hilfe dezentraler EDV-Leistung (8).

Gerade der letztgenannte Bereich bietet Ansatzpunkte für die Anwendung von entsprechenden Software-Werkzeugen auf Mitarbeiterebene, allerdings unter der Voraussetzung, daß praktikable unmittelbare Schnittstellen zum Batchteil bestehen, der in einer prozeduralen Sprache geschrieben ist (d.h. keine zusätzlichen Konvertierungsprogramme).

(b) Dies führt zu einem wichtigen Aspekt, dem Problem der Softwareintegration, und zwar in zweierlei Hinsicht: Zum einen geht es um Integration zwischen den einzelnen Software-Werkzeugen selbst, zum anderen um Integration zwischen diesen Werkzeugen und der in traditionellen Sprachen verfaßten Anwendungssoftware. Integration ist primär datenbezogen zu sehen. Sie erfordert, daß aus allen Anwendungen heraus, seien sie mit Hilfe einer prozeduralen Sprache (z.B. COBOL) oder unter Verwendung eines Tools (z.B. Query/36) formuliert, auf einen gemeinsamen Datenbestand zugegriffen wird. Dadurch sollen Mehrfachspeicherungen und - damit verbunden - Mehrfachaktualisierungen vermieden werden. Datenmäßige Stand-alone-Lösungen sind nur dann vertretbar, wenn es sich wirklich nur um die Daten für eine auf einen Arbeitsplatz begrenzte Aufgabe oder Entscheidungssituation handelt. Leider wird diesem Gesichtspunkt auch in neueren Automatisierungsvorhaben in der öffentlichen Verwaltung nicht hinreichend Rechnung getragen. So spielt nicht nur die Verfügbarkeit und Qualität der angebotenen Endbenutzersysteme bei der Anbieterauswahl eine untergeordnete Rolle, auch beschränkt man sich bei der Analyse der Standardpakete für die verschiedenen Verwaltungsanwendungen auf die fachliche Funktionalität. Die Frage beispielsweise, inwieweit ein gleichzeitig angebotenes Textverarbeitungssystem auch auf die Adressdaten des Einwohnerwesens zugreifen kann oder ob dafür eigene Datenbestände geführt werden müssen, wird oft erst gar nicht gestellt.

(c) Was können solche Endbenutzersysteme am Arbeitsplatz des Mitarbeiters nun tatsächlich bewirken? Zwei Voraussetzungen müssen zuvor gegeben sein:

- Der Mitarbeiter muß über EDV-Leistung an seinem Arbeitsplatz verfügen, und zwar nicht unbedingt via Mikrocomputer bzw. PC, obwohl Endbenutzersysteme und PC-Einsatz oft in einem Atemzug genannt werden.
- Der Mitarbeiter muß die Fähigkeit und Bereitschaft besitzen, sich mit Software-Werkzeugen anwendungsorientiert auseinanderzusetzen, zunächst zwar unter Anleitung, aber mit dem Ziel der eigenständigen Handhabung dieser Tools.

Unter diesen Voraussetzungen könnte der arbeitsplatzorientierte Einsatz von Endbenutzersystemen dazu führen,

- daß zwar die in prozeduralen Sprachen vorhandenen Anwendungen jetzt nicht umgeschrieben werden, daß man aber bei mancher neuen Anwendung den einfacheren und eleganteren Weg über ein Software-Tool wählt,
- daß - damit verbunden - die eine oder andere Anwendung in Angriff genommen und so ein Abbau des vielfach vorhandenen Anwendungsstaus bewirkt wird
- und daß der Mitarbeiter den Computer nicht mehr vorrangig als ein äußerst kompliziertes Gebilde zur schnellen und genauen Ausführung von Massenverarbeitungen ansieht (was leider oft noch der Fall ist), sondern daß er ihn zunehmend als ein begreifbares und praktikables Instrument in seine Alltagsgeschäfte mit aufnimmt und einbezieht, sei es zur Problemstrukturierung oder zur Gedankenstütze oder nur für kleinere operative Tätigkeiten sowie Rechen-, Such- und Sortierarbeiten, und ihn auf diese Weise als alltäglichen und unverzichtbaren Bestandteil seines Arbeitsplatzes betrachtet wie das Telefon.

Ich glaube, daß sich nur auf diesem Wege der dringend notwendige

Innovationsschub im Bereich der Anwendungssoftware herbeiführen läßt.

(d) Diese Sicht darf nicht den Blick für die noch bestehenden Probleme trüben. Hier sind insbesondere zu nennen

- die Ausbildungssituation der Verwaltungsmitarbeiter in den verschiedenen Laufbahnen auf dem Gebiet der EDV bzw. Informationstechnik. Sie ist bislang weder inhaltlich noch strukturell allseits befriedigend gelöst.
- die Qualität der Endbenutzersysteme selbst. Hier gilt es, manche in englisch gehaltene Benutzeroberfläche heimischen Verhältnissen und Denkweisen anzupassen sowie die Performance und den Ressourcenbedarf dieser Tools entscheidend zu verbessern (PC-Benutzer können über Laufzeiten regelrechte "Schauermärchen" berichten).
- die Vorstellungen über die Prüfbarkeit sowie über den Datenschutz und -sicherheit der mit Endbenutzersystemen erstellten Anwendungssoftware. Hier müßte noch mancher Prüfungsbehörde gegenüber der Nachweis erbracht werden, daß beispielsweise ein in der Datenbanksprache DATAFLEX geschriebenes Haushalts-, Kassen- und Rechnungswesen für das Betriebssystem CDOS nicht weniger innere Sicherheiten bietet als ein konventionell in COBOL programmiertes Softwarepaket, das unter einem der üblichen Betriebssysteme läuft.

Fußnoten:

(1) Zur Klassifizierung in indirekte, intermediäre und direkte Endbenutzer vgl. H.C. Lefkovits, A Status Report on the Activities of the CODASYL End User Facilities Committee (EUFC), in: E.H. Sibley (Ed.), Information und Management, Vol. 2, No. 4, Oct. 1979, Amsterdam 1979, S. 137-166

(2) So zum Beispiel im Betriebssystem MS-DOS durch den Befehl "change directory (Name der directory)". Vgl. M. Fietz, W. Kitza und M. Mantz, Vom Umgang mit MS DOS, Vaterstetten bei München 1984, S. 69 ff.

(3) Als Ausnahmen - eigentlich Pseudoausnahmen - sind die Fälle anzusehen, in denen eine Rechenanlage die Fähigkeit besitzt, zusätzlich einen Microcomputer zu emulieren bzw. hardwaremäßig abzubilden (so z.B. bei Kienzle-Systemen: das Hinzufügen eines Gastprozessors aus dem Mikrocomputerbereich in der Zentraleinheit)

(4) Zu einer ähnlichen Gliederung vgl. Armin Heinzl, Zur betriebswirtschaftlichen Anwendbarkeit von Endbenutzersystemen auf Microcomputern am Beispiel von MAPPER-5, Koblenz 1986, S. 19 ff., sowie die dort aufgeführten Literaturhinweise

(5) Vgl. Richard H. Cobb, In Praise of 4GLs, in: Datamation, Nr. 15, July 1985, S. 90-96

(6) Zu einer Entwicklungsgeschichte der Programmiersprachen vgl. u.a. Eric A. Weiss, Programming Language Surveys: Two Approaches, in: Abacus, Vol. 2, No. 1, 1984, S. 51-57 und S. 60

(7) Vgl. u.a. J. Martin, Application Development without Programmers, Englewood Cliffs 1982, S. 103, sowie Günter Müller, Entscheidungsunterstützende Endbenutzersysteme, Leitfäden der angewandten Informatik, hrsg. von L. Richter und W. Stucky, Stuttgart 1983, S. 20 ff.

(8) Zu einem praxisnahen Projekt auf diesem Gebiet vgl. K.-H. Hasenritter und H.D. Lübbert, Qualifikationsanforderungen im gehobenen Verwaltungsdienst der Gemeinde: Sachbearbeiter im Sozialamt (3 Bände), Schriftenreihe der Fachhochschule für öffentliche Verwaltung NW, Hefte 8a-c, Gelsenkirchen 1985

FACHQUALIFIKATIONEN UND DIE GRENZEN DER VERWALTUNGSAUTOMATION

Thore K. Karlsen, Maria Oppen

Internationales Institut für Vergleichende Gesellschaftsforschung/
Arbeitspolitik des Wissenschaftszentrum Berlin für Sozialforschung gGmbH

1. Problemlage

Lange Zeit bezogen sich Rationalisierungsstrategien im Verwaltungsbereich vorwiegend auf die durch Arbeitsteilung und - zerlegung abgespaltenen ausführenden Hilfsfunktionen wie das Sammeln, Reproduzieren, Dokumentieren, Ordnen und Prüfen von Informationen bzw. Daten. Mit der Weiterentwicklung der Computertechnologie in den Bereichen Software Ergonomie und künstliche Intelligenz stehen zunehmend Anwendungsformen zur Verfügung und werden eingeführt, die den Kern der Sachbearbeitertätigkeit in der Verwaltung, wie das Erheben und Auswerten von Informationen sowie Beurteilung und Entscheidung von Verwaltungsvorgängen, tangieren. Der arbeitsplatzbezogene Einsatz von Informations- und Kommunikationstechnologien in Verbindung mit der aktenlosen Sachbearbeitung im Dialogverfahren ermöglichen grundsätzlich eine weitgehende Automatisierung der Sachbearbeitung - den quantitativ weit gewichtigeren Anteil der Verwaltungsarbeit -, der zuvor als schwer automatisierbar und rationalisierbar galt. Ein immer größerer Teil der zentralen Sachbearbeitertätigkeiten wird mit Hilfe der Computer ausgeführt bzw. vom Computer übernommen.

Die Automatisierung qualifizierter Sachbearbeitertätigkeiten durch die, immer weitere Aufgabenbereiche integrierenden Computersysteme stellen ein immenses Potential zur arbeitsorganisatorischen Restrukturierung des Arbeitsprozesses und der Arbeitsabläufe dar. Die technisch bedingte Universalisierung des Zugriffs auf zuvor isoliert gespeicherte und verarbeitete Informationen ermöglicht eine Reihe neuer Organisations-, Kooperations-, Arbeits- und Kontrollformen; der Aufgabenzuschnitt der verschiedenen Beschäftigtengruppen kann nahezu beliebig variiert werden. Ebenso wie die Aufrechterhaltung bzw. Verschärfung der traditionellen tayloristischen Arbeitsteilung durch weitere Abspaltung routinisierbarer Aufgaben mit geringen Dispositionsspielräumen, verstärkter Leistungsintensivierung, geringen fachspezifischen Anforderungen und Qualifizierungsmöglichkeiten sind alternative Rationalisierungskonzepte durchführbar, die auf eine umfassendere Nutzung der menschlichen Arbeitskraft abzielen. Es kann eine Reintegration von Anforderungsprofilen in Richtung vielseitigerer Aufgaben und Funktionen, ganzheitlicheren Arbeitsvollzügen bei Ausschöpfung von Potentialen wie Lernbereitschaft, Flexibilität und Eigenverantwortung erfolgen (Gottschall u.a. 1985).

Exemplarische Untersuchungen über Verlaufsmuster von Rationalisierungsprozessen in verschiedenen Teilbereichen der Verwaltungsarbeit lassen hier keine einheitlichen Trends erkennen. Vielmehr existieren gleichzeitig nebeneinander unterschiedliche Automatisierungsniveaus und verschiedene Rationalisierungskonzepte, je nach gesellschaftlichen und innerbetrieblichen Handlungskonstellationen der jeweiligen Organisation und je nach Managementstrategien und Einflußchancen der Belegschaften. Diesen Entwicklungsstand spiegeln auch die häufig miteinander konkurrierenden Hypothesen über vorherrschende Trends der Qualifikationsentwicklung im Dienstleistungssektor bzw. im Verwaltungsbereich wider. Die "Dequalifizierungsthese" geht von einer zunehmenden Verminderung von Dispositionsspielräumen und von interaktionsbezogenen Elementen der Dienstleistungsarbeit sowie von einer Senkung der fachspezifischen Qualifikationsanforderungen aus, die zunehmend vom Computer übernommen werden. Demgegenüber geht die "Requalifizierungsthese" von einer Tendenz zur Qualifikationsanhebung und zur besseren Nutzung der sozialen Produktivität aus, die eine Voraussetzung für die Bewältigung der komplexer werdenden Anforderungen an das Verwaltungshandeln darstellen. Die "Polarisierungsthese" anerkennt gegenläufige Tendenzen der Qualifikationsentwicklung je nach gesellschaftlichen und innerbetrieblichen Aufgaben- und Funktionsbereichen. Von anderer Seite wird wiederum argumentiert, daß es vor allem zu einer "Anders-Qualifizierung" kommt, indem fachspezifische Qualifikationen beim EDV-Einsatz zunehmend durch fachunspezifische Anforderungen ersetzt werden.

Uns geht es im folgenden **nicht** um die Fundierung verallgemeinerungsfähiger Trendannahmen zur Frage der Qualifikationsentwicklung im Bereich der Sachbearbeitung. Vielmehr sollen exemplarisch Rationalisierungsgrenzen und damit Schranken für eine weitere Entwertung von Fachqualifikationen aufgezeigt werden, die sich aus dem speziellen Blickwinkel der Erhaltung bzw. Anhebung der Dienstleistungsqualität ergeben, die häufig eines der erklärten Ziele von Verwaltungsreorganisation ist. Werden diese Grenzen nicht anerkannt und beachtet, kann es zu einer solchen Erosion der in der Ausbildung angeeigneten Fachqualifikationen kommen, daß die Fähigkeit der Verwaltungen zur flexiblen, bürgernahen Modernisierung und Umweltanpassung beeinträchtigt werden und die Qualität ihrer Dienstleistungen sinken kann.

Dieser hier besonders hervorgehobene Zusammenhang zwischen der Leistungsqualität von Verwaltungen und den Aufgaben- und Qualifikationsstrukturen ihrer Beschäftigten ist ein bisher eher unterbelichteter Aspekt im Rahmen dieser Debatte. Dieser Zusammenhang erhält ganz besonders für den Bereich der kommunikativen Dienstleistungen Relevanz, bei dem die Produktion und Konsumption der Leistungen häufig zusammenfallen und der Leistungserstellungsprozeß in Interaktion mit den Klienten/Kunden erfolgt. Ein hohes Maß an Arbeitsteilung zwischen den Sachbearbeitern sowie zwischen Sachbearbeitern und Computer führt tendenziell zur Einschränkung von Handlungsspielräumen und Handlungsfähigkeit sowie zur fachlichen Dequalifizierung der Beschäftigten. Dies resuliert nicht nur in steigenden Anforderungen an die Klienten, deren Verwaltungsanliegen in zerteilten Arbeitsprozessen probleminadäquat bearbeitet wird bzw. für die das Ergebnis des Verwaltungshandelns durch Standardisierung und Formalisierung weniger transparent und steuerbar ist. Hierdurch kann die umfassende Realisation von Klientenansprüchen und -rechten behindert werden, entweder auf Seiten der Beschäftigten, die aus qualifikatorischen Gründen zur umfassenden und erschöpfenden Information und Beratung nicht mehr in der Lage sind - oder auf Seiten der Klienten, für die sich die Kommunikations- und Zugangsbarrieren zu den ihnen zustehenden Leistungen erhöhen. Wenn in dieser Weise als spontaner Nebeneffekt der Rationalisierung die Qualität der erstellten Leistungen reduziert wird, können im Extremfall Widersprüche zwischen den Anforderungen an die Dienstleistungsfunktion, die Sicherung des gesellschaftlichen Reproduktionsprozesses zu gewährleisten, und deren tatsächlicher Leistungsfähigkeit entstehen. Dies gilt insbesondere dann, wenn ein potentieller Leistungsverlust mit steigenden Anforderungen in gesellschaftlichen Teilbereichen zusammenfällt.

Auf Basis von Fallstudienergebnissen aus zwei Ländern (BRD, Schweden) sollen im folgenden die destruierenden Wirkungen des Einsatzes von Informationstechnik auf die Entwicklung der Fachqualifikationen in öffentlichen Verwaltungen herausgearbeitet werden. Es wird hierbei weder der Anspruch erhoben, die Wirkungen des Technikeinsatzes auf die Qualifikationsentwicklung in all ihren Facetten zu erfassen, noch wird behauptet, es gäbe keine anderen als die diskutierten Faktoren mit qualifikationsrelevanten Wirkungen. Vielmehr geht es darum aufzuzeigen, inwiefern der Einsatz der Informationstechnik als arbeitsorganisatorisches Mittel zur Verteilung von Aufgaben und Funktionen der Verwaltungsarbeit und zur Substitution menschlicher Arbeit unter bestimmten Bedingungen weitreichende Auswirkungen für die Entwertung von Fachqualifikationen in der öffentlichen Verwaltung haben kann. Die Ausgangsthese hierbei ist, daß Fachwissen oder fachliche Qualifikationen nur in dem Fall erhalten oder weiterentwickelt werden können, wenn sie in der Arbeitssituation kontinuierlich abgefordert werden.

2. Erfahrungswissen und Computerisierung der Sachbearbeitung

Die inhaltliche Substanz von Fachqualifikationen in öffentlichen Verwaltungen lassen sich zunächst differenzieren nach den Kenntnissen über die Aufgaben der Verwaltung wie diese in Gesetzen, Vorschriften und Richtlinien festgelegt worden sind, sowie nach Kenntnissen über den Ausschnitt der gesellschaftlichen Umgebung, den die Verwaltung als Aufgabenbereich zugewiesen bekommen hat. Die

Sachbearbeitertätigkeit besteht im Kern in der Anwendung der politisch festgelegten, normativen Regeln auf konkrete "Fälle" aus dem Kompetenzbereich der Verwaltung.

Fachwissen oder fachliche Qualifikationen können sodann analytisch in drei Typen eingeteilt werden:

1. Theoretisches Wissen: Reproduzierbares Wissen von grundlegenden Zusammenhängen und Funktionsweisen im Aufgabengebiet. In der öffentlichen Verwaltung wären dies eben jene Kenntnisse über das die Handlungen der jeweiligen Verwaltung steuernde Recht sowie über den gesellschaftlichen Kontext.
2. Praktisches Wissen: Kenntnisse über die Anwendung der Arbeitsmittel einer Verwaltung (einschließlich Computer) und darüber, wie Verwaltungsarbeit ausgeführt wird (z.B. Aktenanlage, Durchführung mündlicher Anhörung und Beratung, Kalkulationen, Abfassung von Vermerken und Bescheiden etc. etc.).
3. Erfahrungswissen und "Tacit Knowledge": Wissen von teilweise geringer Explizierbarkeit, das durch die Anwendung von theoretischem und praktischem Wissen auf Einzelfälle im Arbeitsalltag entsteht und das mehr oder weniger unbewußt in gleichartigen Situationen mobilisiert wird bzw. werden kann.

Für die Entstehung und Akkumulation dieses Erfahrungswissens sind je nach der Position des Beschäftigten in der Organisation bestimmte Rückkopplungsprozesse erforderlich. Dieses Wissen und auch seine Qualität kann im Prinzip nur durch die Ausübung der beruflichen Tätigkeit akkummuliert werden, und ist daher von Aufgaben, Arbeitsmitteln, Arbeitsbedingungen, Sanktionssystemen, Klientenkontakten u.ä. bestimmt. Hierdurch werden theoretisches und praktisches Wissen in für den Berufsalltag handhabbare Instrumente transformiert, Arbeitsroutinen werden habitualisiert. Erfahrungswissen ist ein notwendiger Bestandteil der Qualifikation, um die Ausübung der Tätigkeit zu unterstützen, zu erleichtern, zu bewältigen oder auch zu ertragen. Des weiteren ist dieses Qualifikationselement eng mit persönlichen Verhaltensnormen und Einstellungen verbunden und kann somit auch nicht formal in Stellen- oder Aufgabenbeschreibungen abgefordert und nur begrenzt in formalen Qualifizierungsprozessen erworben werden. Dies heißt, daß die Entwicklung und der Einsatz von diesem Wissen auch mehr oder weniger stark vom betrieblichen "Klima", d.h. der Organisationskultur abhängig ist. Soll dieses Wissen positiv zur Realisierung betrieblicher Ziele eingesetzt werden, fordert dies nicht nur eine entsprechende Sozialisation im Betrieb, sondern auch Arbeitsbedingungen, die diesen Einsatz fördern.

Erfahrungswissen bezieht sich also immer auf die mit der Anwendung oder Umsetzung von Ausbildungsqualifikationen - seien sie theoretischer oder praktischer Art - gemachten Erfahrungen. Als tacit knowledge oder implizites Wissen kann nach Polanyi (1985) der hiervon nicht formalisierbare Teil bezeichnet werden.

Dies kann sich ebenso auf praktische Operationen beziehen, von denen man nicht sagen kann, wie man sie ausführte, wie auch um Wahrnehmungen, die am Rande des Bewußtseins bleiben, wenn z.B. wahrgenommene Einzelmerkmale nur in ihrer vereinten "Bedeutung" erfasst werden. Welcher Stellenwert solchen Prozessen im Rahmen des Verwaltungshandelns zukommt, läßt sich nicht genauer angeben. In komplexen Kommunikationsbeziehungen zwischen Sachbearbeiter und Klient sind aber sehr wahrscheinlich subtile und heterogene Hinweise (visuelle, akustische) auf die Aufgabenausführung oder die Beratungserfordernisse relevant, die implizit bleiben, wie dies auch für andere Arbeitsbereiche angenommen wird (Jazbinsek 1986). Der Sachbearbeiter muß sich nicht bewußt entscheiden, bestimmte Informationen auszuwählen, zu reflektieren oder zu streichen, um seine Aufgaben durchzuführen. Damit ist dieser Begriff mit dem Problem behaftet, daß er per definitionem undefinierbares und daher weitgehend unrelativierbares Wissen - und immer nur die subjektive Restgröße des nicht formalisierbaren Fachwissens bezeichnet.

Die Herausbildung und der Einsatz von Erfahrungswissen in Bezug auf die Anwendung von Regeln auf Einzelfälle bilden die Voraussetzung für eine effiziente Vermittlung zwischen den Regeln und den zu bearbeitenden "Fällen" einer Verwaltung. Des weiteren bildet Erfahrungswissen, gekoppelt mit den Ermessensspielräumen einer Verwaltung, die Grundlage für eine effektive und kontinuierliche Anpassung der Regelanwendung an eine sich ständig verändernde Umwelt. Hierdurch gewinnt die Aufgabenausführung einer Verwaltung an Flexibilität und Qualität. Eine organisatorische Bedingung hierfür ist, daß die Träger der Fachqualifikationen in Vermittler- oder "Gatekeeper"- positionen an der Schnittstelle Verwaltung - Umwelt angesiedelt sind, die mit entsprechenden Zeitreserven für extensive Kommunikation die rechtlich verankerten Ermessensspielräume ausfüllen können (Karlsen 1985).

Eine Voraussetzung für ganzheitliches, am Klienten orientiertes Verwaltungshandeln ist, daß die sachlichen Aufgabengebiete der Sachbearbeiter so zugeschnitten werden, daß zumindest der Hauptteil ihres Ausbildungswissens in der beruflichen Praxis abgefordert wird. Denn eine weitgehende Arbeitsteilung und Spezialisierung bedeutet, daß sich in der Praxis bei jeder Fachkraft Erfahrungswissen nur im Rahmen eines engen Sektors herausbilden kann und im Laufe der Zeit ihr Überblick über die Gesamtzusammenhänge der Verwaltungsarbeit verloren geht. Damit können Unsicherheiten entstehen, die jede einzelne Fachkraft nur durch eine verstärkte Regelorientierung kompensieren kann. Dies wiederum führt zum Verlust von Flexibilität und Erneuerungspotentialen für die gesamte Verwaltung. Die Realisation eines solchen Organisationsprinzipes ist weder sachlich noch logisch vom Technikeinsatz abhängig. Der Einsatz von Bildschirmgeräten im Dialogbetrieb am einzelnen Arbeitsplatz erlaubt jedoch in der Praxis eine hochgradige, präzis ausgesteuerte Arbeitsteilung, die sich als eine von mehreren Entwicklungslinien auch empirisch beobachten lässt (Diehl/van Treeck 1980; Schäfer 1983; Schreyögg/Steinmann/Zauner 1978). Grundsätzlich können derartige Technikanwendungen negative Auswirkungen auf die Qualifikationsentwicklung der Verwaltungsangestellten haben, die hier als distributive Effekte benannt werden, da sie durch die Nutzung der Potentiale der Technik zur Arbeitsverteilung entstehen.

Weiterhin ergibt sich aus der begrifflichen Bestimmung des Erfahrungswissens und seiner impliziten, unbewußten Anteile, daß dieses - weil es nicht mitteilbar ist - nicht formalisierbar und damit auch nicht automatisierbar ist. Dies ist auf die komplexen Denk- und Wahrnehmungsstrukturen zurückzuführen, die im Rahmen der qualifizierten Sachbearbeitung von Bedeutung sind. Durch informelle Kommunikation können Probleme personenbezogen und situativ bearbeitet werden. Während der menschliche Weg der Integration von Arbeitsabschnitten ein weitgehend sozialer, kontextorienter Prozeß ist, innerhalb dessen aufgrund von Erfahrungen Wesentliches von Unwesentlichem unterschieden werden kann, wird der maschinelle Weg durch algorithmische Modelle formuliert, standardisiert und von personenbezogenen Bedingungen bereinigt (Buck 1985). Technik läßt Widersprüche der sozialen Realität nicht gelten, da sie sich nicht mit der zweiwertigen Logik vereinbaren lassen. Insofern können Automatisierungsbemühungen, die Aspekte dieser Fachqualifikationen zum Gegenstand haben, nicht zum Ziel führen; sie können allerdings den Einsatz von Erfahrungswissen in der Arbeitssituation behindern, sofern die Kerntätigkeit der Sachbearbeitung, die Normanwendung und Entscheidungsfindung vom Computer übernommen wird. Denn Teile der dispositiven Aufgaben werden von der Sachbearbeiterfunktion abgespalten und transformiert mit der Folge eines erheblichen Kompetenzverlustes. Wir bezeichnen dies als die substitutiven Effekte des Technikeinsatzes.

3. Distributive Effekte von Technikeinsatz

Die im folgenden wiedergegebenen Befunde aus einem am Wissenschaftszentrum Berlin laufenden Forschungsprojekt - Informationstechnik und Qualität sozialer Dienstleistungen - können illustrieren, daß und wie sich Technikeinsatz als Mittel zur Erhöhung der Arbeitsteilung auf die Entwicklung von Sachbearbeiterqualifikationen und auf die Qualität der Leistungen innerhalb eines Types öffentlicher Verwaltungen auswirken kann. Im Bereich der untersuchten Krankenkassen zeigt der Computereinsatz Wirkungen auf die Arbeitsverteilung (Distributionseffekt); hier wurden keine Sachbearbeiterentscheidungen programmiert, sondern es wurde lediglich die Mitglieder- und Leistungskartei, die zuvor als Grundlage der Sachbearbeitung zur Überprüfung von Versichertenansprüchen und zur Erfassung in Anspruch genommener Leistungen diente, gespeichert und den Sachbearbeitern in on-line, Echtzeitabfragesystemen zur Verfügung gestellt. Da zuvor jede Karteikarte wegen des Arbeitsaufwandes nur in einem physischen Exemplar vorhanden war, war damit eine bestimmte Organisationsform vorgezeichnet: die Zuständigkeit für Versichertengruppen nach dem Alphabet. Während es innerhalb der einzelnen Arbeitsgruppen eine vertikale Arbeitsteilung gab (Karteiführung, Fallanlage, Entscheidung), war der horizontalen Spezialisierung nach Sachgebieten/Leistungstypen so ein effektiver Riegel vorgeschoben. Mit dem Einsatz der Bildschirmgeräte wurden die zeitlichen und räumlichen Schranken für die horizonale Spezialisierung aufgehoben. Der Zugriff auf Versichertendaten wurde universalisiert und eine grundsätzlich beliebige Spezialisierung bzw. Reintegration der Sachbearbeiteraufgaben möglich.

In den untersuchten Kassen wurde die Organisationsmöglichkeit in unterschiedlichem Maße und in unterschiedlicher Richtung mit je spezifischer Wirkung auf die Qualifikationsentwicklung genutzt. Ein empirisch ermittelter Typ von Arbeitsorganisation zeichnet sich durch eine hochgradige Arbeitsteilung aus. Hier gab es in jeder Unterabteilung (Abschnitt) nicht nur eine vertikale Arbeitsteilung zwischen Hilfstätigkeiten und eigentlicher Sachbearbeitung sowie eine hierarchische zwischen dispositiven und ausführenden Tätigkeiten, sondern auch eine weitgehende horizontale nach einzelnen Sachgebieten. Außerdem wurde eine funkionale Arbeitsteilung eingeführt, in dem nur die Hilfssachbearbeiter (Angelernte oder Beschäftigte mit der niedrigsten Fachausbildung) mit der mündlichen und telefonischen Beratung von Versicherten betraut waren.
Die Arbeitssituation der hochdotierten Sachbearbeiter, die die höchste Fachausbildung absolviert hatten, war hier von zwei qualifikationsrelevanten Merkmalen gekennzeichnet: eine enge Spezialisierung ihrer Entscheidungskompetenz nach Sachgebieten (Krankenhaus-, Krankengeldfälle, Mutterschutz, Zahnersatz u.a.) und eine Abschottung von direktem Klientenkontakten. So wurde praktisch durch die Arbeitsorganisation verhindert, daß das den Sachbearbeitern in der Ausbildung vermittelte, praktische und theoretische Fachwissen mit den Bedürfnissen der Klienten konfrontiert und hierdurch differenziert und weiterentwickelt werden konnte. Die Herausbildung wurde in dieser Weise nicht nur auf eng begrenzte Sachgebiete beschränkt, sondern sie wurde auch innerhalb dieser Sachgebiete auf formal korrekte Regelanwendung (Vollständigkeit und richtiges Ausfüllen von Akten, korrekte Kalkulation von Geldbeträgen und Einhaltung der vorgeschriebenen Folge von Arbeitsschritten in der Sachbearbeitung) gelenkt.

Auf den ihnen zugewiesenen Sachgebieten war das Gefühl der operativen Kompetenz (die Auffassung, die zugewiesene Arbeit zu beherrschen) zwar unter diesen Sachbearbeitern hoch. Die Frage, inwieweit sie sich vorstellen könnten, Sachgebiete von anderen Sachbearbeitern mit zu übernehmen, wurde dagegen überwiegend verneint. Dies deutet darauf hin, daß diejenigen Teile des in der Ausbildung vermittelten Fachwissens, das einige Zeit nicht angewandt worden war, bereits wie in diesem Fall nach einjähriger Spezialisierung als produktives Aktivum für die Organisation verschüttet war. Ebenso waren die hochqualifizierten Sachbearbeiter geteilter Meinung in der Frage, ob sie Klientenberatung übernehmen könnten. Im Falle der positiven Antworten bezog sich die Begründung vor allem auf den Aspekt der Arbeitsanreicherung: "Es wäre eine interessante Abwechselung von der Papierarbeit". Positiven wie negativen Antworten gleichermaßen lag die Auffassung zugrunde, daß die Arbeit, die die Sachbearbeiter zum Befragungszeitpunkt ausführten, eine viel größere Verantwortung als die Beratung bedeute und daß es eigentlich wenig zu beraten gäbe, da die Gesetze und Vorschriften klar seien. Unter den Beratern, die auch in den Aufgabengebieten der Sachbearbeiter beraten mußten, war die Bereitschaft, auch andere Sachgebiete zu übernehmen, bei allen Befragten vorhanden, obwohl sie hierfür nicht ausgebildet waren. Die Beratung hatte nach ihrer Meinung ihre wichtigste Begründung in den vielfältigen Informationsmängeln der Klienten.

Diese Befunde indizieren, daß eine hohe Arbeitsteilung mit entsprechender Spezialisierung der Sachbearbeitung im Laufe der Zeit auch zu entsprechenden Qualifikationsverlusten unter den Sachbearbeitern führt, indem das in der Ausbildung angeeignete Fachwissen in der Arbeitssituation nicht abgefordert wird. Der Zeitrahmen,innerhalb dessen dies geschieht, dürfte je nach Komplexität der spezifischen theoretischen Qualifikationen von Verwaltung zu Verwaltung variieren. Qualifizierte Sachbearbeitung ist darüberhinaus nur möglich, wenn die Expertise im Umgang mit komplexen Regelungen und formalisierter Sprache in Verbindung mit deren Transformation in personenbezogene Information und Beratung erfolgt. Die Trennung von Informationsaufnahme in der Interaktion mit dem Klienten von der Entscheidungsfindung kann dazu führen, daß für die Sachbearbeitung relevante Informationen nur beschränkt und ohne ihren sozialen Kontext berücksichtigt werden. Formalistische und realitätsferne Einstellungen zur Arbeit können die Folge sein, wie dies etwa in der Bezeichnung der Klienten als "Fälle" und in der Unterbewertung des Beratungsbedarfs zum Ausdruck kommt. Dies widerspricht ganz eklatant dem explizit formulierten Ziel der Krankenkassen, den Computereinsatz in den Dienst einer stärkeren Klientenorientierung und Verbesserung der Beratungsleistung zu stellen.

Dagegen scheinen, wie dies bei den Beratern der Fall war, Aufgabenzuweisungen die weitergreifen, als das in der Ausbildung angeeignete Fachwissen, nicht nur geeignet, das Ausbildungswissen zu erhalten, sondern auch produktive Lernanreize hervorzubringen. Hier sind jedoch Grenzen gesetzt, die nur durch eine erweiterte Ausbildungskonzeption bzw. eine andere Arbeitskräfteeinsatzstrategie überwunden werden können. Die oben dargestellten Zusammenhänge können als indirekte Wirkungen des Technikeinsatzes bezeichnet werden. Sie beruhen auf Nutzungskonzepten, die nicht technologischen Zwängen geschuldet sind, sondern die Ergebnis von Interessenkonstellationen und Aushandlungsprozessen, von vorliegenden Erfahrungen und Kompetenzen/Inkompetenzen u.ä. sind.

4. Substitutive Effekte von Technikeinsatz

Bei den im folgenden zu untersuchenden substitutiven Wirkungen des Technikeinsatzes geht es im Prinzip ebenfalls um solche, die über Konzepte vermittelt sind, um die direkte Ersetzung von Sachbearbeiterqualifikationen durch Computerprogramme, in dem die normativen Regeln einer Verwaltung - d.h. das theoretische Wissen der Sachbearbeiter - operationalisiert und in Computerprogramme übersetzt wird. Die Aufgabe der Sachbearbeiter wird hierbei auf Dateneingabe und Output-Kontrolle reduziert, während die Kerntätigkeit der Sachbearbeitung die Normanwendung, vom Computer übernommen wird. Bei diesen sogenannten deontischen Systemen (Bing/Schartum 1985) kann es zum Konflikt zwischen dem Normengerüst einer Verwaltung und den Algorithmisierungszwängen des Computers kommen. Dies kann zu Normveränderungen führen, die als direkte Wirkungen der Computerisierung betrachtet werden können. Anhand der folgenden Fallstudie aus schwedischen Forstämtern (Göranzon u.a. 1983; Göranzon 1985) lassen sich anschaulich die substitutiven Folgen des Computereinsatzes auf Fachqualifikationen zeigen. Diese Ämter bzw. die dort beschäftigten Forstinspektoren haben die Aufgabe, vor dem An- und Verkauf von Waldgrundstücken und Schlagholz den Wert dieser zu kalkulieren. Diese Berechnungen dienen als Grundlage für Preisverhandlungen zwischen Verkäufer und Käufer. Eine genaue Kalkulation dieser Werte ist insofern von großer Wichtigkeit, um Verluste beim Verkauf von Schlagholz an Sägewerke oder Papierfabriken, die ihrerseits den Wert des Holzes nach differenzierten Kriterien berechnen, zu vermeiden.

Die Vielzahl komplexer Berechnungsvorgänge, die zuvor von den Inspektoren durchgeführt worden waren, wurde automatisiert, was zu erheblichen Akzeptanzproblemen führte. Diese Computerprogramme basieren auf einer je nach Berechnungsgegenstand variierenden Standardisierung der Prinzipien und Regeln für die Wertfestsetzung von Waldparzellen und Schlagholz. Sie ließen nicht diejenigen Modifikationen bei den Berechnungen zu, die nach den fachlichen Kenntnissen der Inspektoren relevant und notwendig für eine realistische Wertfestsetzung waren. Dies war zum Teil Algorithmisierungsproblemen zuzuschreiben und zum Teil der mangelnden Partizipation bei der Systementwicklung. Hierdurch wurden prinzipiell Bewertungsergebnisse möglich, die nicht mit der Realität übereinstimmten. Aus diesem Grund zogen sich vor allem die älteren Forstinspektoren von dem Umgang mit dem Computer zurück. Sie überließen es dem Hilfspersonal in den Büros, ihre per Hand festgehaltenen Ermittlungen in den Computer einzugeben. Hierdurch verzichteten sie nicht nur auf die laufende Überprüfung der Programmvariablen durch ihre empirisch ermittelten Bewertungsfälle sondern auch auf die Beeinflussung des einzelnen Falles bis zu seiner Entscheidung; sie hatten keine Kontrolle über das Endergebnis ihrer Arbeit.

Die fehlende Kontrolle über Teile des Bewertungsprozesses und des Bewertungsergebnisses führte im Laufe der Zeit zum allmählichen Verlust einer anderen Qualifikation, die sie zur Ausübung ihrer Tätigkeit brauchten: da die Berechnungen der Forstinspektoren Grundlage für die Preisverhandlungen beim An- und Verkauf von Holz waren, gehörte es zu ihrer Aufgabe, den Bewertungsprozeß und das Bewertungsergebnis gegenüber ihren Kunden erklären und vertreten zu können. Weil sie nach einiger Zeit nicht mehr nachvollziehen konnten, wie die computerisierten Kalkulationen zustande gekommen waren, welche von ihren Ermittlungen mit welchem Gewicht bei der Kalkulation berücksichtigt wurden etc., fiel ihnen die Beratung der bzw. die Verhandlung mit den Kunden zunehmend schwerer. Der Prozeß der Zerstörung von Fachqualifikationen durch den Computereinsatz mit dem daraus resultierenden Verlust an Realitätsgehalt in den Berechnungen der Forstinspektoren d.h. im Output der Forstämter läßt sich durch drei Stadien charakterisieren:

Erstes Stadium: Die Abweichungen zwischen denjenigen Bewertungen, die die Forstinspektoren auf Basis ihrer fachlichen Qualifikationen vornehmen würden und denjenigen Bewertungen, die die Computerprogramme zuließen, führen zu Demotivation und Rückzug vom Umgang mit dem Computer. Hierdurch wird eine Rückkopplungsschleife durchbrochen, die für die Erhaltung der betreffenden Qualifikationen ebenso wie für die realitätsgetreue Bewertung der Ergebnisse vital ist, die Rückkopplung vom empirischen Einzelfall auf die Bewertungsregeln. Da die Computerbediener keine Fachqualifikationen besitzen, bleibt deren Tätigkeit für mögliche Modifikationen von Regeln durch empirische Einzelfallüberprüfung ohne Konsequenzen.

Zweites Stadium: Der Verlust von Übersicht über Teile des Bewertungsvorgangs führt allmählich zum Verlust der Fähigkeit, das Zustandekommen der Kalkulation zu erklären, was zur Aufgabenbeschreibung der Forstinspektoren gehörte. Dies untergräbt ihre Verhandlungsfähigkeit an der Schnittstelle-Kunde und kann zu defizitären Ergebnissen des Verwaltungshandelns führen. Abgesehen von dieser Wirkung wird die Verhandlungssituation auch dadurch erschwert, daß mit dem Computereinsatz die Erklärungen an Komplexität zunehmen.

Drittes Stadium: Neu eingestellte Forstinspektoren lernen die Forst- und Holzbewertung mit Bezug auf bestehende Computerprogramme und nicht mit dem Ausgangspunkt in einer am Bewertungsgegenstand orientierten Methodik. Ihre Bemühungen werden so darauf ausgerichtet, ihre empirischen Ermittlungen den Computerprogrammen anzupassen. Berücksichtigt man, daß die Anwenderanleitungen häufig keinen Aufschluß über Konstruktionsprinzipien und Arbeitsweise eines Systems geben, so behindert dies differenzierten Gebrauch und Manipulationsmöglichkeiten. Mit dem Verlust von Transparenz werden Wirkungsweisen und Ergebnisse durch Computereinsatzes für die Inspektoren tendenziell nicht mehr kritisierbar.

In diesem Beispiel ging es um die Computerisierung der Bewertung von materiellen Größen, wobei Ertragskriterien als Maßstab für die Qualität der durchgeführten Vorkalkulationen bestehen. Im Prinzip offenbart sich daher der durch EDV-Einsatz in vergleichbaren Fällen bewirkte Realitätsverlust relativ schnell. Aber auch in Institutionen der sozialen Sicherung werden zunehmend solche Systeme zur Entscheidungsfindung und Normanwendung eingesetzt, die die Entfaltung und Erhaltung von differenzierteren Fachqualifikationen einschränken. Da hier Kontrollinstanzen in der Regel die auf diese Monopolorganisationen bzw. auf deren Leistungen angewiesenen Klienten sind, und da es sich hier in der Regel um soziale Realitäten und nicht um materielle Größen handelt, können Realitätsverluste in der Umweltwahrnehmung und der Problemverarbeitung erheblich schwerer aufgedeckt werden.

5. Schlußfolgerungen

Anhand von Ergebnissen zweier Fallstudien wurden exemplarisch Tendenzen zur Zerstörung von Fachqualifikationen im Bereich der qualifizierten Sachbearbeitung aufgezeigt, die als Folge bestimmter technisch-organisatorischer Managemententscheidungen bzw. "Produktionskonzepte" von Verwaltungsleistungen zu beobachten sind. Sowohl Konzepte zur restriktiven Arbeitsteilung und Hierarchisierung zur Bewältigung computerunterstützter Verwaltungsarbeit wie auch die Selektion von Computersystemen zur Automatisierung von Sachbearbeiterentscheidungen bringen eine Erosion der Fachqualifikationen mit sich. Indem die Arbeitssituation immer weniger Anwendungsmöglichkeiten von theoretischem und praktischem Ausbildungswissen bietet, gehen diese Qualifikationen zunehmend verloren bzw. das hiermit verbundene Erfahrungswissen kann nicht oder nur in eingeschränktem Maße entwickelt werden. Nun können zwar bei Bedarf die praktischen und theoretischen Fachqualifikationen durch Fort- und Weiterbildungsmaßnahmen aufgefrischt bzw. angeeignet werden; solche Maßnahmen eröffnen jedoch keinen Zugang zum Erfahrungswissen. Bestimmte Kompetenzen und Fähigkeiten können damit ein für allemal verloren gehen.

Durch solche Entwicklungstrends können für die Verwaltungspraxis längerfristig mehrere Probleme entstehen, die wir als interne und externe Folgen der Entwertung von Fachqualifikationen bezeichnen. Intern kann sich das mangelnde Fachwissen als Restriktion bei Umstrukturierungsprozessen zur Anpassung des Verwaltungshandelns an veränderte Anforderungen der Umwelt erweisen. Ein hohes Maß an Spezialisierung und ein eng begrenztes Erfahrungswissen unter den Sachbearbeitern kann die Flexibilität der Organisation beim Arbeitskräfteeinsatz und der Neuzuschneidung von Aufgaben und Anforderungsprofilen einschränken. Ebenso fehlt die Qualifikationsbasis für Aufstiegsprozesse in solche betrieblichen Positionen und Funktionen, bei welchen die weniger strukturierbaren und rationalisierbaren Aufgaben angesiedelt sind. Denn gerade im Bereich der dispositiven Tätigkeiten wie Ermessensentscheidungen, Verhandlungen mit Großkunden und Sonderfällen oder Behebung von Störungen im Arbeitsablauf ist davon auszugehen, daß hier einschlägige Fachkenntnisse und Berufserfahrungen nach wie vor die zentrale Orientierungsgrundlage des Arbeitshandelns darstellen. Weiterhin stehen entwertete Anteile der Fachqualifikationen bei zukünftigen Systementwicklungen nicht mehr als Produktivitätspotential bzw als Korrektiv zur Verfügung, wie die schwedische Studie im Falle der jungen Inspektoren zeigt.

Als externe Folgen der Erosion von Fachwissen lassen sich mögliche ungeplante Verschlechterungen der Dienstleistungsqualität für die Klienten/Kunden bezeichnen. Durch Verlust von Qualifikationen und Kompetenzen auf Seiten der Sachbearbeiter werden Teile der Dienstleistungsarbeit auf die Klienten überwälzt, womit deren Verantwortung gegenüber und Abhängigkeit von der Verwaltungsarbeit wächst und gleichzeitig die Kontroll- und Einflußmöglichkeiten auf den Leistungserstellungsprozeß und deren Ergebnis erschwert wird. Sowohl durch hohe Arbeitsteiligkeit der Verwaltungsabläufe als auch durch den Einsatz komplexer Systeme zur Entscheidungsfindung besteht die Gefahr, daß eine ganzheitliche kontextbezogene Bearbeitung der Anforderungen an die Verwaltung nicht gewährleistet werden kann.

Will man daher vermeiden, daß Verwaltungen wie geschlossene Regelkreise funktionieren, liegt es nahe auf die oben beschriebenen Computeranwendungen zu verzichten. Es sollte keine weitere Informatisierung und Automatisierung von Sachbearbeitertätigkeiten und keine weitere Spezialisierung der Sachbearbeitung durch den Computereinsatz vorgenommen werden, solange die längerfristigen sozialen Auswirkungen auf die Qualifikationsentwicklung der Beschäftigten wie auf die Qualität der erbrachten Leistungen nur unzureichend bekannt sind. Hiervon ist gegenwärtig vor allem dann auszugehen, wenn entsprechend den schwedischen Erfahrungen (Göranzon 1985) die Fachqualifikationen und das Erfahrungswissen nach technisch-organisatorischen Umstrukturierungen zunächst latent erhalten bleiben - insbesondere bei Sachbearbeitern mit langjähriger Berufserfahrung -

und Veränderungsprozesse sich tatsächlich erst mit einer zeitlichen Verzögerung von vier bis fünf Jahren bemerkbar machen. Nur durch "vorsichtige" Rationalisierungsstrategien können künftig Flexibilität und Effektiviät des Verwaltungshandelns gegenüber einer zunehmend komplexeren Umwelt aufrecht erhalten bzw. verbessert werden.

Literaturverzeichnis

Berger, U.; Offe, C.: Das Rationalisierungsdilemma der Angestelltenarbeit, in: Offe, C.: Arbeitsgesellschaft - Strukturprobleme und Zukunftsperspektiven, Frankfurt/M./New York 1984

Bing, J.; Schartum, D.W.: Datenverarbeitung und Durchsetzung von Ansprüchen in Organisationen der sozialen Sicherung, in: Karlsen, Th.; Kühn, H.; Oppen, M. (Hg.): Informationstechnologie im Dienstleistungsbereich - Arbeitsbedingungen und Leistungsqualität, Berlin: Ed. Sigma Bohn 1985

Buck, B.: Berufe und neue Technologien - Über den Bedeutungsverlust berufsförmig organisierter Arbeit und Konsequenzen für die Berufsbildung; in: Soziale Welt 1/1985

Diehl, R.O.; van Treeck, W.: Sachbearbeiter und Computer im Leistungswesen der Ortskrankenkasse. Arbeitspapiere der Forschungsgruppe Verwaltungsautomation, Heft 20, Kassel 1982

Göranzon, B.: Datoranvändning för skogsvärdering - en fallstudie, in: Göranzon B.(Hg.): Datautvecklingens filosofi, Stockholm 1985

Göranzon, B., u.a.: Job Design and Automation in Sweden - Skills and Computerisation, Center for Working Life, Stockholm 1982

Gottschall, K.; Mickler, O.; Neubert, J.: Computerunterstützte Verwaltung - Auswirkungen der Reorganisation von Routinearbeiten, Frankfurt/M./New York 1985

Jazbinsek, D.: Vom blauen zum weißen Kragen - Die Informatisierung der Fabrik und ihre Folgen für die Industriearbeit, unveröffentl. Ms., Universität Bielefeld 1986

Karlsen, Th.K.: Die Beziehung zwischen Arbeit und Leistungsqualität in sozialpolitischen Institutionen, in: Karlsen, Th.; Kühn, H.; Oppen, M.: Informationstechnologie im Dienstleistungsbereich - Arbeitsbedingungen und Leistungsqualität, Berlin: Ed. Sigma Bohn 1985

Polanyi, M.: Implizites Wissen, Frankfurt/M., 1985

Schäfer, W.: Organisationsstruktur und Qualität der Arbeit in Massenverwaltungen. Arbeitspapiere der Forschungsgruppe Verwaltungsautomation, Heft 33, Kassel 1983

Schreyögg, G.; Steinmann, H.; Zauner, B.: Arbeitshumanisierung für Angestellte, in Job Enrichment im Verwaltungs- und Dienstleistungsbereich, Stuttgart, Berlin, Köln, Mainz 1978

TECHNOLOGIEORIENTIERTE ARBEITSPLATZGESTALTUNG - DER RICHTIGE WEG IN DIE ZUKUNFT?

Eckhard Fuchs, Berlin

Seit Beginn der Industrialisierung sind technologische Fortschritte und Innovationen immer wieder zum Auslöser und Verstärker betrieblicher Rationalisierungsmaßnahmen geworden, insbesondere natürlich in jenen Zeiten, in denen durch bestimmte Randbedingungen gerade der Rationalisierung und der Produktivitätssteigerung besonderes Gewicht zugemessen wurde. Dies gilt selbstverständlich nicht nur für den privatwirtschaftlichen Bereich, sondern auch und gerade für den der öffentlichen Verwaltung.

Heute steht die Verbesserung der Arbeitsproduktivität im Büro- und Verwaltungsbereich im Mittelpunkt des Interesses. Während vor 5 Jahren nur jeder fünfte Spitzenmanager von über 200 befragten Firmenchefs aus verschiedenen Branchen in 14 europäischen Ländern die Produktivitätssteigerung im Büro als sehr wichtig einschätzte, sieht heute bereits jeder zweite in den Verwaltungsbereichen ungenutzte und auszuschöpfende Leistungsreserven.

Die Informations- und Kommunikationstechnik mit ihrer fast unüberschaubaren Vielfalt an unterschiedlichen Geräten und Systemen für die Verarbeitung und Übertragung von Informationen in den verschiedensten Darstellungsformen eröffnet eine Vielzahl neuer Möglichkeiten für die Automatisierung und den Technikeinsatz im Büro- und Verwaltungsbereich. Diese interessieren auch die öffentlichen Verwaltungen. Für sie ist die Haushaltskonsolidierung derzeit eine Hauptaufgabe, wenn nicht sogar für einige (und nicht nur etwa die Finanzressorts) sogar die Hauptaufgabe schlechthin. Wegen des hohen Personalkostenanteils - er liegt in den Städten der Bundesrepublik Deutschland im Bundesdurchschnitt bei 40 % - haben Einsparungsmaßnahmen gerade in diesem Bereich großes Gewicht.

Hier scheint sich die moderne Informationstechnik anzubieten. Mit ihrer Kostendegression, ihren - zumindest von den Herstellern immer wieder propagierten - multifunktionalen Möglichkeiten und ihrer faktischen Leistungsfähigkeit scheint sie ein hervorragendes Mittel zur Erzielung von Ersparnissen im Büro- und Verwaltungsbereich zu sein. Doch wie geht man nun vor, um die neue Technik zu nutzen?

Bürokommunikation und Büroautomation als Heilmittel für informationsverarbeitende Prozesse im Verwaltungsbereich werden derzeit oft aus Sicht von Insellösungen gesehen. Die Mehrzahl der begonnen Projekte wird unter dem Gesichtswinkel kurzfristiger Erfolge in Form von Kosteneinsparungen ausgewählt. Infolgedessen werden vorhandene Arbeitsplätze bzw. Aufgabenbereiche in den öffentlichen Verwaltungen dahingehend untersucht, ob und inwieweit sie durch Geräte- und Maschineneinsatz unterstützt werden können. Man wählt dabei vielfach eine am IST orientierte Methode, wie sie z.B. von REFA bis Anfang der siebziger Jahre in folgenden 4 Stufen empfohlen wurde (1):

1. Erfassen des Istzustandes
2. Systematische Betrachtung des Ist-Zustandes und dessen kritische Bewertung
3. Entwicklung brauchbarer Lösungen und Festlegung eines Soll-Zustandes
4. Einführung der verbesserten Methode und Kontrolle ihrer Einhaltung

Die Auswirkungen und 'Erfolge' der neuen Methode werden im Rahmen von Wirtschaftlichkeitsbetrachtungen in komparativ-statischer Analyse (Vorher - Nachher - Vergleich) verglichen, wobei man u.a. davon ausgeht, daß sich das gesamte Arbeitssystem einschl. seiner Umwelt im "Nachher" so verhält, wie es sich der Organisator im "Vorher" als 'rational' vorstellen kann.

Im Nachherein wird jedoch vielfach festgestellt, daß vermutete oder erwartete Rationalisierungserfolge nicht erreicht wurden oder gar ganz ausblieben, daß unerwartete Entwicklungen eingetreten sind oder gewisse im Einführungsprozeß oder danach eingetretene bzw. ausgehandelte 'Kompromisse' im Systemverhalten nicht vorhersehbar waren. Man gibt die Schuld an derartigen Ereignissen - sofern sie überhaupt offengelegt werden - der 'unvorhersehbaren' Entwicklung bzw. 'nicht-kalkulierbaren' Ereignissen und Gegebenheiten, vergißt jedoch, daß der Fehler im gewählten technologieorientierten Ansatz zu suchen ist, der allein die Technik und die durch sie induzierten direkten Veränderungen als Variable betrachtet und einen großen Teil des objektiven und subjektiven Gestaltungspotentials vom Ansatz her vernachlässigt.

Als Folge dieses Vorgehens wächst etwas heran, was Prof. Bonin im November 1982 anläßlich eines Vortrages sehr treffend als 'chaotische DV-Infrastruktur' bezeichnet hat. Zum Teil werden dabei sogar Projekte betrieben, weil sie sich "zur Automatisierung anbieten", ohne daß die Aufgaben selbst oder zumindest ihr Automatisierungsbedarf ausreichend oder auch nur ansatzweise untersucht wurde. Die Situation wird dadurch noch verschärft, daß bei vielen Projekten nur eine beschränkte, meist zufällig bestimmte Anzahl möglicher Alternativen betrachtet wird und Entscheidungen eher auf dem Hintergrund mehr emotionaler Gründe für eine bestimmte Lösung getroffen werden als auf der Basis unbestreitbarer und von allen zu vertretenen Fakten.

Die Situation wird ferner verschärft durch die Tatsache, daß die öffentliche Verwaltung zwar die größte informationsverarbeitende Institution ist, Informationspolitik und -management aber in der Regel nicht betrieben werden. Zwar haben Wissenschaftler wie z.B. Prof. Reinermann oder Prof. Szyperski bereits frühzeitig auf die

Notwendigkeit hingewiesen, sich mit diesen Fragen auseinanderzusetzen, ihre Forderungen haben aber höchstens punktuell zu Aktivitäten geführt.

Als Fazit muß festgehalten werden, daß der von der öffentlichen Verwaltung heute noch vielfach gewählte Ansatz zum Technikeinsatz rein technologieorientiert ist, mit anderen Worten, daß die ausgewählte und eingesetzte Technik die Arbeitsorganisation, den Arbeitsablauf im wesentlichen bestimmt. Ist dies der richtige Weg zur Produktivitätssteigerung im Verwaltungsbereich?

Bei der Beantwortung dieser Frage ist zu beachten, daß die häufig vorherrschende Meinung, durch den Einsatz der Informationstechnik, durch die Realisierung dessen, was heute mit Bürokommunikation umschrieben wird, menschliche Arbeit überflüssig zu machen und die Arbeitsvorgänge zu vereinfachen, in den meisten Fällen nicht zutreffend ist. Produktivität ist ein Begriff, der heute auch für die Büroarbeit verwandt, aber nur selten richtig angewandt wird. Dies gilt insbesondere für die öffentliche Verwaltung. Denn hier sind längst nicht allein abgeschlossene Vorgänge zu bearbeiten, sondern es sind richtige Aufgaben aufzugreifen, Entscheidungen besser vorzubereiten, Aufgaben qualitativ besser zu erfüllen, weniger Irrtümer und Fehler zu machen (sofern es solche in der öffentlichen Verwaltung überhaupt geben sollte) und die Einführung neuer Dienste und Aufgaben zu ermöglichen. Dies bedeutet

- o vorhandene Aufgaben mit weniger Mitarbeitern zu erfüllen, um
- o mit den vorhandenen Mitarbeitern sich offenen Problemen stellen und neue Aufgaben übernehmen zu können

und - last, not least -

- o angesichts der Vielfalt und Dynamik der zu verarbeitenden Informationen neue Wege zu ihrer Beschaffung, Verarbeitung und Verwendung zu finden und zu nutzen.

Der Einsatz neuer Techniken kann dazu selbstverständlich einen entscheidenden Beitrag leisten, aber anstehende Probleme und Aufgaben keinesfalls lösen. Der Technikeinsatz ist nur eine notwendige, keinesfalls aber eine hinreichende Bedingung zur Rationalisierung der Verwaltungsarbeit. Voraussetzung für die Realisierung der im Verwaltungsbereich vorhandenen Rationalisierungspotentiale ist vielmehr eine intelligente Planung und damit verbundene Neustrukturierung von Aufgaben und Arbeitsinhalten unter besonderer Beachtung der aktiven Rolle der Arbeitnehmer als Teil des Arbeitsprozesses in der Verwaltung. Dies erfordert allerdings eine veränderte Sichtweite und eine Abkehr von der klassischen Organisationsbetrachtung, die sich der Probleme menschlicher Arbeit vorwiegend unter dem Kriterium wirtschaftlich optimaler Gestaltung des Arbeitsprozesses angenommen und dabei den Menschen als variierbar einsetzbaren Produktionsfaktor angesehen hatte. Typische Vertreter dieser Denkweise waren Taylor und Gilbreth. Auch in Deutschland wurde diese Denkweise bis zum Beginn der siebziger Jahre durch den REFA-Verband verbreitet (s.(1)). Erst das im Jahre 1971 erschienene REFA-Buch nennt "Arbeitsgestaltung... das Schaffen eines aufgabengerechten Zusammenwirkens von arbeitenden Menschen, Betriebsmitteln und Arbeitsgegenständen durch wirtschaftliche und menschengerechte Organisation von Arbeitssystemen" (2).

Dabei ist die Idee, die menschlichen Eigenschaften als Bestimmungskriterien für die Arbeitsgestaltung zu verwenden, keineswegs neu. So skizzierte beispielsweise schon 1857 der Pole Jastrzebowski in seinem Aufsatz "Grundriß der Ergonomie" eine ganzheitliche Betrachtungsweise der menschlichen Arbeit (s.(3)). Es ist übrigens der gleiche Artikel, in dem meines Wissens der Begriff ERGONOMIE erstmals erwähnt wird; allerdings gerieten diese Artikel, die darin vertretene Auffassung und auch der Begriff wieder in Vergessenheit und wurde erst 1950 in einem Symposion in England neu geprägt.

Die ganzheitliche Betrachtungsweise erhält bei der Rationalisierung des Büro- und Verwaltungsbereiches mit Hilfe moderner Informations- und Kommunikationstechnik einen neuen wichtigen Stellenwert. Die moderne Informationstechnik erfordert nämlich zwangsläufig die Beachtung der menschlichen Komponente, und zwar nicht etwa nur aus humanen, sondern auch aus rein sachlichen Gründen. So zeigen viele Untersuchungen der jüngeren Vergangenheit, welche Bedeutung dem menschlichen Arbeitsbeitrag sogar bei weitgehend automatisierten Anlagen zukommt, so daß "sinnvollerweise der menschliche Beitrag hierzu als integraler Bestandteil einer solchen Systemgestaltung zu betrachten" ist (4).

Um dies zu verdeutlichen, wähle ich die systemtheoretische Betrachtungsweise der betrieblichen Arbeit. Danach setzt sich das Arbeitssystem aus 4 Systemelementen zusammen:

- o Menschen als Arbeitspersonen oder Arbeitssubjekte
- o Akten, Vorgänge (oder Werkstücke) als Arbeitsobjekte
- o Maschinen und Vorrichtungen (Werkzeuge) als Arbeitsmittel
- o Das Umfeld am Arbeitsplatz als Arbeitsumgebung

Die Beziehungen zwischen diesen Elementen untereinander bilden die Arbeitsstruktur. Verändert man einzelne Elemente, so kann dies auch zu Strukturveränderungen führen. So kann durch den Einsatz verschiedener Arbeitsmittel die Arbeit variiert und Menschen die Möglichkeit an die Hand gegeben werden, sich bei gewissen Arbeitsfunktionen durch diese unterstützen zu lassen. Dabei können, wie die folgende Matrix zeigt, je nach Technisierungsgrad, d.h. je nach Art der eingesetzten Werkzeuge, auf diese unterschiedliche Arbeitsfunktionen übertragen werden.

		Arbeitsfunktionen			
		Operative	kontrollierende	Weg festlegende	Ziel festlegende
Technisierungsgrad	Hilfsgeräte	Mensch	Mensch	Mensch	Mensch
	klassische Maschinen	Werkzeug	Mensch	Mensch	Mensch
	programmgesteuerte Maschinen	Werkzeug	Werkzeug	Mensch	Mensch
	kybernetische Maschinen	Werkzeug	Werkzeug	Werkzeug	Mensch

Allerdings sollte die Tabelle nicht zu dem Mißverständnis Anlaß geben, daß die genannten Funktionen auch den Werkzeugen übertragen werden müssen. Die in arbeitswissenschaftlichen Lehrbüchern bis in die sechziger Jahre hinein vertretene Auffassung, es ließe sich für die Arbeit ein optimaler Weg (" one best way") als Arbeitsmethode finden und angeben, hat sich gerade für geistige Arbeiten nicht bestätigt. Bei diesen kommt es vielmehr darauf an, daß der Arbeitnehmer die Arbeitsstrukturen selbst so gestalten kann, daß sie seinen individuellen Fähigkeiten und Möglichkeiten möglichst gut entsprechen und er so optimale Arbeitsergebnisse erzielen kann. Dies ist allerdings nur dann möglich, wenn die ihm zur Verfügung stehenden Arbeitsmittel sich flexibel handhaben und von der Arbeitsperson entsprechend der individuellen Disposition variabel nutzen bzw. einsetzen lassen. Diese Voraussetzung, die z.B. bei dem Arbeitsmittel "Bürostuhl" heute allgemein anerkannt wird, wird beim Einsatz der Informations- und Kommunikationstechnik im Büro vielfach noch nicht ausreichend berücksichtigt. Darüber hinaus wird ferner häufig noch nicht beachtet, daß gerade bei überwiegend geistigen Tätigkeiten die Arbeitsstrukturen bestenfalls temporär stabil sind, sich aber im Zeitablauf verändern. Die Forderung nach optimalen Arbeiten und Arbeitsergebnissen impliziert daher in diesem Bereich die Möglichkeiten zur dynamischen Arbeitsstrukturierung.

Beachtet man diese Erkenntniss nicht, so führt dies insbesondere im Büro- und Verwaltungsbereich zu Folgen, die vielfach direkt nicht erkennbar sind. Der Mensch als wesentlicher Teil des Arbeitssystems empfindet etwaige Defizite, aus seiner Sicht nicht - optimale Arbeitsstrukturen als Disregulationen und reagiert bewußt oder unbewußt darauf. Im Unterschied zu physischen Beanspruchen aber, bei der Tätigkeiten und empfundene Belastungen zu nachweisbaren Beeinträchtigungen einzelner Organsysteme führen können und daher einen Zustand herabgesetzter körperlicher Leistungsfähigkeit zur Folge haben, verhält es sich bei psychischen Beanspruchungen so, daß erst markante komplexe Störungen augenfällig werden. Der Grund dafür liegt darin, daß bei empfundenen Belastungszuständen der geschilderten Art der Organismus zu vegetativen und/oder zentral-nervösen (einschl. motivationalen) Gegenregulationen in der Lage ist. Die Folgen sind Minderleistungen, die nicht erkennbar werden oder deren Ursache nur schwer zu ermitteln ist, so daß gezielte Maßnahmen zur Gegensteuerung nicht eingesetzt werden können. Bisweilen versucht man bei erkannten Minderleistungen eine Behandlung am Symptom, ein Vorgehen, das nicht nur in der Medizin höchst zweifelhafte, ja sogar fatale Folgen haben kann.

Aufgrund dieser Erkenntnisse kommt der Gestaltung des Arbeitsablaufes und -inhaltes bei der Einführung moderner Informations- und Kommunikationstechnik im Verwaltungsbereich besondere Bedeutung zu. Allein von den technischen Möglichkeiten auszugehen oder gar "technische Sachzwänge" konstruieren zu wollen, führt zu Problemen. Es ist auch ein unökonomisches Vorgehen, da dabei Gestaltungsvariable der Arbeit unberücksichtigt bleiben, die auch direkten ökonomischen Nutzen zu bringen in der Lage sind.

Aus diesem Grund sind die (Verwaltung-)Organisatoren besonders gefordert. Da sich die theoretischen Rationalisierungspotentiale der modernen Technologien fast nie durch 1:1-Umstellungen im Verwaltungsbereich realisieren lassen, also nur durch Verlagerung vorhandener Arbeit auf eine Maschine, muß konkrete organisatorische Gestaltungsarbeit geleistet werden.

Für diese Aufgabe ist natürlich nicht etwa der Organisator alter Art gefordert, der nur die konkrete Arbeitsplatzgestaltung - vielleicht sogar nach der oben von mir zitierten REFA-Methode - analysiert, neue Geräte aufstellen und sonst alles beim alten läßt. Wie gesagt, läßt sich zwar möglicherweise bereits so eine Kostenersparnis erzielen, da die neuen Geräte vielfach preisgünstig und schnell sind, so daß sich mit Hilfe der in der Verwaltung meist angewandten Kostenvergleichsrechnung ein günstiges Kostenverhältnis, eine Kostenersparnis zeigen läßt. Man hüte sich jedoch vor dem Trugschluß, diese mit einem Rationalisierungsgewinn zu verwechseln. Verwaltungsrationalisierung zu leisten heißt eben nicht (bzw. nicht nur),neue Technik zu kaufen, sondern Verwaltungsorganisationen, Arbeitsmethoden und Arbeitsstile zu verändern. Das sinnvolle Vorgehen erfordert daher die Auseinandersetzung mit den zu leistenden Aufgaben (die als solche selbstverständlich auch zu hinterfragen sind), die Analyse verschiedener Handlungsstrategien zur Aufgabenlösung und die Prüfung der Frage, welche Hilfsmittel und Werkzeuge die Aufgabenerledigung unterstützen könne

Bei der Zuweisung von Aufgaben an einzelne Arbeitsplätze sollte nicht die Technik als Arbeitsmittel, sondern der Mitarbeiter als aktiv tätiger Prozeß des Verwaltungshandelns im Mittelpunkt der Überlegung stehen. Der Arbeitsinhalt sollte für ihn so sinnvoll gestaltet werden, daß man jene Abgestumpftheit bei der Arbeit von vornherein ausschließt, die jede Motivierung über das Geldverdienen hinaus verhindert. Wesentliche Gestaltungsaspekte für die Arbeitsinhalte sind dabei die folgenden:

o zeitlicher Aspekt
Bei sehr kurzzyklischen Arbeiten, die sich wiederholen, tritt Monotonie ein, die eine psychische Belastung darstellt und zu Leistungsminderung in quantitativer und qualitativer Hinsicht führt.

o belastender Aspekt

Die Arbeiten können eine Überforderung, aber auch eine Unterforderung der subjektiven Leistungsvoraussetzungen bewirken und so ebenfalls zu Leistungsminderungen führen.

o ganzheitlicher Aspekt
Arbeitsteilung bringt immer die Gefahr, daß die Arbeitsperson die Einbettung ihrer Tätigkeiten in das gesamte Arbeitsgeschehen nicht durchschaut. Dies führt nicht nur zur Arbeitsunzufriedenheit, sondern kann auch zu Fehlverhalten führen. Ist der Überblick hingegen vorhanden, so kann die eigene Qualifikation viel besser für die Effektivität des Betriebsgeschehens eingesetzt werden. Die moderne Informationstechnik erlaubt derartige ganzheitliche Arbeit und kann so zur Effektivitätssteigerung beitragen.

o sozialer Aspekt
Wenn es eine Arbeitsteilung gibt, steht eine Tätigkeit in einem Kooperationszusammenhang mit anderen. Bei ganzheitlicher Arbeit kann dieser entfallen und Arbeit isoliert auszufüllen sein. Dies kann kontraproduktiv wirken und den Nutzen ganzheitlicher Arbeit wieder aufheben, sofern nicht im Rahmen der organisatorischen Gestaltung Kommunikationszusammenhänge hergestellt bzw. gefördert werden.

o persönlichkeitsfördernder Aspekt
Mit Hilfe der modernen Technik wird es nicht nur möglich, den einzelnen wesentlich stärker mit der Gesamtaufgabe zu identifizieren, sie erlaubt darüber hinaus auch die Möglichkeit, die eigene Qualifikation zu verbessern. Durch diese qualifikatorische und die oben bereits erwähnte soziale Komponente kann eine Arbeit mit Hilfe der modernen Informationstechnik die Entwicklung der Persönlichkeit eines Menschen fördern oder hemmen.

Die modernen Informations- und Kommunikationstechnologien und die durch sie verfügbar gewordene Technik eröffnen für die Verwaltungsarbeit völlig neuartige Gestaltungsspielräume. Angesichts der Vielfalt dieser Spielräume und der durch sie möglich gewordenen grundlegenden Veränderungen der Arbeitsstrukturen ist eine umfassende und systematische organisatorische Vorarbeit zwingend erforderlich, wenn Leistungs- und Produkivitätsreserven nachhaltig realisiert werden sollen. Es ist keinesfalls ausreichend, auf neue technische Entwicklungen lediglich damit reagieren zu wollen, daß man punktuell Aufgaben bzw. Aufgabenteile auf die Geräte verlagert, selbst wenn dies kurzfristig zu Kostenersparnissen führen sollte, und den eigentlichen Gestaltungsrahmen nicht nutzt, denn

Wer auf morgen wartet,
wird übermorgen erkennen,
daß er heute versäumt hat,
das Nötige zu tun.

Literatur:

(1) REFA (Hrsg.): Das REFA-Buch, Band 1: Arbeitsgestaltung, 9. Aufl., München 1960.

(2) REFA (Hrsg.): Methodenlehre des Arbeitsstudiums Teil 1, München 1971

(3) Jastrzebowski, W.: Rys Ergonomje czyli Nanki (deutsch: Grundriß der Ergonomie) in Przyroda i Przemyst Jg. 2 (1857) Nr. 29.

(4) Kirchner/Rohmert: Ergonomische Leitregeln zur Arbeitsgestaltung; München/Wien 1974, Seite 14.

(5) Martin, H.: DieErgebnisse des Forschungsprogramms "Humanisierung des Arbeitslebens" - und was wir daraus lernen können.
in Immler H (Hrsg.): Arbeit und Didaktik, Bad Heilbronn 1981.

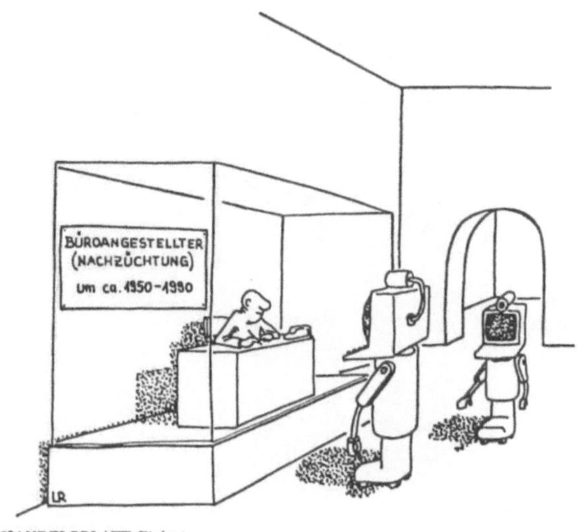

HANDELSBLATT: Pielert

Fachgespräch
Das papierarme Büro

Das Thema dieses Fachgespräches steht für eine neue geräte-/kommunikations-/organisationstechnische Entwicklungsstufe, auf der sich Verwaltungen in absehbarer Zeit ansiedeln werden – grosse Zentralen ebenso wie kleine Zweigstellen. Im Vorfeld des dadurch bedingten Organisationswandels drängen sich eine Reihe neuartiger Forschungs- und Entwicklungsprobleme in den spezifischen Ausprägungen der dafür benötigten

- Hardware-Technologie
- Endgeräte-Technologie
- Betriebssystem-/Software-Technologie
- Kommunikations-Technologie
- Text-Technologie
- Papier-Schnittstellen-Technologie
- Mensch/Maschine-Schnittstellen-Technologie

und im Bereich der relevanten internationalen formalen oder informellen Standards.

Ziel dieses Fachgesprächs ist es, ausgehend von der Darstellung der heute klar vohersehbaren Entwicklungslinien (wie sie etwa durch die verschiedenen ESPRIT-Aktivitäten dieses Gebiets vorgezeichnet sind) auch eine Analyse der längerfristigen Auswirkungen dieser Trends zu versuchen.

Das Fachgespräch ist in drei Blöcken organisiert. Die vier Vorträge im ersten Block beschäftigen sich sowohl mit den Werkzeugen zur lokalen Bearbeitung strukturierter Dokumente als auch mit deren Versand, Zirkulation und Verfolgung. Der zweite Block zeigt die Ergebnisse der Anwendung von Techniken der künstlichen Intelligenz, Mustererkennung und Systemanalyse im Bereich des papierarmen Büros. Den Abschluss bildet eine Plenumsdiskussion mit den Referenten des Fachgesprächs.

Programmkomitee für dieses Fachgespräch: H. Fetzer (Nixdorf Paderborn), U. Flasche (TU Berlin), S. Gschaider (IBM Stuttgart), H. Lindner (Telenorma Frankfurt, Vorsitz), D. Morgenstern (Siemens München), S. Schindler (TU Berlin)

Objektorientierte Implementierung eines interaktiv formatierenden Dokumenteditors auf der Basis des Standards ECMA 101

Günther Krönert
SIEMENS AG München
Unternehmensbereich Kommunikations- und Datentechnik
Privat- und Sonderkommunikationsnetze

Der Standard ECMA 101 definiert Austauschformate, in denen Dokumente als Exemplare von Dokumentklassen beschrieben werden. Damit sind Dokumentklassen-getriebene Editoren erforderlich. Diese Editoren entlasten den Benutzer von zahlreichen Routinearbeiten und vermeiden fehlerhaftes Bearbeiten von Dokumenten, ähnlich wie es von syntax-getriebenen Programmeditoren bekannt ist. Ein Standard-konformer Dokumenteditor muß jedoch zwei Strukturen, die logische Struktur und die Layoutstruktur, verwalten und automatisch von der logischen in die Layoutstruktur abbilden. Eine Dokumentklasse gibt die Regeln zum Aufbau der beiden Strukturen und für diese Abbildung an. Diese Regeln können formal durch zwei attributierte Grammatiken ausgedrückt werden, die schließlich den Dokumenteditor steuern. Eine objekt-orientierte Implementierung eines solchen Editors wird beschrieben.

1. Das Standard-Dokumentarchitekturmodell

Der Austausch von Dokumenten ist ein wesentlicher Teil der Bürokommunikation. In vielen Fällen ist es wichtig, daß ein empfangenes Dokument nicht nur reproduzierbar ist, sondern daß der Empfänger es auch bearbeiten kann. Zum Verständnis dieser Abläufe wurde ein Architekturmodell (ODA = Office Document Architecture) entwickelt und zur Übertragung wurden davon Austauschformate (ODIF = Office Document Interchange Format) abgeleitet. ODA/ODIF wurde im Juni 1985 als ECMA-Standard 101 /ECMA 85/ verabschiedet. Im Sommer 1986 wird über einen entsprechenden ISO-DIS (Draft International Standard) /ISO 86/ abgestimmt werden.

Der Standard beschreibt zuerst ein Modell für den Aufbau und die Strukturen von Dokumenten und erklärt dann in einem Dokumentbearbeitungsmodell die Funktionen der Komponenten des Strukturmodells. Schließlich werden die Übertragungsformate und ihre Codierung festgelegt. Im folgenden wird der Standard kurz skizziert. Für genauere

Informationen sei neben dem ECMA-Standard und dem ISO/DP 8613 auf /Hor 84, Hor 85/ verwiesen.

1.1 Modell für den Aufbau von Dokumenten

Bild 1 zeigt die Komponenten, aus denen ein Dokument und damit die Beschreibung eines Dokuments zusammengesetzt ist.

Die *Document Description* besteht aus einem *Document Profile*, das Informationen über das gesamte Dokument, wie Erstellungdatum usw., enthält, und dem *Document Body*.

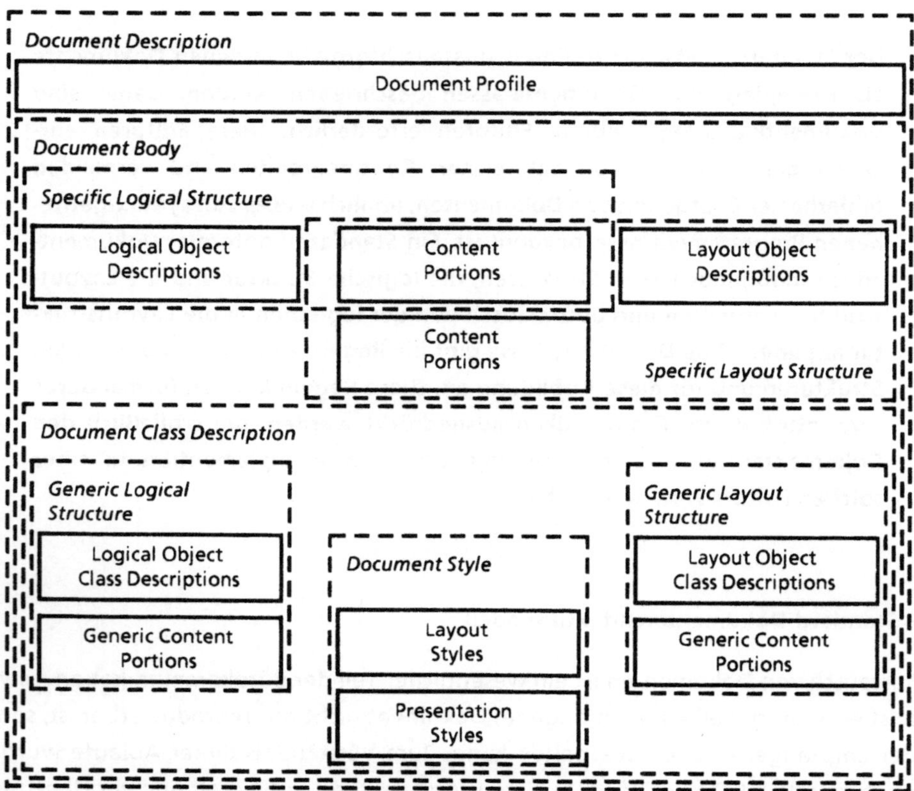

Bild 1: Komponenten der Dokumentbeschreibung

Im *Document Body* wird zunächst das Dokument durch seine logische Struktur, seine Layoutstruktur und seinen Inhalt beschrieben. Die logische Struktur ist unabhängig vom Layout und beschreibt Objekte wie Kapitel, Überschriften, Fußnoten usw. Die Layoutstruktur beschreibt, wie der Inhalt eines Dokuments zweidimensional zu positionieren ist. Objekte der Layoutstruktur sind z.B. Titelseite, linke Spalte, rechte Spalte, Absatzblock, Fußnotenblock usw. Beide Strukturen werden durch jeweils eine Hierarchie von Objekten ausgedrückt und sie sind das Skelett zum Aufbau und zur Beschreibung eines Dokuments.

Der Inhalt eines Dokuments kann verschiedener Art und gemischt sein, z.B. Text, geometrische Graphik, Fotos usw. Für jede solche Art von Inhalt gibt es eine entsprechende *Content Architecture*, die den Aufbau, inhalts-interne Strukturen, Steuerzeichen, Codierung usw. definiert. Diese *Content Architectures* sind nicht Bestandteil der Dokumentarchitektur, aber die Dokumentarchitektur bietet eine einheitliche Schnittstelle zu den *Content Architectures*. Damit ist es möglich, weitere *Content Architectures* zuzulassen ohne die Dokumentarchitektur zu ändern. Der gesamte Inhalt eines Dokuments wird also von der logischen und von der Layoutstruktur zergliedert in *Content Portions*. Betrachtet man die beiden Strukturen als Bäume, so sind die *Content Portions* den Blättern der Bäume zugeordnet.

Den Objekten beider Strukturen können Attribute zugeordnet sein, die dann die Eigenschaften dieses Objektes beschreiben. Jedes Attribut ist von einem bestimmten Attributtyp, durch den die Semantik des Attributs festgelegt ist, z.B. Dimension, und hat einen Wert, der dann entsprechend interpretiert wird, z.B. als die Maße der Dimension.

Um die Bearbeitung eines Dokuments möglichst komfortabel zu gestalten, wird neben der Information, die im Dokument steckt, auch Information über die Bearbeitung des Dokuments mit ausgetauscht. Im Architekturmodell heißt das, daß ein Dokument als ein Exemplar einer Dokumentklasse betrachtet wird, die in der *Document Class Description* beschrieben wird. Diese besteht aus den drei Komponenten *Generic Logical Structure*, *Generic Layout Structure* und *Document Style*. Die *Generic Logical Structure* beschreibt alle logischen Strukturen, die im Sinne der Dokumentklasse korrekt sind. Sie besteht aus einer Menge von *Logical Object Class Descriptions*, so daß jedes Objekt der logischen Struktur als ein Exemplar einer *Logical Object Class* verstanden wird. Eine *Logical Object Class Description* enthält im wesentlichen eine *Construction Rule*, die vergleichbar ist mit einer Produktion einer kontextfreien Grammatik, und Ausdrücke, die festlegen wie die Attributwerte eines erzeugten Exemplars dieser Klasse zu berechnen sind. Analoges gilt für die *Generic Layout Structure*. Beim Erzeugen eines Exemplars kann auch automatisch Inhalt mithilfe von *Generic Content Portions* erzeugt werden, z.B. der vordefinierte Inhalt eines Standardabsatzes oder ein Leerformular.

Der *Document Style* legt fest, wie Inhalt und zulässige logische Struktur abzubilden sind auf eine der zulässigen Layoutstrukturen der Dokumentklasse. Ein *Layout Style* ist eine Gruppe von Attributen, die den automatischen Erzeugungsprozeß der Layoutstruktur steuert. Ein *Presentation Style* ist eine Gruppe von Attributen, die die Attributierung von Layoutobjekten bezüglich Darstellung beeinflussen. *Layout Styles* wie auch *Presentation Styles* hängen an Logical *Object Class Descriptions*.

1.2 Dokumentbearbeitungsmodell

Das Dokumentbearbeitungsmodell zeigt, welche Komponenten der Architektur welche Abläufe steuern oder beeinflussen. Wie Bild 2 zeigt, besteht dieses Modell aus drei Prozessen: Dem Editierprozeß, dem Layoutprozeß und dem Darstellungsprozeß. Die Reihenfolge der Prozesse in dem Bild bedeutet jedoch nicht, daß sie in einer Implementierung streng sequentiell ablaufen müssen, was einem Batch Processing entsprechen würde. In einem interaktiv formatierenden Editor laufen sie zyklisch ab.

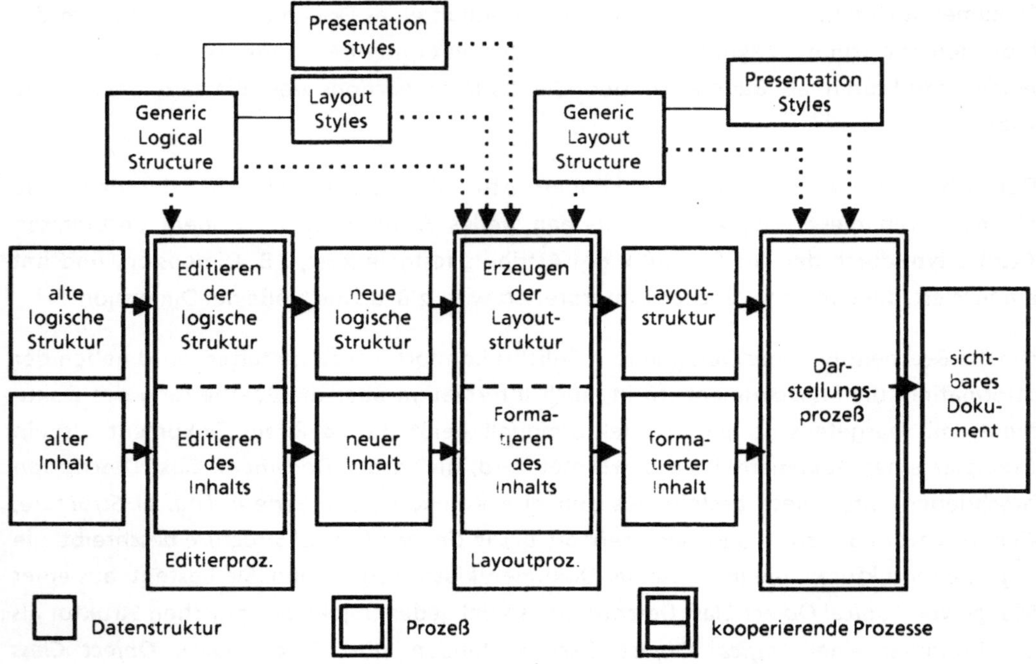

Bild 2: ODA - Dokumentbearbeitungsmodell

Beim Editierprozeß ist zu unterscheiden zwischen dem Bearbeiten der logischen Struktur und dem Bearbeiten des Inhalts. Es können nur logische Strukturen erzeugt werden, die aus der *Generic Logical Structure* produzierbar sind.

Der Layoutprozeß besteht ebenfalls aus zwei kooperierenden Prozessen, nämlich dem Erzeugen der Layoutstruktur und dem Formatieren des Inhalts in Blöcke. Diese beiden Prozesse arbeiten nach der Art von Co-Routinen zusammen. Das Grundprinzip des Layoutprozesses besteht darin, daß der logische Strukturbaum in Preorder durchlaufen wird und dabei versucht wird, einen gemäß der *Generic Layout Structure* zulässigen Layoutstrukturbaum ebenfalls in Preorder zu erzeugen. Dieser Erzeugungsprozeß wird durch die *Layout Styles* gesteuert, die unter anderem angeben, welche Layoutobjekte für welche logischen Objekte zu erzeugen sind. Auch durch das Formatieren des Inhalts in Blöcke können Anforderungen an den Erzeugungsprozeß gestellt werden. Die *Presentation Styles* sorgen schließlich für die weitere Besetzung von Layout-Attributen mit Werten.

Der Darstellungsprozeß kann ebenfalls von *Presentation Styles* und von der *Generic Layout Structure* beeeinflußt werden.

1.3 Übertragungsformate

Der Standard legt auch fest, wie die Komponenten der Dokumentarchitektur in einem sequentiellen Datenstrom zum Zweck der Übertragung beschrieben werden. Es gibt verschiedene Übertragungsformate, weil es nicht immer sinnvoll ist, alle Komponenten zu übertragen. Es gibt drei Gruppen von Übertragungsformaten.

- *Image Form*: Diese Übertragungsformate erlauben nur das originalgetreue Reproduzieren von Dokumenten beim Empfänger. Im wesentlichen wird dabei die Layoutstruktur und formatierter Inhalt übertragen. Zur Gruppe dieser Übertragungsformate gehören auch Mixed Mode T. 73, G.4-Fax, Teletex und Telex.

- *Processible Form*: Diese Übertragungsformate erlauben dem Empfänger das Bearbeiten von empfangenen Dokumenten. Im wesentlichen wird dabei die logische Struktur und bearbeitbarer Inhalt, eventuell auch die Dokumentklassendefinition übertragen. Deshalb muß vor dem Reproduzieren des Dokuments das Layout erzeugt werden. Zur Gruppe dieser Formate gehört auch X.420-SFD.

- *Formatted Processible Form*: Dieses Übertragungsformat erlaubt dem Empfänger sowohl das originale Reproduzieren als auch das Bearbeiten des Dokuments. Es umfaßt alle Komponenten der Dokumentarchitektur.

2. Interaktiv formatierender Dokumenteditor gemäß ECMA 101

Im Rahmen des ESPRIT Projektes HERODE (Handling the Electronic Representation of Mixed Text-Image-Voice Office Documents based on ECMA Standard 101) /Hor 84a, Hor 86/ entstehen folgende Werkzeuge:

- ein Dokumentarchiv auf der Basis einer optischen Platte,

- ein Dokumenterfassungssystem zum Konvertieren von Papierdokumenten in eine elektronische Form bzw. in ODIF-Austauschformate, und

- ein interaktiv formatierender Dokumenteditor.

Der Benutzer kommuniziert mit diesen drei Werkzeugen ausschließlich über ein Common User Interface, das ihm den Eindruck vermittelt, daß er mit einem einzigen, sehr mächtigen Werkzeug arbeitet. Im folgenden wird der interaktiv formatierende Dokumenteditor genauer beschrieben.

2.1 Ziele

Dieser interaktiv formatierende Dokumenteditor wird im Rahmen des ESPRIT-Projektes als Prototyp realisiert. Dabei werden folgende Ziele verfolgt:

- Der Standard wurde rein gedanklich und nicht auf der Grundlage existierender Implementierungen entwickelt. Deshalb ist ein Ziel des Projektes, den Standard zu evaluieren und die Weiterentwicklung des Standards mit Hilfe der gewonnenen Erfahrungen zu beeinflussen.

- Der Prototyp wird deshalb im Prinzip das mächtigste Austauschformat, die *Formatted Processible Form*, akzeptieren. Ziel ist es, die folgenden ODA-Konzepte zu realisieren: Der Editor soll von Dokumentklassendefinitionen gesteuert werden. Er soll es erlauben, Dokumente mit verschiedenen Inhaltsarchitekturen zu bearbeiten, aber es wird beim Prototyp akzeptiert, daß in Inhaltseditoren nicht die vollständige jeweilige Inhaltsarchitektur implementiert wird.

- Editieren und automatisches Formatieren bzw. Layout Erzeugen sollen zyklisch so durchgeführt werden, daß nach jedem Editierschritt das neue Layout angezeigt werden kann (WYSIWYG-Eigenschaft). Dabei sollen jedoch auch akzeptierbare Antwortzeiten erreicht werden, so daß der Benutzer beim Bearbeiten des Dokuments nicht gebremst wird.

- Alle diese Ziele in einem Dokumenteditor zu realisieren bedeutet den Einstieg in eine neue Editor-Generation. Ziel des Projektes ist eine SW-Architektur für solche neue Editoren zu entwickeln und zu erproben und damit die Grundlage für neue Produkte zu schaffen.

2.2. Architektur

Bild 3 zeigt die Architektur des Dokumenteditors /Krö 85, Krö 85a/ und wie das Austauschformat ODIF in interne Datenstrukturen und umgekehrt konvertiert wird .

Wie bereits erwähnt, gibt es ein Common User Interface über dem Dokumenteditor. Dieses Common User Interface wird auch für alle anderen Werkzeuge des ESPRIT-Projekts verwendet.

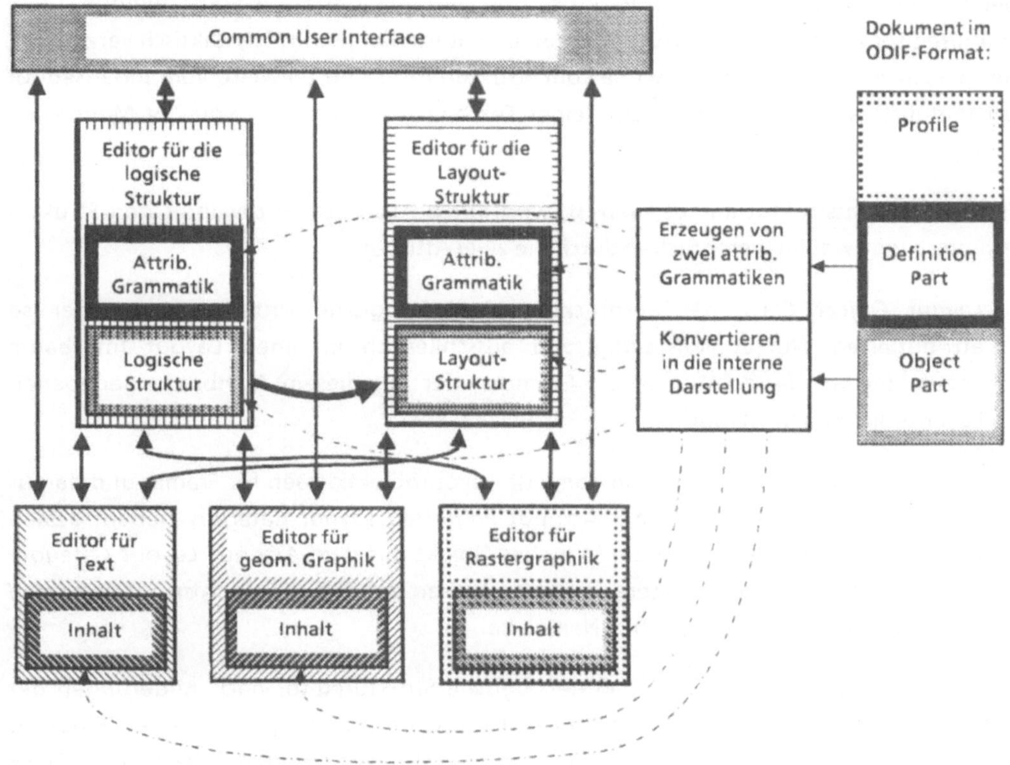

Bild 3: Architektur des Editors und Konvertierung von ODIF-Formaten

Für die logische Struktur und für die Layoutstruktur gibt es jeweils einen Struktureditor, der von einer attributierten Grammatik /Wil 79/ gesteuert wird. Die attributierte Grammatik wird aus der ODIF-Codierung der *Generic Logical Structure* bzw. der *Generic Layout Structure* erzeugt und in die Struktureditoren eingelesen. Dadurch ist sichergestellt, daß die Struktureditoren ausschließlich im Sinne der Dokumentklassen zulässige Strukturen erzeugen.

Unter den Struktureditoren sind eine Reihe von Inhaltseditoren angesiedelt, die gemäß der jeweiligen *Content Architecture* implementiert sind.

Beim Editieren des Dokuments verändert der Benutzer entweder die logische Struktur mit dem Struktureditor oder den Inhalt mit einem Inhaltseditor. Das "automatische Layouterzeugen" bedeutet, daß im Layoutstrukturbaum Blätter - das sind im gedruckten Dokument zweidimensionale Blöcke - zur Verfügung gestellt werden, in die der Inhalt logischer Basisobjekte formatiert werden kann. Eine Hierarchiestufe höher im Layoutstrukturbaum sind Knoten vom Typ *Frame*. Die Semantik von *Frames* und Blöcken ist so, daß das Erzeugen und Attributieren des Layoutstrukturbaums bis herunter zur *Frame*-

Ebene vollständig vom Struktureditor durchgeführt wird. Blöcke werden vom Struktureditor zwar in den Strukturbaum ein- und ausgehängt, d.h. "syntaktisch verwaltet", aber die Attributierung wird teilweise vom Struktureditor und teilweise vom Inhaltseditor durchgeführt, weil z.B. die Dimension eines Textblocks abhängig ist von der Menge des Inhalts.

Wie diese Layoutstruktur aufzubauen ist, wird durch Attribute an der logischen Struktur bestimmt, und zwar im wesentlichen durch die zwei Attribute

- *Layout Object Class*, das ausdrückt, daß der logische Unterbaum mit der so attributierten Wurzel vollständig und ausschließlich in einen Layout-Unterbaum abzubilden ist, dessen Wurzel ein Exemplar der mit diesem Attribut angegebenen Layoutobjektklasse ist, und

- *Layout Category*, dessen Wert ein Name ist. Layoutobjektklassen für *Frames* und daraus erzeugte Exemplare können das Attribut *Permitted Layout Category* haben, dessen Wert ebenfalls ein Name ist. Ein logisches Objekt mit dem Attribut *Layout Category* muß dann in einen oder mehrere Frames formatiert werden, die das Attribut *Permitted Layout Category* mit dem gleichen Namen haben.

Diese beiden Attribute bewirken, daß der logische Struktureditor nach Änderungen der logischen Struktur an den Layoutstruktur-Editor die Anforderung stellt, einen Block zu löschen oder an einer bestimmten Stelle in der Folge der existierenden Blöcke einen Block zu erzeugen. Der Layoutstruktur-Editor versucht dann in einer Bottum-up-Analyse den Layoutstrukturbaum so zu verändern, daß er den geforderten Block zur Verfügung stellen kann. Bei dieser Bottom-up-Analyse müssen neben der Syntax auch die Attribute *Layout Object Class* und *Layout Category* sowie einige andere Attribute berücksichtigt werden. Ebenso kann nach einer Änderung des Inhalts, z.B. Löschen oder Einfügen eines Satzes in einen Textabschnitt, die Forderung entstehen, einen Block zu löschen, neu zu erzeugen oder seine Größe zu ändern. In diesen Fällen schickt der Inhaltseditor an den Layoutstruktur-Editor eine Anforderung ähnlich, wie es für den logischen Struktureditor beschrieben wurde. In manchen Fällen wird er nur Attributwerte von den Blöcken, also von den Blättern des Layoutbaumes besetzen oder ändern. Dadurch ist aber der Strukturbaum dann im allgemeinen nicht mehr korrekt attributiert. Um akzeptable Antwortzeiten zu erreichen, führt der Struktureditor die Berechnung der neuen Attributierung inkrementell aus, d.h. auf der Grundlage der alten Attributierung. Dafür gibt es bereits Standard-Verfahren /Ken 76, Mön 84/.

Ist der Benutzer mit dem automatisch erzeugten Layout nicht zufrieden, dann kann er mithilfe des Layoutstruktur-Editors eine Layoutrevision durchführen. Die Layoutrevision erlaubt ihm, das Layout zu verändern mit der Einschränkung, daß durch die Layout-Änderung keine Änderung der logischen Struktur nachgezogen werden muß.

3. Objektorientierte Implementierung

Die in dem ESPRIT-Projekt gewählte objekt-orientierte Realisierung des Editors bedeutet das Bereitstellen bzw. Definieren eines Systems von Klassen im Sinne der Programmierung, nicht im Sinne von ODA. Während des Erzeugens und Bearbeitens eines Dokuments werden dann Exemplare dieser Klassen erzeugt bzw. verändert und die Kombination dieser Exemplare ist die editor-interne Representation des Dokuments. Andere Klassen und deren Exemplare werden jedoch auch für editor-eigene Zwecke, wie Display, Benutzerschnittstelle, Selektionen usw., benützt.

3.1 Die Struktureditoren

Der am meisten von ODA geprägte Teil des Editors sind die beiden Struktureditoren. Sie werden vollständig in der objektorientierten Programmiersprache Objective-C realisiert. Es ist deshalb wichtig im folgenden zwischen den Objective-C-Klassen und den ODA-Objektklassen zu unterscheiden.

Objective-C-Klassen werden definiert zur Implementierungszeit des Dokumenteditors. Zur Laufzeit des Editors, also während der Benutzung, werden diese Klassen nicht mehr geändert, sondern es werden nur Exemplare davon erzeugt und verändert.

Die ODA-Objektklassen dagegen sind im Definition Part von ODIF beschrieben, d.h. sie werden zusammen mit der Dokumentbeschreibung ausgetauscht. Der Dokumenteditor muß zur Laufzeit die aus ihnen generierten attributierten Grammatiken einlesen, die dann den Editor bei der Bearbeitung von Dokumenten steuern. Die Menge der ODA-Objektlassen ist also im Prinzip unbeschränkt und steht zur Implementierungszeit des Dokumenteditors nicht zur Verfügung. Deshalb können ODA-Objektklassen nicht als Objective-C-Klassen implementiert werden.

Bild 4 zeigt, wie die beiden Struktureditoren durch ein System von Objective-C-Klassen realisiert wurden, und wie Dokumente intern durch Exemplare dieser Objective-C-Klassen aufgebaut werden. Die Vielfalt der Objective-C-Klassen wurde in diesem Bild vereinfacht.

Bevor mit der Bearbeitung eines Dokuments begonnen wird, existiert nur das System der Objective-C-Klassen, das den Dokumenteditor darstellt. Wenn mit der Bearbeitung oder Erzeugung eines Dokuments begonnen wird, dann wird zuerst ein Exemplar der Objective-C-Klasse für Dokumentdeskriptoren erzeugt. Über dieses Exemplar kann im folgenden auf das Dokument als ganzes zugegriffen werden.

Anschließend wird die Dokumentklassendefinition in den Editor eingelesen. Dabei wird jede ODA-Objektklassendefinition in eine attributierte Produktion umgewandelt und diese in ein Exemplar der Objective-C-Klasse für ODA-Objektklassendefinitionen eingebettet. Es

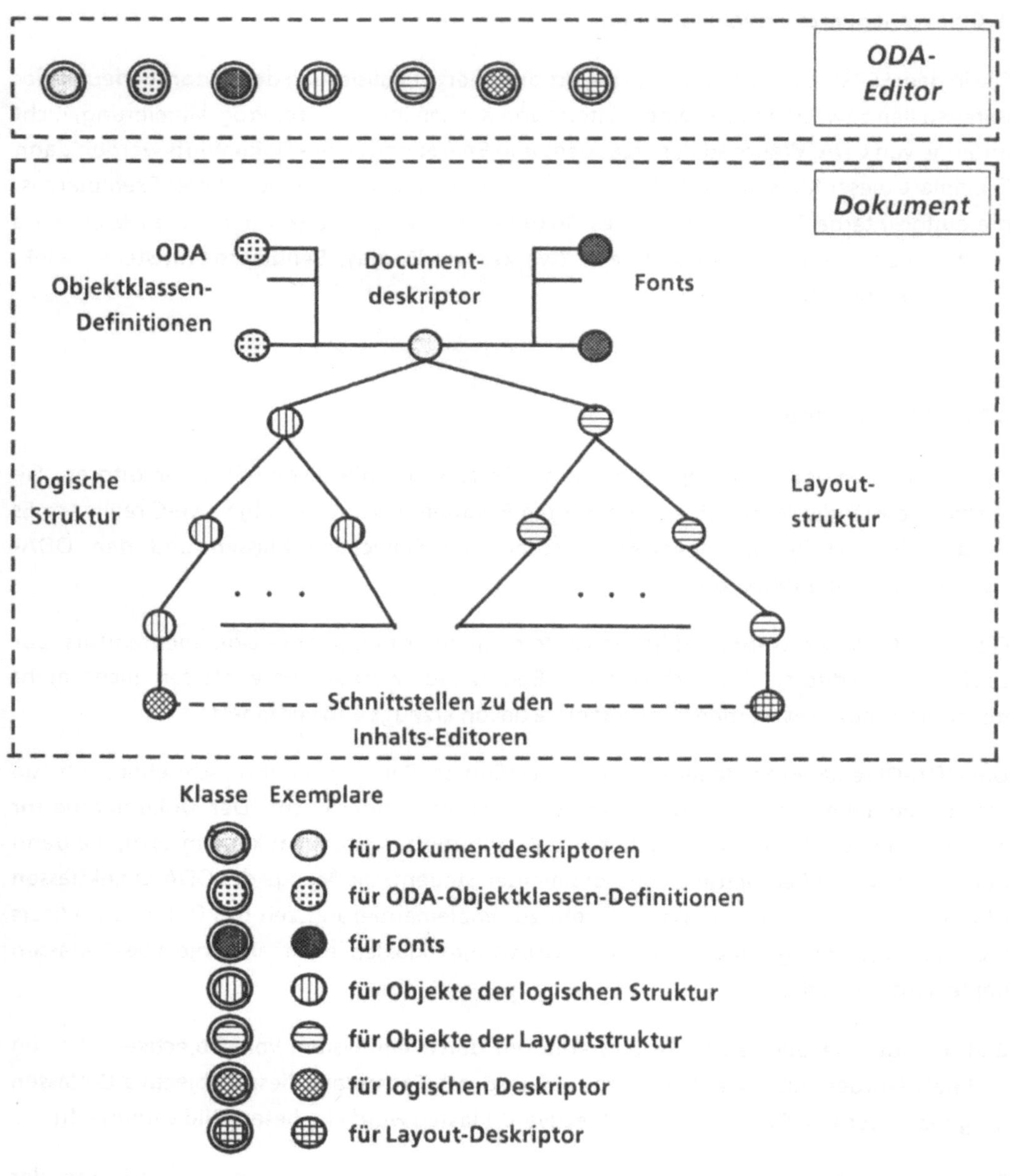

Bild 4: Objekt-orientierte Architektur des ODA-Editors

ist dann jederzeit möglich, über entsprechende Nachrichten an diese Exemplare diese Informationen abzufragen.

Danach werden die logische und die Layoutstruktur durch entsprechende Exemplare von Objective-C-Klassen aufgebaut. Dies geschieht entweder durch das Einlesen der beiden Strukturbeschreibungen des empfangenen Dokuments oder, falls ein neues Dokument erzeugt werden soll, dann werden nur die Wurzeln der beiden Bäume erzeugt. Danach kann der Benutzer mit dem Editieren der logischen Struktur beginnen.

Für beide Struktureditoren gilt: Wenn die Struktur verändert wurde oder sich ein Attributwert geändert hat, dann fragen die den ODA-Objekten entsprechenden Objective-C-Objekte bei den Objective-C-Objekten, die die Information der ODA-Objektklassendefinition enthalten, nach, ob die Änderung erlaubt ist (*Construction Rules*) und/oder wie die Attributwerte in Abhängigkeit von der Umgebung zu berechnen sind (*Attribute Evaluation Rules*).

Die den Blättern der beiden Bäume entsprechenden Objective-C-Objekte haben in ihren Attributen unter anderem einen Verweis auf ein Objective-C-Objekt, das als logischer bzw. Layoutdeskriptor für den zum Basisobjekt gehörenden Inhalt dient.

3.2 Inhaltseditoren

Die Schnittstelle zwischen den Struktureditoren und den Inhaltseditoren besteht aus den Nachrichten, die zwischen den Blättern der Bäume und den Deskriptoren ausgetauscht werden können. Diese Nachrichten können in zwei Gruppen eingeteilt werden:

- Die Gruppe der Nachrichten, die zur Steuerung der Layouterzeugung nötig sind, z.B. zum Anfordern neuer Blöcke aus der Sicht des Inhaltseditors oder das Übergeben leerer Blöcke an den Inhaltseditor. Diese Gruppe von Nachrichten wird unverändert in allen drei Schnittstellen verwendet.

- Die Gruppe von Nachrichten zur Übergabe von Attributen von den Blättern der Strukturen an die Deskriptoren. Da die Menge dieser Attribute abhängig ist von der Content Architecture des Inhalts auf den der Deskriptor verweist, ist diese Gruppe in den drei Schnittstellen unterschiedlich. Diese Attribute sind die sog. Presentation Attributes. Sie werden nur an die Deskriptoren übergeben und nicht umgekehrt. Beispiele sind "Schrifttype", "Schriftgröße", "Zeilenabstand" usw.

Da diese Übergabe von Attributwerten trivial ist, kann die Schnittstelle zwischen Inhaltseditoren und Struktureditoren trotzdem als einheitlich betrachtet werden.

Intern sind die Inhaltseditoren entweder weiterhin objekt-orientiert aufgebaut oder konventionell programmiert. Der Text-Editor hält den Text intern ebenfalls als eine Hierarchie von Objekten, wie Zeilen und Wörtern. Die beiden Graphikeditoren dagegen sind nur auf der oberen Ebene noch objekt-orientiert realisiert worden.

3.3 Separates User Interface

Das User Interface muß dem Benutzer beide Strukturen des Dokuments zeigen: Die logische Struktur des gesamten Dokuments wird in dem sog. Übersichtsfenster gezeigt entweder als eine Baumstruktur oder als ein Inhaltsverzeichnis. In diesem Fenster kann der Benutzer bequem "globale" Operationen ausführen, wie z.B. zwei Kapitel vertauschen oder die Kapitelhierarchie ändern.

Im zweiten Fenster sieht der Benutzer den formatierten Inhalt des Dokuments, zweidimensional gemäß der Layoutstruktur des Dokuments angeordnet, d.h. er sieht das Dokument so wie es später ausgedruckt werden kann. In diesem Fenster wird der Benutzer lokale Operationen ausführen, wie z.B. Text ändern, einen Abschnitt löschen oder Graphik erzeugen. Selektiert der Benutzer in diesem Fenster z.B. einen Block, der einem Abschnitt in der logischen Struktur entspricht, so wird die Operation, die der Benutzer auf diesen Block anwendet, im Editor nicht auf den Block sondern auf das logische Objekt Abschnitt angewendet. Wurde ein Abschnitt in zwei Blöcke formatiert, so sind diese Blöcke nicht einzeln selektierbar, weil ihnen kein logisches Objekt entspricht. Sie können nur zusammen selektiert werden.

Der interne Ablauf ist geprägt von der Eigenschaft, daß das User Interface separat und unabhängig von der Applikation ist.

Weil das User Interface unabhängig von den Anwendungsprogrammen ist, müssen alle Objekte, die das User Interface am Bildschirm zeigen soll, als sog. Display-Objekte von der Applikation an das User Interface geschickt werden. Das User Interface gliedert empfangene logische oder Layout-Objekte in den entsprechenden Baum von Display-Objekten ein. Diese Bäume von Display-Objekten entsprechen dem gerade sichtbaren Teil der ODA-Layoutstruktur bzw. logischen Struktur und sie werden vom User Interface verwaltet. Änderungen in einer Struktur bewirken, daß die Anwendung für geänderte Objekte entsprechende Display-Objekte an das User Interface schickt, so daß dieses den Baum von Display-Objekten auf den neuesten Stand bringen kann. Display-Objekte besitzen selbst Methoden, mit denen sie sich am Bildschirm darstellen können. Diese Methoden benutzen wiederum sog. Display Primitive, die vom User Interface zur Verfügung gestellt werden.

Wenn der Benutzer eine Operation auf ein dargestelltes Display-Objekt anwenden will, so fragt das User Interface bei dem "dahinter" stehenden Objekt in der Applikation nach, ob diese Operation erlaubt ist, bzw. welche Operationen anwendbar sind. Wurde vom Benutzer eine erlaubte Operation ausgewählt, dann schickt das User Interface eine entsprechende Nachricht an das Objekt in der Applikation, das dann selbst diese Operation ausführt. Als Ergebnis der Operation werden dann wieder Display-Objekte an das User Interface geschickt, die die resultierenden Änderungen dem User Interface mitteilen.

4. Ausblick

Der Prototyp des beschriebenen Standard-konformen Dokumenteditors wird bis Herbst 1987 fertiggestellt sein. Bisher wurden vorläufige Versionen der beiden Struktureditoren, des Text-Editors und des User Interface erfolgreich integriert, wobei der Layoutstruktur-Editor bisher nur einfache Layoutstrukturen zuläßt.

Wenn Dokumentklassen-getriebene Editoren in einer Büroumgebung eingesetzt werden, dann sind auch spezielle Werkzeuge zum Erzeugen und Verändern von Dokumentklassendefinitionen nötig, weil in Büroumgebung nicht akzeptiert werden kann, daß eine Dokumentklassendefinition wie ein Software-Programm von Spezialisten erzeugt wird. Durch die vielfältigen Wechselwirkungen der ODA-Attribute würde diese Aufgabe die Programmierung von Software an Komplexität sicher noch übersteigen. Deshalb ist dafür die Unterstützung durch ein Werkzeug nötig, das nach unseren Vorstellungen ein Expertensystem sein muß, das in einem Dialog mit dem Benutzer dessen Vorstellungen von der Dokumentklasse abfragt und dann aus diesen Informationen und dem Wissen über ODA/ODIF die Dokumentklassendefinition erstellt.

5. Literatur

/ECMA 85/ ECMA:Standard ECMA 101, Office Document Architecture, September 1985

/ISO 86/ ISO/DP 8613: Information Processing - Text and Office Systems-Document Structures
Part 1: General introduction
Part 2: Office document architecture
Part 3: Document layout and imaging process
Part 4: Document profile
Part 5: Office document interchange format
Part 6: Character content architectures

/Hor 84/ Horak, W.: Concepts of the Document Interchange Protocol for the Telematic Services-CCITT Draft Recommendation S.a, Computer Networks 8 (1984) 175-185.

/Hor 84a/ Horak, W.; Tartanson, F.; Coulouris, G.: handling of mixed text/image/voice documents based on a standardized office document architecture, ESPRIT'84: Status Report of Ongoing Work, Elsevier Science Publishers B.V.(North-Holland), ISBN 044487740 1 p. 395-410

/Hor 85/ Horak, W.: Office Document Architecture and Office Document Interchange Formats: Current Status of International Standardization, IEEE Computer, October 85, pp. 50-60

/Hor 86/ Horak, W.; Krönert, G.: Document Editing and Entry Based on the Office Document Architecture Standard ECMA 101, eingereicht zur ICC'86, Toronto

/Ken 76/ Kennedy, K.; Warren, S.K.: Automatic Generation of Efficient Evaluators for Attributed Grammars. Conf,. Record 3rd ACM Symp. Principles of Programming Languages, pp. 32-49, 1976

/Krö 85/ Krönert, G.: Anforderungen an ein Textverarbeitungssystem auf der Basis des Standard-Dokumentarchitekturmodells. Tagungsband GI-Jahrestagung 85, Wien, S. 879-891

/Krö 85a/ Krönert, G.; Friedrich, J.; Schneider, U.; Lauber, G.: Requirements on a formatting document editor based on the ECMA Standard 101, ESPRIT'85 (ESPRIT Technical Week 1985, Brussels) not yet published

/Mön 84/ Möncke, U.; Weisgerber, B.; Wilhelm, R.: How to Implement a System for Manipulation of Attributed Trees. 8. Fachtagung "Programmiersprachen und Programmentwicklung", Informatik Fachberichte, Vol. 77, pp 112-117, Springer, 1984

/Wil 79/ Wilhelm, R.: Attributierte Grammatiken. Informatik Spektrum 2, 1979, S. 123-130

MuBIS
Konzept eines multimedialen Büroinformationssystems

H. Langendörfer
R. Buck-Emden
R. Cordes

Institut für Betriebssysteme und Rechnerverbund
Technische Universität Braunschweig
Bültenweg 74/75
3300 Braunschweig

Abstract

In this paper we describe the overall architecture of a multi-media office information system, which is distinguished by integration of optical storage-technologies, non standard technics for storage and retrieval of multi-media documents and an adaptive human-interface.

Keywords

Office automation, office information system, multi-media document, optical storage, adaptive human-interface.

1 Systemarchitektur

MuBIS ist ein prototypartiges, multimediales Büroinformationssystem zur Erstellung, Speicherung, Wiedergewinnung und zum Austausch von multimedialen Dokumenten aus Text-, Bild-, Graphik- und/oder Tonkomponenten, das neben den konventionellen auch neue laser-optische Plattenspeichertechnologien wie CD-ROM, OD^3 (optical digital data disk) und Video-Disk integriert. Sowohl bei der Gestaltung der Mensch-Maschine-Schnittstelle als auch bei der Datenorganisation und dem Retrieval werden bei diesem als Baukastensystem konzipierten System neue Wege eingeschlagen, um durch benutzerorientierte Interaktionsmöglichkeiten und kurze Zugriffszeiten auf große Datenmengen einen hohen Akzeptanzgrad zu erreichen. Grundlage für die Dokumentenarchitektur ist die ECMA Norm 101. Jedes Dokument besteht aus dem Beschreibungssatz und den eigentlichen Dokumentenkomponenten (Text, Bild, Graphik, Ton). Der Beschreibungssatz trägt u.a. Strukturinformationen und Verweise auf die Dokumentenkomponenten. Diese Komponenten werden in ihrem Typ entsprechenden logischen Dateien abgelegt.

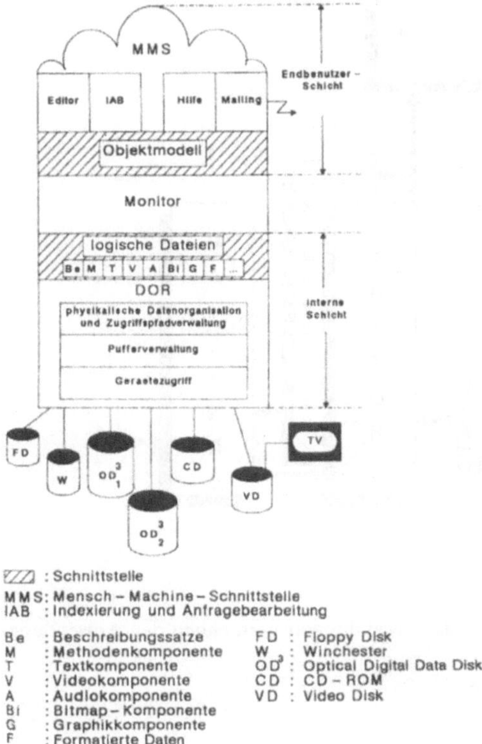

Bild 1: Systemarchitektur MuBIS

2 Die Endbenutzerebene

In der Endbenutzerebene befinden sich unterschiedliche Werkzeuge, die es ermöglichen, multimediale Dokumente zu erstellen, zu ändern, zu verschicken und zu empfangen, nach ihnen zu suchen und sie nach Inhaltskriterien zu archivieren. Die Werkzeuge dazu werden dem Benutzer in Form einer mehrschichtigen Mensch–Maschine–Schnittstelle präsentiert (DOLan). Darüberhinaus existiert ein wissensbasiertes Hilfesystem – XPLAIN –, das sowohl Informationen, Erklärungen und Hilfen zu den einzelnen Werkzeugen als auch über den Funktionsumfang der Mensch–Maschine–Schnittstelle liefern kann. Die Basisarchitektur der Endbenutzerebene hat unter Vernachlässigung unterschiedlicher Data–Dictionaries die folgende Gestalt:

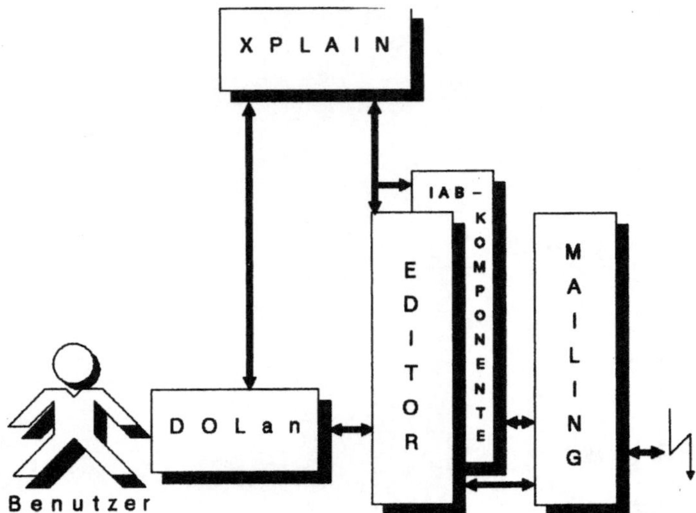

Bild 2: Basisarchitektur der Endbenutzerebene

Dieses Architekturkonzept ist erforderlich, wenn das Anwendungssystem neben den Anwendungen

- eine metakommunikative Komponente

  und

- eine einheitliche, allgemeine Benutzerschnittstelle

besitzen soll.

Bevor in den Abschnitten 2.4 – 2.6 die wesentlichen Architekturkonzepte der Endbenutzerebene

- Mensch–Maschine–Schnittstelle
- Hilfesystem
- Individuelle Arbeitsumgebung

genauer vorgestellt werden, behandeln wir zunächst kurz die Anwendungen *Editor*, *IAB–Komponente* und *Mailing–Komponente*.

Alle Objekte der Endbenutzerebene werden in einem internen Objektmedell repräsentiert. Dieses Objektmodell dient als Schnittstelle zwischen der Endbenutzerebene und dem Monitor (vgl. /LCB 86/).

2.1 Der multimediale Editor

Basierend auf einer formal beschriebenen Architektur für multimediale Dokumente dient ein spezieller Editor zur Erstellung der unterschiedlichen Bürodokumente.

Vorschläge zur Architektur multimedialer Dokumente findet man u.a. in /Naff 82/, /Tsic 83/, /Rabi 85/, /BaRa 85/ und /PJN 85/. Der hier vorgeschlagene Editor folgt der ECMA–101 Norm zum Dokumentenaufbau, d.h. speziell ODA (office document architecture). Systeme, die gemäß diesem Normungsvorschlag arbeiten, werden beispielsweise in /Krön 85/, /Hora 85/ und /HoKr 85/ vorgestellt. Unser Textbearbeitungswerkzeug orientiert sich an den dort gemachten Architekturvorschlägen.

Jedes Dokument innerhalb der MuBIS-Welt läßt sich einer Dokumentenklasse zuordnen. Jede Dokumentenklasse wird festgelegt durch die Definition von logischen Objekten, die den Objektklassen Kapitel, Überschrift, Abschnitte, etc. entnommen werden, von Layoutobjekten, die aus den Klassen Textblock, Graphikblock, etc. stammen, sowie durch spezielle Layoutdirektiven. Jedes Dokument besitzt somit neben der logischen Struktur eine Layoutstruktur. Wir führen für jedes Dokument eine inhaltsorientierte Struktur ein, verzichten jedoch im Rahmen der Editorfunktionalitäten auf die Erstellung dieser Struktur (wie z.B. in /BaRa 85/ angegeben), da wir sie gemäß einer Funktionstrennung in der IAB-Komponente ansiedeln (vgl. Kap. 2.2) und die Verwaltung der inhaltsorientierten Profilinformationen dem Monitor überlassen (vgl. Kap. 3).

Das Erstellen eines multimedialen Dokuments gliedert sich demnach in die Erstellung des Inhalts, der logischen und der Layoutstruktur. Das Formatieren des Dokuments und die Darstellung des Dokuments auf einem Ausgabemedium sind dann Bearbeitungsprozesse, die von dedizierten Moduln des Editors vorgenommen werden.

Alle speziellen Editoren arbeiten unter einer gemeinsamen Benutzerschnittstelle und stellen sich so dem Benutzer als ein Werkzeug dar.

2.2 Die Indexierungs- und Abfragebearbeitungskomponente (IAB-Komponente)

Diese Anwendung der Endbenutzerebene präsentiert sich dem Anwender in Form einer mehrschichtigen Archivierungs- und Retrievalsprache (DOLan; vgl. Kap. 2.4) und dient zur Unterstützung der Indexierung von und der Suche nach Dokumenten.

Zentrale Aufgaben der IAB-Komponente sind zum einen die Verwaltung eines Thesaurus und zum anderen die Transformation von Anfragen, die in DOLan spezifiziert worden sind, in das objektorientierte Datenmodell, auf dem der Monitor arbeitet, damit dieser die Anfrage weiter verarbeiten und zerlegen kann. Zur Deskribierung dient zunächst ein kontrollierter Wortschatz.

Die IAB-Komponente dient als Übernahmeinstanz von Dokumenten, die vom Editor erstellt worden sind bzw. die aus dem Eingabekorb der Mailingkomponente übernommen werden sollen.

Als weitere Funktionalität wird im Rahmen der IAB-Komponente das Einrichten und das Aufsetzen persönlicher Archive bzw. Archivumgebungen angesiedelt (vgl. hierzu /CBL 86a/, /CBL 86b/).

Desweiteren müssen in der IAB-Komponente gewisse Ausnahmesituationen (exceptions) behandelt werden, die vom Monitor beim Retrieval festgestellt worden sind. Werden beispielsweise bei einer Anfrage keine Treffer erzeugt, so kann das System selbständig Vorschläge für eine neue Anfrage liefern.

Zentrale Aufgaben der IAB-Komponente sind also:

- die Verwaltung eines thesaurusartigen Schlagwortkataloges im Thesaurus-Dictionary
- die Transformation von Anfragen aus der MMS in das interne Objektmodell
- die Übernahme von Dokumenten in das Archiv vom Editor bzw. aus dem Eingabekorb der Mailing-Komponente.

2.3 Mailing

Diese Komponente bietet die Möglichkeit zum Dokumentenaustausch über Electronic-Mail.

Die Mailingkomponente besteht zunächst aus Ein- und Ausgabekorb, sowie primitiven Operationen, die das Senden und Empfangen von Nachrichten und Dokumenten erlauben.

Zentrale Aufgabe dieser Komponente ist die Übernahme von Dokumenten aus dem Eingangskorb in das Archiv. Hierbei muß die IAB-Komponente zur Indexierung aktiviert werden. Ferner muß dafür Sorge getragen werden, daß eine angemessene Konvertierung des Dokuments in die MuBIS-Darstellungsform vorgenommen wird, gegebenenfalls ist eine ODIF – ODA Konvertierung vorzunehmen.

2.4 Dialogformen innerhalb der MMS

Das Architekturkonzept der Mensch-Maschine-Schnittstelle ist geprägt durch die Forderung nach unterschiedlichen Dialogformen innerhalb eines Bürokommunikationssystems. Unser Sprachsystem namens DOLan (s.a. /CBL 86a/, /CBL 86b/) – was für Descriptive oriented Office Language steht – besitzt aus diesem Grunde eine Kernsprache (Kern-DOLan) sowie unterschiedliche Aufsätze, wodurch diese Sprache dem Benutzer in unterschiedlichster Form präsentiert wird.

Der momentane Umfang von DOLan beschränkt sich auf die Unterstützung von Informationsmanipulations- und -wiedergewinnungsvorgängen und umfaßt die Dialogformen

- Kommandosprache (Kern-DOLan),
- Programmierung gemäß syntaxgesteuerter Auswahl (fenstergestützte Programmierung),
- Formular-Programmierung,
- Softkeyverfahren.

Bild 3 zeigt die Basisarchitektur der MMS sowie ihre Integration in das MuBIS-Konzept.

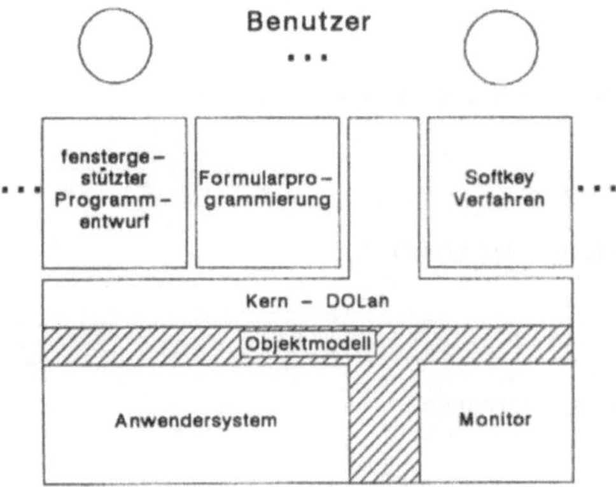

Bild 3: Architektur des Sprachsystems DOLan

Zur Aufnahme der Informationen über die individuelle Zuordnung von Dialogformen einzelner Benutzer und Werkzeuge dient das ***Environment-Dictionary***. Neben dieser Information wird hier weiteres Wissen über die individuellen Benutzerumgebungen gespeichert.

Kern–DOLan

Der Konstruktionsansatz für DOLan ist sehr pragmatisch und im Sinne von Hammer zu verstehen (vgl. /HaKu 80/, p. 540 "... we have not sought to archieve any 'completeness'. ... This is accomplished by including in the language primitives that express the goals of office application terms.").

Die Basisstruktur ist, neben unterschiedlichen Kontrollstrukturen, durch die Applikationen, Sequenzen, Alternativen oder Nebenläufigkeiten definierbar sind, die Funktion. Funktionen können sowohl Kommandos sein als auch spezifizierenden Charakter besitzen. Syntaktisch hat eine Funktion die einfache Gestalt:

$< function - name >< function - specification >$

Folgende Beispiele sollen dieses näher erläutern:

Beispiel 1

Funktion zur Spezifikation eines Layoutelements innerhalb eine Dokumentes

Syntax:

< layout – function >< layout – class >< layout – specification >

Ausprägung:

GEMAESS_STRUKTUR Balkendiagramm vorhanden

Beispiel 2

In diesem Beispiel wird die Definition einer einfachen Anfrage gezeigt:

Gesucht werden Geschäftsbriefe mit einem Balkendiagramm aus den Monaten August 1985 oder September 1985.

```
( DEF_ANFRAGE Geschäftsbrief
  LIEFERE Brief
  GEMAESS_STRUKTUR  Balkendiagramm  vorhanden
  AUS_ZEITRAUM VON 8/85 BIS 9/85
  END_ANFRAGE )
```

Aufgrund dieser einfachen Sprachkonstrukte besitzt DOLan einen hohen Grad an Flexibilität, da es leicht möglich ist, weitere Grundfunktionen in diese Sprache zu integrieren bzw. auch auf einmal spezifizierte Anfragen, Applikationen oder Aktivitäten zuzugreifen. Dabei werden Anfragen und Applikationen analog zu Dokumentenkomponenten als Büroobjekte archiviert. Es obliegt speziellen Komponenten des Monitors, die Verwaltung spezieller logischer Dateien als Query–Dictionary bzw. Application–Dictionary durchzuführen.

Syntaxgesteuerte, mehrfenstergestützte Programmierung

Bei dieser Präsentation wird die Erstellung von Büroapplikationen oder –anfragen aus DOLan–Basisanweisungen durch unterschiedliche Fenster gestützt. Die einzelnen Fenster, in denen sich spezielle Klassen von Sprachelementen aus DOLan befinden, werden der Syntax entsprechend aktiviert, und ein Benutzer ist somit mittels Pick–Put in der Lage, die gewünschten Sprachkonstrukte in ein Arbeitsfenster (working area) zu übertragen.

Formular–Programmierung

Bei der Formular–Programmierung werden dem Anwender Sprachstrukturen von DOLan, Applikationen oder Anfragen in Form von "Bildschirmmasken" (Formulare) angezeigt. Um die benutzerspezifische Ausführung der Aktion zu gewährleisten, gibt es Freifelder, die auszufüllen sind. Für jedes dieser Leerfelder existiert ein Pop–Up Menü, damit dem Anwender alle möglichen Eintragungen vorgestellt werden können.

Softkeyverfahren

Bei dieser Variante wird ein Satz programmierbarer Softkeys vorausgesetzt. Diese Keys können dann benutzerspezifisch mit Standardanfragen bzw. –applikationen belegt werden, sodaß die gewünschte Funktionalität dem Benutzer per Tastendruck zur Verfügung steht. Die Information über die aktuelle benutzerspezifische Belegung wird ebenfalls im Environment Dictionary verwaltet.

2.5 Das Hilfesystem mit tutorieller Komponente

Die in die Benutzerebene integrierte Hilfekomponente stellt sich dem Benutzer als dreischichtiges System dar.

Aus jeder Komponente der Endbenutzerebene sowie dem Endbenutzersprachsystem kann man per Hard– oder Softkey zunächst kontextsensitive Hilfen und Erläuterungen erfragen.

Reichen die Informationen, die in Form von fenstergestützten Einheiten bzw. kleinen Menüs angeboten werden, zur Lösung der bestehenden Probleme nicht aus, so kann ein spezielles wissensbasiertes System – XPLAIN (vgl. /Cord 86/) – aufgerufen werden. Dieses System ist als passive Hilfekomponente entworfen worden. Die Dialogführung liegt beim Hilfesystem und der Hilfesuchende kann die vom System gestellten Fragen auf unterschiedliche Art und Weise beantworten und somit den Problemlösungsweg beeinflussen.

Zum Training sowie zum gezielten Kennenlernen der unterschiedlichen Funktionalitäten von MuBIS läßt sich unter Einbeziehung der vielfältigen technischen Möglichkeiten ein multimediales Lern– und Trainingsprogramm in Form eines einfachen tutoriellen Systems implementieren.

2.6 Das persönliche Archiv

Im Rahmen des MuBIS–Projektes interessiert uns die Integration benutzerspezifischer, individueller Arbeitsumgebungen in die Endbenutzerebene. Diese Arbeitsumgebungen bestehen zum einen aus den benutzerspezifischen , koexistierenden, unterschiedlichen Dialogformen, zum anderen aus individuellen Retrievalumgebungen. Eine derartige dedizierte Retrievalumgebung bezeichnen wir als *persönliches Archiv.* Der Gestaltungsprozeß des persönlichen Archivs wird vom Benutzer maßgeblich beeinflußt und initiiert.

Diese Organisationsform ist unabhängig von der klassischen Aktenschrank – Aktenmappe – Dokument – Organisation, wie man sie heute in einigen Büroinformationssystemen findet, kann aber neben ihr existieren. Auch ist es bei der von uns vorgeschlagenen Form möglich, sicherheitsempfindliche Dokumente vor unberechtigtem Zugriff zu schützen.

Ziel unseres Verfahrens ist, mit einfachen Mitteln eine Menge von Dokumenten auszuzeichnen, die für einen Benutzer von Bedeutung sind. Die benutzergestützte Modellierung des persönlichen Archivs kann anhand folgender Kriterien vorgenommen werden:

- *individuelle Dokumentenanforderungen*

  (Dies sind a-priori Abschätzungen über Zugriffshäufigkeit, Wiedergebrauchswert oder Wichtigkeitsgrad, die als benutzerspezifische Indexierungsangaben bei der Deskribierung mit angegeben werden können)
- *benutzerspezifische Thesaurusausschnitte*

  (Darunter verstehen wir individuelle Wichtungen von Schlagworten)
- *benutzerspezifische Standardanfragen*
- *individuelle Vorgangsdefinition und -beurteilung*

Zur statistischen Auswertung der unterschiedlichen Benutzerangaben benutzen wir eine spezielle deskriptive Statistik. Zur mathematischen Modellierung benutzen wir linguistische Zufallsvariablen /Krus 86/.

3 Der multimediale Monitor

Der multimediale Monitor ist die zentrale Kommunikationseinheit des Systems und fungiert speziell als Verbindungsebene zwischen Endbenutzerschicht und logischen Dateien. Ihm werden multimediale Dokumente und Anfragen in einem festgelegten Format von der Endbenutzerschicht übergeben. Die Dokumente (ggf. auch Dokumententeile) tragen zur inhalts- und formorientierten Ablage und Suche ein Deskriptorprofil.

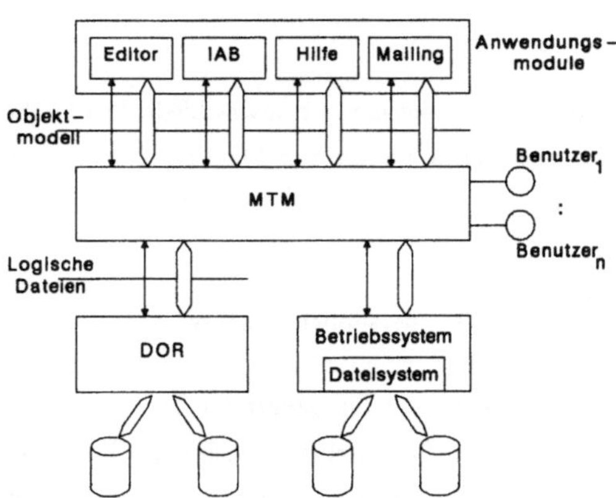

Bild 4: Der multimediale Monitor

Zur Dokumentenspeicherung kann der Monitor eine Anzahl verschiedener logischer Dateien einrichten. Die dazu notwendigen Dienste werden ihm von der DOR–Schicht bereitgestellt. Logische Dateien mehmen jeweils Informationen eines Typs auf, z.B.

- Beschreibungssätze (Deskriptoren, Verweise auf Layout–Informationen und Dokumentenkomponenten etc.)
- Texte
- Videobilder
- Bitmaps
- Graphiken
- Audio–Informationen
- formatierte Informationen
- Methoden

Zur Einrichtung persönlicher und globaler Archive können mehrere dieser Dateien angelegt werden. Die logische Verwaltung dieser Dateien wird vom Monitor geleistet (z.B. welche logischen Dateien gibt es, in welchen Dateien soll ein Objekt gespeichert werden ect.). Das Öffnen und Schließen logischer Dateien und persönlicher Archive wird der unterliegenden Schicht durch spezielle "open"– und "close"–Kommandos bekanntgegeben.

Alle oben angegebenen Dateitypen müssen weiterhin nach dem aktuellen Zustand der in ihnen abgelegten Informationen nach

- Bearbeitungsmodus bzw.
- Archivierungsmodus

unterschieden werden. Dateien im Bearbeitungsmodus sind dynamischen Veränderungen unterworfen und werden deshalb von der unterliegenden Schicht auf reversiblen (magnetischen) Speichermedien realisiert. Dateien im Archivierungsmodus sind eher statisch und können auf WORM (write once read mostly) – Speichermedien (OD^3) abgelegt werden (/IITM 85/). Gelegentliche Änderungen werden aber auch hier von der DOR–Schicht unterstützt.

Die Unterscheidung in Bearbeitungs– und Archivierungsmodus ermöglicht gegebenenfalls eine gezielte Unterstützung von Ablage und Archiv an der Benutzeroberfläche.

Von der Endbenutzerschicht empfangene Dokumente werden vom Monitor in Komponenten zerlegt (Beschreibungssatz, Textkomponente etc.) und diese in die entsprechenden logischen Dateien sequentiell eingebracht. Der Zugriff erfolgt aus der Sicht des Monitors ebenfalls sequentiell. Damit ist es nicht die Aufgabe des Monitors, Zugriffspfade zu verwalten oder Zugriffszeitaspekte zu berücksichtigen. Dieses Konzept ermöglicht gegebenenfalls eine direkte Hardwareunterstützung des Suchprozesses durch Datenfilterarchitekturen und Suchrechner (/Schw 85/).

Die logischen Dateien präsentieren sich dem Monitor als homogene Dateien, auf die inhalts– bzw. formorientiert oder über logische Adressen zugegriffen werden kann. Logische Adressen werden ausschließlich aus den Beschreibungssätzen gewonnen. Damit gestaltet sich die Dokumentenrecherche zweistufig:

1. Suche der passenden Beschreibungssätze über Deskriptoren.
2. Zugriff auf die Dokumentenkomponenten über die aus den Beschreibungssätzen gewonnenen logischen Adressen. Zur Zugriffszeitoptimierung werden alle gewonnenen Adressen zusammen mit den inhalts– und formorientierten Informationen an die unterliegende Schicht übergeben.

Alle zur Dokumentenrecherche benötigten Dienste werden von der DOR–Schicht bereitsgestellt.

Die als Antwort auf eine Recherche von der DOR–Komponente gelieferten Dokumententeile werden vom Monitor kombiniert und entsprechend der Schnittstelle zur Endbenutzerschicht rekonstruiert. Dabei muß u.a. eine passende Repräsentation/Synchronisation von Audio/Video–Informationen gefunden werden. Die rekonstruierten Dokumente werden zur Darstellung für den Benutzer an die Layout–Komponente des Editors übergeben.

Weitere Aufgaben des Monitors sind z.B.

- Versionsverwaltung (kein in–place–Update bei WORM–Medien)
- Verwaltung von Wiederholkomponenten (Komponenten, die in mehreren Dokumenten vorkommen)
- Löschen in logischen Dateien
- Ausnahmebehandlung
  - gewünschte Komponente wurde nicht geliefert
  - zuviele Treffer
  - keine Treffer

  .

  .

  .
- Verwaltung eines Environment–Dictionary für unterschiedliche Benutzerumgebungen

4 Datenorganisation und –retrieval (DOR)

Die DOR–Komponente bietet dem Monitor an seiner oberen Schnittstelle die Möglichkeit, logische Dateien einzurichten, zu öffnen, in ihnen inhalts– bzw. formorientiert und/oder über logische Adressen Dokumente anzusprechen, Dokumente zu löschen, Dateien zu schließen und Dateien zu löschen. Nach unten realisiert die DOR-Komponente die Datenspeicherung auf den physikalischen Speichermedien. Insgesamt werden dazu drei Unterschichten gebildet:

i) physikalische Datenorganisation und Zugriffspfadverwaltung
ii) Pufferverwaltung
iii) Gerätezugriff

Die physikalische Datenorganisation und Zugriffspfadverwaltung übernimmt die folgenden Aufgaben:

- Bereitstellen logischer Dateien für den Monitor
- Verwaltung physikalischer Dateien
- Dateispeicherung in physikalischen Dateien
- Bereitstellen von Zugriffsmechanismen für inhalts- bzw. formorientierte und adreßorientierte Zugriffe.

Die physikalische Datenorganisation erfolgt so, daß möglichst kurze Zugriffszeiten auf Dokumentenmengen möglich sind (/BCL 86a/). Die dazu verwendeten Techniken sind physikalische Clusterung, Multidisk- und quasi-konsekutive Speicherung (/DRT 84/, /Chan 85/) unter spezieller Berücksichtigung der sequentiellen Zugriffseigenschaften optischer Speicherplatten (/Fuji 84/, /Zoel 86/). Die dabei zwangsläufig auftretende Notwendigkeit redundanter Datenhaltung kann in gewissen Grenzen auf Grund der enormen Speicherkapazität und der geringen Speicherkosten optischer Speicherplatten bei wenig dynamischen Daten in Kauf genommen werden.

Die Schicht der physikalischen Datenorganisation und Zugriffspfadverwaltung sieht die einzelnen Speichermedien als homogene, lineare Speicher. Fragen des Blocktransfers, der physikalischen Blockzugriffe etc. sind für diese Schicht irrelevant. Die entsprechende Schnittstelle wird von der Pufferverwaltung bereitgestellt.

Die Pufferverwaltung organisiert einen Systempuffer für die einzelnen Dateien. Kernstück ist ein intelligenter Alterungsmechanismus, der die redundante Dateienspeicherung ausnutzt. Die Pufferverwaltung arbeitet geräteunabhängig und benutzt eine blockorientierte physikalische Zugriffsmethode, die ihr von der untersten Schicht, der geräteabhängigen physikalischen Zugriffskomponente, zur Verfügung gestellt wird.

Zusammenfassung

Wir haben ein Informationssystem vorgestellt, dessen Gestaltung zum einen durch die Integration neuartiger optischer Massenspeichertechnologien und zum anderen durch die Berücksichtigung softwareergonomischer Gestaltungsziele geprägt ist.

Im einzelnen erhoffen wir uns, daß speziell die Endbenutzerebene den gegebenen Benutzeranforderungen genügt und somit zur Akzeptanz des Systems beiträgt. Durch die Entwicklung angepaßter Speicherungs- und Zugriffsverfahren speziell für optische Speichermedien erwarten wir eine Verkürzung der Systemantwortzeiten.

Da MuBIS momentan in Braunschweig entwickelt und implementiert wird, werden zukünftig spezielle Untersuchungen hinsichtlich der Akzeptanz gemacht werden müssen und eventuell weitere Aspekte in den Gestaltungsprozeß miteinfließen.

Danksagung

Wir danken der Nixdorf Computer AG für die technische Unterstützung des MuBIS–Projektes und Herrn J. Rautenberg und Frau P. Gottesmann für die Hilfe bei der Gestaltung der Druckvorlage.

J. Literatur

/BaRa 85/ F. Barbic, F. Rabitti, "The Type Concept in Office Document Retrieval", *Proc. 11. VLDB*, Stockholm, (1985).

/BCL 86a/ R. Buck–Emden, R. Cordes, H. Langendörfer, "Einsatz optischer Plattenspeichertechnologien für Ablage und Archiv in modernen Bürosystemen", *Proc. EuroSoftware '86*, Hamburg, (1986).

/BCL 86b/ R. Buck–Emden, R. Cordes, H. Langendörfer, "Optische Plattenspeichertechnologien für moderne Büroinformationssysteme", *Proc. ÖGI/GI/SI Fachtagung "Die Zukunft der Informationssysteme"*, Linz, (1986).

/Buck 86/ R. Buck–Emden, "Datenorganisation und –retrieval im multimedialen Büroinformationssystem MuBIS", *Projektstudie*, Technische Universität Braunschweig, (1986).

/CBL 86a/ R. Cordes, R. Buck–Emden, H. Langendörfer, "Bereitstellung und Unterstützung dedizierter Benutzerumgebungen in Büroinformationssystemen", *Proc. KOMM–TECH '86*, Symposium W, Essen, (1986), 6W2 – 6W15.

/CBL 86b/ R. Cordes, R. Buck–Emden, H. Langendörfer, "Benutzergestützte Gestaltung von Büroinformationssystemen", *Proc. ÖGI/GI/SI Fachtagung : "Die Zukunft der Informationssysteme"*, Linz, (1986).

/Chan 85/ M.J. Chan, "A Note on Redundant Disk Modulo Allocation", *Inf. Proc. Letters 20*, (1985).

/Chri 85/ S. Christodoulakis, "Issues in the Architecture of a Document Archiver using Optical Disk Technology", *Proc. ACM Int. Conf. on Management of Data*, Austin, Texas, (1985).

/Cord 86/ R. Cordes, "XPLAIN – eine universelle Architektur eines wissensbasierten Hilfesystems", Informatik Bericht 86–06, Technische Universität Braunschweig, (Mai 1986).

/DRT 84/ J.S. Deogun, V.V. Raghavan, T.K.W. Tsou, "Organization of Clustered Files for Consecutive Retrieval", *TODS*, Vol. 9, No.4, (1984).

/Fuji 84/ L. Fujitani, "Laser Optical Disk: The Coming Revolution in Online Storage", *CACM*, Vol. 27, No. 6, (1984).

/HoKr 85/ W. Horak, G. Krönert, "Konzepte eines Editors basierend auf der Bürodokumentenarchitektur ECMA 101", *Proc. Büroautomation '85*, Erlangen, (1985), 62 - 69.

/Hora 85/ W. Horak, "Office Document Architecture and Office Document Interchange Formats: Current Status of International Standardization", *IEEE–Computer*, (October 1985).

/IITM 85/ I. Isozaki, A. Imanura, U. Tanjo, T. Makino, J. Nagaoka, "Storage Devices for Office Systems", *NEC Res. & Dev. Special Issue on Office Systems*, (1985).

/Krön 85/ G. Krönert, "Anforderungen an ein Textverarbeitungssystem auf der Basis des Standard–Architekturmodells", *Proc. GI/ÖCG/ÖGI–Jahrestagung*, H. Hansen (ed.), Wien, (1985).

/Krus 86/ R. Kruse, "Characteristics of linguistic Random Variables", *Topics in the Mathematics of fuzzy systems*, A. DiNola, A. Ventre (Ed.), TÜV Rheinland, (1986).

/LCB 86/ H. Langendörfer, R. Cordes, R. Buck–Emden, "Multimedia Filing & Retrieval based on Optical and Magnetic–Mass–Storage Technologies", *Proc. Euromicro '86*, Venedig, (1986).

/LeLo 85/ A. Lee, F.H. Lochovsky, "User Interface Design", *in: /Tsic 85/*, 3 - 20.

/Malo 83/ T. Malone, "How do people organize their desks Implications for the Design of Office Information Systems", *ToOIS*, Vol. 1, No. 1, (Jan. 1983), 99 - 112.

/Naff 82/ N. Naffah (Ed.), "Office Information Systems", North Holland, (1982).

/PJN 85/ A. Peels, N. Janssen, W. Nawijn, "Document Architecture and Text Formatting", *ToOIS*, Vol. 3, No. 4, (October 1985).

/Rabi 85/ F. Rabitti, "A Model for Multimedia Documents", *in: /Tsic 85/*.

/SIKV 82/ D.C. Smith, C. Irby, R. Kimball, B. Verplank, "Designing the Star User–Interface", *Byte–Magazine*, (April 1982), 242 - 282.

/Schw 85/ H. Schweppe, "Hardwareunterstützung für Datenbanken in Büro, Technik und Wissenschaft", *Proc. Datenbanksysteme für Büro, Technik und Wissenschaft*, Karlsruhe, (1985).

/Tsic 83/ D. Tsichritzis et al., "A Multimedia Office Filing System", *Proc. 9. VLDB*, Mexico–City, (1983).

/Tsic 85/ D. Tsichritzis (Ed.), "Office Automation", Springer Verlag, Berlin, (1985).

/Zoel 86/ B. Zoellick, "CD–ROM Software Development", *Byte–Magazine*, (May 1986), 177 - 188.

BEARBEITUNG, VERWALTUNG UND VERSAND VON DOKUMENTEN

H. P. Godbersen; G. Köhler; Ch. Lewin; J. Seib; G. Zschoche

Nixdorf NME
Berliner Straße 66
D-1000 Berlin 27

0 Zusammenfassung

Die Ziele eines integrierten Dokument-Ansatzes werden diskutiert. Eine im Rahmen eines ESPRIT Projekts entwickelte Prototyp-Implementierung wird vorgestellt, die sowohl die Bearbeitung und Verwaltung als auch den Versand von Büro-Dokumenten unterstützt.

1 Einleitung

Das Gebiet der computergestützten Dokumentbearbeitung ist zu einem Feld ständiger Forschung und Entwicklung geworden. Dabei hat der Begriff *Dokument* als auch die Funktionalität, die der Begriff *Dokumentbearbeitung* beinhaltet, in der Vergangenheit eine erhebliche Erweiterung erfahren. Während sich bislang die computergestützte Dokumentbearbeitung auf "reinen" Text beschränkte, schließt der moderne Dokumentbegriff zusätzlich die Integration von graphischen Informationen, Bildern (Faximile) und digitalisierter Sprache mit ein.

Gleichzeitig erweitert sich auch das Verständnis von den zu dem Bereich der Dokumentbearbeitung gehörenden Dienstleistungen. Ein wesentliches Merkmal ist die zukünftige Einbettung der Dokumentbearbeitung in ein umfassendes Bürosystem. Diese Integration zeichnet sich durch die Berücksichtigung aller Arten von Aktivitäten der Dokumenthandhabung aus. Neben den bislang im Mittelpunkt stehenden Aufgaben der lokalen *Dokumentbearbeitung* (Erfassen, Ändern, Formatieren, Darstellen, Drucken usw.) treten heute auch die Aufgaben der *Dokumentverwaltung* und vor allem des *Dokumentaustausches* stärker in den Vordergund. Dazu gehören die Funktionalitäten zum Einordnen und Wiederfinden, sowie die des Verteilens von Dokumenten (Adressieren, Zustellen, Identifizieren, Überwachen und Abfragen von Zustellungen usw.).

Die Entwicklung von Dokumentbearbeitungssystemen (und deren Teilkomponenten), die in der Lage sind, die angesprochenen Funktionalitäten zu realisieren, setzt einen einheitlichen Aufbau von Dokumenten voraus. Um die angesprochene Verteilfunktionalität auch zwischen heterogenen Systemen unterschiedlicher Hersteller zu gewährleisten, ist die Einhaltung internationaler Konventionen unbedingt erforderlich. Dementsprechend beschäftigen sich internationale Normungsgremien, wie ISO, CCITT und ECMA seit einiger Zeit mit der Erstellung geeigneter Normen.

Allen diesen Normierungsaktivitäten ist die Bemühung gemeinsam, die den zu bearbeitenden Dokumenten innewohnende Struktur stärker als bisher zu nutzen und so eine strukturorientierte Sichtweise der Dokumentbearbeitung einzuführen (s. /1/). Richtungsweisend sind dabei der Standard ECMA 101 /2/, der hierfür den Begriff der Dokumentarchitektur *(Office Document Architecture)* geprägt hat und der ISO Standard SGML *Standard Generalized Markup Language* /3/. In engem Zusammenhang damit ist die *T.73* Empfehlung der CCITT zu sehen /4/, die sich vor allem mit der Problematik des Austausches von Dokumenten befaßt.

Bei Nixdorf wird derzeit ein Prototyp fur die Bearbeitung, Verwaltung und den Versand von Dokumenten im Rahmen eines von ESPRIT geförderten Projekts *An Integrated Network Architecture for Office Communications* entwickelt (s. /5/). Darin werden die bereits angesprochenen Anforderungen berücksichtigt, um Erfahrungen mit der Integration unterschiedlicher Informationsarten zu sammeln. Weitere Ziele sind die Weiterverwendung der in Unternehmen bereits eingeführten Sub-Editoren und die ökonomische, redundanzfreie Speicherung und Übertragung der Dokumente.

Abbildung 1 zeigt die beabsichtigte Integration unterschiedlicher Informationsarten in einem Dokument. Kapitel zwei beschreibt die gewählte Systemstruktur des Prototyps. In Kapitel drei wird die Dokumentbearbeitung erläutert. Die folgenden Abschnitte behandeln schließlich die Themen Verwaltung und Versand.

2 Die Systemarchitektur

Die Konzepte werden im Rahmen einer Client/Server Architektur entwickelt. Mehrere *TARGON Server* und *Professional Workstations (PWS)* sind über ein Kommunikationsnetz miteinander gekoppelt. Die Benutzer können in der Regel frei zwischen den PWS wählen. Diese logische Strukturierung kann auf unterschiedliche Weise in physikalische Geräte abgebildet werden, insbesondere lassen sich unterschiedliche Server-Funktionalitäten in einem Gerät zusammenfassen. Abbildung 2 soll die Komponenten in der Workstation grob skizzieren.

In der PWS-Software sind unterhalb der einheitlichen Benutzeroberfläche die Applikationen *Bearbeitung* (Edit, Format, View) und *Versand* (Mail) angesiedelt. Diese benötigen neben allgemeinen Verwaltungshilfen (Ablage/Archiv) eine spezielle Verwaltungskomponente, deren Aufgabe darin besteht, die *Portionen* eines Dokuments (wie Text, Image, Graphik) zusammenzuhal-

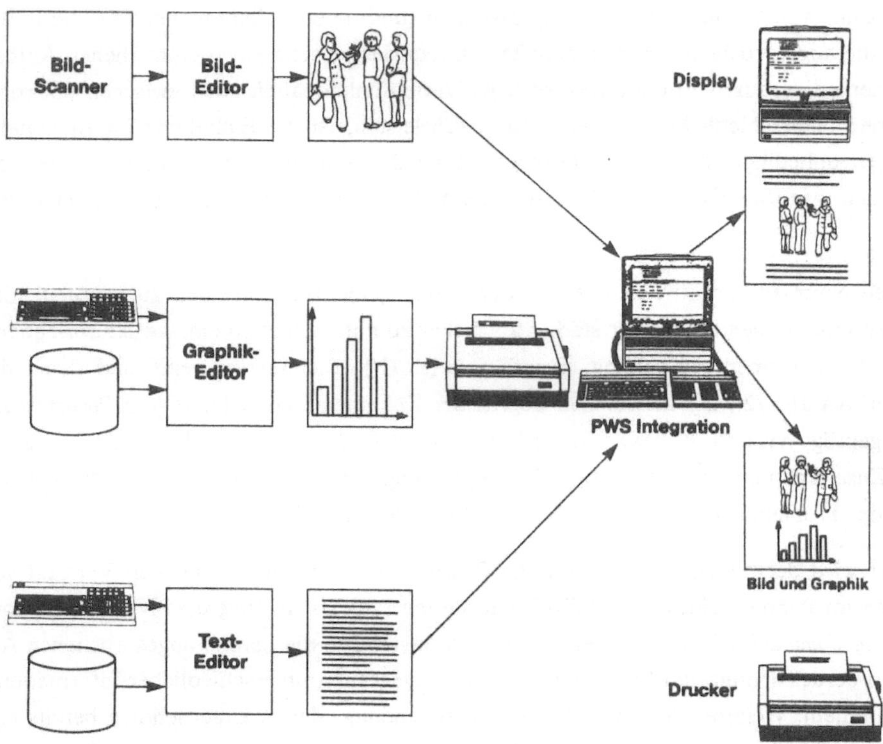

Abb. 1: Integration von Text, Bild und Graphik

ten. Die Arbeitsteilung zwischen Applikationen und Portionsverwaltung besteht darin, daß die Applikationen im wesentlichen innerhalb der Portionen arbeiten, die Verwaltung aber die Portionen als kleinste Einheiten bereitstellt und das gesamte Dokument mit verwaltet. Zur Abwicklung der Kommunikationsaufgaben mit den Dokument-Servern steht der Dienst *Portion Transfer* zur Verfügung.

Die Versand-Applikation auf der PWS (Mailbox Access Unit) kommuniziert mit dem Mail-Server mittels eines *Mailbox Access Protokolls*. Der Mail-Server versendet die Post, benutzt dazu Directory-Dienste und enthält die Postfächer der Benutzer. Die Server enthalten neben den *Transfer-* und *Remote-Operation-Moduln* (s. /6/) zusätzliche Verwaltungskomponenten, die die Zugriffs- und Besitzrechte auf Files bzw. Dokument-Portionen regeln.

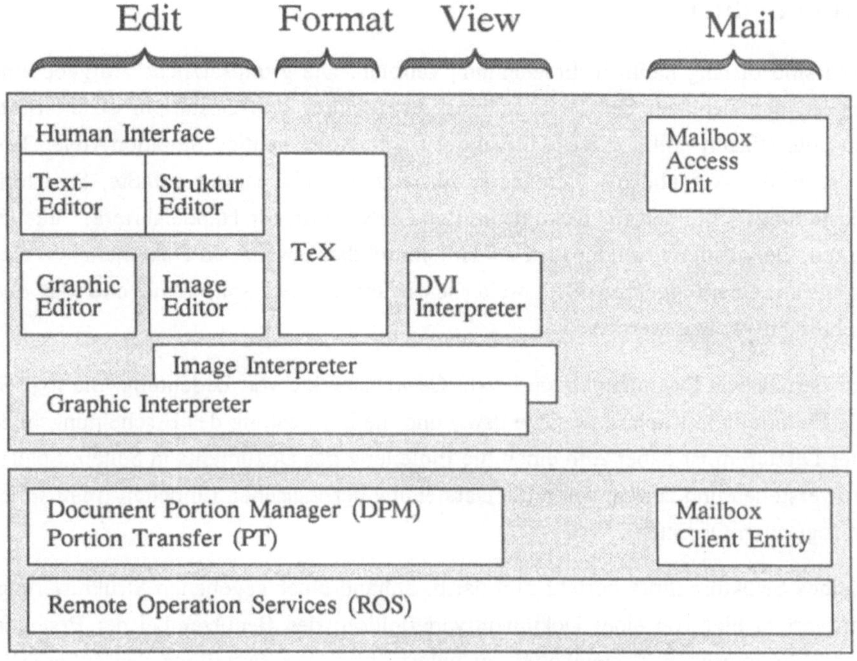

Abb. 2: Komponenten in der PWS

3 Die Dokumentbearbeitung

3.1 Der Texteditor

Zur Aufgabe des Texteditors gehört es, dem Benutzer ein Werkzeug zur Verfügung zu stellen, mit dessen Hilfe er den textuellen Inhalt eines Dokuments bearbeiten kann. Bearbeiten heißt, der Benutzer muß Text eingeben und modifizieren (löschen, kopieren, verschieben, ändern) können. Neben dieser Basisfunktionalität benötigt der Benutzer zusätzliche Hilfsmittel, die ihm seine Arbeit erleichtern (Travelling-Funktionen usw.). Moderne Editoren zeichnen sich dadurch aus, daß sie darüber hinaus Funktionen zur Textgestaltung bereitstellen. Nach der Mächtigkeit dieser Funktionalität (Hervorheben von Text, automatischer Zeilenumbruch mit Silbentrennung und Randausgleich usw.) unter Berücksichtigung der Prämisse *What You See, Is What You Get* werden heute Texteditoren klassifiziert und beurteilt.

3.2 Der Struktureditor

Struktureditoren sind bislang kaum in Erscheinung getreten. Die grundsätzliche Aufgabe eines Struktureditors ist, den Benutzer bei der Erstellung, Bearbeitung und Gestaltung strukturierter Dokumente zu unterstützen. Fehlt dieses Hilfsmittel (dies ist die heutige Situation vieler Texteditoren), so ist es die Aufgabe des Benutzers, vorhandene, u.U. streng gefaßte, Strukturierungs- und Gestaltungsrichtlinien für Dokumente (z.B. DIN-Norm für Handelsbriefe) "intellektuell" einzuhalten. Geradezu notwendig wird ein Hilfsmittel dann, wenn ein Dokument von einer anderen Person (an einem anderen Ort) weiterbearbeitet werden soll, ohne daß die oben erwähnten Richtlinien verletzt werden.

Für die Strukturierung von Dokumenten sind zwei Gesichtspunkte von Bedeutung: die logische Sichtweise (die Einteilung in Kapitel, Absätze usw.) und die Betrachtung des Erscheinungsbildes (Layout). Unter Letzterem ist dabei zum einen die Einteilung des Dokuments in Seiten, Spalten, Blöcke usw. zu verstehen und zum anderen die Darstellung der logischen Einheiten (man spricht hier auch von logischen Objekten).

Die Aufgabe eines Struktureditors besteht nun darin, anhand einer gegebenen Strukturierungsrichtlinie (man spricht hier von einer Dokumenttypdefinition) den Benutzer bei der Erstellung und Bearbeitung der logischen Texteinheiten zu unterstützen. Die Erstellung des äußeren Erscheinungsbildes kann ein System genau dann automatisch leisten, wenn die logische Strukturierung bekannt ist (alle Kapitel erster Ordnung beginnen auf einer neuen Seite usw.).

Der Prototyp-Struktureditor basiert auf dem oben erwähnten SGML-Standard.

3.3 Der Graphikeditor

Mit Hilfe des Graphikeditors ist es möglich, Flußdiagramme, Blockdiagramme, Organigramme, Firmenlogos und Business Diagramme (Balken, Torten, Histogramme) zu erstellen.

Um eine Unabhängigkeit von den Darstellungsmedien (Bildschirm, Drucker) zu gewährleisten, basiert die derzeit eingesetzte Software auf dem Standard VDI *Virtual Device Interface* /7/, der Graphik-Primitive geräteunabhängig beschreibt.

Die erzeugten Diagramme können auf zwei Arten abgespeichert werden: als Arbeitsfile (editoreigenes Format, editierbar) und als Metafile (nicht editierbar). Unter einem Metafile versteht man eine Datei, die Graphikinformation in einem Standard Format VDM *Virtual Device Metafile* /8/ enthält. Die von dem Graphik Editor erzeugten Graphik-Befehle werden über die VDI-Schnittstelle mittels eines speziellen Treibers, dem Metafile Generator, in das File geschrieben. Soll ein Metafile verändert werden, wird das zugehörige Arbeitsfile editiert und danach ein neues Metafile erzeugt. Ein Metafile enthält in der vorliegenden Implementation genau ein Bild.

Zur Darstellung werden das Metafile gelesen, der Inhalt interpretiert, und die Graphik-Befehle über das VDI auf einem Ausgabegerät angezeigt. Hierbei wird das gesamte Bild in ein vorher definiertes Fenster auf der Gerätedarstellungsfläche skaliert (s. Abb. 5).

3.4 Der Bildeditor

Für die Bearbeitung und Darstellung photographischer Informationen ist ein entsprechender Bildeditor vorgesehen. Die Bildverarbeitung beschäftigt sich, anders als die objektorientierte Graphik mit reinen Pixeldaten (Pixel = picture element). Insbesondere lassen sich dabei auch Unterschriften in ein Dokument einbringen.

Um Bilder einlesen zu können, wird ein Scanner eingesetzt. Kostengünstige Geräte haben heute eine Auflösung von 200–300 Linien pro Inch (lpi) und besitzen einen eigenen Prozessor zur Datenkompression, Erzeugung von Pseudo-Grauwerten usw.

Um Bilder manipulieren und darstellen zu können, muß ein Bildeditor folgende Funktionen bereitstellen:

* Einfügen bzw, Löschen eines Bildausschnitts. Hierbei kann der hereinzukopierende Bildteil transparent oder überdeckend eingefügt werden. Darüber hinaus ist es möglich den Bildausschnitt zu drehen, zu spiegeln oder aber auch zu stauchen oder zu strecken.
* Umfangreiche Gestaltungsmöglichkeiten bieten die unterschiedlichen Arten, Teile eines Bildes einzufärben. Hierunter fallen das Löschen von Bereichen, "Einsprühen" mit verschiedenen Mustern und das Eintragen von Freihandzeichnungen.

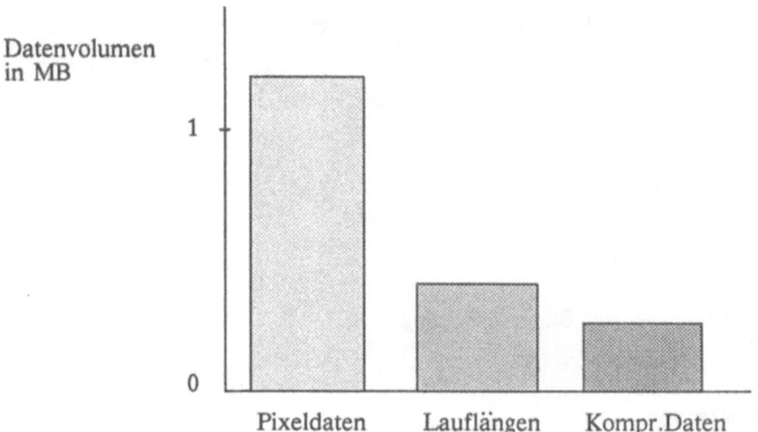

Abb. 3: Kompressionsgrad einer A4-Seite

Ein wesentlicher Punkt bei der Darstellung eines Bildes ist die Anpassung an die gewünschten Ausmaße. Hierbei soll möglichst wenig wesentliche Bildinformation verlorengehen und der optische Eindruck ansprechend sein. In dem häufig auftretenden Fall der Verkleinerung von schwarzer textähnlicher Information auf weißem Grund, führt dies zu einer verstärkten Berücksichtigung der schwarzen Bildpunkte (Black Pale Preservation) und der Abbildung gleich breiter vertikaler Linien auf wiederum gleich breite Linien (Line Width Equality Preservation).

Die anfallenden sehr großen Datenmengen verlangen eine verdichtete Darstellung. Als erste Stufe hierzu faßt man zusammenhängende horizontale Folgen von Punkten gleicher Farbe zu Lauflängen zusammen. In einer zweiten Bearbeitungsstufe werden die Lauflängen selber komprimiert dargestellt. Abbildung 3 stellt den Kompressionsgrad für eine voll beschriebene A4 Seite dar, aufgenommen mit einer Auflösung von 300 lpi. Der Kompressionsgrad hängt jedoch stark von dem Inhalt der Vorlage ab.

Die Darstellung in Pixelform und durch Lauflängen erlauben (im Gegensatz zur komprimierten) eine Manipulation des Bildinhaltes. Die somit auftretenden Datenströme veranschaulicht die Abbildung 4.

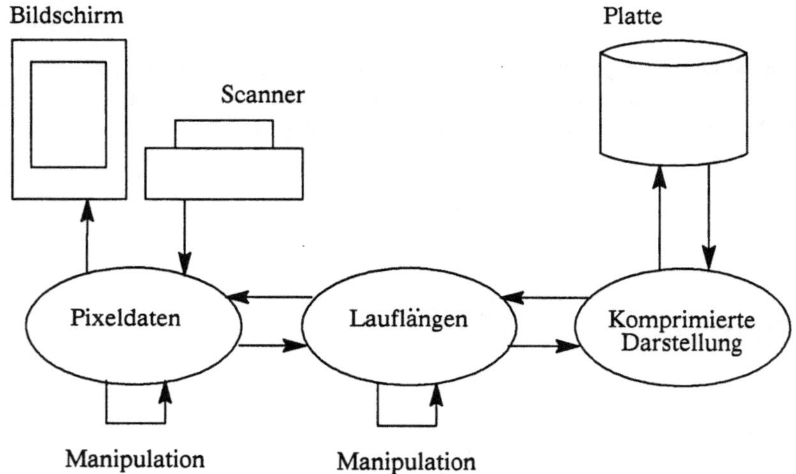

Abb. 4: Datenströme bei der Bildverarbeitung

3.5 Der Formatierer

Die Erstellung des endgültigen äußeren Erscheinungsbildes eines Dokumentes wird von der Formatierkomponente übernommen. Im wesentlichen wird der Formatierer dabei durch Strukturierungsmerkmale (siehe 3.2) gesteuert. Aufgabe des Formatierers ist es den endgültigen Zeilenumbruch und Seitenumbruch festzulegen. Darüber hinaus legt der Formatierer die Position der einzelnen Zeichen, der Graphiken und Bilder fest. Er übernimmt die Numerierung von Seiten, Kapiteln, Fußnoten usw.

Wesentliches Merkmal für einen modernen Formatierer ist seine Flexibilität hinsichtlich der Gestaltung eines Dokumentes (Mehrspaltigkeit, Kopf- und Fußzeilen) und die Fähigkeit die Möglichkeiten eines hochauflösenden Laserdruckers bzw. Pixelbildschirms voll zu nutzen.

Interaktive Formatiersysteme bieten einen hohen Bedienungskomfort, besitzen jedoch eine begrenzte Leistungsfähigkeit. Batchformatierer sind dagegen sehr vielseitig, haben aber eine komplizierte Kommandosprache. Wir entschieden uns für den Batchformatierer TeX in Verbindung mit der komfortablen Benutzeroberfläche des Text/Struktureditors.

3.6 Der Darsteller

Aufgabe der Darstellungskomponente (Viewing) ist es, das geräteunabhängige Ausgabeformat des Formatierers (DVI), des Graphikeditors (VDI) und des Bildeditors die jeweilig spezifischen Ausgabegeräte (Bildschirm, Drucker) aufzubereiten, wobei die unterschiedlichen Auflösungsmöglichkeiten berücksichtigt werden.

Abbildung 5 soll die Integration von Graphik und Bild in Text veranschaulichen: Für die Integration eines Bildes in ein Dokument wird vom DVI Interpreter eine sogenannte Graphik Box erzeugt. Er übergibt deren Position, geometrische Abmessungen sowie den Namen der gewünschten Metadatei an den entsprechenden Interpreter, der das Bild dann, auf die passende Größe skaliert, vollständig in dieser Box darstellt.

4 Die Dokumentverwaltung

In den heutigen Bürosystemen stellt das Dokument die kleinste adressierbare Einheit aus der Sicht der klassischen Verwaltungssysteme (Ablage, Archiv) dar. Um die bereits vorhandenen Software-Applikationen auch in komplexen Dokumenten weitgehend unverändert einsetzen zu können, ist die Bereitstellung eines Verwaltungssystems für Dokumentportionen nötig. Abbildung 6 zeigt beispielhaft die Partitionierung des Dokuments "Einladung" in eine Ansammlung von Portionen im "Processable Format", die nach einer Formatierung ein fertiges, zusammenhängendes Dokument ergeben.

Ein typisches Dokument kann beispielsweise folgende Portionen enthalten:

* *Dokument Header* (DH) für Besitz- und Verwaltungsattribute des Dokuments, "Document-Profile".
* *Dokument Generics* für generische Logische/Layout-Strukturdefinitionen.

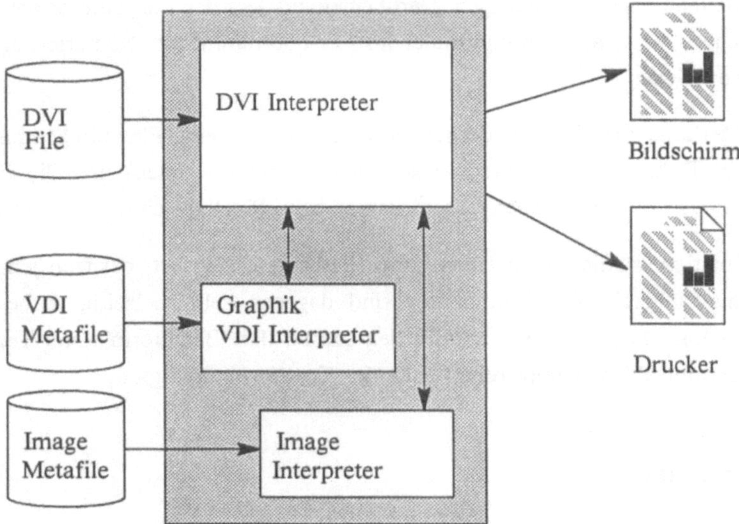

Abb. 5: Darstellen eines Dokuments

* *Common Content* (z.B. Logos).
* *Text* (einschließlich der SGML-Annotation zur spezifischen logischen Strukturierung des Dokuments).
* Pro *Graphik* ein Metafile und ggf. ein Arbeitsfile.
* Pro *Bild* ein File.

Die Partitionierung der Dokumente ermöglicht eine effiziente Nutzung von Kommunikationswegen und Speicherplatz, da redundantes Abspeichern und Übertragen von Portionen vermieden wird, ohne dabei die Robustheit des Systems einzuschränken.

Aus der Sicht der Applikation ist die Partitionierung sinnvoll, um etwa die unterschiedlichen Sub-Editoren problemlos in das integrierte Bürosystem einzubinden. Aus der Sicht der Verwaltung eröffnet die Einführung von Portionen neue Möglichkeiten:

* Einheitliche, systemunabhängige logische Service Schnittstelle zu den Applikationen.
* Redundanzfreies Speichern und Übertragen durch:
  - *Multiple Dokumentversionen*: Nur die jeweils veränderten Portionen und getrennte DH müssen extra gespeichert werden, alle restlichen Portionen bleiben gemeinsamer Besitz. Hier eröffnet sich auch die Möglichkeit, die Veränderung in Form von Delta-Files zu speichern.
  - *Multi-Besitz*: Mehrere Benutzer können ein Dokument (mit unterschiedlichen Zugriffsrechten) gleichzeitig besitzen. Für jeden Eigner wird dabei ein neuer DH angelegt.

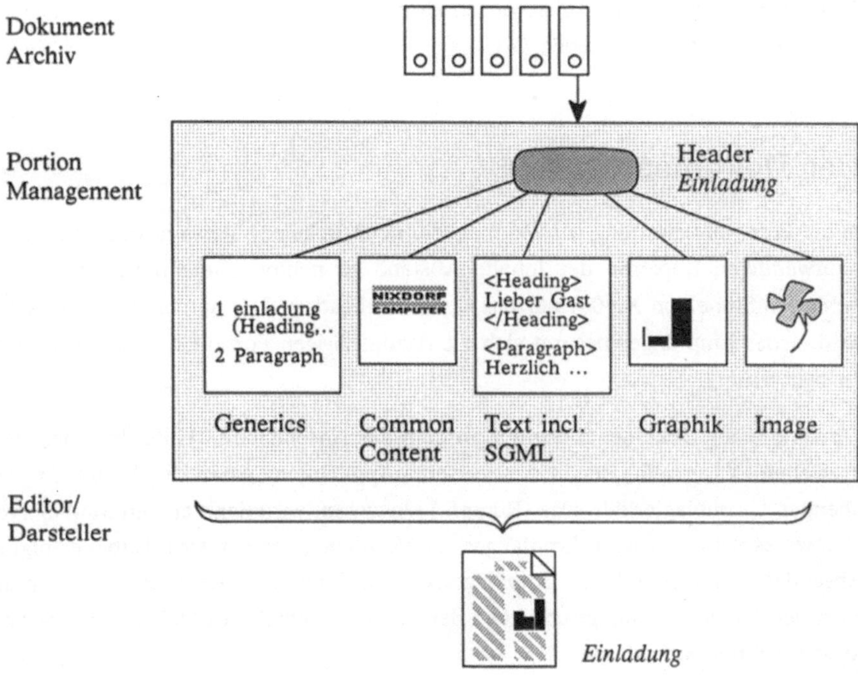

Abb. 6: Partitionierung von Dokumenten

* Ausnutzung unterschiedlicher Kommunikationswege für unterschiedliche Informationen.
* Örtlich/ organisatorisch getrennte Speicherung der Portionen, etwa aus:
  - Sicherheitsanforderungen,
  - Migration in ein Langzeit-Archiv, wobei ggf. nur der DH schnell erreichbar ist,
  - Ausnutzung unterschiedlicher Preis/ Leistungsverhältnisse von Speichermedien (Harddisk, Optische Platte, etc.),
  - Backup, und
  - Systemerweiterung.
* Unterstützung beim Versand (s.u.) und der Vorgangsbearbeitung (Trennung von Masken und Inhalt).

Die Vorteile des Einsatzes unserer Konzeption lassen sich an einigen Zahlen verdeutlichen: Während jeder DH mit einer Größe von 1 KB zu Buche schlägt, ist für ein Dokument im Mittel von 21 KB (die Angaben schwanken zwischen 2 und 200 KB) anzusetzen. Geht man weiter davon aus, daß in einer Organisation von jedem Dokument sechs Kopien entstehen und der Versand zur Hälfte organisations-intern abgewickelt wird, so ergeben sich beträchtliche Einsparungen an Speicherbedarf und Kommunikationsaufwand, wenn die Portionsverwaltung eingesetzt wird. Durch die zentrale Bereithaltung von generischen Informationen und Common Content ergeben sich weitere Vorteile.

ECMA beginnt derzeit, Standardisierungen auch auf diesem Gebiet im Rahmen eines *Distributed Services Framework* voranzutreiben /9/.

5 Der Dokumentversand

Durch die Portionsverwaltung wird es möglich, beim (lokalen) Versand von Dokumenten von einem aufwendigen Kopieren der Inhalte Abstand zu nehmen, indem neben dem Mailheader (Umschlag in Sinne von X.400) nur der Dokumentheader (DH) an den/die Empfänger übermittelt wird. Jeder Empfänger besorgt sich die dazugehörigen Portionen dann selbst mit Hilfe der Portionsverwaltung.

Der Versand eines Dokuments beginnt, in dem der Absender mit Hilfe der Portionsverwaltung einen zweiten DH erstellt, der in der Versand-Applikation einen der X.400 Empfehlung entsprechenden Umschlag erhält. Das (Rumpf-) Dokument wird dann an den Mail-Server übermittelt, von wo es dem jeweiligen Empfänger zur Verfügung gestellt wird. Dabei erfolgt sowohl auf der Absender- als auch auf der Empfängerseite ein Eintrag ins Logbuch. Der Empfänger erhält zunächst den DH ausgehändigt und kann den gesamten Inhalt des Dokuments über seine lokale Portionsverwaltung anfordern.

6 Literatur

/1/ Blumenfeld,M.:
Dokumenten Architektur und Austauschformate.
Büroautomation 85, Berichte German Chapter of the ACM 25, S.40-61

/2/ ECMA-101
Office Document Architecture.
Sept. 1985

/3/ ISO TC97/SC18/WG8 N8
Dokument Markup Metalanguage.
Sept. 1984

/4/ T.73
Dokument Interchange Protocol for the Telematic Services.
CCITT Red Book, VII.3, Geneva 1985

/5/ Godbersen,H.P.; Malpeli,F.:
First Results on the Integration of Communication and Application Services in the Office.
Proc. ESPRIT Technical Week 85 , North Holland Publ. Co.

/6/ ECMA TR/31
Remote Operations. Concepts, Notation and Connection-Oriented Mappings.
Dec. 1985

/7/ ANSI X3H3
Virtual Device Interface.
Sept. 1982

/8/ DIN 66293
Datei für die Speicherung und Übertragung von Bildinformationen.
Juni 1985

/9/ ECMA/TC32/85/275
Distributed Services Framework.
Oct. 1985

POEM alias CSS – Und was dann?

S. Schindler, U. Flasche, J. Hahn, R.G. Herrtwich, T. Stöhr [1)]

TELES/TU Berlin

Kurzfassung

Der gleichnamige Technische Bericht [6] ist aus Platz-/Zeitgründen nicht im Tagungsband enthalten. Diese Kurzfassung vermittelt jedoch einen Überblick über seinen Inhalt. Der Text besteht aus 5 technischen Abschnitten, die nachfolgend skizziert werden, und der – den allgemeinen Kontext bereitstellenden – Einleitung.

1. Einleitung: Das Umfeld von POEM

Wir beginnen mit der Erläuterung des entwicklungspolitischen Hintergrunds von CSS, der vielfältigen internationalen Standards, auf denen es beruht (u.a. ISO 2022 / T.73 im Text- und T.62 / X.400 im Kommunikationsbereich), wie und weshalb das POEM-System daraus entstanden ist, und welchen Status am Markt und im Vertrieb POEM derzeit hat. Darüberhinaus zeigt die Einleitung Erweiterungen auf, die wir an POEM vornehmen, um es noch weitergehend

- mit der Entwicklung der internationalen Standardisierung im Bereich neuer Text- und Kommunikationstechnologien,
- mit den Gegebenheiten der heutigen Marktsituation,
- mit den absehbaren Bedürfnissen großer Verwaltungen als Benutzer,
- mit den Anforderungen aus Sicht der Wartung bei sehr großen Stückzahlen, und
- mit den Sicherheitserfordernissen

in Einklang zu bringen.

Insgesamt wird in dieser Arbeit davon ausgegangen, daß die Entwicklung der Technologie des Papierlosen Büros/Verwaltens in den nächsten 10 Jahren völlig übersichtlich ist, und daß POEM alias CSS dieser Entwicklung in jeder Hinsicht entspricht – dies wurde in zwei anderen Arbeiten beschrieben [1],[2]. In dieser Arbeit geht es darüberhinaus um die Beschreibung "höherer" Systembestandteile von POEM, die teilweise in Prototypenform bereits vorgestellt werden können, und die in ähnlicher Weise für jedes praxisgerechte Bürosystem der Zukunft konzipiert und realisiert werden müssen.

---

1) Detail-Entwurf und Implementierung der hier beschriebenen Systeme erfolgen durch zwei Entwicklungsteams, zu denen die folgenden Mitarbeiter gehören: R. Borrmann, T. Junge, B. König, C. Kruschel, R. Modic, J. Salewski, K. Zingler (POEM/CSS) – R. Baier, U.-W. Brandenburg, U. Einig, S. Finke, S. Hochberger, F. Schneidereit (DIADEM).

2. Text- und Kommunikationsstandards in POEM

Im Rahmen der OSI-Architektur sind im Bereich der

- unteren drei Schichten Moduln für die Unterstützung der LAN- und vor allem der ISDN-Kommunikationsstandards in den COMSER von POEM zu integrieren.
- oberen beiden Schichten die neuen Presentation- und CASE-Standards zu berücksichtigen.

Der allergrößte Teil des Kommunikationsaufkommens auf diesen neuen Kommunikationsdiensten wird – neben der Sprachübertragung – durch Dokumentenaustausch zustandekommen, wobei der Dokumentenbegriff sehr weitgehend zu interpretieren ist. Als Grundlage dieses freizügigen Dokumentenaustauschs dienen

- sowohl die ISO/CCITT Standards/Empfehlungen zu den Bereichen Zeichenrepertoires und ihre Kodierungen, für deren Übersetzung ineinander in POEM eine Vielzahl von "Filtern" angesiedelt werden muß(te),
- als auch die ISO-Standards zu dem Bereich Dokumentenarchitektur und ihre Auszeichnung (ODA, ODIF, X.409/ASN1, SGML, ...). Hierfür muß(te) ein ganz neuer Editor/Formatierer-Typ geschaffen und in POEM integriert werden, den wir ISOTEXT nennen, [3].

3. Systemkooperation mit POEM

Aufgrund seiner rigorosen Strukturierung ist POEM von vorneherein zur Kooperation mit anderen modernen Bürosystemen bestens geeignet: Es gestattet nämlich für alle strukturell wichtigen Einzelbereiche – auf den Kommunikationsebenen genauso wie auf den Anwendungsebenen – die Erweiterung um spezifische Moduln, die den spezifischen Erwartungen eines Nicht-POEM-Systems in diesen Einzelbereichen entsprechen. Um das passende Zusammenwirken solcher spezifischen Moduln entsprechend den Erwartungen des Nicht-POEM-Systems namens XYZ sicherzustellen, kann man es durch einen XYZ-Administrator in POEM koordinieren. Kommuniziert dann ein XYZ-System – mittels des XYZ-Administrators in POEM – mit POEM, so erscheint das letzere dem ersteren als (eingeschränktes) XYZ-System und ersteres dem letzteren als (eingeschränktes) POEM-System.

Als wichtigste Nicht-POEM-Bürosysteme werden die des Marktführers betrachtet. Neben diesem spezifischen kann es auch noch weitere Kooperations – Administratoren im POEM-System geben, die selbstverständlich auch nebenläufig genutzt werden können.

4. Das Akten-Verfolgungs- und Umlauf-System (AVUS) in POEM

Viele Dokumente müssen nacheinander von verschiedenen Instanzen bearbeitet werden, wobei die Bearbeitungsreihenfolge vorgegeben ist bzw. festgelegt werden kann. AVUS ermöglicht eine weitgehende Unterstützung der dazu nötigen Arbeitsvorgänge, sowie eine Nachverfolgung umlaufender Dokumente.

Im einzelnen stellt AVUS folgende Funktionalitäten zur Verfügung:

- **Dokumentenverteilung**
  Automatische Weiterleitung von Dokumenten über mehrere Bearbeitungsinstanzen bei vorgegebenen

Bearbeitungszyklen, unter Berücksichtigung von Untergruppenstrukturen und paralleler Bearbeitung disjunkter Dokumentenbestandteile.

- **Stellvertreter**
  AVUS ermöglicht – bei temporärer Abwesenheit des intendierten Bearbeiters – die automatische Übergabe von Dokumenten an eine alternative Bearbeitungsinstanz.

- **Begleitinformationen**
  Jedem Bearbeiter können neben dem Dokumenteninhalt Zusatzinformationen wie z.B. Art des Dokuments, Wichtigkeit, Erläuterungen zum Bearbeitungsvorgang, sowie eine Kurzmitteilung übermittelt werden, um eine korrekte und verantwortungsbewußte Bearbeitung zu unterstützen.

- **Bearbeitungszeitraum**
  Für jede Instanz kann ein Bearbeitungszeitraum vorgegeben werden, um die Fertigstellung eines Dokuments innerhalb eines bestimmten Zeitrahmens zu gewährleisten.

- **Archivierung/Permanente Kopien**
  Nach abgeschlossener Bearbeitung kann ein Dokument/Akte in einem zentralen Archiv abgespeichert werden, wobei die Wiederauffindung durch einen Dokumenten-Retrieval-Mechanismus erleichtert wird.

- **Verfolgung**
  Bei einem langen und weit verzweigten Bearbeitungsweg, können Informationen über den aktuellen Aufenthaltsort und Bearbeitungszustand eines Dokuments angefordert werden, um z.B. in Erfahrung zu bringen, wie weit die Bearbeitung fortgeschritten ist.

Neben den angegebenen Punkten wird noch der Austausch von Eilnachrichten, die Stornierung von Bearbeitungsaufträgen, sowie die automatische Aktualisierung und Vernichtung veralteter Dokumente unterstützt.

5. Das Distributed Application Interdependent Maintenance System (DIADEM) in POEM

Jedes komplexe Softwaresystem – wie POEM – unterliegt Wartungsvorgängen zur Erweiterung der Funktionalität und Beseitigung etwaiger Fehler. Die Probleme dieser Softwarewartung sind hinlänglich bekannt und lassen sich im wesentlichen in zwei Klassen einteilen:

- Auf den Rechnern des Entwicklungsteams werden Implementierungsmodifikationen in den Programmen des Softwaresystems vorgenommen.
- Auf den Produktionsrechnern, wo die Software eingesetzt wird, finden Installationsmodifikationen statt, die den dort ausführbaren Code des Softwaresystems verändern.

Massenbasierte, verteilte Applikationen wie POEM unterscheiden sich von traditionellen Softwaresystemen zwar kaum hinsichtlich ihrer Implementierungs-, wohl aber in bezug auf ihre Installationsmodifikationen:

- Quantitativ: Die Anzahl der Installationen auf Produktionsrechnern ist für heutige Maßstäbe relativ groß – u.U. mehrere Tausend – und über geographisch entfernte Punkte verteilt. Umfangreiche Wartungsvorgänge wie Versionswechsel müssen auf jedem Produktionsrechner durchgeführt werden.

- Qualitativ: Ein Modifizieren der Installation auf einem Produktionsrechner ist nicht unabhängig vom fehlerfreien Betrieb anderer Installationen. Ändert sich durch eine Wartung das Kommunikationsverhalten einer Installation, kann dies im Extremfall zur Kommunikationsunfähigkeit dieser Installation führen. Im Falle von POEM wäre dann ein wesentlicher Bestandteil der Funktionalität gestört.

Um die Wartung solcher Softwaresysteme durchführen und koordinieren zu können, wurde im Umfeld der POEM-Entwicklung ein Wartungswerkzeug für verteilte Applikationen konzipiert und realisiert, das DIADEM-System.

DIADEM nutzt die Kommunikationskanäle, welche die Installationen einer verteilten Applikationen miteinander verbinden zum Durchführen von Fernwartungsvorgängen. Von einem zentralen Rechner des Softwareentwicklungsteams aus werden Wartungsvorgänge auf den Produktionsrechnern angestossen und die für diese Vorgänge nötigen Daten (z.B. der Binärcode veränderter Programme oder Programmteile) bereitgestellt. Die zentrale Position des Wartungsrechners versetzt diesen in die Lage, die Wartung verschiedener Produktionsrechner zu koordinieren. Dazu und um beim Scheitern einer Wartung (z.B. wegen der temporären Nichtverfügbarkeit eines Produktionsrechners) die Installationen in definierten (= benutzbaren) Zuständen zu hinterlassen, wickeln die an der Fernwartung beteiligten Rechner ein Transaktionsprotokoll ähnlich ISO/CASE-CCR [4] miteinander ab. Eine detaillierte Beschreibung des Vorgehens bei Fernwartungen findet sich in [5].

6. Sicherheitsmechanismen in POEM

In POEM-Systemen können alle Zugriffe eines Systems auf ein anderes nicht nur durch einen einfachen Kennwort-Mechanismus geschützt werden (die einfachen Mechanismen dieser Art sind nicht von ausreichender Zuverlässigkeit), sondern auch durch einen einfachen Authenzitätssicherungs-Mechanismus größter Zuverlässigkeit. Grundlage dieses POEM-Sicherheits-Mechanismus ist, daß für jeden damit zu sichernden Zugriff auf ein POEM-System

a) dieses System bzw. sein Benutzer das Kennwort für diesen Zugriff kennt,

b) jedes zu diesem Zugriff befugte andere System bzw. dessen Benutzer dieses Kennwort kennt, und

c) Kennworte und deren Derivate – wie sie in der Authenzitätsprüfung benutzt werden – nur in irreversibler Weise verschlüsselt zwischen Systemen ausgetauscht werden.

Der Zugriff auf ein System von einem anderen aus ist in dreifacher Weise – absichtlich recht redundant – gesichert. Ein solcher Zugriff muß gegebenenfalls

- eine Systemzugangskontrolle,
- eine Aktenschrankzugangskontrolle,
- eine Dokumenten- und Operations-spezifische Zugangskontrolle

passieren können.

Um Dokumente auch gegen den mißbräuchlichen "lokalen Zugriff" bzw. ihren legitimierten Austausch zwischen Systemen gegen mißbräuchlichen "Zugriff auf dem Übermittlungsweg" schützen zu können, stellt POEM auch eine Schar von Ver-/Entschlüsselungsverfahren für die lokale Speicherung bzw. die Übermittlung von Dokumenten zur Verfügung. Über den Scharparameter – er ist Teil des Kennwortes für diese Ver-/Entschlüsselung – kann der Benutzer angeben, ob er ein aufwendigeres aber äuβerst zuverlässiges, oder ein einfacheres aber das Kennwort und den Text weniger verschleierndes Verfahren in Anwendung bringen möchte.

Literatur

[1] S. Schindler:"Basiskonzepte der Bürokommunikation oder Technologien des papierlosen Büros/Verwaltens", GI-Jahrestagung '85, Springer-Verlag.

[2] S. Schindler, U. Flasche, R.G.Herrtwich, T. Luckenbach: "Communications Technologie For Mass-Based Office Systems – The CSS Case Study", TELES Berlin

[3] S. Schindler, U. Flasche, J. Hahn: "ISOTEXT – An ODA/SGML WYSIWYG Editor/Formatter", MARK-UP '86, Zürich.

[4] Draft International Standard 8649/3: Information Processing Systems – Open Systems Interconnection – Definition of Common Application Service Elements – Part 3: Commitment, Concurrency und Recovery, ISO, 1985.

[5] R.G.Herrtwich: "Fernwartung verteilter Applikationen im Masseneinsatz", Dissertation, TU Berlin, in Vorbereitung.

[6] S. Schindler, U. Flasche, J. Hahn, R.G. Herrtwich, T. Stöhr: "POEM alias CSS – Und was dann?", '86, TELES/TU Berlin.

WISSENSBASIERTE POST-KLASSIFIKATIONSSYSTEME

Zur Entwicklung des Systems EPIKUR Expertensystem zur Postbearbeitung in Kommunikations- und Retrievalsystemen

Helge Klaus Rieder, Klaus Kreplin
TA Triumph - Adler AG
Neue Technologien / Basisentwicklung
Fürther Str. 212
D-8500 Nürnberg

Zusammenfassung:

Die vorliegende Arbeit beschreibt die Konzeption und die Einsatzmöglichkeiten eines Post-Klassifikationssystems. Unter einem Post-Klassifikationssystem verstehen wir ein Analysesystem, das sowohl elektronisch angekommene, als auch papiergebunden angekommene und über einen Scanner eingelesene Post analysiert und automatisch verteilt. Weitere Anwendungsmöglichkeiten sind die Sortierung des elektronischen Posteingangs nach selbstdefinierten inhaltlichen Kriterien der eingegangenen Briefe und die Organisation des eigenen Postarchivs. Es wird die formale und die inhaltliche Auswertung eingehender Post beschrieben. Methoden, die im Bereich des Information Retrieval und der Informationslinguistik entwickelt wurden, werden auf ihre Anwendbarkeit in Bezug auf diesen speziellen Anwendungsfall hin untersucht. Schwerpunkte der Arbeit liegen insbesondere auf der systeminternen Dokumentenrepräsentation und den Zuordnungsverfahren zwischen Dokumenten und möglichen Empfängern.

Diese Arbeit entstand im Rahmen des vom BMFT geförderten Verbundprojekts WISDOM.

1. Einleitung

Heute verfügbare Büroinformationssysteme gehen davon aus, daß Dokumente mit Computersystemen erstellt werden und für die Verwaltung in Dokumentenablagesystemen in elektronischer Form vorliegen. Auch auf längere Sicht gesehen werden neue Büroinformationssysteme jedoch nicht revolutionär, sondern stets evolutionär eingeführt werden, so daß sich noch lange das Problem der Koexistenz von elektronischer und papiergebundener Post stellen wird.

Das im folgenden beschriebene System hat eine integrierte Verwaltung elektronisch erhaltener und papiergebundener Post zum Ziel, wobei papiergebundene Post zuerst mittels eines Scanners in eine elektronisch lesbare Form überführt wird.

Als Postexperten bezeichnen wir ein Klassifikations- und Bearbeitungssystem, das von externen Stellen eingehende Dokumente analysiert, ggf. weiterverarbeitet, geordnet an der relevanten Stelle ablegt oder an eine andere, externe Stelle weiterversendet. Dabei wird der inhaltstragende Textteil von Dokumenten bearbeitet.

Der Postexperte soll Dokumente unterschiedlicher Art und Größe, vom Geschäftsbrief über Prospekte, Formulare und Telegramme bis zu Artikeln und Berichten verarbeiten können.

Bisherige Arbeiten zur Post-Klassifikation beschäftigen sich primär mit der Formalanalyse von Geschäftsbriefen. So konnte bei der im Abschnitt 3. 2. näher beschriebenen Formalanalyse auf die Arbeiten von Wöhl (17, siehe auch 4 und 15) zurückgegriffen werden. Allerdings erscheint uns eine rein formale Auswertung alleine nicht ausreichend zu sein: Zum einen gibt es die nur an eine Institution adressierten Briefe die über eine Inhaltsanalyse dem richtigen Empfänger zugeordnet werden müssen - zum anderen sollte ein Postexperte nicht auf die Verarbeitung von Geschäftsbriefen beschränkt sein. Andere Dokumentarten enthalten jedoch weit weniger formale Merkmale als Geschäftsbriefe.

2. Die Funktion des Postexperten im papierarmen Büro

An verschiedenen Stellen, an denen eine Sortierung, Archivierung bzw. Weitergabe eingegangener Post erforderlich ist, findet ein Postklassifikationssystem seine Anwendung: Das Einsatzgebiet erstreckt sich von der Sortierung im zentralen Posteingang eines Unternehmens über die Aufbereitung des persönlichen Postkorbs eines Mitarbeiters bis zur zentralen oder dezentralen Archivierung bereits gelesener Post.

2. 1. Verteilung von Post

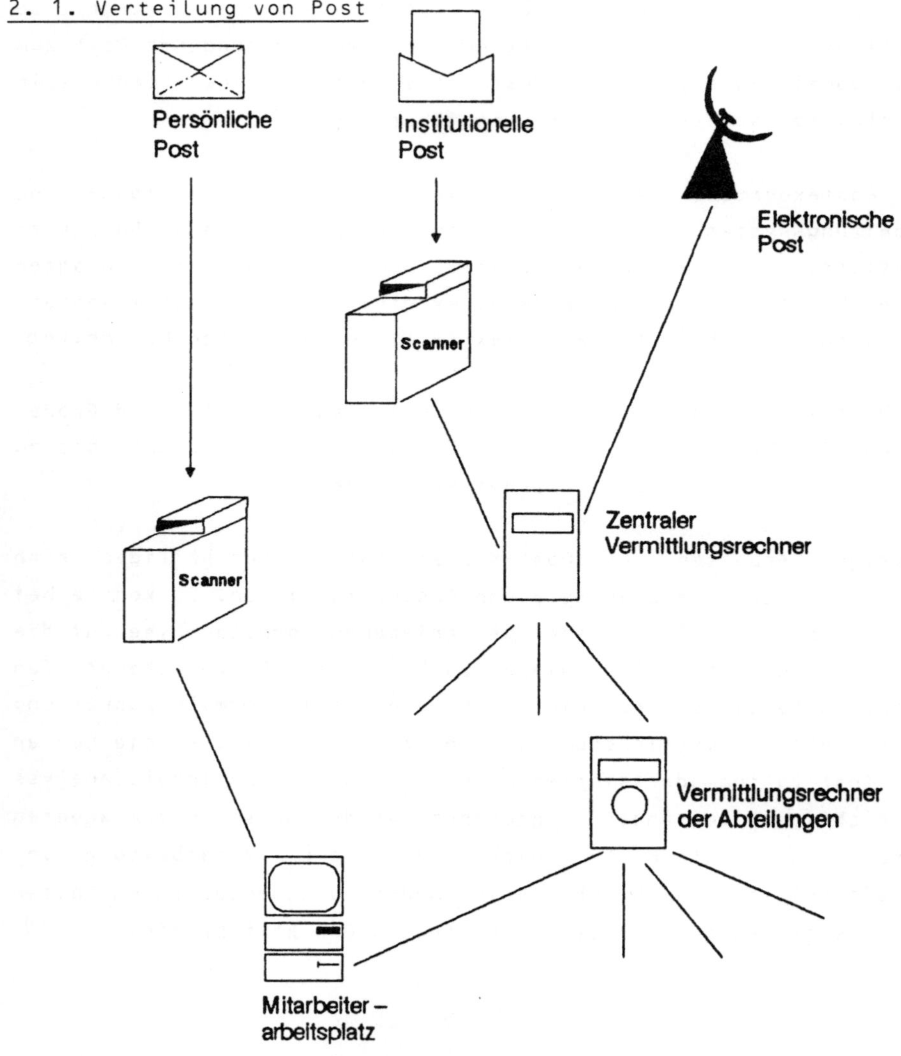

Abb.1 Verteilung von Post im Unternehmen

Das primäre Anwendungsgebiet eines Postexperten ist die Verteilung der zentral eingehenden Post an einzelne, nachgeordnete Stellen. Dabei ist prinzipiell zwischen persönlich adressierter Post und nicht persönlich adressierter Post zu unterscheiden. Persönlich adressierte Post ist an den entsprechenden Mitarbeiter und nur an diesen weiterzuleiten. Post mit mehreren persönlichen Empfängern, wie z.B. Rundschreiben, muß natürlich allen zugestellt werden. Andere Post ist inhaltlich zu analysieren und aufgrund dieser Analyse weiterzuversenden.

Ähnlich wie bei manuell arbeitenden Postverteilungsstellen ist auch hier ein mehrstufiges Vorgehen denkbar: Mit Hilfe der inhaltlichen Analyse verteilt die zentrale Poststelle die Post an die einzelnen Abteilungen, deren Tätigkeitsprofile der zentralen Poststelle vorliegen. Die Poststellen der einzelnen Abteilungen haben wiederum Kenntnis über die Tätigkeitsprofile ihrer einzelnen Mitarbeiter (siehe Abb. 1). Die Vorteile einer dezentralen Organisation liegen insbesondere bei der Pflege der Datenbestände. Kenntnisse über Änderungen im Tätigkeitsprofil eines Mitarbeiters liegen i.d.R. zuerst in der jeweiligen Abteilung vor, bevor sie, wenn überhaupt, an eine zentrale Poststelle weitergegeben werden.

2. 2. Sortierung der Post

Eine weitere Anwendung ist die Sortierung des Posteingangskorbs. Die eingegangene Post (z.B. die "persönliche Post des Bundeskanzlers") wird nach individuell festgelegten inhaltlichen Kriterien und/oder nach vermuteter Wichtigkeit sortiert. Unwichtige Dokumente (z.B. Reklame) lassen sich wegfiltern. Ein Teil der Post kann automatisch an Mitarbeiter delegiert und z.T. von diesen mit Anmerkungen und Antwortvorschlägen an den eigentlichen Briefempfänger zurückgereicht werden (s. Abb. 2). Derartige Filter werden zunehmend an Bedeutung gewinnen, denn durch elektronische Post wird das Versenden von Post an viele verschiedene Adressaten erleichtert werden und die Informationsüberflutung des Einzelnen entsprechend zunehmen.

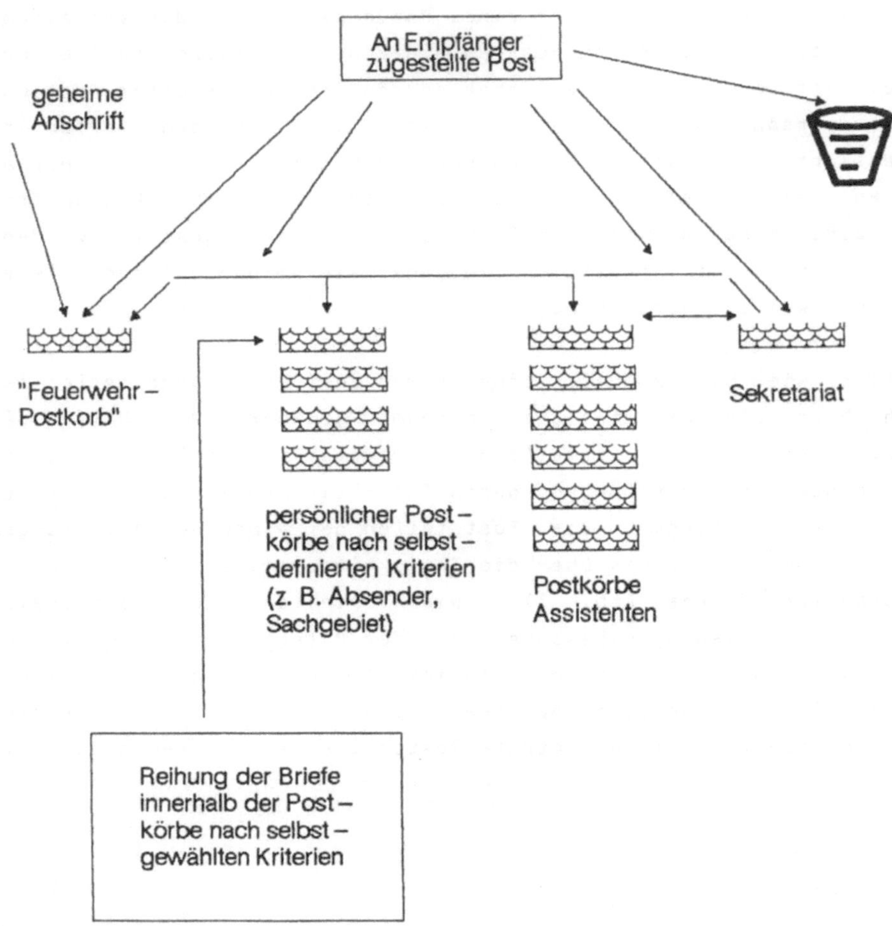

Abb. 2: Aufbereitung des Posteingangs

2. 3. Archivierung

Diese Komponente legt gelesene und ggf. mit Anmerkungen versehene Briefe automatisch an der richtigen Stelle in einem z.B. hierarchisch strukturierten elektronischen Briefarchiv ab. Die automatische Ablage im Archiv erfolgt in Bezug auf die Inhaltsanalyse analog zum Sortieren der Post.

3. Das EPIKUR-System

3. 1. Architektur des EPIKUR-Systems

Herzstück des EPIKUR-Systems ist die Inferenzkomponente. Diese hat für die o.g. Anwendungen 2 Hauptaufgaben zu erfüllen:

Zunächst ist ein Dokument einer formalen und inhaltlichen Analyse zu unterziehen, deren Ergebnis ein Dokumentenprofil ist, das dieses Dokument beschreibt. Anschließend ist eine Klassifizierung gemäß eines vordefinierten Klassenvorrats (z.B. Sachgebietsbeschreibungen, Zuständigkeitsbeschreibungen) potentieller Empfänger etc. vorzunehmen.

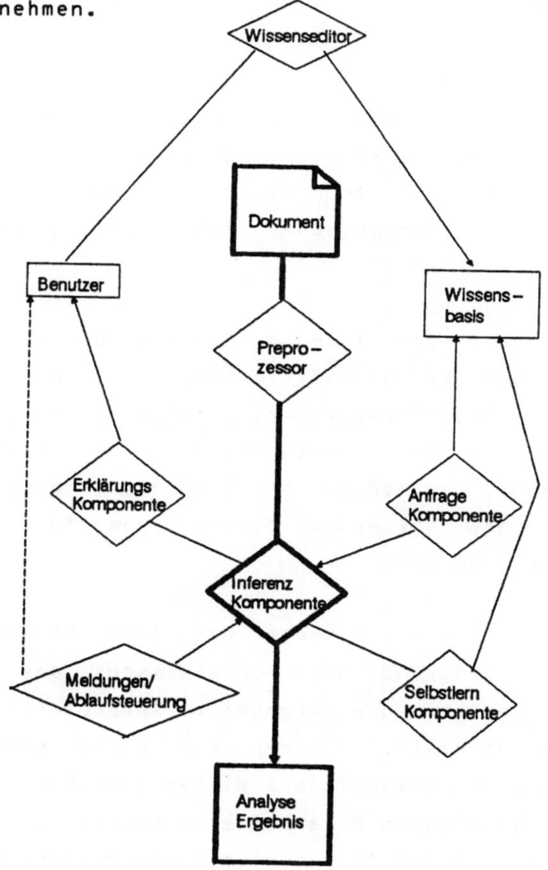

Abb. 3: Komponenten des Gesamtsystems

Die Inferenzkomponente stützt sich auf eine Wissensbasis, in der allgemeines Weltwissen und Klassenbeschreibungen abgelegt sind, sowie, bei fehlerhaften Analysen, auf eine Interaktion mit dem Benutzer (siehe Abb. 3).

Vor der eigentlichen Analyse durchläuft das Dokument den Preprozessor, dessen Hauptaufgabe in der Erkennung der einzelnen Textwörter und deren Stellung im Gesamttext sowie in der Extraktion zusätzlicher, Informationseinheiten besteht. Hierzu zählen Informationen über erkannte, außergewöhnliche Informationseinheiten wie Eigennamen systembekannter Personen, Datumsangaben, Autonummern etc..

3. 2. Formalanalyse

Ziel der Formalanalyse ist die Erstellung eines Dokumentenprofils das anhand des Layouts erkennbare Komponenten wie Absender, Empfänger, Datum, Betreff ... enthält. Dies korrespondiert mit der Formalerschließung bibliographischer Dokumente ohne Deskriptoren und Abstract.

Dabei wird Wissen über den formalen Aufbau der entsprechenden Dokumente (z.B. deutsche Geschäftsbriefe), sowie inhaltliches Wissen (Mitarbeiter, Geschäftspartner, geographische Bezeichnungen ...)benutzt. Mit Hilfe dieses Wissens wird der (formale) Dokumenttyp bestimmt, so daß anschließend dieses Wissen über den formalen Aufbau eines Dokuments dieses Typs für die weitere Analyse verwendet werden kann.

Wird beispielsweise ein Dokument des Typs "Geschäftsbrief" erkannt, so kann aufgrund des Formalwissens das Briefdatum ermittelt werden, ebenso die Grußzeile, Anredezeile, Absender, Anschrift und Betreffzeile. Daneben muß diese Komponente in gewissem Umfang auch auf semantisches Wissen zurückgreifen. So ist ein Verzeichnis der eigenen Mitarbeiter vonnöten, um feststellen zu können, ob der in der Anredezeile angesprochene Mitarbeiter auch wirklich ein Mitarbeiter des eigenen Unternehmens ist.

3. 3. Inhaltliche Analyse

Die inhaltliche Analyse nimmt eine Extraktion von inhaltstragenden Komponenten aus dem bearbeiteten Dokument vor. Inhaltstragende Komponenten sind dabei sowohl gewichtete Einzelwörter (Deskriptoren) wie komplexere, inhaltstragende Konstrukte, im folgenden Konzepte genannt.

Zur Erläuterung der Möglichkeiten einer Inhaltsanalyse wird ein kurzer Überblick über die konventionellen Techniken der Dokumentenerschließung gegeben und darauf aufbauend die Konzeption der Inhaltserschließung von EPIKUR vorgestellt.

3. 3. 1. Ansätze aus dem klassischen Information Retrieval

Verfahren der automatischen Indexierung bewegen sich innerhalb des bibliographischen Dokumentenmodells (Autoren, Titel, Erscheinungsjahr, Deskriptoren, Abstract, etc.) und haben die Extraktion von inhaltsbeschreibenden Schlagworten zum Ziel. Die Aufgabe einer (automatischen) Indexierung ist es, ein Dokument auf eine in sich ungeordnete Menge von Deskriptoren abzubilden. Dabei wird entweder vom ganzen Text oder vom Abstact ausgegangen. Aus dem deutschsprachigen Raum sind hierzu das auf linguistische Methoden abgestützte Projekt CTX an der Universität Saarbrücken (18) und das mehr auf statistische Methoden abgestützte Projekt WAI-AIR an der Universität Darmstadt (1) hervorzuheben.

Da die Kriterien für bibliographische Einheiten rein formaler Natur sind, hat dies zur Folge, daß Dokumente, die in inhaltlich völlig verschiedene Teile zerfallen, auf eine einzige Einheit abgebildet werden müssen. In der Repräsentation ist nicht zu erkennen, in welche Teile das Dokument zerfällt und in welchen Abschnitten des Dokuments sich diese Teile befinden. Beipielsweise ist bei der Repräsentaion "TA-Alphatronic, IBM-PC, Angebot, Vergleich" nicht mehr zu erkennen, ob hier beide Rechner angeboten werden oder ob nur einer dieser Rechner angeboten wird und in diesem Angebot mit dem anderen verglichen wird.

Ebenso spiegeln sich die Komplexität und der Umfang eines Dokuments in dessen Repräsentation kaum wieder. Das hat jedoch zur Folge, daß, je umfangreicher und komplexer ein Dokument ist, desto mehr Einzelheiten gehen bei der Abbildung auf die Dokumentenrepräsentation verloren.

3. 3. 2. Innovative Dokumentenmodelle

Beim Verfahren des Fuzzy-Retrievals (9),(10) wird ein Dokument durch eine Liste von gewichteten Deskriptoren beschrieben. In diesem Verfahren werden sowohl Dokumente als auch Suchfragen auf eine, im Vergleich zum konventionellen IR größere Anzahl von gewichteten Deskriptoren abgebildet und danach mit der Hilfe von Ähnlichkeitsmaßen miteinander verglichen.

Ansätze mit dem Ziel die Semantik von Dokumenten detaillierter beschreiben zu können, unterteilen sich in "top-down" und "bottom-up". Der Top-down-Ansatz beschreibt das gesamte Dokument aufgrund von dessen Komponenten. Ein Beispiel hierzu ist die "Konzeptuelle Struktur" (2). Sie stellt eine Erweiterung der Office Document Architecture (4) dar, in der zusätzlich zu der logischen Struktur und der Layoutstruktur auch die für das Retrieval relevanten semantischen Einheiten als Aggregation von "konzeptuellen Objekten" beschrieben werden. Eine andere Möglichkeit ist die Repräsentation eines Dokuments durch die Aktivierung von Frames, die im Weltwissen vorhanden sind (7). Der Bottom-up-Ansatz hingegen versucht inhaltstragende Wortkomplexe wie z.B. Nominalgruppen zu identifizieren (11).

Beide Ansätze benötigen Hintergrundwissen, in dem der für die Dokumente relevante Weltausschnitt modelliert ist. In diesem Hintergundwissen werden Begriffe aufgrund ihrer Eigenschaften und Relationen untereinander beschrieben.

3. 3. 3. Einbeziehung von Hintergrundwissen

Die Beschriebung der Eigenschaften von Begriffen erfolgt in Anlehnung an das Frame-Modell (5). Um die Beziehungen zwischen Begriffen beschreiben zu können, ist es notwendig die im Information Retrieval üblichen Thesaurusrelationen wie Oberbegriff, Synonym etc., zu erweitern: Mehrere Beziehungstypen sind einzuführen:

- (Gesichertes) Wissens modellierende Relationen wie "instance_of"

- Wissen über gerade betehende Zustände und frühere Zustände wie "ist_Mitarbeiter_von"

- Wissen wie Layout-Eigenschaften im Text wiedergefunden werden können wie "STEHT_AUF_1._SEITE"

- Wissen, wie sich semantische Zusammenhänge z.B. "OBJEKT_VON" in Texten ausdrücken

Um den Benutzer von einem Teil der Wissensmodellierung zu entlasten, kann ihm ein gewisses Wissen als Grundstock mitgeliefert werden. Hierunter fallen u.a. alle grammatikbeschreibenden Prädikate sowie ein möglichst großer Ausschnitt des "gesicherten Weltwissens". Um seinen gewünschten Weltausschnitt zu beschreiben, kann der Benutzer sein privates Wissen durch neue Prädikate gleichen Namens, sowie durch neue Prädikate erweitern.

3. 3. 4. Die inhaltliche Analyse bei EPIKUR

Die Inhaltsbeschreibung in EPIKUR erfolgt durch gewichtete Deskriptoren, Begriffe und Konzepte. Begriffe sind Tokenmengen, die die Wertemenge zu einem Praedikat der Wissensbasis bilden, semantische Konstrukte aus Begriffen.

Um Konzepte in Dokumenten zu identifizieren erscheinen uns die bekannten Verfahren zur Erkennung von möglicherweise inhaltstragenden Mehrwortgruppen wie z.B. Verfahren auf der Basis der Nominalphrasengrammatik oder das sogenannte Begrenzerverfahren (16) alleine nicht ausreichend. Deshalb ist es notwendig eine Beschreibungssprache zu entwickeln, mit der Bedingungen für die Existenz von Konzepten in Dokumenten beschrieben werden können. Anregungen, wie derartige Konzepte zu beschreiben sind, können insbesondere den Arbeiten von Hahn/Reimer (7) und Sacco (12) entnommen werden.

Am folgenden Beispiel wird demonstriert, wie eine Definition eines Konzepts beschrieben werden kann:

Definition der Konzepte Angebot und Artikel_Autor:

```
Angebot <=
     SEMANTISCHE_BEZIEHUNG ( Synonym(Angebot) Λ
      (instance_of(Produkt)) V (instance_of(Dienstleitung)))

Artikel_Autor <=
   STEHT_AUF_1._SEITE ( instance_of(Person))
     nicht_gefunden:
   STEHT_AUF_1._SEITE ( instance_of(Behörde) V instance_of(Firma))
```

Die Prädikate, die Beziehungen zwischen Begriffen, den grammatikalischen oder formalen Aufbau eines Dokuments beschreiben, sind zuvor in der Wissensbasis zu definieren.

Um die in verschiedenen grammatikalischen Formen auftretenden Textwörter auf die in der Wissensbasis abgelegte Grundform (Nominativ Singular, bzw. Infinitiv) abbilden zu können, sind sprachabhängige, morphologische Deflexionsalgorithmen anzuwenden. Für das Deutsche sei hier auf den Algorithmus von Schott (13)/(14) für das Englische auf die Arbeit von Lovins verwiesen (8).

3. 4. Zuordnungsverfahren

Ziel des Zuordnungsfahrens ist es, Ähnlichkeiten zwischen dem Inhaltsprofil eines Dokuments und den Klassendefinitionen (Benutzer- bzw. Ablageprofilen) zu ermitteln und zu bewerten.

Im Falle der Anwendung "Postverteilen" ist darüberhinaus zu unterscheiden, ob aufgrund der formalen (siehe auch 6) und inhaltlichen Analyse ein persönlicher Empfänger ermittelt werden konnte. Im ersten Fall ist das Dokument an diesen zuzustellen. Anderenfalls setzt ein semantisch getriebenes Zuordnungsverfahren ein.

Für jede mögliche Klasse wird eine der internen Dokumentrepräsentation ähnelnde Beschreibung mit relevanten Konzepten und ggf. auch Einträgen in Konzept-"Slots" verwaltet. Daneben besteht die Möglichkeit ein Profil aus gewichteten Wörtern bzw. Wortgruppen in der grammatikalischen Grundform einschließlich der "außergewöhnlichen Informationseinheiten" als Empfängerprofil zu verwalten.

Um die Ähnlichkeit des Dokuments mit allen Klassen berechnen zu können, werden Methoden des Fuzzy-Retrievals benutzt. Die Zuweisung eines Dokuments an einen Empfänger erfolgt mit Hilfe eines Ähnlichkeitsmaßes wie z.B. dem Cosinusmaß (9)/(10).

Fuzzy-Retrieval wurde bisher nur in Laborsystemen mit kleinem Datenbestand eingesetzt, weil beim Retrieval das Profil der Suchfrage mit dem Profil jedes einzelnen Dokuments zu vergleichen ist. Im Anwendungsfall Postexperte liegen aber insofern andere Voraussetzungen als in IR-Systemen vor, alsdaß einem einzigen Dokument eine durch die kaskadenartige Anordnung der Postexperten bedingte, sehr begrenzte Anzahl von möglichen Benutzerprofilen gegenübersteht.

3. 5. Aktualisierung der Wissensbasis

Der Postexperte ist als ein aktiv lernfähiges System konzipiert. D.h. der Postexperte ist von sich aus bestrebt, seine Wissensbasen stets zu aktualisieren. Analyse und Versenden werden i.d.R. irgendwie möglich im Hintergrund als Batch-Prozeß durchgeführt. Eine Zuweisung wird stets aufgrund des aktuellen Systemwissens durchgeführt. Sollte der Postexperte Rückfragen an den Benutzer haben, so werden diese gesammelt. Die Antworten des Benutzers werden in das Systemwissen integriert und bei zukünftigen Analysen wiederverwendet. Analog wird mit Beschwerden bezüglich falscher Zuordnungen verfahren.

Beispiel: Wird bei der Anschriftenanalyse neben dem (eigenen) Firmennamen ein Mitarbeitername entdeckt, der dem System nicht bekannt ist, so wird eine inhaltliche Analyse durchgeführt und der Brief aufgrund deren Ergebnis versendet. Daneben wird eine Rückfrage vorbereitet, in der gefragt wird, ob es sich bei den neuen Namen (das Briefprofil wird zur Information mitgeliefert) wirklich um einen neuen Mitarbeiter handelt, oder ob hier ein Schreibfehler vorliegt oder ein längst ausgeschiedener Mitarbeiter gemeint ist.

Ähnlich wird bei inhaltlichen Analysen verfahren: Wichtigste Komponente ist die Auswertung von Beschwerden aufgrund von Fehlzustellungen. Eine mögliche Ursache für Falschversendungen sind zwischenzeitliche Kompetenzverschiebungen zwischen Abteilungen bzw. Mitarbeitern.

4. Einige Angaben zum realisierten System

Ein Prototyp mit einem Teil der beschriebenen Funktionalität wurde bereits fertiggestellt. Es handelt sich hierbei um eine Anwendung zur Verteilung eingegangener Post. Papiergebundene Post wird meist einem zeichenerkennenden Scanner in elektronische Dokumente umgesetzt. Der Postexperte wertet diese dann unter Einsatz von linguistischen und wissensbasierten Methoden formal und inhaltlich aus. Aufgrund dieser Analyse wird ein Briefkopf und ein

Brief-Profil automatisch erstellt. Wird bei der Analyse ein persönlicher Empfänger ermittelt der über ein Netz zu erreichen ist, oder kann ein Empfänger aufgrund der inhaltlichen Analyse ermittelt werden, so wird der Brief automatisch elektronisch an die Zielstation weiterversendet.

Das System wurde auf einem TA System M 32 unter dem Betriebssystem TANIX entwickelt und in die Bürokommunikationssoftware TABOS integriert. Die wissensbasierten Anteile wurden in PROLOG realisiert.

5. Schwerpunkte zukünftiger Entwicklungen

Da die Methodik von Lernkomponenten bisher bei weitem nicht so gut entwickelt ist wie beispielsweise die Methodik zu informationslinguistischen Fragestellungen, liegt in diesem Bereich und bei der Entwicklung adäquater Darstellungsmethoden für externes Wissen ein Schwerpunkt zukünftiger Arbeit.

Literaturverzeichnis:

(1) Projek AIR 1982; Weiterentwicklung der automatischen Indexierung und des Information Retrieval, Sachbericht 1982 (DV II D82-6), TH Darmstadt, Fachgebiet DV-Systeme II

(2) Barbic, W., Rabitti, F. 1985; The Type Concept in Office Document Retrieval in Office Document Retrieval; in: Pirotte, Vassiliou (eds.); 11th International Conference on Very Large Data Bases, Stockholm Aug. 21-23 1985

(3) Defude B. 1984; Knowledge Based Systems versus Thesaurus: an architecture problem about expert systems design; in: Rijsbergen, C.J. (ed.) Research and Development in Information Retrieval; Kings's College, Cambridge 2-6 July 1984; Cambridge University Press

(4) ECMA 1985; ECMA Standard 101: Office Document Architecture; European Computer Manufacturer Association; September 1985

(5) Fikes Richard, Kehler Tom, 1985; The Role of Frame-Based Representation in Reasoning; in: Communications of the acm; pp. 904-920

(6) Geis W., Mertens P., Schumann, W., 1985; Stand der Pilotversion eines Expertensystems zur automatischen Eingangspostklassifikation / Arbeitspapiere Informatik-Forschungsgruppe VIII der Friedrich-Alexander-Universität Erlangen-Nürnberg

(7) Hahn Udo, Reimer Ulrich, 1985; The TOPIC Project; Text-Oriented Procedures for Information Management and Condensation of Expository Texts; Universität Konstanz Informationswissenschaft Forschungsberichte

(8) Lovins, Julie B., 1968; Developmenmt of a Stemming Algorithm. in: Mechanical Translation 11. 1968, pp. 22-31

(9) McGill Michael, Salton Gerard, 1983 Introduction to Modern Information Retrieval; McGraw-Hill

(10) Paice C. D., 1984; Soft evaluation of Boolean search queries in information retrieval systems in: information technology vol 3 No 1 1984, pp 33-41

(11) Rostek Lothar, 1979; Probleme der Retrieval mit Nominalgruppen in: Kuhlen R. (ed.) Datenbasen, Datenbanken, Netzwerke: Praxis des Information Retrieval, Saur München, N.Y., London, Paris

(12) Sacco Giovanni Maria, 1984; OTTER - An information retrieval system for office automation in: Ellis Clarence A. (ed.), Secohd ACM-SIGOA Conference on Office Information Systems

(13) Schott Gerda, 1973; Linguistische Algorithmen zur Deflexion als Mittel zum Automatischen Indexieren im Deutschen; in: W. Brauer (ed.): GI-3.Jahrestagung, Berlin etc.; Springer, S. 421-430

(14) Schott Gerda, 1978; Automatische Deflexion deutscher Wörter unter Verwendung eines Minimalwörterbuches. in: Sprache und Datenverarbeitung 2. 1978, No 1, S. 62-77

(15) Schumann Mathias, 1985; Computergestützte Eingangsbearbeitung Überblick über den Stand und weitere Forschungsaufgaben in: Wedekind H., Kratzer K. (Hrsg.) Büroautomation 85; Tagung IV/1985 des German Chapter of the ACM vom 2. bis 4. 10. 1985 in Erlangen / B. Teubner Stuttgart S. 70 - 87

(16) Seelbach Dieter, 1975; Computerlinguistik und Dokumentation Saur München

(17) Wöhl, Kai, 1984; Automatic Classification of Office Documents by Coupling Relational Data Bases and Prolog Expert Systems in: Proceedings 2nd Conference on Very Large Data Bases, Singapore, S. 529 ff.

(18) Zimmermann H.H., Kroupa E., Keil G. 1983; CTX - Ein Verfahren zur Computergestützten Texterschließung; BMFT Forschungsbericht ID 83-006

SCHRIFTZEICHENERKENNUNG BEI BÜRODOKUMENTEN

Jürgen Franke
AEG Aktiengesellschaft, Forschungsinstitut Ulm
Mustererkennungs- und Bildverarbeitungsgruppe

1. Einleitung

Im Rahmen des BMFT-Verbundprojektes DOKUMENTANALYSE und des ESPRIT-Projektes PAPER INTERFACE beschäftigen wir uns im Forschungsinstitut von AEG und in den Entwicklungsabteilungen mit dem Problem der Schrifterkennung auf Bürodokumenten. Im Gegensatz zum Titel "Das papierarme Büro" dieses Fachgespräches sind wir nicht der Meinung, daß das Büro der Zukunft papierärmer sein wird als zur Zeit, sondern daß die Papierflut eher noch ansteigen wird /1/. Zur Zeit kann man beobachten, daß es immer leichter wird, Papierdokumente zu erstellen - Kopiertechnik, schnelle und gute Drucktechnik - und damit die Papierflut immer mehr ansteigt. Da das Papier den Vorteil der Transportierbarkeit an jeden Ort besitzt, wird sein Gebrauch in der Zukunft auch attraktiv bleiben. In /1/ wird von einem Ergebnis bei Xerox berichtet, wo der Papierausstoß selbst unter den Benutzern von interaktiven Systemen, die durch Ethernet miteinander verbunden waren, noch weiter anwuchs.

Da es heutzutage fast keine Probleme bereitet, die Texte aus den elektronischen Medien in Papierform zu bringen, aber es heute noch umständlich ist, die Dokumente wieder der Welt der elektronischen Informationsverarbeitung zur Verfügung zu stellen, sehen wir es als wichtige Aufgabe an, diese Schnittstelle zu verbessern und zu automatisieren. Wenn der Übergang zwischen der elektronischen und der Papierwelt automatisiert ist, werden diese beiden Erscheinungsformen von Informationen nicht mehr als wesentlich verschieden angesehen werden.

"Das papierarme Büro" ist unserer Ansicht nach also nicht wirklich papierarm, sondern nur die Textmanipulationen und -verarbeitungen werden nicht auf dem Papier durchgeführt. Deshalb ist es für das "papierarme" Büro von wesentlicher Bedeutung, den Inhalt und die Layoutstruktur von dem Papier jederzeit in die elektronische Welt überführen zu können. In diesem Beitrag wollen wir unsere Ideen und Arbeiten bezüglich der DOKUMENTANALYSE und der Wandlung von Papier in computergerechte Form (PAPER INTERFACE) darlegen.

Bevor in einem Dokument der Schriftzeichenerkennungsprozeß beginnen kann, muß auf dem Dokument der Textbereich von den Bereichen Graphik und Bildinformation getrennt werden, d.h. diese Bereiche müssen erkannt und verschiedenen Verarbeitungsroutinen zugeteilt werden.

Während des eigentlichen Schriftzeichenerkennungsvorganges muß immer wieder auf Ergebnisse zurückgegriffen werden können, die in vorherigen Schritten erarbeitet worden sind, bzw. die Vorverarbeitung muß mit dem Wissen, das erst im Laufe der Verarbeitung gewonnen wurde, erneut und verbessert angewandt werden. Hierzu benötigt man einen Aufbau des Dokumentanalysesystems, der ein situationsabhängiges zurückfahren (backtracking) in der Verarbeitung gestattet. Auf diesen Aufbau und die interaktive Steuerung des Prozesses geht der Vortrag /2/ ein. In diesem Vortrag soll allein auf das Problem der Erkennung der segmentierten Schriftzeichen und ihrer Nachverarbeitung eingegangen werden.

2. Problematik und Lösungsansätze

Als erster Schritt bei der Dokumentanalyse werden bei unserer Vorgehensweise die zusammenhängenden Schwarzgebiete bestimmt /3/ und an Hand von Regeln die Text- und Graphikbereiche erkannt und getrennt weiterverarbeitet. Die Schriftzeichen sind hierdurch automatisch segmentiert. Jedoch sind auch Schriftzeichen, die von ihrem Entwurf her in mehrere Teilsegmente zerfallen, wie z. B. klein i, in mehrere Teile zerlegt. Man könnte diese Segmente an Hand der geometrischen Lage wieder zu einem Zeichen zusammenfügen. Da man aber zu so einem frühen Zeitpunkt bei der Dokumentanalyse noch recht wenig über die einzelnen Segmente weiß, kann es hierbei schnell zu Fehlentscheidungen kommen. Deshalb gehen wir den Weg, alle zusammenhängenden Schwarzgebiete isoliert zu verarbeiten. D.h. der i-Punkt fließt getrennt vom Rumpfzeichen in den Klassifizierungsmodul. Beide Segmenterkennungsergebnisse werden erst in der Nachverarbeitung nach ihrer geometrischen Lage wieder zusammengeführt. Da man zu diesem Zeitpunkt schon wesentlich mehr über die einzelnen Segmente weiß, als nur ihre geometrische Lagebeziehung zueinander, kann man auch schon viel sicherer entscheiden, ob die Segmente zusammengehören oder nicht. Somit kann man Fehler aufdecken, sie eventuell automatisch beseitigen oder dem Benutzer interaktiv zu Rate ziehen. Außerdem hat diese Vorgehensweise den Vorteil, daß man nur in der Nachverarbeitung neue Regeln der Zusammenführung definieren braucht, um z.B. die Umlaute oder andere akzentuierte Zeichen auch zu erkennen.

Gäbe es nur eine einzige Schriftart - Font -, so wäre das Problem der Schriftzeichenerkennung heutzutage befriedigend gelöst. - Für bestimmte Fonts existieren schon Blatt- oder Formularlesegeräte, die den Text vom Papier in eine editierbare Form wandeln. Diese Lesegeräte beherrschen in der Regel sechs verschiedene Schriftarten, versagen aber, wenn man sie mit Texten, die in leicht abgewandelten Fonts geschrieben wurden, füttert. Da wir jedoch bei unserer Stichprobensammlung ohne viel Mühe über 160 verschiedene Schriftarten von den verschiedensten Herstellern zusammentragen konnten, kann man ersehen, daß die Variantenvielfalt bei den Schreibmaschinenschriften sehr groß ist. Bei den Buchdruckschriften sind die Unterschiede zwischen den einzelnen Schriftarten noch größer. Besonders ausgeprägt sind die Unterschiede bei der Handblockschrift, die zusätzlich auch noch in den verschiedensten Schräglagen geschrieben wird.

Als Beispiel für die Variantenvielfalt sind in Bild 1 die sechs wesentlich verschiedenen Ziffer 1 Formen, die wir in unserem Schreibmaschinenschriften-Stichprobenmaterial ausfindig gemacht haben, dargestellt.

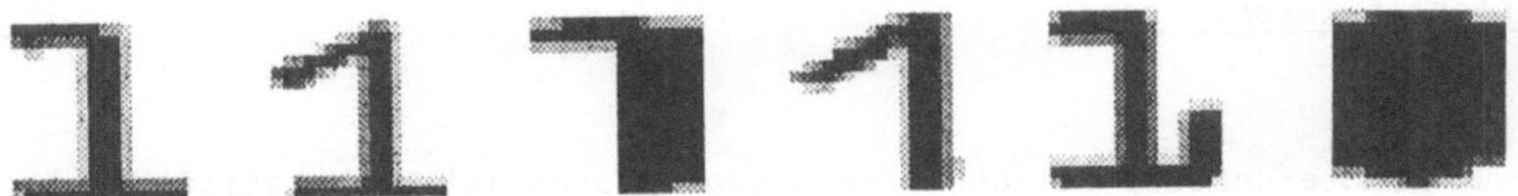

Bild 1: Dargestellt sind an Hand von abgetasteten Schriftzeichen die verschiedenen Ziffer 1 Formen bei der Maschinenschrift. Die Rasterbilder werden einheitlich auf ein 16*16 Raster abgebildet. Durch diese Größennormierung entstehen 8-Bit-Grauwertbilder.

1. Die 1 in der Form des kleinen l
2. Die 1 mit schrägem Anstrich mit Serife
3. Die 1 mit geradem Anstrich ohne Serife = klein l in der Gothicform
4. Die 1 mit schrägem Anstrich ohne Serife
5. Die 1 der Schriftart OCR-A
6. Die 1 in der Form eines senkrechten Strichs

Die bisherigen Blattlesegeräte, die mehrere Fonts lesen können, haben für jeden Font ein Referenzzeichensatz im Lesegerät gespeichert. Der Benutzer muß dann angeben, welcher Font aktuell vorliegt, oder manche Geräte suchen sich den passenden Font selbständig heraus. Nun ist es zum einen vom Speicherplatz her sicherlich unbefriedigend für alle möglichen Fonts einen Klassifikatorsatz zu speichern oder nur bestimmte Fonts lesen zu können. Für dieses Problem haben wir das Polyfontlesesystem entwickelt, welches an die oben erwähnten 160 verschiedenen Fonts adaptiert wurde. Dieses System kann natürlich spezielle Fonts nicht in solch einer Qualität bearbeiten, wie ein hierfür speziell adaptiertes System, jedoch ist es universell einsetzbar. Durch eine intelligente Nachverarbeitung können die Schwierigkeiten, die ein solches Universalsystems mit bestimmten Vertauschungen hat, aufgelöst werden und damit an die Erkennungsleistung der spezialisierten Systeme herankommen, die i.a. nur in der Erkennung auf Einzelzeichenebene überlegen sind. Der Benutzer ist aber normalerweise nicht an den reinen Einzelzeichenergebnissen interessiert, sondern an dem erkannten Text.

Prinzipiell steht man bei der Entwicklung von Schrifterkennungssystemen, wie auch bei anderen Systemen, immer wieder vor der Frage, welche Leistung man von dem System erwartet und wie hoch die jeweiligen Kosten hierfür sein dürfen. Aus diesen beiden Parametern muß man dann jeweils die spezielle Kombination für seine Gegebenheiten auswählen.

3. Klassifikatorkonzept

Die Grundidee unseres Zeichenerkennungsprozesses ist ein statistischer Ansatz im Gegensatz zu den syntaktischen Ansätzen. Wir stützen uns dabei auf den entscheidungstheoretischen Lösungsansatz, aus dem es sich ergibt, daß man sich bei einem vorliegenden Muster für die Klasse (Ziffer, Buchstabe) entscheiden sollte, die mit der höchsten Rückschlußwahrscheinlichkeit die richtige ist /4/. Da diese Rückschlußwahrscheinlichkeiten i.a. nicht bekannt sind, muß man versuchen, sie so gut wie möglich zu approximieren.

Aus allen möglichen Funktionen, die für dieses Optimierungsproblem zur Verfügung stehen, beschränken wir uns auf die Polynomfunktionen. D.h. aus Verknüpfungen zwischen den Pixeln des abgetasteten Schriftzeichens soll eine Schätzung auf die Rückschlußwahrscheinlichkeit und damit auf die Klassenzugehörigkeit gebildet werden. Bei dieser Vorgehensweise ist es nötig die abgetasteten Rasterbilder in ihrer Größe zu normieren.

Diese Größennormierung hat den Vorteil, daß das Erkennungssystem nicht an eine bestimmte Schriftgröße adaptiert wird, sondern jede Schriftgröße automatisch beherrscht. Es ergeben sich durch diese Normierung jedoch auch Nachteile. Man kann nach ihr schlecht zwischen bestimmten Groß- und Kleinbuchstaben (z.B. groß V und klein v) auf der Segmentebene unterscheiden. Jedoch sind diese Nachteile durch geeignete Nachverarbeitungsroutinen beherrschbar (s.u.).

Durch eine spezielle Merkmalsextraktion (Hauptachsentransformation) werden aus der großen Anzahl von Pixelmerkmalen einige wenige Merkmale mit wesentlicherer Information gegenüber den Originalpixelmerkmalen generiert. Mit diesen transformierten Merkmalen lassen sich dann vollständig quadratische Polynomansätze problemlos bearbeiten. Diesen höhergradigen Polynomen ist es dann möglich, im Merkmalsraum komplizierte Trennebenen zwischen die zu unterscheidenen Klassen zu legen und sie dadurch besser zu trennen.

Da wir unsere Klassifikatoren statistisch optimieren, hängt die Leistungsfähigkeit der Polynomklassifikatoren in weitem Maße von der Güte und dem Umfang des verwendeten Lernmaterials ab, an das der Klassifikator adaptiert wird. Deshalb ist es von entscheidender Bedeutung große Datenmengen für die Adaption und Simulation der aufzubauenden Erkennungssysteme zu sammeln und zu ordnen.

Für die Erkennung von Dokumenten in der Büroumgebung ist es wichtig, die verschiedensten Maschinenschriftarten lesen zu können, da es im Schriftverkehr (offene Anwendung) nicht möglich und wünschenswert ist, die Anzahl der verwendeten Fonts einzuschränken, wie dies bei den heutigen Anwendungen noch der Fall ist. Deshalb haben wir Schriftproben von allen wesentlichen auf dem deutschen Markt verfügbaren Schriftarten zusammengetragen. Es gelang uns systematisierte Ausdrucke von ungefähr 160 verschiedenen Fonts zu sammeln. Diese Ausdrucke wurden von uns abgetastet und gekennzeichnet.

Der so gewonnene Zeichenvorrat besteht aus 150 verschiedenen Klassen (Großbuchstaben, Kleinbuchstaben, Ziffern, Sonderzeichen, Buchstaben aus ausländischen Alphabeten). Bei den meisten Klassen haben wir einen Zeichenumfang von ungefähr 10000 normierten 16*16 8-Bit-Grauwert-Rasterbildern zur Verfügung. Aus diesem Stichprobenvorrat haben wir für ein Blattlesegerät nach Anwendungsgesichtspunkten eine Untermenge von 108 Klassen ausgewählt. Die zu klassifizierende Teilmenge kann je nach Anwendung jederzeit schnell geändert werden, so daß für spezielle Büroumgebungen das optimale System angeboten werden kann.

Da es sich bei dieser Anwendung um die Konstruktion von einem Blattlesegerät handelt, haben wir neben dieser Polyfont-Anwendung auch daran gedacht, für spezielle Fonts Spezialsysteme zu entwickeln, die vom Anwender dann geladen werden können, wenn er den verwendeten Font kennt, oder die automatisch vom System erkannt und geladen werden. Hierfür haben wir die Schriftarten nach Ähnlichkeit in 21 verschiedenen Fontfamilien zusammengefaßt, so daß die Unterschiede innerhalb der Familien für die Erkennungssicherheit keine wesentlichen Probleme mehr darstellen.

Bei der Beschäftigung mit dem Problem der Erzeugung von Polyfontklassifikatoren, d.h. Klassifikatoren, die eine Vielzahl von Maschinenschriften lesen sollen, stößt man auf das Problem, daß die Druckzeichen einer Klasse - einer Bedeutungskasse wie z. B. Ziffer 1 oder klein l - verschiedenste Gestalten aufweisen, Bild 1. Bei der Erzeugung von Singlefont-Erkennungssystemen tritt dieses Problem gar nicht auf, da der Fontdesigner die Gestalt eines Bedeutungszeichens genau festgelegt hat.

Zu diesen Verschiedenheiten der Form einer Bedeutungsklasse, kommen als zusätzliches Problem die Überschneidungen der Gestalten verschiedener Bedeutungen hinzu (die Ziffer 1 ist in vielen Schriftarten völlig identisch mit dem kleinen l). Bei diesen Überschneidungen kann man auf Einzelzeichenebene die Klassen nicht mehr unterscheiden. Nur mit dem Wissen über die verwendete Schriftart oder mit Kontextwissen ist es möglich diese Doppeldeutigkeiten aufzulösen. D.h. beim Systementwurf müssen solche Probleme als nicht auflösbar eingestuft und somit verbunden behandelt werden, während die Gestaltverschiedenheiten einer Bedeutung im Klassifizierungsmodul getrennt abgearbeitet werden müssen und in der Nachverarbeitung wieder zusammengeführt werden.

4. Hierarchische Klassifikation mit dynamisch gesteuerter Abarbeitung und Überwachung

Wir konstruieren unsere Klassifikatorsysteme nicht einstufig, d.h. ein einziger Klassifizierungsmodul unterscheidet alle Klassen gleichzeitig, sondern hierarchisch (Bild 2), d.h. verschiedene Klassifizierungsmodule werden baumartig angeordnet. In jeder Stufe dieses Baumes entscheidet ein Klassifikator, in welche Gruppe von Klassen (Cluster) ein Zeichen gehört. Solch ein Klassifikator teil die ankommenden Zeichen gewissermaßen in jeweils zwei Kanäle auf. In jeder Stufe sind Klassifikatoren implementiert, die speziell darauf adaptiert sind, die einzelnen Gruppen zu unterscheiden.

Die Konstruktion von solchen hierarchischen Strukturen kann man mit Clusteranalysetechniken durchführen. Das Bild 2 zeigt das Ergebnis eines solchen Clusterungsprozesses, der mit den Schwerpunktvektoren der Schriftzeichenklassen durchgeführt wurde.

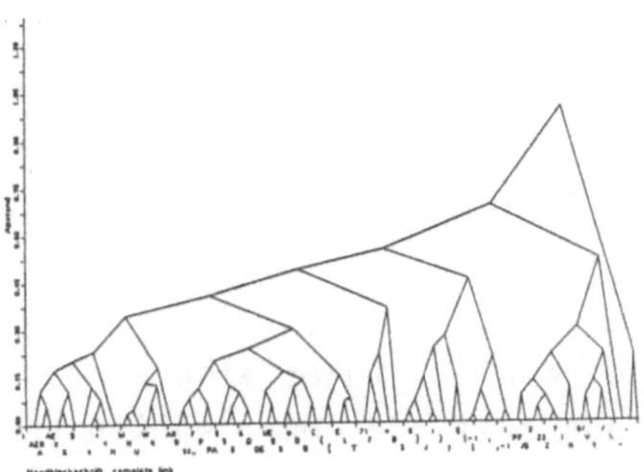

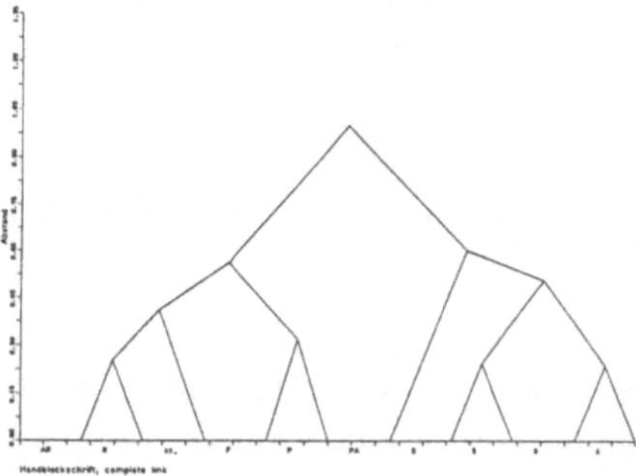

Bild 2: Dendrogramm für das Problem schräglagenormierte Handblockschrift in einer hierarchischen Klassifikatorstruktur anzuordnen. Rechts ist ein Ausschnitt aus dem Klassifikatorbaum vergrößert dargestellt.

Das Ergebnis der Klassifizierung an einem bestimmten Knoten in solch einem Klassifikatorbaum ergibt sich folgendermaßen: Die Schätzung des Klassifikators der vorhergehenden Stufe für den Ausgang, der Eingang in dem aktuellen Klassifikator ist, wird mit allen Schätzungen des aktuellen Klassifikators ausmultipliziert. Arbeitet man so den gesamten Baum durch, so erhält man eine Gesamtschätzung, die genauso interpretierbar ist, wie die Ergebnisse eines einstufigen Systems. Der Ergebnisvektor ist von seinem strukturellen Aufbau her dann nicht mehr von dem Schätzvektor eines einstufigen Systems zu unterscheiden, jedoch werden die Erkennungsergebnisse durch die Hierarchisierung besser, wie in /5/ gezeigt wurde.

Nun ist es bei einer solchen Baumstruktur nicht sinnvoll, in jedem Fall alle Wege des Baumes durchzurechnen. Eine Möglichkeit besteht darin, den Baum in einer binären Weise abzuarbeiten /6/, d.h. in jedem Knoten wird nur ein Weg weiterverfolgt. Dies hat aber den Nachteil, daß falsche Entscheidungen nicht mehr repariert werden können. Deshalb steuern wir die hierarchischen Bäume so, daß in unsicheren Fällen mehrere Wege solange weiterverfolgt werden, bis sicher ist, daß sie nicht zu einer hinreichend guten Schätzung beitragen können. In allen Hierarchieebenen, außer der ersten, wird zusätzlich an Hand der aktuellen Schätzungen noch untersucht, ob die Entscheidungen der vorhergehenden Klassifikatoren überhaupt richtig sein konnten. Dadurch ergibt sich eine vernetzte Kontrollstruktur, mit der der Baum optimal im Sinne der Erkennungsrate und des Rechenaufwandes betrieben werden kann. Wir bezeichnen diese Vorgehensweise mit soft-decision gesteuerte Abarbeitung.

5. Generierung von Alternativen mit Glaubwürdigkeitsmaßen

Als Ergebnis des Klassifizierungsmoduls wird nicht immer eine eindeutige Entscheidung ausgegeben, sondern oft werden zwei oder mehr Wahlen an die Nachverarbeitung weitergereicht, wenn es nicht möglich ist eine eindeutige und richtige Entscheidung zu treffen. Z.B. bei der Unterscheidung zwischen Groß- und Kleinbuchstaben, die die gleiche Gestalt haben, ist es trotz der Verwendung des Höhe-Breite-Verhältnisses bei der Polyfont-Anwendung oft nicht möglich eindeutig zu entscheiden. Bei einer Singlefont- oder Fontfamilienanwendung können diese Problemfälle jedoch schon vom Klassifikator gelöst werden. Für die Nachverarbeitung ist es von Interesse, nicht nur die angebotenen Wahlen zu erhalten, sondern auch Maßzahlen zur Verfügung gestellt zu bekommen, mit welcher Wahrscheinlichkeit oder Glaubwürdigkeit die jeweilige Wahl die richtige ist. Deshalb generieren wir aus den geschätzten Rückschlußwahrscheinlichkeiten Glaubwürdigkeiten für die angebotenen Alternativen.

Diese Maßzahl kann als Zurückweisungskriterium und auch für die Bewertung der Kontextpassungen bei der Nachverarbeitung benutzt werden.

6. Mehrsegmentzusammenfassung

Unter dem Begriff "Mehrsegmentzusammenfassung" verstehen wir die Zusammenfassung der Erkennungsergebnisse von Zeichenteilen, die zu einer einzigen Zeichenposition gehören. Die Notwendigkeit hierzu ergibt sich aus der oben erwähnten Segmentierung. Durch sie zerfallen z.B. die Buchstaben i, j, ä, ö, ü in mehrere Segmente, die getrennt klassifiziert werden.

Die vom Klassifikator erzeugten SEGMENT-Erkennungsergebnisse der einzelnen zu einem Zeichen gehörigen Segmente müssen dann durch die Mehrsegmentzusammenfassung auf der Entscheidungsebene des Klassifikators wieder zu ZEICHEN-Erkennungsergebnissen vereinigt werden, damit die Mehr- und Einzelsegmentzeichen für die weitere Nachverarbeitung mit den gleichen Algorithmen verarbeitet werden können.

Natürlich kann es vorkommen, daß die Zeichenteile, die vom Fontdesigner als ein zusammenhängendes Schwarzgebiet entworfen wurden, durch den Segmentiervorgang in Bruchstücke zerfallen, z.B. bei Matrixdruckerschriften ist dies häufig der Fall. Nur in wenigen Ausnahmefällen entstehen dabei für den Klassifikator sinnvoll klassifizierbare Segmentbruchstücke. In der Regel fallen dabei vielmehr sinnlose Segmentbruchstücke beliebiger Anzahl an, für die der Klassifikator keine sinnvolle Zuordnung mehr treffen kann. In solchen Fällen gelingt dann auch der Mehrsegmentzusammenfassung keine erfolgreiche Interpretation mehr. Dann wird im Erkennungsprozeß wieder an den Anfang zurückgegangen /2/ und die Segmentierung für die vorliegenden Segmente so verändert, daß ein verschmolzenes Rasterbild aus den Segmentbruchstücken entsteht.

7. Auflösen von Mehrdeutigkeiten (Alternativen)

Wie schon erwähnt, sind die Erkennungsergebnisse, die aus dem Klassifikator herauskommen, bei gleich oder ähnlich aussehenden aber etwas verschiedenes bedeutenden Zeichen nicht immer eindeutig, sondern bei unsicheren Entscheidungen werden zwei oder mehr Alternativen an die Nachverarbeitung übergeben. Diese Mehrdeutigkeiten müssen nun mit Kontextbetrachtungen verringert werden. Der kleinste Kontextbereich ergibt sich aus der eben erwähnten Mehrsegmentzusammenfassung. An Hand eines Regelsystems können schon hier viele Alternativen aufgelöst werden. Dies sei an einem Beispiel erläutert:

Liegt als Zeichen ein kleines i vor, das von der Segmentierung in den Rumpf-Teil und den Punkt aufgespalten wurde, so kann eine Schätzung des Klassifikatorsystems lauten: Das Rumpfzeichen wird sehr sicher erkannt, jedoch beim Punkt werden mehrere Alternativen angeboten - ein Punkt, ein aKomma und ein Anführungsstrich -. Hieraus kann man dann eindeutig das i rekonstruieren, denn es gibt kein Rumpfzeichen, das wie ein i-Rumpf aussieht und über dem ein Komma oder Anführungsstrich steht.

Wesentlich schwieriger und bedeutsamer ist jedoch die Kontextverarbeitung auf Wortebene. An Hand der Lage der Zeichen zueinander und ihrer Höhe läßt sich das Schreiblinienraster (Grundlinie, Unterlängenlinie usw.) rekonstruieren, wie in Bild 3 dargestellt. Durch einen Tabellenzugriff erhält man die relative Lage dieser Linien an Hand der Basislinienposition des Zeichens und seiner Höhe. Man erhält durch diese

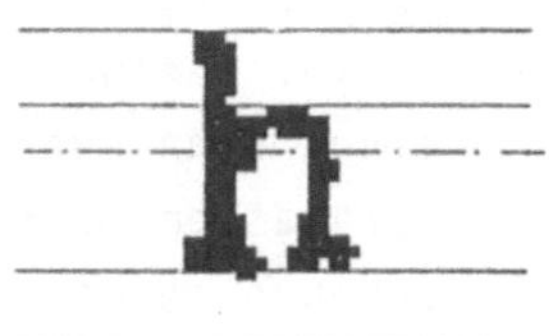

Bild 3: Schreiblinienraster

Tabellen Angaben darüber, wo im ursprünglichen Rasterbild die gedachten Schreiblinien liegen müßten, wenn das zu erkennende Zeichen tatsächlich die Bedeutung hätte, die die betrachtete Alternative anbietet. In einer Technik, die sich an den Viterbi-Algorithmus anlehnt /7/, werden die Glaubwürdigkeiten der verschiedenen Alternativen mit den Konsistenzmaßen zusammengebracht, die sich aus der Passung der Schreiblinienraster-Position jeweils benachbarter Zeichen ergeben. Diese Verarbeitung wird auf die Zeichenfolge einer Textzeile angewandt und ermöglicht die Unterscheidung gestaltgleicher Klein- und Großbuchstaben und die richtige Zuordnung von etwa Komma und Apostroph. Nach dem gleichen Konzept sind auch Indizes oder Hochzahlen, wenn sie in der typographischen Tabelle zugelassen sind, richtig zu erkennen.

Bei der Handblockschrifterkennung hat man i.a. Probleme mit den verschiedenen Schräglagen mit denen die unterschiedlichen Schreiber schreiben. Da jedoch ein Schreiber normalerweise in einem größeren Bereich mit der gleichen Schräglage schreibt, kann man, mit einer dem typographischen Verfahren ähnlichen Vorgehensweise, auch Mehrdeutigkeiten bei der Handschrifterkennung auflösen.

In den weiteren Schritten der Nachverarbeitung werden dann Wortkontextbeziehungen benutzt, um eine weitere Alternativenreduktion durchzuführen. Z.B. kann man zwischen klein l und der Ziffer 1 oftmals auf Zeichenebene nicht unterscheiden. Auf Wortebene ist es i.a. sehr leicht dieses Problem zu lösen, da außer bei künstlichen Wortgebilden Ziffern nur im Zifferkontext stehen wie andererseits Buchstaben nur im Buchstabenkontext.

Durch Benutzung von Wissen über die deutsche Sprache ist es möglich falsche, d.h. in der deutschen Sprache unmögliche, Buchstabenkombinationen aufzudecken und so die Erkennung gegenüber Falschklassifikation abzusichern. Durch Sprachkontext sollen in der Zukunft auch noch weitergehende Abprüfungen bei der Nachverarbeitung implementiert werden, so daß nur noch in ganz ungewöhnlichen Fällen der Mensch mit seinem Zusatzwissen über die Umgebung, in der der Text entstanden ist, die letzten Mehrdeutigkeiten auflösen muß.

8. Telekopierer als Eingang in die Textverarbeitung

Eine unserer Ideen bei der Dokumentanalyse ist es, nicht ein spezielles Gerät mit Abtasteinheit zu entwickeln, das als Eingabestation in die Computerwelt dient, sondern für vorhandene Telekopierer ab der Gruppe III einen Zusatzmodul zu entwickeln, der die abgetasteten Dokumente vom Telekopierer empfängt und das analysierte Ergebnis an einen Hostrechner weitergibt. Dadurch könnte solch ein Gerät preiswerter angeboten und der Telekopierer zweifach genutzt werden. Dies ist eine Möglichkeit schon vorhandene Telekopierer als Lesegeräte zu verwenden. Andersherum ist es jedoch auch möglich ein Lesegerät zusätzlich auch als Telekopierer zu verwenden, da die Abtasteinheit ja sowieso im Leser vorhanden ist. Eine zusätzliche Option ergibt sich durch diese Konstellation: Nicht mehr das abgetastete Dokument wird über den langsamen Telephonkanal übertragen, sondern die erkannten ASCII-Zeichen und ihre Position auf dem Dokument. Dadurch wäre eine sehr komprimierte Übertragung möglich.

Wir haben in unserem Forschungsinstitut ein Experimentiersystem aufgebaut, das diese Kombination softwaremäßig schon realisiert. Dieses System besitzt als Abtasteinheit einen Telekopierer der Gruppe III. Auf dem Mikrorechner Z8000 wird die Übertragung der Daten vom Telekopierer zur VAX 11/785 durchgeführt.

DOKUMENTANALYSE Seite 0 - 1

0.1 Gesamtziel des Vorhabens

Das Vorhaben befaßt sich mit einem heute außerordentlich aktuellen Themenkomplex, der verstärkten Computerunterstützung für Bürotätigkeiten.

Schon die bis heute abgelaufene Entwicklung hat in diesem Bereich Veränderungen bewirkt, die weithin als umwälzend angesehen werden -- trotzdem ist von dem, was an Übernahme von/Hilfsfunktionen durch technische Systeme vorstellbar ist und auf den ersten Blick vielleicht auch als schon jetzt beinahe realisierbar erscheint, noch das allermeiste gar nicht verwirklicht. Der Versuch, mit technischen Mitteln Leistungen nachzubilden, die scheinbar mühelos durch Menschen vollbracht werden können, stößt immer wieder auf Schwierigkeiten, weil die wahre Komplexität der Aufgaben, die man sich da vornimmt, verdeckt wird durch die unreflektierte Perfektion, mit der der Mensch sie erledigt.

Der Begriff 'Bürotätigkeit' ist hier in einem erweiterten Sinne zu verstehen. Gemeint ist durchaus nicht nur der typische Sekretariatsarbeitsplatz, sondern der Arbeitsplatz vor allen Dingen des Sachbearbeiters aus den verschiedensten Berufen einschließlich der Konstruktion, des Ingenieurwesens mit den verschiedensten Zweigen, der Verwaltung und der Dokumentation -- um nur ein paar Beispiele zu nennen.

An diesem Arbeitsplatz wird Information entgegengenommen, verarbeitet, verändert, generiert, verteilt, abgelegt und versandt. Im Mittelpunkt dieses einen Knotens in einem weitverzweigten Netzwerk von Informationskanälen steht der menschliche Bearbeiter, dessen Kreativität und Fähigkeit zu Bewertungen und Entscheidungen unersetzlich sind. Die in diesem Vorhaben verfolgten Absichten versuchen auch nicht etwa, ihn in irgendeiner Weise zu ersetzen, sondern nur, ihn mit besseren und wirkungsvolleren Hilfsmitteln auszustatten.

Bild 4: Links ist ein Beispielsdokument verkleinert dargestellt. Rechts sind die umschreibenden Rechtecke der potentiellen Schriftzeichensegmente an ihre entsprechenden Positionen gezeichnet.

Das gesamte abgetastete Dokument wird mit dem Randliniencode Verfahren /3/ analysiert und die gefundenen Textbereiche der Schriftzeichenerkennung zugeführt. In Bild 4 ist die Segmentierung beispielhaft zu sehen.

Als Ergebnis des Prozesses wird der erkannte Text in einer editierbaren Datei wieder zusammengesetzt und kann mit dem vollsynthetischen Sprachausgabesystem, das von der Sprachgruppe in unserem Forschungsinstitut entwickelt wurde, verbunden werden, so daß der abgetastete Text auch vorgelesen werden kann. Wir haben diese Experimente mit Dokumenten mit verschiedenen Schriftarten und mit den Druckparametern 10, 12 und 15 Zeichen pro Zoll durchgeführt.

9. Schlußbemerkung

Die dargestellte Entwicklung von Blattlesegeräten ist für uns ein notwendiger Beitrag für das Büro der Zukunft, in dem die Verarbeitung papierarm sein soll, der Informationsstrom jedoch nicht papierärmer wird. Durch solche Lesegeräte wird es dann möglich sein, das Problem der Wandlung von der gutenbergischen Welt des Papiers in die elektronische Welt schnell und ohne viel Aufwand zu bewältigen, so daß diese beiden Welten nicht mehr als wesentlich verschieden betrachtet zu werden brauchen.

Literatur:

/1/ Roy J. Lahr
The Non-Death of Paper

/2/ Wolfgang Doster
Interaktive Organisation des Dokumentanalysesystems
Beitrag zur 16. GI-Jahrestagung

/3/ Norbert Bartneck
Image Analysis Based on Image Description Graphs with Contour Coded Objects
Proceedings 7. International Conference on Pattern Recognition, Montreal, Canada, 1984, vol. 2 pp 1108-1110

/4/ Jürgen Schürmann
Polynomklassifikatoren für die Zeichenerkennung, Oldenbourg Verlag

/5/ Jürgen Franke
Zur Entwicklung hierarchischer Klassifikatoren aus der entscheidungstheoretischen Konzeption
Tagungsband Mustererkennung 1983, 5. DAGM Symposium, 1983, Karlsruhe, S. 261-265

/6/ H.J. Payne, W.S. Meisel
An Algorithm for Constructing Optimal Binary Trees
IEEE Trans. on Comp., Vol. C-26, No. 9, Dallas 1977

/7/ W. Doster, J. Schürmann
An Application of the Modified Viterbi-Algorithm Used in Text Recognition
Proc. 5th Int. Conf. on Pattern Recognition, Miami 1980, p.853-855

DIE KOMMUNIKATIONSSTRUKTURANALYSE - VORAUSSETZUNG FÜR DAS PAPIERARME BÜRO*

Prof. Dr. H. Krallmann
Technische Universität Berlin
FB 20, FG Systemanalyse / EDV
Sekretariat FR 6-7
Franklinstr. 28/29
1000 Berlin 10

Dieser Beitrag entstand unter Mitwirkung der Herren Dipl.-Inform. R. Hoyer, Dipl.-Inform. G. Kölzer und Dipl.-Kfm. L. Feiten

1. Einleitung

Die Vielfalt der organisatorischen Gestaltungsmöglichkeiten in der Unternehmensorganisation wächst ständig. Dies wird vor allem hervorgerufen durch immer neue Systeme und Techniken aus dem Bereich der Informations- und Kommunikationstechnologien. Nahezu jedes Unternehmen steht den Einsatzmöglichkeiten dieser Systeme mit großer Unsicherheit gegenüber. Ein Hauptproblem besteht darin, die Konsequenzen des Einsatzes von Personal-Computern, Arbeitsplatzsystemen, Lokalen Netzwerken (LAN) oder Electronic-Mail-Systemen auf die gesamte Unternehmung abzuschätzen. Traditionelle Wirtschaftlichkeitsanalysen lassen Faktoren wie Ablaufsicherheit, größere Aktualität der Daten, erhöhte organisatorische Flexibilität u.ä. weitestgehend unberücksichtigt. Auf der anderen Seite bieten die bekannten Ansätze zur Gestaltung von unternehmensweiten Informations- und Kommunikationssystemen (z.B. BSP/BOSP, KSS, OAM, OIS, CSF; vgl. NIEMEIER86, HOYER86, SIRBU84, ORSEY82, BULLEN81, IBM79) keine ausreichende Simulationsmöglichkeit, da ihnen eine durchgängige Rechnerunterstützung fehlt.

Aufgrund der Fülle der zu berücksichtigenden Beziehungen und Daten kann nur eine rechnergestützte Abbildung der Organisation Grundlage sinnvoller Zukunftsprognosen sein. Mit Hilfe von rechnergestützten Auswertungen (grafische Darstellung der Organisationsstruktur, Zeitanalysen, Informationsflüsse usw.) kann der Planer dann interaktiv das im Rechner abgebildete Organisationsmodell so umgestalten, daß es seinen Vorstellungen einer optimalen Organisation entspricht. Dabei wird ihn das System weitestgehend unterstützen.

---

* Diese Arbeit entstand im Rahmen des von der DFG geförderten Projektes KR 725/1-2 "Konzeption und Realisierung einer betrieblichen Kommunikationsarchitektur"

2. Prozeß der Kommunikationsstrukturanalyse

Ziel der Kommunikationsstrukturanalyse ist die Optimierung der innerbetrieblichen Informations- und Kommunikationsbeziehungen zu einer sogenannten Kommunikationsarchitektur. Abbildung 1 zeigt den Prozeß zu deren Bildung.

Ausgehend von den Unternehmenszielen werden die zur Zielerfüllung notwendigen Aufgaben bestimmt. Diese werden bis auf die Ebene der Elementaraufgaben disaggregiert.

Auf welcher Detaillierungsstufe diese angesiedelt werden, hängt von dem jeweiligen Umfang und Ziel der Untersuchung ab. Prinzipiell lassen sich in jedem Betrachtungsrahmen mehrere Aufgabenebenen unterscheiden:

- die übergeordneten Unternehmensaufgaben wie "PKW-Verkauf",

- die Teilaufgaben, d.h. Verfeinerungen der Gesamtaufgabe. Teilaufgaben können zu weiteren Teilaufgaben niederer Ordnung disaggregiert werden.

- die Elementaraufgaben sind dann die Zergliederung der untersten Stufe.

Diese Ebenen entsprechen der durch die Organisationstruktur vorgegebenen Aufgabenhierarchie, wobei allen Ebenen ein einheitliches Beschreibungselement zugrundeliegt. Dadurch wird gewährleistet, daß eine Erfassung auf beliebiger, für unterschiedliche Unternehmensaufgaben auch unterschiedlicher Detaillierungsstufe vorgenommen werden kann und darauf aufbauend mehr oder weniger konkrete Erkenntnisse über die Kommunikationsstruktur gewonnen werden können.

Eine Elementaraufgabe soll unter Arbeitsteilungsgesichtspunkten nicht mehr verfeinerbar sein (zum Begriff Aufgabe vgl. z.B. BLOHM77, BRANDENBURG83, BÜNING84, GROCHLA74, HILL81, KOSIOL68, RACKWITZ76, REFA71, SCHMIDT79). Bei einer Untersuchung der Kommunikationsbeziehungen zwischen Abteilungen können Aufgaben als Elementaraufgabe bezeichnet werden, die bei der Untersuchung der Kommunikation zwischen Arbeitsplätzen als übergeordnete Teilaufgaben auftauchen. Auf welcher Ebene die Elementaraufgaben angesiedelt werden, bestimmt auch den Detaillierungsgrad, mit dem die zu verarbeitenden Informationen erfaßt werden. Jede Elementaraufgabe kann nur jeweils gleiche Informationen verarbeiten. Wird also zwischen unterschiedlichen Kundenanfragen unterschieden, die einen jeweils anderen Bearbeitungsgang nach sich ziehen (z.B. Anfrage nach Prospektmaterial, nach einem Angebot oder eine konkrete Bestellung), kann diese Verarbeitung nicht durch eine „globale" Elementaraufgabe „Kundenanfrage bearbeiten" dargestellt werden.

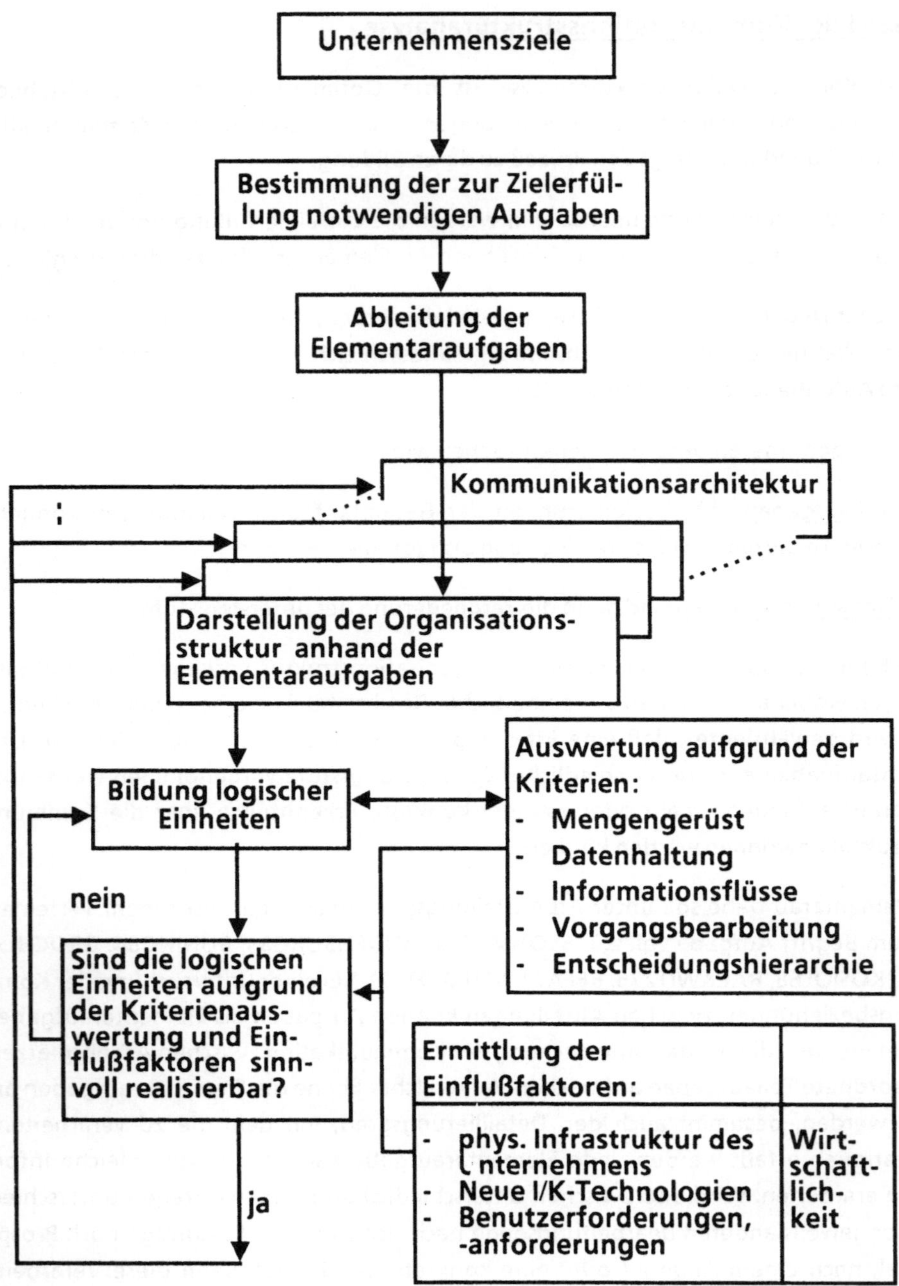

Abb. 1: Bildung einer Kommunikationsarchitektur

Den Elementaraufgaben werden jeweils die zugehörigen Stellen zugeordnet. Nach der Erfassung ergibt sich so die derzeitige Organisationsstruktur auf der Ebene der Elementaraufgaben.

Ziel einer Kommunikationsstrukturanalyse (KSA) ist es nun, diese Struktur zu optimieren. Dazu wird versucht

- die Elementaraufgaben in sich zu optimieren, z.B. die Abarbeitungszeit durch den Einsatz neuer Hilfsmittel zu verkürzen,

- die Abarbeitung von gesamten Teilaufgaben z.B. durch Umstrukturierungen der Elementaraufgaben zu verbessern.

Ergebnis des zweiten Punktes sind neue Strukturen der einzelnen Stellen, die vor der Realisierung als "logische Einheiten" bezeichnet werden.

Auswertungen des Istzustandes z.B. bezogen auf Kriterien wie

- Mengengerüst

- Datenhaltung

- Informationsflüsse

- Vorgangsbearbeitung

sowie Möglichkeiten der Einbeziehung

- der physischen Infrastruktur im Unternehmen

- neuer Informations- und Kommunikationstechnologien

- von benutzerbezogenen Aspekten wie Akzeptanz, Qualifikationsanforderungen, Belastung

unterstützen diese Bildung der logischen Einheiten.

Erscheint die Realisierung dieser Umstrukturierung opportun und möglich, wird die Datenbasis entsprechend geändert und steht somit für eine neue KSA zur Verfügung.

3. KSA-Systemstruktur

Im folgenden wird die Struktur des Systems vorgestellt, welches den Analytiker bei der KSA und der Bildung der Kommunikationsarchitektur unterstützt. Gefordert ist ein Modell, welches die strukturierte Planung der Informations- und Kommunikationsbeziehungen von Unternehmen ermöglicht. Durch die rechnergestützte Darstellung dieser Beziehungen lassen sich die Auswirkungen geplanter Änderungen auf die Gesamtunternehmung zuerst im Modell simulieren. Auswirkungen auf die innere Struktur von Stellen, deren Zeitbelastung, Durchlaufzeiten von Vorgängen usw. werden deutlich. Eine vom Rechner erzeugte grafische Darstellung ermöglicht einen visuellen Überblick, der eine sinnvolle und notwendige Ergänzung der Rechnerauswertungen bei der Analyse der Kommunikationsbeziehungen bietet. Der sukzessive und iterative Prozeß der Planung der Informations- und Kommunikationsbeziehungen führt letztlich zu einer Organisationsstruktur, die den Anforderungen der Aufgabenerfüllung im Unternehmen durch die Einbeziehung moderner Technologien unter Berücksichtigung von Restriktionen wie Wirtschaftlichkeit, Akzeptanz oder im Unternehmen bestehender Infrastruktur angepaßt ist.

Grundgedanke der KSA ist, daß der Ausgangspunkt der Planung von Informations- und Kommunikationssystemen immer die vorhandene Organisationsstruktur sein muß. Jede Änderung, die - gleichgültig durch welche Analysemethodik auch immer - als sinnvoll erachtet wird, muß auch auf ihre Durchführbarkeit geprüft werden. Je gravierender die Planung vom Istzustand abgeht, desto größer werden in der Regel die Probleme bei der Durchsetzung. Durch die explizite Einbeziehung des Istzustandes als wichtiger Ausgangspunkt aller Überlegungen gewährleistet die KSA, daß diese Problematik nicht außer Acht gelassen wird. Selbstverständlich werden auch weitreichende Umorganisationen nicht ausgeschlossen, das Ausmaß hängt immer vom Planer ab. So lassen sich die unterschiedlichen Durchsetzungsfähigkeiten einzelner Manager und die unterschiedlich stark ausgeprägte Innovationsbereitschaft einzelner Abteilungen bei der Planung berücksichtigen. Das Gesamtkonzept der Organisationsstruktur wird immer abhängig von den tatsächlichen Gegebenheiten in den jeweiligen Unternehmensbereichen und -abteilungen entwickelt. Es ergeben sich somit ganz spezifische, individuelle Lösungen.

Abb. 2 zeigt die Systemstruktur der rechnergestützten Kommunikationsstrukturanalyse.

Die gesamte Kommunikationsstrukturanalyse wird von einem Projektteam durchgeführt, welches sich aus zwei Gruppen zusammensetzt:

- Mitarbeiter des zu untersuchenden Unternehmens, die mit den Besonderheiten und den Richtlinien im Unternehmen bestens vertraut sind und einen guten Gesamtüberblick über das Unternehmen besitzen.

- Personen, die nicht unbedingt aus dem Unternehmen zu kommen brauchen, die jedoch mit der Methode bestens vertraut sind.

Dieses Team entscheidet aufgrund der Vorgaben der Firmenleitung über den Untersuchungsbereich, die genaue Vorgehensweise und die Wahl der Methoden.

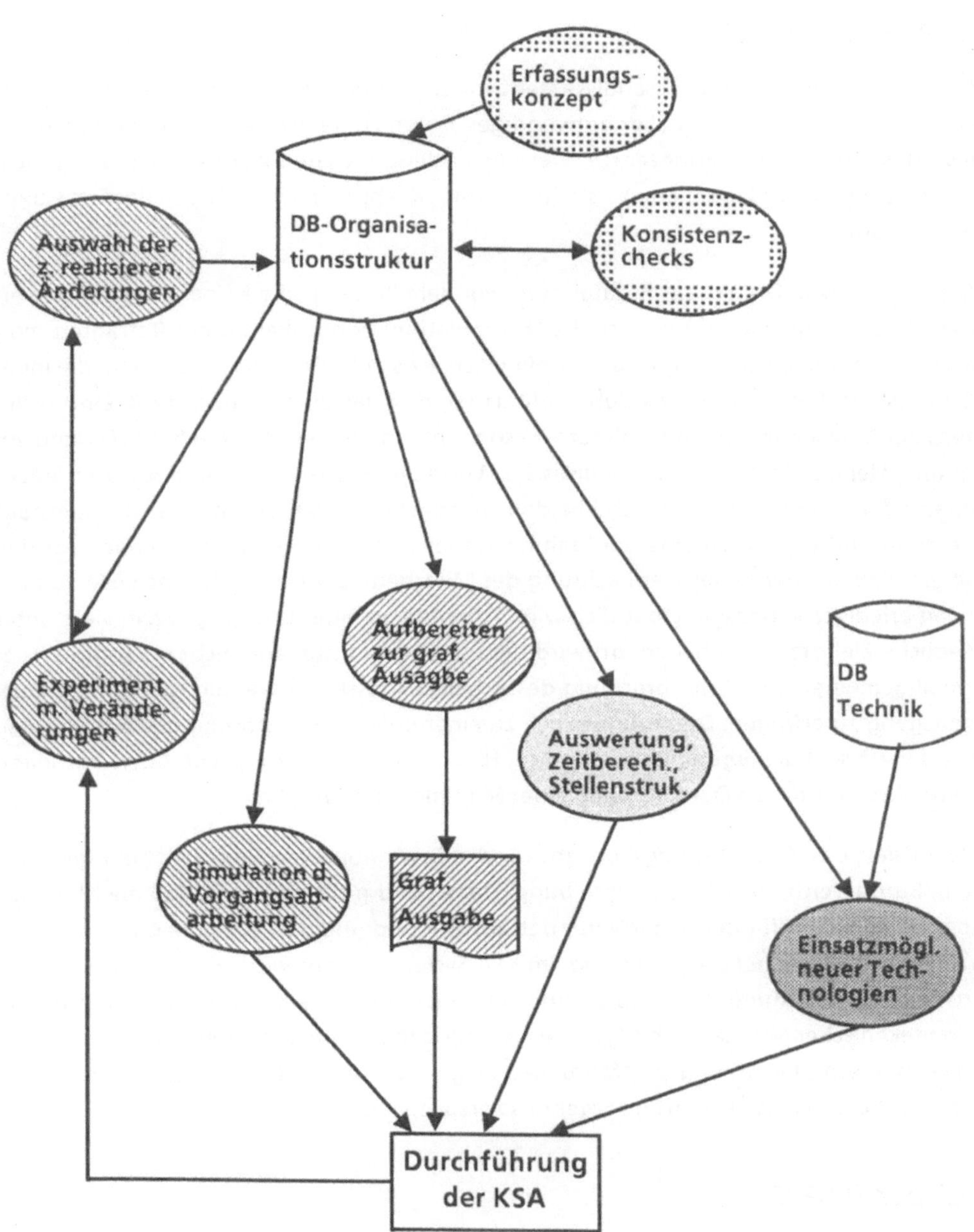

Abb. 2: Kommunikationsstrukturanalyse - Systemstruktur

4. Erfassungskonzept

Jede Methode zur Organisationsanalyse steht vor der Frage, wie die benötigten Daten zu erfassen sind. Um die Erhebung aller notwendigen Daten zu gewährleisten, ist ein durchgängiges Erfassungskonzept erforderlich, welches festlegt, welche Informationen auf welche Weise gewonnen werden sollen. Aufstellung 1 listet die prinzipiellen Phasen des Erfassungskonzeptes auf.

Jede Erhebung von Organisationsdaten steht vor dem Problem, die Korrektheit der gewonnenen Daten zu gewährleisten, d.h. die Manipulationsmöglichkeiten der Befragten möglichst einzuschränken. Strukturierte Gruppeninterviews mit Hilfe von Fragebögen, die innerhalb eines straffen Zeitrahmens durchgeführt werden, lassen für bewußte Beeinflussung seitens der Mitarbeiter wenig Spielraum. Besondere Probleme treten bei der Erfassung von Zeit- und Mengendaten auf. Um realistische Werte zu erhalten, ist eine direkte Erhebung während der Arbeit erforderlich. Die beiden wichtigsten Verfahren sind hier die Selbstaufschreibung und die Multimomentaufnahme. Dabei steht letztere im Bürobereich vor dem Problem, daß aus der reinen Beobachtung des Mitarbeiters oft nicht der spezielle von ihm zur Zeit erledigte Arbeitsgang deutlich wird. Arbeiten an einer Unterlage kann viele unterschiedliche Zielsetzungen haben, oft wird die spezifische Unterlage nicht erkannt usw.. So ist im allgemeinen eine Unterbrechung des Arbeitsprozesses notwendig, um den genauen Arbeitsgang zu erfragen. Dies führt jedoch zu einer erheblichen Störung des Arbeitsablaufes und verfälscht die Ergebnisse wesentlich. Hinzu kommt der erhebliche Aufwand seitens des Projektteams für die Durchführung einer Multimomentaufnahme.

So favorisiert das KSA-Erfassungskonzept für die Gewinnung von Zeit- und Häufigkeitsdaten im Bürobereich die Selbstaufschreibung. Dabei wird nicht verkannt, daß die Manipulationsmöglichkeiten für den Mitarbeiter beträchtlich sind und daß auch die Chancen zu Absprachen untereinander sehr groß sind. Im KSA-Systemkonzept wird versucht, diese Risiken durch eine Überprüfung der erfaßten Informationen auf Widerspruchsfreiheit mittels programmtechnischer Maßnahmen (Konsistenzchecks bzgl. der in der Datenbank erfaßten Daten) zu mindern. Die bisherigen Erfahrungen zeigen, daß sich auf diesem Weg innerhalb einer relativ kurzen Zeit vernünftige Ergebnisse erzielen lassen.

5. Auswertungen

Aus der auf diese Weise erzeugten korrekten Datenbasis lassen sich unterschiedliche Auswertungen generieren. Dabei wird zwischen folgenden Auswertungsmodulen unterschieden:

- statistische Auswertungen

- grafische Darstellung

Erfassungskonzept

1. Systemabgrenzung
- **zu untersuchende Organisationsbereiche bzw. Aufgaben**

2. Interview mit dem Bereichsleiter
- **Organisationsstruktur und Ziele des Bereiches**
- **zu bearbeitende Ressourcen (Personal, Finanzen ...)**
- **zur Erreichung der Ziele abzuarbeitende Teilaufgaben (ausgehend von den Ressourcen)**

3. Interviews mit den Beschäftigten
- **Erarbeitung der Elementaraufgaben und verwendeten / erzeugten Informationen (Gruppeninterview, Fragebogen)**
- **Auflistung der vorhandenen und genutzten Hilfsmittel**

4. Selbstaufschreibung / Multimomentaufnahme / ...
- **Häufigkeit und Dauer der einzelnen Elementaraufgaben in einem möglichst typischen Zeitintervall**

5. Auswertung der Selbstaufschreibung / MMA / ...
- **Strukturierung der Aufgabenabarbeitung (Regelfall, Ausnahmen)**
- **Herausarbeiten von Sonderfällen, die im Erfassungszeitraum nicht aufgetreten sind**

6. Überprüfen der Ergebnisse mit dem Bereichsleiter

7. Abschlußdiskussion mit den Beschäftigten

Aufstellung 1: KSA-Erfassungskonzept

- Berechnung von Durchlaufzeiten
- Simulation von Aufgabenabarbeitungen

Diese Systemkomponenten sollen im folgenden kurz erläutert werden:

5.1 Statistische Auswertungen

Da das KSA-System in einer relationalen Datenbank realisiert wird, lassen sich viele Auswertungen auf der Basis von SQL-Befehlen realisieren, z.B. eine Aufstellung aller Hilfsmittel, die eine Stelle zur Aufgabenabarbeitung heranzieht, oder eine Aufstellung aller Aufgaben (oder Stellen), die eine Information ändern (vgl. Abb 3). Kompliziertere Auswertungen wie etwa eine Kommunikationsmatrix, welche darstellt, welche Stelle in welchem Umfang mit anderen kommuniziert, werden dagegen mit Hilfe einer höheren Programmiersprache realisiert (vgl. Abb. 4).

5.2 Grafische Darstellung

Besonders wichtig ist dabei die direkte Erzeugung einer grafischen Darstellung der Organisationsstruktur. Das Wesentliche an der Erstellung der Grafik ist, daß ihr Layout nicht durch den Anwender entworfen werden muß, sondern eigenständig vom System erstellt wird. In einem ersten Schritt werden dazu die einzelnen Elementaraufgaben anhand der zwischen ihnen fliessenden Informationen verkettet. Ausgehend von dieser Aufgabenverkettung wird die Grafik sukzessive durch das Zeichnen der einzelnen Aufgaben mit den jeweils ein- und ausgehenden Informationen erstellt. Abb. 5 zeigt einen (verkleinerten) Ausschnitt aus einer so erzeugten Grafik. Dabei werden selbstverständlich auch Schleifen, alternative Verzweigungen und parallel laufende Aufgabenabarbeitungen mit berücksichtigt.

5.3 Berechnung von Durchlaufzeiten

Ein wesentliches Ziel der Kommunikationsstrukuranalyse ist die Verringerung von Durchlaufzeiten für die Bearbeitung einzelner Aufgaben. Auf die überragende Bedeutung der Durchlaufzeiten für die Wirtschaftlichkeit von Bürovorgängen weist Zangl hin (vgl. ZANGL85). Insofern ist es sehr wichtig, daß die Berechnung dieser Werte unterstützt wird. Um Durchlaufzeiten zu verbessern, bietet sich neben organisatorischen Umstrukturierungen der Elementaraufgaben der Einsatz neuer Technologien an. Die Evaluierung möglicher Einsatzgebiete neuer Technologien wird besonders durch Zeitanalysen (Ermittlung stark zeitverbrauchender Elementaraufgaben) unterstützt. Basis ist auch hier wieder die bereits für die Grafik erstellte Aufgabenverkettung. Anhand dieser Verkettung ist es relativ einfach möglich, Durchlaufzeiten für gesamte Teilaufgaben zu errechnen.

```
QUERY 1.3  INPUT                                    USER: BMW      LINES 001-018
--------------------------------------------------------------------------->>>
=== select informationsfluss.inform_id, aufgabe.aufgaben_id
=== from aufgabe, informationsfluss
=== where aufgabe.aufgaben_id = informationsfluss.quell_id
=== and informationsfluss.verarbeitungsart = 'A'
=== order by informationsfluss.inform_id
=== report
=== REPORT
=== GROUP BY INFORM_ID
===
===
===
===
===
===
===
===
===
===
--------------------------------------------------------------------------->>>
1=HELP 2=RESET 3=END 4=PRINT 5=RUN 6=NEXT 7=UP 8=DOWN 9=PREV 10=LEFT 11=RIGHT

==> run infaender

REPORT 1.3 DISPLAY                                  USER: BMW      LINES 001-009
-----------------------------------------------------------------------------
INFORM_ID           | AUFGABEN_ID        |
1----------------   | 2----------------  |
I-4051              | VDP 001.002        |
                    | VSV 001.003        |

I-4641              | VVL 001.002        |

I-4661              | VSV 021.002        |

I-5911              | VDP 001.004        |
                    | VVL 001.001        |

I-7051              | VKDV 001.011       |

I-7111              | VKDV 005.003       |

I-7321              | VKDV 002.013       |

-----------------------------------------------------------------------------
1=HELP 2=RESET 3=END 4=PRINT 6=NEXT 7=UP 8=DOWN 9=PREV 10=LEFT 11=RIGHT
                                                             81 Ergebnisse
==>
```

Abb. 3: Beispiel einer SQL-Abfrage

Anzahl der Informationsbeziehungen zwischen den Stellen

	<- QUELLEN / ZIELE ->	1	2	3	4	5	6
1	DECHEL	7	0	2	0	0	3
2	FICKELSCHER	2	67	0	0	0	0
3	PAULUS	0	1	49	1	1	1
4	SV 1	1	0	0	0	0	0
5	VK 1	0	0	0	0	0	0
6	VL 1	1	0	0	0	0	0

Abb. 4: Auswertungsbeispiel "Kommunikationsmatrix"

5.4 Simulation von Aufgabenabarbeitungen

Die Durchlaufzeiten geben wichtige Hinweise, für welche Teil- oder Elementaraufgaben Technikeinsatz oder organisatorische Veränderungen sinnvoll sein könnten. Genauere Anhaltspunkte kann aber erst eine konkrete Simulation der Aufgabenabarbeitung (unter Berücksichtigung von Konfliktsituationen konkurrierender Aufträge) liefern. Während bei Simulationskonzepten unter Verwendung z.B. des Petri-Netz-Ansatzes (vgl. z.B.RICHTER83) jeder zu bearbeitende Auftrag und die dazugehörenden Informationen genau hinsichtlich ihrer konkreten Eigenschaften spezifiziert sein müssen und die Abarbeitung durch diese Eigenschaften determiniert wird, verfolgt der KSA-Ansatz ein anderes Konzept. Grundgedanke dabei ist, daß die Simulation sehr zeitaufwendig wird, wenn es notwendig ist, jedem einzelnen Auftrag konkrete Eigenschaften zuzuordnen. Außerdem müssen solche Informationen erst durch aufwendige Analysen gewonnen werden. Für die Simulation werden dann Aufträge benötigt, die nach statistischen Verteilungen mit gewissen Eigenschaften kreiert wurden. Analysen über den Informationsfluß während der Aufgabenabarbeitung lassen sich auch erzielen, wenn nicht die Aufträge mit statistischen Eigenschaften ausgestattet sind, sondern der Informationsfluß durch vorgegebene (aber zu verändernde) Verzweigungswahrscheinlichkeiten bei Alternativaufgaben und eine prinzipielle Prioritätenregelung geregelt wird.

5.5 Technologie-Datenbank

Um dem Anwender konkrete Vorschläge hinsichtlich einsetzbarer Systeme zu geben, wird eine Technologie-Datenbank aufgebaut, in der detaillierte Daten unterschiedlicher Systeme, konzentriert vor allem auf die Bereiche der Arbeitsplatzstationen und Lokalen Netzwerke (LAN), gespeichert sind. Aus den summierten Anforderungen der Elemen-

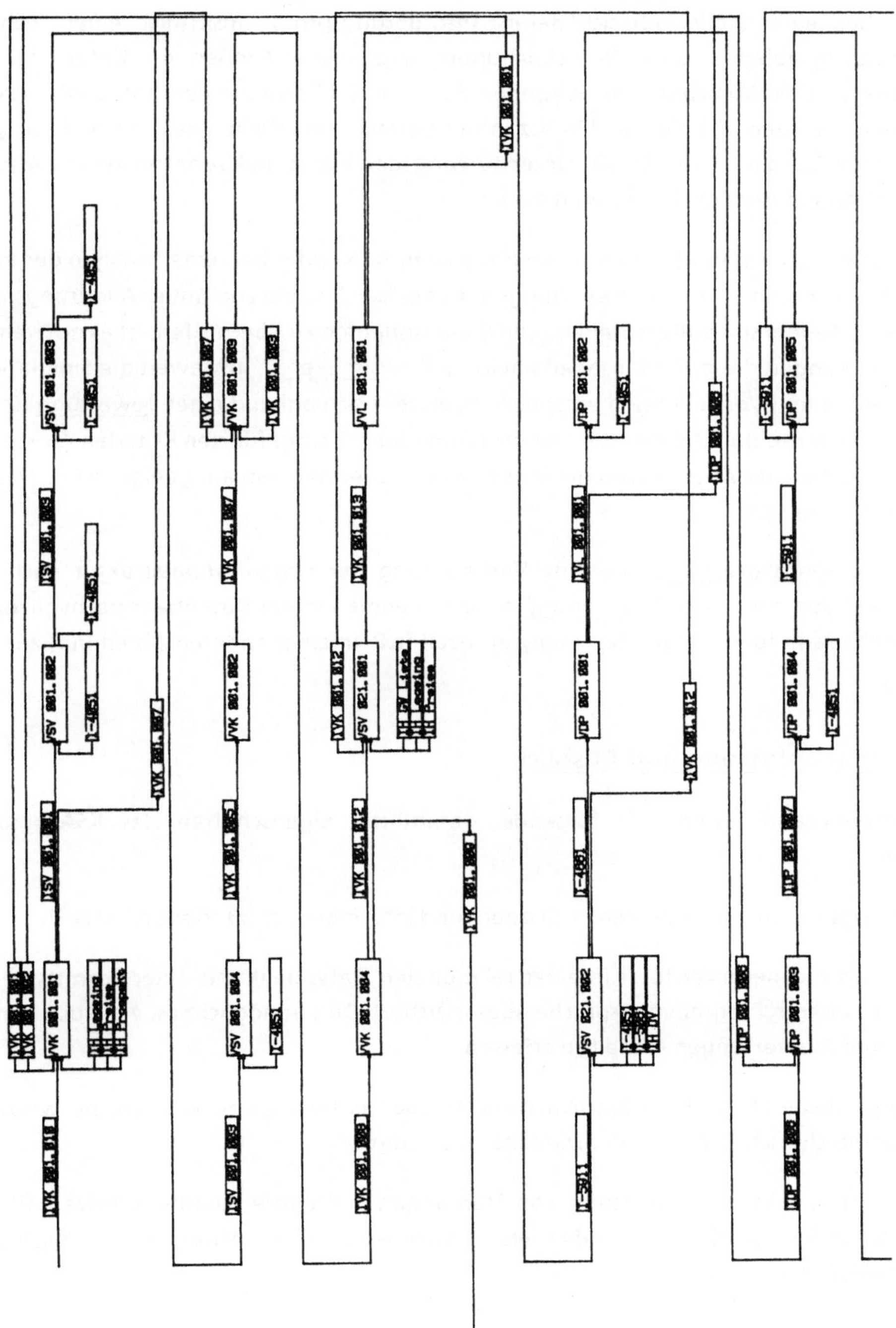

Abb. 5: Verkleinerter Ausschnitt aus der grafischen Darstellung

taraufgaben einer Stelle läßt sich deren Anforderungsprofil hinsichtlich einer Technikunterstützung ableiten. Unter Berücksichtigung allgemeiner Größen wie Unternehmensinfrastruktur oder Wirtschaftlichkeit können dann aus der Technologie-Datenbank Systeme ausgewählt werden, die für den Einsatz in der betrachteten Stelle geeignet sind. Ein entsprechendes Vorgehen ist für die Unterstützung der Kommunikationsprozesse zwischen Arbeitsplätzen durch Lokale Netzwerke denkbar.

Diese Auswertungsmöglichkeiten unterstützen den Anwender bei seiner Analyse der Informations- und Kommunikationsbeziehungen. Aus dieser Analyse erkennt er Änderungsmöglichkeiten, die ihm sinnvoll erscheinen. Um diese Annahme zu überprüfen, ist es notwendig, die Auswirkungen dieser Änderungen am Modell zu simulieren. Inwieweit die Simulationsergebnisse seinen Vorstellungen entsprechen, erweist sich anhand einer Bewertung der Ergebnisse. Im Mittelpunkt dabei stehen die in Abbildung 1 aufgeführten Kriterien. Durch den Vergleich möglicher Alternativen gelangt er zu der oder den ihm am geeignetsten erscheinenden Änderungen.

Diese Änderungsvorschläge, die eine Verbesserung der Organisationsstruktur nach sich ziehen, werden nach ihrer Realisierung im Unternehmen in der Datenbasis nachvollzogen. Diese steht dann für den nächsten Analyseprozeß (z.B. in einer anderen Abteilung) zur Verfügung.

6. Zusammenfassung und Ausblick

Zusammenfassend lassen sich folgende wesentliche Eigenschaften des KSA-Ansatzes nennen:

- Die Organisationsstruktur wird aufgaben- und informationsflußorientiert erfaßt.

- Sie wird rechnerunterstützt in einer relationalen Datenbank mit einer Schnittstelle zu einer höheren Programmiersprache abgespeichert. Dies ermöglicht es, v.a. auch kompliziertere Auswertungen schnell zu erfassen.

- Die grafische Darstellung braucht nicht manuell entworfen zu werden, sie wird programmtechnisch direkt aus der Datenbank erzeugt.

- Im Mittelpunkt der Bewertung von Vorgängen steht ihre Abarbeitungszeit (Durchlaufzeit). Berücksichtigung finden jedoch auch Größen wie Infrastruktur, Arbeitsplatzanforderungen usw..

- Die Simulation der Aufgabenabarbeitung verzichtet bewußt auf die genaue Spezifizierung konkreter Aufträge. Sie basiert auf Verzweigungswahrscheinlichkeiten und Prioritäten, die bestimmten Aufgaben fest zugeordnet sind. So wird die Komplexität der Simulation reduziert (Datenbeschaffung!, Rechenzeit!).

Mit diesen Systemmoduln stellt die KSA ein mächtiges Hilfsmittel zur Analyse und Planung von Informations- und Kommunikationssystemen dar. Erste Einsatzerfahrungen zeigen, daß sie im Bürobereich ein geeignetes Tool zur Reorganisation bestehender Abläufe darstellt. Erst durch die Analyse der Kommunikationsbeziehungen sowie der Vorgangsabarbeitung lassen sich (Medien-) Brüche im Informationsfluß erkennen. Dies ist jedoch Voraussetzung für einen realitätsbezogenen und sinnvollen Technikeinsatz, der die Papierflut im Büro begrenzen hilft.

Überlegungen, inwieweit sich mit dem KSA-System auch Vorgänge im Fertigungsbereich darstellen und analysieren lassen, sind sicher nicht von der Hand zu weisen. Wo im Bürobereich Informationen fließen, fließen dort physische Werkstücke. Da Informationen sich jedoch auch jeweils an einem Träger festmachen lassen, würde eine KSA-Anwendung im Fertigungsbereich lediglich geringe und relativ einfach durchzuführende Änderungen der Organisationsdarstellung in der relationalen Datenbank nach sich ziehen.

Literaturverzeichnis:

BLOHM77: H. Blohm, Organisation, Information und Überwachung, Wiesbaden 1977

BRANDENBURG83: Volker Brandenburg, Simulation von "Computer-am-Arbeitsplatz"-Systemen, München 1983

BULLEN81: C. Bullen, J. Rockart, A primer on Critical Success Factors, MIT, CISR No. 69, Sloan WP No. 1220-81, Juni 1981

BÜNING84: Franz-Josef-Büning, Vorgänge - Beispielanalyse und Softwaremodell, Konzeptpapier Nixdorf AG, 1984

GROCHLA74: Erwin Grochla, Handwörterbuch der Organisation, Stuttgart 1974

HILL81: W. Hill, R. Fehlbaum, P. Ulrich, Organisationslehre 1, Bern Stuttgart 1981

HOYER86: R. Hoyer, G. Kölzer, Ansätze zur Planung eines innerbetrieblichen Informations- und Kommunikationssystems, in: H. Krallmann (Hrsg.), Informationsmanagement auf der Basis integrierter Bürosysteme, Berlin 1986, S. 25-40

IBM79: o. V., Business Systems Planning, Handbuch zur Planung von Informationssystemen, IBM 1979

KOSIOL68: E. Kosiol, Grundlagen und Methoden der Organisationsforschung, 1968

NIEMEIER86: J. Niemeier, Bürosystemforschung - Auf dem Weg zu methodengestützten Analyse- und Gestaltungskonzepten, Kommtech'86, Tagungsband, Vortrag 1K, Velbert 1986

ORSEY82: R. Orsey, Business Office Systems Planning, IBM 1982

RACKWITZ76: S. Rackwitz, Betriebsorganisation Teil 1, 1976

REFA71: REFA - Methodenlehre des Arbeitsstudiums, Teil 2, 1971

RICHTER83: G. Richter, Realitätsgetreues Modellieren und modellgetreues Realisieren von Bürogeschehen, GMD, Bonn 1983

SCHMIDT79: G. Schmidt, Grundbegriffe der Organisation in programmierter Form, 1979

SIRBU84: M. Sirbu, S. Schoichet. J. Kunin, M. Hammer, J. Sutherland, OAM: an office analysis methodology, in: Behavior and Information Technology, V3, N. 1/84, S. 25-39

ZANGL85: H. Zangl, Durchlaufzeiten im Büro, Berlin 1985

Fachgespräch
Mailbox-Systeme und ihre Anwendungen

Viele Jahre wurden Netzwerkdienste wie DATEX-L und DATEX-P ausschliesslich von grösseren Unternehmen genutzt. Heute wächst auch bei kleineren und mittleren Unternehmen langsam die Akzeptanz derartiger Dienstleistungen. Selbst die Anzahl privater Anwender nimmt rasch zu. Ursache dafür ist das wachsende Interesse an Mailbox- und Bulletin-Board-Systemen. Das Spektrum der Anwendungen ist sehr breit und vielfältig: Es reicht von "Elektronischer Post", Telex-Verkehr und dem Austausch von Informationen, Programmen und Erfahrungen bis hin zu Datenbank-Recherchen.

Mailbox-Dienstleistungen werden oft als Ersatz für Briefpost betrachtet ("Elektronische Post"). Aus historischer Sicht ist dies durchaus richtig. Die Möglichkeiten des neuen Mediums sind damit jedoch längst nicht ausgeschöpft. Die wesentlichen Vorteile von Mailbox-Systemen gegenüber konventionellen Medien sind: Gespeicherte Informationen können schnell und preiswert aktualisiert werden und stehen rund um die Uhr zum Abruf bereit.

Bis vor einigen Jahren wurden Grossanlagen und Minicomputer der oberen Leistungsklasse als Hardware für Mailbox-Systeme eingesetzt. Heute haben in vielen Fällen leistungsfähige Mikroprozessor-Systeme diese Aufgabe übernommen. Besonders interessant sind in diesem Zusammenhang zwei Entwicklungen: Die Vorversion des X.400-Protokolls wurde bereits 1985 für die GeoNet-Mailbox-Systeme implementiert. Dadurch konnten in Europa bereits 20 Mailbox-Systeme zu einem Mailbox-Netzwerk verbunden werden. Ein anderer wichtiger Schritt ist die Integration einer Datenbank in eine Mailbox, die von der COM.BOX realisiert wurde.

Das Profil der Mailbox-Anwender wandelt sich ebenfalls. Anfangs nutzten fast ausschliesslich DV-Profis diesen Service. Gegenwärtig wächst jedoch die Anzahl der Anwender ohne DV-Erfahrung rasch: Journalisten, Rechtsanwälte, Sekretärinnen und Manager sind Beispiele. Aus diesem Grund erhalten die Benutzeroberfläche einer Mailbox, leistungsfähige Modem-Software und unterstützende Programme eine Schlüsselrolle.

Ziel des Fachgesprächs ist es, über den gegenwärtigen Stand und die Trends im Gebiet der Mailbox-Systeme zu informieren und Erfahrungen von Entwicklern, Betreibern und Anwendern zu diskutieren.

Programmkomitee für dieses Fachgespräch: P. Christensen (Bauer-Verlag Hamburg), P. Hoschka (GMD St. Augustin), G. Musstopf (perComp-Verlag Hamburg, Vorsitz), L. Nastansky (Hochschule St. Gallen), O. Zembold (Handelskammer Hamburg)

Einführung in das Fachgespräch Mailbox-Systeme

Grundbegriffe und Übersicht

Günter Mußtopf
perComp-Verlag GmbH
High-Tech-Center Hamburg

Zusammenfassung: Die wachsende Verbreitung von Personal Computern und die sinkenden Kosten für Mailbox-Dienstleistungen führten 1985/86 in Europa zu einer stetigen Aufwärtsentwicklung dieses neuen Mediums. Einen beachtlichen Beitrag dazu lieferte auch die rasch steigende Anzahl regionaler, von Privatpersonen auf PCs betriebener Mailbox-Systeme. Dieser Trend war Anlaß genug, das Fachgespräch "Mailbox-Systeme und ihre Anwendungen" im Rahmen der GI-Jahrestagung 1986 zu veranstalten. Der vorliegende Beitrag führt in das Fachgespräch ein und vermittelt einen kurzen Überblick über den gegenwärtigen Stand.

Abstract: The growing number of personal computers and the dropping prices of mailbox-services led in Europe to a growing number of mail-box-users during 1985/86. The already great number of regional telephone-mailboxes implemented by micro freaks on home computers had also an additional influence on this trend. This situation was the main reason to organize the Workshop "Mailbox-Systems and their Applications" during the annual 1986 Congress of the association GI. This paper is an introduction to the Workshop and presents a short state of the art report.

1. Elektronische Kommunikation und Mailbox-Systeme

Die Elektronische Kommunikation (EK; 6) setzt sich nun auch in Europa durch. Leistungsfähige Netzwerke, wie z.B. DATEX-P, und geeignete, preiswerte Datenendgeräte sind verfügbar. Das Angebot an Dienstleistungen privater und öffentlicher "Message-Handling-Systems" (MHS) wächst rasch. Die technischen Voraussetzungen sind weitgehend erfüllt. Erste Erfahrungen zeigen, daß ein starkes Interesse insbesondere in Berufsgruppen vorhanden ist, die **NICHT** durch Informatik-Wissen vorbelastet sind.

Die EK bietet im Unterschied zu konventionellen Medien die Möglichkeit, Informationen mit geringem Aufwand anzubieten und schnell und preiswert zu aktualisieren. Dialogorientierte Anwendungen, wie z.B. Erfahrungsaustausch, Kunden-Service (Hot-Line) und Computer-Conferencing (4), besitzen zumindest die gleiche Bedeutung. Das neue Medium EK verhindert nicht persönliche Kontakte, sondern initialisiert unabhängig von Entfernungen und Grenzen neue Kontakte.

Das wachsende Interesse wurde während der Vorbereitung des Fachgespräches deutlich spürbar. Es muß davon ausgegangen werden, daß die Kenntnisse, Erfahrungen und Interessen der Teilnehmer sehr breit streuen werden. Dies ist der Grund, daß im ersten Beitrag einige wichtige Grundbegriffe der EK und der MHS kurz erläutert werden und ein Überblick über den gegenwärtigen Stand gegeben wird.

2. Grundbegriffe

Eine **Mailbox** (Elektronischer Briefkasten) besteht aus einem Computer, der einen großen Plattenspeicher besitzt und über ein Netzwerk mit den Teilnehmern verbunden ist (siehe Abb. 1). Sie erfüllt zwei Aufgaben:

> Die individuelle Kommunikation gab diesem Werkzeug den Namen: Nachrichten ("Briefe") werden an den Empfänger adressiert und in seinem "**Mailbox-Fach**" abgelegt. Jeder Teilnehmer an einer solchen Dienstleistung besitzt ein Fach, das den von ihm gewählten Namen ("Fachnamen") trägt. Die Empfänger müssen (ähnlich wie im Fall eines Postfaches), die für sie bestimmten Nachrichten "abholen".

Die Bezeichnung "Electronic Mail" deutet bereits an, daß eine mit der Briefpost vergleichbare Funktion erzielt werden soll (13).

Schwarze Bretter (kurz: Bretter; bulletin boards) dienen dagegen primär der Diskussion in Gruppen (FG6). Jedes Brett ist also nicht einem Teilnehmer, sondern einem speziellen Thema zugeordnet. Es kann von jedem Teilnehmer gelesen werden. Die maximale Anzahl von Nachrichten an einem Brett ist (ähnlich wie bei einem Fach) beschränkt.

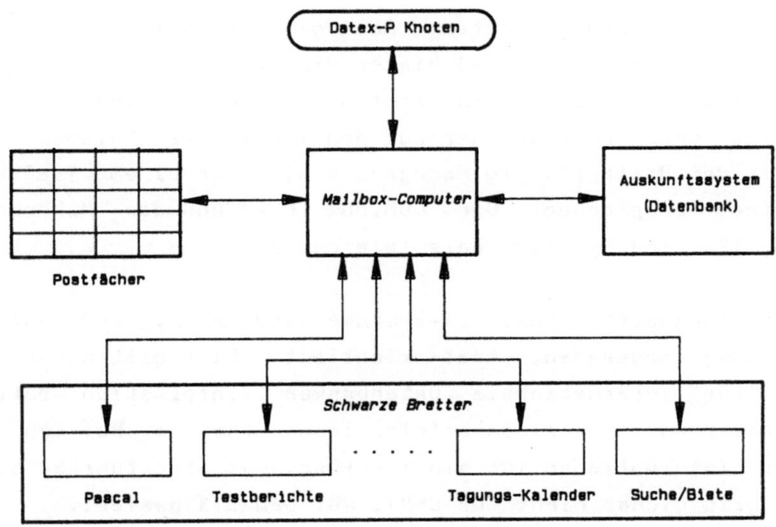

Abb. 1: Aufbau eines Mailbox-Systems

In der Praxis ergibt sich durch unterschiedliche Implementierungen, Leistungen, Netzwerke, Einsatzgebiete und Zielgruppen ein breites Spektrum von Mailbox-Systemen. Dadurch ist es möglich, **Mailbox-Systeme** (MBS) in Klassen einzuordnen. Hier einige Beispiele dafür.

Netzwerk: **Regionale MBS** sind über das Fernsprechnetz erreichbar (Telefon-Mailboxes). **Überregionale MBS** sind an paketvermittelnde Netzwerke (in Deutschland DATEX-P) angeschlossen (FG3,5). Internationale Kommunikation ist dadurch ohne Probleme möglich.

Betreiber: Die Zahl der **Hobby-Boxen** ist 1985/86 sprungartig gestiegen (7, 14). **Professionelle MBS** sind nicht nur "Rund-um-die-Uhr" verfügbar, sondern bieten auch Schutz gegen Verlust von Informationen (FG3,1,9).

Zielgruppe: **In-House-MBS** werden innerhalb eines Unternehmens oder von einer geschlossenen Benutzergruppe eingesetzt (FG2). **Offene MBS** gestatten einen weitgehend freien Zugang. Selbstverständlich können Benutzergruppen auch in solchen offenen MBS ein "Eigenleben" führen (Box-in-the-Box).

Inhalt und Leistungsspektrum: Mailbox-Systeme wie die TELEBOX der Deutschen Bundespost (8) bieten eine reine **Vermittlungsdienstleistung.** Private Anbieter professioneller MBS legen ihr Schwergewicht mehr oder weniger auf den Inhalt der Mailbox (besser: Inhalt der Bretter). Im Fachjargon wird von einem **"value-added-service"** gesprochen. Die COM.BOX (FG4) und die Mikromodul-Box (FG6, 12) sind typische Beispiele dafür.

Darstellungsarten: Mailbox-Systeme sind heute, von ganz wenigen Ausnahmen abgesehen, **text-orientiert.** Dies gilt nicht zuletzt auch für internationale Datenbanken (information retrieval). Voraussetzung für einen erfolgreichen Start im Bereich **graphischer Informationen** ist ein international eingeführter Standard. Dies gilt sicher nicht für CEPT, auf dem BTX basiert.

Architektur: Eine **Einzel-Mailbox** (Stand-Alone-System) muß mit der Teilnehmerzahl wachsen. Ein **Mailbox-Netzwerk** (FG3) bietet dagegen höhere Flexibilität (X.400-Protokoll; 16).

Hardware: Die ersten Mailbox-Anwendungen wurden auf **Großanlagen** oder Minis der oberen Leistungsklasse realisiert. Sie laufen dort "nebenbei". Gegenwärtig setzen sich immer stärker **dedizierte Mailbox-Systeme** auf der Basis leistungsfähiger Mikros durch. Nicht zuletzt können dadurch die Preise für Dienstleistungen im Bereich der EK gesenkt werden.

Abschließend werden zusätzlich zwei Merkmale von MHS kurz diskutiert, die eine rasch wachsende Bedeutung erhalten. In USA sind **"Bulletin-Board-Systeme"** (BBS; 6) sehr erfolgreich. Es handelt sich hierbei um "abgemagerte" Mailbox-Systeme, die bewußt auf die individuelle Kommunikation mit Hilfe von Mailbox-Fächern verzichten. Sie konzentrieren sich auf Erfahrungsaustausch und Hot-Line-Service und erfreuen sich bei Herstellern und Anwendern großer Beliebtheit.

Die zweite Bemerkung schließt sich unmittelbar an. Werden interessante Informationen an Brettern nicht auf der Basis des FIFO-Prinzips nach einigen Wochen gelöscht, so wird das Finden der gewünschten Infos recht zeitaufwendig und damit auch teuer. Die Gründe dafür sind die an Brettern fehlende Datenstruktur und die meist äußerst primitive Abfragesprache von Mailbox-Systemen. Die enge Kopplung oder die **Integration leistungsfähiger** (benutzerfreundlicher) **Datenbanken** ist wünschenswert (FG4).

Eine Mailbox dient der zentralen Speicherung und Verwaltung von Informationen. Die Teilnehmer benötigen ein **Datenendgerät.** Wesentliche Forderungen dafür sind:

Die Mindestforderungen an die Leistung der Datenendgeräte (Hard- und Software) sollten möglichst niedrig sein.

Die Mailbox-Funktionen sollten von den Eigenschaften und Leistungen der Datenendgeräte (der Hard- und Software) weitgehend unabhängig sein.

Im Datenendgerät wird lediglich ein Modemprogramm benötigt, das die Datenübertragung steuert. Mailbox-spezifische Software ist im Datenendgerät **nicht** erforderlich.

Für die Verbindung zwischen Mailbox und Datenendgerät wird ein **Netzwerk** (3, 5, 16) benötigt. Dafür wird heute das Fernsprechnetz, DATEX-P (siehe Abb.2) oder eine Kombination von beiden verwendet.

Für die Verbindung zwischen dem Datenendgerät wie z.B. einem Personal Computer und einem Netzwerk wird zusätzlich ein **Modem** (modulator/demodulator) benötigt. Durch die spezielle, restriktive Gesetzgebung in Deutschland werden von Klein- und Mittelbetrieben und von Privatleuten fast ausschließlich Akustikkoppler mit einer Geschwindigkeit von 300 Baud eingesetzt. Die vor allem in USA und Japan verwendeten preiswerten 1200-Baud-Modems sind in der Bundesrepublik leider nicht zugelassen.

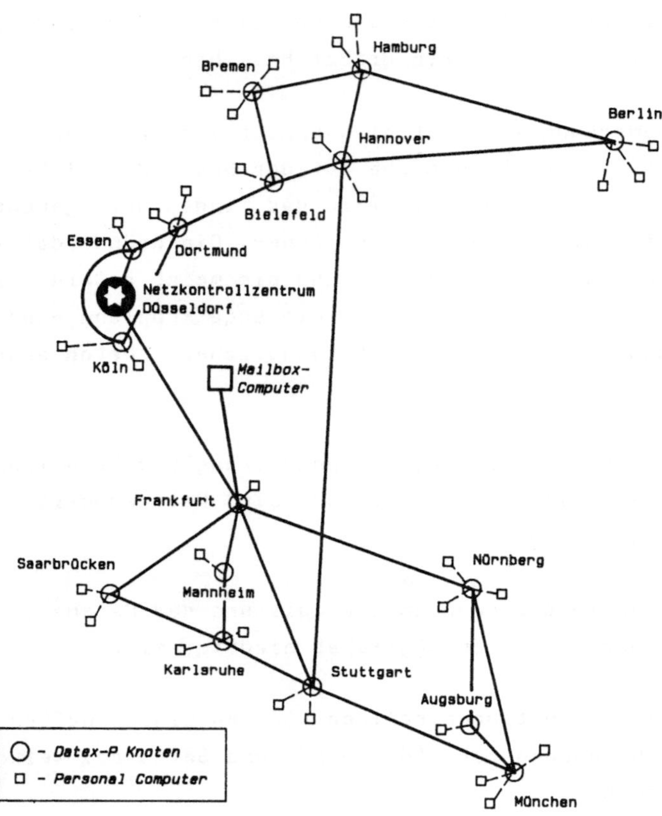

Abb. 2: DATEX-P Netzwerk

3. Anwendungen und Zielgruppen

Die Begriffe Mailbox, Electronic Mail bzw. Elektronische Post (1, 12, 9) demonstrieren deutlich das ursprüngliche Haupt-Anwendungsgebiet: die **individuelle Kommunikation** (15). Dies entspricht zumindest einem teilweisen Ersatz der Briefpost. Auf dem Weg dahin spielt in "kommerziellen" Anwendungen der Übergang zum Telex-Netzwerk (Telex-Gateway) eine wichtige Rolle. Durch gesetzliche Bestimmungen ist dies in Deutschland allerdings nur auf dem Umweg über das Ausland (z.B. London) möglich. Die Akzeptanz von Electronic Mail durch eine breite Schicht von Anwendern blieb in diesem Bereich jedoch bisher hinter den sehr hoch gesteckten Erwartungen der Anbieter weit zurück.

Das Verhalten der potentiellen Anwender im Bereich **Erfahrungsaustausch** ist offensichtlich anders. In USA erfreuen sich Bulletin-Board-Systeme wie CompuServe einer sehr großen Beliebtheit (6). Eine ganze Reihe von Herstellern hat ihren Hot-Line-Service auf Bulletin-Board-Systeme neutraler Anbieter umgestellt. Der Anwender hat dadurch den Vorteil, daß er einen solchen Service für eine ganze Reihe von Produkten unterschiedlicher Hersteller auf dem gleichen Weg erhält.

Weitergehende Dienstleistungen ergänzen das Leistungsspektrum einer Mailbox. Dazu gehören beispielsweise Computer-Conferencing (4) und die Vorbereitung und Unterstützung von Datenbank-Recherchen. Grundsätzlich sollte man zwischen Dienstleistungen der Mailbox-Betreiber und anderer Unternehmen, die ihre Dienste über die Mailbox anbieten (Huckepack-Dienste), unterscheiden.

In der Diskussion der Zielgruppen schleicht sich oft eine falsche Vorstellung ein: Stillschweigend gehen viele potentielle Anwender davon aus, daß Mailbox-Systeme ein Werkzeug für Informatiker und DV-Profis oder ein "Spielzeug" für Mikro-Freaks sind. Dies ist jedoch mit Sicherheit falsch. Selbstverständlich ist eine gewisse Vertrautheit mit der Bedienung eines PCs nützlich, aber nicht unbedingt Voraussetzung (12). Während sich PC-Laien auf die Kommunikation und deren Inhalt konzentrieren, laufen erfahrene Programmierer häufig Gefahr, zunächst erst einmal ein eigenes und "viel besseres" Modemprogramm schreiben zu wollen. Journalisten und Juristen (FG9) sind gute, positive Beispiele für Anwendergruppen.

4. Einstiegsprobleme

Die technischen Voraussetzungen für den Einsatz der Elektronischen Kommunikation in der Praxis auf einer breiten Basis sind weitgehend erfüllt. Allerdings werden viele Anwender durch einige aus ihrer Sicht wesentliche Faktoren abgehalten (11). Diese lassen sich mit mehr oder weniger Aufwand beseitigen.

Gebühren für Datenübertragung: Die DATEX-P-Gebühren sind zumindest innerhalb von Deutschland entfernungsunabhängig. Die Praxis für den Kleinverbraucher sieht jedoch anders aus. Er ist im Fall von DATEX-P20F (300 Baud und 1200 Baud) gezwungen, die Verbindung zum nächstgelegenen PAD über das Fernsprechnetz herzustellen. Dies ist für die Teilnehmer im Orts- oder Nahbereich eines DATEX-P-Knotens kein Problem. Für die anderen Teilnehmer sind diese zusätzlichen Gebühren jedoch nicht tragbar (siehe Abb. 2). Diese widersinnige Benachteiligung strukturschwacher Gebiete soll durch die "29. Verordnung zur Änderung der Fernmeldegebühren" (2) im Frühjahr 1987 verbessert werden. Dies ist jedoch leider nicht der Fall. Die neue einheitliche Fernsprechgebühr für den Zugang zum DATEX-P-Knoten entlastet den Teilnehmer außerhalb des Nahverkehrs nur zu 50 %. Dagegen müssen die Teilnehmer aus dem Ortstarif etwa 960 % mehr zahlen (10). Offensichtlich werden BTX-Teilnehmer nach wie vor vollkommen ungerechtfertigt subventioniert und zahlen auch nach Inkrafttreten der 29. Verordnung nur Ortstarif. Die Gebührenpolitik der DBP bzw. des BMP steht damit insbesondere beim Einsatz der EK für Aus- und Weiterbildung (berufliche Höherqualifizierung von Arbeitskräften, Lehrerfortbildung usw.) im Widerspruch zu den Maßnahmen des BMFT zur Förderung der Elektronischen Kommunikation und der Verbesserung der Arbeitsmarktlage.

Vorkenntnisse der Benutzer: In einigen Bereichen fehlen durchaus Vorkenntnisse, die den Start unterstützen würden. Mit Vorkenntnissen ist hier nicht Informatikwissen gemeint, sondern viel mehr eine gewisse Erfahrung im Umgang mit technischen Geräten. Ein gutes Beispiel dafür ist die Tastatur eines Terminals. Durch das mühsame und zeitraubende Suchen eines Mailbox-Einsteigers nach jedem Buchstaben und jedem Zeichen auf der Tastatur während des Dialogs mit der Mailbox "sieht er den Wald vor lauter Bäumen nicht". Dies bedeutet natürlich nicht, daß die Beherrschung des für Schreibmaschinen entwickelten Zehnfinger-Systems erforderlich ist. Ein kleines Schreibtraining vorab schadet aber sicher nichts.

Modemprogramme: Modemprogramme (Terminalprogramme, Kommunikationsprogramme) steuern die Übertragung zwischen Endgeräten und dem Netzwerk bzw. der Mailbox. Sie sind weitgehend von der jeweiligen Mailbox und ihren Eigenschaften **unabhängig.** Solche Programme sind für fast alle gängigen 8- und 16-Bit Personal Computer verfügbar. Allerdings ist die Benutzerfreundlichkeit oder besser die Unterstützung für den "PC-Laien" sehr unterschiedlich. Gefordert wird zumindest die Möglichkeit, das Login in das Netzwerk, die Mailbox oder eine Datenbank automatisieren zu können. Trotzdem darf der Schutz der Paßworte nicht verloren gehen. Betrachtet man Modemprogramme aus dieser Perspektive, so bleiben nur noch wenige Produkte übrig. Besonders extrem ist dies im Bereich der 8-Bit Personal Computer.

Übertragungsprotokolle: Paketvermittelnde Netzwerke wie DATEX-P übertragen ASCII-Zeichen. Nur 7 Bit eines Byte können für Daten genutzt werden. Wird im Fall einer Verbindung zum nächsten DATEX-P-Knoten ein Akustikkoppler (DATEX-P 20F) benutzt, so erfolgt zwischen dem Datenendgerät und dem DATEX-P-Knoten (X.28 Protokoll; 16) keine gesicherte Übertragung; Übertragungsfehler werden nicht erkannt. Für die Übertragung von Texten kann dies meist akzeptiert werden. Im Fall von Programmen oder graphischen Daten (8 Bit pro Byte) muß ein übergeordnetes Protokoll für eine gesicherte Datenübertragung gefunden werden.

Leider hat sich für diesen Bereich noch kein "Standard"-Protokoll durchgesetzt. Zwei Protokolle fanden allerdings starke Verbreitung. Das sogen. **Christensen-Protokoll** wird viel von den CP/M-User Groups benutzt. Eine Gruppe an der Columbia University, New York, entwickelte das sogen. **KERMIT-Modemprogramm,** das das **KERMIT-Protokoll** enthält (17). Implementiert wurde dieses Produkt als Public Domain Programm für ein extrem breites Spektrum von DV-Systemen: vom Commodore C64 über den IBM PC, DEC VAX bis zu IBM Großanlagen. KERMIT steht in der Form von Quellprogrammen zur Verfügung. Bemerkenswert sind die beiden umfangreichen Handbücher, die die KERMIT-Programme und das KERMIT-Protokoll mit allen Details beschreiben. Ziel dieser Aktivität der Columbia University war, einen de-facto Standard zu schaffen.

Benutzeroberfläche: Erwähnt wurde bereits im Zusammenhang mit Modemprogrammen die Bedeutung der Benutzeroberfläche. Dies gilt gleichermaßen für Modemprogramme und Mailbox-Software. Allerdings reicht hier nicht (wie bei UNIX) eine "mögliche" flexible Benutzeroberfläche, die in der Praxis doch Erfahrungen im Umgang mit solchen Systemen voraussetzt. Im Bereich der EK wird eine "interaktive Bediener**führung**" benötigt. Ziel dabei ist es, z.B. Fehler weitgehend zu verhindern.

Kommunikationsumgebung: Ähnlich wie im Bereich der Software-Technologie wurde auch im Bereich der EK die "Kommunikationsumgebung" vernachlässigt. Es reicht nicht aus, Mailbox- und Kommunikationssoftware im oben diskutierten Sinn benutzerfreundlich zu gestalten. Der Benutzer muß auch die Möglichkeit erhalten, Texte zu editieren, zu drucken und zu verwalten. Vorhandene Module sollten in Kommunikationsprogramme so integriert werden, daß deren Bedienung einheitlich wird und nach gleichen Prinzipien erfolgt.

Ein weiteres Problem wird in diesem Bereich ignoriert. Nachdem der neue Teilnehmer mit der Mailbox vertraut ist, stellt er schnell fest, daß die Zahl der Text-Files rasch wächst. Unter vielen unwichtigen Informationen befinden sich auch einige wichtige Nachrichten. Diese können meist nur mit sehr viel Mühe und Zeit gefunden werden. Benötigt wird zusätzlich ein spezielles Editierprogramm: ein **"Ablage-Programm"**. Dieses sollte mit einem **Retrieval-Programm** (lokale Datenbank) kombiniert werden. Das erste Programm, das einen Schritt in diese Richtung gegangen ist, ist TerminalControl der Firma SoftControl, in das ein Text-Editor (Basis: Turbo Editor Toolbox), ein Druckprogramm und das ins Deutsche übertragene Programm DocuTrieve integriert wurden.

5. Übersicht

Ziel der Fachtagung ist, einen Überblick über den gegenwärtigen Stand der Hard- und Software von Mailbox-Systemen und deren Anwendungen zu geben. Auf dieser Basis können dann in der abschließenden Podiumsdiskussion "Mailbox-Systeme: Anwendungen und Trends" die heute bereits erkennbaren Trends diskutiert werden.

In der ersten Gruppe von Vorträgen werden typische Mailbox-Systeme der heutigen Generation vorgestellt und deren Architektur und Arbeitsweise diskutiert (FG1, FG2, FG3).

Im zweiten Teil der Fachtagung werden spezielle Probleme diskutiert, die sich in der Anwendung ergeben (FG5, FG6). Sie konzentrieren sich auf das sehr interessante Gebiet Erfahrungsaustausch und Kopplungen zwischen Mailbox- und Datenbank-Systemen (FG4, FG7).

Beispiele für konkrete Anwendungen werden im dritten Teil diskutiert (FG9, FG10). In diesem Zusammenhang werden auch die oft ignorierten rechtlichen Probleme behandelt (FG8).

Der letzte Vortrag "Mailbox-Systeme im Wandel" (FG11) baut die Basis für die abschließende Podiumsdiskussion auf.

Literatur-Hinweise:

Die Vorträge des Fachgespräches "Mailbox-Systeme und ihre Anwendungen" werden im Text mehrfach zitiert:

FG1 G. Henken, R. Schröder: Aufbau und Arbeitsweise des DFN-Message-Verbundes

FG2 G. Kohnen: Das Nachrichten-Bearbeitungs-System des Presse- und Informationsamtes der Bundesregierung

FG3 G. Leue: Mailbox-Systeme und Mailbox-Netzwerke

FG4 G. Nissen: Integration von Mailboxen und Datenbanken

FG5 P. Gloor, L. Nastansky: Designmöglichkeiten von Bulletin-Board-Systemen als Cooperative-Processing-Konzepte

FG6 D. Mußtopf: Aufgabe und Struktur "Schwarzer Bretter" in Mailbox-Systemen

FG7 T. Esher: Benutzerfreundliche Datenbankzugriffe via Mailbox

FG8 H. Redeker: Rechtliche Probleme von Mailbox-Systemen

FG9 A. Bauer: ALEXIS: Das Rechtsanwalts-Informations-System

FG10 W. Fritz: Mailbox-Nutzung durch Vereine

FG11 J. Krieger: Mailbox-Systeme im Wandel

Die Anzahl von Veröffentlichungen über die Grundlagen und Anwendungen von Mailbox-Systemen ist - verglichen mit verwandten Themen - relativ klein. Einige interessante Publikationen werden deshalb hier zusammengestellt.

(1) Birster, Rolf: LC-ready, LC Lehrmittel Computer, Heft 4, 1985, Seite 21 - 24

(2) (BMP): 29. Verordnung zur Änderung der Fernmeldeordnung vom 22.05.1986; Bundesgesetzblatt Nr. 23, 1986, Seite 777 - 829

(3) Bohm, Jürgen: Die Deutsche Bundespost und die Mitteilungs-Übermittlungssysteme; net special Elektronische Mitteilungssysteme, Oktober 1985, Decker's Verlag, Seite 14 - 17

(4) (BYTE): Heft 13, 1985; Schwerpunkt: Computer Conferencing

(5) (FTZ): DATEX-P Handbuch; Bestellnummer KNr.652 430 200 - 5

(6) Gengle, Dean: Netweaver's Sourcebook; Addison & Wesley, 1985; ISBN 0-201-05208-3

(7) Hurth, Bruno: Mailbox Führer; Sybex Verlag, 1985, ISBN 3-88745-620-3

(8) Jonas, Christoph: TELEBOX - ein öffentlicher personenbezogener Mitteilungs-Übermittlungsdienst; net special Elektronische Mitteilungssysteme, Oktober 1985, Decker's Verlag, Seite 42 - 46

(9) Leue, Günther: GeoNet-Mailbox-Systeme; net special Elektronische Mitteilungsysteme, Oktober 1985, Decker's Verlag, Seite 47 - 51

(10) (Mikromodul Mitteilungen): Neue Gebühren der Deutschen Bundespost für Datenübertragung; LC (Lehrmittel Computer), Heft 4, 1986, Seite 23 - 24

(11) Mußtopf, Günter: Mailbox - Neue Wege der Kommunikation (Round Table Diskussion); computer magazin, Heft 4, 1985, Seite 32 - 40

(12) Mußtopf, Günter: Mailbox ABC für Einsteiger; perComp-Verlag, 1985, ISBN 3-89171-011-9

(13) Post per Computer; Wirtschaftswoche vom 07.03.86, Beilage Büroautomation, Seite 29

(14) Spindler, Wolfgang: Das Mailbox Jahrbuch; Eichborn Verlag, 1985, ISBN 3-8218-1040-8

(15) Szyperski, Norbert; Höring, Klaus: Elektronische Mitteilungssysteme - Ein aktuelles Medium für Bürokommunikation; net special Elektronische Mitteilungssysteme, Oktober 1985, Decker's Verlag, Seite 4 - 8

(16) Tietz, Walter: Weltweite Standardisierung für Elektronische Mitteilungs-Übermittlungssysteme; net special Elektronische Mitteilungssysteme, Oktober 1985, Decker's Verlag, Seite 18 - 24

(17) Frank da Cruz: Das Kommunikationsprogramm KERMIT, perComp Verlag, 1986, ISBN 3-89171-008-9

Aufbau und Betrieb des DFN-Message-Verbundes

Gerrit Henken und Renate Schroeder
Zentrale Projektleitung DFN
Pariser Str. 44
D - 1000 Berlin 15

Einführung

Für ein verteiltes Mailbox- bzw. Message Handling System (MHS) gibt es seit 1984 von CCITT die Empfehlungen X.400 ff. Damit liegt ein Standard vor, der es ermöglicht, ein im Kommunikationsverhalten herstellerunabhängiges Message Handling System aufzubauen.

Da das DFN das erklärte Ziel hat, Kommunikationsdienste zu unterstützen, die auf internationalen Standards beruhen, soll für DFN-Nutzer ein Message Handling System für den Forschungsbereich nach den CCITT-Empfehlungen X.400 ff aufgebaut werden.

Dazu wurde nach einigen Voruntersuchungen, die die gewünschte Funktionalität beschrieben, ein Konzept für den "DFN-Message-Dienst" entwickelt, Spezifikationen zu dessen Realisierung erstellt und eine Ausschreibung für die Entwicklung von MHS-Komponenten vorgenommen. Desweiteren erfolgten Festlegungen zur Organisation und zum Betrieb des DFN-Message-Verbundes.

Als Einführung in die Thematik wird das CCITT MHS-Modell vorgestellt und ein Überblick über die Funktionalität des DFN-Message-Dienstes gegeben.

1. Überblick über das CCITT Message Handling System

Die wesentlichen funktionalen Komponenten des CCITT-Modells für ein MHS sind die User Agents (UAs) und die Message Transfer Agents (MTAs); letztere bilden zusammen das Message Transfer System (MTS). Benutzer des MHS - menschliche Benutzer oder Anwendungsprogramme - nehmen dessen Dienste über einen User Agent in Anspruch, der wiederum mit dem Message Transfer System interagiert. Innerhalb des MTS können mehrere MTAs interagieren, um eine Nachricht per "store-and-forward" von dem MTA, der den sendenden UA bedient, zu einem oder mehreren MTA (s) zu transferieren, von dem oder von denen die Empfänger-UAs bedient werden. Die zwischen UAs ausgetauschten Benutzerdaten werden während des Transfervorganges innerhalb des MHS mit verschiedenen "Umschlägen" versehen, die die Geschichte des Transfers widerspiegeln.

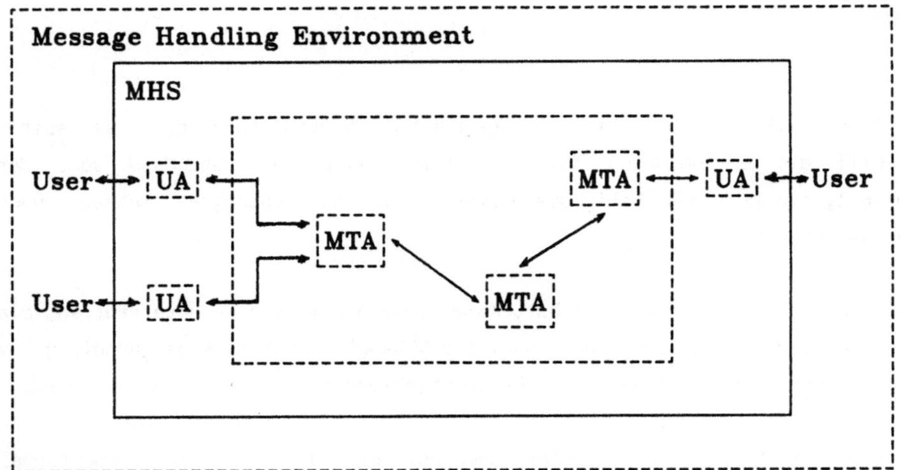

Abb. 1: Funktionale Sicht des MHS-Modells

Als Protokoll zwischen UAs ist bisher nur das Interpersonal Messaging Protokoll P2 definiert. Das Protokoll zwischen MTAEs, P1, definiert die Interaktionen zum Relaying von Messages. In Systemen ohne MTA-Funktion stellt die Submission and Delivery Entity (SDE) im MT-Layer dem UA die MT-Dienste durch Kooperation mit einer MTA über das Submission and Delivery Protokoll P3 zur Verfügung.

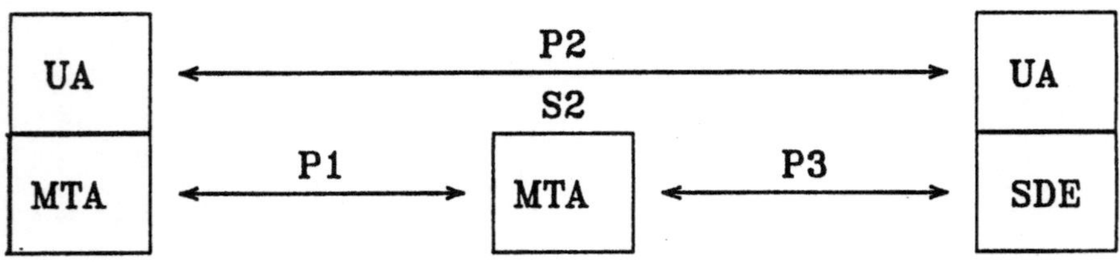

Abb. 2: Instanzen und Protokolle des MHS

2. Der DFN-Message-Dienst

Das DFN-Message-System gliedert sich in drei wesentliche Dienstbereiche:

- den MHS-Dienst (im engeren Sinn des Message-Transfers),
- die lokalen Dienste und
- den Directory-Dienst.

Für den Message-Dienst nach X.400 ff wurden DFN-spezifische Vereinbarungen getroffen, die zum einen die Auswahl bestimmter Dienstelemente und zum anderen die Adressierung der MHS-Teilnehmer betreffen. Die lokalen Dienste und der Directory-Dienst wurden als notwendige DFN-Erweiterungen in den "DFN-Message-Dienst" aufgenommen, da in den X.400 ff Empfehlungen nur die transfer-orientierten Elemente eines Message Handling Systems definiert werden. Ebenso fehlt in X.400 die Möglichkeit der für sehr wichtig gehaltenen Gruppenkommunikation, die im DFN durch ergänzende, X.400-kompatible Funktionen realisiert wird.

2.1 Lokale Dienste

In Erweiterung des MHS-Modells werden dem Benutzer des DFN-Message-Dienstes eine Reihe lokaler Dienste angeboten. Diese umfassen u.a. Funktionen zur Anzeige von Nachrichten sowie zur Texterstellung und Textbearbeitung. Weiterhin wird das Archivieren von Dokumenten, Nachrichten und Texten in verschiedene Ablagen zusammen mit einem Retrieval auf den Archiven unterstützt. Ein lokales Namensverzeichnis zur Benutzung von ALIAS-Namen sowie umfangreiche Help-Funktionen werden ebenfalls angeboten. Zusätzlich sind Funktionen geplant, die es dem Benutzer ermöglichen, seinen Kontostand bzgl. der Versandkosten zu überprüfen.

2.2 Der Directory-Dienst

Für den Betrieb eines Message Handling Systems ist ein Directory-Dienst eine wichtige Voraussetzung. Aufgabe eines MHS-spezifischen Directory-Dienstes ist die Verwaltung der Eigenschaften verschiedener Objekte (UA, MTA, Gruppen etc.), die Abbildung der Benutzernamen (O/R-Namen) auf Adressen (O/R-Adressen) sowie die Bereitstellung von Routinginformationen für den Message Transfer.

Da bisher kein Standard für einen globalen Directory-Dienst existiert, wurde speziell für den DFN-Message-Dienst ein Directory-Service definiert, der alle notwendigen Informationen enthält.

Dieser Directory-Service, der durch den Directory Service Agent (DSA) repräsentiert wird, stellt vorerst seine Dienste den Benutzern über lokale Schnittstellen zur Verfügung, ferner gibt es keine Directory-spezifischen Zugriffsprotokolle, so daß DSA, MTA und UA auf dem gleichen Host realisiert sein müssen und die Directory Informationen somit nur lokale Bedeutung haben. Für den Zugriff auf den DSA von einem entfernten Rechner kann eine PAD- und X.29-Komponente (X.3, X.28, X.29) benutzt werden.

In den Komponenten MTA, UA und der Dialog-Komponente sind die Moduln "Client-Service-Agents (CSAs)" integriert, die die komponenten-spezifischen Funktionen des Directory-Dienstes auf die allgemeinen Directory-Operationen abbilden.

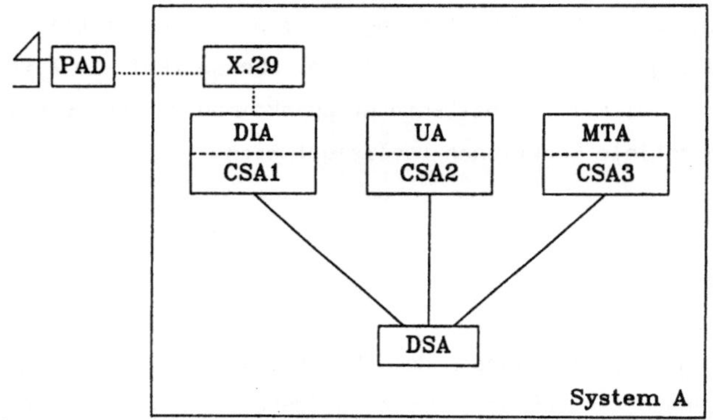

Abb. 3: Komponenten des DFN-Directory-Dienstes

2.3 Gruppenkommunikation

Da Funktionen zur Gruppenkommunikation in X.400 ff nicht behandelt werden, wurde vom DFN ein einfaches Modell entwickelt, mit Hilfe dessen eine Benutzergruppe geschlossen durch einen O/R-Namen angesprochen werden kann. Mit diesem Modell können gebräuchliche Gruppenkonstellationen wie

- einfache Verteiler,
- offene oder eingeschränkte Diskussionsrunden,
- geschlossene Konferenzen und Teams

nachgebildet werden. Die Gruppenkommunikation im DFN wird durch eine kompatible Interpretation des CCITT MHS-Modells erreicht.

3. Strategie für den Aufbau des DFN-Message-Verbundes

Das DFN hat sich zum Ziel gesetzt, möglichst frühzeitig ein verteiltes Message Handling System auf der Basis X.400 ff anzubieten. Da Neuimplementierungen einen beträchtlichen Zeitaufwand erfordern, verfolgt das DFN zwei Wege. Einerseits werden Implementierungen begonnen, gleichzeitig wird jedoch ein bereits existierendes X.400-orientiertes System, das kanadische Message Handling System EAN, eingesetzt.

3.1 Zwischenlösung EAN

Die University of British Columbia (UBC) hat ein Message-System mit dem Namen EAN nach den internationalen Normen X.400 ff entwickelt. Das System läuft unter den Betriebssystemen DEC/VMS, UNIX bsd 4.2 und System V. Mit Hilfe von EAN können Nachrichten mit vielen Instituten/Universitäten in Europa, Australien und Kanada ausgetauscht werden. Zur Zeit werden etwa 50 EAN-Installationen betrieben, die alle über sogenannte "International Hosts" miteinander verbunden sind. Diese "International Hosts" dienen den beteiligten Ländern jeweils als Zugangsknoten zu den nationalen EAN-Installationen. Durch diese internationalen Kommunikationsmöglichkeiten und das zusätzliche Betreiben von Gateways zum UNIX-Netz UUCP und dem amerikanischen Computer Science Net CSNET können in Hinblick auf den DFN-Message-Verbund wichtige Betriebserfahrungen gewonnen werden. Da das EAN im Vergleich zum DFN-Message-Dienst eine eingeschränkte Funktionalität aufweist und auch nicht für

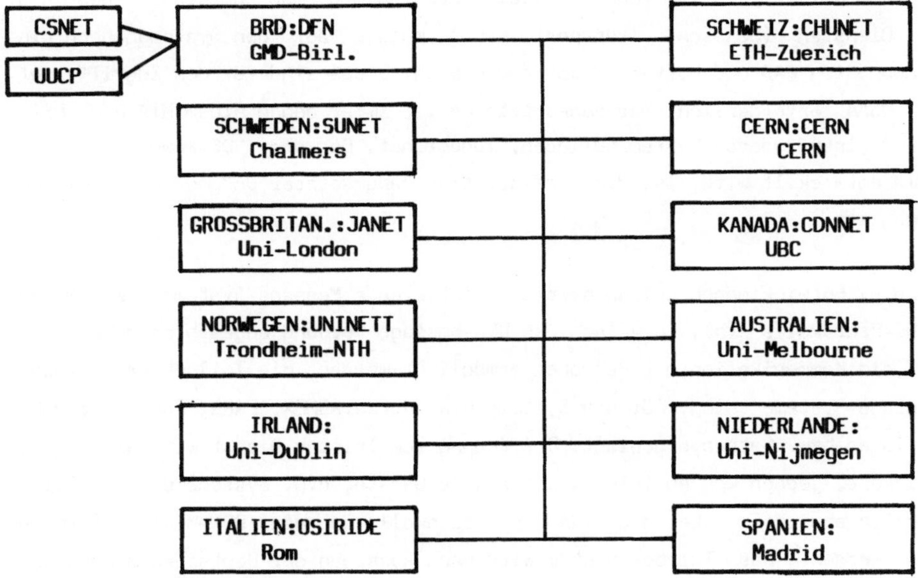

Abb. 4: Netzverbund mit EAN

alle wichtigen Betriebssysteme verfügbar ist, wird es jedoch nur solange vom DFN unterstützt werden, bis DFN-eigene Entwicklungen zur Verfügung stehen.

3.2 MHS-Entwicklungen im DFN

Für die Betriebssysteme DEC/VMS, IBM/VM, Siemens/BS2000 und UNIX bsd 4.2 sowie System V haben Implementierungen begonnen. Grundlage der Realisierungen ist die oben beschriebene Funktionalität des DFN-Message-Dienstes.

Für die beiden UNIX-Betriebssysteme wurde vom DFN ein Auftrag an ein Software-Haus vergeben, der die volle DFN-MHS-Funktionalität einschließt. Für die Betriebssysteme VMS und BS2000 werden von den Firmen Digital bzw. Siemens Eigenentwicklungen für ein X.400-orientiertes Message Handling System vorgenommen. Das DFN hat mit beiden Firmen Verträge abgeschlossen, die Zusatzentwicklungen im Sinne der DFN-MHS-Funktionalität betreffen. IBM entwickelt für VM ein Message Handling System nach X.400 ff., dessen Dienste über die Schnittstelle des Bürokommunikationssystems PROFS angeboten werden sollen.

Entwickelt werden jeweils die MHS-Komponenten User Agent (UA), Message Transfer Agent (MTA), Directory Service Agent (DSA) sowie die erforderlichen, unterliegenden Transferdienste Reliable Transfer Server (RTS) und der Basic Activity Set (BAS) als Sessiondienst. Für die beiden UNIX-Betriebssysteme ist geplant, zusätzlich noch die Submission and Delivery Entity (SDE) zu realisieren. Neben den unterhalb des RTS liegenden Diensten (Session, Transport etc.) müssen auf den Systemen noch die Dialog-Komponenten PAD und Host-X.29 vorhanden sein. Diese sind für den Zugriff auf entfernte DSAs erforderlich. Der abgesetzte UA ist immer genau einem MTA bzw. DSA, die sich auf einem anderen System befinden, zugeordnet. Da die SDE-Komponente nur unter UNIX entwickelt wird, ist die Konfiguration "abgesetzter UA" nur unter diesen Systemen möglich.

Außer den o.g. Entwicklungen sollen bereits existierende Message-Systeme bzw. Netze über X.400-Protokolle (p1, p2) an den DFN-Message-Verbund angeschlossen werden. Damit soll die Kommunikation mit Personen ermöglicht werden, die Teilnehmer vorhandener Message-Systeme sind. Für die Systeme bzw. Netze KOMEX, EARN, CSNET und UUCP sind Adaptionen bzw. Gateways geplant. Der Zugang zum Teletex-Dienst wird nicht vom DFN entwickelt, jedoch können Teletex-kompatible Geräte, d.h. Systeme die die Teletex-Protokolle abwickeln, über die TTXAU (p5-Protokoll) an den DFN-Message-Verbund angebunden werden. Das Telebox-System wird nach Aussagen der Deutschen Bundespost 1986 ebenfalls die p1/p2-Protokolle abwickeln. Damit ergibt sich für den DFN-Message-Verbund das in Abb. 5 dargestellte System-Szenario.

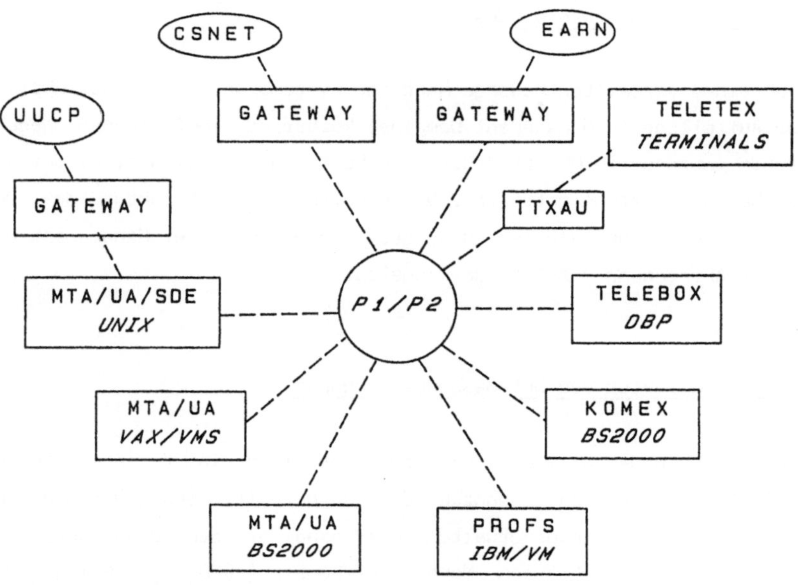

Legende: CSNET = Computer Science Network

EARN = European Academic Research Network

UUCP = Unix-to-Unix-Copy

TELEBOX = Nachrichtenübermittlungssystem der DBP

KOMEX = Konferenzsystem der GMD

TTXAU = Teletex Access Unit

PROFS = Professional Office System

Abb. 5: Szenario des DFN-Message-Verbundes

3.3 Zulassung und Abnahme von DFN-Message-Systemen

Um die Kompatibilität zwischen den MHS-Implementierungen zu gewährleisten, ist es notwendig, alle Implementierungen einem Konformitätstest zu unterwerfen. Um einen störungsfreien und korrekten Betrieb des DFN-Message-Verbundes zu erreichen, werden auch MHS-Implementierungen, die nicht aus DFN-Mitteln erstellt wurden, aber an dem DFN-Message-Verbund teilnehmen, diesem Test unterzogen. Nur wenn eine Protokollkonformität gemäß dem DFN-Protokollhandbuch sichergestellt ist, kann eine Kommunikation der verschiedenen MHS-Implementierungen innerhalb des DFN gewährleistet werden. Diese Tests werden mit Hilfe eines Protokolltestsystems der Deutschen Bundespost durchgeführt. Hierfür erforderliche Testkonfigurationen und -szenarien werden zur Zeit von der CCITT entwickelt und sollen nach Möglichkeit vom DFN übernommen werden.

4. Betrieb des DFN-Message-Verbundes

Zum Betrieb eines verteilten Message Handling Systems werden von der CCITT, abgesehen von der Aufteilung in Management Domains, keinerlei Empfehlungen gegeben. Aus diesem Grunde wurden im DFN erforderliche Festlegungen zum Betrieb der am Verbund beteiligten Message-Systeme getroffen. Diese betreffen die Struktur des DFN-Message-Verbundes, die organisatorischen Aufgaben innerhalb einer Management Domain und Regelungen zur Abrechnung des Message-Dienstes.

4.1 Organisationsstruktur des DFN-Message-Verbundes

In den X.400 Empfehlungen wird das MHS organisatorisch in Verantwortungsbereiche, die Management Domains (MD) genannt werden, aufgeteilt. Abhängig davon, ob es sich um eine (öffentliche) Fernmeldeverwaltung oder eine private Organisation handelt, wird der Bereich Administration Management Domain (ADMD) oder Private Management Domain (PRMD) genannt.

Im DFN werden die PRMDs auf bereits vorhandene Organisationsstrukturen abgebildet, d.h. eine Universität, eine Großforschungseinrichtung usw. repräsentieren jeweils eine PRMD. Die Verwaltung einer PRMD ist so auf die Organisation begrenzt, und es gibt keine organisationsübergreifende Auswirkungen. Der Nachrichtenaustausch zwischen den PRMDs wird in der Startphase des Verbundes über eine direkte Kommunikation der entsprechenden MTAs ohne Vermittlungshilfe einer öffentlichen oder privaten Management Domain realisiert (siehe Abb. 6). Da Nachrichten also direkt von PRMD zu PRMD übertragen werden, ist es notwendig, daß jede PRMD die anderen PRMDs im DFN bzw. deren MTAs kennt und adressieren kann. Der Transfer der Nachrichten wird wie bei den anderen DFN-Diensten im allgemeinen über das Datex-P-Netz der Deutschen Bundespost durchgeführt.

Sobald eine ADMD vorhanden ist und die Deutsche Bundespost die Vermittlung von Nachrichten anbietet, können sich die PRMDs dort anschließen und die Nachrichten über die ADMD austauschen. Damit entfallen dann die Verwaltungsaufgaben zur Adressierung der entfernten PRMDs bzw. MTAs. Besonders für die Erreichbarkeit von nicht zum DFN-Message-Verbund gehörenden Message-Systemen ist der Anschluß an die öffentliche Management Domain erforderlich.

Eine PRMD mit Vermittlungsfunktion ist im CCITT MHS-Modell nicht vorgesehen; sie ist auch im DFN nicht geplant. Eine Übergangslösung bilden jedoch die Gateways zu anderen Forschungsnetzen, die an zentraler Stelle die Abbildung der X.400-Protokolle auf die entsprechenden Protokolle durchführen. Der Betrieb dieser

Gateways ist zeitlich befristet, bis innerhalb dieser Netze ebenfalls die X.400-Protokolle abgewickelt werden (oder die Deutsche Bundespost einen entsprechenden Übergang anbietet).

Innerhalb einer PRMD kann jedoch Vermittlung von Mitteilungen zwischen verschiedenen Message-Systemen durchgeführt werden; so kann in einer PRMD für die externe Kommunikation mit anderen PRMDs z.B. nur ein bestimmtes Message-System zuständig sein, das dann als Zugangs- und Vermittlungssystem für die gesamte PRMD fungiert (siehe Abb. 6, PRMD A).

Die bestehende Systemvielfalt und die unterschiedlichen Rechnerkonfigurationen der am DFN beteiligten Organisationen werden auch zu sehr unterschiedlichen Strukturen innerhalb der PRMDs führen (siehe Abb. 6). Eine PRMD kann gebildet werden

- durch eine Anzahl von miteinander verbundenen Message-Systemen (PRMD A),
- durch Adaption existierender Message-Systeme (PRMD B),
- durch ein einzelnes Message-System bestehend aus den X.400-Komponenten UAs, MTA und DSA (eventuell mit abgesetztem UA und dem Teletexanschluß TTXAU) (PRMD C),
- durch Gateways zu relevanten Forschungsnetzen (PRMD D).

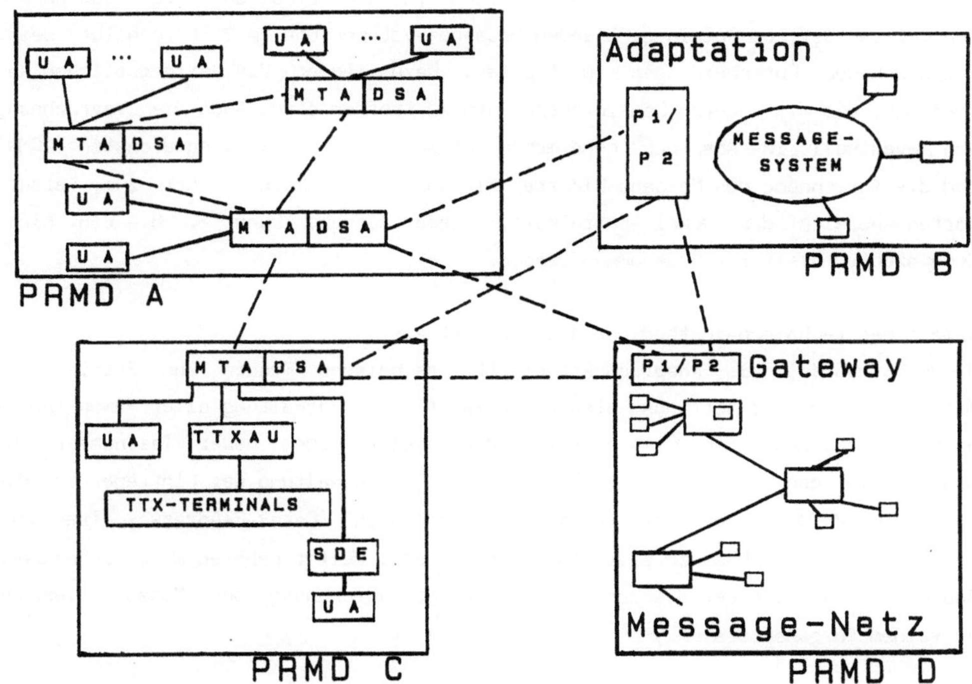

Abb. 6: Struktur des DFN-Message-Verbundes

4.2 Organisatorische Anforderungen an eine DFN-PRMD

Die Organisationen, die als PRMD am DFN-Message-Verbund teilnehmen wollen, müssen sich beim DFN anmelden. Der Name der PRMD, die Datex-P-Adresse etc. müssen von allen am Verbund teilnehmenden PRMDs übernommen werden und in den lokalen Directory-Dienst eingetragen werden. Zur Registrierung einer neuen Management Domain sind folgende Informationen erforderlich:

- Name der PRMD
  Der PRMD-Name wird in Absprache mit dem DFN vergeben und sollte den Namen der Organisation widerspiegeln. Der Name sollte mindestens 6 Zeichen lang sein, er ist aber auf 20 Zeichen begrenzt. Sobald eine ADMD vorhanden ist, erfolgt die Namensvergabe in Absprache mit der Deutschen Bundespost.

- Name der Organisation
  Hierbei handelt es sich um den vollständigen Namen und eine kurze Beschreibung der Organisation.

- Name des Domain-Betreibers
  Der 'Domain-Betreiber' ist verantwortlich für die Verwaltung, Organisation und den Betrieb der zur Domain gehörenden Message-Systeme und muß berechtigt sein, entsprechende Entscheidungen zu treffen. Dazu zählen die erforderlichen Absprachen, die mit anderen Domain-Betreibern zu treffen sind. Auch die Verrechnung von eventuell in Anspruch genommenen Gateway- oder Vermittlungsdiensten (ADMD) und die Abrechnung des Message-Dienstes mit den Teilnehmern gehört zum Verantwortungsbereich des Domain-Betreibers. Diese Aufgabe kann z. B. von einem Rechenzentrumsleiter wahrgenommen werden.

- Name eines technisch-zuständigen Ansprechpartners
  Diese Person soll als Ansprechpartner für technische Fragen zum Betrieb der Message-Systeme zur Verfügung stehen und ist für die Verwaltung aller Namen innerhalb der PRMD zuständig. Dies betrifft die Registrierung neuer Teilnehmer und Gruppen in den lokalen Directory-Dienst, die Verwaltung der Einträge über die entfernten PRMDs und der entsprechenden MTA-Adressen (Datex-P-Adresse, Transport Titel etc.), das Löschen alter Nachrichten, etc. Weiter gehören alle technischen Aspekte zum Betrieb der Message-Systeme und zur Abrechnung des Message-Dienstes zu seinem Aufgabenbereich.

- Netzadresse der PRMD
  Hier müssen technische Angaben wie Datex-P-Adresse (mit Protocol Identifier), Transport Titel und MTA-Name für das Zugangssystem angegeben werden.

- Netzadresse des Directory-Systems
  Hier müssen die Datex-P-Adresse und eine Kennung für den Zugang zum lokalen Directory-Dienst für entfernte Teilnehmer angegeben werden.

- Gateway-Dienste
  Hier können Übergangsmöglichkeiten zu anderen Message-Netzen beschrieben werden (falls vorhanden).

- Weitere Angaben zu den Systemen
  Benutzte Hardware, Name und Version des Betriebssystems, Name und Version des Message-Systems und vorhandene Netzzugangsmöglichkeiten (z.B. Datex-P, Datex-L etc.) sollen hier genannt werden.

4.3 Abrechnung von DFN-Diensten

Das Grundprinzip für die Berechnung von DFN-Diensten ist eine verursacher- und nutzungsorientierte Abrechnung. Dieses gilt sowohl für die Kommunikationskosten (z.B. Datex-P) als auch für die Kosten der benutzten Ressourcen (z.B. Rechenzeit, Speicherplatz). Desweiteren wird für die DFN-Dienste das bilaterale Kommunikationsmodell angewendet, d.h. das Anbieten und Nutzen von Diensten wird direkt zwischen Anbieter und Nutzer geregelt.

4.3.1 Abrechnung des DFN-Message-Dienstes

Für den DFN-Message-Dienst ist das bilaterale Kommunikationsmodell nicht direkt anwendbar, sondern es muß den Anforderungen eines elektronischen Postdienstes, d.h. der offenen und uneingeschränkten Kommunikation, angepaßt werden. Ein Teilnehmer muß ohne vorherige Absprachen mit einem anderen Teilnehmer kommunizieren können, lediglich der O/R-Name des Empfängers muß bekannt sein. Ähnlich dem Abrechnungskonzept für den Telefondienst der Postgesellschaften sieht das Abrechnungsmodell für den DFN-Message-Dienst Regelungen vor zwischen

- dem Message-Dienst Teilnehmer (Nutzer) und dem Domain-Betreiber (Anbieter),

- dem Domain-Betreiber und dem Betreiber des Rechners (in der Regel Rechenzentrum)

- und den verschiedenen Management Domains innerhalb des DFN.

Teilnehmer/Domain-Betreiber

Die Abrechnung zwischen Domain-Betreiber und Teilnehmer erfolgt über eine Grundgebühr und eine Gebühr pro Nachricht. Diese Gebühren sind domain-spezifisch, da die Kosten für den Domain-Betreiber von der lokalen Gebührenstruktur des Rechenzentrums beeinflußt werden. Die Grundgebühr dient zur Abdeckung der ständig anfallenden Kosten für den Domain-Betreiber wie z.B. Reservierung von Speicherplatz, Bearbeitung empfangener Nachrichten, Wartung der Software etc. Die Gebühr pro Nachricht resultiert aus den lokalen Verarbeitungskosten (z.B. Rechenzeit für UA und MTA) und den eigentlichen Kommunikationskosten (Datenfernübertragung, DFÜ). Diese können abhängig von der Länge der Nachricht, dem Versandzeitpunkt (Tag-/Nachttarif) und zusätzlich angeforderten Dienstleistungen (Empfangsbestätigung, Eilbrief o.ä.) variieren. Da die Kommunikationskosten bei Empfängern innerhalb der gleichen PRMD, Empfängern, die einer anderen DFN-PRMD angehören, und Empfängern, die nur über Gateways oder die ADMD erreicht werden können, sehr unterschiedlich sind, beeinflußt auch die Zieladresse die Gebühr für eine Nachricht.

Die Grundgebühr wird vom Domain-Betreiber als Pauschale festgelegt. Für die Nachrichtengebühr ist auch keine exakte Einzelkostenerfassung vorgesehen, vielmehr legt der Domain-Betreiber eine Gebühr pro Nachrichteneinheit fest. Ähnlich wie im Post- oder Telefonverkehr ist damit die Nachrichtengebühr für den Teilnehmer nachvollziehbar. Er hat die Möglichkeit, die Gebühr pro Nachrichteneinheit aus einer Tabelle abzulesen und die Gebühr für die Nachricht in Abhängigkeit von der Länge zu berechnen. Die Pauschalierung der Gebühren bedeutet ein gewisses Kalkulationsrisiko für den Domain-Betreiber. Während des Pilotbetriebes kann der Domain-Betreiber Erfahrungen über die Nutzung sammeln und seine Gebühren ggf. modifizieren.

Rechner-Betreiber/Domain-Betreiber

Falls Rechner- und Domain-Betreiber nicht identisch sind, muß der Domain-Betreiber dem Rechenzentrum die Kosten für Rechenzeit, Speicherplatz und DFÜ erstatten. Auf Basis dieser Kosten erfolgt die Kalkulation der Grundgebühr und der Nachrichtengebühr, die dem Teilnehmer in Rechnung gestellt werden.

Domain-Betreiber/Domain-Betreiber

Da das Absenden von Nachrichten Sekundärkosten in der Zieldomain verursachen kann, sind Regelungen zwischen den Domain-Betreibern erforderlich. Diese Sekundärkosten können entstehen, wenn

a) Empfangsbestätigungen vom Ziel-MTA zurückgesendet werden,

b) die Mitteilung im Falle der Nichtauslieferung (Return of Content) vom Ziel-MTA zurückgesendet wird,

c) beim Senden vom Ziel-MTA zum Empfänger-UA DFÜ-Kosten anfallen,

d) die Vermittlungsfunktion der ADMD genutzt wird,

e) Gateways in andere Netze benutzt werden.

Für die Fälle a, b und c wird von einem symmetrischen Benutzen des Message-Dienstes ausgegangen, so daß keine gegenseitige Rechnungstellung dieser zusätzlichen Leistung der Ziel-PRMD erfolgt. Ein Domain-Betreiber im DFN muß sich also bereit erklären, diese Sekundärkosten zu übernehmen und kann diese z.B. auf die Grundgebühr seiner Teilnehmer umlegen. Die Abrechnung von Vermittlungskosten (Fall d) und von Gateway-Kosten (Fall e) erfordert weitere Absprachen zwischen den Domain-Betreibern, da durch diese Vermittlung bzw. diesen Übergang zu einem oder mehreren Message-Netzen zusätzliche Kosten entstehen (z.B. für die Datenfernübertragung in das Ziel-Netz). Für diese zusätzlichen Kommunikationskosten, die dem ADMD- bzw. dem Gateway-Betreiber entstehen, muß der eigentliche Verursacher (der Sender einer Nachricht) aufkommen. Der Domain-Betreiber fordert also höhere Gebühren für diese Nachricht.

5. Zusammenfassung

Die Fertigstellung der Message-Systeme für die vier genannten Betriebssysteme ist für das IV. Quartal 1986 (bzw. II/87 für UNIX) geplant, so daß der gesamte MHS-Pilotbetrieb im II. Quartal 1987 beginnen kann. Dieser Pilotbetrieb soll etwa ein Jahr dauern und hauptsächlich dazu dienen, betriebliche Erfahrungen mit diesem verteilten System zu sammeln. Dieses bezieht sich besonders auf organisatorische Aspekte wie auch auf Abrechnungsverfahren. Hier muß insbesondere geprüft werden, ob sich das zuvor beschriebene Abrechnungsmodell unter Einbeziehung der Vermittlungsfunktion im DFN-Message-Verbund bewährt.

6. Literatur

/CCIT-84/ CCITT, Study Group VII,
Message Handling Systems, Recommendations X.400, X.401, X.408, X.409, X.410, X.411, X.420, X.430; 1984

/DFN1-84/ DFN, Arbeitsbereich CBMS,
Studie I: Bewertung von Message-Systemen; April 1984

/DFN2-84/ DFN, Arbeitsbereich CBMS,
Studie II: Konzept für einen DFN-Message-Verbund auf der Basis von CCITT-Message-Handling-Systems; Juni 1984

/DFN3-85/ DFN, Zentrale Projektleitung,
Das Message Handling System im DFN, Spezifikationen zur Realisierung; März 1985

/BRIN-85/ D.H. Brink, S.E. Kille,
Authorisation and Accounting in Store and Forward Message Handling Systems (Working Paper); June 1985

/KAUF-85/ Peter Kaufmann, Michael Tschichholz,
Der DFN-Message-Dienst im MHS-Kontext
Informatik-Fachberichte: Kommunikation in Verteilten Systemen I; März 1985

/DEMC-85/ John Demco
Administrative Requirements for CDNnet Organization, Subdomains, and Message Transfer Agents (Draft Paper); August 1985

DAS NACHRICHTEN-BEARBEITUNGS-SYSTEM DES PRESSE- UND INFORMATIONSAMTES DER BUNDESREGIERUNG

MinRat Dr. Gerhard Kohnen
Presse- und Informationsamt
der Bundesregierung

1. Aufgaben des Presse- und Informationsamtes der Bundesregierung

Das Presse- und Informationsamt der Bundesregierung (BPA) ist eine oberste Bundesbehörde. Unter Leitung eines Staatssekretärs untersteht sie unmittelbar dem Bundeskanzler. Die Aufgaben des BPA sind in der Vorbemerkung zum Haushaltsplan des Amtes wie folgt beschrieben:
"Das Presse- und Informationsamt der Bundesregierung hat den Bundespräsidenten und die Bundesregierung auf dem gesamten Nachrichtenbereich laufend zu unterrichten. Zu diesem Zweck unterhält es die erforderlichen Verbindungen zu den Nachrichtenträgern des In- und Auslandes unter Einsatz moderner technischer Mittel. Zu seinen Aufgaben gehört die Erforschung und Darstellung der öffentlichen Meinung als Entscheidungshilfe für die politische Arbeit der Bundesregierung. .."[1)]

Als weitere wichtige Aufgabe des Amtes wird in dieser Vorbemerkung die Unterrichtung der Bürger und der Medien über die Politik der Bundesregierung hervorgehoben.

Zuständigkeiten und Aufgaben des BPA innerhalb der Geschäftsverteilung der Bundesregierung sind in § 81 der Geschäftsordnung der Bundesministerien, Teil I (GGO I) geregelt. Danach hat das Amt eine umfassende informationspolitische Zuständigkeit für die Politik der Bundesregierung. Die informationspolitische Zuständigkeit der Bundesministerien ist auf ihren jeweiligen Geschäftsbereich beschränkt.

---

1) Bundeshaushaltsplan für das Haushaltsjahr 1986, Band 1, Einzelplan 04, Vorbemerkung zu Kapitel 04 03.

Bei der Erledigung des Auftrags, "die Bundesregierung auf dem gesamten Nachrichtenbereich laufend zu unterrichten", kommt der Nachrichtenabteilung des Amtes eine besondere Bedeutung zu[2]. In dieser Abteilung werden alle erreichbaren offenen Nachrichten- und Informationsquellen beobachtet und ausgewertet. Dabei handelt es sich im wesentlichen um die Meldungen der Nachrichtenagenturen, der Zeitungen und Zeitschriften, des Hörfunks und des Fernsehens. Zur Beobachtung und Verteilung der Meldungen von Nachrichtenagenturen setzt das BPA ein elektronisches System, das Nachrichten-Bearbeitungs-System (NBS) ein, das im nachfolgenden beschrieben wird.

2. Beschreibung des Nachrichten-Bearbeitungs-Systems (NBS)

2.1 Aufgaben der Nachrichtenzentrale

Die Nachrichtenzentrale und dort die Arbeitseinheit "Redakteur vom Dienst (RvD)" unterrichtet den Bundespräsidenten, über sechzig Dienststellen der Bundesregierung und den Deutschen Bundestag über politisch relevante Meldungen der Nachrichtenagenturen, rund um die Uhr, an jedem Tag des Jahres. Aufgabe des RvD ist es, aus der - im übrigen ständig wachsenden - Flut hereinkommender Meldungen die politisch relevanten zu erkennen und diese - gezielt nach Interessen und Bedürfnissen - den Empfängern zu übermitteln. Da Agenturmeldungen - informationspolitisch gesehen - "schnellverderbliche Waren" sind, hat diese Übermittlung zudem in der kürzestmöglichen Zeit zu erfolgen, d.h. daß Agenturmeldungen innerhalb von Minuten nach ihrem Empfang im BPA bei den jeweiligen Empfängern angekommen sein müssen. Die eigentlichen Entscheidungen beim RvD sind deshalb: Erkennen der politischen Bedeutung einer Meldung; Entscheiden, welcher oder welche Empfänger diese Meldung erhalten müssen; unverzügliches Übermitteln dieser Meldung an den oder die Empfänger; gegebenenfalls Hinzufügen von Ergänzungen und Kommentaren. Diese Entscheidungen trifft der RvD - ausgebildete Journalisten - nach eigenem Ermessen, in freier Entscheidung bei genauer Kenntnis der politischen Lage. Der RvD wird dabei unterstützt vom NBS, das ihm nicht die Entscheidungen, wohl aber das schnelle Übermitteln, die technische Seite des Redigierens, das Speichern von Meldungen sowie deren Wiederfinden abnimmt.

---

2) Im einzelnen zu den Aufgaben dieser Abteilung s. Kordes/Pollmann "Das Presse- und Informationsamt der Bundesregierung", 8. Auflage, Düsseldorf 1983, S. 67 ff.

2.2 Leistungen des NBS

Der RvD setzt das NBS zur Bearbeitung und Verteilung von Meldungen von neun verschiedenen Nachrichtenagenturen ein, die z.Zt. auf dieses System geschaltet sind. Die Zahl der an das System anzuschließenden Agenturen kann aus technischer Sicht jederzeit auf sechzehn erhöht werden. Das NBS unterstützt den RvD bei den nachfolgend aufgeführten Aufgaben.

2.2.1 Meldungen empfangen

Die neun auf das NBS geschalteten Nachrichtenagenturen senden ihre Meldungen mit unterschiedlichen Übertragungsgeschwindigkeiten zwischen 50 und 300 b/s. Alle Eingangsleitungen sind abgeschlossen durch spezielle Sende-Empfangs-Umsetzer, die die hereinkommenden Meldungen weitergeben an Zeichengeneratoren für acht Videobildschirme im Redaktionsraum zur ständigen Beobachtung der hereinkommenden Meldungen, an den Backlog-Rechner (zur Aufzeichnung der Meldungen bei Systemausfall) sowie schließlich und hauptsächlich an die Rechner des NBS. Dabei darf keine der eingehenden Meldungen verlorengehen oder verfälscht werden. Von größter Wichtigkeit sind dabei die kurzen Übertragungszeiten. Jede hereinkommende Meldung muß spätestens dreißig Sekunden nach ihrem Empfang dem RvD zur weiteren Bearbeitung zur Verfügung stehen. Eine bereits im Meldungsbestand abgespeicherte Meldung, die vom RvD angefordert wird, muß ihm bei einem einfachen Suchvorgang (z.B. Blättern) innerhalb von nur einer Sekunde auf seinem Bildschirm angezeigt werden. Diese kurzen Reaktionszeiten - die vom NBS erfüllt werden - sind notwendig, damit die eingehende Meldungsflut vom RvD bewältigt werden kann. Bei einem Meldungseingang von 4.400 Meldungen/24 Stunden würde bei einer zusätzlichen Reaktionszeit von 1 Sekunde ein Zeitverlust von 73 Minuten entstehen.

2.2.2 Meldungen analysieren

Nach dem Eingang der Agenturmeldungen werden sie von den NBS-Programmen erfaßt und analysiert. Eine für den formalen Aufbau einer Agenturmeldung angestrebte internationale Norm (IPTC-Norm) wird z.Zt. schrittweise von den Agenturen eingeführt. Es ist daher wichtig, daß von den Programmen für jede Agenturmeldung - auch bei Nichtbeachtung der Norm - folgende Kriterien ermittelt werden: sendende Agentur (anhand der Eingangsleitung), Meldungsanfang und Meldungsende, Datum und Uhrzeit des Meldungseingangs, Meldungsnummer, Länge der Meldung (für statistische Zwecke), Hinweis auf vorhergehende Meldungen (bei Fortsetzungsmeldungen), Themenbereich und Stichwörter aus dem von der Agentur formulierten Meldungskopf. Da der Meldungsaufbau von den Agenturen auch geändert wird, müssen die Analyse-Algorithmen durch Vorgabe von entsprechenden Mustern leicht im Dialog zu verändern sein.

2.2.3 Meldungen speichern

Diese analysierten Meldungen werden anschließend auf Plattenspeichern abgelegt. Dabei werden Verzeichnisse angelegt, die dem RvD ein Suchen nach Agentur, Meldungsnummer, Uhrzeit, Themenbereich, besonderen Kennzeichnungen (z.B. "Fortsetzung", "Verteilt") und Kombinationen aus diesen Merkmalen ermöglichen. Alle hereinkommenden Meldungen werden sieben Tage gespeichert. Die Dateien und die dazugehörenden Verzeichnisse sind bei diesem Speichervorgang so aufgebaut worden, daß beim Suchen und Blättern die oben (Ziff. 2.2.1) beschriebenen minimalen Reaktionszeiten erreicht werden.

2.2.4 Meldungen suchen

Alle eingegangenen Meldungen stehen dem RvD sieben Tage im direkten Zugriff zur Verfügung. Er kann über einen Bildschirm den gesamten gespeicherten Bestand durchsuchen und dabei folgende Suchparameter einzeln oder in beliebiger Kombination eingeben: Agentur (auch mehrere Agenturen), Tag und Uhrzeit, Nummer der Meldung, Themenbereich und Stichwort (soweit im Agenturkopf angegeben). Außerdem kann er sich bei der Suche wahlweise die Kopfzeilen der gesuchten Meldungen, deren erste Seite oder die vollständigen Texte zeigen lassen. Daneben kann der RvD auch Meldungen durch Vorwärts- oder Rückwärts-"Blättern" suchen.

2.2.5 Meldungen redigieren

Der RvD kann am Bildschirm alle neu eingegangenen oder gespeicherten Meldungen redigieren, d.h. er kann alle im NBS vorhandenen Meldungen verändern, neu schreiben oder sie mit Kommentaren (z.B. "siehe auch entsprechende Meldung der Agentur XY") versehen. Vom Programm wird automatisch ein Bearbeitungskennzeichen vergeben; das Original im Meldungsbestand bleibt erhalten. Dabei ist es auch möglich, verschiedene Meldungen bzw. Teile davon - unter ausdrücklichem Hinweis auf die Veränderung - zu neuen Meldungen zusammenzusetzen.

2.2.6 Meldungen verteilen

Von seinem Arbeitsplatz aus kann der RvD auf einer Monitorwand das Einlaufen der Meldungen aller an das NBS angeschlossenen Agenturen verfolgen, wobei jeder Agentur ein Beobachtungsbildschirm fest zugeordnet ist. Die Beobachtung dieser Monitorwand gibt ihm die Sicherheit, die aktuelle Nachrichtenlage - wie sie sich in den Agenturmeldungen widerspiegelt - zu kennen. Zur eigentlichen Verteilung benützt er einen von dieser Monitorwand unabhängigen Bildschirm, den sogenannten Nachrichtenbearbeitungsplatz. Der Redakteur sieht sich jede hereinkommende Meldung an, entscheidet, ob sie politisch wichtig ist oder nicht, und - wenn sie es ist - an welchen der insgesamt dreiundsechzig Empfänger sie geschickt werden muß. Er muß deshalb mit den - auch wechselnden - Interessen der Empfänger ständig vertraut sein. Dabei ist es ihm möglich, bei gleichen Interessen auch sog. Empfängergruppen zu bilden. Entsprechend diesen Voraussetzungen ist am Nachrichtenbearbeitungsplatz jedem Empfänger und jeder Empfängergruppe auf der Verteiltastatur eine Taste zugeordnet worden. Dabei gibt es natürlich auch Reservetasten für Einzel- und Gruppenempfänger. Normalerweise werden die eingehenden Meldungen in der Reihenfolge ihres Einganges verteilt. Es ist aber auch möglich, daneben eine beliebige Anzahl von Meldungen mit Vorrang zu verteilen. Die Entscheidung darüber trifft allein der RvD. Vorrangmeldungen werden beim Empfänger vor allen normalen Meldungen ausgegeben. Das NBS registriert, wer welche Meldung wann bekommen hat. Für den RvD können diese Informationen gelegentlich eine Hilfe sein.

2.2.7 Statistiken erstellen

Die gerade erwähnte Registrierung der verteilten Meldungen wird durch die Statistikprogramme des NBS ermöglicht. Diese Programme protokollieren den gesamten Nachrichtenfluß. Zur Erfassung der Eingabedaten werden u.a. die Anzahl der Meldungen und Zeilen, die je Agentur zu jeder Stunde des Tages eingegeben worden sind, zur Erfassung der Ausgabedaten werden die Meldungen, die jeder Empfänger von welcher Agentur wann und in welcher Länge erhalten hat, registriert. Die von diesen Programmen erzeugten Übersichten erleichtern dem RvD die Arbeit und werden vom technisch-organisatorischen Betreiber des NBS zur Kontrolle des Nachrichtendienstes benötigt.

2.3 Eingesetzte Hardware

Um eine möglichst hohe Verfügbarkeit des NBS zu erreichen, sind alle wichtigen Hardware-Komponenten - einschließlich der internen Leitungen - doppelt vorhanden. Im wesentlichen handelt es sich dabei um zwei Zentraleinheiten Tandem NonStop II (mit je 4 MB), vier Plattenspeichergeräte

(mit je 128 MB), zwei Konsolen, zwei Nachrichtenbearbeitungsplätze mit Bildschirmen und Verteiltastaturen; hinzu kommen Backlog-System, Schnelldrucker, Magnetbandgerät, Bildschirme etc. Die Ausgabe der Meldungen bei den Empfängern erfolgt asynchron auf Fernschreibern mit Geschwindigkeiten zwischen 50 und 600 b/s. Außerdem existiert eine Datex-P.Verbindung mit fünf logischen Kanälen und 9600 b/s zum Siemens-Rechner (7.550) des BPA, auf der täglich ca. fünfhundert Meldungen übertragen werden. Diese Meldungen werden nach der Übertragung automatisch indexiert und in das elektronische Informations-System BPA-DOK eingespielt.
Zur gesicherten Stromversorgung sind alle Komponenten des NBS an einer unterbrechungsfreien Stromversorgung (USV) angeschlossen.

Das Ergebnis dieser umfangreichen Sicherungsmaßnahmen ist, daß das NBS bei einer Einschaltzeit von vierundzwanzig Stunden an allen Tagen des Jahres 1985 eine Ausfallzeit von 6,21 Stunden hatte. Das System hatte somit im letzten Jahr eine Verfügbarkeit von 99,93 %.

2.4 Eingesetzte Software

Die eingesetzte Basissoftware stammt vom Hardwarehersteller. Es handelt sich dabei um das Betriebssystem GUARDIAN, das Datei-Paket ENSCRIBE sowie das DFÜ-Paket ENVOY. Das Betriebssystem ermöglicht Multiprocessing, Multiprogramming, eine virtuelle Speicherverwaltung sowie den Nonstop-Betrieb. Um die geforderten Datendurchsatzraten und kurzen Reaktionszeiten zu erreichen, wurden optimale Zugriffsstrategien zu den abgespeicherten Daten entwickelt. Durch Prioritätssteuerungen der einzelnen Prozesse werden die Reaktionszeiten am Bearbeitungsplatz - auch bei Spitzenlast des Systems - nicht verschlechtert.

Die verwendete Anwendungssoftware besteht aus einer Reihe von Hauptmodulen, zusätzlichen Dienstleistungs- sowie Textprogrammen. Sie ist in der vom Hardwarehersteller bereitgestellten Sprache TAL (Transaction Application Language) und in COBOL geschrieben worden. Wichtig, aber auch schwierig war die Herstellung der Nonstop-Eigenschaft, d.h. die Software mußte so gestaltet werden, daß sie sich bei Aufällen automatisch von defekten auf funktionsfähige Komponenten umschaltet. Die gesamte Programmierung ist nach detaillierten Vorgaben des BPA und einem umfangreichen, gemeinsam erarbeiteten Pflichtenheft vom Softwarehaus GEI durchgeführt worden.

2.5 Entwicklung

Das erste NBS wurde - nach zweijähriger Entwicklung - 1973 in Betrieb genommen. Es handelte sich bereits damals um ein Doppelrechnersystem, das bis 1980 seinen Dienst versah. Anfang 1980 wurde ein Nachfolgesystem übernommen. Nach wiederum zweijähriger Entwicklungszeit hat das hier beschriebene System im Januar 1986 den Betrieb übernommen. Den Wechseln vom auslaufenden auf das jeweils neue System sind in beiden Fällen ausgedehnte Abnahmetests vorausgegangen. Die Umschaltung vom alten auf das neue System erfolgte dann in beiden Fällen ohne jede Unterbrechung des Nachrichtenverteilflusses.

Zur Zeit werden Pläne für eine Verdoppelung der angeschlossenen, Meldungen eingebenden Nachrichtenagenturen auf ihre Durchführbarkeit geprüft. Außerdem wird an einer noch engeren Verbindung mit dem anderen Rechenzentrum des Hauses (s. Ziff. 2.3) und den neuen Arbeitsplatzcomputern, die derzeit in mehreren Arbeitseinheiten - außerhalb der Nachrichtenabteilung - installiert werden, gearbeitet.

INTEGRATION VON MAILBOXEN UND DATENBANKEN

Gunter Nissen
COM.BOX Gunter Nissen KG
Potsdamer Straße 96, D-1000 Berlin 30

Stichworte zum Vortrag im Rahmen des Fachgesprächs "Mailbox-Systeme und ihre Anwendung" auf der 16. Jahrestagung der Gesellschaft für Informatik, Berlin, Freitag, den 10. Oktober 1986:

- Bislang werden Datenbanken und Mailboxen weitgehend getrennt voneinander betrieben.

- Aus der Praxis beider Anwendungen ergibt sich jedoch fast zwangsläufig die Notwendigkeit, sie technisch zu integrieren.

- Von beiden Seiten wurden Schritte in diese Richtung getan ("Schwarze Bretter" und Gateways bei Mailboxen, Mail-features bei Hosts).

- Notwendig ist jedoch eine konzeptionelle Integration beider Anwendungen, die es zum Beispiel ermöglicht, im Rahmen einer Mailbox Volltext-Retrieval einzusetzen.

- Die Weiterentwicklung von Bürokommunikationssystemen wird die klassische Mailbox mittelfristig überflüssig machen, wenn diese nicht zu Kommunikationssystemen werden, die den Bereich der Büroanwendungen integrieren.

- Voraussetzungen und Probleme der Integration am Beispiel Com.Box.

- Weitere Perspektiven für Mailbox-Anwendungen im Hinblick auf X.400 und ISDN.

Designmöglichkeiten von Bulletin-Board Systemen als Cooperative Processing-Konzepte

- BBS aus der Sicht von Endnutzern und Systembetreibern -

Ludwig Nastansky / Peter Gloor, Hochschule St. Gallen
St. Gallen, Schweiz

Zusammenfassung / Abstract

In diesem Papier werden zwei Aspekte von Bulletin-Board Systemen (BBS) diskutiert.
Einmal werden aus Endnutzersicht typische Leistungsmerkmale von BBS skizziert. Als Beispiel eines leistungsfähigen BBS wird das Leistungsprofil des typischen Compuserve Forum's (USA) angeführt.
Zum zweiten diskutieren wir aus Sicht der Systembetreiber Designmöglichkeiten der Systemarchitektur eines BBS als cooperative-processing Konzept zwischen timesharing-hosts im Netz und einer leistungsfähigen integrierten Workstation.
Die Verfasser zeigen Eckmerkmale der konkreten Installation eines derartigen BBS-Prototyps im Universitätsnetz der Hochschule St. Gallen. Netz-Hosts sind dabei VAX/VMS-Systeme, Workstation ein in das Netz integrierter Industriestandard-PC mit Symphony als Softwareentwicklungsumgebung und einem komplexen Template für den BBS-Supervisor zum periodischen BBS-Management.

In this paper, we discuss two aspects of Bulletin-Board Systems (BBS).
First, we show essential functions of BBS as they are presented to the enduser. The services and structure of the typical Compuserve-Forum (USA) is given as example.
Second, we discuss design questions especially from the BBS-supervisor's point of view. A cooperative-processing architecture seems to be very efficient, both, in terms of hardware- and software-modularity as well as BBS-management efficiency. In this concept, the timesharing-modules of the BBS for handling the enduser-services are implemented on hosts accessible via local or public network-gates. Complementary, the software- and tool-environment for the BBS-supervisor is implemented on a powerful industry-standard PC-workstation cooperating with the hosts via network.
A BBS-prototyp featuring this architecture is installed and in public use at the St. Gall Graduate School of Business. Cooperating hosts are VAX/VMS-computers, the backbone-systems for the campus-network with access via public packet-switching networks, and an integrated workstation for the BBS-supervisor. On the workstation, the versatile PC-tool Symphony is used as software-development environment for the template which enables the BBS-supervisor's complex tasks.

1 Begriffsumschreibung BBS / Bulletin Board System

Mit "Bulletin-Board System" umschreibt man eine bestimmte Klasse von Informations- und Kommunikationssystemen, die insbesondere dem Nachrichtenaustausch eines grösseren Benutzerkreises zu gezielt definierten Themengebieten dienen.

BBS können organisationsintern angesiedelt sein, mehr und mehr werden jedoch Zugriffsmöglichkeiten eines breiteren Anwenderkreises über öffentliche Datennetze zu einem wichtigen Aufbaumerkmal.

Das Leistungsprofil von BBS steht in Verwandtschaft zum Dienstleistungsbündel, das Elektronische Mailsysteme oder Dokumentations- und Retrievalsysteme für *unformatierte* Daten bieten.

In gewisser Hinsicht stellen BBS das notwendige Pendant zu den schon seit viel längerer Zeit verfügbaren Datenbanksystemen für Speicherung und Retrieval *formatierter*, also Satz- und Feld-orientierter Datenbestände dar. Das Datenobjekt beim BBS sind demgegenüber vor allem Nachrichten oder Dateien, denen eine Text-orientierte Struktur zugrundeliegt.

Angesichts der intensiven Entwicklungsarbeiten und vielfältigen Praxiserprobung diverser Systeme kann von Standards oder einem allgemein akzeptierten Funktionsprofil für BBS bisher kaum die Rede sein.

2 BBS-Dienstleistungen für den (End-) Nutzer

BBS bieten Endnutzern einerseits Funktionen für gezieltes Nachrichten-/Datei-retrieval im BBS gespeicherter Datenbestände *(download)* und andererseits für das Einbringen eigener Nachrichten/Dateien *(upload)*.

Das vorherrschende Kommunikationsprofil ist dabei in Analogie zum Nachrichtenaustausch mit Hilfe von "Anschlagbrettern" zu verstehen, bei denen jeder Nutzer mehr oder weniger gleichberechtigt Nachrichtenzettel anheften und lesen kann. Ähnlichkeit ist auch zur Kommunikation via Litfassäule / Plakatwand / Aushangbrettern gegeben; hier ist allerdings regelmässig der Benutzerkreis, welcher Informationen anbietet, ein anderer als der, welcher die Informationen nachfragt / wahrnimmt. Im Gegensatz zum BBS ist das Kommunikationsprofil von Mailbox-Systemen vor allem darauf ausgerichtet, Nachrichtenaustausch von individuellen Benutzern zu anderen individuellen Benutzer zu unterstützen. Abb. 1 stellt diese beiden Strukturen gegenüber.

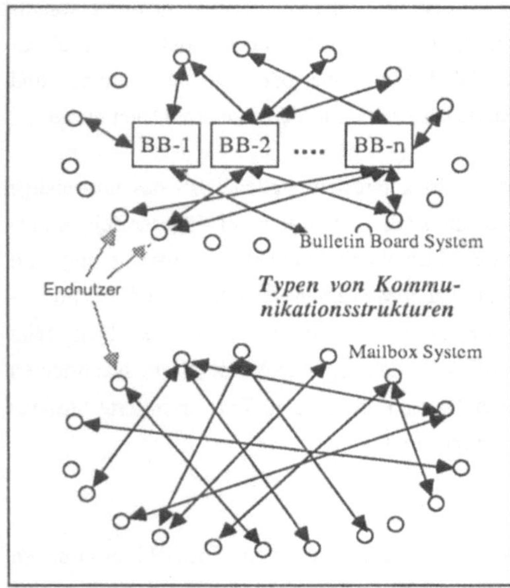

Abb. 1: Struktur BBS gegenüber Mailbox-System

Die Gesamtheit der Dienstleistungen eines BBS ist darauf ausgerichtet, einmal die angeführtern Hauptfunktionen des BB-zentrierten Nachrichtenaustauschs zu gewährleisten und, üblicherweise, darüber hinausgehend weitere Nebenfunktionen anzubieten. Im weiteren werden die wesentlichen Dienstleistungen eines BBS im einzelnen skizziert.

2.1 Grundsätzliche BBS-Organisationsfunktionen

Zu den grundsätzlichen Organisationsfunktionen zählen in erster Linie die Navigationsinstrumente. Je nach Konzept sind diese Menü- und/oder Kommando-orientiert. Aehnlich wie in anderen fortgeschrittenen Endnutzer-Dialogumgebungen wird oft zwischen erfahrenen und unerfahrenen Benutzern unterschieden.

Die Subskriptionsmechanismen lassen sich in zwei Klassen einteilen, nämlich automatisch und/oder moderiert, d.h. kontrolliert durch einen Supervisor.

Zu den Organisationsfunktionen kann auch der Abruf von Systeminformationen gezählt werden. Dazu gehören Informationen über andere BBS-Kommunikationspartner, die Bedienungshilfe und Systeminformationen wie beispielsweise die Ankündigung der Systemwartung.

In die gleiche Klasse gehören die Funktionen zur HW-/SW-Systemeinstellung wie WS-/Terminalprofil, Protokollauswahl (ungesichert/gesichert) und evtl. Grafikausrüstung (z.B. CompuServe VTX).

Zusätzliche Verwaltungsfunktionen auf dem BBS-Netzhost dienen beispielsweise der Benutzerverwaltung und Kontrolle oder auch statistischen Zwecken.

2.2 Nachrichten download

Unter dem Nachrichten download verstehen wir im

allgemeinen das Abfragen von Texten. In der Regel hat der Benutzer die Wahl zwischen seitenweiser Ausgabe und kontinuierlicher Ausgabe des ganzen Textes. Letztere wird im Zusammenhang mit dem Betrieb einer Workstation angewendet, die das Einfangen des Textes (capture mode) zur späteren lokalen Weiterverarbeitung ermöglicht.

Die vielfältigen für Nachrichten geeigneten Retrievalkonzepte der einzelnen BBS basieren beispielsweise auf Themenklassenauswahl oder Suchkriterien, wie Schlüsselwörtern, Kalenderzeit und/oder Status gelesen/ungelesen.

Nachrichtenverkettungen (sog. "threads") einer Dialog- /Nachrichtenabfolge verschiedener Diskussionsteilnehmer zu einem konkreten Fragenkreis erlauben auch nachträgliches chronologisches Verfolgen einer Diskussion.

Zusammenhängende als auch lose Nachrichten können im allgemeinen vorwärts und/oder rückwärts gelesen werden.

Oft bestehen Verwaltungskonzepte für Benutzerspezifische Nachrichten, wie Antworten auf abgesetzte Fragen oder letzte gelesene Nachricht. Dies erfordert allerdings eine Benutzerverwaltung, die ähnlich wie diejenige von Mailboxsystemen (z.B.: MUSSTOPF 1985, S. 31 ff.) aufgebaut ist.

2.3 Nachrichten upload

Der Nachrichten upload geschieht in der Regel klassifiziert über eine Themenklassenauswahl. Dabei erlauben diverse Klassifizierungskonzepte die Auswahl einer Unterkategorie. In den Auswahlmechanismus eingebettet ist oft eine Schlüsselwortmarkierung. Bei Nachrichtenverkettung erfolgt automatisch eine Antwort-/thread-Bildung.

Je nach Konzept kann eine Nachricht an verschiedene Adressatentypen, wie den Sytemoperator, einzelne Benutzer, Benutzerklassen, Verteiler oder an Alle gerichtet werden.

Für den upload sind meist einfache zeilenorientierte Editoren vorgesehen. Auch hier kann bis heute von keinem Standard, leider auch vor allem für Ende/quit/exit/bye, die Rede sein *(Fluch des vielseitigen BBS-Profis beim Ticken der Zähler für Kommunikations- sowie BBS-online-Gebühren: <Wie komme ich nur aus diesem Editor, in welchem bin ich z.Zt. eigentlich, wieder heraus?>).* Vor dem Abschicken seiner Nachricht hat der Benutzer oft die Gelegenheit, diese nocheinmal zu überprüfen und allenfalls Korrekturen vorzunehmen. Einzelne Konzepte lassen automatisierten Text-upload ab einer Workstation zu. Fortgeschrittene Systeme verwalten die Nachrichten mit variablen Zeilenumbruch-Mechanismen, die sich aktuell nach dem einstellbaren Zeilenlängen-Profil des BBS-Nutzers richten.

2.4 Datei down-/upload

BBS zeichnen sich vor allem auch durch teilweise umfassende, mit den Nachrichtenbörsen verzahnte Programm- und Datenbibliotheken aus. Die Retrieval- und Klassifizierungsvorgänge sind aus der Sicht des Benutzers ähnlich wie bei Nachrichten. Zusätzlich werden jedoch eine directory-Verwaltung und bestimmte library-Mechanismen bereitgestellt.

Der gesicherte up- und download von binären Datenbeständen verlangt zusätzliche technische Optionen, wie etwa die Auswahl eines geeigneten Kommunikationsprotokolles. Verbreitet ist die Unterstützung von XMODEM (W. Christensen) und Kermit (Columbia University), die beide als public-domain Software für alle gängigen Personal Computer verfügbar sind. Die Erfahrungen zeigen, dass diese PC-orientierten single-user Protokolle jedoch für den Betrieb über inhouse oder die öffentlichen Paketvermittlungsnetzwerke z.T. nur sehr schlecht geeignet sind. Dies liegt auch vor allem daran, dass eine optimale Einstellung der PAD-Parameter nur nach sorgfältigen Abklärungen vorgenommen werden kann oder in Konfliktsituationen teils gar nicht möglich ist.

Um die Massenspeicher der BBS-Hosts möglichst gering zu beanspruchen, Übertragungskosten niedrig zu halten und die Retrievalorganisation übersichtlich zu gestalten, werden beispielsweise bei Compuserve vielfältige Organisationsmechanismen realisiert. (Binäre) Dateien können in verpackter, komprimierter Form abgespeichert und übertragen werden. Sind diese Dateien auf die WS hinuntergeladen, so müssen sie mit einem Hilfsprogramm zuerst wieder entpackt (unsqeeze) werden. Umgekehrt müssen diese Daten vor dem upload gepackt (squeeze) werden. Archivierungssoftware ermöglicht analog die benutzergesteuerte automatische Zusammenfassung verschiedener Teilnachrichten/(Software-)Module in eine Datei (arch) und entsprechende automatische Zerlegung in die einzelnen Komponenten (unarch) nach dem download. Entsprechend lassen sich auch binäre Dateien in ein Pseudo-Textformat konvertieren/ dekonvertieren, um eine Übertragung im Textmodus zu erlauben.

2.5 (Realtime) Konferenzoption

An dieser Stelle sind Diskussionsmöglichkeiten in einem bestimmten Benutzerforum gemeint, die online und realtime zu bestimmten Sitzungsterminen für eine begrenzte Zeit, z.B. 2 Stunden, ablaufen (häufig wird generell die kontinuierliche, sich über einen begrenzten Zeitraum erstreckende Kommunikationsarbeit in einem BB auch *conference* genannt). Eine in den USA äusserst beliebte Freizeitvariante des conferencing ist der CB-Simulator. Dabei wird im BBS die typische Meldungs-orientierte Kommunikationsstruktur des CB-Funks auf die online WS-Nutzung durch Tastatur und Bildschirm nachgebildet.

2.6. Sonstige Funktionen

Wie eingangs erwähnt, ist das Profil der z.T. äusserst komplexen Informations- und Kommunikationssysteme, die z.Zt. als Bulletin Board Systeme bezeichnet werden, sehr stark im Fluss. Zu den bereits angeführten Dienstleistungen zum Abdecken der BBS-Hauptfunktionen lassen sich deshalb im Grunde beliebig viele weitere Varianten und Ausbauoptionen aus dem Kaleidoskop des technisch-Möglichen hinzuzählen.

Möglich ist z.B. die Integration von (Raster-) Graphiken in das Meldungs-/Nachrichtenkonzept eines BBS. Beispiele sind etwa der schon erwähnte CB-Simulator in Compuserve und die verzahnte Verwaltung sowie Bereitstellungsmöglichkeiten von Porträts der Kommunikationspartner. Entsprechend werden z.B. auch auch Wetterkarten ergänzend zu Text-orientierten Wetternachrichten angeboten. Die verfügbare public-domain Kommunikationssoftware ist dabei so intelligent, dass die Handhabung des Graphik-download auf einem Industriestandard-PC (ohne besondere Hardwareeinrichtungen) Benutzer-transparent geschieht.

Weitere interessante Optionen sind z.B. die automatische vorübergehende Anbindung eines anderen BBS (call & return) oder die Querverbindung von einem BBS zu einem anderen (goto). Ersteres Konzept ist z.B. im GEO-Mailboxsystemverbund implementiert (als *Datenbank*-option für Zugriff auf BB-*Bretter* verbundener Systeme), letzteres ist die prinzipielle Architektur für die Navigation im USA-umspannenden Compuserve.

3 BBS am Beispiel CompuServe

Als Beispiel für ein weitverbreitetes professionelles BBS-Konzept und BBS-Software sei auf einige Endnutzer-Dienstleistungen von Compuserve (CIS) hingewiesen (siehe z.B.: COMPUSERVE 1984).

Dies ist mit über 250'000 abonnierten Kunden in den USA das im Augenblick wohl grösste, auch weltweit offene kommerzielle elektronische Informations- und Kommunikationssystem.

Der Verbindungsaufbau von Europa aus über Paketnetz geht sekundenschnell. Im folgenden Dialogprotokoll findet sich ein Beispiel einer Compuserve Sitzung an einer Industriestandard-WS via DEC-Net. Beisp. 1a zeigt dabei die logon-Sequenzen (Benutzereingaben: fett & italic).

```
$ set host /x29 0311020200202
Call connected to remote DTE
User ID: xxxxxx.xxx:tty
Password: pppppppp

Job 12 on CompuServe Information Service
    at 07:25 EDT 27-Jun-86 on T04QEI

 CompuServe Information Service
  07:25 EDT Friday 27-Jun-86
     (Executive Service)
 Last access: 07:24 27-Jun-86

     Copyright (C) 1986
   CompuServe Incorporated
     All Rights Reserved

 What's New This Week        NEW-1

 1 CompuServe News/Online Today
 2 Electronic Mall News
 3 Holiday Rates and Hours
 4 Apple Offers Software Updates
 5 Autodesk Forum Adds Subtopic
 6 Commodore Programs Offered
 7 Senator to Speak Online
 8 Read About the Expo City
 9 Get a Free Financial Magazine
10 Changes in Network Numbers
```

Beisp. 1a: Typisches Compuserve logon-Menü

Compuserve unterhält in vielfältigen *forum* s / *SIG*s (Special Interest Groups) konsumentenorientierten Informationsaustausch, wie er in Europa in den posteigenen Bildschirmtext- /Videotext-Systemen stattfindet bzw. vorgesehen ist.

Darüberhinaus hat sich in Compuserve vor allem aber auch eine intensive BBS-Kommunikationsinfrastruktur der Computerbranchen entwickelt: Hardware- und Softwarehäuser, Beratungsunternehmen, Anwendergruppen, sowie eine grosse Zahl kompetenter und hochaktiver einzelner BBS-Nutzer machen hier intensiven Informations- und Erfahrungaustausch über z.T. sehr detaillierte Fachfragen, aber auch darüber hinausgehende Problemstellungen mehr allgemeiner oder konzeptioneller Art.

```
Enter choice number !  go lts-1999
One moment please...

The World of Lotus      SYMPHONY

Welcome to Symphony User Forum, V. 4A(63)

Hello, Ludwig Nastansky
Last visit:  11-Jun-86  07:53:14

Forum messages:  11481 to  12006
Last message you've read:  11521

No members are in conference.

Symphony User Forum

FUNCTIONS

 1 (L)  Leave a Message
 2 (R)  Read Messages
 3 (CO) Conference Mode
 4 (DL) Data Libraries
 5 (B)  Bulletins
 6 (V)  View Member Directory
 7 (SS) Set Subtopic
 8 (OP) Set User Options
 9 (H)  Help
10 (E)  Exit from Symphony User Forum

Enter choice : B
```

Beisp. 1b: Aufruf eines BBS (Lotus Corpor.)

Eine Vielzahl von Softwarehäusern, insbesondere naheliegenderweise der PC-Branche, wickeln einen Grossteil ihres normalen Kundenberatungs-Service über BBS in Compuserve ab (u.a. z.B. Borland, Digital Research, Lotus, Microsoft; siehe Beisp.1b). Hier ist einer der wenigen praktikablen Auswege gegeben, das betriebswirtschaftliche Dilemma zu lösen, vor dem PC-Softwarehäuser und auch PC-Hardwareanbieter stehen: Wie ist angesichts von hoch beratungsintensiven, erklärungsbedürftigen sowie zugleich im Einzelumsatz relativ geringwertigen Produkten einerseits und einem Massenmarkt mit Massenkundschaft andererseits eine Individualberatung über komplizierte Problemkreise technisch und ökonomisch realisierbar? Die erheblichen kommerziellen Perspektiven dieser BBS-Möglichkeiten scheinen in Europa nur allmählich erkannt zu werden (siehe

```
MESSAGE SUBTOPICS

 0 General Information
 1 Industry-Specific
 2 General Business
 3 Utilities
 4 Product Functions
 5 Communications
 6 Command Language
 7 Graphics
 8 User Groups
 9 Ask the SysOps
10
 A All Authorized Subtopics

Enter choice :  A

 READ MESSAGES

 1 (RF) Forward
 2 (RR) Reverse
 3 (RT) Threads
 4 (RS) Search
 5 (RM) Marked
 6 (RI) Individual
 7 (QS) Quick Scan
 8 (T)  Return to Function Menu

Enter choice : Enter choice :1

Forum messages:  11481 to  12006
Start at what message number
(N for new to you): 12004

#: 12004 S6/Command Language
     27-Jun-86  00:01:14
Sb: #11867-FINANCIAL MACRO
Fm: Jerry Jon Sollazo 75766,416
To: Bill Nightingale 71346,130

Bill...Interesting concept. How is it being
marketed? Directly by company field force or
through independent agents?  --Jerry

N for next message or <CR> for menu :  n

#: 12006 S9/Ask the SysOps
     27-Jun-86  04:30:01
Sb: #11717-32 fields
Fm: RICK KAPLAN 70265,760
To: Mary  [Product Support] 76703,1043

MARY,
Would you send me a copy of that '32 fields'
message also.
Thanks so much.
     Rick Kaplan
     173 Lefferts Ave.
     Brooklyn, NY   11225
```

Beisp. 1c: Typischer BBS message-Austausch

```
 4 (DL) Data Libraries


DL 3 - Utilities

 1 (DES) Description of Data Library
 2 (BRO) Browse thru files
 3 (DIR) Directory of files
 4 (UPL) Upload a new file
 5 (DOW) Download a file
 6 (DL)  Change Data Library
 7 (T)   Return to Function Menu
 8 (I)   Instructions

Enter choice or H for help: BRO

Enter keywords (e.g. modem)
or <CR> for all:  <cr>
Oldest files in days
or <CR> for all: <cr>

[76010,3466]
EMOFF.COM  28-May-86 655(288) Accesses: 27

Keywords: DISABLE EXPANDED MEMORY

Applications that will fit in conventional
memory will run faster without expanded
memory installed.  If you have expanded
memory in your computer, you can run EMOFF
before loading Symphony 1.1 or 1-2-3 .....

N for next file or <CR> for  menu:    <cr>

 DISPOSITION

 1 (REA)  Read this file
 2 (DOW)  Download this file
 3 (T)    Top Data Library Menu

Enter choice or <CR> for next: 2

Transfer protocols available -

 1 XMODEM (MODEM7) protocol
 2 CompuServe 'B' protocol
 3 CompuServe 'A' protocol
 4 DC2/DC4 CAPTURE protocol

 0 Abort transfer request

Enter choice:    .........
```

Beisp. 1d: Download aus BBS-Datenbibliotheken

Beisp.1c und 1d). Entsprechend werden z.B. von den Systemhäusern Informationen über Software-Updates, Funkionsprobleme, neue Hardwaretreiber o.ä. sowie die entsprechenden Softwaremodule selber in den Datenbibliotheken bereitgestellt. Hier gibt es dann zur Unterstützung vielfältige Retrievalkonzepte (siehe Beisp.1d).

Hosts für die BBSs von Compuserve sind im wesentlichen USA-weit vernetzte Minicomputer. Die BBS-Software ist im grundsätzlichen Leistungsprofil, in der Gestaltung der Endnutzerschnittstellen und auf teschnischen Ebenen nach einheitlichen Kriterien gestaltet.

4 BBS-Systemmanagementfunktionen

4.1 Überblick

BBS stellen an die Systembetreiber einerseits weitgehend bekannte Datenverarbeitungsanforderungen. Dabei handelt es sich z.B. um Anforderungen, die mit der Verwaltung eines grösseren Benutzerkreises in time-sharing Systemen zusammenhängen. Konzepte dafür sind erprobt, BBS-spezifische Nuancen sind natürlich zu beachten. So ist es z.B. nicht zweckmässig, die Verwaltung der wachsenden und schrumpfenden Zahl laufend wechselnder Benutzer eines BBS auf der username-/userid - Ebene vorzunehmen, wie es üblicherweise die prinzipielle Architektur von time-sharing Betriebssystemen vorsieht.

BBSs stellen andererseits aber auch spezifische Datenverarbeitungsanforderungen, die vor allem mit dem Nachrichtenmanagement zusammenhängen. Dabei sind die Fragen des *technischen* Systemmanagements sowie des *inhaltlichen* BBS-Managements voneinander abzugrenzen. Im weiteren werden vor allem Datenverarbeitungsprobleme diskutiert, die mit dem inhaltlichen BBS-Management zusammenhängen. Gemeint sind damit Konzepte und Werkzeuge für das Message-Management (MM), die den Personen an die Hand zu geben sind, die als Supervisoren für die laufende Kommunikation im BB fungieren und für die inhaltliche Verwaltung des BB verantwortlich sind.

Für das grundsätzliche Design ist beim hier

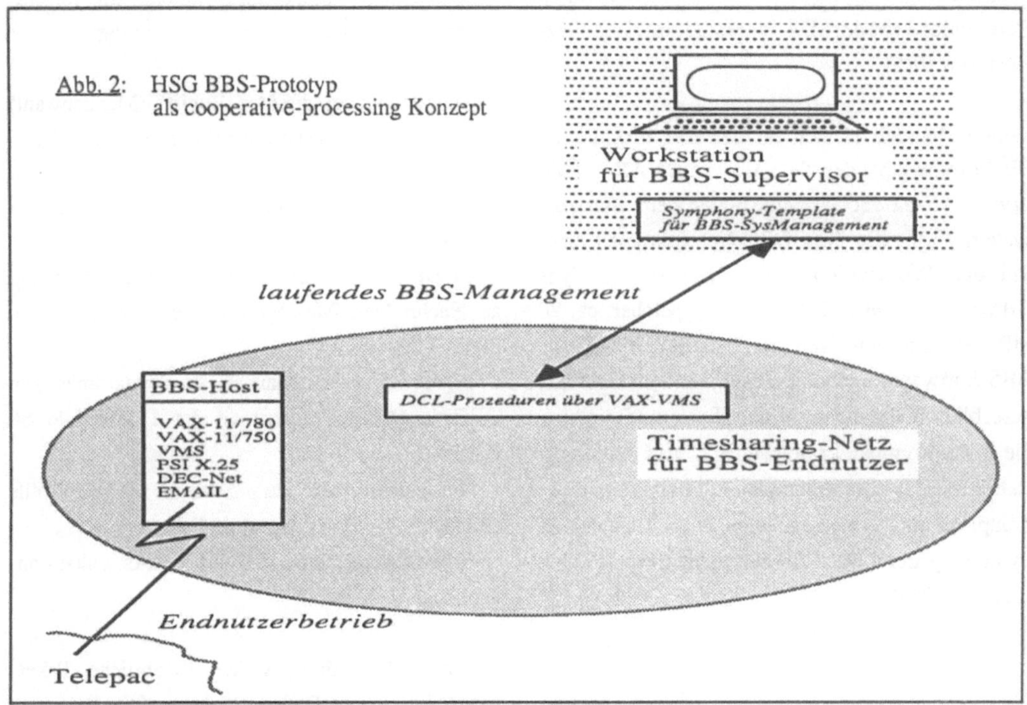

Abb. 2: HSG BBS-Prototyp als cooperative-processing Konzept

diskutierten BBS-Prototyp eine *cooperative-processing* Systemarchitektur gewählt. Damit ist eine Verteilung der zum Betrieb des BBS notwendigen Verarbeitungsfunktionen auf verschiedene Hardware- und Softwareumgebungen gemeint (vgl. z.B. NASTANSKY/FINKE 1985, S. 68 ff.). Konkret sind Module des BBS sowohl auf Hosts im Netz implementiert, wie auch auf im Netz integrierten Workstations.

Alle Module, die für die time-sharing Abwicklung des BBS-Endnutzerbetriebes notwendig sind, sind auf entsprechenden time-sharing Systemen ("Netz-Hosts") im Netz realisiert. Teile der MM-Funktionen des BBS sind dagegen in lokaler Software auf der Workstation implementiert (siehe Abb.2). Kommunikation zwischen den MM-Systemkomponenten über das Netz erstreckt sich auf Terminalbetrieb der Workstation gegenüber dem Host und Dateitransfer zwischen beiden Systemen. Die Organisationsfunktionen für das laufende Nachrichtenmanagement im BBS werden fast ausschliesslich in der Workstation abgewickelt, BBS-update erfolgt entsprechend im wesentlichen durch Datei-upload von der MM-Workstation auf die Netz-Hosts des BBS.

Konkret handelt es sich für den hier diskutierten BBS-Prototyp bei den Netz-Hosts um VAX-11/780 bzw. VAX-11/750 Systeme unter dem Betriebssystem VMS, die über DEC-Net gekoppelt sind. Bei den Workstations sind Systeme des Typs (IBM) AT mit etwa 2 MB RAM-Speicher, ca. 20 MB Festplatte und Netzschnittstelle gemeint. Als BBS-Softwareumgebung dienen auf dem Host fast ausschliesslich standardmässige Systemutilities und die VMS-Kommandosprache DCL. Auf der Workstation erfolgt die Implementierung als komplexes Template mit dem integrierten PC-Softwarepaket Symphony der Lotus Development Corp. (SYMPHONY 1985).

4.2 BBS Kooperationspartner

Am Betrieb eines BBS sind verschiedene Kooperationspartner beteiligt. Diese beteiligten Kooperationspartner werden auf den Netz-Hosts des HSG-BBS ihrer Funktion nach auf unterschiedlichen Zugriffsebenen verwaltet und u.a. durch getrennte Benutzerkonten unterschieden.

Zusammengefasst nach diesen unterschiedlichen Funktionskreisen können die an einem BBS beteiligten Kooperationspartner, vergleichsweise unabhängig von einer konkreten Implementierung, generell gegliedert werden wie es im weiteren geschieht.

4.2.1 BBS (End-) Nutzer

Die Gesamtheit der BBS (End-) Nutzer sind die eigentlichen Informationsträger der Inhalte eines BBS und sowohl Anbieter als auch Konsumenten.

Den Endnutzern stehen im HSG-BBS zum Nachrichten-download und -upload im wesentlichen folgende Funktionen zur Verfügung:

- *Navigation* über direkten Zugriff (Menüanwahl) oder Verzweigungskommando (go) auf identifizierte Menüs
- *download*: Nachrichten- oder Textfile-Zugriff über Menüanwahl
- *upload*: Nachrichten- oder Textfile-Übermittlung an Nachrichten-/Message-Manager zur Aufnahme in das BBS
- *upload*: Electronic Mail an die standardmässigen DEC/Net-Systembenutzer an der Hochschule St. Gallen
- Umschalten des *Ausgabemodus* / WS-Profils (Bildschirmseiten vs. kontnuierlich)
- *Hilfe*-System (helps sind auf Text-download abgebildet

Für die Verbindung stehen öffentliche Paketvermittlungsnetze(Datex-P,Telepac),Wählleitungseingänge des Telefonnetzes oder direkte Anschlüsse innerhalb der Hochschule St.Gallen zur Verfügung.

Arbeitsplatz ist eine (beliebige) Workstation mit Modemanschluss und Kommunikationssoftware, kann aber auch ein einfaches Terminal ohne Intelligenz sein. Für alle BBS-Endnutzer werden gemeinsam *ein* VMS-Benutzername sowie Passwort bereitgestellt.

4.2.2 BBS Message-Manager/Supervisor

Der Message-Manager selektiert die eingegangenen Mitteilungen und Texte und fügt diese an geeigneter Stelle in die Menüstruktur des BBS ein. Er ist der Redakteur bzw. Supervisor / Moderator eines Bulletin Boards. In der vorliegenden Version des HSG-BBS geht der gesamte Nachrichten-upload an die verschiedenen BBs durch die Redaktion von BBS-Supervisoren.

Die im BBS zu unterstützenden MM-Funktionen erstrecken sich neben dem laufenden Nachrichtenmanagement vor allem auf die Benutzerverwaltung, Update der BBS-Organisation sowie Betreuung eines Index/Directory für Nachrichtenbestand und gegebenenfalls gekoppelte Datenbibliotheken.

Etwas verallgemeinert gesehen erfordert die Abwicklung dieser MM-Funktionen insbesondere Werkzeuge, die an der Workstation im Netz eine flexible und "weiche" Datenmanipulation zulassen, wie sie vor allem durch die *cut-and-paste* Konzepte integrierter PC-Softwarewerkzeuge bekanntgeworden sind. Hier findet der Schwerpunkt des *cooperative-processing* statt.

Zu den MM-Aufgaben, bei denen insbesondere cut-and-paste Verarbeitungsfunktionen notwendig werden, gehören im einzelnen z.B.:

Nachrichten-Redaktion: Nachrichten sind am MM-Arbeitsplatz zu redigieren und weiterzuleiten. Dazu ist u.a. Integration von Textverarbeitungs-, Reportgenerierungs- und Kommunikationsfunktionen an der Workstation mit realtime-Zugriff auf die Nachrichtendateien notwendig.

BBS-Organisation: Meldungen sind in login-Sequenzen oder Menüs des BB einzublenden oder zu streichen. Dazu ist Manipulation von BB-systemnahen Datenbeständen notwendig. Im Rahmen der Menüsystem-Verwaltung erweisen sich z.B. integrierte Strukureditoren als äusserst leistungsstark.

Benutzerverwaltung: MM erfordert u.a. Datenmanagementfunktionen, die z.B. Karteikarten-analog sind und in hohem Masse an das individuelle Arbeitsprofil der mit den MM-Funktionen eines BB betrauten Person anpassbar sein müssen. Dazu ist auf der Workstation eine Formular-orientierte DB-Umgebung nützlich, die offen für Datenaustausch zur Textverarbeitung und Kommunikation ist.

Grundsätzlich kann die BBS-Redaktionsaufgabe je nach Umfang (natürlich) auf mehrere Message-Manager, beispielsweise nach BB-Themenkreisen strukturiert, verteilt werden. Der BBS-Message-Manager verwaltet eine durch den Menü-Manager vorstrukturierte Menüstruktur.

Im BBS-Prototyp der HSG stehen für MM auf der Netz-Host-Seite bestimmte DCL-Kommandos für das BBS bereit. Auf der Workstation-Seite sind die MM-Funktionen im Rahmen der Text-, Stukturplaner-, Datenmanagement- und Kommunikations-Fenster eines umfassenden Symphony-templates implementiert und mit den dabei bereitstehenden Werkzeugen abwickelbar. Auf einige Implementierungsdetails wird weiter unten noch näher eingegangen. Für MM steht ein gesondertes VAX/VMS-Konto bereit, das nur Zugriff auf die Menüseiten des BBS und die Datenbereiche erlaubt.

4.2.3 BBS Menü-Manager

Dem Menü-Manager obliegen allgemeine Koordinationsaufgaben, sowohl die allgemeine Anwendungskoordination als auch die Menü- und Kommandostruktur betreffend.

Er verwaltet die Menü-Hauptstruktur und weist den Message-Managern die entsprechenden Themengebiete zu. Er koordiniert zwischen den verschiedenen Message-Managern und ist die Kontaktperson für den System-Manager.

Bei kleineren BBS kann der Message-Manager gleichzeitig auch die Funktion des Menü-Managers übernehmen.

4.2.4 BBS System-Manager

Dem System-Manager obliegt die SW-Bereitstellung und Pflege. Zu seinen Aufgaben gehört auch die systemtechnische Beratung. Er klärt mit dem Menü-Manager anstehende Ausbauwünsche ab.

Der System-Manager hat Zugriff auf systemtechnische Komponenten des BBS, nicht aber Zugriff auf BBS-Datenbestände. Im HSG-BBS ist auch diese Aufgabe durch entsprechende Kontenverwaltung im VAX/VMS-System organisiert.

4.2.5 Allgemeine Informatikdienste

Die allgemeinen Informatikdienste stellen die notwendige Infrastruktur zum Betrieb des BBS zur Verfügung. Zu ihrem Stab gehört auch der System-Operator welcher die täglich anfallenden allgemeinen Operatingaufgaben übernimmt. Dazu gehört vordergründig vor allem die Datensicherung. Die Struktur der allgemeinen Informatikdienste an der HSG, in welche die BBS integriert sind, ergibt sich aus der Übersicht Abb. 3.

4.2.6 BBS Systementwickler

Der Systementwickler erstellt die notwendige Software. In unserem Konzept betrifft dies sowohl Softwarekomponenten auf den Netz-Hosts im DEC-Net VAX/VMS als auch die kooperierenden Werkzeuge auf den Workstations.

Da unserem Prototyp leistungsfähige integrierte PC-Softwarewerkzeuge zugrunde liegen, handelt es sich Workstation-seitig ausschliesslich um anwendungsorientierte Entwicklungsaufgaben. Diese erfordern keine systemnahe Programmierung, wohl aber qualifizierte Designfertigkeiten in der template-Entwicklung.

Die Idee möglichst hochliegender anwendungsnaher Implementierung und Codierung liegt auch der BBS-Software auf den Netz-Hosts VAX/VMS zugrunde. Wo immer möglich, wurde auf bestehende Utilities/Software oder allgemein durch die Kommandosprache VMS/DCL verfügbare Funktionen zurückgegriffen.

Entsprechend war es möglich, die ganze Netz-Seite des BBS mit nur einer Ausnahme in DCL-Kommandosprachenprozeduren zu implementieren. Die Ausnahme ist ein (kleines) Eingabeprogramm für stream-input von Texten: wir wollten erreichen, dass Text-upload auch Paragraphenumbruch-orientiert möglich ist.

Diese Strategie für die Netz-Host Implementierungsseite führt nicht zu "optimaler" Software, optimal gemessen vor allem an systemtechnischen Laufzeitcharakteristiken. Sie lässt jedoch einen hohen Grad an Flexibilität zu. Entwicklung, Test sowie Implementierung waren innert kürzester Zeit möglich und Anpassungen können jederzeit vergleichsweise einfach vorgenommen werden.

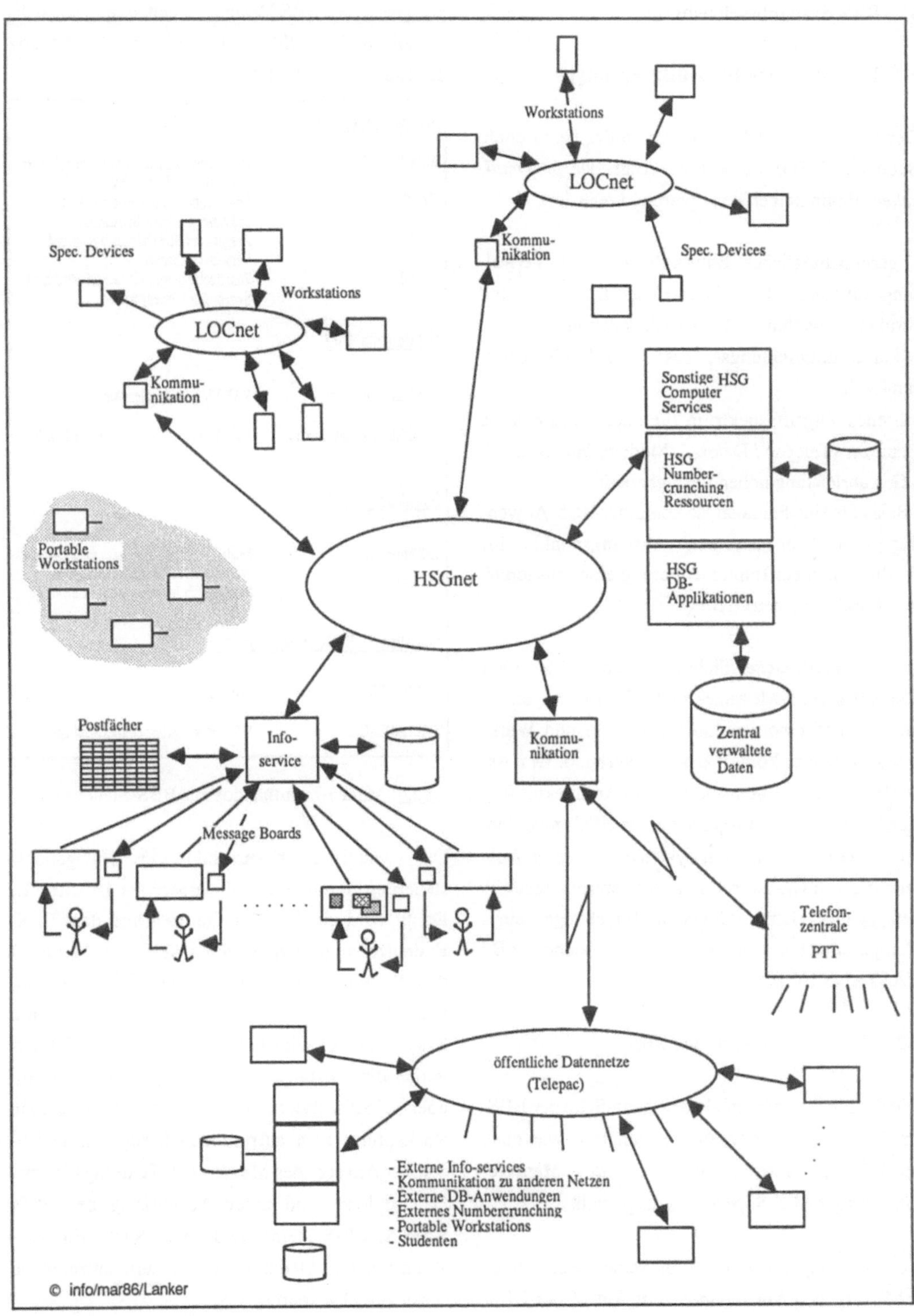

Abb.3: Infrastruktur des Informatik-Bereichs für die HSG Bulletin-Board Systeme

5 BBS Systembeschreibung

5.1 Eckdaten des HSG BBS-Prototyps

Der vorliegende BBS-Prototyp an der Hochschule St.Gallen (HSG) wurde unter folgenden *pragmatischen* Bedingungen konzipiert und realisiert:

- geringstmöglicher Entwicklungs- und Verwaltungsaufwand auf den Netz-Hosts; BB Daten- und Strukturverwaltung auf einer Workstation.
- kurze Entwicklungs-, Test- und Implementierungszeit.
- breites Zugriffsspektrum für lokale und externe Benutzer (Telepac / Datex-P, Modem, inhouse).
- Gewährleistung hoher Verfügbarkeit.
- Basis für eine Feldanalyse konkreter BBS-Anwendungen und entsprechend Ausgangspunkt für Evaluationen zur Implementierung eines ausgereiften (frembezogenen) BBS.

In *systemanalytischer* Sicht sind Studienobjekte vor allem das BBS-Message- und Menü-Management und die dafür notwendigen Konzepte und Werkzeuge in einem komplexen Netzverbund. Der Aspekt einer cooperative-processing Architektur fügt sich ein in weitere Projekte an der HSG, modulare und verteilte Applikationssysteme durch eine Ausnutzung von Hardware- und Softwareressourcen in den jeweils leistungsfähigsten Umgebungen eines Computernetzes zu entwickeln (siehe z.B.: NASTANSKY 1985).

5.2 (Netz-) Host-Seite des BBS

Die wichtigsten Merkmale der Netz-Seite der BBS-Implementierung werden im weiteren, wie oben bereits angesprochen, *aus Sicht des Message-Managers* / BBS-Supervisors dargestellt.

Der BBS-Supervisor hat für seine Netz-seitigen MM-Aufgaben *Kommandos* zum Aufruf der BBS-Funktionen zur Verfügung. Hinter den Kommandos (Rudimenten einer Hoch-/Makro-Sprache, geeignet für BBS-Design, wenn man so will) stehen DEC VMS/DCL-Prozeduren. Ein Katalog der Kommandos findet sich in Abb.4.

BBS-Navigation	
\MENU\logical-name	Menüverzweigung zum Menü <logicalname> und Anzeige auf dem Bildschirm
\BACK	Zurück zum (dynamisch) letzten Menü und Anzeige auf dem Bildschirm
\EXIT	Ausgang aus BBS und Menüsystem und Verbindungsabbruch
((TOP))	Zum Bootstrap wird TOP als defaultmässiger System-Anker bereitgestellt
Upload zum BBS	
\SEND\node::username	VAX/VMS-Mail System Ausnutzung
\SENDNLF\node::username	.. wie SEND, jedoch ohne <line-feed>-Echo
Download vom BBS	
\DISP\filespecs	Sende/Type Datei <filespecs> an die Endnutzer-Workstation, kehre zurück zum aufrufenden Menü und übermittle das an WS zurAnzeige
Einstellen BBS-Systemparameter	
\CAPT\PAGE	Terminal-Modus (Bildschirm-weise Ausgabe)
\CAPT\NOPAGE	WS-Modus (Kontinuierliches Scrolling)

Abb.4: Makro-Kommandos zur BBS-Steuerung

Das wichtigste Kommando zur Navigationssteuerung durch den BBS-Supervisor ist \MENU. Damit wird ein Menü aufgerufen und dem BBS-Endnutzer angezeigt. Systemanker ist das Menü mit dem System-vorgegebenen Namen TOP, das automatisch bei Einstieg in das BBS aktiviert wird. Systemausstieg wird entsprechend durch \EXIT hervorgerufen.Textausgabe bzw. Datei-download wird über \DISP aktiviert. Nach der Ausgabe findet ein Rücksprung zum aufrufenden Menü mit gleichzeitiger Anzeige des Menüs statt. Texteingabe bzw. Datei-upload wird unter Ausnutzung des VAX VMS/MAIL-Systems realisiert. Nach Eingabeabschluss wird gleichfalls wieder zum aufrufenden Menü zurückgekehrt.

Das Zusammenspiel zwischen diesen BBS-Kommandos und der Endnutzer-Sicht wird in Abb.5 skizziert. Jedes Menü des BBS, das dem Endnutzer angezeigt wird, wird als *Menütext*-Datei <menu-filename>.MENU abgelegt. Zugeordnet ist jeweils eine korrespondierende *Kommandotext*-Datei <menu-filename>.DESC) mit den entsprechenden BBS-Kommandodeskriptionen (die dem Endnutzer verborgen bleibt). Aufgabe des BBS-Supervisors ist, beide Dateien konsistent zu edieren. Konkret besagt dies, dass die dem Endnutzer sichtbaren Menüanwahl-Nummern und der zugehörige Aufforderungs-Text (.MENU-file) mit den korrespondierenden Kommandos und den entsprechenden Anwahlnummern als Parameter der Kommandos (.DESC-file) nicht im Widerspruch stehen darf.

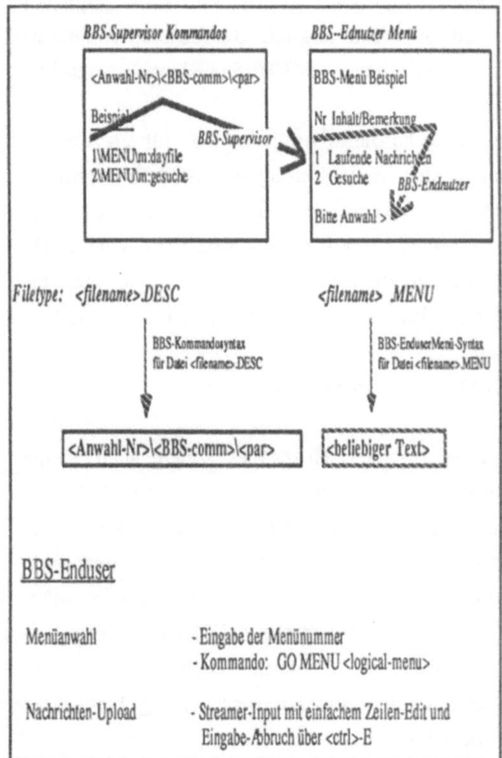

Abb. 5: Architektur der BBS-Menücodierung

Neben diesen beiden Datei-Typen sind als dritter und letzter Dateityp durch den BBS-Supervisor noch die Nachrichtentext-Dateien mit den Nachrichten selber zu verwalten. Die Verbindung zwischen .MENU-file und assoziiertem DESC-file geschieht über identische <menu-filename>-Namen. Die Namen der Nachrichtentext-Dateien, die dem Endnutzer zu senden sind, werden als Parameter des \DISP-Kommandos in den .DESC-files mitgegeben. Das Datei-Zusammenspiel dieser drei Dateitypen ist in Abb.6 verdeutlicht. Die beiden Menüfile-Typen werden in *einem* VMS-Directory verwaltet, entsprechend die Nachrichtentext-files in einem *anderen* VMS-Directory.

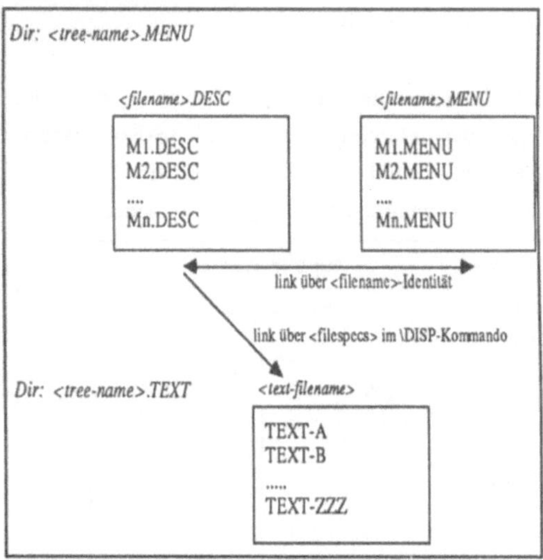

Abb. 6: Directory-Struktur und Referenzlogik

Die laufenden BBS-Managementfunktionen bestehen u.a. darin, die Menüs und ihre Strukurinformationen zu verwalten und zu aktualisieren. Dazu werden die Menüs auf der Workstation des BBS-Supervisors als Originale gehalten und mit Struktureditor,Textverarbeitungs-sowieDatenmanagementwerkzeugen modifiziert. Die aktuellen Versionen werden dann in die entsprechenden VMS-Directories per file-transfer hineingeladen.

Immer wenn ein derartiger Ladeprozess abgeschlossen wurde, ist das BBS für den Endnutzer in einem (aktualisierten) neuen Zustand, da der DCL-Interpreter der Netz-Hosts bei Aufruf dieser Dateien entsprechend auf neue BBS-Kommandos zugreift. Nachrichten- / Text- Aktualisierung geschieht analog. Um es zusammenzufassen: die gesamte aktuelle BBS-Struktur einschliesslich der Datenbestände ist in den angegebenen Datei-Typen *implizit* verankert. BBS-Management für die Netz-Hosts findet also allein durch Datei-upload von der Workstation des Supervisors statt. Die gesamte update-Steuerung sowie Zustandsverwaltung des BBS, Konsistenzkontrollen, Strukturanalysen sowie die Generierung von Zustands- und Strukturübersichten für die BBS-Nutzer u.v.a.m. finden mit einem Bündel von Werkzeugen im Symphony-template der Workstation statt.

Der Mechanismus der Menü*vernetzung* (es findet wegen der interpretativen DCL/BBS-Kommando-Abarbeitung nicht notwendigerweise eine Beschränkung auf *Bäume* statt) ist in Abb.7 verdeutlicht.

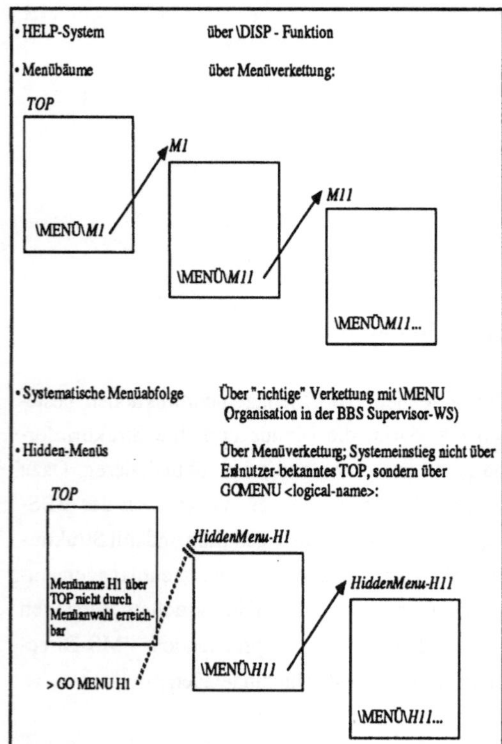

Abb. 7: Konzept der Menüvernetzung im BBS

Neben der einfachen Anwahl-Option in den Menüs besteht für den Endnutzer noch die Möglichkeit einer unbedingten Verzweigung zu einem Menü mit dem Kommando GO MENU <logical-menu-name>. Es liegt am BBS-Supervisor, ob er den BBS-Endnutzern diese <logica-menu-name>'s für direkte BBS-Navigation bekanntgibt, z.B. im Help-System des BBS oder innerhalb der Menütexte selber (etwa: Menüidentifizierung analog *BTX-Seiten*-Konzept oder *CIS-Page*-Struktur in Compuserve). Mit dieser Kommando-orientierten Navigationsoption sind auf jeden Fall in sehr flexibler Form lokale und abgrenzbare BBS-Bereiche definierbar. Dabei kann einem BBS-Endnutzer z.B. der Einstieg nur über Kenntnis eines zugehörigen BBS-Passworts (d.h. syntaktisch = <logical-menu-name>) ermöglicht werden. Damit sind *hidden menus* zum Informationsaustausch innerhalb geschlossener / privater BBS-Benutzergruppen bei gleicher technischer Infrastruktur ohne jeglichen System-overhead möglich. Gerade auch von dieser Option wird in den HSG-BBSs Gebrauch gemacht.

Es würde an dieser Stelle zu weit führen, weitere Details der Implentierung des BBS-Prototyps an der HSG, insbesondere auch *aus Sicht des BBS-Systementwicklers* für die Netz-Host Module (P. Gloor), anzuführen. Die Verfasser sind hier zur Bereitstellung weiterer Informationen gern bereit.

5.3 Workstation-Seite des BBS

Analog zur Netz-Host-Seite sollen auch einige Merkmale der Workstation-Seite der BBS-Implementierung *aus Sicht des Message-Managers* / BBS-Supervisors dargestellt werden. Ausgangspunkte sind dabei das bereits skizzierte typische MM-Applikationsprofil (siehe 4.2.2) sowie der Überblick über die konkrete Hardware-/Software-Umgebung der cooperative-processing Architektur (siehe 4.1).

Ausschliessliche Softwareumgebung für alle MM-Funktionen im BBS ist Symphony. Hardwaremässig ist die MSDOS-Workstation immer online über eine RS-232C Schnittstelle mit einem (üblichen VT-100) Terminal-Eingang mit dem VAX/DEC-Net verbunden.

Zur Zeit findet der notwendige Datei-upload/-download physikalisch über diese Schnittstelle statt. Logisch heisst das bei Symphony, dass ASCII-/Text-Daten über das COMM-Window aus dem/in das aktive worksheet fliessen. - *Im Aufbau* ist an der HSG ein integriertes DEC-Net/DOS-LAN. Physikalisch bestehen dann zwischen dem VAX/DEC-Net und der MSDOS-Workstation zwei Übertragungskanäle: zu der RS-232C Schnittstelle für die Workstation kommt eine (thin-) Ethernet Bus-Schnittstelle hinzu. Logisch bedeutet das für die Symphony-BBS-Applikation, dass Datei-upload/download dann über die vielfältigen file-transfer Mechanismen *worksheet* <-> *DOS-Directory* fliessen können (wie für DOS-Netzwerke üblich werden auch bei DEC-Net/DOS an der MSDOS-Workstation Netzdaten im wesentlichen über Emulation eines weiteren drives/logical-volume verfügbar).

Im folgenden Bildschirmschnappschuss findet sich eine Hardcopy von vier Fenstern des BBS-Symphony-templates (Beisp.2) Es handelt sich dabei um eine (willkürliche) Zustandsaufnahme während der MM-Arbeit des BBS-Supervisors.

Beisp. 2: Symphony Windows im BBS-template

Im *unteren COMM-Fenster* sind einige Zeilen zur online-Überwachung reserviert. Dort sind VAX-/DEC-Net Dialogmeldungen eingeblendet. Im oberen *FORM-Fenster* wird die Buchhaltung der Netz-Host-seitigen BBS-files in Datenmangment-Umgebung mit Formular-Editing realisiert. Im *DOC-Fenster* Mitte-links sind die letzten Menüzeilen eines Menüs "DAYFILE" sowie die ersten Zeilen der korrespondierenden Menü-Deskriptionen aus einem konkreten HSG-BBS eingeblendet. Im *OUTLINER-Fenster* Mitte-rechts findet sich ein Blick auf die gleichen Menüausschnitte, diesmal in Strukturplaner-Kontext. Nähere Informationen aus Sicht des Worksheet-Systemdesigns für das BBS sind vom Entwickler (L. Nastansky) verfügbar.

6 Literatur

COMPUSERVE 1984: Consumer Information Service, Starter Kit. Hrsgb. Compuserve Inc., Columbus/Ohio 1984.

Musstopf, G. Mailbox ABC für Einsteiger. Hamburg (Percomp Verlag) 1985.

Nastansky, L., PC-Software für die Mainframe-Welt. Konzepte zur Dezentralisierung von Softwarefunktionen. München (CSMI Verlag) 1985.

Nastansky, L. und W.F. Finke, Einsatzmöglichkeiten von integrierter PC-Software im Rechnungswesen. In: Rechnungswesen und EDV Hrsgb: W. Kilger und A.W. Scheer, Würzburg - Wien (Physica) 1985, S. 61 - 81.

Symphony. (1) How-To Manual. (2) Reference Manual. Symphony VS-1.1. Cambridge/MA (Lotus Development Corporation) 1985.


```
Editing Record 19 of 67                                              FORM
Enter Entity-Typ

 Entity-Typ   Text
 Dateiname    cspackhm
 Version      1.1
 Comment-1 Compuserve Download
 Comment-2 Tel-Comm-Forum: PCS-52 > DataLib: DL-0 > File: Packet.txt
 Comment-3 321 Zeilen
 Comment-4
 BOOKKEEP                                                     BOOKKEEPING

  95  zurück zum Obermenü                      | WKBINFOBB Menü-Struktur
  96  zurück zu TOP                            |
  99  Ende/Verbindungsabbau                    | 1.1 TOP: Oberstes Menü vo
                      -> Ende:    .MENU file   |
 1Ödisp\t:df_1\!  DAYFILE  -> Beginn: .DESC file |  1.1.1 WKBINFO: Hauptmenü
 2Ödisp\t:df_2                                 |
 3Ödisp\t:df_3                                 |    1.1.1.1 DAYFILE: Chron
 4Ödisp\t:df_4                                 |    1.1.1.2 GESUCHE: Ansch
                            MENUES TXT DESC    |            MENUE TREE

 >>> 13:48:03 7/10/1986 HSG Info-Systeme: VAX-Knoten GAMMA verfuegbar <<<
$
```

Aufgabe und Struktur "Schwarzer Bretter" in Mailbox-Systemen

Dirk Mußtopf
perComp-Verlag GmbH
High Tech Center Hamburg
Holzmühlenstraße 84
2000 Hamburg 70

Zusammenfassung: Mailbox-Systeme ermöglichen von ihren Funktionen her sowohl "Elektronische Post" als auch Diskussionen mit Hilfe "Schwarzer Bretter". Neben der individuellen gewinnt hier die Kommunikation in Gruppen rasch an Bedeutung. Ein Sonderfall von Mailbox-Systemen sind die in USA verbreiteten Bulletin-Board-Systeme. Hier findet der Dialog ausschließlich über Bretter statt. Diese Möglichkeit reicht für einen Informations- und Erfahrungsaustausch völlig aus. Die individuelle Kommunikation ist also eine zusätzliche Möglichkeit, die eine Mailbox von Bulletin-Board-Systemen unterscheidet.

Von einer Datenbank wie beispielsweise einem Fach-Informationszentrum in Deutschland erwartet man gesicherte, qualitativ hochwertige Informationen. Daraus resultiert, daß der Grad der Aktualität von Informationen in einer Datenbank durch die erforderlichen Bearbeitungszeiten nicht besonders hoch sein kann. In einer Mailbox hingegen findet man aktuelle Informationen, die oft keinen Anspruch auf Vollständigkeit erheben. Kreativität und Spontanität der Teilnehmer prägen Form und Inhalt der Nachrichten in einer Mailbox. Ein weiterer Unterschied: Während eine Datenbank gespeicherte Informationen anbietet, steht der Dialog bei Mailbox-Systemen im Vordergrund.

Mailbox-Systeme beeinflussen und verändern die Medienlandschaft. Die bei ihrer Benutzung und Betreuung auftretenden redaktionellen und organisatorischen Probleme werden im folgenden diskutiert. Anschließend wird ein Lösungsvorschlag unterbreitet, der z.Zt. in der "Mikromodul-Box" getestet wird. Die Mikromodul-Box basiert auf der GeoNet-Mailbox, an die eine lokale Datenbank angeschlossen ist.

1. Wichtige Grundbegriffe

Der Begriff "Mailbox" (2) wird meist mit "Elektronische Post" übersetzt. Dies ist nicht falsch, gibt aber die Funktionen und die vielfältigen Einsatzmöglichkeiten einer Mailbox nur sehr unvollständig wieder. Außer der Elektronischen Post (als Alternative zur "Gelben Post") bietet eine Mailbox u.a. "Schwarze Bretter" (bulletin boards), die beispielsweise der Kommunikation in Gruppen dienen.

Eine Mailbox (ein Computer mit spezieller Software) stellt jedem Benutzer für die "individuelle Kommunikation" ein **"Mailbox-Fach"** (kurz: Fach), d.h. Speicherplatz, zur Verfügung. Es trägt den vom zugeordneten Teilnehmer gewünschten Namen: den **Fachnamen.** Das Fach dient der Aufbewahrung empfangener oder abgesandter Nachrichten ("Briefe"). Es ist in vieler Hinsicht mit einem Postfach vergleichbar. Die Mailbox-Software verwaltet den Speicher und überwacht die Übertragung von Nachrichten.

Die **"Schwarzen Bretter"** (kurz: Bretter) einer Mailbox werden primär für die Kommunikation in Gruppen eingesetzt. Während jedes Fach einem bestimmten Teilnehmer zugeordnet wird, ist ein Brett einem "Thema" gewidmet. Ähnlich wie ein Fach erhält jedes Brett einen **Brettnamen.** Ein Brett kann im allgemeinen von jedem Teilnehmer beschrieben und gelesen werden. Die Lese- und Schreibrechte können jedoch auch gezielt auf einzelne Teilnehmer oder Gruppen beschränkt werden. Dadurch können die Bretter optimal an die Bedürfnisse der betreffenden Gruppe angepaßt werden. Die Struktur und die Verwaltung von Brettern birgt jedoch eine ganze Reihe von Problemen in sich. Diese werden hier untersucht und Lösungen diskutiert. Die hier vorgestellten Erfahrungen wurden im Rahmen des Vorhabens **NEPAS** (Netzwerke, Elektronische Post und Auskunftssystem) gesammelt, das von der Wirtschaftsbehörde Hamburg gefördert wird.

Überregionale Mailbox-Systeme, wie z.B. die TELEBOX der Deutschen Bundespost, werden als **Vermittlungsdienstleistung** betrieben (1). Nachrichten werden übertragen und verwaltet, ohne den Inhalt zu bearbeiten. Dies ist beim Individualverkehr wünschenswert, bzw. sogar Voraussetzung, da das "Briefgeheimnis" gewahrt werden muß. Ein zusätzliches, wesentlich höheres Sicherheitsbedürfnis tritt auf, wenn z.B. Patientendaten oder Krankengeschichten zwischen Ärzten ausgetauscht werden sollen. Hierzu müssen die Daten beim Absender individuell ver- und beim Empfänger wieder entschlüsselt werden.

In USA gibt es viele Mailbox-Systeme, die primär oder ausschließlich mit Brettern arbeiten: sog. **Bulletin-Board-Systeme.** Sie werden direkt oder indirekt als "Hot-Line" für den "After-Sales-Service" eingesetzt. Das Software-Haus Borland z.B. beantwortet Fragen zu seinen Produkten (Turbo-Pascal-Familie, Turbo Toolboxes, SideKick, REFLEX, Turbo Prolog und Modula 2) über das Bulletin-Board-System CompuServe. Die Fragen werden aber zusätzlich auch durch andere Anwender beantwortet. Eine sehr gute Einführung in das Gebiet Elektronische Kommunikation aus amerikanischer Sicht ist in dem Buch von Dean Gengle: **Netweaver's Sourcebook** (2) enthalten.

Der folgende Beitrag beschränkt sich auf die im Bereich der Kommunikation in Gruppen auftretenden Probleme bei dem Aufbau, der Verwaltung und dem Einsatz von Brettern.

2. Klassifizierung von Brett-Nachrichten

Den Aufbau von Nachrichten zeigt das folgende Beispiel:

Nachricht Nr.: 14
Nachricht von: MMB-SERVICE
Betrifft: TURBO PASCAL UNTER C-DOS AUF SIEMENS PC 16
Abgesandt am: 14-03-86, 07:40:31
Empfänger: TURBO-PASCAL SICOMP-16
Text:

Bei Geräten mit der Concurrent Version des CP/M-86 Betriebssystems (C-DOS) treten Schwierigkeiten mit Turbo Pascal z.B. bei der Bildschirmsteuerung auf.

Turbo Pascal unterstützt das C-DOS Betriebssystem nicht. Für einen fehlerfreien Programmablauf kann keine Garantie übernommen werden. Siemens PC 16 Rechner haben C-DOS und CP/M-86 Betriebssystem. Ein fehlerfreier Ablauf ist nur gewährleistet, wenn man Turbo Pascal in Verbindung mit CP/M-86 betreibt.

Technische Information - Heimsoeth software

Eine **Nachricht** gliedert sich in einen **Kopf**, dessen Aufbau immer gleich ist, und den eigentlichen **Text**. Der Kopf wird von der Mailbox aus den vom Absender angegebenen Parametern erzeugt. Der Inhalt des Kopfes wird bis auf den Namen des Empfängers auch im Inhaltsverzeichnis des Brettes angegeben. Als Beispiel das Verzeichnis der Nachrichten am Brett TURBO-PASCAL, die seit dem 13.03.86 eingingen:

(TURBO-PASCAL) Befehl: Inhalt 13.03.86

Nr.	Datum	Zeit	Abs./Empf.	Zeilen	Betreff
2	14-03	07:55	MMB-SERVICE	11	STICHWORTE IN BETREFF-ANGABEN
10	13-03	07:50	MMB-SERVICE	46	GENERATOREN FUER TURBO-PROGRAMME
11	14-03	07:32	MMB-SERVICE	19	BEFEHLSANPASSUNG FUER APPLE II UND KOMPATIBLE
12	14-03	07:34	MMB-SERVICE	22	NUTZUNG ZUSAETZLICHER SPEICHERKAPAZITAET
13	14-03	07:35	MMB-SERVICE	9	2-TINST BEI C64
14	14-03	07:40	MMB-SERVICE	13	TURBO-PASCAL UNTER C-DOS AUF SIEMENS PC 16
15	14-03	07:41	MMB-SERVICE	16	FEHLER IM 3-HANDBUCH (CP/M-80)
16	19-03	17:45	MMB-SERVICE	26	3-DIVISIONSREST BEI NEG. ZAHLEN (CP/M-80)
17	19-03	17:46	MMB-SERVICE	33	3-FEHLER BEI SCHNEIDER CPC (CP/M-80)
18	19-03	17:48	MMB-SERVICE	17	SIEMENS PC 16-11-ECHTZEITUHR IN TURBO

Im Inhaltsverzeichnis wird zusätzlich die Länge einer Nachricht angegeben.

Die im **Betreff** eingetragenen Angaben sind für die folgenden Betrachtungen besonders wichtig. In der individuellen Kommunikation bieten sie kurze Hinweise auf den Inhalt der Nachricht. Bei der Kommunikation innerhalb von Gruppen muß dagegen der Betreff einer Brett-Nachricht zusätzlich ein einfaches Suchen (besser: ein einfaches Finden) sinnvoll unterstützen.

Die Mailbox bietet die Möglichkeit, das Inhaltsverzeichnis von Brettern nach verschiedenen Kriterien zu durchsuchen:

* Name des Autors
* Zeitpunkt des Eintrags (alle Nachrichten, die nach dem angegebenen Datum an das Brett "gehängt" wurden, s.o.)
* Begriff oder Teil eines Begriffes aus der Betreff-Angabe, wie z.B.:

(TURBO-PASCAL) Befehl: Inhalt / **SIEMENS**

Nr.	Datum	Zeit	Abs./Empf.	Zeilen	Betreff
14	14-03	07:40	MMB-SERVICE	13	TURBO-PASCAL UNTER C-DOS AUF **SIEMENS** PC 16
18	19-03	17:48	MMB-SERVICE	17	**SIEMENS** PC 16-11-ECHTZEITUHR IN TURBO

Eine logische Verknüpfung mehrerer Suchbegriffe (wie bei Abfragesprachen üblich) ist bei Mailbox-Systemen nicht realisiert. Dies ist einer der Gründe für die Forderung nach einem einheitlichen, strukturierten Aufbau der Betreff-Angaben.

Die hier beschriebenen Mailbox-Kommandos und Nachrichten beziehen sich auf die Mikromodul-Box, deren Basis eine GeoNet-Mailbox (3) ist. Eine vollständige Beschreibung des Befehlsvorrates ist im "Mailbox ABC für Einsteiger" erschienen (4).

Betrachten wir nun die Nachricht selbst. Nachrichten können in zwei Klassen eingeteilt werden. **"Temporäre Nachrichten"** werden "aus aktuellem Anlaß" an ein Brett gehängt (Beispiel: Ankündigung einer Veranstaltung). Sie verlieren zu einem gewissen Zeitpunkt ihre Aktualität und sollten dann gelöscht werden.

"Permanente Nachrichten", wie z.B. Erfahrungsberichte oder Buchbesprechungen, haben meist eine fast unbegrenzte Lebensdauer. Ihre Anzahl wächst also ständig. Durch das Speichern solcher Nachrichten in einer lokal angeschlossenen Datenbank werden nicht nur überfüllte, unübersichtliche Bretter vermieden. Die für Datenbanken verfügbaren Abfragesprachen unterstützen und beschleunigen wirksam das Auffinden der gesuchten Informationen. Selbstverständlich können auch permanente Informationen zunächst zusätzlich an das zugeordnete Brett gehängt werden. Eine solche Kopplung einer überregionalen Mailbox und einer Datenbank ist eines der wesentlichen Themen des bereits erwähnten Vorhabens NEPAS (siehe Abbildung 1). Die Nutzung erfolgt über den sog. Datenbankbefehl der Mailbox.

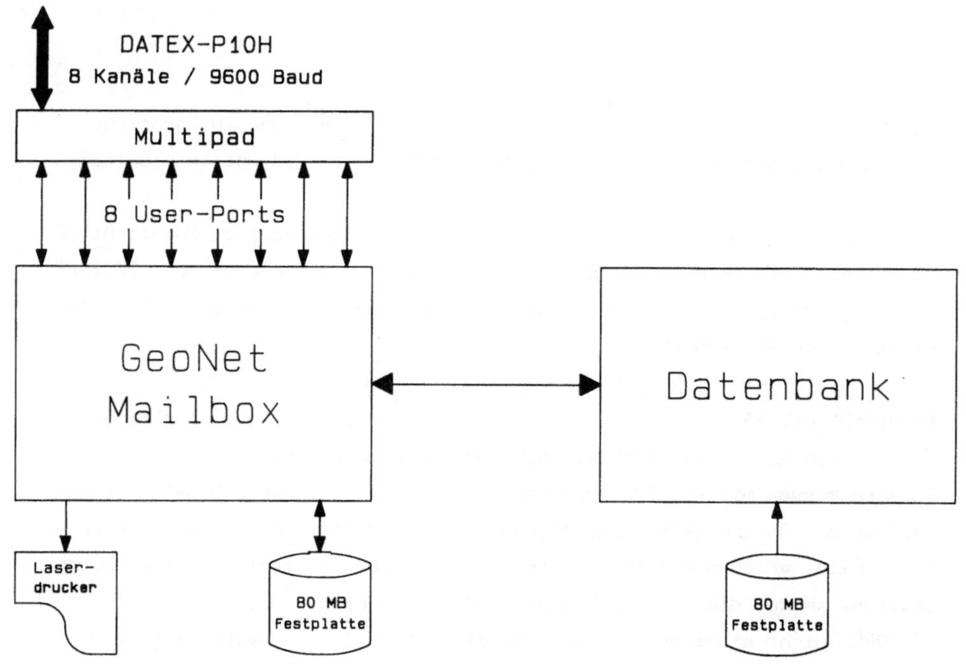

Abb. 1: Mailbox mit lokal angeschlossener Datenbank

Zum besseren Verständnis der mit Brettern verbundenen Probleme ein Beispiel aus dem amerikanischen Bulletin-Board-System BIX (5):

Ein Teilnehmer hat Probleme mit dem MS-DOS-Kommando RESTORE. Er hängte folgende Frage an das Brett MS.DOS/KOMMANDOS:

> Nachricht Nr. 90: Backup unter DOS 2.0
> Ich habe vor längerer Zeit ein oder zwei Directories mit dem BACKUP-Kommando auf einem IBM PC XT gesichert. Ich wollte nun die gesicherten Daten mit "RESTORE A: C:" wieder zurückspeichern. Das Betriebssystem meldete, daß keine zu restaurierenden Files vorhanden sind. Mit "DIR" konnte man aber alle gesicherten Files mit der Backup-Identifikation ".$$$" finden. Ich konnte zwar die Backup-Files mit COPY wieder zurückspeichern, aber ein Aufruf dieser Files ist nicht möglich: MS-DOS meldet, daß zuwenig Speicher vorhanden ist. BACKUP scheint etwas im File zu verändern. Kann mir jemand helfen?

Die Antworten werden in Bulletin-Board-Systemen an das gleiche Brett gehängt:

Nachricht Nr. 91: Bemerkung zu Nachricht 90
Wenn man ein Subdirectory sichert, muß man mit der "/S"-Option arbeiten.

Nachricht Nr. 92: Bemerkung zu Nachricht 90
Versuchen Sie es mit C>RESTORE A: *.* C: /S Sie müssen bei RESTORE angeben, welche Files gemeint sind. Es werden nicht automatisch alle Files zurückgespeichert.

Nachricht Nr. 95: Bemerkung zu Nachricht 90
Sie können die Files nicht einfach von der Backup-Floppy zurückkopieren, sondern **müssen** mit RESTORE arbeiten. BACKUP setzt einen 128 Byte langen Kopf an den Anfang jedes gesicherten Files. Dadurch kann man ein ausführbares File, welches von einer Backup-Floppy mit COPY **kopiert** wurde, nicht starten. Wenn die Backup-Floppy tatsächlich nicht in Ordnung ist und RESTORE nicht arbeitet, gibt es an einigen Bulletin-Board-Systemen Programme, mit denen man einzelne Files einer Backup-Floppy kopieren kann.

Nachricht Nr. 96: Bemerkung zu Nachricht 91
RESTORE speichert nur die Files der Backup-Floppy zurück, die in dem aktuellen Directory waren. Wenn keine Files dieses Directory gefunden werden, werden auch keine zurückgeholt.

Die Antworte sind natürlich nicht nur für den Fragesteller von Interesse. Sie stammen von verschiedenen Autoren und beleuchten jeweils nur einen speziellen Aspekt. Sie sollten deshalb anschließend von einem **"Fachredakteur"** überarbeitet und zusammengefaßt werden. Dieses spart Brettlesern wertvolle Zeit, und damit natürlich Geld.

Während eine Frage und die (meist spontanen) Antworten als temporäre Nachrichten einzuordnen sind, speichert der Fachredakteur seine Fassung - falls dieses Problem von allgemeinem Interesse ist - als permanente Nachricht in einer Datenbank. Dies könnte dann wie folgt aussehen:

Backup unter DOS 2.0

Da BACKUP einen 128 Byte langen Kopf an den Anfang eines gesicherten Files stellt, muß beim Restaurieren RESTORE verwendet werden, damit dieser Kopf wieder abgeschnitten wird. Wenn man Files aus einem anderen Subdirectory gesichert hat, muß man diese mit C>RESTORE A: C: /S wieder zurückgewinnen, da sonst nur Files bearbeitet werden, die in der aktuellen Directory gewesen sind.

Nachrichten lassen sich auch nach anderen Kriterien in Klassen einteilen: Sie können nach ihrer Wirkung auf die Leser unterschieden werden. Sie können eine **Mitteilung** (Sachinformation), wie z.B. einen Erfahrungsbericht, enthalten. Es kann sich aber auch um eine **Aufforderung** (Frage, Bitte um Hilfe, Vorschlag oder Diskussionspapier) handeln. Letztere Nachrichten dienen nicht nur der Information wie eine Mitteilung, sondern lösen auch eine Reaktion aus und regen somit zu einer Diskussion an. In eine ähnliche Klasse von Nachrichten gehören auch Themen wie Kontakt-Ecke oder An- und Verkauf von Hard- und Software.

Die mit der Nachrichten-Klasse "Aufforderung" verbundenen Werkzeuge und Verfahren bieten auch eine sehr gute Basis für **Computer-Konferenzen** (6). Computer-Konferenzen haben den Vorteil, daß sich die Teilnehmer einer Konferenz nicht an einem geographischen Ort treffen müssen, sondern räumlich getrennt zu jeder Tages- und Nachtzeit die Meinungen der anderen Konferenzteilnehmer nachlesen und je nach Situation direkt darauf antworten oder eine fundierte Stellungnahme bzw. einen Gegenvorschlag vorbereiten können.

3. Fachredakteur

Für jedes Brett ist ein **Fachredakteur** zuständig. Dies gilt gleichermaßen für den

Inhalt und die **Aktualität**

der Beiträge. Selbstverständlich gilt dies nicht in vollem Umfang für diejenigen Bretter, die von den Mailbox-Teilnehmern direkt beschrieben werden. Insbesondere ist der Fachredakteur dafür verantwortlich, daß

* "alte" Nachrichten gelöscht werden,
* Fragen von ihm selbst beantwortet werden oder für ihre Beantwortung Sorge getragen wird,
* die Betreff-Information sinnvoll und aussagekräftig ist,
* die Standard-Nachrichten 1, 2 und 3 (s.u.) vorhanden und sachlich richtig sind (insbes. Stichworte in Nachricht 2) und
* das Brett interessant und aktuell bleibt.

4. Regeln für den Aufbau von Nachrichten an Schwarzen Brettern

Jedes Brett ist einem bestimmten **Thema** gewidmet, dessen Inhalt bereits möglichst aus seinem **Brettnamen** erkennbar sein sollte. Haben Bretter ähnliche Namen, so sollten Sie sich möglichst in den ersten Buchstaben unterscheiden.

Man kann die Bretter in verschiedene **Brettklassen** einteilen. Sie haben je nach Einsatzgebiet und Ziel unterschiedliche Eigenschaften:

Standard-Brett: Das Brett ist ohne Paßwort zugängig. Alle Teilnehmer besitzen Lese- und Schreibrechte.

Gruppen-Brett: Das Brett wird innerhalb einer Gruppe benutzt; es ist paßwortgeschützt. Es wird mit dem Befehl "BRETT *" nicht angezeigt. Alle Mitglieder der Gruppe können (nach Paßworteingabe) das Brett lesen und auf das Brett schreiben.

System-Brett: Systembretter können nur von privilegierten Personen gelesen und beschrieben werden. Diese Bretter werden beispielsweise für Computer-Konferenzen benutzt.

Zusätzlich können Bretter gegen unerwünschtes Beschreiben geschützt werden:

Schreibschutz: Das Schreiben ist nur nach Eingabe eines Paßwortes (im Fall Gruppen-Brett ein zweites!) möglich. Dieser Schutz kann zusätzlich für Standard- und Gruppenbretter benutzt werden.

System-Schutz: Nur privilegierte Personen können Nachrichten schreiben und löschen. In ihrem Namenseintrag in der Mailbox muß der Name des betreffenden Brettes gelistet sein. Dieser Schutz kann sowohl Standard- als auch Gruppenbrettern zugeordnet werden.

Schließlich erhalten System-Operator, Fachredakteure und Betreuer von Gruppen die Möglichkeit, beliebige Nachrichten an ihren Brettern zu löschen.

Brett-Fach: Für jedes schreibgeschützte Brett sollte ein "Brett-Fach" eingerichtet werden. Als Name wird "F-brettname" verwendet. Ist beispielsweise das Brett TURBO-PASCAL schreibgeschützt, so trägt das zugeordnete Fach den Namen F-TURBO-PASCAL. In dieses Fach können Fragen, Bemerkungen, Anregungen usw. abgelegt werden. Es wird vom Fachredakteur betreut.

Grundsatz: Ziel muß es sein, für alle Bretter eine einheitliche Struktur zu verwenden, die den Teilnehmern mitgeteilt wird. Sie dient nicht nur der Ordnung und der permanenten Aktualisierung, sondern vor allem den Mailbox-Teilnehmern: das Auffinden von Informationen wird erleichtert, und damit schneller. Sie ist auch die Basis für einen schnelleren und preiswerteren Austausch von Brettern oder Informationen über Bretter zwischen Boxen unterschiedlicher Betreiber.

Standard-Nachrichten: Die ersten 3 Eintragungen (Nachrichten) eines Brettes werden bei allen Brettern einheitlich genutzt:

Nachricht 1: **Thema und Zielsetzung**

Die Kurzbeschreibung enthält folgende Punkte:
Thema des Brettes, Zielsetzung bzw. Zweck, Zielgruppe und Voraussetzungen, Zugriffsbeschränkungen bezüglich Schreiben oder Lesen, Betreuer (Fachredakteur), allgem. Regeln für Betreff-Info, Aufbau des Textes, Hinweise bzw. Verweise auf andere Bretter (z.B. in anderen Mailboxes).

Nachricht 2: **Thesaurus für den Betreff**

Diese Nachricht enthält eine Liste aller Begriffe, die im Betreff der eigentlichen Nachrichten verwendet werden. Dadurch führen unterschiedliche Schreibweisen wie z.B. "Kompiler", "Compiler" oder "Übersetzer" nicht zu lückenhaften Ausgaben. In einigen Fällen ist es empfehlenswert, die einzelnen Begriffe zu erklären.

Nachricht 3: **Brett-Inhalt**

In einigen Fällen ist es sinnvoll, ein aktuelles Verzeichnis der Nachrichten mit zusätzlichen Kommentaren anzubieten. Diese sollten auch Hinweise auf andere Bretter bzw. Querverweise besitzen.

Die Nachrichten 1, 2 und 3 werden bei der Einrichtung eines Brettes **fest vergeben.** Erfolgt kein Eintrag, so werden diese Plätze trotzdem mit einem "Leereintrag" blockiert.

Durch diese Konvention können sich die Teilnehmer über InterMail (s.u.) Informationen über andere Bretter beschaffen, die nicht in Ihrer Heimatbox gespeichert sind.

Hinweis: "Suche", "Biete", "Frage" sollte nicht als eigenständiges Brett existieren. Diese Begriffe können in der Betreff-Info untergebracht werden. Werden solche Nachrichten Sachthemen (d.h. Brettern) zugeordnet, ist die Reaktion mit Sicherheit schneller und stärker.

Der **Aufbau von Nachrichten** an Brettern sollte auch nach Kostengesichtspunkten gut überlegt sein. Im Normalfall sollten die Nachrichten nicht zu lang sein. Weiterhin sollte darauf geachtet werden, daß das Layout so gewählt wird, daß die Gebühren (DATEX-P, Telefon und Mailbox) nicht unnötig hoch werden. Dazu gehören beispielsweise:

Keine "Einzüge" über die gesamte Nachricht (Blanks am Zeilenanfang kosten nur Übertragungszeit). Der linke Rand kann über den Drucker ausgesteuert werden.

Fließtext wäre zwar innerhalb der Absätze wirtschaftlich optimal, aber leider verfügen viele Teilnehmer nicht über die erforderliche (einheitliche) Software.

Die Zeilenlänge sollte 60 Zeichen betragen (keinesfalls mehr, aber möglichst innerhalb von Absätzen auch nicht wesentlich weniger).

Die Absätze sollten mit Flatterrand (also nicht Blocksatz) geschrieben werden.

Für den Text sollte kein Seitenlayout (Seitenkopf und -fuß) verwendet werden. Im Text sollten Leerzeilen auf ein Minimum beschränkt werden.

Kurze Nachrichten sollten bezüglich ihrer Länge auf 20 Zeilen beschränkt werden (Bildschirm abzüglich zusätzlicher "Statuszeilen").

Sind die Nachrichten mehrere Seiten lang, so sind folgende Punkte zusätzlich zu beachten:

Als "Seitenlänge" sollte 55 Zeilen/Seite benutzt werden. Die Seitenzahl wird zwar nicht im Text angegeben, aber für das Inhaltsverzeichnis benutzt.

Auf der ersten Seite werden eine Zusammenfassung des Inhalts und ein Inhaltsverzeichnis mit Seitenzahlen angegeben. Diese erste Seite sollte ebenfalls insgesamt maximal 55 Zeilen enthalten. Dadurch kann der Teilnehmer mit einem Befehl (Lesen der 1. Seite) die Zusammenfassung und das Inhaltsverzeichnis bekommen. Anschließend kann er bei Bedarf gezielt diejenigen Seiten lesen, die er für seine Arbeiten benötigt.

Da die GeoNet-Mailbox-Systeme über **InterMail** (X.400-Protokoll) miteinander verbunden sind, sollten einige Bretter, wie z.B. das Brett mit System-Informationen in allen Mailbox-Systemen angeboten werden.

Darüber hinaus sollten in jeder Box nicht nur Informationen verfügbar sein, welche Bretter in anderen Mailbox-Systeme existieren und über InterMail gelesen werden dürfen. Es sollten auch über die verfügbaren Bretter Informationen (in der Form, wie unter Nachricht 3 angegeben) angeboten werden.

Scheitert dieser Vorschlag am Aufwand, so könnte einmal pro Tag die Information von "Inhalt *" als Nachricht übertragen werden. Der Brettname und das Datum werden in die Betreff-Info dieser Nachricht gesetzt.

Ähnlich kann mit Thema und Zielsetzung (Nachricht 1) und Thesaurus (Nachricht 2) verfahren werden.

5. Beispiel für den Aufbau eines Brettes

Als Beispiel wird hier der "FZ-SERVICE" kurz beschrieben. In diesem werden nach einem einheitlichen Schema Informationen über Publikationen in Fachzeitschriften oder Tagungsbänden gesammelt. In diesem Fall ist erforderlich, daß Einträge nach einem Zeitraum von 3 - 6 Monaten vom Brett entfernt und in eine Datenbank (Retrieval-System) integriert werden.

Die **BETREFF**-Information der Nachricht hat eine fest vorgegebene Struktur, für deren Einhaltung der Fachredakteur verantwortlich ist:

Fachgebiet	Bauelemente, PC, Betriebssysteme, ...
Typ	Typ des Artikels: Überblick, Testbericht, ...
Status	Idee, Schaltung, Produkt, ...
Ebene	DV-Laie, Anwender, Programmierer, ...
Jahr	Jahr der Veröffentlichung
Keywords	eigentliche Suchbegriffe: EPROM, Compiler, ...

Für den Betreff-Eintrag wird außer den Keywords (Schlüsselworten) alles in Kurzform angegeben. Der BETREFF enthält mit Ausnahme von "Keywords" jeweils nur einen Begriff. Maximal 5 Keywords sind für einen Eintrag zugelassen.

In BETREFF dürfen nur die Begriffe eingesetzt werden, die in einem Thesaurus (Nachricht 2 des Brettes) gespeichert sind. Dies ist erforderlich, da sonst Schwierigkeiten durch unterschiedliche Schreibweisen entstehen (Compiler und Kompiler, Lader und Loader usw.).

Die eigentliche **Nachricht** wird in "Kopf" und "Abstract" unterteilt. Der **Kopf** besitzt ebenso wie der BETREFF eine vorgegebene Struktur:

Titel	Titel des Artikels
Autor	Autor des Artikels
Sprache	deutsch, englisch, ...
Zeitschrift	Name der Zeitschrift (Abkürzung)
Heft	Nummer des Heftes
Jahrgang	Jahrgang der Zeitschrift
Jahr	Erscheinungsjahr
von Seite:	
bis Seite:	

Der eigentliche **Abstract** besteht aus einem freien Text. Der Autor des Abstracts hat jedoch eine einheitliche Gliederung einzuhalten. Er benutzt eine Checkliste.

Die Autoren schicken ihre Abstracts an den Fachredakteur. Nur der Fachredakteur besitzt ein Schreibrecht. Er trägt die Abtsracts in das Brett ein.

6. Ausblick

In Europa setzt sich das von der Firma GeoNet Mailbox Systems GmbH, Haunetal, entwickelte GeoNet-Mailbox-System immer mehr als de-facto-Standard für kommerzielle Mailbox-Systeme durch. Zur Zeit sind in Europa 20 GeoNet-Mailbox-Systeme installiert, die miteinander vernetzt sind. Das dafür verwendete X.400-Protokoll (Vorversion) wird sich in Europa sicher durchsetzen. Damit wird nicht nur die individuelle Kommunikation zwischen Nutzern verschiedener Mailbox-Systeme möglich, sondern auch der Austausch von Brettinformationen.

Die hier diskutierten Brettregeln sollen den Anwender nicht knebeln, sondern nur den Austausch und das Suchen von Informationen erleichtern und kostengünstiger gestalten. Zusätzlich sind zwischen den Betreibern Vereinbarungen erforderlich, die den Austausch von Brettern regeln.

Mailbox- und Bulletin-Board-Systeme können nur so gut sein wie ihr **Inhalt.** Die Pflege und die Aktualisierung von Brettern erhält eine entscheidende Bedeutung für die Akzeptanz des neuen Mediums. Die bisherigen Erfahrungen zeigen, daß jedes Brett von einem Fachredakteur betreut werden sollte. Er sorgt auch dafür, daß Bretter nicht zu PR- und Werbezwecken degenerieren, sondern sich im Sinne eines wirksamen Erfahrungsaustausches und Dialoges entwickeln.

Eine kritische Analyse amerikanischer Erfahrungen zeigt, daß durchaus im Erfolg der Elektronischen Kommunikation gewisse "Gefahren" lauern. Mit zunehmender Teilnehmerzahl wächst auch die Anzahl der Nachrichten (Fragen, Antworten, Hinweise usw.) an den Brettern: in amerikanischen Systemen gehen für Produkte wie SYMPHONY pro Tag 50 bis 80 Nachrichten ein! Die Betreiber müssen deshalb bereits nach relativ kurzer Zeit "alte" Nachrichten nach dem FIFO-Prinzip löschen. Dadurch gehen viele wertvolle Informationen verloren. Eine Aufbereitung und Verdichtung vor dem Löschen und Speicherung in einer Datenbank ist deshalb eine dringende Forderung. Hier bietet eine Kooperation zwischen Hochschulinstituten und industriellen Anwendern ein sehr interessantes Arbeitsgebiet.

Message-Handling-Systeme werden sich einerseits nicht mit so atemberaubender Geschwindigkeit durchsetzen, wie einige Betreiber annahmen. Andererseits lassen sich mögliche neue Anwendungen heute nur erahnen. Ein wahres Paradies von Marktlücken wartet auf Ideen! Entscheidend für die Geschwindigkeit dieses Prozesses ist, ob die angebotenen Inhalte und Themen den angesprochenen Zielgruppen spürbare fachliche und wirtschaftliche Vorteile bieten.

Referenzen

(1) Jonas, Christoph: TELEBOX - ein öffentlicher personenbezogener Mitteilungs-Übermittlungsdienst; net special, Decker's Verlag, Oktober 1985, Seite 42 - 46

(2) Gengle, Dean: Netweaver's Sourcebook; Addison & Wesley, 1985, ISBN 0-201-05208-3

(3) Leue, Günther: GeoNet-Mailbox-Systeme; net special, Decker's Verlag, Oktober 1985, Seite 47 - 51

(4) Mußtopf, Günter; Mailbox ABC für Einsteiger, perComp-Verlag GmbH, 1985, ISBN 3-89171-011-9

(5) (Editorial): The Best of BIX; BYTE Magazine, Vol. 11, No. 2, 1986, Seite 6; Beispiele in allen Heften ab Februar 1986

(6) Computer Conferencing; Schwerpunktthema in BYTE Magazine, Vol. 10, No.13, Dezember 1985

(7) (Round Table): Mailbox - Neue Wege der Kommunikation; Computer Magazin, Heft 3, 1986, Seite 14 - 18

BENUTZERFREUNDLICHE DATENBANKZUGRIFFE VIA MAILBOX

Thomas Esher
Deutsche Mailbox GmbH
Hamburg

Der Zugriff auf Datenbanken (DB) über Mailboxsysteme kann, auf den ersten Blick, als überflüssige Zwischenvermittlung erscheinen. Angesichts des gegenwärtigen Standes der Technik sind aber die speziellen systemtechnischen und fachorientierten Dienste avancierter Mailboxsysteme besonders geeignet, die Ferne zum Endnutzer zu überwinden, die viele DB-Hosts plagt.
Hier sollen praxisorientiert die speziellen Probleme der Teilnehmer und Betreiber von Mailboxsystemen beschrieben weden. Darüberhinaus werden die Anforderungen an Architektur-, Ablauf- und Datenstrukturen erörtert, die bei DB-Hosts bzw. Mailbox-Verwaltungen entwickelt werden sollten, um Fortschritte zur Endnutzernähe zu forcieren. Für die Zukunft werden zwei Wege beschrieben, die die Verfügbarkeit von DB-Informationen, über die Initiative einzelner Hosts hinaus, verbessern können.

- Erstens könnte die Kooperation von problembewußten Hosts und dienstleistungsorientierten Mailbox-Betreibern zu einer Normierung der DB-Mailbox-Verbindungen führen. Insbesondere Benutzeridentifikation und Abrechnungsdatenübergabe müßten dabei geregelt werden. In diesem Bereich kann auf die Pionierarbeit der EHOG (European Host Operators Group) zurückgegriffen werden.
- Ein zweiter Weg der Kooperation wäre die Entwicklung einer Zwischensprache, die DB-Abfragesprachen und Mailbox-Kommandosprachen für die Endnutzer transparent machte.

Anwenderprobleme

Die DB-Abfragesprachen sind für die Endnutzer unzumutbar vielfältig. Die monopolistische Durchsetzung eines Hosts ("Lockheed-Effekt" - nach dem amerikanischen Superhost Lockheed-DIALOG), ist aus Gründen des Informationspluralismus nicht wünschenswert. Die Vielfalt der weltweit existierenden DB-Bestände ist begrüßenswert. Das Sprachenproblem ist die historische Folge der allmählich gewachsenen Datenbestände, Klagen darüber also müßig; Vergleiche zu natürlichen Sprachen drängen sich auf. Bedauerlich ist diese babylonische Fülle, weil die unterliegende Ablaufstruktur einfach ist. Sie gliedert sich in:

- Auswahl der Datenbank
- Recherche (ggf. mit Ausweitungs- und Verengungszyklen)
- Anzeige (bzw. Ausdruck) des Ergebnisses.

Der Konflikt für den Anwender besteht darin, sich eine wertvolle (weil anbieterunabhängige) Informationsfülle nur durch eine zeitraubende Sprachenfülle erschließen zu können. Diese Unannehmlichkeiten werden verstärkt durch wenig eingängige Befehlsworte und geringe Fehlertoleranz der Kommandointerpreter.

Über den Prozeß des Host-Dialogs hinaus, ist der Zeitaufwand für eine qualifizierte Recherchenvorbereitung und die Aufbereitung der Ergebnisse zu veranschlagen.

Die Datenstruktur der Informationsbestände stellt eine weitere Anwenderhürde dar. Sie ist besonders hinderlich, weil sich die Fülle der Strukturen nicht nur auf Host-Ebene, sondern für jede einzelne DB ausbreitet. Dabei kann durch vertikale Strukturierung für ungeübte Nutzer die Unübersichtlichkeit schnell wachsen. Diese Situation erklärt sich z.T. aus der Herkunft der Daten: die Bestände sind oft aus Druckwerken extrahiert. Gedruckte Informationen sind durch den Seitenumbruch und reprographische Hilfen in iher Struktur transparent zu gestalten. Insbesondere sind Leser daran gewöhnt, aus der grafischen Textanordnung Strukturinformationen automatisch wahrzunehmen. Dagegen erfordert die streng zeilenorientierte Darstellung der Datenbanken beim Nutzer, dieses Strukturbewußtsein zu verinnerlichen. Heutzutage wird dies durch Endnutzerschulungen und umfängliche Dokumentationen vermittelt - die Möglichkeiten der elektronischen Informationsverfügbarkeit werden so, durch Zeitverluste, wieder verspielt.

Hat sich ein geduldiger Nutzer über Ablauf- und Datenstruktur einer DB kundig gemacht, muß er noch die Semantik des Interessengebiets durchdringen, um durch Erweiterung und Verengung seiner Abfrage einen bedarfsgerechten Informationsausschnitt zu gewinnen.

In Fakten-DB muß auch die Darstellungsform bekannt sein - wer weiß schon auf Anhieb den folgenden Tabellenkopf zu interpretieren?

SPOT BID OFF 1M B/O 2M B/O 3M B/O 6M B/O

Auch die Beurteilung gewisser Rechercheergebnisse (z.B. demographische Zeitreihen) erfordern oft Erfahrung und Sachverstand, wie sie nicht von allen potentiellen Informationsnutzern aufgebracht werden.

Schon vor dem Zugriff auf elektronische Informationsbestände stellt sich die Frage: woher? Die Qualität von Informationsbrokern bestimmt sich daher zu einem großen Teil durchs "Gewußt wo", neben dem "Gewußt wie". Hieran wird die zeit- und geldsparende Bedeutung der Dienste von Fachinformationsvermittlern deutlich.

Mailbox-Leistungen

Auf organisatorisch-technischem Gebiet kann ein entsprechend ausgestattetes Mailbox-System den Endnutzer beim Umgang mit Datenbanken unterstützen.
Organisatorisch werden die vertraglichen Vereinbarungen zwischen DB-Host und Mailbox-Betreiber geklärt, dies entlastet die Hosts vom Abwicklungsaufwand und konzentriert die Mailbox-Teilnehmer zu einer Interessengruppe, die ggf. günstigere Nutzungsbedingungen (z.B. Rabatte) aushandeln kann. Für den laufenden Umgang mit DB wird die Abrechnung vereinfacht, der Kunde erhält für alle DB-Nutzungen eine einheitliche Rechnung vom Mailbox-Betreiber, statt von jedem Host eine gesonderte.
Schon wegen dieser Neigung der Mailbox-Teilnehmer zur Interessenkonzentration entsteht für die Informationsanbieter die Notwendigkeit, derzeit bestehende urheberrechtliche Bedenken hinsichtlich der Mailboxdienste konstruktiv zu lösen.
Bei entsprechender personeller Ausstattung eines Mailbox-Betreiber, können Nutzungshilfen für DB im Mailbox-System bereitgestellt werden. Dazu gehören insbesondere:

- allgemeine Beschreibungen von DB-Inhalten, Quellen, Erneuerungsintervallen und dergleichen
- Überblick über DB-Gruppen (z.B. Wirtschaft, Medizin, Recht)
- Beschreibungen für die wichtigsten Kommandos der Abfragesprachen
- Beschreibungen der Feldstruktur einzelner DB
- Hilfen zur Recherchenvorbereitung, wie Thesauri und Codeverzeichnisse
- allgemeine Hinweise auf Neuerungen, Schulungstermine usw.

Auch individuelle Teilnehmerberatung ist durch das Mailbox-Personal möglich, wobei die vielfältigen Kommunikationsmöglichkeiten des Systems zu einer schnellen, gezielten Beratung beitragen.
Der Bereich der individuellen Beratung und der Informationsbeschaffung im Auftrag sind klassische Beispiele für Mailbox-Dienstleistungen durch Dritte. Verschiedene, spezielle Fachrechercheure können im Mailbox-System ihre Klienten besonders effektiv bedienen, darüberhinaus erschließen sie sich einen weiteren Angebotsraum für ihren Dienst ohne hohe Aquisitionsaufwendungen. Dabei ist der Übergang von reiner Informationsbeschaffung zum selbstproduzierten Informationsangebot ("Ticker-Dienst") fließend. In diesem Zusammenhang ist der Trend zu einem neuen Bereich von "Mikro-Hosts" zu erkennen - Informationen, die bisher nur firmenintern genutzt wurden, können nun ohne unrentable Aquisitions- und Bereitstellungskosten im Kreis der Mailbox-Nutzer veröffentlicht werden.
Die Anwahlprozeduren zu den Datenbanken, die im internationalen Verkehr recht verschieden sind, werden vom Mailboxsystem durchgeführt. Änderungen in diesen Prozeduren werden zentral vom Mailbox-Betreiber beachtet und für alle Mailbox-Nutzer wirksam, ohne daß sie aktiv werden müssen.

Durch eine gewisse Flexibilität können solche Anwahlen sogar so gestaltet werden, daß damit eine ganze Recherche durchgeführt wird. Das ist immer dann sinnvoll, wenn während der Recherche keine Erweiterungs-/Verengungszyklen nötig sind. Z.B. reicht es bei der Suche nach einer Flugverbindung Abflug- und Zielflughafen sowie den Reisetermin anzugeben. Wenn das Mailboxsystem die Möglichkeit, hat solche aktuellen Parameter zu übernehmen, kann der gesamte Abfragedialog automatisch ablaufen. Dies soll nachfolgend in einem ausführlichen Beispiel erläutert werden.

Beispiel eines Abfragedialogs

Als Beispiel wird hier die Abfrage der "Official Airline Guides (OAG)", einer Datenbank über Linienflugverbindungen, dargestellt. Und zwar zuerst in der dialoggeführten Form mit dem Host und dann in einer schnellen Version, wie sie im System einer Mailbox möglich ist.

```
--------- Original-Dialog ---------      -------------- Erläuterungen -------------

Befehl: DATENBANK OAG                     Mailbox-Kommando für Datenbankverbindung

  LIST OF OAG EE COMMANDS                 erstes Menu des OAG-Hosts

         ** OAG COMMAND MENU **
ENTER:/I FOR INFORMATION AND ASSISTANCE
      /F FOR FARES DISPLAYS
      /S FOR SCHEDULE DISPLAYS
      /H FOR HOTEL/MOTEL DISPLAYS
      /M TO RETURN TO THIS MENU
      /U FOR USER COMMENTS AND
           SUGGESTIONS BOX
      /Q TO EXIT FROM THE OAG EE

ENTER THE COMMAND OF YOUR CHOICE
  /s                                      Benutzereingabe

ENTER DEPARTURE CITY NAME OR CODE
  berlin                                  Benutzereingabe

ENTER DESTINATION CITY NAME OR CODE
  barcelona                               Benutzereingabe
```

YOUR DESTINATION CITY IS NOT UNIQUE. USE LINE NUMBER TO SELECT CITY NAME OR AIRPORT NAME FROM THE LIST BELOW. 1 BARCELONA,SPAIN 2 BARCELONA,VENEZUELA	Beispiel für eine gute Benutzerführung im Dialog. Solche Einrichtungen sind leider noch sehr selten.
ENTER +,-,LINE NUMBER OR CITY NAME.	
1	Benutzereingabe
ENTER DEPARTURE DATE OR PRESS RETURN TO USE 27 JUN	
10 oct	Benutzereingabe
ENTER DEPARTURE TIME OR PRESS RETURN TO USE 600AM	
CONNECTIONS FRI-10 OCT	Ausgabe der erfragten Information
FROM-BERLIN,GERMANY WEST £ TO-BARCELONA,SPAIN NO EARLIER CONNECTIONS CONSTRUCTED 1 705A TXL 810A FRA PA 635 310 0 955A FRA 1155A BCN LH 170 310 0 2 930A TXL 1030A DUS BA3117 73S 0 1235P DUS 245P BCN LH 174 737 0 3 135P TXL 220P HAM PA 611 73S 0 305P HAM 530P BCN IB 549 D9S 0 ENTER +,X£,RS (£=LINE NUMBER)	
/q	Benutzereingabe (Verbindungsabbruch)
END OF OAG SESSION	
Auslösung: Veranlassung durch Gegenstelle. (8)	
2 Minuten, 36 Segmente: DM 7.00	Gebührenmitteilung der Mailbox
Befehl: DA OAG-S /S TXL;BCN 10OCT600 Verbindung hergestellt. (8)	Dieselbe Abfrage mit Hilfe der Dazu müssen die Flughafenkürzel (TXL, BCN) in einem "Schwarzen-Brett" der Mailbox nachgesehen werden.

```
   CONNECTIONS        FRI-10 OCT
FROM-BERLIN,GERMANY (WEST)/TEGEL
£ TO-BARCELONA,SPAIN
 NO EARLIER CONNECTIONS CONSTRUCTED
1 0705   TXL 0810   FRA PA 635 310   0
  0955   FRA 1155   BCN LH 170 310   0
2 0930   TXL 1030   DUS BA3117 73S   0
  1235   DUS 1445   BCN LH 174 737   0
3 1335   TXL 1420   HAM PA 611 73S   0
  1505   HAM 1730   BCN IB 549 D9S   0

1 Minute, 18 Segmente:   DM 1.50
```

Die Gebührenmitteilung der Mailbox (vgl. Dialog-Abfrage oben)

Wie sich an den Nutzungsstatistiken der Mailbox ablesen läßt, werden beide Abragemöglichkeiten genutzt; sie erschließen dieselbe Datenbank verschiedenen Nutzerkreisen. Am Beispiel des OAG-Dialogs läßt sich auch eine fortschrittliche Dialogführung bei Datenbankrecherchen (übrigens nicht nur dort anzuraten) erkennen: bei Mehrdeutigkeit von Eingaben (im Beispiel die Ortsangabe Barcelona) werden im Benutzerdialog sinnvolle Varianten zur Auswahl angeboten.

Heutige Kopplungsprobleme

Die Verbindung zwischen DB-Host und Mailbox-Systemen stellt die Host-Betreiber vor neuartige Probleme. Allein die Tatsache, daß bei einem automatisierten, mehrstufigen Verbindungsaufbau die Reihenfolge und Struktur der entsprechenden Prompts nicht ohne Not geändert werden sollte, ist Host-Technikern erst nahe zu bringen.
Eine besondere Schwierigkeit für die Mailbox-Einbindung stellt die vielfältige Gebührenstruktur der Hosts dar. Zum Standard eines Mailbox-Systems gehört heute das synchrone Logging angefallener Gebühren. Eine monatliche Gebührenübersicht ist nicht ausreichend, deshalb muß ein Mailbox-System seine Zähler ständig nachführen. Dies wird bei der Vergebührung von DB-Nutzungen schwierig, wenn die DB nicht nur physikalische Einheiten (Zeit, Segmente u.dgl.) berechnet, sondern auch inhaltliche Einheiten (angezeigte Dokumente, evtl. unterschiedlich je Feldauswahl). Da Mailbox-Systeme ihre DB-Dienste über Aufschläge auf DB-Gebühren (womöglich über begrenzte Weitergabe von Rabatten) finanzieren, ist die direkte Gebührenanzeige durch den Host nicht geeignet. Die Übergabe einer Gebühreninformation bei Verbindungsabbau wäre ein teilweise realisierter Ansatz, der im Falle von Verbindungsabbrüchen nicht aus-

reicht. Ein Gebührenschlüssel im Kopf jedes Dokuments wäre eine weiterreichende Lösung.

Die Online-Hilfen von DB entsprechen heute den hohen diesbezüglichen Anforderungen eines Mailbox-Standards selten. Das bedeutet, daß das Anleitungsniveau bei der Durchschaltung aus Nutzerperspektive abrupt sinkt - ein Effekt, der eher auf das Mailbox-System als auf den DB-Host zurückfällt.

Leider ist das Bewußtsein bei Host-Betreibern über die Dienstverbesserung durch Mailboxen heute noch sehr wenig verbreitet. Für die Zukunft ist anzunehmen, daß die Datenbankanbieter sich angesichts der Kritik an uneffektiven Benutzeroberflächen und der großen potentiellen Nutzerzahl in Mailboxsystemen einer Kooperation nicht entziehen werden.

Host-Mailbox-Architektur

Auch bei weitgehenden Fortschritten der technischen Vermittlung werden die Dienste von qualifizierten Fachrechercheuren nicht zu ersetzen sein. Die Verbesserung der Zugriffsverfahren sollte daher auf sporadische oder standardisierbare Nutzungsvarianten ausgerichtet sein, um bisher aus Kostengründen unmögliche Anwendungen zu realisieren. Dies würde gewisse Nutzungen einem Massenmarkt öffnen, was dem Nutzungsspektrum der Hosts sicher zugute käme.

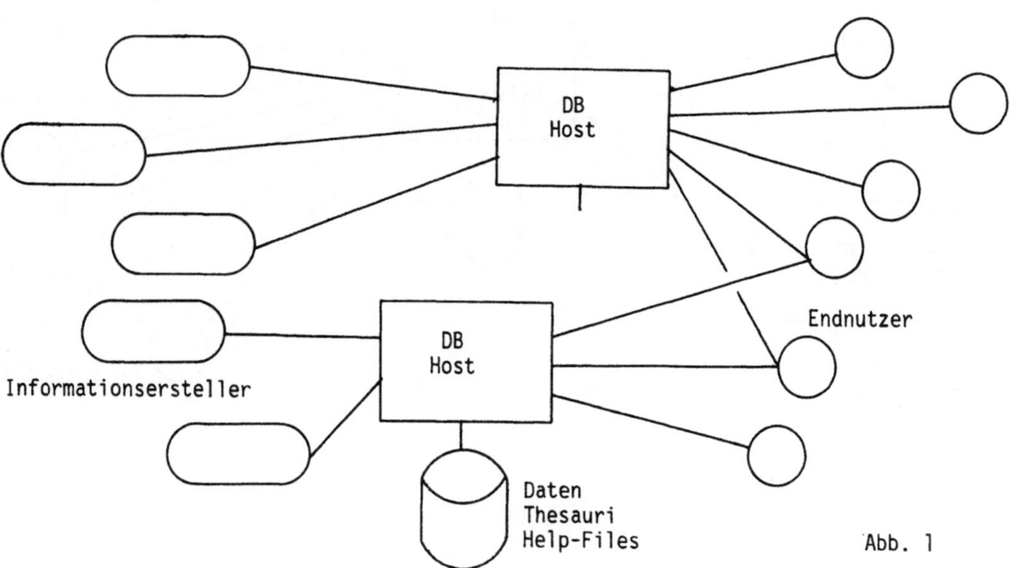

Abb. 1

War bisher bei der elektronischen Informationsvermittlung der DB-Host das Nadelöhr zwischen Anbieter und Endnutzer (Abb. 1), so ermöglicht die Verbreitung und Kundennähe der Mailbox-Dienstleistung eine fortschrittliche Lösung der Endnutzerproblematik. Dabei bietet sich die Aufteilung an, wie sie von den Printmedien bekannt ist. Danach würde der DB-Host sich auf die Betreuung der Informationsanbieter konzentrieren ("verlegerische Aktivitäten") und der Mailbox-Betreiber die Dienste der Teilnehmerbetreuung übernehmen bzw. koordinieren ("Vertriebsaktivitäten"). (Abb. 2)
Die Ablaufstrukturen der Mailbox sollten es ermöglichen, die Recherche teilweise ohne Datenbankverbindung vorzubereiten. Für die Auswahl der Datenbank müßten in der Mailbox die entsprechenden Hinweise bereitgestellt werden. Die Bereitstellung entsprechender Hilfen auf Seiten der Mailbox kann die Vorbereitung weiter verbessern. Dazu wäre die Datenaufteilung vorteilhaft, wie sie in Abb. 2 dargestellt ist.

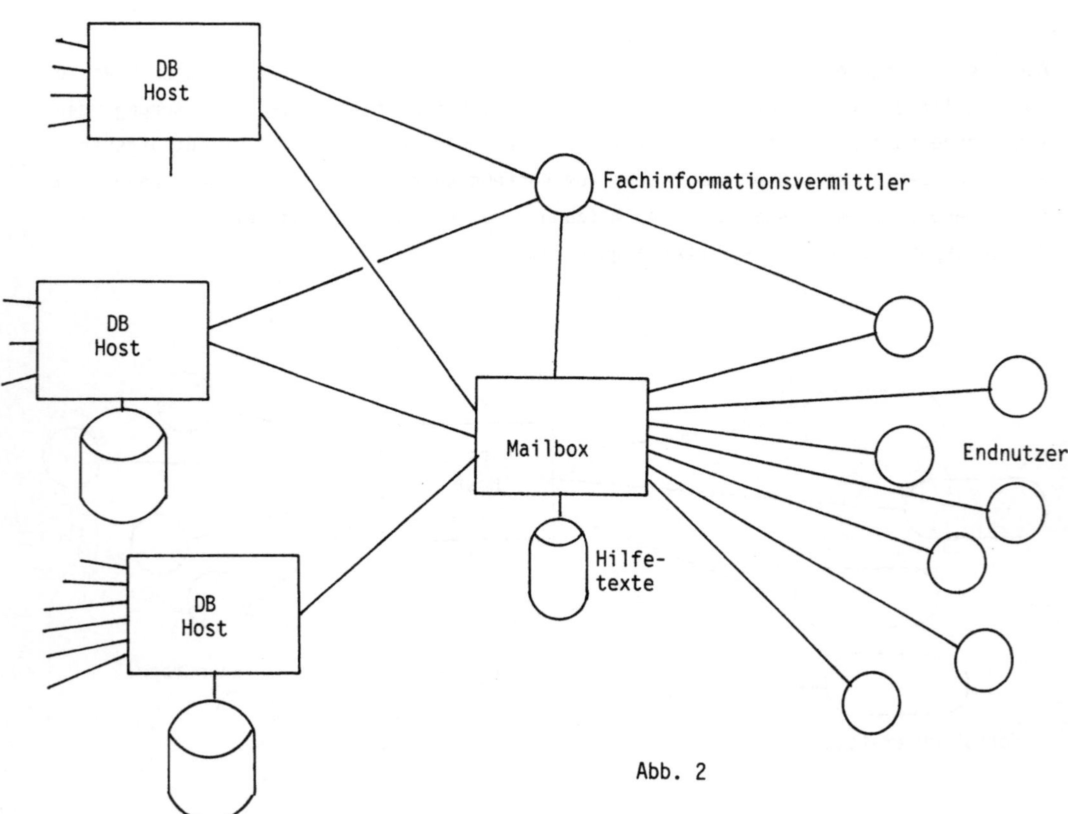

Abb. 2

Zukünftige Entwicklung

Die Weiterentwicklung der bisher greifbaren Ansätze wird die Verteilung der Dienstleistungen verstärken. So wird die Entwicklung eines "Intelligenten Interface" (IIF) für Datenbankzugriffe die Prinzipien eines einheitlichen, fehlertoleranten Benutzerdialogs von den Mailboxsystemen auf die Datenbankdialoge erweitern:

- Die Mailbox bietet aktuelle Informationen zur Recherchevorbereitung (DB-Verzeichnisse, dialoggeführte Sachgebietseingrenzung).
- Tatsächlicher Zugriff und Abholen von Ergebnissen können danach ohne Zutun des Endnutzers mit höher Geschwindigkeit zwischen Mailbox und Host abgewickelt werden. Bei Bedarf kann die Recherche danach ohne Datenbankverbindung weiter verfeinert werden.

Die Architektur wird sich dadurch weiter differenzieren. Auch die Verlagerung von Benutzerhilfen auf die lokalen Endgeräte der einzelnen Benutzer wird diesem Trend zur "verteilten Leistung" entsprechen. Dabei könnte sich - soweit heute absehbar - ein Aufteilung entsprechend Abb. 3 ergeben.

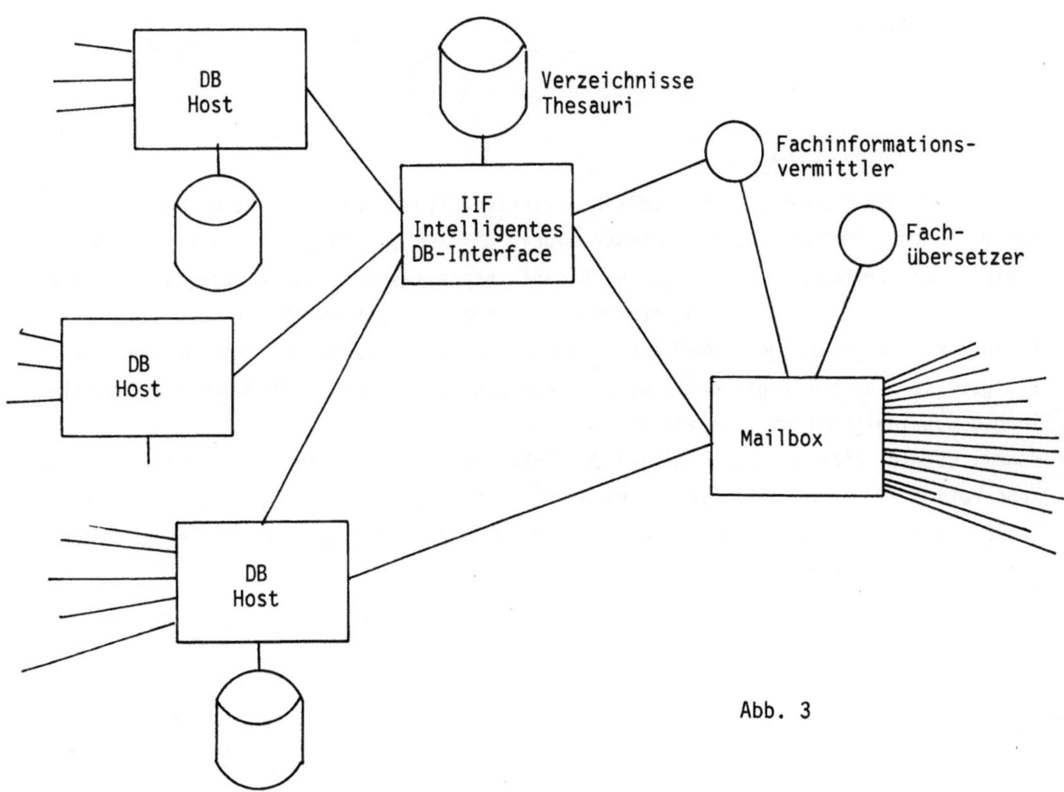

Abb. 3

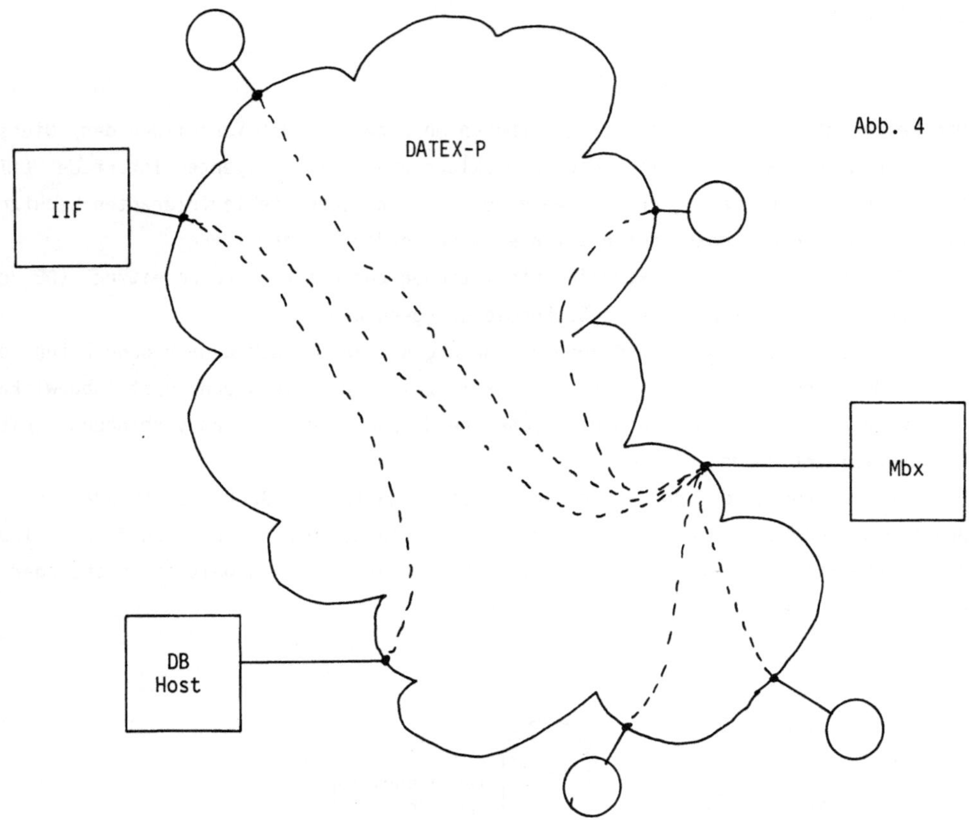

Da die Netzintegration dieser ausdifferenzierten Dienste über die Datenvermittlungsnetze (in der Bundesrepublik im wesentlichen DATEX-P s. Abb. 4) realisiert wird, ergibt sich ein hoher, kurzfristiger Bedarf an preiswerten IDN-Leistungen, die für eine beschleunigte Entwicklung der Dienste wesentlich entscheidender ist als hochfliegende, langfristige ISDN-Pläne. Die Neigung der Bundespost, sich im Dienstleistungssektor zu betätigen setzt wegen ihrer zentralisierenden Struktur die Entwicklungsgeschwindigkeit differenzierter Dienste unnötig herab.

Dabei könnte sich in diesem Gebiet der Erfahrungsreichtum der Europäer bei der Kooperation in Konsortien verhältnismäßig kleiner Unternehmen (gegenüber der Zentralplanung in Großkonzernen) ohne solche Reibungsverluste zu einem echten Entwicklungsvorsprung entfalten.

RECHTLICHE PROBLEME VON MAILBOX-SYSTEMEN

Helmut Redeker
Gesellschaft für Mathematik und Datenverarbeitung (GMD)
Schloß Birlinghoven, Postfach 1240
D-5205 Sankt Augustin 1

Zusammenfassung:

Es werden rechtliche, vor allem zivilrechtliche Probleme bei der Benutzung von Mailbox-Systemen dargestellt. Dabei wird unterschieden zwischen dem Verhältnis des Systembetreibers zu den einzelnen Benutzern und dem Verhältnis zwischen den Benutzern. Neben den Problemen der Vertragserfüllung und der Vertragsbeendigung werden auch Probleme der unbefugten Systemnutzung sowohl durch zugelassene Nutzer als auch durch Dritte erörtert sowie vertragsrechtliche Fragen des Datenschutzes angesprochen. Kurz dargestellt werden die Rechtsfragen bei der Benutzung von TELEBOX sowie bei der Verwendung von Mailbox-Systemen durch Behörden. Rechtspolitische Bemerkungen ergänzen den Beitrag.

0. Einleitung

Will man rechtliche Probleme von Mailbox-Systemen betrachten, muß man zwischen zumindest drei mitwirkende Personen (bzw. Firmen) unterscheiden. Zum einen handelt es sich um den Betreiber eines solchen Systems. Zum anderen handelt es sich um Adressat und Empfänger einer Mitteilung, die von dem Mailbox-System übermittelt wird. Für einzelne Problemstellungen wird man daneben noch Personen betrachten müssen, die von außen in das Mailbox-System eindringen, um dort Daten zu lesen oder zu manipulieren.

1. Rechtsverhältnis Systembetreiber - Systemnutzer

a. Private Mailbox-Systeme

Betrachten wir zunächst das Verhältnis zwischen dem Betreiber eines Mailbox-Systems und einem Benutzer dieses Systems.

Dabei möchte ich zunächst davon ausgehen, daß es um ein privates Mailbox-System geht. In diesem Fall wird man unterstellen müssen, daß das Rechtsverhältnis zwischen Systembetreiber und Systembenutzer vertraglich geregelt ist. Ein Vertrag kommt schon durch die einvernehmliche Benutzung des Systems zustande, ohne daß es dazu weiterer Abreden bedarf.

Der Betreiber des Mailbox-Systems wird in der Regel dazu verpflichtet sein, ein System mit bestimmten Fähigkeiten auf längere Zeit rund um die Uhr oder zu bestimmten Tageszeiten bereitzuhalten. Kennzeichnend für ein Mailbox-System ist dabei die Fähigkeit, es jedem Systembenutzer zu ermöglichen, anderen Benutzern Mitteilungen zukommen zu lassen. Daneben können die Benutzer oft Mitteilungen für sich selbst abspeichern. Häufig wird das System noch Textverarbeitungsmöglichkeiten und andere DV-Dienstleistungen zur Verfügung stellen.

Der Benutzer wird für all das ein Entgelt zahlen müssen.

Betrachtet man die vertraglichen Beziehungen zwischen dem Systembetreiber und den Nutzern, so muß man zwischen der Pflicht zum dauernden Bereithalten des Systems und den jeweiligen Einzelnutzungen unterscheiden.

Für Dauerpflichten, wie die Systembereithaltung hier darstellt, stellt das BGB an sich keinen Vertragstyp zur Verfügung. Rechtsprechung und Literatur haben aber für vergleichbare Fälle wie den des Stromlieferungs- oder des Fernwärmelieferungsvertrages schon generelle Regeln entwickelt. Man wird den Vertrag über die Mailboxsysteme mit diesen Verträgen vergleichen und die für sie entwickelten Regeln entsprechend anwenden können.

Betrachtet man nun die Einzelleistungen, so wird man auch für sie jeweils einzelne Verträge annehmen können, die von dem generellen Vertrag über das System zu unterscheiden und in ihn eingebettet sind. Diese Einzelverträge unterliegen jeder für sich besonderen Regeln. Auf Verträge über Nachrichtenübermittlungen dürfte hier das Werksvertragsrecht anwendbar sein. Dies greift immer dann ein, wenn der Unternehmer (hier der Systembetreiber) einem anderen (hier dem Nutzer) einen Erfolg schuldet. Dieser Erfolg besteht in der durchgeführten Nachrichtenübermittlung.

Dagegen wird in der Literatur teilweise eingewandt, daß auch bei einem Werkvertrag der Erfolg durch den persönlichen Einsatz eines Menschen erreicht werden muß (Hackeman 1984, S. 47, 52). Dieser Ansicht ist aber zu widersprechen. Es kommt letztlich nicht darauf an, wie der Unternehmer den Erfolg herbeiführt. Solange er persönlich die Verpflichtung übernimmt, für den Erfolg zu sorgen, kommt ein Werkvertrag zustande, auch wenn er sich für die Erfolgserreichung einer DV-Anlage bedient.

Problematisch ist die Lage bei der kurzzeitigen Überlassung von Programmen. Dabei wird deshalb kein konkreter Erfolg geschuldet, weil ein erfolgreicher Programmablauf sehr stark auch von den Eingaben des Systembenutzers abhängt. Geschuldet wird nur die Überlassung eines funktionsfähigen Programms, das nicht konkret für diesen Programmlauf hergestellt wird und auch nicht auf Dauer übergeben wird. In diesem Fall wird man von einem Vertrag eigener Art ausgehen müssen, weil kein Vertragstyp des BGB paßt (Hackemann 1984, S. 52 f.; Redeker 1986, S. 1060).

Wieder anders ist das bei der Überlassung von Speicherplatz. Hier dürften im Ergebnis Mietvertragsregeln anwendbar sein, weil ja tatsächlich ein Teil der Anlagen dem Kunden zur Benutzung überlassen bleibt, obwohl man auch hier nicht davon sprechen kann, daß der Besitz an einer Sache eingeräumt wird und dies für den Mietvertrag an sich von grundlegender Bedeutung ist.

Welche Konsequenzen haben die bisherigen Überlegungen nun für eventuelle Fehlleistungen? Wird die Nachricht des Systembenutzers nicht übermittelt, so ist bei Vorliegen eines Werkvertrags der geschuldete Erfolg nicht eingetreten. Für das Eintreten des Erfolgs trägt der Werkunternehmer die Gefahr, d.h. er kann für die nicht erfolgreiche Übermittlung kein Entgelt verlangen. Sind durch die nicht erfolgreiche Übermittlung weitere Schäden eingetreten, ist z.B. ein Geschäft nicht zustandegekommen, so richtet sich die weitergehende Haftung des Systembetreibers nach § 325 BGB. Nach dieser Vorschrift haftet er bei Verschulden auf den gesamten durch die Nichterfüllung seiner Verpflichtungen entstandenen Schadens. Nach der Vorschrift des § 282 BGB muß er überdies im Streitfall nachweisen, daß ihn kein Verschulden trifft. Der Benutzer muß nur nachweisen, daß das System nicht funktioniert hat.

Dabei gehört zu den Verpflichtungen des Systembetreibers auch, Systemfehler im voraus zu erkennen und ihren Eintritt zu verhindern. Wichtig ist daneben, daß er back-up-facilities und Notstromaggregate bereithält.

Alles in allem gibt es hier also eine recht weitgehende Haftung des Systembetreibers.

Das gleiche gilt, wenn die Nachricht nur unzulänglich übermittelt wird und dadurch ihr Sinngehalt verfälscht wird. In diesem Fall ist etwas anderes übermittelt worden als geschuldet. Auch hier ist der Erfolg nicht eingetreten. Der Systembetreiber haftet.

Werden gespeicherte Daten gelöscht oder verändert, ist die Speicherverpflichtung nicht erfüllt. Der Systembetreiber haftet dann nach § § 537, 538 bzw. 325 BGB.

Anders ist dies wieder bei den Programmüberlassungen. Diese stellen keine Werkverträge dar. Werden jetzt fehlerhafte Programme überlassen, so stellt sich die Frage, was dies rechtlich bedeutet. Zum einen könnte auch darin eine Nichterfüllung des Vertrages liegen - mit allen eben geschilderten Folgen.

Dagegen spricht aber, daß die Überlassung von Programmen doch eine gewisse Nähe zum Mietvertrag hat und dort die Mangelhaftigkeit der Mietsache noch nicht ohne weiteres zur Nichterfüllung oder auch nur zu einem Kündigungsrecht führt. Vielmehr wird nur der Mietzins gemindert. Auch im Kaufrecht gelten für mangelhafte Leistungen Sonderregeln. Man wird diese Regeln für die Ausfüllung von Regelungslücken auch bei der Programmüberlassung entsprechend anwenden dürfen und bei mangelhaften Programmen nicht ohne weiteres von einer Nichterfüllung des Vertrages ausgehen können, es sei denn, das Programm erweist sich zu der mit ihm beabsichtigten Verwendung als schlechthin untauglich. Nur in diesem Fall wird man von einer Nichterfüllung sprechen können. Andernfalls liegt in dem mangelhaften Programm nur eine Schlechterfüllung, die, wenn sie auf einem Verschulden des Systembetreibers oder seiner Mitarbeiter beruht, u. U. zu Ansprüchen aus positiver Forderungsverletzung führen kann.

Bei häufig auftretenden Leistungsstörungen kann der Kunde, bei Zahlungsverzögerungen auch der Systembetreiber ein Interesse daran haben, das gesamte Vertragsverhältnis aufzulösen. Dafür steht beiden nach der Rechtsprechung in Übertragung der entsprechenden Regeln für das Miet- bzw. Dienstverhältnis ein Kündigungsrecht zu, das allerdings an die Einhaltung von entsprechenden Fristen gebunden ist. Dieses Kündigungsrecht kann außerdem vertraglich ausgeschlossen werden.

Nicht ausgeschlossen werden kann aber das Recht, aus wichtigem Grund zu kündigen. Solch ein wichtiger Grund liegt in einem häufigen Fehlverhalten des Systems (und umgekehrt in häufiger Nicht- oder Spätzahlung). Was dabei "häufig" ist, kann man nicht ohne weiteres sagen. Man wird auch hier wieder auf die Rechtsprechung warten müssen. Vertragliche Vereinbarung können hilfreich sein.

Ein weiteres Problem liegt darin, daß diejenigen, die Nachrichten über Mailbox-Systeme austauschen wollen, in der Regel auch ein Interesse daran haben, daß diese Nachrichen nicht jedermann bekannt werden. Dieses Geheimhaltungsinteresse erstreckt sich oft auch noch weitergehend darauf, daß nicht bekannt werden soll, mit wem man Nachrichten austauscht. Diese Geheimhaltungsinteresse wird im Bereich der Postdienste durch das Fernmeldegeheimnis abgedeckt. Im Bereich der privaten Mailbox-Systeme müßte es - wie dies auch bei den Banken geschieht - durch private Verträge gesichert werden. Allerdings ist damit noch keine Sicherheit gegenüber staatlichen Aussagepflichten (z.B. im Prozeß) erreicht, weil bei einer nur vertragsrechtlichen Geheimhaltungspflicht keine Aussageverweigerungsrechte bestehen. Wichtiger als vertragsrechtliche Geheimhaltungspflichten dürften technische Sicherungsmittel sein (dazu Pfitzmann 1985, Waidner 1985). Die Geheimhaltung muß z.B. auch durch Anweisungen an das Personal des Betreibers gesichert werden (vgl. z.B. QZ85, FOA82).

Auch den Gebrauch solcher Sicherungsmittel kann man vertraglich vereinbaren.

Wie man sieht, ist hier viel gesetzlich geregelt. Manches bleibt aber offen, manches möchten die Parteien für sich auch anders regeln. In diesen Bereichen sind vertragliche Abmachungen möglich, die z.B. die Pflichten des Systembetreibers zur Datensicherung oder auch Kündigungsrechte genauer spezifizieren. Bei allen Verträgen sind allerdings wieder gesetzliche Grenzen zu beachten (z.B. die des AGB-Gesetzes).

Man wird sich auch fragen müssen, ob nicht der Gesetzgeber eingreifen und generelle Regeln für die hier genannten Anträge erlassen sollte. Mir scheint dies wichtig zu sein im Bereich der Programmüberlassungen, weil es für solche Verträge in ihren Rechten und Pflichten wirklich neu sind. Außerdem wäre es sicher nicht falsch, wenn der Gesetzgeber spezielle Regeln für Dauerverträge wie den über die Systembereithaltung erlassen würde. Dies ist aber kein spezielles Problem der Informations- und Kommunikationstechniken und der in ihrem Bereich geschlossenen Verträge, sondern ein generelles Problem des Vertragsrechts. Ich will diese Frage daher nicht weiter vertiefen.

b. Telebox

Unter dem Namen Telebox bietet auch die Deutsche Bundespost ein Mailbox-System an. Neben der Übermittlung von Nachrichten kann man es auch zur Nachrichtenherstellung und zur Nachrichtenspeicherung verwenden. Das Verhältnis zwischen dem Benutzer von Telebox und der deutschen Bundespost ist nicht privatrechtlich ausgestaltet, sondern unterliegt wie alle Benutzungsverhältnisse von Postkunden besonderen Regeln des öffentlichen Rechts. Bislang hat die Post allerdings nur in § 9 II b VFsDx einige wenige Regeln zur Benutzung von Telebox erlassen, wohl, weil es sich noch um ein Versuchssystem handelt. Im wesentlichen dürften aber die Regeln derjenigen Dienste anwendbar sein, von denen aus man Telebox benutzt, d.h. für die Einsteiger von Seiten des Telefonnetzes die FernmO und für die Einsteiger aus den Datex-Diensten die VFsDx. Neben vielen technischen Regelungen ist dabei auch der ziemlich weitgehende Haftungsausschluß der Post zu beachten (§ 52 ff. FernmO, die nach § 11 II VFsDx auch im Datex-Teilnehmerverhältnis gelten).

2. Verhältnis zwischen den verschiedenen Systembenutzern

a. Geschäftsabwicklung mit Mailbox-Systemen

Betrachtet man die Rechtsverhältnisse zwischen den Systembenutzern, so ist denkbar, daß die verschiedenen Systembenutzer auch rechtlich bedeutsame Erklärungen mit Hilfe der Mailbox-Systeme austauschen. Insbesondere gilt dies für die sog. Willenserklärungen, mit deren Hilfe private Rechtsverhältnisse bewußt gestaltet werden. Als Beispiele seien hier Vertragsschlüsse mit Hilfe von Mailbox-Systemen oder auch Kündigungen genannt, die mit Hilfe solcher Systeme übermittelt werden.

Das besondere Charakteristikum der Mailbox-Systeme bei der Abgabe solcher Erklärungen liegt darin, daß die Erklärungen körperlos elektronisch übermittelt werden. Dies hindert die Abgabe von Willenserklärungen nicht. Im deutschen Recht besteht für Willenserklärungen kein grundsätzliches Formerfordernis. Sie können daher in beliebiger Weise abgegeben werden, auch mit Hilfe von Telekommunikationssystemen. Für telefonische Willenserklärungen wird dieser Grundsatz in § 147 I 2 BGB sogar ausdrücklich anerkannt.

Dieser Ausgangspunkt unterliegt in zwei Richtungen Beschränkungen. Zum einen gibt es einige Geschäfte, die aufgrund besonderer gesetzlicher Bestimmungen formbedürftig sind. Dies betrifft aber nur relativ wenige Fälle. Für die geschäftliche Praxis wichtig ist zum einen, daß Abzahlungsgeschäfte aufgrund der Vorschriften der § 1a, § 1b AbzG grundsätzlich formbedürftig sind. Zum anderen sind auch Konnossemente sowohl für den Land- wie für den Seeverkehr formbedürftig. In allen diesen Fällen, in denen der Gesetzgeber die Schriftform vorgeschrieben hat, scheitert die Benutzung aller Telekommunikationsdienste daran, daß der Empfänger der Erklärung eine eigenhändig unterschriebene Urkunde mit der Erklärung erhalten muß. Eine solche Urkunde läßt sich telekommunikativ nicht übermitteln. Da die Gerichte die Formvorschriften streng auslegen, ist auch nicht zu erwarten, daß solche Erklärungen in absehbarer Zeit telekommunikativ übermittelt werden können (dazu Redeker 1985, S. 244).

Auch rechtspolitisch läßt sich hier nur wenig ändern. Dies liegt zum einen an derzeit praktisch noch nicht überwundenen Beweisproblemen (s.u.), zum anderen aber auch daran, daß die Einhaltung von Formen auch eine soziale Funktion hat, indem der sie Benutzende auf die Bedeutsamkeit seines Handelns hingewiesen wird. Eine solche Funktion läßt sich technisch aber nicht simulieren, sondern nur historisch entwickeln. Deshalb kann sie durch nachrichtentechnisch übermittelte Kommunikation derzeit nicht erfüllt werden.

Die zweite Beschränkung des oben skizzierten Ausgangspunktes ergibt sich aus praktischen Gesichtspunkten: Sollte sich Streit ergeben, müßte eine der Vertragsparteien beweisen können, daß der andere Vertragspartner eine Erklärung abgegeben hat. Beweismittel dafür gibt es ohne weiteres nicht. Vorhanden sind nur Speicherungen in DV-Anlagen oder Ausdrucke, die die DV-Anlage einer Partei hergestellt hat. Da aber ohne besondere Sicherheitsvorkehrungen der Betreiber einer DV-Anlage gespeicherte Nachrichten jederzeit ohne weitere Kontrollmöglichkeiten verändern und im Prinzip auch beliebige Ausdrucke herstellen kann, wird es solche Beweismöglichkeiten nicht geben. Insoweit müßten Techniken entwickelt werden, den Austausch von Erklärungen über Telekommunikationssysteme beweissicher zu machen.

Dazu gibt es auch schon technische Ideen, die vor allem durch die Benutzung asymmetrischer Verschlüsselungsverfahren gekennzeichnet sind (z. B. Raubold 1986). Ich glaube, daß gerade hier eine wichtige Herausforderung an die Systemhersteller liegt. Das Problem kann nicht nur von Juristen, sondern muß wesentlich auch von Systemgestaltern gelöst werden. Das Recht setzt dabei nur Rahmenbedingungen für die Systemgestaltung.

Ein der Beweissicherheit vorgelagertes Problem liegt darin, daß man auch bei den modernen Telekommunikationsystemen erkennen können muß, ob derjenige, der mit einem in Kontakt tritt, auch derjenige ist, für den er sich ausgibt.

Ein Auftreten unter falschem Namen ist gerade bei den nicht akustikorientierten Telekommunikationssystemen besonders einfach, weil dort die beim Telefon immerhin noch mögliche Kontrolle der Stimme des Anrufenden entfällt. Demgemäß gibt es auch schon seit längerer Zeit Techniken, die dazu dienen sollen, Unbefugte daran zu hindern, sich fremder Namen zu bedienen. Dazu gehört z.B. die Verwendung von Paßworten. Dem gleichen Zweck dient aber auch die von der Bundespost in Auftrag gegebene Chipkarte (dazu Weimann 1985) und das System AIDA (dazu Eisele 1984).

Benutzt jemand dennoch erfolgreich ein Telekommunikationssystem unter falschem Namen und gibt unter diesem Namen Erklärungen ab, so stellt sich die Frage, wer evtl. aus diesen Erklärungen haften und wer für evtl. Schäden aufkommen soll. Da der unter falschem Namen Handelnde oft nicht gefunden wird und in den Fällen, in denen er gefunden wird, im Zweifel nicht zahlungsfähig ist, besteht ein besonderes Interesse daran, denjenigen haften zu lassen, dessen Namen er benutzt hat. Rechtlicher Anknüpfungspunkt für eine solche Haftung ist der sog. Rechtsschein, für den auch derjenige haften kann, der ihn mit verursacht hat. So haftet auch derjenige, der ein leeres Blatt unterschreibt, für jede Erklärung, die über seiner Unterschrift auf das Blatt gesetzt wird, auch wenn er diese Erklärung nicht wollte.

Manche Autoren haben gerade die Verwendung von Paßworten und ihre Weitergabe an andere mit einer Blanketterklärung verglichen und wollen den Namensträger, dessen Paßwort verwendet wird, wie einen Blankettgeber haften lassen (Köhler 1986).

Ohne meine Kritik näher ausführen zu können, erscheint mir dies nicht richtig zu sein. Ich möchte an den Regeln der Haftung für vollmachtlose Vertreter anknüpfen. Auch für diese haftet der angeblich von ihnen Vertretene, wenn er den Rechtsschein, sie würden ihn vertreten, zurechenbar verursacht und der Vertragspartner auf diesen Schein vertraut hat. Diese Haftung tritt ein, wenn der Vertretene das Handeln des vollmachtlosen Vertreters kannte (sog. Duldungsvollmacht) oder kennen mußte (sog. Anscheinsvollmacht) und es verhindern konnte, aber nicht verhinderte. Diese Grundsätze kann man in analoger Form auch auf Telekommunikationsysteme übertragen. Dabei wird es für die rechtliche Bewertung, wann der Rechtsschein dem Namensinhaber zuzurechnen ist und wann sein Vertragspartner auf diesen Schein vertrauen konnte, entscheidend darauf ankommen, welche technischen Sicherungsmittel im konkreten Fall vorgesehen waren und wie sie benutzt wurden. Die Entscheidung, ob die Haftung des Namensträgers für die unter seinem Namen abgegebene Erklärung eintritt oder nicht, ist daher stark einzelfallbezogen. Erst im Laufe der Entwicklung werden sich Kriterien herausbilden, die hier Grenzen ziehen. Die Entwicklung solcher Kriterien wird gemeinsame Aufgabe von Systemgestaltern und Juristen sein.

b. Verwaltungsakte und Mailbox-Systeme

Benutzer von Mailbox-Systemen können auch Behörden sein. In diesem Fall ist es denkbar, daß diese Behörden auch Verwaltungsakte mit Hilfe solcher Systeme übermitteln. Immerhin gibt es jetzt schon in einzelnen Behörden Überlegungen über die Benutzung von Telekommunikationssystemen zur Bekanntmachung von Verwaltungsakten.

Grundsätzlich gilt auch hier nach § 37 II 1 VwVfG, daß ein Verwaltungsakt in jeder beliebigen Form erzeugt werden kann. Auch die Möglichkeit, Verwaltungsakte telefonisch zu erzeugen, ist dadurch nicht ausgeschlossen.

Demgemäß ist gegen die Benutzung von Mailbox-Systemen zur Übermittlung von Verwaltungsakten grundsätzlich nichts einzuwenden.

Weitergehend als im Zivilrecht ist im Verwaltungsrecht aber auch die Übermittlung solcher Verwaltungsakte möglich, die aufgrund besonderer gesetzlicher Vorschriften schriftlich ergehen müssen. Denn die Schriftform für Verwaltungsakte ist nach § 37 III VwVfG auch gewahrt, wenn keine eigenhändige Unterschrift erfolgt. Der Verwaltungsakt muß nur die erlassende Behörde erkennen lassen und die Namenswiedergabe des handelnden Beamten tragen. Diese Erfordernisse können auch bei der Übermittlung durch Mailbox-Systeme gewahrt werden.

Dennoch gibt es Grenzen. Zum einen bestehen die eben angesprochenen Beweisprobleme auch beim Verwaltungsakt. Solange man sie nicht lösen kann, wird man Verwaltungsakte nur in Ausnahmefällen auch durch Mailbox-Systeme erlassen können.

Zum zweiten gibt es Formerfordernisse, die auch bei Verwaltungsakten die Übermittlung durch Mailbox-Systeme nicht zulassen. Dies gilt für Urkunden, die eigenhändig unterschrieben werden müssen. Dies gilt aber auch dort, wo der Verwaltungsakt im Sinne der Zustellungsgesetze förmlich zugestellt wird. Denn in den Zustellungsgesetzen wird die Übermittlung eines Schriftstücks vorausgesetzt.

Zum dritten muß es dem Bürger zumutbar sein, daß ihm der Verwaltungsakt über Mailbox-Systeme zugestellt wird. Dabei ist zu beachten, daß es für die Schriftform des Verwaltungsaktes zwar grundsätzlich nicht erforderlich ist, daß dem Bürger ein Schriftstück zugeht. Wohl aber muß es ihm möglich sein, zumindest für seine eigenen Unterlagen ein Schriftstück herzustellen. D.h., daß ein Verwaltungsakt nur dem Bürger über Mailbox-Systeme zugesandt werden kann, der die Möglichkeit hat, ihn sich ausdrucken zu lassen, ohne dafür größere finanzielle Aufwendungen treffen zu müssen.

c. Unbefugtes Benutzen

Systemteilnehmer können das ihnen im Prinzip zugängliche Mailbox-System auch unbefugt benutzen, sei es, um Leistungen umsonst zu erhalten, sei es, um bei anderen Teilnehmern Nachrichten mitzulesen oder zu verändern.

Dies ist vertragsrechtlich ohne weiteres verboten. Für einen etwaigen Schaden haben diese Teilnehmer gegenüber dem Systembetreiber aufzukommen. Ob dies auch für einen Schaden gilt, der den Mitbenutzern entsteht, bedarf näherer Untersuchung. Zwischen den einzelnen Mitbenutzern besteht - ähnlich wie zwischen den einzelnen Mietern verschiedener Wohnungen eines Hauses - kein Vertragsverhältnis. Ihnen gegenüber gelten also an sich als Grundlagen für Schadensersatzansprüche nur die allgemeinen Deliktsansprüche. Diese greifen nicht ohne weiteres ein. Allerdings gibt es Schadensersatzansprüche im Ragmen des 823 II BGB auch bei der Verletzung von Schutzgesetzen. Hier kommen neben den Datenschutzgesetzen vor allem (bei Daten- und Programmveränderungen) § 303 StGB (Sachbeschädigung), die neuen strafrechtlichen Vorschriften gegen den Computermißbrauch und im Geschäftsbereich § 17 II UWG in Betracht, der u.U. das sittenwidrige Sichverschaffen von Geschäftsgeheimnissen mit Strafe bedroht. Dennoch werden dadurch nicht alle Schadensursachen abgedeckt. Vor allen Dingen haftet eine Gesellschaft, die Systemnutzerin ist, gegenüber Dritten für das Verhalten ihrer Angestellten nach 831 BGB nur eingeschränkt. Es gibt also Lücken im Schadensersatz.

Diese könnten nur über die Annahme vertraglicher Haftung, d.h. über das Institut des Vertrags mit Schutzwirkung zugunsten Dritter gelöst werden. Ein Vertrag mit Schutzwirkung zugunsten Dritter würde hier dann vorliegen, wenn man die einzelnen Verträge zwischen dem Systembetreiber und den Systemnutzern so auslegen würde, daß die Systemnutzer auch Schutzpflichten gegenüber den anderen Systemnutzern haben. Solche Verträge sind aber in der Rspr. in der Regel für vergleichbare Fälle nicht angenommen worden, weil der Kreis derer, zu deren Gunsten solche Schutzpflichten bestünden, unabsehbar ist.

Allerdings ist das Institut der Schutzwirkung zugunsten Dritter in letzter Zeit etwas erweitert worden. Man könnte hier damit argumentieren, daß es hier Systemgestaltung und vertragliche Verpflichtungen gibt, die gerade dem Schutz der Mitbenutzer dienen und deren Verletzung deshalb auch Schadensersatzpflichten der Mitbenutzer auslöst. In diese Richtung argumentiert Köhler (1986, S. 63). Ob die Rspr. einer solchen Auslegung des Vertrages über die Systemnutzung folgt, ist offen. Die Annahme eines Vertrages mit Schutzwirkung zugunsten Dritter führt daher nicht ohne weiteres weiter.

Schon deshalb und auch wegen der praktischen Schwierigkeiten, den Schädiger überhaupt zu finden, stellt sich die Frage, ob nicht Schadensersatzansprüche auch gegenüber dem Systembetreiber bestehen. Dies ist in der Regel wegen positiver Forderungsverletzung dann der Fall, wenn der Systembetreiber nicht die ihm wirtschaftlich und technisch möglichen Sicherungsmaßnahmen ergreift, um einen Mißbrauch seines Systems durch die Nutzer zu verhindern. Wann das der Fall ist, kann nicht generell gesagt werden. Hier sind insbesondere von Systemgestaltern - unter Mithilfe von Juristen - Kriterien zu entwickeln, die im Einzelfall eine Entscheidung dieser Frage ermöglichen. Die Entwicklung solcher Kriterien dürfte aber noch einige Zeit dauern. Zu den notwendigen Sicherungsmaßnahmen gehört aber auf jeden Fall eine Aufklärung über die Gefahren, die aus einem bestimmten Handeln oder Unterlassen des einzelnen Systembenutzers für ihn entstehen. Schon daran fehlt es ja oft.

3. Verhältnis zu nicht dem System angehörigen Dritten

Abschließend ist noch auf Rechtsprobleme einzugehen, die gegenüber nicht dem System angehörigen Dritten bestehen. Solche Probleme können im Prinzip nur dadurch entstehen, daß solche Dritten in das System eindringen und dort Nachrichten und/oder Programme lesen und/oder verändern.

Dies ist sicher zivilrechtlich unzulässig. Ob es auch strafbar ist oder werden sollte, will ich nicht erörtern. Es gibt ja jetzt neue Strafrechtsnormen für diesen Bereich. Das Strafrecht dürfte aber praktisch nur ein sehr stumpfes Schwert sein, um Schaden zu verhindern. Entsteht durch ein Eindringen und Schaden und findet man den Eindringer, dürfte es aus den eben erörterten Gründen sehr schwierig sein, ihn schadensersatzpflichtig zu machen.

Es ist daher interessanter, zu fragen, wann der Systembetreiber für ein solches Eindringen haftet. Das dürfte aufgrund positiver Vertragsverletzung immer dann der Fall sein, wenn er die gebotenen, technisch und wirtschaftlich möglichen Sicherheitsvorkehrungen gegen ein solches Eindringen nicht getroffen hat. Wann dies der Fall ist, kann generell nicht gesagt werden, sondern hängt stark vom Einzelfall und auch von der technischen Entwicklung ab. Auch hier dürfte es gemeinsame Aufgaben von Systembetreibern und Juristen geben.

4. Schlußbemerkung

Damit soll mein - sicher etwas kursorischer - Durchgang durch die Rechtsprobleme von Mailbox-Systemen abgeschlossen werden. Nicht angesprochen wurden vor allem Datenschutzprobleme und Probleme, die sich daraus ergeben, daß bestimmte Systembetreiber ihr System nicht allen Kunden eröffnen.

Literatur:

Eisele 1984 : Eisele, Raymund, AIDA - Home Banking über Bildschirmtext. Zugangs- und Transaktionssicherung, Datenschutz und Datensicherung 1984, S. 190.
FOA 1982 : FOA Tjänsteföreskrift (FOA Dienstvorschriften), 1982.
Hackemann 1984 : Hackemann, Martin, Zivilrechtliche Probleme des Informationsabrufs via Bildschirmtext, in: GRVI (Hrsg.): Neue Medien für die Individualkommunikation - Rechts- und Verwaltungsaspekte, 1984, S. 43.
Köhler 1986 : Köhler, Helmut, Rechtsgeschäfte mittels Bildschirmtext, in: Hübner u.a., Rechtsprobleme des Bildschirmtextes, 1986, S. 51.
Pfitzmann 1985 : Pfitzmann, Andreas, Technischer Datenschutz in dienstintegrierten Digitalnetzen - Problemanalyse, Lösungsansätze und

eine angepaßte Systemstruktur, in: Spies (Hrsg.): Datenschutz und Datensicherung im Wandel der Informationstechnologien, 1985, S. 95.
QZ 1985 : Stockholms Datorcentral QZ: Anvisniger för KOM-systemet (Stockholms Rechenzentrum QZ: Anweisungen für das KOM-System), 30.3.1985.
Raubold 1986 : Raubold, Eckart, Elektronische "Vertrauens-Übertragung" - Ein Problem für die Nutzung offener Kommunikations-Systeme, GMD-Spiegel 1986, H. 1, S. 9.
Redeker 1986 : Redeker, Helmut, Der Abruf von Informationen im Bildschirmtextsystem als Rechtsgeschäft, Der Betrieb 1986, S. 1057.
Waidner 1985 : Waidner, Michael; Pfitzmann, Andreas, Betrugssicherheit trotz Anonymität. Abrechnung und Geldtransfer in Netzen, in: Spies (Hrsg.): Datenschutz und Datensicherung im Wandel der Informationstechnologien, 1985, S. 128.
Weimann 1985 : Weimann, Jürgen, Chipkarten: Realisierungs- und Anwendungsmöglichkeiten, in: Spies (Hrsg.): Datenschutz und Datensicherung im Wandel der Informationstechnologien, 1985, S. 26.

A L E X I S

Das Anwalts-Rechts-Informations-System

Dr.Axel Bauer
Rechtsanwalt, Hamburg

1. Warum ALexIS ?

Die Möglichkeiten elektronischer Kommunikation und elektronischer Information kommen aus drei Gründen zunehmend in das Blickfeld der Anwaltschaft.

- Moderne elektronische Kommunikationsmittel, die es ermöglichen, Texte schnell auszutauschen, setzen sich zunehmend durch. Neben Telex, Teletex und Telefax sind vor allem elektronische Mailbox-Systeme im Vordringen.

- Es sind heute gute elektronische Informationen für Juristen verfügbar. Das Rechtsinformationssystem JURIS ist seit Anfang dieses Jahres grundsätzlich jedem Anwalt und jeder Anwältin zugänglich. ALexIS selbst bietet in Zusammenarbeit mit einem Datenbankbetreiber das elektronische Handelsregister. Andere bieten weitere für die Anwaltschaft interessante Informationsdienste an, z.B. CELEX, die auf europäisches Gemeinschaftsrecht spezialisierte juristische Datenbank, PATDPA, die Patentrechtsdatenbank des Deutschen Patentamtes. Viele andere Datenbank- und Informationsleistungen sind auch für den Juristen interessant, weitere in Vorbereitung.

- Diese Entwicklungen sind mit einer Leistungsexplosion von Microcomputern bei fallenden Preisen und einem wachsenden Angebot von guter Software verbunden. Es ist heute möglich, die neuen elektronischen Medien kostengünstig zu nutzen. Dies wird begleitet von einem wachsenden Interesse und einer zunehmenden Offenheit der An waltschaft für diese neuen Medien.

ALexIS ist ein System, das die Bundesrechtsanwaltskammer und die Hans-Soldan-Stiftung der Anwaltschaft zur Nutzung dieser neuen Möglichkeiten zur Verfügung stellen. ALexIS ist zugleich ein Konzept und eine große Chance für die Anwaltschaft, sich ihr eigenes Kommunikations- und Informationsmedium zu schaffen und es den Bedürfnissen der Anwaltschaft entsprechend zu gestalten. Dabei hat ALexIS ein erfolgreiches Vorbild in den Vereinigten Staaten: ABA/net, das Mailbox-System der American Bar Association.

Wirtschaftlich und rechtlich wird ALexIS von der Hans-Soldan-Stiftung betrieben, dem führenden Anbieter für den spezifischen Berufsbedarf für Rechtsanwälte und Notare.

Die Bundesrechtsanwaltskammer unterstützt das System ideell und wirkt maßgeblich an der Gestaltung von ALexIS sowohl konzeptionell als auch inhaltlich mit.

2. Was ist ALexIS ?

ALexIS ist das

A Anwalts
Lex Rechts
I Informations
S System

Kernstück von ALexIS ist ein sog. Mailbox-System der Firma GeoNet-Mailbox-Systems, das inzwischen vielfach in verschiedenen europäischen Staaten installiert ist.

Es handelt sich dabei um eine zentral aufgestellte Computeranlage, die Informationsdrehscheibe für die gesamte Anwaltschaft werden soll. Mit diesem Computersystem kann sich jede Anwalts- und Notarskanzlei in Verbindung setzen. Dabei ist es im Prinzip gleichgültig, welche Computeranlage welchen Herstellers und mit welcher Software das jeweilige Anwaltsbüro einsetzt. ALexIS ist hersteller- und betriebssystemunabhängig und daher in der Lage, eine Brückenfunktion für alle Anwälte zu übernehmen.

Voraussetzung ist nur, daß der Computer und seine Software mit dem Datenübertragungsnetz DATEX-P der Deutschen Bundespost kommunizieren kann. Die Verbindung zwischen den im Anwaltsbüro eingesetzten Computer und ALexIS geschieht über DATEX-P. An dieses DATEX-P-Netz kann sich jeder Anwalt von jedem Ort der Bundesrepublik aus per Telefon oder mit einem Direktanschluß anschließen. Der Zugang über Telefon ermöglicht es auch, sich von jedem Ort außerhalb der Bundesrepublik mit DATEX-P- und damit mit ALexIS in Verbindung zu setzen, sodaß man auch auf Geschäftsreisen oder im Urlaub mit dem Büro verbunden bleiben kann. Die Entscheidung für das installierte Mailbox-System und z.B. nicht für BTX hat eine Reihe von zwingenden Gründen, von denen allein schon ausreicht, daß die wichtigsten Informationssäulen - JURIS und ALexIS-Register - derzeit nicht über BTX zur Verfügung stehen. Querverbindungen zu BTX sind aber in Vorbereitung.

3. Was bietet ALexIS ?

Die Leistungen von ALexIS lassen sich in drei Funktionen einteilen:

- Kommunikation
- Information
- Dienstleistung

Drehscheibe für alle Funktionen ist das ALexIS-System.

3.1. Textkommunikation / Nachrichtenaustausch

ALexIS ist zunächst einmal ein Mailbox-System. Man wählt sich über DATEX-P in das System ein und kann sofort - durch eine fehlertolerante Dialogtechnik unterstützt - der ALexIS-Mailbox sagen, was man will.

Jeder Teilnehmer, der bei ALexIS angeschlossen ist, erhält bei ALexIS sein persönliches elektronisches Postfach. Das bedeutet, daß auf dem ALexIS-Computer-System für den Teilnehmer exklusiv ein dynamischer Speicherbereich reserviert ist, in dem Nachrichten beliebiger Art elektronisch gespeichert und wieder abgerufen werden können. Dieses elektronische Postfach ist durch einen Namen und ein Schutzwort gesichert.

Jeder, der den Namen des Postfaches kennt, kann elektronisch seine Nachricht in dieses Postfach des Adressaten legen. Nur derjenige, der aber auch das Schutzwort für das Postfach kennt (und das ist nur der Inhaber selbst), kann über die in sein Postfach gelegten Nachrichten auch verfügen, d. h. sie lesen, weiterversenden oder löschen.

Dieses System ist dem normalen Postfach bei der Post vergleichbar. Jeder kann einen Brief dorthin einschicken, aber nur der Inhaber des Postfaches, der sich als Inhaber ausweist, kann es leeren.

Der Unterschied zum körperlichen Postfach bei der Post liegt vor allem darin, daß die Nachrichten eben nicht körperlich in Form von Papier, sondern in Form von Zeichenfolgen als elektronischer Text versandt und hinterlegt werden. Ähnlich wie bei Telex und Teletex können zwar nur Textinformationen versendet werden, dies aber sehr schnell, komfortabel und preisgünstig. Eine Nachricht steht dem Empfänger in der Sekunde des Absendens zu Verfügung.

Diese Kommunikationsfunktion von ALexIS ist im ALexIS-System sehr komfortabel ausgebaut und in kurzer Zeit zu erlernen. Das Absenden einer Nachricht wird z.B. durch den einfachen Befehl "Senden" ergänzt um den Namen des Adressaten eingeleitet.

Ihre eigentliche Bedeutung wird diese Kommunikationsmöglichkeit freilich erst gewinnen, wenn ALexIS eine ausreichende Anzahl von Teilnehmern hat. Jedes ommunikationsmedium ist nur so viel Wert, wie die Anzahl der angeschlossenen Kommunikationspartner. Es ist jedoch mit einer raschen Verbreitung unter denjenigen Kollegen zu rechnen, die EDV einsetzen, so daß die Kommunikationsfunktion schnell an Bedeutung gewinnen wird.

Durch den Telex-Dienst ermöglicht ALexIS darüberhinaus die Kommunikation mit anderen Telex-Teilnehmern: Der Absender kann ALexIS beauftragen, eine Nachricht an eine andere Mailbox (sogenannter Telex-Gateway-Server) zu versenden, die diese Nachricht dann automatisch als Telex abschickt und auch Telexe anderer empfangen und dem ALexIS als Mailbox-Nachricht zuleiten kann.

Anwendungsbeispiele sind:

- Korrespondenzanwaltsverkehr
- Vertragsverhandlungen
- Computerkonferenzen
- schneller Verkehr mit dem Mandanten

3.2. Informationsfunktion

Das ALexIS-System bietet vielfältige Möglichkeiten der elektronischen Information. Zu unterscheiden ist dabei zwischen den Informationen, die im ALexIS-System selbst gespeichert und zugänglich gemacht werden und den Informationsquellen, zu denen ALexIS durchschalten kann.

3.2.1. ALexIS-Informationen / Schwarze Bretter

Jeder Teilnehmer von ALexIS hat zunächst sein eigenes ALexIS-Fach. Diese Informationen sind nur dem jeweiligen ALexIS-Benutzer zugänglich.

ALexIS bietet aber darüber hinaus sogenannte "Schwarze Bretter", d. h. Informationen, die allen oder einer bestimmten Teilnehmergruppe von ALexIS zugänglich sind. Diese schwarzen Bretter werden den Bedürfnissen der Anwaltschaft entsprechend gestaltet und redaktionell betreut. Wenn man sich in ALexIS einwählt, wird dem Teilnehmer zunächst bekanntgegeben, welche neuen Informationen es in welchen schwarzen Brettern gibt. Solche schwarzen Bretter hat die Bundesrechtsanwaltskammer für allgemein interessierende Informationen, z.B. über neue Gesetzgebungsvorhaben und neue ehrengerichtliche Entscheidungen eingerichtet; die örtlichen Kammern und Anwaltsvereine können über ihre Aktivitäten berichten. Die Hans-Soldan-Stiftung informiert z.B. über Literaturneuerscheinungen informieren. Örtliche Anwaltsorganisationen, d. h. die örtlichen Kammern und Anwaltsvereine können Informationen über den regionalen Bereich in eigenen Brettern bereithalten und zur Verfügung stellen, z.B. über die Gebührenrechtsprechung und Unterhaltsrechtsprechung im Bezirk. Weitere Schwarze Bretter sind allgemein zugänglich, so daß jeder Teilnehmer wichtige Informationen allen Teilnehmern zugänglich machen kann.

In den Überschriften dieser schwarzen Brettern kann auch mit Suchbegriffen gesucht werden, so daß der flexible, preisgünstige Aufbau kleiner Informationssysteme möglich wird.

3.2.2. Durchschalten zu Datenbanken

ALexIS bietet die Möglichkeit, den Teilnehmer zu externen Datenbanken durchzustellen. Das geht ganz einfach: Der Teilnehmer gibt auf seinem Computer lediglich ein, zu welcher bestimmten Datenbank er durchgestellt werden will. Eine solche Eingabe lautet z.B.: "datenbank juris".

ALexIS stellt den Teilnehmer dann zu dieser Datenbank, im Beispiel zu JURIS durch. Das dauert einige Sekunden und der Teilnehmer ist dann mit JURIS so verbunden, wie wenn er sich in JURIS direkt eingewählt hätte. Genauso funktioniert das Durchschalten zu einer Reihe weiterer externer Datenbanken im In- und Ausland, z.B. ALexIS- Register, CELEX, amerikanischen Rechts-, Wirtschafts- und Informations-Datenbanken.

Wenn der Teilnehmer dann die Datenbank verläßt, wird diese Verbindung beendet und der Teilnehmer kehrt wieder auf die Verbindungsebene von ALexIS zurück. ALexIS teilt sofort mit, wieviel die Datenbankabfrage gekostet hat und stellt die entstandenen Kosten dem Teilnehmer auf seinem Konto in Rechnung. Der Teilnehmer kann dann weitere Möglichkeiten von ALexIS nutzen oder auch die Kommunikation mit ALexIS beenden.

Diese Datenbankfunktion von ALexIS ist sehr komfortabel und sinnvoll. Sie ist ein Kernstück des ALexIS-Konzeptes aus folgenden Gründen:

Natürlich hat jeder Teilnehmer die Möglichkeit, sich auch direkt bei der jeweiligen Datenbank einzuwählen, d.h. nicht über den Weg über ALexIS. So kann grundsätzlich jedermann bei JURIS einen Anschluß abonnieren und sich dann über DATEX-P direkt in JURIS einwählen. Das ist immer dann sinnvoll, wenn ein Teilnehmer ausreichend oft von den Möglichkeiten, die JURIS bietet, Gebrauch macht. Dann lohnt sich ein eigener Anschluß.

Ein solcher Direktanschluß verursacht jedoch relativ hohe Fixkosten: Die monatliche Mindestgebühr bei JURIS beträgt DM 300,--. Es ist außerdem eine längere Vertragsbindung einzugehen. Das ist für denjenigen, der JURIS nur gelegentlich nutzen will, ein erheblicher Kostenfaktor, zumal noch andere Fixkosten hinzukommen. Entscheidend ist aber, daß JURIS nicht die einzige für den Juristen und insbesondere für den Anwalt interessante Informationsquelle ist. Wenn jemand Zugang zu dem gesamten Spektrum der für die Anwaltschaft nützlichen Informationen haben will, muß er eine Reihe von Vertragsbindungen zu Datenbankanbietern eingehen und sich regelmäßig mit Mindestgebühren verpflichten, so daß das Volumen allein der monatlichen Mindestverpflichtungen schnell einen Betrag von DM 1.000,--und mehr erreichen kann.

Das Konzept von ALexIS geht von der Überlegung aus, daß dies für eine Vielzahl von Anwälten prohibitiv wirken kann. Der normale Einzelanwalt, die kleine Sozietät aber auch manches große Büro wird es schon aus wirtschaftlichen Gründen scheuen, so weitgehende Bindungen einzugehen. Hinzu kommt, daß jeder Abschluß eines Nutzungsvertrages mit einem Datenbankanbieter einigen administrativen Aufwand erfordert, sowohl beim Abschluß der Verträge als auch bei der Abwicklung, d.h. bei der Berechnung der entstandenen Gebühren.

Das ALexIS-Konzept setzt u.a. hier an: ALexIS schließt die Verträge mit den verschiedensten Datenbankanbietern und vertritt diesen gegenüber die Interessen der Anwaltschaft. Für den Teilnehmer genügt es, einen Vertrag mit ALexIS abzuschließen und die Verbindung mit ALexIS herzustellen. Ihm steht sofort und ohne Zusatzkosten die gesamte Palette der über ALexIS angebotenen Informationsmedien zur Verfügung und außerdem der von ALexIS selbst angebotenen Informationen.

Auch wenn sich ein Teilnehmer, der eine Datenbank häufig benutzt, entschließt, bei der Datenbank direkt zu abonnieren, bleibt ALexIS für ihn interessant, denn alle anderen Kommunikations- und Informationsleistungen von ALexIS stehen ihm hier weiter zur Verfügung.

Derzeit stehen neben einer Reihe von allgemeinen Datenbanken JURIS und ALexIS-Register als besonders für den Juristen interessante Informationsquellen zur Verfügung. Weiteres ist in Vorbereitung.

3.2.3. ALexIS-Register

Eine der Informationssäulen von ALexIS ist das elektronische Register. Es handelt sich um eine große Datenbank, die in Zusammenarbeit mit einem spezialisierten Datenbank-Anbieter aus den Original-Satzbändern des Bundesanzeigers aufgebaut ist und u.a. folgende Informationen zuverlässig erschließt:

- alle Neueintragungen und Veränderungen (§ 10 HGB) in den Handelsregistern aller deutschen Amtsgerichte seit 1.1.1985 - alle Einträge im Musterregister, Konkursregister und Vergleichsregister seit 1.1.1985. Die elektronische Handelsregisterabfrage wird damit Wirklichkeit. Der Wert dieser Informationen wird durch Rückwärts-Nacherfassung ständig verbessert. In absehbarer Zeit wird Vollständigkeit erreicht.

ALexIS-Register ist für jede Anwalts- und Notarkanzlei hochinteressant. Diese Datenbank bietet völlig neue Informationsmöglichkeiten, die weit über das hinausgehen, was man mit einer "klassischen" Handelsregisteranfrage erreichen kann. Nimmt man den Faktor Zeit hinzu, wird deutlich, welcher Fortschritt mit ALexIS-Register verbunden ist. Eine bisher nicht verfügbare Leistung ist z.B. ALexIS-Check: Bei einer Firmenneugründung kann in der Datenbank überprüft werden, ob es die in Aussicht genommene Firmenbezeichnung - auch als Wortbestandteil - schon gibt.

Die Informationen von ALexIS-Register sind einerseits über den Datenbank-Befehl von ALexIS erreichbar. Zum anderen ist auch ein direktes Einwählen in diese Datenbank möglich, sofern bei ALexIS ein direkter Anschluß abonniert wird.

3.3. Elektronische Dienstleistungen

ALexIS bietet weiter den Zugang zu verschiedenen elektronischen Dienstleistungen. Damit ist gemeint, daß über das Medium ALexIS nicht nur Informationen beschafft, sondern auch Aufträge, insbesondere Aufträge zur Informationsbeschaffung abgewickelt werden können.

- Informationsvermittlung

Im Vordergrund steht dabei ein Service, der der wissenschaftlichen Hilfsstelle der Hans-Soldan-Stiftung angegliedert ist: Die Recherche in juristischen Datenbanken und anderen Informationsdiensten durch hierfür speziell ausgebildete und erfahrene Fachkräfte.

Ausgangspunkt dieser sogenannten "Informations-Vermittlung" ist, daß der Umgang mit verschiedenen Datenbanken, den dort vorhandenen riesigen Informationsbeständen und den verschiedenen Abfragesprachen und -techniken einige Erfahrung voraussetzt. Natürlich ist z.B. der Umgang mit JURIS erlernbar, aber einige Erfahrung und juristisches Fachwissen gehört schon zum erfolgreichen Recherchieren.

Die Informationsvermittlung soll dem noch nicht erfahrenen Teilnehmer helfen, die Möglichkeiten der bei ALexIS angeschlossenen Datenbanken optimal zu nutzen. Der Teilnehmer formuliert das Rechtsproblem, zu dem er Rechtsprechungs- und/oder Literaturhinweise sucht, gewissermaßen umgangssprachlich. Diese über ALexIS gesandte achricht wird von dem Rechercheur, analysiert und in einer Datenbankrecherche bearbeitet. Der Rechercheur speichert das Suchergebnis mit und stellt es dem Informationssuchenden sofort in sein elektronisches Postfach, wo er das Ergebnis dann lesen und sich ausdrucken kann. Diese Dienstleistung, die als Option neben der Selbstrecherche in Datenbanken jederzeit zur Verfügung steht, ist von großem Wert. Natürlich sind die Kosten des Rechercheurs an Zeit und Recherchieraufwand zu bezahlen, in vielen Fällen wird dies aber trotz der bei ihm anfallenden Personalkosten letztendlich kostengünstiger sein, weil der erfahrene Rechercheur mit weniger Rechnerkosten die erforderlichen Informationen abrufen und finden kann.

- Elektronische Bestellungen:

Das Anwaltsinstitut der Bundesrechtsanwaltskammer wird laufend über seine Veranstaltungen berichten und eine Buchung ermöglichen. Die Hans-Soldan-Stiftung wird über ihre Leistungen unterrichten, z.B. redaktionell aufbereitet über das Angebot an juristischer Literatur.

- Teleübersetzung:

In manchen Anwaltskanzleien sind häufig juristische Texte zu übersetzen sind. Bei der Teleübersetzung sendet der Teilnehmer über ALexIS den zu übersetzenden Text an ein Übersetzungsbüro, das bei ALexIS selbst oder einer anderen Mailbox, die mit ALexIS kommunizieren kann, ein Mailboxfach unterhält. Die Übersetzung wird dann dem Auftraggeber wieder in sein Mailboxfach zurückgestellt. Das geht schnell, weil einige Tage Postlaufzeit gespart werden. Außerdem steht dem Auftraggeber der übersetzte Text wieder in einer Form zur Verfügung, die die Weiterverarbeitung in seiner Textverarbeitung erlaubt.

- Telesatz:

ALexIS erlaubt es, einen erstellten Text in das Mailboxfach eines Unternehmens zu legen, das auf die Erstellung von Fotosatz spezialisiert ist. Denkbare Anwendungsfälle hierfür sind z.B. die Buch- oder sonstige Manuskripterstellung durch einen Anwalt oder auch die Erstellung von Allgemeinen Geschäftsbedingungen in reproduktionsfähiger Form.

4. Betreiber und rechtliche Struktur

Rechtlich und wirtschaftlich ist Betreiber von ALexIS die Hans-Soldan-Stiftung.

Der Anwender schließt mit der Stiftung einen Vertrag über die Nutzung von ALexIS. Dieser Vertrag regelt die Benutzungsgebühren, Dauer des Vertrages und die Vergütung für besondere Dienstleistungen, z.B. für das Durchschalten zu Datenbanken sowie sonstige Benutzungsbedingungen. Die Stiftung als Betreiber schließt dann ihrerseits Verträge mit den verschiedenen angeschlossenen Diensten. Der ALexIS-Kunde selbst hat - was ein großer Vorteil ist - nur ein einziges Vertragsverhältnis mit der Hans-Soldan-Stiftung. Er hat aber gleichwohl Zugang zu allen angeschlossenen Datenbanken. Die Kosten des Zugriffs auf die Datenbank über ALexIS, die der einzelne Anwender verursacht, werden von der Stiftung an den ALexIS-Kunden zusammen mit der monatlichen Grundgebühr und den laufenden Benutzungskosten weiterberechnet. Lediglich für die Inanspruchnahme der Postleitungen besteht daneben ein öffentlichrechtliches Benutzungsverhänis.

5. Kosten

Die Kosten für den ALexIS-Betrieb setzen sich aus verschiedenen Komponenten zusammen, nämlich

- Anschaffungskosten für den Computer und Software
  - laufende ALexIS-Kosten
  - Grundgebühr
  - zeitabhängige Benutzungsgebühren

- Postgebühren
  - Monatliche Grundgebühr
  - Benutzungsabhängige Kosten

- Gebühren für zusätzliche Leistungen

6. Aussichten und weitere Entwicklung

ALexIS ist ein neuer Weg zur Kommunikation und zur Information für die Anwaltschaft. Der Reiz dieses Mediums besteht u.a. darin, daß dem ALexIS-Teilnehmer der Zugang zu den für Juristen interessanten elektronischen Informationen leicht gemacht wird und das gesamte Spektrum dieser Informationen dem Teilnehmer zu geringen Grundkosten zur Verfügung steht.

Das Informations- und Kommunikationsmedium ALexIS bedeutet eine einmalige Chance für die Anwaltschaft. Mit zunehmender Verbreitung dieses Mediums in der Anwaltschaft wird es auch für eine Reihe von Anbietern juristischer Informationen, also insbesondere für die juristischen Verlage, interessant sein, Informationen hierfür zu erstellen und über ALexIS anzubieten. Das amerikanische Beispiel des ABA/net - dem Mailbox-System der American Bar Association - zeigt, daß ein solches System sehr erfolgreich sein kann.

Mit tatkräftiger Unterstützung durch die Berufsorganisationen kann ALexIS auch zu einem wirkungsvollen berufspolitischen Instrument werden.

MAILBOX FÜR DV-LAIEN: EIN ERFAHRUNGSBERICHT

Wolfgang Fritz
Fachhochschule Karlsruhe
Fachbereich Feinwerktechnik
Moltkestr. 4, D-7500 Karlsruhe

ZUSAMMENFASSUNG:

Es wird ein Erfahrungsbericht über die Nutzung der Mailbox (GEONET-Mailbox) aus der Sicht von zwei Vereinen, dem CCD (Computerclub Deutschland e. V.) und dem ASB (Arbeiter-Samariter-Bund Deutschland e. V. Landesverband Baden-Württemberg) und drittens aus der Sicht der FH-Bibliothek (Bibliothek der Fachhochschule und der Pädagogischen Hochschule Karlsruhe) gegeben und ein Vorschlag für Verbesserungen künftiger Anwendungen abgeleitet.

1. DIE DREI BETRACHTETEN ANWENDER

Die hier angesprochen Anwender der Mailbox unterscheiden sich in jeweils spezifischer Hinsicht in ihrer Struktur und ihrer Abeitsweise von anderen kommerziellen Unternehmen wie z. B. einem kleinen Handwerksbetrieb oder einem großen Versicherungsunternehmen.

1. 1. CCD

Der Computerclub Deutschland e.V (CCD) wurde 1980 gegründet. Er hat 3000 Mitgliedern, die aus allen Gebieten der Bundesrepublik stammen und deren Interesse sich ursprünglich auf den Taschenrechner hp-41 bezog. Heute hat der CCD eine Untergruppe von über 450 Mitgliedern, die einen CP/M-Rechner oder einen MSDOS-Rechner nutzen. Die Vereinsmitglieder, zum großen Teil Hobbyisten, zum kleineren Teil Beschäftigte in der EDV-Branche, erwarten, über den Verein und über andere Vereinsmitglieder,

- mehr generelle Informationen über ihren Rechner zu bekommen,

- schon vorhandene Programmlösungen nicht neu erstellen zu müssen,

- Hilfestellung zu erhalten, wenn sie Probleme mit Ihrem Rechner haben.

Der CCD befriedigt diese Aufgaben

* durch die Herausgabe einer monatlich erscheinenden Publikation PRISMA,

* durch die monatliche Versendung von Disketten (im Osborne-Format und im IBM-PC-Format),

* durch die Förderung privater Kontakte durch die Organisation von zwei bis drei bundesweiten Treffen im Jahr und von Regionaltreffs.

1. 2. ASB

Der Arbeiter-Samariter-Bund (ASB) ist eine bundesweit organisierte Rettungs- und Hilfsorganisation mit über 600.000 Mitgliedern. Zu seinem Aufgaben gehören neben dem Rettungsdienst und Krankentransport die Ausbildung der Bevölkerung in Erster Hilfe, der Katastrophenschutz und die sogenannten "Mobilen Sozialen Dienste". Der ASB ist in Landesverbänden als e. V. strukturiert und hat örtlich (juristisch) unselbständige Ortsverbände; die größeren Ortsverbände mit hauptamtlichen Verwaltungsangestellten arbeiten aber praktisch selbstständig aufgrund eines Haushaltsplanes, der lediglich zum Jahresbeginn vom Landesvorstand genehmigt werden muß. Im folgenden werden unter ASB der Landesverband Baden-Württemberg und seine Ortsverbände Karlsruhe, Pforzheim und Achern verstanden.

1. 3. FH-Bibliothek

Die Fachhochschule Karlsruhe (FH) wurde 1875 gegründet und hat heute über 4000 Studenten in seinen technischen Fachbereichen. Es existiert eine mit der Pädagogischen Hochschule gemeinsam betriebene Bibliothek, über die auch der Zugriff zu Literaturdatenbanken vor allem des Fachinformationszentrums Energie, Physik, Mathematik (FIZ) für Professoren und Studenten organisiert wird.

1. 4. Strukturen der drei Organisationen

In allen drei Organisationen wurde die GEONET-Mailbox (früher IMCA-Mailbox) im Laufe des Jahres 1985 eingeführt und bis heute in unterschiedlich starkem Maße zur Anwendung gebracht. Unterschiede gibt es aber nicht nur in der Intensität der Mailbox-Nutzung, sondern auch in der Motivation zur Nutzung, d. h. in der Stärke des Wunsches, mit anderen schnell wie über das Telefon, aber dennoch schriftlich Informationen auszutauschen. Ferner gab es Unterschiede in der Art und Weise der Einführung des Mailbox-Betriebes und beim sich zurechtfinden im Falle von technischen Schwierigkeiten. Angesprochen werden soll, inwieweit ursächliche Zusammenhänge vermutet werden können.

Unterschiede bestehen zwischen den drei Organisationen nicht nur in ihrer Organisationsform, sondern auch in ihrer personellen Struktur und in den Wünschen und Fähigkeiten des Personals. Als typische Charakteristika, die für die zu erörternden Mailboxnutzung wichtig erscheinen, sind zu nennen

- für den CCD: Die Mitglieder

  * haben in der Regel sehr gute EDV-Kenntnisse (es sind z.B. Studenten der Informatik),

  * kommen mit amerikanischer Software aus dem public-domain-Bereich gut zurecht,

  * suchen preiswerte Lösungen, da sie in der Regel Privatzahler sind,

  * finden leicht Kontakt zu anderen Vereinsmitgliedern und anderen PC-Anwendern, so z. B. auch zu Vereinsmitgliedern von Apple User Club Europe (A.U.G.E.),

- für den ASB: Die Mitarbeiter

  * benutzen die in ausreichender Anzahl angeschafften PC's vor allem zur Erleichterung der Verwaltungsarbeiten,

  * haben größere Schwierigkeiten mit der englischen Sprache,

  * benötigen den Kontakt zu anderen Ortsverbänden zur Abstimmung von Vorgängen und Entscheidungen,

* versenden Pressemitteilungen per Telex-Maschinen oder per Brief,

* benötigen Kontakt zu ehrenamtlichen Vorstandsmitgliedern auch außerhalb der Bürozeiten,

- für die FH: die Bibliotheksmitarbeiter

  * haben sich die Kenntnisse über den Einsatz von PC's nur in Zusammenhang mit einer einzelnen Anwendung (der Betreuung von Datenbank-gestützten Literaturrecherchen) erworben,

  * sind nicht in einer überregionalen Struktur eingebunden,

  * bekommen im Einzelfall ausführliche Unterstützung durch Fachleute in der Hochschule,

  * sind stark mit normalem Tagesgeschäft ausgelastet.

Gemeinsam ist allen drei Anwendergruppen eine prinzipielle Bereitschaft zur Anwendung von technischen Neuerungen, die beim Computer-"freak" eines Computerclubs sicherlich von vorneherein unterstellt werden darf, die bei dem ASB parallel läuft zu dessen Drang zur Übernahme vielfältiger neuer Aufgaben im sozialen Bereich, und die schließlich im FH-Bibliotheksbereich schlicht festgestellt werden kann.

2. DIE MAILBOX-EINFÜHRUNGSPHASE

Das bei allen drei Anwendergruppen vorliegende prinzipielle Interesse und eine gewisse Neugier waren notwendig zur Überwindung der Startbarrieren, die dem Entschluß zur Nutzung entgegenstanden, und zur Überwindung von Anfangsschwierigkeiten nach der Einführung. Finanzielle, technische und organisatorische Gründe waren in dieser Phase in unterschiedlich starkem Maße bei den drei untersuchten Gruppen maßgeblich.

2. 1. Technische Startbarrieren

Viele der 3000 CCD-Mitglieder haben nur einen Taschenrechner, natürlich ohne serielle Schnittstelle, und könnten an der Mailboxkommunikation nur nach Anschaffung neuer Geräte teilnehmen. Von den über 450 Mitgliedern mit einem privaten PC, die also keine Rechnerneuanschaffung zu tätigen hatten, ist heute etwa jeder siebente Mailboxteilnehmer.

2. 1. 1. Akustikkoppler, Modem

Anfangs war für die Computerleute des CCD, die größtenteils Amateure sind, die Anschaffung eines Akustikkopplers eine Starthürde, die erst später verschwand, als die Preise für einen Akustikkoppler von nahezu DM 1000 im Jahre 1984 auf ca. DM 300 zum Jahresbeginn 1985 fielen. In den Büros des ASB und der FH-Bibliothek spielten diese finanziellen Gründe keine ernsthafte Rolle. Vor allem in der FH-Bibliothek hatte man sich wegen des notwendig schnellen Datentransfers zu den Literaturdatenbanken sowieso zu einer Anmietung von Modems der Deutschen Bundespost entschieden.

2. 1. 2. Einlernen in die Bedienung

Bei den Mitgliedern des CCD gab es in der Regel keine besonderen Schwierigkeiten mit der Rechnerbedienung; die meisten Anwender besitzen eine genügende Kenntnis über die Bedienung ihres PC und der seriellen Schnittstelle. War dies nicht der Fall, so konnten die Vereinsmitglieder hierüber einige übersichtliche Artikel in der Vereinszeitschrift PRISMA nachlesen und sich an die Autoren dieser Artikel, die selbst Vereinsmitglieder sind, telefonisch mit der Bitte um Rat und Hilfestellung wenden. Als Terminalprogramme werden sowohl unter dem CP/M-Betriebssystem als unter dem MSDOS-Betriebssystem am häufigsten public-domain-Programme wie MODEM7 und Nachfolger oder MEX oder KERMIT eingesetzt, die bis vor kurzem in der Qualität und im Bedienungskomfort den professionellen Programmen zumindest ebenbürtig, wenn nicht gar überlegen waren. Inzwischen sind allerdings auf dem Markt eine Reihe sehr guter professioneller Terminalprogramme erschienen (wie z. B. RMI-TERM).

Beim ASB, gewöhnt an die Nutzung einer Reihe anderer Kommunikationsmittel wie Funkverkehr zu den Einsatzfahrzeugen, Telex und auch BTX (auf BTX-Basis wird in Achern ein Versuchsprogramm zur Fahrzeugbeförderung von Behinderten entwickelt), gab es erhebliche Anfangs-Schwierigkeiten aufgrund der englischen Sprache, in der die damaligen Terminalprogramme abgefaßt waren, die die meisten hauptamtlichen Mitarbeiter jedoch nicht beherrschen. Zum Glück gibt es jedoch unter der großen Anzahl der ehrenamtlich wirkenden Mitglieder auch beispielsweise Studenten mit EDV-Fachwissen, durch deren Beratung und Anleitung die Hauptamtlichen die Bedienung des Rechners und der Terminalprogramme erlernen konnten.

Technische Schwierigkeiten ergaben sich unerwartet in der ASB-Landesgeschäftsstelle, in der eine ältere Telefon-Nebenstellen-Anlage regelmäßig zu einem sehr schnellen Verbindungsabbruch zum Datex-P-Knotenpunkt-Rechner führte. Beim Umzug in ein anderes Gebäude lösten sich diese Schwierigkeiten in nichts auf. (Dieser schnelle Verbindungsabbruch tritt übrigens auch beim Anschluß über Akustikkoppler an die Nebenstellen-Anlage des Kernforschungszentrums Karlsruhe auf.)

Bei den ASB-Mitarbeitern wurde als äußerst hilfreich angesehen, daß der Befehlssatz der GEONET-Mailbox in deutsch gefaßt ist. Auch das fehlertolerante Verhalten der Mailbox und die Leichtigkeit, Telexe an Zeitungen und Presseagenturen über die Mailbox versenden zu können, haben sich positiv auf die Einführung ausgewirkt.

In der Fachhochschulbibliothek gab es praktisch keine technischen Startbarrieren: Das für Literaturrecherchen vorgesehene System war schlüsselfertig von GENESYS geliefert worden und konnte sofort eingesetzt werden. Zwar hatten die Bediensteten der Fachhochschulbibliothek anfangs praktisch keine EDV-Kenntnisse, aber sie konnten aufgrund ihrer englischen Sprachkenntnisse leicht an alle notwendigen Informationen herankommen und zudem sich auch leicht an Informatiker der FH wenden, die gegebenenfalls spezielle Hilfestellungen bieten konnten.

2. 2. Nichttechnische Startbarrieren

Unterschiedlich waren auch die nichttechnischen Startbarrieren beim CCD, ASB und der FH.

Beim CCD spielten die Kosten eine recht wichtige Rolle. Die Anmeldegebühren für die Zuteilung einer Zugangsberechtigung zum Datex-P-Dienst der Deutschen Bundespost (NUI = network user identification), die Monatsbelastung von DM 15 für die NUI, ferner die laufenden Kosten für die Mailbox-Nutzung und die hohen Telefonkosten für nicht in der Nähe eines Datex-P-Knotenpunkt wohnenden Mitglieder spielten neben den schon angesprochenen Anschaffungskosten eines Akustikkopplers ein großes Hindernis. Günstig wirkte sich aus, daß der CCD-Vereinsvorstand die Teilnehmer nicht mit den Grundgebühren der Mailbox belastete und daß der Mailbox-Betreiber den Vereinsmitgliedern (bei Inkaufnahme eines etwas geringeren Service) günstigere Preise für die Nutzung einräumte.

Ferner war CCD-Mitgliedern durch die Vereinszeitschrift und die Informationsdisketten bekannt, daß die vor allem in den Ballungsgebieten entstandenen Telefon-Mailboxen im Gegensatz zu den über Datex-P erreichbaren Mailboxen nur wenig wertvolle Nachrichten lieferten und daß zudem der aktive Nachrichtenaustausch sich im wesentlichen auf Partner aus derselben Stadt konzentrierte, mit denen man sich im Prinzip auch leicht persönlich treffen konnte, ja dies womöglich tatsächlich gar in regelmäßigen Abständen tat. Die Informationspartner stammen meist deswegen aus der eigenen Region, weil aufgrund der im Fernverkehr verhältnismäßig hohen Telefonkosten und wegen der geringen Übertragungsrate von 300 Baud, die für Telefon-Mailboxen auch heute noch üblich sind, Fernanrufe aus finanziellen Gründen selten waren. Den Vereinsmitgliedern war schon früh deutlich geworden, daß professionell betriebene Mailboxen sich ganz wesentlich von den Amateur-Mailboxen in ihrer Nützlichkeit abheben.

Beim ASB wurde der Zugang zum Mailboxbetrieb zunächst über eine Vereinsmitgliedschaft gelöst, um so die Kennenlern-Phase finanziell günstiger zu fahren. Die auf Dauer eigentlich sinnvolle Lösung, daß die verschiedenen ASB-Untergliederungen innerhalb der Mailbox eine eigene box-in-the-box bilden und daß beispielsweise der Landesverband bei der Post nur eine einzige Haupt-NUI nebst einer Vielzahl von Unter-NUI's führt, stößt noch auf Schwierigkeiten. Die Gründe hierfür sind vermutlich darin zu finden, daß sich aufgrund vereinsinterner Schwierigkeiten einige Beteiligte nicht gegenseitig in die Karten schauen lassen möchten, noch nicht einmal bezüglich der Ausgabenhöhe für diesen Dienst. Auch wurde von einigen Beteiligten erklärt, es sei nachteilig, daß das Medium Mailbox einen so schnellen und so klaren Informationsaustausch ermögliche, so daß man leicht Gefahr laufe, an seinen eigenen unabweisbaren Aussagen gemessen zu werden.

Schließlich ist auch als Hindernis anzusehen, daß die im hauptamtlichen Bereich Verantwortlichen zwar den Telefonverkehr selbst abwickeln, aber wegen fehlender Fertigkeiten im Maschinenschreiben beim Mailbox-Betrieb auf die Unterstützung von z. B. Sekretärinnen angewiesen sind, so daß dieser Informationsaustausch nicht mehr unmittelbar von ihnen selbst durchgeführt wird.

In der FH-Bibliothek gab es von Anfang das Problem, daß man nicht wußte, mit wem und über welches Thema korrespondiert werden könne. Zwar sind in derselben box-in-the-box, in GENESYS, noch mehr als zwei Dutzend andere Teilnehmer aus dem Bibliotheks- und Hochschulbereich; für den formellen Informationsaustausch über Papier, wie er beispielsweise bei Ausleihen nötig ist, gibt es jedoch schon Richtlinien und fertige Papierformulare, so daß sich in Konkurrenz dazu die Mailbox bisher nicht hatte qualifizieren können.

3. DIE HAUPTNUTZUNGEN HEUTE

Mailboxsysteme bieten heutzutage Serviceleistungen, die über die private Kommunikation zweiter Teilnehmer weit hinausgehen. Neben der klassischen Funktion als elektronischer Briefkasten erlaubt ein gutes Mailboxsysteme dem Nutzer Zugang zu anderen Netzen und zu Datenbanken, aus den Wissen abgefragt werden kann.

3. 1. Mailbox als Briefkasten

Der eigentliche Nachrichtenaustausch über die Mailbox wird von allen drei Organisationen in Anspruch genommen, allerdings von der FH-Bibliothek in nur geringem Maße.

Beim CCD wird als wichtiger Vorteil die Möglichkeit gesehen, daß der Computer-"freak" seine Nachrichten auch zu nachtschlafender Zeit austauschen kann, wenn die Höflichkeit das Miteinander-Telefonieren verbietet. Ferner wird als vorteilhaft angesehen, daß bequem vom Hobby-Arbeitsplatz aus schriftliche Nachrichten verschickt werden können.

Erstaunlich wenig nutzen die CCD-Mitglieder die Möglichkeit der Übertragung von Computerprogrammen über die Mailbox. Gründe hierfür können sein:

* Bei der Übertragung längerer Programme (vor allem bei der geringen Übertragungsrate von 300 Baud) treten Kosten auf, die um ein vielfaches höher als die Portokosten für das Versenden einer Diskette,

* Zwar ist das Übertragen von Quellprogrammen in Pascal, Basic, C oder anderen höheren Programmiersprachen als ASCII-File kein Problem, das Übertragen von Maschinenprogrammen jedoch insofern, als das Maschinenprogramm zunächst in z. B. den INTEL-HEX-Code gewandelt werden muß, damit es zur Mailbox (die nur 7-bit-Worte annimmt) übermittelt werden kann.

Recht stark genutzt wird die Übermittlung von Beiträgen und Artikeln für die Vereinszeitschrift PRISMA. Die Artikel werden dazu in ein Schwarzes Brett geschrieben, aus dem sie die Redaktion vor Redaktionsschluß zum elektronischen Weiterverarbeiten herausliest. Die Artikel im Schwarzen Brett können vorab auch von allen anderen Mitgliedern gelesen werden, die dann gegebenenfalls noch rechtzeitig auf Unverständlichkeiten oder mißverständliche Darstellung verweisen oder ergänzende Informationen liefern.

Beim ASB existiert ein reger Nachrichtenaustausch im Bereich der Öffentlichkeitsarbeit. Zwischen den Orten Köln (Bundesgeschäftsstelle), Stuttgart (Landesgeschäftsstelle), Karlsruhe (Presseverantwortlicher und Ortsverbandsgeschäftsstelle) und Achern (Landespressereferent) gibt es einen lebhaften Informationsaustausch, ergänzt durch einen Informationsaustausch zu anderen Ortsverbänden. Nachrichten und Artikel können vor ihrer Veröffentlichung schnell gegengelesen und redigiert werden. Die im Rechner vorliegenden Texte können anschließend leicht als Telex an Zeitungen oder Agenturen verschickt werden.

Der Nachrichtenaustausch zwischen zwei Rechnern wird beim ASB nicht immer über die Mailbox abgewickelt. So wird für für die Nachrichtenübermittlung von Karlsruhe nach Karlsruhe meist die direkte Telefonverbindung gewählt, da hierbei nur die Ortsgespräch-Kosten anfallen. Ebenso wird für die Nachrichtenübermittlung von und nach Achern, von dem aus der nächste Datex-P-Knotenpunkt im telefonischen Fernbereich liegt, meist eine direkte Telefonverbindung gewählt. Da alle diese Stellen hauptamtlich besetzt sind, gibt es nur selten das Problem, den Partner tagsüber nicht erreichen zu können; falls doch, kann ja die Mailbox als Informationspuffer genutzt werden.

Die ASB-Landesgeschäftsstelle und manche Ortsverbände sind nicht über die Mailbox erreichbar, haben aber ein Telex-Gerät, so daß auch hier ein schneller Informationsaustausch durchgeführt werden kann.

Die FH-Bibliothek nutzt die Mailbox sehr selten, da sie kaum Korrespondenz-Partner hat. Es gibt nur vereinzelt eine Nutzung der sogenannten hot-lines von GENESYS und vom FIZ (Fachinformationszentrum Karlsruhe) zur Klärung von technischen Problemen in Zusammenhang mit den Literaturdatenbanken. Ebenso vereinzelt blieb der Informationsaustausch zu schon vorhandenen MB-Anwendern in der FH, der aufgrund der räumlichen Nähe und der Schnelligkeit der Hauspost meist nicht nötig ist.

3. 2. Lesen der allgemeinen Nachrichten in Schwarzen Brettern

Die in den Schwarzen Brettern abgelegten Nachrichten haben unterschiedliche Themenbereiche und werden von den Teilnehmern der drei Organisationen unterschiedlich intensiv gelesen. Im einzelnen hat sich folgendes herauskristallisiert:

* SYSTEMnachrichten des Betreibers: Diese Nachrichten, in denen Neuerungen des Mailboxsystems oder Änderungen in der Bedienung angezeigt werden, erscheinen verhältnismäßig selten, werden aber wegen ihrer Wichtigkeit von allen Teilnehmern gelesen.

* ANREGUNGEN: In diesem Brett werden Verbesserungsvorschläge für den Betrieb abgelegt; auch sie werden vermutlich von allen Teilnehmern gelesen.

* ANGEBOTE, SOFTWAREBOERSE und GESUCHE: Diese Bretter dienen wie Inserate in Zeitungen der Werbung für Hardware- oder Software-Angebote von Betrieben oder auch Privatleuten und für Anfragen nach Angeboten. CCD-Mitglieder lesen diese Kleinanzeigen gerne zur eigenen Orientierung, da sie häufig von Außenstehenden um Rat bei Anschaffungen gefragt werden oder auch, weil sie für sich selbst auf der Suche nach Erweiterungen ihres Rechner-Systems sind. Für die Anwender des ASB und der FH-Bibliothek sind die Angebote in der Regel nach kurzer Zeit als für sie nicht lesenswert eingeschätzt worden.

* Sonstige Bretter: Inwieweit sonstige Bretter, vor allem die Bretter ohne direkten inhaltlichen Bezug zum Mailboxsystem bzw. zur Computer-Hardware bzw. -Software, von den einzelnen genutzt werden, hängt vom

deren privaten Interessensprofil ab und ist nicht als spezifisch für die drei untersuchten Benutzergruppen auszumachen.

3. 3. Telex-Nutzung

Die Mailboxen des GEONET-Systems ermöglichen die Teilname am Telex-Verkehr (Versenden und Empfangen). Das einzelne Telex ist dabei über den eigenen Rechner, über den der Mailbox-Verkehr abgewickelt wird, sehr viel bequemer als über eine Telex-Maschine zu versenden, und eintreffende Telex-Texte können im eigenen Rechner mit einem Textverarbeitungsprogramm gleich weiterverarbeitet werden.

Da der Benutzer keine eigene Telexmaschine braucht, entfallen auch die dafür sonst zu zählenden Kosten für Grundgebühren und Abschreibungskosten. Da andererseits in der Regel das über die Mailbox verschickte Einzel-Telex etwas teurer ist als ein von einer Telexmaschine abgeschicktes, wird ab einem Telexaufkommen von mehreren Stunden im Monat das Einsparen der Grundgebühr überkompensiert durch die Verteuerung des Einzeltelex. Für Telexanwender mit geringem Telexaufkommen ist die Möglichkeit des Telex-Verkehrs über die GEONET-Mailbox jedoch äußerst preisgünstig.

Von den CCD-Mitgliedern nutzen die Telex-Möglichkeiten vor allem die Händler und Ingeneurbüros, während von den reinen Hobbyisten eigentlich nur versuchsweise und nur hin und wieder z. B. private Bestellungen durchgeführt werden. Diejenigen CCD-Mitglieder, die aus gewerblichen Gründen eine Telex-Möglichkeit wollen, haben sich in der Regel nach einiger Zeit ein vereinsunabhängiges besonderes Mailbox-Fach einrichten lassen, um so die dort anfallende Kosten leichter gegenüber dem Finanzamt nachweisen zu können.

Im ASB sind die Bundesgeschäftsstelle in Köln und die Landesgeschäftsstelle in Stuttgart mit Telexmaschinen ausgestattet, die u. a. auch im Bereich Katastrophenschutz und für Auslandshilfe eingesetzt. In diesem Bereich ist häufig ein direkter Dialog mit der Gegenstelle nötig; daher sind diese Telex-Geräte nicht durch die Telex-Möglichkeiten der Mailbox ersetzbar. Wie oben erwähnt werden diese Maschinen jedoch dort, wo noch keine Mailbox-Teilnahme eingeführt wurde, als Ersatz für die Mailbox zur Übermittlung von Bestellungen und von Entwürfen für Presseartikel eingesetzt.

In der FH-Bibliothek gab es bisher keinen Bedarf, am Telexverkehr teilzunehmen. Daher ist die Freigabe der Telexmöglichkeit bisher gar nicht erst beantragt worden.

4. ANWENDERVORSCHLÄGE FÜR VERBESSERUNGEN

Es gibt Gründe, warum die Mailbox nicht in dem Maße angenommen wird, wie es sich aktive Teilnehmer wünschen. Hieraus werden die folgenden Vorschläge zur Weiterentwickung des Mailbox-Betriebes abgeleitet.

4. 1. Weiteres Wachstum des Teilnehmerkreises

Vor allem am Beispiel der Beschäftigten der FH-Bibliothek wird deutlich, daß das prinzipielle Interesse an einem modernen Kommunikationsmittel vorliegt, daß es aber trotzdem kaum genutzt wird, da es an Kommunikationspartnern fehlt. Zwar gibt es mehr als zwei Dutzend andere Teilnehmer aus dem Bibliotheks- und Hochschulbereich, doch ergab sich bisher mit ihnen kein Kontakt. Erhofft wird von den heutigen Anwendern, daß die Teilnehmerzahl wächst und es bei einer größeren Zahl von Mailbox-Teilnehmern mit ähnlichen Interessen zu einem nützlichen Gedankenaustausch und sogar zu Arbeitserleichterungen im Leihverkehr kommen wird.

Für den ASB existiert bisher kaum der Wunsch, über die Mailbox mit Außenstehenden zu korrespondieren; nur innerhalb des Vereins zwischen einzelnen Organisationsgliederungen hat sich bis jetzt eine allerdings häufig benutzte Kommunikation über die Mailbox entwickelt.

Sinnvoll ist, daß alle Organisationsstufen innerhalb des ASB und ebenso ein Teil der ehrenamtlichen Mandatsträger auch zu Hause über dieses Medium schnell erreichbar sind. Denn solange eine Nachricht mehrere Adressaten hat und ein Teil der Adressaten nicht über die Mailbox, sondern nur brieflich erreichbar ist, ist dem Absender das Versenden von Papierkopien über den Briefweg einfacher und bequemer als die parallele Nutzung zweier Medien, Brief und Mailbox, gleichzeitig. Der Ausbau des Mailbox-Netzes für alle Gliederungen kann aber wahrscheinlich nur durch eine zentrale Einführung bewerkstelligt werden, die jedoch wegen vereinsinterner Querelen (s. o.) z. Z. nicht möglich ist.

CCD-Mitglieder finden in der Mailbox viele Korrespondenzpartner aus dem eigenen Verein und auch aus anderen Teilnehmerkreisen. Die dabei auch aus dem typischen Inhalt der Schwarzen Bretter ablesbaren Hauptthemen sind die Rechner und die Kommunikationstechnik selbst. Von den CCD-Mitgliedern wird vergleichsweise selten der Wunsch laut, es müßten mehr Mitglieder über die Mailbox erreichbar sein; bedauert wird allerdings, daß eine Reihe von Vereinsmitgliedern, die früher über die Mailbox erreichbar waren, sich inzwischen aus Kostengründen zurückgezogen haben. Insbesondere die Einführung eines monatlich zu zahlenden Grundbetrages an den Mailboxbetreiber hatte eine gewisse Austrittswelle bewirkt.

4. 2. Absenkung der Hemmschwelle durch Einfachst-Systeme

Insbesondere beim ASB hatte es sich als Hemmschwelle erwiesen, daß zwar die Mailboxbefehle in deutsch abgefaßt und verständlich sind, aber das Gesamtsystem Rechner, Disketten, Akustikkoppler, Schnittstellenbaustein und Terminalprogramm viel zu kompliziert waren. Eine deutliche Verbesserung bei den Terminalprogrammen konnte allerdings in der letzten Zeit festgestellt werden. Dennoch ist es beim ASB bis heute in der Regel nur der (häufig auch nur angelernte) Computer-Spezialist, der sich in die Mailbox einwählt.

4. 3. Überspielung von Maschinenprogrammen und Zeichnungen

Beim CCD wird als Mangel empfunden, daß Maschinenprogramme (mit 8-bit-Worten) in der GEONET-Mailbox z. Z. nur übertragen werden können nach einer Umwandlung in das Intel-Hex-Format; das für eine schnellere Übertragung geeignete KERMIT-Programm ist (noch) nicht installiert. Zunehmend wachsend ist auch das Bedürfnis, die bei der Nutzung moderner PC's selbstverständlich gewordene Erstellung und Bearbeitung von Skizzen und Zeichnungen auch über die Mailbox transferieren zu können.

4. 4. Weitere Verbesserung des Zugangs zu anderen Netzen

Bisher ist es zwar möglich, Teilnehmer in anderen Mailbox-Systemen des GEONET-Netzes zu erreichen, aber der Zugang zu den Schwarzen Brettern und Verzeichnissen der anderen Systeme ist noch nicht voll gegeben, wird aber vor allem von den CCD-Mitgliedern gewünscht. Insbesondere wird ein weiter verbesserter Zugang zu Informationen anderer Gruppen wie denen des Apple User Club Europe (A.U.G.E.) und anderen in der eigenen Mailbox und zu Benutzern in anderen Boxen des GEONET-Netzes erwartet.

4. 5. Freie Festlegung eines Benutzer-Profils

Allen Teilnehmern wird bei der Einwahl in das System eine Anzeige der Schwarzen Brettern mit Neueintragungen gegeben. Einige dieser Bretter, die der Benutzer als für sich wenig nützlich einzuschätzen gelernt hat, werden ihm dennoch "zwangsweise" angezeigt, wohingegen die Anzeige anderer, ihm nützlich erscheinender Bretter verwehrt bleibt, obwohl er zu ihnen durchaus Zugang hat. Gewünscht wird, daß der Benutzer selbst ein Profil der ihm anzuzeigenden Bretter vereinbaren kann mit der Möglichkeit, dieses Profil auch jederzeit ändern zu können.

4. 6. Zugriffsmöglichkeiten zu anderen Datenbanken

Sehr gewünscht wird ebenfalls von den Benutzern aller drei Organisationen, Zugriffsmöglichkeiten zu mehr Datenbanken als bisher angeboten eröffnet zu bekommen, um sie (z. B. JURIS) so kennenlernen zu können, ohne dafür Grundgebühren bezahlen zu müssen. Vorhanden ist die Bereitschaft, dabei - ähnlich wie beim Telex-Verkehr - einen höheren Minutenpreis zu akzeptieren, als ihn die regulären Teilnehmer zahlen zu müssen.

5. AUSBLICK

Von den Mailboxnutzer aus den zwei Vereinen CCD und ASB und aus der FH-Bibliothek wird es als besonders vorteilhaft empfunden, daß die Mailbox selbst mit ihrem klarem Befehlssatz einfach zu bedienen ist und daß über die Mailbox ein Zugang zum Telex-Netz eröffnet wird. Andererseits wird das Spektrum der zugänglichen Datenbanken als noch nicht optimal angesehen. Als Verbesserung würde die Möglichkeit empfunden, über die eigene Festlegung eines Benutzerprofils selbständiger den eigenen Rahmen einer Mailbox-Sitzung festlegen zu können.

Die Mailboxnutzer der drei Organisationen haben teilweise unterschiedliche Zugangsprobleme zur Mailbox erlebt, und sie haben unterschiedliche Informations- und Kommunikationsbedürfnisse, die sie mit der Mailbox befriedigen wollen, aber und zum Teil aufgrund der Zusammensetzung der übrigen Mailbox-Teilnehmer erst dann befriedigen können, wenn der Kreis der erreichbaren Teilnehmer weiter gewachsen und die Hürden zwischen den Einzelboxen des Gesamtsystems weiter verringert sein werden.

Mailbox-Systeme im Wandel

H. Jochen Krieger
Rechtsanwalt in
Düsseldorf

Einführung

Was Mailboxen Mailboxnetzwerke und/oder zentrale Mailboxen sind, dürfte aus den vorherigen Beiträgen hinreichend deutlich geworden sein. Sie sind aus der wissenschaftlichen Dokumentation und aus den wissenschaftlichen Dokumentenaustausch entstanden. Sie haben sich dann gemausert -eben in diesem Bereich- zu einem Nachrichten- und Gedankenaustausch und beginnen, sich nunmehr auch in Deutschland für den normalen Anwender, wenn auch zögernd, zu verselbstständigen.

Die Entwicklung begann bekanntlich in den USA. Laut SPINDLER, das Mailboxjahrbuch 1986, ein lesenswerter und spannender Überblick, ging Compuserve, der größte Anbieter, 1980 ans Netz. Die stürmische Entwicklung in den Vereinigten Staaten wurde in Deutschland nicht nachvollzogen, obwohl IMCA, heute Geo, bereits im Herbst 1982 zumindest zu Testzwecken ans Netz ging. Ähnlich früh begann RMI-Net.

IMCA, heute GEONET, hatte von vorneherein das Ziel der kommerziellen Anwendung für einen möglichst großen Anwenderkreis mit einem möglichst breiten Angebot an die Nutzer, worunter auch an Anbieter von Dienstleistungen, auch Huckepack-Dienstleistungen genannt, gedacht war.

Mit der stürmischen PC-Entwicklung, namentlich der Verbesserung und Verbilligung der Massenspeicher, ging, beginnend im Jahre 1984, stürmisch dann aber in den Jahren 1985 und 1986, einher, daß sich eine Fülle von mehr oder weniger großen, mehr oder weniger komfortabelen und mehr oder weniger profihaften Mailboxen etablierte, die, anders als beispielsweise GEONET, bestimmte kommerzielle oder ideelle Zielsetzungen hatten und dadurch gekennzeichnet waren, daß der Betreiber gleichzeitig der System-Operator (Sys-Op) war, der die Redaktion entsprechend der Zielsetzung und entsprechend dem angesprochenen Benutzerkreis steuerte. Diese Boxen sprechen gleich Interessierte an und wenn das Interesse nur darin besteht, daß sie das Angebot eines bestimmten Herstellers zu kennen wünschen oder wenn sie gleichlautende Vereinsinteressen haben, wie die Boxen der zahlreichen User-Clubs. Sie sind durch eins gekennzeichnet: Die Nutzer sprechen die gleiche Sprache. Der Sys-Op, um den sie sich geschart haben, ist der Koordinator gleicher Wellenlänge.

Auch vom System her haben diese Boxen es leichter. Die Software braucht lediglich die Anforderungen der Zielsetzung zu erfüllen, die sich der Betreiber und/oder Sys-Op gesteckt hat.

Der Wandel

Der Wandel trat ein, als der Vorreiter IMCA/Geo im Herbst 1984 die Testphase mit Freaks beendete, sein umfassendes Angebot kommerziell den normalen Anwender anbot und im Frühjahr 1985 die Vermarktung der Deutschen Mailbox GmbH übertrug.

Schon bei dem Wort "normaler Anwender" muß ich ebenso zögern wie bei dem Wort Mailbox. Hierauf wird noch zurückzukommen sein, und zwar in einem parallelen Sinn.

Der Begriff des "normalen Anwenders" bedarf ebenso, da es sich um einen außerordentlich heterogenen Kreis handelt, der unterschiedlichen Betrachtung, wie das Wort Mailboxsysteme zu eng ist. Unter diesem Begriff verbirgt sich vielmehr, wie in den vorherigen Beiträgen zum Ausdruck gekommen ist, erheblich mehr, als nur ein elektronischer Briefkasten, der der Nachrichtenübermittlung dient. Schließlich ist zu bedenken, daß die Mailbox, sprich der Computer und seine Software nur Werkzeuge sind. Entscheidend ist der Mensch, der dahinter steht, sprich der Betreiber mit Hilfe seiner System-Operatoren und ihrem Zusammenspiel mit den Nutzern, sei es der einfache Anwender, sei es der Anbieter von Dienstleistungen in der Box.

Der Anwenderkreis

Der Autor ist ein solcher "normaler Anwender" ohne mehr als laienhafte EDV-Kenntnisse.

Er kann den Anwenderkreis aber aus eigener Erfahrung unter drei eigenen Gesichtspunkten beurteilen oder, wenn Sie so wollen, Sie haben in mir drei Anwender vor sich, die sich an der Benutzeroberfläche bewegen.

Da ist einmal der begeisterte Boxer, namentlich in der ersten Zeit, dem das Medium einfach Spaß macht und der sich überlegte und testete, wie er aus diesem Spiel eine ernsthafte Nutzanwendung ziehen kann.

Da ist zum anderen der Anwender, der versucht, aus diesem Spiel einen ernsthaften Nutzen für seine berufliche Tätigkeit zu ziehen.

Und da ist zum dritten, der Anbieter einer Dienstleistung, der einen Weg sucht, in möglichst einfacher und effektiver Weise seine Dienstleistung über dieses neue Medium an den Mann zu bringen.

Damit ist eine Dimension des Benutzerkreises umrissen. Sie reicht vom ehemaligen CB-Funker aus der Testphase, der sich freut, seine Kommunikation mit Gleichgesinnten nunmehr auch schriftlich festhalten zu können bis zum ernsthaften Anbieter von höchst wissenschaftlichen Dokumentationen und/oder technischen Informationen.

Die andere Dimension ist die berufliche Dimension. Sie reicht vom Schüler über den Arbeitslosen und freiberuflich Tätigen, wie Mediziner, Berater und Rechtsanwalt bis zu Industrieunternehmen, die allerdings, wenn ich die Dinge richtig sehe, vorwiegend inhouse-Systeme betreiben mit einem nur zaghaften Port nach außen.

Wenn ich die inhouse-Systeme großer Industrieunternehmen hier einmal vergesse, zeichnet den derzeit Mailboxen nutzenden Personenkreis aus, daß er ein besonderes berufliches oder privates Interesse an dem Medium EDV hat, das aufgrund der stürmischen Entwicklung nunmehr auch dem kleinen Manne zugänglich wird, mit allen Risiken und Chancen.

Der Wandel, der sich derzeit nach meiner Beobachtung zu vollziehen scheint, ist, daß einmal der Kreis der EDV-Interessenten in verschiedene Berufsgruppen wächst und daß zum anderen auch solche Personen oder Unternehmen aufhorchen, die sich keine EDV-Kenntnisse anzueignen gedenken, sondern nur ein funktionierendes System haben wollen. Benutzer in diesem Sinne ist auch der Anbieter von Dienstleistungen in der Box; eine sehr wichtige Benutzergruppe übrigens, die einer Box durchaus eigene Impulse zu geben vermag.

Das Kommunikationsmedium

Ähnlich komplex ist das Medium, das zu eng mit Mailbox beschrieben ist. Mailbox ist eben nicht nur ein elektronischer Briefkasten. Mailbox ist auch eine elektronische Zeitung, eine oder mehrere elektronische Bibliotheken und/oder, wenn ich es so ausdrücken darf, ein elektronischer Konferenztisch.

All dies sind aber zunächst einmal nur Angebote eines Mediums ohne Inhalt, es sei denn, daß man schon die Freude am Spiel als Inhalt bezeichnet. Den Inhalt können nur die Teilnehmer vermitteln. Der Betreiber oder Softwareersteller eines Mailboxsystemes kann diesen nur ein Angebot machen und versuchen, dieses so attraktiv auszugestalten, daß sich in seiner Box ein möglichst reger Verkehr entwickelt, wobei sein vordergründiges Interesse nicht der Inhalt ist, der seinen Benutzern vermittelt wird. Der Inhalt ist für den Betreiber lediglich Mittel zum Zweck, und zwar dem durchaus legitimen Zweck, daß das von ihm angebotene und mit viel Mühe und Zeitaufwand erstellte Medium auch einen ökonomischen Erfolg abwirft.

An dieser Stelle muß ich eine Zäsur und eine Einschränkung machen. Ich hatte gesagt, der Mailboxbetreiber bietet nur die Form, der Inhalt muß vom Anbieter kommen. Es gibt natürlich auch ganz andere Boxen, die vom Inhalt her kommen und sich dann die diesem Inhalt angemessene Form schaffen. Hierzu gehören die oben erwähnten Spezialboxen mit begrenztem Angebot, aber auch mehr oder weniger klarer Zielsetzung.

Das umfaßende Angebot kommerzieller Boxen wurde in den anderen Beiträgen bereits ausreichend dargelegt. Ich will es nicht wiederholen. Ganz grob ist das Mailboxangebot in drei, sich überschneidende, aber unterschiedliche Zielsetzungen verfolgende Angebot zu unterteilen, nämlich:

1. Die Individual-Kommunikation einschl. des Einbezuges anderer Kommunikationsformen wie Telex und Teletex.

2. Der Bereich, der sogenannten Schwarzen Bretter, die wiederum zu unterteilen wären in Schwarze Bretter zur Informationsvermittlung an den angeschlossenen Benutzerkreis und die Diskussion innerhalb des Benutzerkreises.

3. Der Bereich des Datenbankenzuganges.

Die eigene Erfahrung

Der Autor hatte die Ehre, wohl am Ende der Testphase zur Geonet-Gruppe zu stoßen, weil er glaubte und glaubt, daß dieses Medium auch in seinem Bereich mit Inhalt erfüllt werden könne und somit einen Nutzen bringe. Das war auch die Zeit seiner Spielphase.

Diese Spielphase war wohl nicht nur beim Autor dadurch gekennzeichnet, daß er -meist nachts- selbst am Computer saß, daß er in dieses oder jenes Brett guckte und sich erst mal mit dem System vertraut machte, daß er den Sys-Op fragte, wie dies und das ginge, daß er dem einen oder anderen, dem er online begegnete, einen guten Morgen wünschte, daß er diesen oder jenen Dialog begann, kurz daß die Zahl der Nachrichten verhältnismäßig gering war, daß es eigentlich nicht so recht darauf ankam und daß er sich, weil er selbst am Rechner saß, auch noch einigermaßen auf sein Gedächtnis verlassen konnte. Schließlich war der Benutzerkreis klein, hatte dieselben Interessen, kannte sich oder lernte sich kennen.

Ernst wurde es, als der Betreiber der IMCA/Geonet-Mailbox sich entschloß den VFTK zu gründen und die Gründungsversammlung den Autor ziemlich unvorbereitet zum Schriftführer des VFTK erkor. Ehe sich der Autor versah, waren die ersten aufhebenswerten Nachrichten, die mehr als einer Spontanantwort bedurften, für immer verloren, da sie ohne hardcopy oder elektronisches Protokoll lediglich über den Bildschirm gerauscht waren. Ehe er sich versah, waren die ersten Mitglieder beigetreten, ohne daß dies dokumentiert war.

Vorbei war auch bald die Zeit, daß die Nachrichtenflut, die empfangen werden sollte und die Ergebnisse seiner Mitteilungslust, die gesendet werden sollten, nicht mehr ohne Delegation zu bewältigen waren. Das bedeutete Kontrollmechanissmen, damit nichts verloren und dann sein richtigen Weg ging. Dann kam das Problem des Wiederfindens.

Es würde zu weit führen, wäre eines eigenen Vortrages und ist einer eigenen Diskussion wert, wie der Anwender mit einer großen Nachrichtenfülle, die allein den Boxverkehr seine Gebühren wert macht, fertig wird.

Festzuhalten ist an dieser Stelle lediglich, daß für den kommerziellen Anwender die Probleme erst beginnen, wenn er aus der Spielphase heraus ist. Die Probleme, namentlich bei Delegation potentieren sich noch, wenn der Nutzer Brettinhalte für so bemerkenswert hält, daß sie merkenswert sind, was praktisch ohne Delegation nicht durchführbar ist.

Schon in diesem Stadium zeigt sich, und dies zu demonstrieren, war der Sinn der Schilderung der eigenen Probleme, daß die Box allein nicht alle Probleme zu lösen vermag, daß es vielmehr noch zwei weitere Schnittstellen gibt, denen besondere Beachtung geschenkt werden muß. Nämlich einmal, die Schnittstelle zur eigenen Textverarbeitung und/oder Datenverwaltung und zum anderen die Schnittstelle von dieser hauseigenen EDV zur herkömmlichen Organisation.

Auch dies ist einer eigenen Betrachtung wert. Das ist aber letztlich ein Problem des Anwenders, jedenfalls scheinbar. Mailboxen sind eine Kommunikations- und Informationsform, d.h. man hat es mit Partnern zu tun, sei es mit Individualpartnern, den Sendern von Nachrichten ans Schwarze Brett, dem Sys-Op oder mit wem auch immer man korrespondiert. Im Vordergrund insoweit steht aber der Individualpartner.

Der Individualverkehr

Einer der Komplexe, der Mailboxen interessant macht, ist der, der ihnen den Namen gegeben hat, nämlich die individuelle Kommunikation. Der Gedanke ist faszinierend. Texte werden in einem Zentralrechner abgelegt ohne jegliche Kompatibilitätsprobleme, allerdings mit der Einschränkung auf den einfachen ASCII-Satz.

Jeder kann sich, wann es ihm passt, seine Nachrichten abrufen.

Dieses faszinierende Angebot bietet keinerlei Probleme, soweit es sich um einen Benutzerkreis handelt, der in sich geschlossen ist und der sich, von einer Zentrale oder Konvention gesteuert, Regeln über die Form der Kommunikation gibt. Typisches Beispiel ist die Außendienststeuerung oder Steuerung von Filialen mit beispielsweise abendlichen Tagesbericht und die morgentliche Ausgabe der Tageslosung der Zentrale mit der ungeheuren Möglichkeit, den Informationsfluß im Unternehmen erheblich zu beschleunigen.

Unproblematisch ist es auch, wenn sich zwei Mailboxnutzer dazu entschließen, ihre künftige Kommunikation via Mailbox abzuwikkeln. Sie werden, und das ist in der Tat zusätzlich erforderlich, eine Konvention über die Art der Beschriftung des "Umschlages" treffen, die jeweils angepaßt sein muß an das angeschlossene Datensystem und System des Wiederfindens für den Partner. Das scheint eine selbstverständliche Forderung zu sein und entspricht nichts anderem, als daß man im Briefverkehr das Aktenzeichen des Partners angibt.

Von diesen beiden Benutzergruppen wird ein Mailboxbetreiber aber nicht leben können, weil eine Mailbox für einen potentiellen Nutzer erst dann wirklich interessant wird, wenn sich der Aufbau der dahinter stehenden Logistik dadurch lohnt, daß er einen größeren als einen gelegentlichen Teil seiner Kommunikation via Mailbox abwickeln kann.

Damit ist das Problem angesprochen, daß erst eine (positiv) kritische Masse möglicher Korrespondenzpartner erreicht werden muß, bis sich ein System wirklich durchsetzen kann, namentlich bei der Textübermittlung. Vielleicht anders, als beispielsweise bei Telefax, heißt hier kritische Masse aber nicht nur, daß eine bestimmte Zahl irgendwelcher Individuen zusammenkommt, sondern daß eine ausreichende Anzahl solcher Nutzer zusammen kommt, die sich auch wirklich etwas zu sagen, sprich zu schreiben haben. Dasselbe Problem hatte und hat übrigens Teletex, das sich wegen des Fehlens der Zusatzangebote (Bretter und Datenbanken) noch zögernder durchsetzt.

Offene Mailboxen sind demgemäß auch von vornherein den Weg gegangen, das Telexnetz, wenn auch über den Umweg London (Postmonopol), zu erschließen.

Die hieraus fließenden Argumente scheinen überzeugend. Die Hardwareinvestition fällt gewißermaßen, für den, der ohnehin mit Textverarbeitung arbeitet, am Rand mit ab. Er hat die komfortablen Editiermöglichkeiten einer modernen Textverarbeitung und kann damit sowohl Telexe senden als auch empfangen. Kritisch betrachtet gelten diese Gesichtspunkte aber zunehmend mehr oder weniger mit der Länge der Texte und der Entfernung der Versendung. Kurze Texte in Deutschland werden sicherlich komfortabeler mit dem guten alten Dampftelex gesandt, trotz seiner schlechten Editiermöglichkeiten.

Für mein Thema ist der Zugang zum Telexnetz zwar eine technisch faszinierende Sache, letztlich aber keine neue Dimension. Es erfolgte lediglich eine Verbindung zu einer veralteten Technik und wiederum einem, wenn auch sehr großen, aber doch amorphen Benutzerkreis, der sich als solcher nichts zu sagen hat.

Wandel bringen sollte (und könnte) der Befehl "VERZEICHNIS". Er war und ist gedacht als eine Art Branchen- und/oder Hobbyverzeichnis, mit dem sich Gleichgesinnte finden können. Mit Rücksicht darauf, daß nur identische Begriffe gefunden werden können, bedarf "Verzeichnis" aber eines außerordentlich penibel geführten ebenfalls vorgesehenen Thesaurus von Begriffen, an die sich der Selbsteintragende zu halten hat. Mit Rücksicht darauf, daß der Geonet-Verbund sich nicht nur auf Deutschland bezogen versteht, sollten diese Begriffe schließlich polyglott sein. Anderenfalls bedarf es eines mehrsprachigen Thesaurus.

Zum derzeitigen Stand bleibt insoweit festzuhalten, daß die Software da ist. Es fehlt nur der Redakteur, wobei der Autor bezweifelt, daß hier ein Redakteur ausreicht. Hier sind Fachleute verschiedener Berufs- und Sprachgruppen gefordert. Man wird um Kürzel jenseits des Sprachgebrauches nicht herumkommen, auch wenn viele sich lieber als Rechtsanwalt eintragen, um dann unter Rechtsanwälte oder lawyer nicht gefunden zu werden. Jeder

InGENIEur wird sich darüber freuen, daß er gefunden wird, wenn jemand ein GENIE sucht. Freut sich aber auch der Suchende, der nicht mit einer solchen Fülle rechnet?

Der Bereich Datenbanken

Das Angebot der Datenbanken, blickt man auf das Inhaltsverzeichnis, ist eindrucksvoll, zumal über Intermail auch die Datenbanken anderer Mailboxen angesprochen werden können, wie beispielsweise der Intercity- und Lufthansafahrplan in der Elma-Box. Der Gedanke ist zwar faszinierend, namentlich für lowcost-Nutzer, die mit 300 Baud operieren und die Box als Beschleuniger in der teuren Datenbank nutzen.

Trotzdem geht diese Entwicklung dem interessierten Nutzer etwas zu schleppend. Dies hat sicherlich mehrere Gründe.

Namentlich bei sehr teuren Datenbanken dürfte das Problem der Haftung für die Gebühreneingänge eine nicht unbeträchtliche Rolle spielen. Der Datenbankbetreiber muß schließlich nicht unbeträchtliche Softwareanpassungen vornehmen.

Einige kritische Fragen seien jedoch erlaubt. Fährt ein Nutzer, der viele Datenbankanfragen hat, wirklich (rentabel) mit 300 Baud? Welchen Nutzen bietet der Weg über eine Mailbox aber für denjenigen, der ohnehin als NUA-Inhaber mit mehr als 1200 Baud fahren kann und der die Datenbank wegen seiner häufigen Abfragen beherrscht? Der direkte Anschluß ist dann preiswerter.

Ob sich nun der Umweg über eine Mailbox für Datenbankbetreiber lohnt oder für diese interessant ist, dürfte höchst fraglich sein, da die Masse derer, die mit 300 oder 1200 Baud fahren für Datenbanken wegen des verhältnismäßig geringen Aufkommens recht uninteressant ist. Wenn es sich aber um Nutzer handelt, die ein hohes Aufkommen haben, wird sich wiederum für diese der Umweg über die Box nicht lohnen, da diese auch sicherlich recht bald vom 300/1200 Baud Betrieb abkommen werden.

Ein lohnendes Aufgabenfeld für Mailboxbetreiber im Zusammenhang mit Datenbanken wäre es aber, Spezialisten für bestimmte Datenbanken zu haben, also Informationsbroker in der Box, die in der Lage sind, die laienhafte Frage des gelegentlich Anfragenden, in den Dialogmodus der Datenbank umzusetzen und dem gelegentlichen Mailboxnutzer, der an dem Ergebnis einer Datenbank interessiert ist, die klare Antwort in klarem Deutsch zu geben.

Es wäre schließlich denkbar, ist nach diesseitiger Kenntnis aber nicht realisiert, möglicherweise auch nicht realisierbar, daß die Box wenigstens für die nicht ganz fachspezifischen Dialoge gewissermaßen einen automatischen Übersetzungsdienst stellt, damit der Mailboxnutzer nicht für jede Datenbank jeweils eine andere Abfrage zu lernen hat.

Ob solche Entwicklungen bestehen und wann sie realisierbar werden, war jedenfalls bei der Abfassung dieser Zeilen nicht bekannt.

Die Schwarzen Bretter

Das Problem kommerzieller Boxen, die sich mit einem möglichst breiten Angebot und an einen möglichst breiten Anwenderkreis richten, liegt gerade in dem, was sie anstreben, nämlich ein optimales oder besser maximales Angebot für einen möglichst großen Benutzerkreis. Diese Problematik wird bei der Gestaltung der Schwarzen Bretter besonders evident.

Hier ist der mangelnde Wandel (zum Guten) so unverkennbar, daß sich viele ursprünglich begeisterte "Spielkinder" von den Brettinhalten gewandt haben und diejenigen, die eine echte fachbezogene Brettdiskussion wünschen, weitgehend dazu übergegangen sind, ihre Bretter mit einem Schreibschutz zu versehen. Die im Zweifel lesenswerten Bretter geschlossener Benutzergruppen sind üblicherweise zudem lesegeschützt.

Hier hat sich ganz ohne Zweifel zum Zeitpunkt der Abfassung dieser Zeilen noch keine Struktur entwickelt, die zu einer interessanten Brettgestaltung führen könnte. Das liegt nicht an der Software der Box. Diese ist ausreichend flexibel. Es fehlt an der ausreichenden Pflege der Bretter. Die besten Vorschläge hat hier wohl inzwischen Mußtopf in seiner Mikromodulbox verwirklicht.

Es fehlt in der Regel aber die Konsequenz aus der Erkenntnis, das Brett nicht gleich Brett und Nachricht nicht gleich Nachricht ist.

Es gibt Nachrichten, die verlieren ihren Wert nach ein, zwei spätestens drei Tagen. Das sind die üblichen Kleinanzeigen, die sich beispielsweise unter "Angebote" oder "Gesuche" finden. Es gibt aber durchaus Angebote von bleibendem Wert. Dies sind beispielsweise Dienstleistungen, die in der Box angeboten werden, und nicht lediglich Einzelgeschäfte, wie die Gelegenheitsanzeige beinhalten.

Es gibt schließlich Nachrichten von nahezu Ewigkeitswert -solange der Sendende sie für richtig hält-. Dies sind beispielsweise Satzungen von Vereinen und Beitrittserklärungen, in dem Falle, daß sich derartige Vereine an die Gesamtheit der Nutzer wendet. Diese müssen durch eine kluge "Betreff"-Gestaltung, die irgendwo erläutert sein muß jederzeit wiederfindbar sein und dürfen auch nicht automatisch gelöscht werden.

Ähnliches gilt für Anbieter in der Box, wie beispielsweise "Teletranslating", "Telesatz" und das Angebot der TRANSPATENT GmbH (weltweite Warenzeichenüberwachungen und -recherchen). Diese haben andererseits aber wiederum ein Interesse daran, daß es irgendwo gewissermaßen ein Anbieterinhaltsverzeichnis gibt, in dem sich jeder Nutzer darüber informieren kann, was er denn wohl in der Box alles erhalten kann. Fehlt es an einer solchen Übersicht, bleibt dem Anbieter einer solchen Dienstleistung -dies war bei Teletranslating eine zeitlang zu verfolgen- gar nichts anderes übrig, als fortlaufend irgendetwas an den Haaren herbeizuziehen, um auf sich selbst aufmerksam zu machen. Das bringt dem Betreiber zwar connecttime, verärgert aber den Nutzer.

Dem diente einmal das Brett "Anbieter", dessen Philosophie es war, daß dort eine Übersicht über die Anbieter in der Box mit einem kurzen Unternehmensprofil dargestellt werden konnte, mit der Möglichkeit auf ein eigenes -bezahltes- Brett zu verweisen, wo sich jeder Anbieter völlig frei auch mit Werbung bewegen konnte. Das Brett ist dem zum Opfer gefallen, was ich einmal -in diesem Falle unverschuldete- mangelnde Brettdisziplin nennen will.

Mit einer Brettphilosophie ist es nämlich nicht getan. Das Brett muß dann auch entsprechend sauber gehalten werden. Heute ist es in der Geo1 verkommen, zu einem zusätzlichen Brett "Angebote".

Es gibt also Bretter, bei denen die Disziplin so groß sein muß, daß sie den Nachrichtensender nicht überlassen bleiben kann. Dies gilt namentlich für solche Bretter, die ich hier einmal steuernde Bretter nennen will und die voll von einem Brettredakteur gesteuert werden müssen. Letzten Endes liegt dies auch im Sinne (in diesem Falle) des Anbieters, der in das steuernde Brett "Anbieter" will. Nur wenn das Brett wirklich sauber ist und wenn jeder, der dort hineinschaut weiß, hier bekomme ich eine vernünftige Information, wenn ich irgend einen Anbieter suche, auf welchem Gebiete auch immer, wird er im Endergebnis die Chance haben, daß ein Nutzer einmal in sein spezielles und eigenes Brett sieht.

Damit ist die Brettproblematik sicherlich nur an einem Beispiel angerissen. Wenn das, was an den Brettern der Massenmailboxen geschieht, analysiert wird, kann auch nur festgestellt werden, daß hier aus der Testphase eine Philosophie übernommen wurde, die in der Anwendungsphase zum Chaos führen muß.

Offene Bretter, an die jeder senden kann, haben einen Sinn, wenn sie sich an Gleichgesinnte, Gleichinteressierte, Gleichgebildete oder sonstwie von gleichen Interessen Geprägte richten. Das gilt sicher für die Spezialboxen, die von ihren jeweiligen

Sys-Operatoren geprägt werden. Das galt sicher auch für die IMCA/Geonet-Box in der Testphase. Das kann aber heute nicht mehr gelten für die absolut offenen Boxen, Geo, DM und wohl auch Elma, (je nachdem, wo Rolf Birster dort die Tendenz hinführen will).

Die Betreiber müssen sich darüber im klaren sein, daß zu ihren Nutzern Schüler, die Schülerzeitungen verfassen, Journalisten, die für linke bis rechte Blätter schreiben und Universitätsprofessoren verschiedener Fachrichtungen zählen. Dazwischen liegt das breite Spektrum der kommerziellen Anbieter, der Freiberufler, Mediziner, Steuerberater und Unternehmer.

Für einen solchen "Leser"kreis sind selbst die neuerdings eingerichteten Bretter zu Tagesereignissen, wie beispielsweise Tschernobyl, um nur ein Beispiel zu nennen, von zweifelhaftem Wert. Ich persönlich halte diese, wenn sich das Thema nicht ohnehin an einen gleichgesinnten Kreis richtet, auch für fragwürdig. Um ehrlich zu sein, ich habe kaum eine Nachricht abgerufen, sondern nur die Inhalte. Das hat einen einfachen Grund.

Mich würde zwar durchaus interessieren, was bestimmte mir bekannte und von mir geschätzte Autoren auch aus unterschiedlichen politischen Richtungen zu diesem Thema zu sagen haben. Es ist für mich aber verlorene, zudem noch teuer bezahlte, Zeit mir durchzulesen, was jeder -mit Verlaub- dahergelaufene Boxer, der glaubt sich zu diesem Thema äußern zu müssen, zu sagen hat. Wenn ich mich über dieses Thema informieren will und wenn ich mich umfassend informieren will, kaufe ich mir lieber verschiedene Zeitungen, wo ich weiß, auf welcher Bildungsstufe und mit welcher Tendenz ich unterrichtet werde.

Ähnliches gilt beispielsweise für eine Diskussion über die Toleranz von Rauchern oder Nichtrauchern -alles Beispiele aus der Praxis-. Das ist l'art pour l'art, die allenfalls in der Spiel- und Übungsphase von Interesse ist.

Wirklich lesenswerte Diskussionsbretter sind für meine Begriffe nur denkbar, im Rahmen einer Benutzergurppe mit zunindest gleichgelagerten Interessen, jedenfalls aber gleichem Niveau.

Selbst dann muß man sich darüber im klaren sein, daß ein solches Brett einer Zeitung vergleichbar ist, die sich ausschließlich aus Leserbriefen zusammensetzt. Schon dies ist kaum denkbar. Will eine solche Zeitung aber das ganze Spektrum vom Schülerzeitschriftenniveau bis zur wissenschaftlichen Abhandlung abdecken, und das müsste der Boxbetreiber, der allen etwas bieten will, so wäre diese sicherlich von vornherein zum Scheitern verurteilt.

Schlußbetrachtung

1. Mailboxen im Wandel hat wenig damit zu tun, daß die Boxen sich wandeln, wenn sie sich auch fortentwickeln und ein ständig verbreitertes und verfeinertes Angebot vorstellen. "Mailboxen im Wandel" heißt mehr Wandel im Nutzerkreise und Wandel dessen, was die Nutzer erwarten im Zusammenspiel mit dem, was die Dienstleistungsunternehmen in der Box und an ihrem Angebot verbessern oder, aufgrund des besseren Softwareangebotes der Box, verbessern können, wobei alles voraussetzt, daß es von den Abnehmern auch akzeptiert und, soweit der Rechtsverkehr betroffen ist, von der Rechtsprechung auch tolleriert wird.

2. Der Wandel im Nutzerkreis ist dadurch gekennzeichnet, daß kommerzielle Nutzer zunehmen, die nicht mehr selbst am Rechner sitzen und die nicht vorwiegend am Programmaustausch und dem Erfahrungsaustausch über Hard- und Software interessiert sind, sondern höchst unterschiedliche Interessen haben. Das gleiche gilt für Anbieter von Dienstleistungen.

Dem werden die Betreiber von Mailboxen namentlich ihre Sys-Op's dadurch Rechnung tragen müssen, daß

-gruppenspezifische Brettangebote gemacht werden,

-sich in Gruppen in der Box, gleiche Interessen finden,

-diese Struktur offengelegt wird, um jeden zu seiner richtigen Box finden zu lassen.

Wir brauchen nicht eine Geo1 bis GeoX und/oder eine DM1 bis DMX. Was wir brauchen sind z. B. eine MEDIBOX, eine ADVOBOX, eine OECOBOX und viele andere.

Soweit es sich um selbstständige Betreiber handelt, sollten diese sich eine klare Zielsetzung geben und sich bei der Auswahl der Teilnehmer auf diese Zielsetzung beschränken, auch wenn es aus vordergründigen wirtschaftlichen Gründen schwer fällt. Unerlässlich scheint mir schließlich zu sein, daß auch die Nutzer einschließlich Anbieter von Dienstleistungen in der Box sich ihrerseits organisieren, um ihre Nutzerwünsche für die Weiterentwicklung der Box und ihres Angebotes zu filtern und notfalls durchzusetzen.

Was ein, aus dem EDV-Bereich kommender Sys-Op sich ausdenkt, ist nicht immer das, was der Nutzer wirklich braucht.

Wenn Mailboxen wirklich den Siegeszug antreten wollten, der ihnen von den technischen Möglichkeiten vorgegeben zu sein scheint, so ist dies nur möglich mit Hilfe eines fortlaufenden Gedankenaustausches zwischen den System Operatoren, die möglichst auch die Sprache des Nutzers verstehen und den Nutzern.

Dies ist kaum denkbar, ohne daß sich die Nutzer organisieren und unter sich vorklären was sie wollen. Es ist schließlich undenkbar, wenn auch geschehen, wenn die System-Operatoren Bretter verschwinden lassen oder anderen Gruppen zuordnen oder die Nachrichten löschen ohne dies wenigstens mit den Betroffenen abzustimmen.

Zusammenarbeit tut Not!
Dem möge auch dieses Fachgespräch dienen.

Fachgespräch
Management Support Systems

Der Terminus "Management Support System (MSS)" wurde 1983 von Michael Scott Morton vom MIT geprägt, um die zahlreichen Forschungsrichtungen rechnergestützter Entscheidungshilfen konzeptionell zu integrieren. MSS ist danach der "Einsatz von Computern **und** Kommunikationstechnologien zur Unterstützung von Managern". Es können drei Klassen von MSS unterschieden werden:

- **Data Support:** als Bereitstellung von Daten, unabhängig von Anwender und Verwendungszweck. Typische Methoden und Werkzeuge sind Datenbanken, Abfragesprachen, Information Retrieval usw.
- **Decision Support:** als problem- oder problemklassenbezogene und modellbasierte Lösungen. Typische Methoden und Werkzeuge sind Verfahren des Operations Research (Simulaton, Optimierung, etc.), aber auch spreadsheet-orientierte Planungssprachen. Daneben ist das gesamte Spektrum wissensbasierter Systeme (Expertensysteme) als Anwendung der künstlichen Intelligenz hierzu zu zählen.
- **Executive Support:** als arbeitsplatzorientierte Kombination von Data- und Decision Support-Systemen, ergänzt um Techniken der Bürokommunikation. Wesentliche Merkmale hierbei sind die Integration von Systemen sowohl beider Klassen als auch besonders von verschiedenen (spezialisierten) DSS. Herausragende aktuelle Zukunftsaufgaben stellen die Kopplung von Expertensystemen mit methodisch traditionellen DSS und operativen Transaktionsdatenbanken dar.

Das Fachgespräch MSS widmet sich auf dieser konzeptionellen Grundlage insbesondere der Schnittstellenproblematik zwischen den Ausprägungen von Data- und Decision Support-Systemen im Hinblick auf die integrative, synergetische Unterstützung der unterschiedlichsten Unternehmensfunktionen. Ziel dabei ist eine möglichst durchgehende Unterstützung verschiedener Entscheidungsebenen und -phasen von Informationsbeschaffung und -analyse (Problemerkennung) bis zur Generierung und Bewertung von Aktionsalternativen auf der Basis faktuellen und erfahrungsbezogenen Wissens.

Programmkomitee für dieses Fachgespräch: H. Krallmann (TU Berlin, Vorsitz), P. Mertens (Uni Erlangen-Nürnberg), G. Müller (IBM Heidelberg), B. Rieger (TU Berlin), S. Savory (Nixdorf Paderborn)

Management Support Systems (MSS): Integratives Konzept, Werkzeuge und Perspektiven

Hermann Krallmann
Bodo Rieger
Technische Universität Berlin
Sekr. FR 6-7, Franklinstr. 28/29
1000 Berlin 10

Kurzfassung

Auf der Basis einer Analyse der historischen Ansätze zur Unterstützung von Management-Entscheidungen durch den Einsatz von Computern und Kommunikationstechnologien wird eine Klassifizierung in problemunabhängigen Data- und anwendungsbezogenen, modellbasierten Decision Support vorgeschlagen. Diese bilden in ihren unterschiedlichsten Ausprägungen die Bausteine für Executive Support Systeme, die als integrierte Unterstützung mehrerer Funktionen und Entscheidungsphasen an jeweils einem Arbeitsplatz definiert werden. Die notwendige Problembezogenheit einzelner Decision Support Systeme, die umso stärker ausgeprägt ist, je weiter die Systeme in die Nachahmung menschlicher Domänen vordringen (Expertensysteme), erfordert zwangsläufig die Kopplung einzelner DSS, um eine weitestgehend durchgängige Unterstützung der verschiedensten Funktionen und Entscheidungsphasen an einem Arbeitsplatz zu gewährleisten. Für eine hinreichend schnelle und damit wirtschaftliche Realisierung derartiger MSS sind Entwicklungsumgebungen notwendig, die auch auf bestimmte Problemklassen zugeschnitten sein müssen, z. B. spreadsheet-artige Strukturen, wofür eine Reihe von Planungssprachen entwickelt wurden, oder Expertensystem-Shells, die einfach mit austauschbarem, problembezogenem Wissen gefüllt werden können. Wesentlichste Anforderung an solche häufig als DSS-Generatoren bezeichnete Entwicklungsumgebungen sind Anschließbarkeit an beliebige externe Datenbasen anderer Systeme und an eine einheitliche, allen gekoppelten Systemen gemeinsame Benutzerschnittstelle. Abschließend wird ein konkretes Vorhaben zur Integration von DSS unterschiedlicher Methodik untereinander und mit (Kommunikations-)Diensten eines Bürosystems konzeptionell vorgestellt. Die Anwendungen laufen dabei physisch auf unterschiedlichen Hardware-Umgebungen ab.

1. Konzeption von Management Support Systemen

1.1. Relevante rechnergestützte Ansätze

Im Rahmen des seit Beginn der Siebziger Jahre fortschreitenden Rechnereinsatzes zur Unterstützung des Managements bei unternehmerischen Entscheidungen ist von Wissenschaft und Software-Herstellern eine Vielzahl von Begriffen geprägt worden. Die markantesten sind (Computergestützte) Informationssysteme ((C)IS), Management-Informations-Systeme (MIS), Decision Support Systeme (DSS) und in jüngster Zeit Expertensysteme (ES). Wenngleich Redefinitionen im Laufe der Zeit und insbesondere eine häufig unexakte Verwendung der Begriffe zur Charakterisierung entwickelter und angebotener Systeme zu einer Verwischung der Grenzen in der Praxis geführt haben, so lassen sich ursprünglich doch eindeutige Unterscheidungsmerkmale bezüglich der intendierten Unterstützungsart erkennen.

Bei MIS behielten über die Zeit die Begriffe Information und Management ihre zentrale Rolle. So definieren noch heute Davis et al. MIS als *"computerbasiertes organisatorisches Informationssystem, das Unterstützung für Management-Aktivitäten und -Funktionen in Form von Information liefert"* /IVES80, Seite 910/. Im Gegensatz hierzu stehen bei der Definition von DSS die Begriffe Entscheidung und Unterstützung im Vordergrund. Als Abgrenzungskriterium zu MIS verwenden die meisten Autoren den Grad der Strukturiertheit der unterstützten Entscheidung. So bezeichneten Gorry und Morton DSS bereits 1971 als *"Systeme, die Entscheidungsträger in unstrukturierten oder teilstrukturierten Entscheidungssituationen unterstützen"* /GORRY71, Seite 61/, im Gegensatz zu sogenannten Structured Decision Systems (SDS), die sie weitestgehend mit MIS gleichsetzten. Prinzipiell auch auf den Strukturiertheitsgrad aufgebaut ist der Ansatz von Ginzberg und Stohr, wenngleich sie den Begriff direkt vermeiden. Sie bezeichnen ein DSS als *"computer-basiertes Informationssystem, das verwendet wird, Aktivitäten in Situationen der Entscheidungsfindung zu unterstützen, in denen es nicht möglich oder nicht wünschenswert ist, den gesamten Entscheidungsprozeß durch ein automatisiertes System ausführen zu lassen"* /GINZBERG82, Seite 12/. Damit heben die Autoren einerseits den Wirtschaftlichkeitsaspekt einer eventuell technisch möglichen Automatisierung hervor und deuten andererseits auf die notwendige iterative Interaktion zwischen Entscheidungsträger und computer-gestütztem System hin. Die gleitenden Übergänge zu anderen Formen des Rechnereinsatzes im Unternehmen versucht Alter zu verschärfen, indem er an fünf Dimensionen den Gegensatz von DSS zu traditioneller Datenverarbeitung aufzeigt. DSS umfassen danach den *aktiven* statt *passiven* Gebrauch durch *Linie, Stab und Unternehmensführung* anstelle von *Sachbearbeitern* mit dem primären Ziel der *Effektivitäts*erhöhung anstelle der Verbesserung der handwerklichen *Effizienz.* DSS beziehen sich nicht auf die *Vergangenheit* sondern auf *Gegenwart* und *Zukunft* und erfordern vor allem *Flexibilität* im Gegensatz zu *Konsistenz* /ALTER80, Seite 2/. Alter priorisiert damit eine Zweiteilung in operative und strategisch-dispositive Entscheidungstypen.

Wesentlicher als diese mittlerweile von zahlreichen Autoren relativierten und abgelehnten Merkmale des Strukturiertheitsgrades /vgl. bspw. STABELL77, KEEN80a/ und der Unternehmensebene sind jedoch die Problem- und Problemklassenbezogenheit von DSS. Dem tragen auch jüngere (Re-)Definitionen von Keen und Morton Rechnung. Keen hebt hierzu den Unterstützungsaspekt hervor, indem er Analogien von DSS zu menschlichen Stabsassistenten zieht. DSS sind demnach *"kleine, interaktive Systeme, entwickelt, um Manager mit flexiblen, umgänglichen Werkzeugen zu versorgen, die in ihrer Wirkung wie ein Stabsassistent handeln, dem sie mehr Routinetätigkeiten ihrer Aufgabe delegieren können"* /KEEN80b, Seite 1/. Am konsequentesten bringt dies Morton zum Ausdruck, wenn er DSS als eine von mehreren Formen der Management-Unterstützung beschreibt, die jeweils auf *"ganz bestimmte Entscheidungen oder eine bestimmte Klasse von Entscheidungen"* gerichtet sind /MORTON83, Seite 6/. Die Unterstützung bedarf dabei des selektiven Einsatzes relevanter Technologien der Informationsverarbeitung, wozu neben Rechnern insbesondere auch Kommunikationstechnologien zu zählen sind /MORTON83, Seite 2/.

Diese Ausrichtung auf eng abgegrenzte Problemstellungen oder Entscheidungsphasen trifft in besonderem Maße auch auf Expertensysteme zu, die in jüngster Zeit die Literatur beherrschen. Expertensysteme, oder exakter formuliert wissensbasierte Systeme, zeichnen sich dadurch aus, daß in ihnen das Sach- und Erfahrungswissen von Experten auf einem eng umrissenen Wissensgebiet strukturiert abgelegt werden kann, um dann mit so weit als möglich generalisierten, problemunabhängigen Schlußfolgerungsmechanismen unter Einbezug von Heuristiken und vagem Wissen im Dialog mit dem Benutzer Lösungsvorschläge für flexible Fragestellungen im speziellen Wissensgebiet zu generieren. Aus dieser Sicht sind Expertensysteme eindeutig als spezielle Ausprägungen von DSS anzusehen. Morton spricht in diesem Zusammenhang von einer neuen Generation von DSS, die er aufgrund der methodischen Verwurzelung in der Künstlichen Intelligenz (KI) mit Intelligent Support Systemen (ISS) bezeichnet.

1.2. Methodenorientierte Klassifikation

Somit dienen MIS der schnellen, anfangs primär periodischen, später aber zunehmend auch ad-hoc-Bereitstellung von entscheidungsrelevanten Daten, sowohl in detaillierter als auch in aggregierter Form. MIS sind dabei schwerpunktmäßig datenorientiert, im Zusammenhang mit der Aggregierungsfunktion jedoch partiell auch modellbasiert. Diese Modelle beschränken sich jedoch auf relativ stabile und zumeist definitorische Zusammenhänge, z. B. Kennzahlen. Als typische Ausprägungen hierfür können die in der Literatur beschriebenen Frühwarnsysteme angeführt werden /vgl. HAHN79, RIESER78, MÜLLER-MERBACH77/. MIS bieten insbesondere keine direkte Unterstützung bei oder für die Verwendung der Daten im eigentlichen Entscheidungsprozeß.

Demgegenüber zeichnen sich DSS durch eine direkte entscheidungsunterstützende Intention aus. Sie verfügen hierzu über ein erweitertes methodisches Spektrum an Modellierungsmöglichkeiten, das in einen konventionellen und einen wissensbasierten Bereich eingeteilt werden kann.

Im konventionellen Bereich gestatten sie z. B. die Beschreibung von Zielen, Aktionsparametern und Handlungsrestriktionen sowie die Abbildung von Verhaltensgleichungen. Sie beinhalten ferner Funktionen zur benutzer- oder systemgeführten Alternativengenerierung, bekannt unter den Begriffen *"what-if-Analyse"* oder *"goal-seeking-Kommando"* sowie zum Alternativenvergleich. Wesentliches Merkmal ist dabei die beim Benutzer angesiedelte Initiative zur quantitativen Umschreibung der zu untersuchenden Alternativen oder einzuhaltenden Handlungsspielräume. Dabei werden Vollständigkeit und Exaktheit dieser Daten- und Parameterbasis als wesentliche Prämisse vorausgesetzt.

Im wissensbasierten Bereich konzentrieren sich die Modellierungsmöglichkeiten auf die qualitative Dimension des Entscheidungsprozesses, indem weniger Fakten als primär <u>Wissen</u> über bekannte Zusammenhänge und in der Vergangenheit (mit Erfolg) beschrittene oder empfohlene Schlußfolgerungen in Analogie zu Daten in konventionellen Systemen rechnergestützt abgebildet und dem Benutzer im Dialog flexibel expliziert werden. Lücken in der Daten- oder Wissensbasis sind ausdrücklich erlaubt und können bewältigt werden durch exzeptionelle Dialoge. Diese Nachfragen resultieren nicht nur aus Lücken oder initialisierenden Lösungsraumbeschreibungen, sondern auch aus der aktiven, systeminduzierten Erforschung von nicht ursprünglich durch den Benutzer ins Kalkül gezogenen, jedoch aufgrund analoger Erfahrungen von in der Wissensbasis gespeicherten und aus ihr ableitbaren Alternativen. Somit kann Expertensystemen im Gegensatz zu methodisch konventionell basierten Systemen partiell eine mitwirkende Initiatorfunktion bei der Lösungsgenerierung zugesprochen werden. Das hat weniger mit künstlicher Intelligenz oder gar Kreativität zu tun als vielmehr mit geplanter, programmierter Flexibilität.

1.3. Ableitung des integrativen Konzepts

Parallel mit der methodischen Ausweitung findet nicht nur eine Spezialisierung auf bestimmte Probleme oder Problemklassen, z. B. Unternehmensfunktionen oder -aufgaben, statt, sondern auch eine Eingrenzung auf bestimmte Phasen des Entscheidungsprozesses, z. B. Problemerkennung, Alternativengenerierung, -bewertung und -auswahl sowie Durchführung und Kontrolle. Jede Problemklasse, mehr noch jede Entscheidungsphase je Problemklasse bedarf aufgrund spezifischer Problem- und Zielcharakteristika zwangsläufig des Einsatzes auch spezifischer Modellierungsmethoden mit weitestgehend kongruenten Methodencharakteristika. Dies führt zu einer Vielzahl von DSS auf unterschiedlichster methodischer Basis über die Entscheidungsphasen einer Unternehmensaufgabe und über die Unternehmensaufgaben in einer Unternehmensfunktion oder organisatorischen Stelle. Sowohl die arbeitsteilige Zerlegung von Entscheidungsprozessen auf verschiedene Mitarbeiter als auch die organisatorische Zusammenfassung verschiedener Aufgaben zu Stellen erfordern die Integrations-, zumindest jedoch die Kommunikationsfähigkeit zwischen diesen rechnergestützten DSS an einem bzw. zwischen mehreren Arbeitsplätzen.

Die Kommunikationsfähigkeit ist dabei keine auf die Interaktion zwischen Computerprogrammen beschränkte Forderung, da die durchgängige Unterstützung aller Phasen eines Entscheidungsprozesses in der Regel wirtschaftlich nicht sinnvoll ist. Deshalb müssen auch rechnerunabhängige Entscheidungsphasen zwischengeschaltet oder als Alternative zum DSS vom Entscheidungsträger individuell beschritten werden können. Rechnergestützte Entscheidungshilfen müssen sich deshalb nicht nur der Computer- sondern auch der Kommunikationstechnologien bedienen. Ihre Unterstützungsleistung bei der Entscheidungsfindung soll in abgewandelter Auslegung der Kategorisierung von Morton /vgl. MORTON83/ in der in Abb. 1 dargestellten Weise klassifiziert werden als

- **Data Support**
  Hierunter wird die Bereitstellung von Daten, sowohl für Entscheidungsträger als auch für weiterverarbeitende Entscheidungsunterstützungssysteme verstanden. Typisches Kennzeichen ist dabei jedoch, daß die Daten aktiv durch die Benutzer oder direkt durch DSS je nach aktueller Fragestellung abgerufen werden. Die Sammlung der Daten erfolgt also nicht auf die Verwendung in einer (vor)bestimmten Entscheidungssituation hin, sondern kann mehreren Zwecken dienen. Data Support ist somit im Spektrum der Management-Unterstützung mehr als generelles, allen Entscheidungsträgern im Unternehmen zur Verfügung zu stellendes Hilfsinstrument zu verstehen.

- **Decision Support**
  Hierunter werden problem- oder problemklassenbezogene und dabei modellbasierte Lösungen verstanden. Diese Systeme sind nur in begrenztem Maße durch Parametrisierungen für ähnlich gelagerte Probleme verwendbar, in der Regel jedoch speziell auf wenige Fragestellungen oder Entscheidungsphasen zugeschnitten. Je nach Sicherheitsgrad bzw. Flexibilität der Datenbasis und Bestimmtheit bzw. Erfahrungsanteil der Schlußfolgerungsmechanismen der Problemstellung und der Entscheidungsphase können fakten- oder algorithmisch basierte, <u>konventionelle</u> Methoden, z. B. Optimierung zum Einsatz kommen oder müssen flexiblere, <u>wissensbasierte</u> Ansätze verfolgt werden. In der Problemerkennungsphase kann dann zwischen einer mehr benutzerinduzierten und -geführten, z. B. Kennzahlen rechnerisch <u>analysierenden</u> und einer mehr systemgeführten, abgefragte Symptome (Attribute) und gespeicherte Zusammenhänge <u>diagnostizierenden</u> Vorgehensweise unterschieden werden. Im Bereich der Alternativengenerierung stehen sich Optimierung bzw. Simulation und Konfigu-

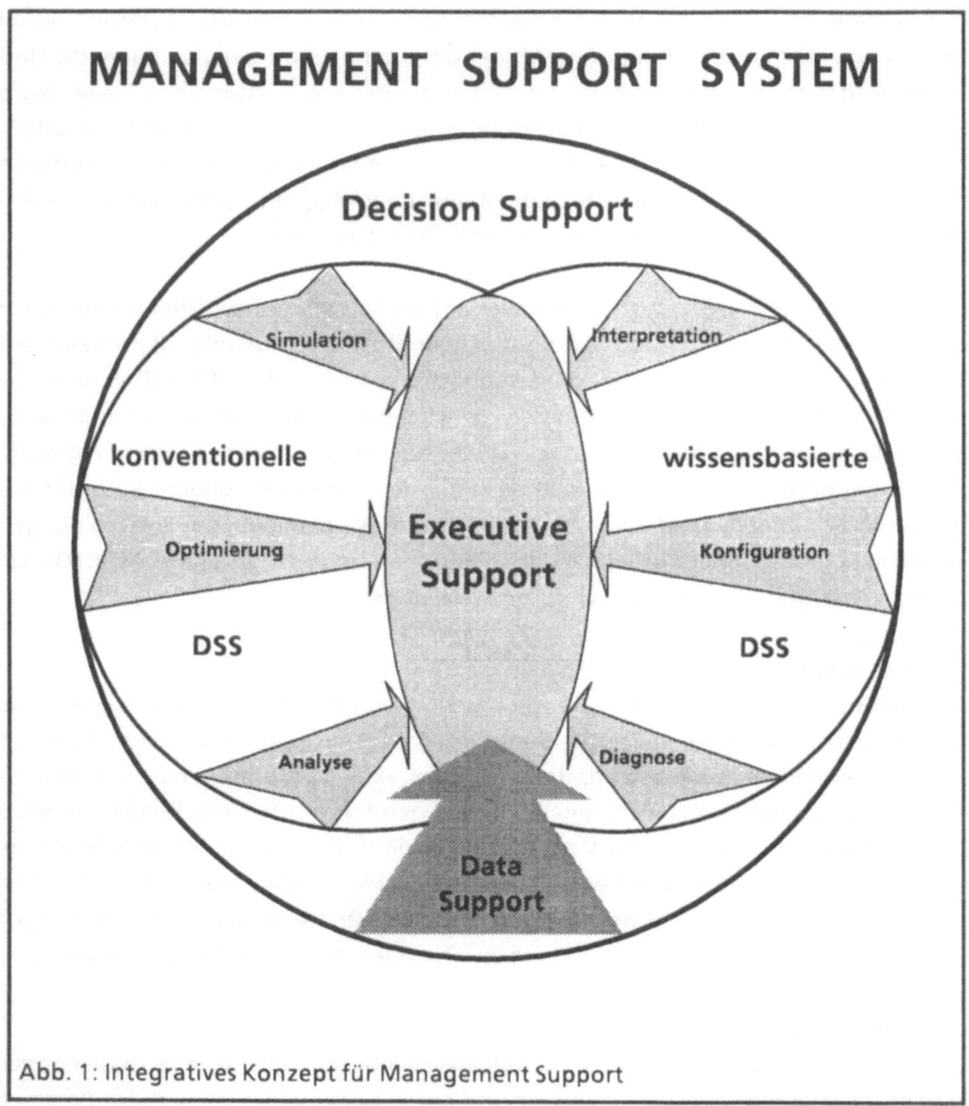

Abb. 1: Integratives Konzept für Management Support

ration bzw. Interpretation gegenüber. Beide Formen der Entscheidungsunterstützung sind dabei neben den interaktiven Benutzereingaben gleichermaßen auf eine allgemeine Datenversorgung im Sinne des Data Support angewiesen.

Die Zusammenfassung mehrerer DSS zur Unterstützung unterschiedlichster Phasen oder Funktionen, die nicht notwendigerweise lückenlos aufeinanderfolgen müssen, an einem Arbeitsplatz soll im folgenden als Executive Support System bezeichnet werden. Diese Klasse stellt das eigentliche Ziel beim Bau rechnergestützter Entscheidungshilfen dar, währen Data und Decision Support als eine Art Baukasten aufgefaßt werden. Diese Interpretation weicht bewußt von Morton ab, der Executive Support als eigene, den anderen Begriffen gleichgestellte Unterstützungsform darstellt. Executive Support bedeutet für ihn hauptsächlich die Zusammenfassung datenorientierter Teilsysteme für einen Topmanager, für den er keine selbständige, Modelle formulierende Funktion sieht. Dies gilt jedoch auch für die meisten DSS-Anwendungen, wo durch die Entscheidungsträger nur noch fertige, z. B. von Stabsabteilungen vorformulierte, parametrisierte Modelle eingesetzt werden, die sie entweder selbst mit aktuellen Daten und Parametern füttern oder die durch Kopplung an unternehmensweite Datenbasen versorgt werden, die periodisch aus der operativen Ebene oder bedarfsweise durch die Ausgaben anderer DSS aktualisiert werden. Aus diesen DSS fordern die Endbenutzer dann eine Auswahl bezüglich Struktur und Berechnung spezifizierter Auswertungen in Form von Berichten und Graphiken ab, die bei Abruf aus der aktuellen Datenbasis erstellt werden.

Dieses durch die Praxis in Unternehmen belegbare Nutzungsprofil spiegelt sich auch in dem Drei-Ebenen-Modell von Sprague wieder, der in o. g. anwendungsspezifische DSS für Manager und Endbenutzer, DSS-Generatoren für Assistenten und Stabsabteilungen sowie DSS-Werkzeuge für Programmierer und DV-Profis unterscheidet /SPRAGUE80, Seite 10/. Diese Klassifizierung gibt die Überleitung zur Analyse der benötigten Entwicklungswerkzeuge für MSS.

2. Werkzeuge für MSS

2.1. Integrationsbezogene Anforderungen

Als Folge der Problembezogenheit und des vielfältigen Methodenspektrums von DSS kann es auch kein einheitliches Entwicklungswerkzeug für MSS geben, sondern höchstens Entwicklungsumgebungen für bestimmte, methodisch verwandte Problemklassen. Jede dieser Entwicklungsumgebungen muß jedoch unter dem Gesichtspunkt der primär parametrischen Anwendung des Entwicklungsprodukts durch den Endbenutzer und der notwendigen Integration bzw. des Zusammenwirkens mit anderen DSS am selben oder an anderen Arbeitsplätzen im Unternehmen folgende Anforderungen erfüllen, die über die allgemein von DSS geforderten Charakteristika, wie z. B. Interaktivität, Benutzerfreundlichkeit etc., hinausgehen:

- **Compiliertes DSS vs. interpretierender DSS-Generator**
  Die Notwendigkeit umfassender Konsistenzprüfungen bei der zunehmend deskriptiven Spezifikation von DSS sowie die Verfügbarkeit komfortabler Werkzeuge, wie z. B. spezialisierter Editoren, Report-, Graphik- oder Masken-Generatoren usw. läßt Entwicklungsumgebungen sehr schnell immense Größenordnungen bezüglich Haupt-

und Peripheriespeicherkapazität annehmen. Da Endanwender insbesondere im Top Management selbst in der Regel keine DSS-Entwicklungsarbeit leisten, andererseits aber gesteigerte Anforderungen an die Performance stellen und entwickelte DSS zudem häufig an mehreren Arbeitsplätzen mit lediglich unterschiedlichen Daten, z. B. in verschiedenen Sparten oder Hierarchie-Ebenen, eingesetzt werden sollen, ist die Möglichkeit zur Compilation sowie zur Abkopplung der Entwicklungs-Komponenten zu fordern.

- **Kompatible Micro-/Mainframe-Version**
  Im Zuge der Dezentralisierung gewinnt die Verfügbarkeit von eventuell im Leistungsumfang abgemagerten oder aus Teilkomponenten individuell zusammenstellbaren Entwicklungsumgebungen für Personal Computer zunehmend an Bedeutung. Dadurch werden evtl. arbeitsteilige DSS-Entwicklung auf PC mit anschließender Integration auf der Mainframe möglich, ebenso wie die abgekoppelte Lauffähigkeit der DSS auf PC. Voraussetzung sind allerdings Homogenität der Benutzerschnittstellen, Syntax und Semantik der Modellierungskonstrukte sowie Transfer-Komponenten für Modelldaten und -spezifikationen sowohl zur Entwicklungs- als auch zur Laufzeit.

- **Generelle Datenschnittstelle**
  Diese Forderung betrifft die Interaktionsfähigkeit mit beliebigen internen Planungsdatenbanken des Unternehmens oder Datenbanken externer Anbieter von Informationsdiensten zur originären Datenversorgung aus der operativen Ebene sowie zum sekundären Datenaustausch mit anderen DSS bzw. direkt mit Managern. Diese Forderung bedeutet nicht den jederzeitigen Online-Durchgriff zur operativen Ebene, sondern die Einrichtung einer vorzugsweise relationalen, unternehmensweiten, gemeinsamen Datenbasis, die sowohl periodisch und stichtagsbezogen durch in der Regel aggregierte Datenabzüge aus den operativen Transaktionsdatenbanken aktualisiert und fallweise mit Ergebnisdaten anderer DSS oder individuelle Benutzereingaben ergänzt werden kann.

- **Homogene Benutzerschnittstelle**
  Entwicklungsumgebungen unterschiedlicher Methodenklassen erfordern häufig spezialisierte Dialogschnittstellen. Während dies für die DSS-Entwicklung aufgrund methodisch spezialisierter Stabsmitarbeiter erträglich ist, müssen für den Endanwender, bei dem DSS auf unterschiedlichster methodischer Basis zusammengeführt werden, strengere Maßstäbe angelegt werden. Dabei sind zwei Aspekte von besonderer Bedeutung, erstens sollten alle Benutzerschnittstellen der integrierten DSS gleichartig aufgebaut sein, also von der gleichen Dialogform sein und z. B. die gleiche Struktur von Bildschirmmasken bzw. Belegung von Funktionstasten besitzen. Zum zweiten sollte diese homogene Benutzerschnittstelle den Fähigkeiten der betreffenden Entscheidungsträger angepaßt und im Laufe der Zeit deren Veränderungen anpaßbar sein, d. h. DSS sollten mit alternativen Dialogformen zu fahren sein. Aus beidem folgt

eine Trennung von Entwicklungs- und End-Benutzerschnittstelle, mehr noch die Verwendung oder zumindest Verwendbarkeit eines methodenunabhängigen Dialoggenerators, der in sich unterschiedlichste Dialoggestaltungsformen vereint.

2.2. Architekturkonzept für MSS-Generatoren

Aus den dargestellten, integrationsbezogenen Anforderungen läßt sich das in Abb. 2 dargestellte Architekturkonzept für MSS-Generatorsysteme ableiten. Es berücksichtigt unter dem Gedanken der Wirtschaftlichkeit weitestgehend den Einsatz bereits vorhandener Standardsoftwarepakete für unterschiedlichste Methoden- und Problemklassen, z. B. Entwicklungsumgebungen für spreadsheetbasierte, konsolidierende (Finanz-)Planungsmodelle, kontinuierliche oder diskrete Simulationsmodelle oder wissensbasierte Systeme mit verschiedensten Repräsentationsmechanismen. Diesen Systemen werden ihre individuellen Entwickler-Schnittstellen belassen. Für die Kombination der Entwicklungsprodukte, d. h. der anwendungsorientierten DSS, werden zwei Forderungen an die Generatorsysteme gestellt:

- Ergänzung um eine generelle Extraktions- und Konvertierungskomponente für beliebige DSS-externe Datenbasen, soweit nicht bereits vorhanden, und
- Auslagerung und Verwendung einer DSS-unabhängigen Dialoggenerator-Komponente.

Die Kopplung zur unternehmensweiten, funktionsübergreifenden Planungsdatenbank sollte aus Gründen der Aktualität, Konsistenz und Speicherplatzersparnis möglichst von virtuellem, d. h. lediglich den logischen Zugriffspfad beschreibendem Charakter sein. Die Aktualisierung der Planungsdatenbank selbst kann durch batchorientierte, stichtagsbezogene Datenabzüge aus internen Transaktionsdatenbanken der operativen Ebene geschehen.

3. Perspektiven

Die Konsequenzen der Problembezogenheit von DSS beschränken sich nicht nur auf unterschiedliche, spezialisierte Strukturen der Entwicklungsumgebungen, sondern drücken sich auch in der Nutzung differenzierter Hardware aus. Typisches Beispiel ist der Einsatz spezialisierter KI-Workstations für Expertensysteme. Hinzu kommt der intensive Kommunikationsbedarf von Managern, zu dessen Unterstützung beispielsweise Bürosysteme auf der Basis von lokalen Netzwerken eingesetzt werden können. Unter dem Gesichtspunkt der Integration aller rechnergestützten Funktionen an einem Arbeitsplatz in ein Gerät (multifunktiona-

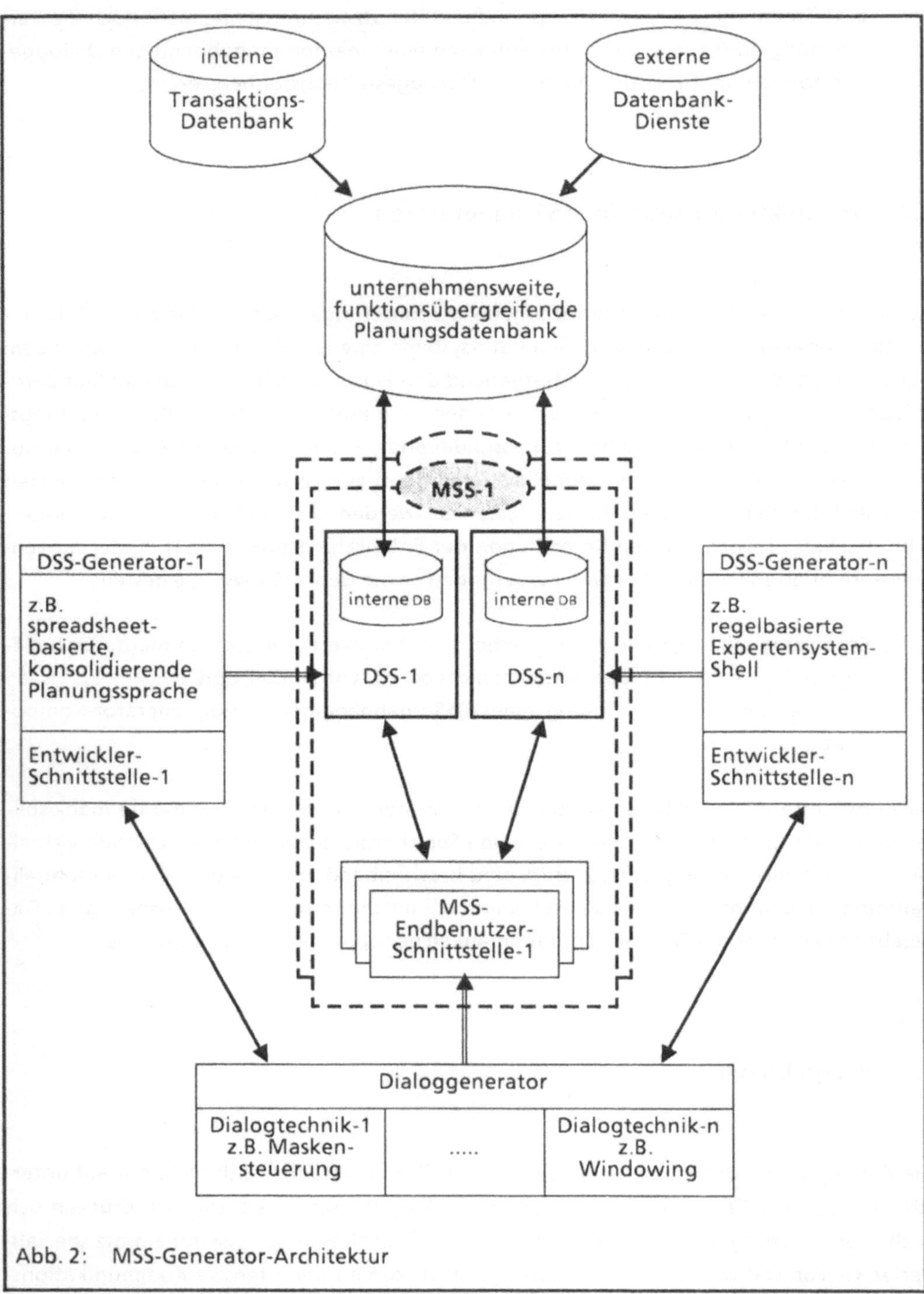

Abb. 2: MSS-Generator-Architektur

les Terminal) mit einheitlicher Benutzeroberfläche sind weitergehende Anforderungen zu erfüllen. So müssen bspw. mit DSS erstellte Berichte und Graphiken ins Bürosystem übertragen, dort mit Texten kombiniert und per Electronic Mail an andere Arbeitsplätze im Unternehmen verschickt werden können.

Diese Perspektiven sollen im folgenden an einem Beispiel eines Forschungsvorhabens am Fachgebiet Systemanalyse und EDV der Technischen Universität Berlin dargestellt werden, das konkrete, in der Vergangenheit entwickelte DSS nach dem oben beschriebenen Konzept über die Benutzerschnittstelle eines Bürosystems zur Verfügung stellen und gleichzeitig mit dessen Funktionen integrieren soll. Die Gesamtstruktur des Vorhabens ist in Abb. 3 dargestellt. Die einzubeziehenden DSS unterstützen jeweils ausgewählte Teilentscheidungen im Bereich des Produkt-Managements. Das erste DSS (KOMSIM) stellt den Zugriff zu Simulationsmodellen auf der Basis von System Dynamics her, um z. B. die Marktdurchdrinung eines innovativen Produkts in Abhängigkeit von Marktstruktur, Konkurrenzverhalten und Marketingaktivitäten abschätzen zu helfen. Es liefert u. a. auch Prognosedaten für einzelne Produkte, die in dem zweiten DSS (STRAPLAN) aggregiert und auf verschiedenen Hierarchie-Ebenen analysiert werden können. Dieses Modell kombiniert hierzu die Theorie vom Produktlebenszyklus und den Portfolioansatz. Ergebnisse dieser strategischen Bewertung der Produkte eines Unternehmens, deren Gruppierung zu strategischen Gesamteinheiten sowie des gesamten Produktportfolios können als Inputwerte wieder in KOMSIM verwendet werden, oder in einem weiteren zur Zeit entwickelten, wissensbasierten DSS zur langfristigen Planung des Produktportfolios eingesetzt werden. Das dritte DSS (PRSIM) schließlich dient der optimalen Preisgestaltung des aktuellen Produktmix unter besonderer Berücksichtigung der Verbundeffekte von Großabnehmern. Es kann zur Gestaltung von Preisverhandlungen nach strategischen Gesichtspunkten die Portfoliostruktur- und Produktlebenszyklus-Daten aus STRAPLAN ebenso verwenden wie die Konkurrenz- und Marktdaten aus KOMSIM.

Die Integration wird hardwaremäßig mit dem Xerox Network System NS8000 auf Ethernet-Basis realisiert. Als gemeinsame Dialogumgebung wird das Xerox Development Environment XDE mit Viewpoint verwendet, in dem auch die Büroanwendungen realisiert sind bzw. werden können. Zur Kopplung der auf XNS laufenden Viewpoint-Anwendungen mit den physisch auf Mainframes und PC laufenden DSS-Anwendungen wird ein Gateway-Service zwischengeschaltet, dem der Protokollabgleich obliegt. Zur Umsetzung der DSS in Viewpoint-Anwendungen sind zum einen Anpassungen an den alten Benutzerschnittstellen der DSS, zum anderen Neuentwicklungen in Viewpoint selbst notwendig. Im Ergebnis soll sich dem Anwender eine einheitliche Benutzeroberfläche für Büroanwendungen und komplexe DSS-Anwendungen darstellen, obwohl verschiedenste Hard- und Software im Einsatz sind.

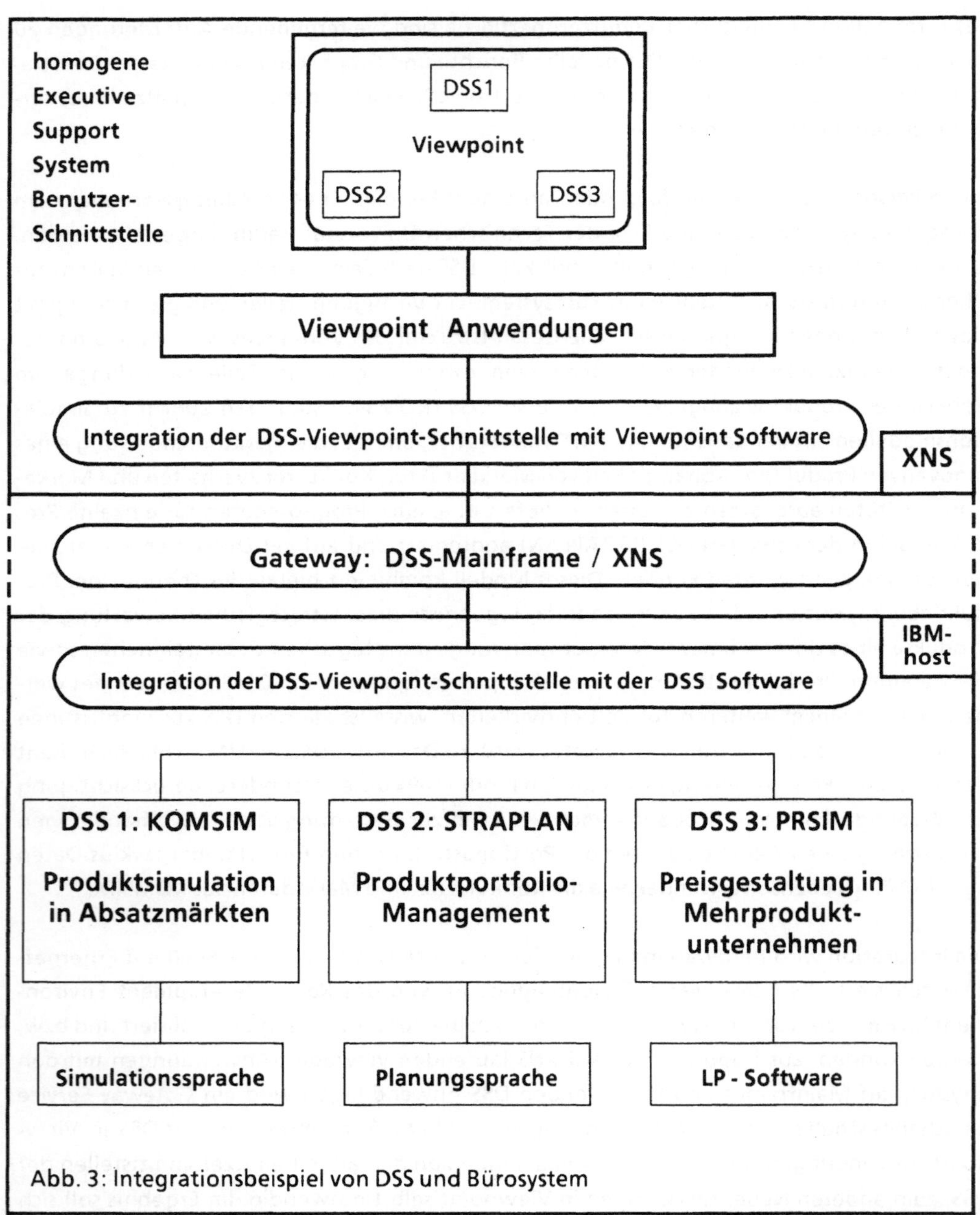

Abb. 3: Integrationsbeispiel von DSS und Bürosystem

Literatur

/ALTER80/ Alter, Steven L. - Decision Support Systems: Current Practice and Continuing Challenges. Reading, Addison-Wesley Publishing Company, Inc., 1980

/FICK80/ Fick, G. P. / Sprague, R.-H. (Hrsg.) - DSS: Issues and Challenges. Proc. of an International Task Force Meeting, June 23-25, 1980; Pergamon Press, Oxford-New York-Toronto-Sydney-Paris-Frankfurt, 1980

/GINZBERG82/ Ginzberg, Michael J. / Stohr, Edward A. - DSS: Issues and Perspectives. In: Ginzberg, Michael J. / Reitman, W. / Stohr, E.A. (Hrsg.) - Decision Support Systems. Proc. of the NYU Symposium on DSS, North Holland Publishing Company, Amsterdam - New York - Oxford, 1982, Seite 9 - 31

/GORRY71/ Gorry, G. Anthony / Morton, Michael S. Scott - A Framework for Management Information Systems. In: Sloan Management Review, Vol. 13, No. 1, Herbst 1971, Seite 55-70

/HAHN79/ Hahn, Dietger / Krystek, Ulrich - Betriebliche und überbetriebliche Frühwarnsysteme für die Industrie. In: Zeitschrift für betriebswirtschaftliche Forschung, Vol. 31, 1979

/IVES80/ Ives, Blake / Hamilton, Scott / Davis, Gordon B. - A Framework for Research in Computer-Based Management Information Systems. In: Management Science, Vol. 26, No. 9, September 1980, Seite 910-934

/KEEN80a/ Keen, Peter G.W. - DSS: A Research Perspective. Center for Information Systems Research, Sloan School of Management, Massachusetts Institute of Technology, Working Paper CISR #54, März 1980, und in: /FICK80/, Seite 23 - 44

/KEEN80b/ Keen, Peter G.W. - DSS and Managerial Productivity Analysis. Center for Information Systems Research, Sloan School of Management, Massachusetts Institute of Technology, Working Paper CISR #60, Oktober 1980

/MORTON83/ Morton, Michael S. Scott - State of the Art of Research in Management Support Systems. Center for Information Systems Research, Sloan School of Management, Massachusetts Institute of Technology, Working Paper CISR #107, Juli 1983

/MÜLLER-MERBACH77/ Müller-Merbach, H. - Frühwarnsysteme zur betrieblichen Krisenerkennung und Modelle zur Beurteilung von Krisenabwehrmaßnahmen. In: Plötzeneder, H.D. (Hrsg.) - Computergestützte Unternehmensplanung, 1977, Seite 419 - 438

/RIESER78/ Rieser, Ignaz - Frühwarnsysteme. In: Die Unternehmung, Heft 1, 1978

/SPRAGUE80/ Sprague, R. H. - A Framework for Research on Decision Support Systems. In: /FICK80/, Seite 5 - 22

/STABELL77/ Stabell, C. - Decision Research: Description and Diagnosis of Decision Making in Organizations. In: Heradstreit, D. / Norvesen, O. (Hrsg.) - Decision Making Research: Some Developments. Norsk Utenriks politisck Institute, Oslo, 1977

Concept for a Support Environment to Identify Competitive Information Systems Opportunities

Helmut Krcmar and Ajay Asthana

Information Systems Area, Graduate School of Business Administration
New York University, New York

1 Introduction

Over the past years there has been growing interest in the use of information systems technology (IST) to gain competitive advantages. The use of Information System Technology (IST) to build Competitive Information Systems (CIS) raises a number of questions. Areas of interest are, amongst others, how to identify opportunities for CIS, how to evaluate these opportunities and how to implement CIS.

Before any information system with strategic impact can be implemented, the idea for it has to be identified. This idea has to be concrete in the sense that it is applicable to the specific firm that it has been targeted for. As analysis in itself does not lead to the creation of such concrete application proposals, we present questions to a user as stimuli. The application proposals are the expected responses. These questions can be generated systematically and cover a set of issues completely, thus enhancing the users capability to provide concrete application proposals. The issue then is to capture these responses. This leads to a symbiotic relation between a system providing stimuli in the form of questions and the user providing the ideas. One major issue is how to focus the stimuli (questions) generated by the system. This paper concentrates on how to generate questions to stimulate ideas for CIS opportunities and proposes a model based tool to support this process.

The remainder of this paper is organized as follows. The next section gives a short overview of the previous research. In section three we discuss some issues which need to be considered in identifying opportunities for CIS. Section four describes a general model of question generation for the use in CIS identification. Section 5 describes the proposed support environment.

2 Previous Research

Currently most researchers in the field claim that information system technology can provide competitive advantage [4,9,13,14,17,18,25,26]. This is done by compiling cases [25,26] and identifying a framework for classification [9,25]. A number of frameworks have been proposed to arrive at application ideas to gain insight into the competitive advantages IST might offer. Examples of these approaches are Porter's [19,20] competitive strategy framework and its applications by McFarlan [15], Parson's [17] differentiation of industry, firm and strategy levels, Ives and Learmonth's customer resource life cycle [9] and Wiseman's strategy action generator [25,26]. Previous research has investigated the competitive potential of CIS and has provided a range of possible frameworks.

One of the concerns with most existing research stems from the question addressed. From a firm's perspective, ultimately, the concrete application idea is what is sought; mechanisms to identify potential areas are just hints in that search. This problem of non-applicability results, even if a framework confines itself to a narrow and predefined application area [5]. The large gap between the formulation of a general framework and its application to a firm or business unit exists as long as there is no support for this process.

One way to support the process of analysis was reported in Krcmar [10]. A part of the Information Management System was built to help analyze the possible impact of IST on competitive forces. During its use, a large number of remarks, on what could be done to influence these forces, was typically generated by the participants in trying to answer the questions. Similar results are reported in [23].

We therefore conceptualize a system, which not only helps to analyze the possible impact of IST, but also allows for the capture of application ideas that individuals come across during this process.

3 Issues in identifying Opportunities for CIS

An idea in the context of this article is a concept of a concrete information system, which might create a competitive advantage. It represents a generic idea, applied to the firm after becoming acquainted with a framework or system of categories. This idea typically will describe how the envisioned system works and not how it will be developed and implemented. To be communicateable an idea also has to be formulated. Often ideas are formulated in a discussion as a reaction to a question brought forward.

A major reason for the importance of idea identification is the 'preemptive' nature of a successful CIS. They tend to help dominate a market, block distribution channels or involve large learning costs for competitors, who want to stay in the market. Once they introduce a new organizational state of the art, it becomes necessary for industry participants to offer the same type of service. It seems intuitively important to be first to reap the benefits.

Creating ideas for CIS is very much an issue of 'what you know is what you will see'. Creating ideas then means identifying opportunities. One answer to the question of why the competitive possibilities of IST are only now receiving attention, is that 'they have not been seen before' [26]. The conceptual view of the relationship between IST and strategy plays a major role in our ability to influence this relationship and to create ideas or see opportunities. Also, only those applications can be identified in principal which are 'inside' a conceptual framework. However, this conceptual blindness is inherent to any preformulated process of discovery. Success for a specific company might result from using existing, but yet not employed frameworks and from the process of critiquing the existing frameworks.

Being systematic or complete is another issue. Completeness and systematicness are linked to the framework employed and can only be measured within it. Only on an industry level the general impacts of IST can be systematically described. Completeness can be assumed when all promising issues have been addressed.

Ideas which can bring competitive advantages are not necessarily confined to the top echelons of an organization. As CIS's are more outside bound than previous MIS systems, a bottom up approach could help to identify opportunities in relation to customers or suppliers. Also, the process of strategy making itself plays a very important role in the strategy's success. The process of generating ideas might well be as important as the planning results themselves [1,22].

4 A Model of Idea Identification for CIS

The process of idea identification has two distinct phases :

(1) The generation of a stimulus (question).

(2) The formulation of an idea (related to that stimulus).

As the first part will be performed by a machine system and the later by the user, we will concentrate on what questions to generate as stimuli. For that purpose we describe a simple model for question generation. To allow a focused questioning process, an extended model for question generation will then be developed.

The reason to look at ideas for CIS could be stated as follows: "The firm faces changes in Information technology. The firm needs ideas to use changes in Information technology." . This would determine the need to do something. It does not give a hint of what to do. A refined description sounds like this: "Information technology impacts the firm. The firm needs ideas to take advantage of these impacts". This description changes the perspective. The firm is now interested in harvesting the impacts, not the technology itself. Based on this description three variables can be deducted. These are 'firm', 'information systems technology' and 'impact'.

We model the IST involved and the possible impact types as two separate variables. This allows us to employ a multitude of conceptual views of types of impact and the differentation of IST. We assume that a firm will have one or more representations to model its reality. It is possible to look at the firm as having generic strategies or as being characterized as a collection of value generating activities.

Ideas to take advantage of the impact of IST on the firm are then concerned with a relation, formed by an instantiation of the variables "REPRESENTATION", "IMPACT-TYPE", "INFORMATION-SYSTEMS-TECHNOLOGY". This relation is called linkage. Linkage can be established without regard to a specific company on an industry level. One can systematically ask questions about "possible" linkages to trigger ideas. The assumption is, that for every linkage an idea might exist. Figure 1 shows this simple model for question generation.

An example: A linkage might be "Retail banking relies heavily on the advance in communication technology to define new financial products". This linkage can be transferred into the question "How can we (the retail bank) use communication technology to define new financial products to obtain competitive advantage?".

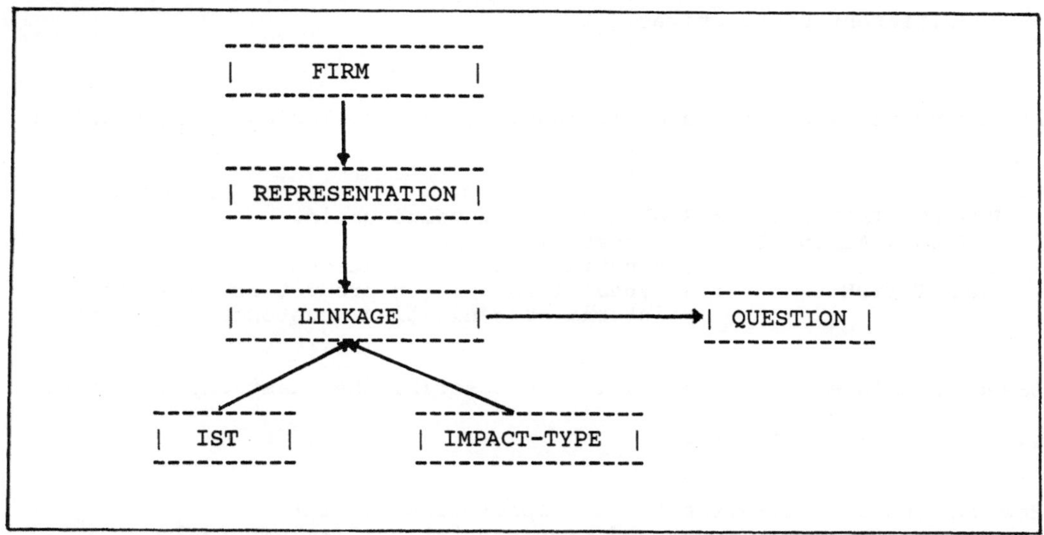

Figure 1: Simple model for question generation.

This model can be instantiated by deciding, which instantiations to choose for the variables 'representation', 'IST' and 'impact-type'. The questions to be answered for this instantiation are:

1. What organizational unit are we looking at ? This is typically a business unit of a larger firm or the firm itself, if it is a single business firm.

2. How is the unit being represented ? There exists a large variety of representations to look at an organizational units. Each of these representations captures different aspects of an organizational unit as a whole.

3. How do we define and look at Information Systems Technology ? It is possible to differentiate between aspects of IST. This can be done technically or functionally oriented.

4. What possible types of impact of IST are we looking at ? The impact of IST on the oragnizational unit can also be viewed from different perspectives.

Answering these questions could result in the following instantiation:

REPRESENTATION I	:	8 elements of a value chain.
REPRESENTATION II	:	5 competitive forces.
IST	:	3 functional classifications.
IMPACT TYPE	:	3 types of impact (on product or services, internal organization, customer/supplier).

Based on this example, we will now describe the questioning process. Questions are of the type

How can you use <IT-element> to <impact-element> for <representation-I-element> and <representation-II-element> ?

Figure 2 shows an example of a rule of the question generating process.

```
If the competitive target is "supplier"
   If the value activity is "inbound-logistics"
      If the technology is "communication technology"
        If the impact-element is "new product or service"
-->
Then ask
" How can you use communication technology
  to define new products or services
  for the inbound-logistics activity for suppliers? "
```

Figure 2: Rule for question generation

If there is already an example which describes that type of an application, the question might be put as: "Can you place terminals at the sites of the suppliers, as in the such and such case ? ".

For each business unit considered, the above instantiation results in 8x5x3x3=360 possible questions for ideas on opportunities. It is therefore necessary to reduce the numbers of questions asked. The reduction mechanism focusses on important ones so that less than the maximum number of questions will be asked. The reduction mechanism relies on information other than is represented in the model of question generation. We assume that information about the strength of the prevailing competitive forces, the chosen strategy and the importance of internal activities, will especially help to reduce the number of questions generated. Information on these aspects can be obtained through separate analysis modules [2,10]. We thus introduce a selection mechanism between all linkages and the questions asked.

Several ways to find "promising" questions can be offered:

1. Ask only for these combinations of variables, when all elements are above a threshold.

   These thresholds could be separationalistic or combinatoric and on a industry or company level. This approach will be described in more detail in the rest of this chapter.

2. Ask more questions where successful applications are known.

   The system might ask, if an example might be imitated.

3. Ask only, if the critical assumptions in a linkage hold

   The assumptions expressed in a linkage have to be tested if they hold for the specific business unit. The assumptions in the example are "Bank wants to offer new products", "communication is necessary to offer new products". Thereby assumptions might be surfaced and evaluated [8].

4. Ask, if not enough ideas have been obtained

   Should the reduction of questions lead to an insufficient number of stimulated ideas, both the reduction rules could be changed. Earlier analysis could also be repeated.

The first aproach can be described by the following rule:

```
If representation-element is above importance threshold
  If ISt is above availability threshold
    If Impact-type fits strategy
Then
  question about tripel {R,IST,IMP} to obtain idea for this tripel
```

This leads to an extended model of question generation. Figure 3 indicates the additional analysis modules proposed to reduce the number of questions generated. The simple model for question generation becomes part of the CIS idea identifier.

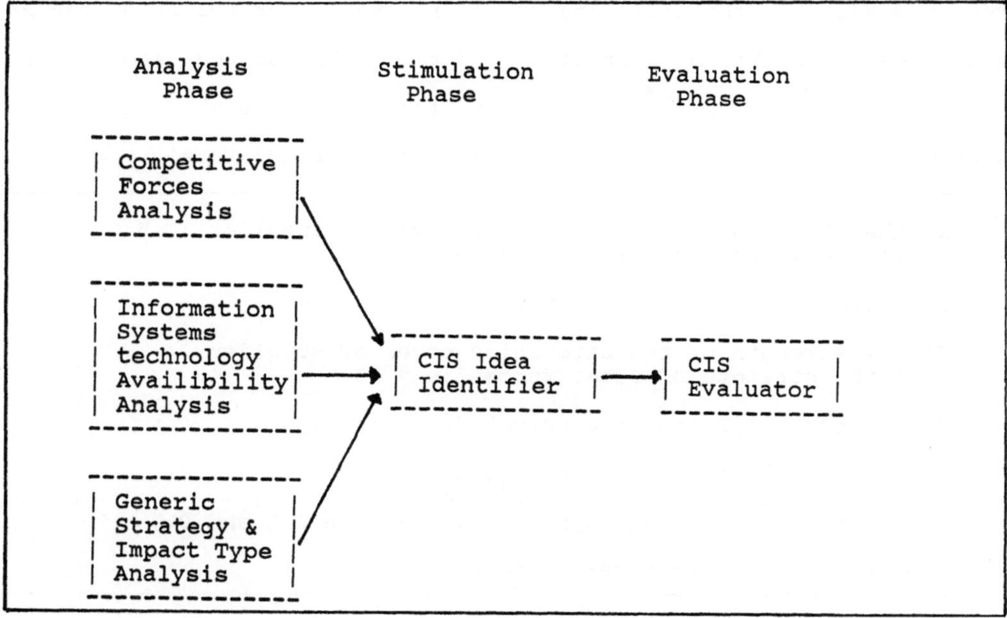

Figure 3: Extended model for question generation.

The company specific knowledge is the information obtained about the current situation of the company and the result of different analysis. The user responses form the facts of analysis. The results of the analysis are stored. An example of the competitive forces analysis is shown in figure 4. The combination of the indices indicates, about which triples to ask.

Competitive Force	Relative Strength Index of Force	Relative IST Potential to impact Force	Results of Combination of Indices
New Entrants	High	High	High
Suppliers	Medium	Medium	Medium
Buyers	Low	Low	Low
Substitutes	High	Very High	High
Rivalry	Very High	Very High	Very High

Figure 4: Analysis of Competitive Forces and IST Potential

From this analysis the following rules (figure 5) for reduction can be used to determine which competitive forces the system should ask about. These forces are called 'target forces '. The strenth indices as shown in figure 4 have been converted to numeric values.

```
If the strength of the bargaining power of supplier > .5
   If the impact of IST this force > .6
-->
The target force is suppliers.

If the strength of the bargaining power of suppliers < .5
  If the strength of other forces is > .5
-->
Remove suppliers from the target force list.

If the impact of IT on suppliers < .5
  If the impact of IT on other forces >.5
    If the strength of suppliers is between 0.5 and 0.7
-->
Remove suppliers from target force list.
```

Figure 5: Selection Rules for Strategic Targets

5 Proposal for a Support Environment

Using the proposed support environment involves two phases:

1. Customization phase
   (a) Identify the combination of frameworks (instantiation).
   (b) Build a company specific data base through analysis.
2. Usage phase
   (a) Idea stimulation phase.
   (b) Idea evaluation phase.

In the customization phase business planners will fill the system with the required company specific knowledge. First a combination of conceptual models has to be chosen. Then the different analyses have to be performed.

The idea stimulation phase provides a question session about CIS opportunities. The questions will be selected according to rules about which linkage is important for that specific situation. Possibilities to facilitate the idea formulation process besides the asking of questions are familiarization with concepts and showing of possible examples to trigger the phantasy. This could be provided though embedded explanation facilities of the support system. The responses to the questions will be captured.

To capture an idea, the user will type in the text describing the idea. The user will also be asked if the proposal links to any already existing information system, which specific internal and external organizational units will be involved, and a judgment of the expected perceived degree of impact. More than one idea can be entered to any question posed.

AI techniques can be used to construct such a tool. Through the ability to represent the knowledge they enforce a consistent and operational description of underlying business policy models. They allow to specifically address explanation and maintainability issues. We propose the use of AI techniques because:

1. They allow to combine numeric reasoning (results of analysis) with the symbolic reasoning of the representation, the logical reasoning of the rules and the heuristic reasoning to reduce the search space.

2. The knowledge in the system is both content and process bound. The rules describe the steps to be taken whereas these steps themselves are ultimately dependent on the contents.

3. The user of a system can obtain explanations about the questions. Uncertainty and contradictory evidence can be

handled with the inference system. Incomplete knowledge could be represented and processed.

4. Components of learning and natural language processing could be added more easily.

The system consists of four parts: the user interface, the inference mechanism, company specific knowledge, and general knowledge. The user interface accepts data and queries from the user. It converts them into the internal representation. Query facilities allow inquiries about the knowledge base, seek explanation to the system provided inferences, and modify the state of the knowledge base. The knowledge base consists of company specific and general knowledge. General knowledge consists of conceptual models brought into the knowledge base during the customization phase. These are examples for the different representations, impact models, the rules for the linkage between representation elements, IST and impact types. The company specific knowledge, as the results from the different analysis is obtained from the users.

A basic trade off in knowledge representation is between "expressibility" and "tractability" [11]. Expressibility is the ease with which we can naturally represent the information and deduce inferences from them. Tractability is the ease with which we can process the information in a short period of time. Logic based representations are more expressible whereas linked representations are more tractable. For our purposes both the parameters are equally important because we need to represent diverse knowledge and time is crucial. Hence we propose to use a hybrid implementation approach. For availibility reasons, the rule core of the system is at present (May 1986) being implemented in PROLOG at New York University.

6 Conclusion

The proposed system combines a systematic and process-oriented approach to opportunity identification. It tries to support the ill-structured yet relevant process of idea generation for CIS. The system builds upon a symbiotic model with each partner contributing his advantage [27]. The system contributes its ability to ensure consistency and handle the complex interactions, while the users contribute their judgment and innovative ideas. The system allows for the creation of ideas about the competitive usage of IST in an organization by active involvement, and for the collection of ideas about CIS, which have been stimulated by systematically asking questions. From an overall perspective, the question capture, even though not at the core of the system is as important than the ability of the system to stimulate these ideas.

The approach is different from a Delphi approach [7] as it tries to expand the perceived space of opportunities. It thus does not try to produce one coherent view or list of ideas with which all participants agree. This approach is also different from other analysis oriented systems like Situation Analyst [16] and ANSPLAN [2]. Its main premise is not analysis, but rather the triggering of new ideas through questioning. It follows Ackoff's [1] concepts of interactive planning and planning as a continuous process.

The system can be used for different purposes. As a consultant the system helps to identify application ideas with greater consistency. In this function, it also works as a tailored checklist. It thus ensures that each individual responds to all relevant questions. By insight into the business and its decision process. As the overall framework allows to use different concepts of representation it helps to improve the experts insight by providing alternatives.

As a business oriented system, the validity of all stored knowledge has to be explicitly stated to allow checks for continued applicability. Many of the limitations are attributed to the fact that the domain of CIS is "wide and shallow" whereas successful expert systems are in domains which are "narrow and deep" and backed with a well defined theory. In the domain of CIS the concept of information systems technology is not yet ultimately defined [3]. Designing a system along these lines helps to clarify these 'soft' areas.

Enhancements of the approach are possible in a number of ways. It might lead towards computer conferencing systems or even to a group negotiation support system to help arrive at a consensus about the evaluation of ideas. Also natural language analysis might be used to identify common ideas or common characteristics of the idea texts.

In itself the approach does not bring out completely new or "break-through" CIS applications. This task rests completely on the individual user and for the foreseeable future will not be included into the support environment.

REFERENCES

[1] Ackoff, R.L., Resurrecting the Future of Operational Research, Journal of the Operations Research Society, Vol. 30, No. 3, March 1979, pp. 189-199.

[2] Ansoff, H.I., Competitive Strategy Analysis on the Personal Computer, Journal of Business Strategy, Winter 1986, pp. 28-36.

[3] Bakopoulos, Y.J., Towards a more Precise Concept of Information Technology, Proceedings of the Sixth International Conference on Information Systems, Indianapolis, Indiana, 1986, pp. 17-24.

[4] Benjamin, R.I, J.F. Rockart, M.S. Scott Morton, J. Wyman, Information Technology: A Strategic Opportunity, Sloan Management Review, Spring 1984, pp. 3-9.

Support of Pricing, MIS Quarterly, Vol. 10, No. 1, March 1986, pp. 85-96.
[6] Cash, J.I., P.L. McLeod, Managing the Introduction of Information Systems Technology in Strategically Dependent Companies, Journal of Management Information Systems, Spring 1985, Vol. 1, No. 4, pp. 5-23.
[7] Dalkey, N.C. and O. Helmar, An Experimental Application of the Delphi-Method to the Use of Experts, Management Science, 9(1963), pp. 463-467.
[8] Henderson, J.C., A Methodology for Identifying Strategic Opportunities for DSS, The 1985 NYU Symposium on Integrating Systems for End Users, May 1985.
[9] Ives, B. and G.P. Learmonth, The Information Systems as a Competitive Weapon, Communication of the ACM, Vol. 27, No. 12, Dec. 1984, pp. 1193-1201.
[10] Krcmar, H.A.O., Enterprise-wide Information Management: Expert Systems for Information Management, IBM Los Angeles Scientific Center, G320-2767, July 1985.
[11] Levesque, H.J. and R.J. Brachman, A Fundamental Tradeoff in Knowledge Representation and Reasoning, Readings in Knowledge Representation, Morgan Kaufman Publishers, 1985, pp. 41-71.
[12] Mason, R.O., A Historical Overview and Current Research Issues, in The Information Systems Research Challenge, Harvard Business School Press, 1984, pp. 261-308.
[13] McFarlan, F.W., Information Technology can Change the Way you compete, Harvard Business Review, May-June 1984, pp. 98-103.
[14] McFarlan, F.W. and J.L. McKenney, Corporate Information Systems Management: the Issues facing Senior Executives, Dow Jones Irwin, 1983.
[15] McFarlan, F.W., Current Research Issues: An Alternative Perspective, in: The Information Systems Research Challenge, Harvard Business School Press, 1984, pp. 309-322.
[16] Moore, J.F., J.J. Sviokla, A. Lynworth, Situation Analyst, Dow Irwin, 1985.
[17] Parsons, G.L., Information Technology: A New Competitive Weapon, Sloan Management Review, Vol. 25, No. 1, Fall 1983, pp. 3-14.
[18] Porter, M. and V.E. Millar, How Information give us Competitive Advantage, Harvard Business Review, July-August 1985, pp. 149-160.
[19] Porter, M.E., Competitive Strategy: Techniques for Analyzing Industries and Competitors, The Free Press, New York, 1980.
[20] Porter, M.E., Competitive Advantage: Creating and Sustaining Superior Performance, The Free Press, New York, 1985.
[21] Pyburn, P.L., Linking the MIS Plan with Corporate Strategy: An Exploratory Study, MIS Quarterly, June 1983, pp. 1-14.
[22] Rackoff, N. C. Wiseman, Ullrich Walter, A., Information Systems for Competitive Advantage: Implementation of a Planning Process, MIS Quarterly, Dec. 1985, pp. 285-294.
[23] Rathwell, M.A. and A. Burns, Information Systems Support for Group Planning and Decision Making Activities, MIS Quarterly, Sept. 1985, pp. 255-271.
[24] Rockart, J.F., Current Uses of the Critical Success Factors Process, Strategic Planning and Information Management, Conference of the Society for Information Management, 1982, pp. 17-21.
[25] Wiseman, C., Computers and Strategy: Information Systems as Competitive Weapons, Dow Jones Irwin, 1985.
[26] Wiseman, C. and I. MacMillan, Creating Competitive Weapons from Information Systems, Journal of Business Strategy, 1984, pp.42-50.
[27] Woods, D.D., Cognitive Technologies: The Design of Joint Human-Machine Cognitive Systems, AI Magazine, Vol. VI, No. 4, Winter 1986, pp. 86-92.

ENTSCHEIDUNGSUNTERSTÜTZUNG IN DER PRODUKTIONSPLANUNG DURCH MENGENFLUSSDIAGRAMME

Monika Tomazic, Hans Czap
Universität Trier

1. Einleitung

Vorgestellt werden soll ein auf der Theorie der Mengenflußdiagramme basierendes Programmsystem, das dem OR- und EDV-Laien erlaubt, die Methode der Linearen Programmierung zur Unterstützung von Entscheidungen innerhalb der Produktionsplanung selbständig anzuwenden.
Damit liegt einerseits das Ziel des Programmsystems fest: die Entscheidungsunterstützung in der Produktionsplanung (zunächst) mit Hilfe der Linearen Programmierung; andererseits die Zielgruppe: Sachbearbeiter in den Abteilungen des Betriebes, die sich mit der Produktionsplanung beschäftigen und als OR- und EDV-Laien zu charakterisieren sind.

2. Klassen von unterstützten Entscheidungen

Bezogen auf die Fristigkeit ist dieses System angelegt, kurzfristige, auf der operativen Ebene zu treffende Entscheidungen zu unterstützen. Daten, auf die das System zurückgreift, können schnell und bequem aktualisiert werden. Gerade diese Tatsache ist für die kurzfristige Planung eminent wichtig.
Bezogen auf die Vorhersehbarkeit von Entscheidungen sollen insbesondere ad hoc-Entscheidungen Unterstützung finden. Entscheidungen dieser Art fallen im Bereich der Produktionsplanung zum Beispiel an, wenn ein unvorhergesehener Preisverfall von Rohstoffen oder fremdbeschaffbaren Zwischenprodukten, ein unvorhersehbarer Krankheitsfall oder der Ausfall einer der Anlagen eintritt.
Ein einmal aufgestelltes Entscheidungsmodell spiegelt in seinen Grundstrukturen den organisatorischen Ablauf des Mengenflusses durch das Unternehmen bzw. durch die für den Sachbearbeiter relevanten Unternehmensteile wieder. Kurzfristig besehen muß dieses Entscheidungsmodell nur bezogen auf die Qualität (z.B. Preise) und auf die Quantität (z.B. Mengen)

des Mengenflusses, nicht aber auf die Richtung des Flusses verändert werden. Für ad hoc-Entscheidungen kann die Qualität und Quantität des Mengenflusses schnell und komfortabel variiert werden. Es kann so eine ereignisorientierte Planung durchgeführt werden.
Bezogen auf den Inhalt und die Entscheidungsträger werden abhängig vom organisatorischen Aufbau des Unternehmens unterstützt:

- Einzelentscheidungen der Produktgestaltungsplanung
  Der Konstrukteur selber oder ein Sachbearbeiter der Produktionsplanung trifft eigenverantwortlich die Entscheidung über das Aussehen und die Qualität des Produktes aus verschiedenen Produktionsgestaltungsalternativen nach bestimmten Kriterien.
- Einzelentscheidungen der Produktionsprogrammplanung
  Der Sachbearbeiter der Produktionsplanung trifft eigenständig die Entscheidung über das Aussehen des Produktionsprogrammes.
- Einzelentscheidungen der Materialplanung
  Der Sachbearbeiter der Produktionsplanung oder der Einkaufabteilung trifft eigenständig die Entscheidung über den durch das Produktionsprogramm festgelegten Bedarf an Material.
- Einzelentscheidungen der Anlagenplanung
  Der Sachbearbeiter der Produktionsplanung trifft eigenständig die Entscheidung über die Belegung der Anlagen.

(vgl. insgesamt: CZAP 1986)

Entscheidungsunterstützende Systeme sind nicht mit der Intention erstellt worden, die Entscheidungsgewalt und -kompetenz des Menschens zu übernehmen und somit den Menschen zu substituieren (vgl. FISCHER 1983 über symbiotische Computersysteme). Sie bieten mittels aufbereiteter, hier optimierter Daten Lösungsvorschläge an, die der bloßen Unterstüzung im Entscheidungsprozeß des Menschens dienen.
Die Lösungsvorschläge eines Optimierungsprogrammes besitzen unterschiedliche Qualität: Sie können direkt realisierbar sein, nur revidiert realisierbar (Sensitivitätsanalyse, mehrere Optimallösungen) oder auch unrealisierbar (unzulässige Lösungen, unbeschränkte Lösungen, unrealistische Lösungen) sein.
Es ist Aufgabe des Menschens, hier des Sachbearbeiters diese Vorschläge in seinem Entscheidungsprozeß zu berücksichtigen, die "richtige" Lösung herauszufiltern und vor sich selbst und seinen Vorgesetzten zu rechtfertigen. Im Endeffekt besteht die Aufgabe Entscheidungsunterstützender Systeme demnach darin, zu begründeteren Ergebnissen innerhalb eines (menschlichen) Entscheidungsprozesses zur Zufriedenheit aller betroffenen Parteien zu kommen.

3. Zugrundeliegende Konzepte des Programmsystems

3.1 Die Zielgruppe des Programmsystems

Direkte Zielgruppe, also Endbenutzer eines LP-Programmsystems ist bis dato typischerweise die Gruppe der Mitarbeiter der EDV-Abteilung, die OR-Erfahrung oder eine OR-orientierte Ausbildung besitzt.
Aufgrund der bisher notwendigen mathematischen Formulierung eines LP-Modells konnten die direkten Nutznießer, die Sachbearbeiter, nur indirekt Zielgruppe sein, indem sie die aufbereiteten Daten als Ausdruck empfingen.
Diese indirekte Zielgruppe besitzt aber die genaue Kenntnis der Anwendungssituation und muß diese Kenntnis den OR-Experten zutragen, damit diese ein LP-Modell aufstellen können. Aufgrund der unterschiedlichen Begriffswelt dieser zwei Dialog-"Parteien" sind Verständigungs- und damit Verständnisschwierigkeiten unabdingbar. (vgl. CZAP 1986)
Dieser Zustand erscheint zumindest aus zwei Gründen unbefriedigend. Zum einen ist die Aufstellung und die dauernde Aktualisierung des LP-Modells durch die Zwischenschaltung der OR-Experten zwischen das LP-System und den direkten Nutznießern zeitintensiv. Einer kurzfristigen, ereignisorientierten Planung steht diese Tatsache damit entgegen. Zum anderen ist die Aufstellung des Modells durch die oben erwähnten Verständnisschwierigkeiten fehlerintensiv, die Anwendungssituation wird durch das System in dem Fall nicht korrekt abgebildet, was zu Entscheidungsfehlern führen kann.
Daher ist ein System entwickelt worden, bei dem es dem Sachbearbeiter, hier der Produktionsplanung, direkt möglich ist, ein LP-Modell zu generieren, zu optimieren und auszuwerten, ohne daß die Zwischenschaltung von OR-Experten erforderlich ist.

3.2. Die Theorie der Mengenflußdiagramme

Grundlegende Neuerung dieses Systems ist die Möglichkeit mit Hilfe einer graphischen Darstellung, die die Organisation des Betriebes oder interessierender Betriebsteile darstellt, ein LP-Modell automatisch zu generieren. Damit entfällt die bisher notwendige mathematische Formulierung. Dem Sachbearbeiter und OR-Laien verbleibt die Aufgabe, die ihn interessierenden Teile des Betriebes in einem, an wenigen Regeln orientierten, graphischen Modell abzubilden. Die Aufstellung von Mengenflußdiagrammen

beruht, wie ihr Name bereits andeutet, auf den zwischen verschiedenen Objekten, Anlagen, Betriebsmittelgruppen, Abteilungen usw. fließenden Mengen an Gütern.
Diese Objekte, Anlagen etc. werden Prozesse genannt und graphisch als Rechtecke dargestellt. Der Mengenfluß zwischen diesen Prozessen, Faktor genannt, erscheint als gerichteter Pfeil.
Ein weiterer Ansatzpunkt der Theorie ist das, aus der Systementwicklung übernommene Top-down-Verfahren. Mengenflußdiagramme können demnach zunächst nur eine sehr grobe, am Mengenfluß orientierte Struktur eines Betriebes oder Betriebsausschnittes wiedergeben. Durch eine immer stärkere Ausdifferenzierung dieser Struktur werden die Diagramme realitätsnäher gestaltet, bis die Detailstruktur des Betriebes oder Betriebsausschnittes wiedergegeben ist. Es steht dem Benutzer frei, auf welcher Detaillierungsstufe er den Modellierungsprozeß beginnt.
Die folgenden Abbildungen zeigen Anwendungsbeispiele dieser Theorie, wobei auf die oben angeführte Unterscheidung der Entscheidungsunterstützung nach Inhalt und Entscheidungsträger zurückgegriffen wird.
Abbildung 1 stellt ein bezogen auf den Detaillierungsgrad sehr grobes Mengenflußdiagramm dar, aus dem aber bereits ein einfaches LP-Modell generiert werden kann.

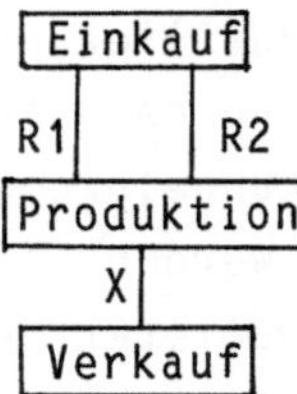

Abb. 1: Ein einfaches Mengenflußdiagramm

Das in Abbildung 2 angeführte Mengenflußdiagramm bezieht sich auf Einzelentscheidungen der Materialplanung. Hier wird die Bedarfsermittlung für die Produktion eines feststehenden Produktionsprogrammes (100 ME Plockwurst) in der fleischverarbeitenden Industrie graphisch modelliert, wobei ein hoher Detaillierungsgrad erreicht wird. Es bestehen keine Alternativen zu den angeführten Rohstoffen. Bedingt durch starke Preisschwankungen der Rohstoffe wird ein täglicher Neuaufwurf des LP-Modells notwendig, bei dem die geänderten Rohstoffpreise zuvor vom Sachbearbeiter der Einkaufsabteilung erfaßt werden müssen. (vgl. CZAP 1984)

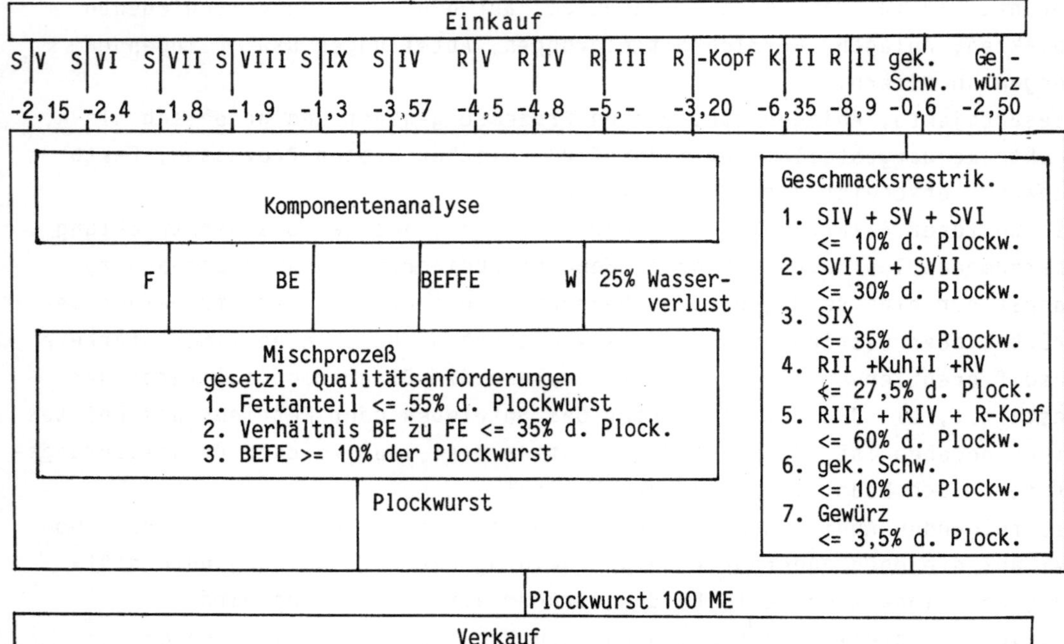

Abb. 2: Mengenflußdiagramm zur Materialplanung

In Abbildung 3 erfolgt die graphische Modellierung einer Einzelentscheidung der Produktionsprogrammplanung anhand der Darstellung eines Teilausschnittes der Produktionssituation (Kuppelproduktion) eines mineralölverarbeitenden Betriebes. Hergestellt werden sollen 45.000 l Super und 16.000 l Extra-Light einer definierten Qualität. Neben dem Einkauf von Rohöl und seiner anschließenden Destillation besteht die Möglichkeit, Super oder Extra-Light zuzukaufen.
Der Produktionsplaner hat nun eine Entscheidung über die kostengünstigste Kombination der Einkaufsmengen und damit der Produktionssituation zu treffen unter Berücksichtigung der fest vorgegebenen Outputmengen Super und Extra-Light.
Abbildung 4 gibt das Modell einer Entscheidungssituation in der Produktgestaltungsplanung wieder. Bedingt durch den alternativen Einsatz von Rohstoffen stehen dem Konstrukteur eine erhebliche Anzahl an Produktgestaltungsalternativen zur Verfügung, die sich durch unterschiedliche Leistungs- und Kostenmerkmale auszeichnen.
Im Zuge der Produktspezifikation ist nun im einzelnen festzulegen, welche Bauteile Verwendung finden sollen, unter Berücksichtigung ihrer Leistungs- und Kostenbeiträge zum Endprodukt. Dessen Positionierung hängt in der Regel von nichttechnischen Kriterien ab, wie z.B. Preis, Leistung, Konkurrenzangebot, Marktnischen. Ausgehend von der Diskussion

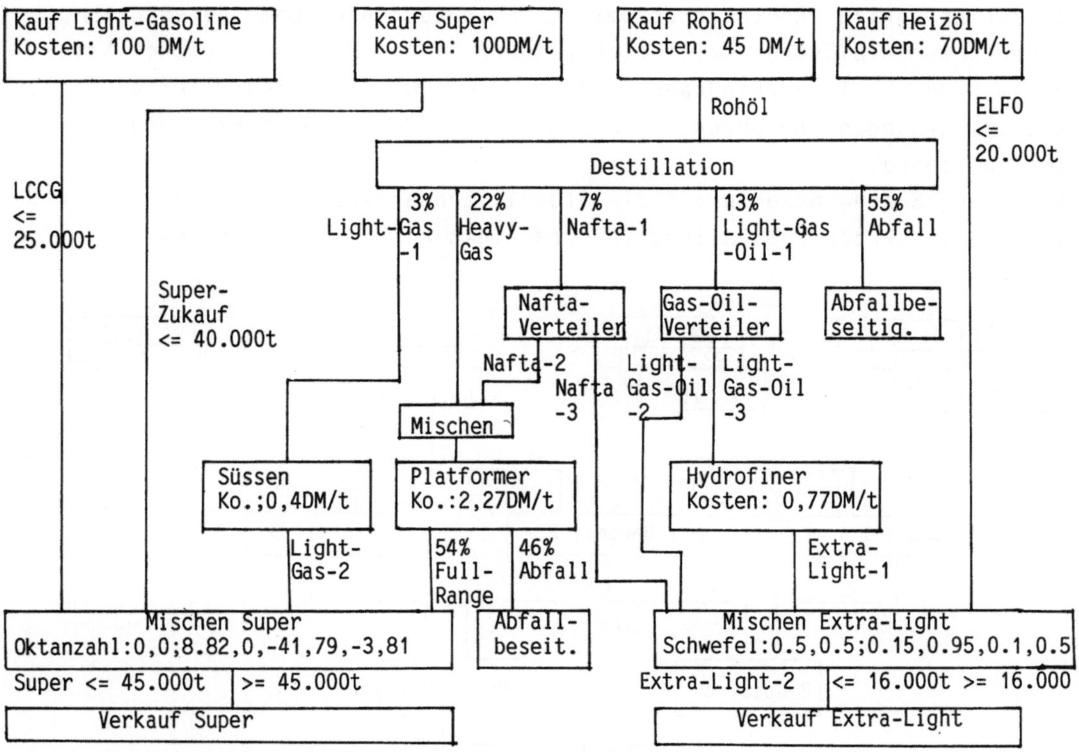

Kauf Light-Gasoline
Kosten: 100 DM/t
Kauf Super
Kosten: 100DM/t
Kauf Rohöl
Kosten: 45 DM/t
Kauf Heizöl
Kosten: 70DM/t
Rohöl
ELFO
<= 20.000t
Destillation
LCCG
<= 25.000t
3%
Light-Gas
-1
22%
Heavy-
Gas
7%
Nafta-1
13%
Light-Gas
-Oil-1
55%
Abfall
Super-
Zukauf
<= 40.000t
Nafta-
Verteiler
Gas-Oil-
Verteiler
Abfallbe-
seitig.
Nafta-2
Nafta
-3
Light-
Gas-Oil
-2
Light-
Gas-Oil
-3
Mischen
Süssen
Ko.;0,4DM/t
Platformer
Ko.:2,27DM/t
Hydrofiner
Kosten: 0,77DM/t
Light-
Gas-2
54%
Full-
Range
46%
Abfall
Extra-
Light-1
Mischen Super
Oktanzahl:0,0;8.82,0,-41,79,-3,81
Abfall-
beseit.
Mischen Extra-Light
Schwefel:0.5,0.5;0.15,0.95,0.1,0.5
Super <= 45.000t
>= 45.000t
Extra-Light-2
<= 16.000t >= 16.000
Verkauf Super
Verkauf Extra-Light

Abb. 3: Mengenflußdiagramm zur Produktionsprogrammplanung

R1,Alt3
R1,Alt2
R1,Alt.1
R2,Alt3
R2,Alt2
R2,Alt1
R3,Alt3
R3,Alt2
R3,Alt1
R4,Alt3
R4,Alt2
R4,Alt1
1
1
2
2
1
1
Bauteil 1
Bauteil 2
Bauteil 3
1
1
1
1
Bauteil 4
Bauteil 5
1
1
Bauteil 6
1
Endprodukt

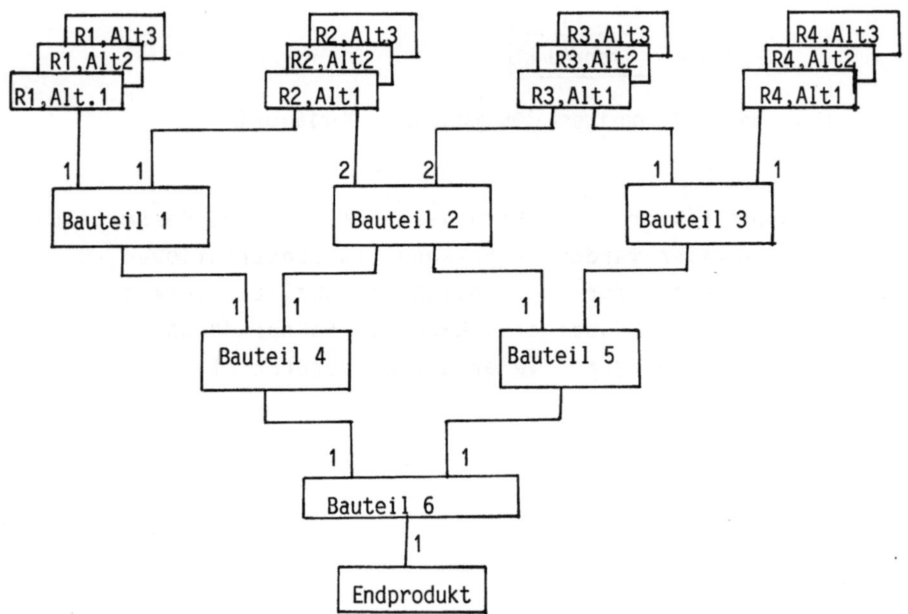

Abb. 4: Mengenflußdiagramm zur Produktgestaltungsplanung, Variante 1

dieser Kriterien und ihrer optimalen Gewichtung bzw. dem Suchen nach einer Kompromißlösung stellt sich wiederholt das Problem, welcher Kriterienmix durch die vorhandenen einzusetzenden Bauteile realisierbar ist und ob vorhandene Anspruchsniveaus gesenkt werden müssen bzw. erhöht werden können.
Abbildung 5 eine bezogen auf die Stücklistendarstellung in Abbildung 4 alternative Produktgestaltung in Form eines Mengenflußdiagrammes.

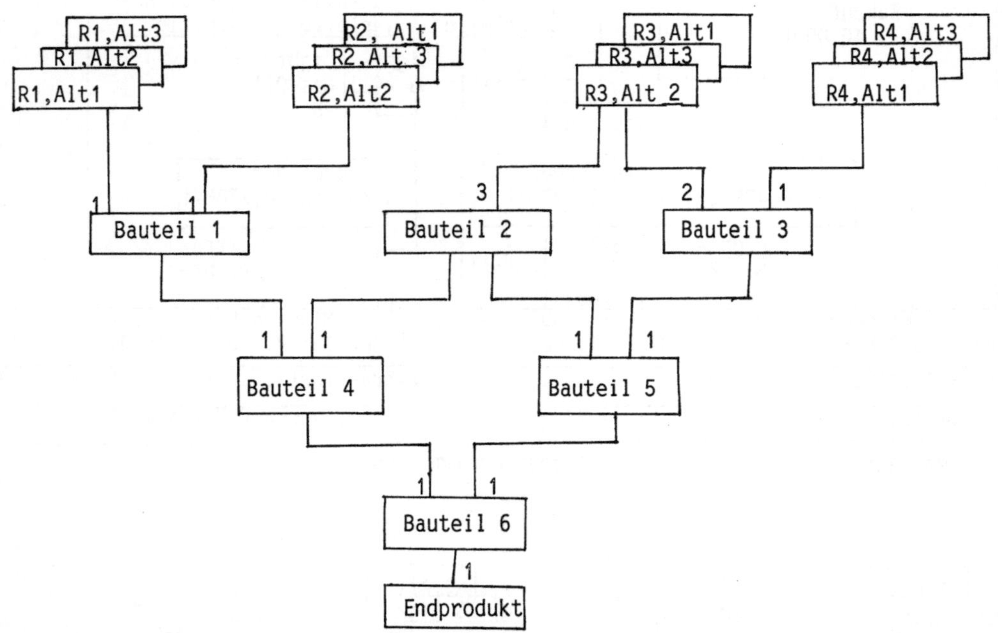

Abb.5: Mengenflußdiagramm zur Produktgestaltungsplanung, Variante 2

Jeder Prozeß und jeder Faktor kann durch Restriktionen und Merkmalsausprägungen näher beschrieben werden (z.B. Kapazitätsrestriktionen, Qualitätsanforderungen, Indikator für Ganzzahligkeit, Qualitätsmerkmale, Leistungsmerkmale, Kosten). Desweiteren kann ein Faktor durch die Deckungsbeiträge belastet werden, die er direkt verursacht.

3.3 Das Konstrukt der Benutzerfreundlichkeit interaktiver Mensch-Maschine-Schnittstellen

Die Forderung einer benutzerfreundlichen Schnittstelle, die für jedes Dialogsystem erhoben wird und erhoben werden muß, hat unterschiedliche Operationalisierungsversuche erfahren. Hier soll der in den "Grundsätzen zur Dialoggestaltung gemäß DIN 66234" endende Operationalisierungsversuch als Konzept für den Entwurf der Schnittstelle dieses Programmsystems gewählt werden. (vgl. DZIDA 1985; BULLINGER 1985)

- AUFGABENANGEMESSENHEIT

  Ein wesentlicher Aspekt dieses Gestaltungsprinzips ist die Tatsache, daß ein DV-System die Aufgabenabwicklung des Sachbearbeiters unterstützen, nicht aber unnötig erschweren soll.

  Bezogen auf das Problem der Interaktion zwischen Mensch und Maschine bedeutet dies, daß keine zusätzlichen, automatisierbaren Verwaltungsarbeiten auf ihn zukommen dürfen; daß er sich nicht in eine ihn zusätzlich belastende EDV-Terminologie/-Welt einarbeiten muß, z.B. durch unverständliche, an EDV-Begriffen orientierte Fehlermeldungen oder Befehle.

  Bezogen auf die durch das Programmsystem zu unterstützende Lösung des Sachproblems bedeutet dies, daß eine Verbesserung der jetzigen Situation der Problemlösung eintreten muß, z.B. durch aktuellere Ergebnisse und ein dadurch begründeteres Planen und Entscheiden; daß von ihm inhaltlich anspruchsvolle Arbeit gefordert werden muß, z.B. durch das eigenständige Aufstellen des zu optimierenden Modells und eine erweiterte Entscheidungsbefugnis.

- SELBSTERKLÄRUNGSFÄHIGKEIT

  Von der Tatsache ausgehend, daß der Sachbearbeiter der Produktionsplanung ein EDV- und OR-Laie ist, ergibt sich die Forderung der leichten Erlernbarkeit und Wiedererlernbarkeit des Systems. Nur ein selbsterklärendes System kann dieses leisten.

  Durch die Wahl der Steuerung der Systembefehle sowie durch die Gestaltung komfortabler Hilfestellungen soll dieses Gestaltungsprinzip unterstützt werden.

- STEUERBARKEIT

  Der Sachbearbeiter wird - wie oben bereits erwähnt - als EDV-Laie angesehen. Demnach ist, wie unter Punkt 4.1 "Benutzerkonzept" noch näher auszuführen sein wird, eine Menüsteuerung, d.h. Benutzerführung vorgesehen. Ihr Nachteil ist die immer wiederkehrende, zeitintensive und strenge Abfolge von Bildschirminhalten und korrespondierenden Be-

nutzeraktionen, die zum einen den Benutzer in seinem Aktionsdrang einschränkt und zum anderen durch ihren Gewöhnungseffekt zu Benutzerfehlern führt.
Um dem Aspekt "lernender Benutzer" Rechnung zu tragen, wird die Menüsteuerung durch einen benutzergesteuerten Dialog ergänzt (Kommandosprache und Makros).
Beachtet man, daß der Sachbearbeiter außer der Optimierung von Produktionsprogrammen oder Produkten noch andere Tätigkeiten durchzuführen hat, so ergibt sich die Forderung nach Unterbrechbarkeit des Mensch-Maschine-Dialoges an jeder beliebigen Stelle.

- VERLÄSSLICHKEIT

  Ein System wird als verläßlich angesehen, wenn es jenen Erwartungen entspricht, " die sich der Benutzer während der Benutzung des Systems bildet" (DZIDA 1985, S.44). Aufgrund der Rückmeldung des Systems wird beim Benutzer eine bestimmte Erwartungshaltung erzeugt. Um diesen Erwartungen gerecht werden zu können, sind die Rückmeldungen so zu gestalten, daß sie möglichst keine unvorhersehbaren Situationen verursachen (z.B. durch Unverständlichkeit der Formulierungen, durch Doppeldeutigkeit).
  Für den Fall, daß die Erwartungen des Benutzers der Intention des Systementwicklers nicht entsprechen, ist dem Benutzer eine geeignete Hilfestellung anzubieten.
  Zur Benutzerinformation werden Rückmeldungen über den Status des Systems benötigt sowie Aussagen über Art und Form benötigter Daten zur Auswahl und Durchführung des nächsten Dialogschrittes.

- FEHLERTOLERANZ UND FEHLERTRANSPARENZ

  Eine Fehlersituation kann gemäß DZIDA als Lernsituation angesehen werden: "ohne Lernen keine Entwicklung und ohne die Chance, Fehler machen zu dürfen, kein Lernen" (DZIDA 1985, S.441).
  Fehler dürfen keine nicht rücknehmbaren Veränderungen bewirken.
  Grundsätzlich ist natürlich jede Datenkonstellation wiederherstellbar.
  Entscheidend ist der Aufwand, der vom Benutzer zur Korrektur von Eingabefehlern zu betreiben ist.
  Fehler, die vom Benutzer erst im nachhinein als solche erkannt werden, lassen sich so rückgängig machen. Dies bedeutet im Prinzip die Ermöglichung einer Art von Probehandeln, d.h. ein Handeln im "straffreien" Raum.

4. Darstellung des Programmsystems

4.1 Benutzerkonzept und Konsequenzen für die Gestaltung der Mensch-Maschine-Schnittstelle

4.1.1 Dialogsteuerung

In der Literatur wird ein menügesteuerter Dialog von einem kommandogesteuerten Dialog unterschieden. Für den EDV-Laien erscheint ein menügesteuerter Dialog, auch systemgesteuert (vgl. TAUBER 1983, S.255) genannt, sinnvoll, für den geübten Laien oder den Programmierer ein kommandogesteuerter Dialog (vgl. BULLINGER 1985, S.157; ZIEGLER 1985,S.24; KREIFELTS 1982, S.41-42). Zwischen diesen beiden Extremformen existieren vielfältige Mischformen (vgl. TAUBER 1983, S.255).
Für dieses spezielle Programmsystem erscheint ein fließender Übergang von der einen zur anderen Dialogsteuerungsart sinnvoll. Während des menügesteuerten Arbeitens wird dem Laien das System immer vertrauter: Er kann Aktionen voraussagen, weiß wie der Computer reagiert, er kennt die von ihm dauernd benutzten Befehle. Der Laie wird so allmählich zum geübten Laien.
Für den geübten Laien hingegen können während des Arbeitens auch unbekannte Elemente oder Funktionen auftauchen. Es muß ihm möglich sein, jederzeit zur Menüsteuerung zurückkehren zu können. Die Präferenzen des Benutzers bezüglich der Dialogstrategie und bezüglich der Kommunikationsform (formale Sprache bzw. direkte Manipulation von Objekten am Bildschirm) sind nicht unbedingt stabil (vgl. TAUBER 1983, S.257 und S.255).
Im Rahmen dieses Programmsystems besteht deswegen neben einer weitgehend hierarchisch orientierten Menüstruktur die Möglichkeit, Menüzeilen auszuschalten, um Kommandofolgen einzugeben oder Makros aufzurufen.
Die Steuerung eines Menüs läßt sich zum einen realisieren durch die Eingabe per Tastatur des ganzem am Bildschirm angezeigten Befehls bzw. seines ersten Buchstabens oder einer geeigneten Buchstabenkombination, zum anderen durch das Weisen auf diesen Befehl mit Hilfe der Cursortasten oder der Maus (bzw. einer ähnlichen, den Cursor steuernden Peripherie). Da für die Kommandosteuerung die Eingabe per Tastatur benötigt wird, erscheint es sinnvoll, für die Steuerung des Menüs sowohl die Zeigetechnik als auch die Tastatureingabe zu realisieren. Die Zeigetechnik wird aus folgenden Gründen mit Hilfe der Maus realisiert:

a) Durch die Maus kann der Cursor schneller über den Bildschirm bewegt werden als mit den Cursortasten.
b) Die Zeichnung des Mengenflußdiagramme auf dem Arbeitsfeld des Bild-

schirms erfolgt (ebenfalls aus Gründen der Schnelligkeit) über die Benutzung der Maus. Ein dauernder Wechsel zwischen Tastatur (Cursortasten) und der Maus wird also bei diesem System verhindert.

4.1.2. Bildschirmaufbau und -gestaltung

Die Komplexität der vorliegenden Anwendung erfordert die permanente Bereitstellung von "Orientierungsinformationen" (vgl. NIEVERGELT 1983, S.44; ähnlich äußern sich: NORMAN 1984, S.18; MORITZ 1983, S.103) für den Benutzer. Dazu wird jeweils angezeigt:

a) wo sich der Benutzer im Programmsystem befindet:
   Der Systemzustand ist im sogenannten Befehlsfeld markiert. Im Statusfeld wird für den geübten Benutzer der Pfad einschließlich des Systemzustandes angegeben. Letzteres ist notwendig, da das Befehlsfeld ausgeschaltet werden kann.
b) wo sich der Benutzer im Dateiensystem befindet:
   Das aktuelle (geladene) Modell wird im Statusfeld angegeben.
c) Kurzinformation über die vom Rechner erwarteten Benutzereingaben:
   Dazu ist eine eigene Meldezeile vorgesehen.
d) Kurzinformation für den geübten Benutzer, welche Programmteile er von hier aus aufrufen kann (Befehlsfeld).

Insgesamt können detailliertere Informationen zu jeder Zeit über die Hilfsfunktion eingeholt werden.
Gemäß den obigen Aussagen müssen auf dem Bildschirm permanent eine Meldezeile und ein Statusfeld reserviert werden. Das ausschaltbare Befehlsfeld ist nur zeitweise reserviert. Der Rest des Bildschirmes steht als Arbeitsfeld zur Verfügung.
Es ergibt sich der folgende Bildschirmaufbau:

Zeile 1:	Meldezeile
Zeile 2-22:	Arbeitsfeld
Zeile 23, 24:	Befehlsfeld
Zeile 25:	Statusfeld

Abbildung 6: Bildschirmaufbau

4.1.3. Hilfestellung

Zu dem Gestaltungsprinzip der Selbsterklärungsfähigkeit eines Systems gehört auch die Realisierung einer geeigneten Hilfestellung. Laut MORITZ sollten Daten, die benötigt werden, dauernd abrufbar sein (vgl. MORITZ 1983, S.103). Dies gilt ebenso für Informationen, die zwecks aufrufbarer Hilfestellung dem Benutzer in Form der sogenannten Hilfefunktion zur Verfügung gestellt werden.
Diese Funktion soll zum einen aus jeder beliebigen Situation heraus aufgerufen werden können, zum anderen eine zweischichtige Hilfestellung geben. Das heißt, bei Aufruf der Hilfefunktion erfolgt zunächst eine Kurzinformation, die als Erinnerung für den geübten Laien gedacht ist. Diese Information ist allerdings detaillierter, als die Information, die permanent am Bildschirm gehalten wird. Bei weiterer Unklarheit kann eine detailliertere Information abgerufen werden.

4.2. Modulbildung

Orientiert an den Arbeitsschritten, die zur Aufstellung von Entscheidungsmodellen notwendig sind, erfolgte die Modulbildung.
als erster Arbeitsschritt ist die Modellierung des Modells an sich, hier des Mengenflußdiagrammes, anzusehen (Modul "ERFASSG_MODIFON"). Abgetrennt davon erfolgt die Bestimmung der bei der Optimierungsrechnung zu beachtenden Teile des Mengenflußdiagrammes (Modul "VERARBEITUNG"). Als nächster Schritt wird die Optimierungsrechnung selber angestoßen (Modul "OPTIMIERUNG"). Die aus dieser Rechnung resultierenden Lösungen werden innerhalb des Moduls "LÖSUNGSVERARBEITUNG" auf Realitätsnähe überprüft bzw. eine Sensitivitätsanalyse durch "what-if-Abfragen" unterzogen.
Diesen Arbeitsschritten vorgelagert wird das Modul der "MODELLVERWALTUNG", mit dem sich der ungeübte Laie zunächst noch nicht zu beschäftigen braucht, das der geübte Laie aber zu gebrauchen weiß. Die vier oben erwähnten Module greifen auf dieses Modul zu.

- Modul "MODELLVERWALTUNG"

  Zweck des Moduls ist

  1. die Verwaltung mehrerer Mengenflußdiagramme auf dem Plattenspeicher
  2. das Ein- und Auslagern von Mengenflußdiagrammen

3. das Vereinigen von Mengenflußdiagrammen
4. der Ausdruck von Mengenflußdiagrammen.

- Modul "ERFASSG MODIFON"

  Zweck des Moduls ist

  1. die Erfassung der graphischen Strukturen und der Daten, die zur Generierung eines speziellen Mengenflußdiagrammes (Modelles) notwendig sind sowie die simultane Erstellung einer Modell-Logik aus diesen Eingabedaten, aus der im Modul "VERARBEITUNG" dann das Entscheidungsmodell (LP-Modell) erstellt wird.
  2. die Modifizierung von fehlerhaften, nicht mehr aktuellen oder Konsistenzprobleme aufwerfenden Daten oder Modellstrukturen.

- Modul "VERARBEITUNG"

  Zweck des Moduls ist

  1. die Festlegung der, das konkrete Entscheidungsmodell ausmachenden Teile des Mengenflußdiagrammes (Entscheidungsmodell-Spezifikation)
  2. die Konsistenzüberprüfung, d.h. Feststellung, ob es isolierte Prozesse gibt und ob jeder Faktor generiert und terminiert wird
  3. die Erstellung des LP-Modells (Entscheidungsmodells) durch Aufbau einer Transferdatei (MODELL_GEN; MPSX-Format) aus der im Modul "ERFASSG_MODIFON" erstellten Modell-Logik.

- Modul "OPTIMIERUNG"

  Zweck des Moduls ist

  1. die Optimierungsrechnung des erstellten LP-Modells
  2. die Erstellung einer Transferdatei (ERG_TRANSFER) zur Übertragung der ermittelten Optimierungsergebnisse an das Modul "LÖSUNGSVERARBEITUNG".

- Modul "LÖSUNGSVERARBEITUNG"

  Zweck des Moduls ist

  1. die Beurteilung der Realitätsnähe der Lösung
  2. die nicht permanente Variation der Modelldaten und -strukturen
     - Sensitivitätsanalyse
     - what-if Abfragen
  3. der Ergebnisausdruck.

4.3. Implementierungsgesichtspunkte

Zur Zeit existieren einzelne Module eines Prototyps auf einem IBM-AT unter MS-DOS, implementiert in MODULA-2.
Eine permanente Speicherung von Teilen eines Mengenflußdiagramms mit entsprechendem Ein- und Auslagern (Swapping) zur Laufzeit ist dabei nicht vorgesehen.
Erste Abschätzungen hinsichtlich der erfaßbaren Modellgröße zeigen, daß das Modul "OPTIMIERUNG" den größten Engpaßfaktor darstellt. Bei unter MS-DOS adressierbaren 640 KB Hauptspeicher kann mit einer maximalen Modellgröße von ca. 500 KB gerechnet werden.
Pro Variable im LP-Programm werden ca. 220 B, pro Restriktion ca. 700 B benötigt. Die Struktur des LP-Programms bedingt pro eigentlicher Problemvariablen im Druchschnitt eine Restriktion.
Pro Variable und damit Restriktion ergibt sich ein Bedarf an ca. 920 B. Die Obergranze pro Modell errechnet sich somit zu 540 Variablen und Restriktionen.
Umgerechnet auf die Darstellung als Mengenflußdiagramm ergeben sich aufgrund der bisherigen Erfahrungen pro Prozeß 1,6 Faktoren. Damit wird die maximale Größe eines solchen Diagramms auf 337 Prozesse (540K/1,6) berechnet.

5. Zusammenfassung

Orientiert an den Konzepten der Benutzerfreundlichkeit, der Theorie der Mengenflußdiagramme sowie der Entscheidungsunterstützung auf Sachbearbeiterebene ist ein Programmsystem entwickelt worden, das dem Sachbearbeiter, der im Rahmen der Produktionsplanung tätig und als OR- und EDV-Laie anzusehen ist, ermöglicht mit Hilfe der Methode der Linearen Programmierung direkt seine Planungen und Entscheidungen ereignisorientiert durchzuführen und so zu begründeteren und sichereren Entscheidungen zu kommen.

Literatur

BULLINGER, H.-J.; FÄHNRICH, K.-P.; HANNE, K.-H.; ZIEGLER, J.; Benutzerschnittstelle an multifunktionalen Büroarbeitsplätzen - Schnittstellenmodelle und Evaluation; in: KRÜCKEBERG, F. u.a.: Offene multifunktionale Büroarbeitsplätze und Bildschirmtext; Berlin, 1985, S 141-159

CZAP, H.: CAD von Modellen zur Produktionsprogrammplanung; in: WARNECKE, H.-J.: Proceedings der 18.Arbeitstagung des Frauenhofer Instituts für Produktionstechnik und Automation (IPA); Stuttgart 1986

DZIDA, W.: Ergonomische Normen für die Dialoggestaltung: Wem nützen die Gestaltungsgrundsätze im Entwurf DIN 66 234, Teil 8?; in: BULLINGER, H.-J.(Hrsg.): Software-Ergonomie 1985; Stuttgart, 1985; S. 430-444

KREIFELTS, T.: Anwenderanforderungen an ein Bürokommunikationssystem; Oldenbourg Verlag, 1982

MORITZ, H.: Umsetzung wahrnehmungspsychologischer Erkenntnisse für die Informationsgestaltung am Bildschirm (Maskengestaltung); in: BALZERT, H. (Hrsg.): Software-Ergonomie; Stuttgart, 1983; S. 98-113

NIEVERGELT, J.: Die Gestaltung der Mensch-Maschine-Schnittstelle; in: KUPKA, I. (Hrsg.): GI - 13.Jahrestagung; Berlin, 1983; S. 41-50

NORMAN, D.A.: Stages and Levels in Human-Machine-Interaction; in: Notizen zu interaktiven Systemen; Heft 13, Dez. 1984; S. 13-24

TAUBER, M.J.: Benutzen und Lernen; in: BALZERT, H. (Hrsg.): Software-Ergonomie; Stuttgart, 1983; S. 254-265

ZIEGLER, J.: Gordischer Knoten mit flexibler Lösung; in: Computerwoche, 12.7.1985; S. 22-24

Literatur zu Mengenflußdiagrammen

CZAP, H.: Mengenflußgraphen - Ein Werkzeug zur automatischen Generierung von Entscheidungsmodellen; in: Angewandte Informatik, 12/82; S. 600-606

CZAP, H.: Konzeptuelle Elemente zur Generierung von Entscheidungsmodellen; Arbeitsbericht 8401, Abteilung Wirtschaftsinformatik der Universität Göttingen; 1984

CZAP, H.; LORENZ, G.; MUKSCH, H.: Faktoreinsatzmengen-Optimierung bei gegebenen Rezepturvorschriften in der fleischverarbeitenden Industrie auf der Basis von Mengenflußgraphen; in: Fleischwirtschaft, Heft 2; 1984

AUFBAU EINES MANAGEMENT SUPPORT SYSTEMS (MSS)
FÜR DIE OPTIMALE ERFÜLLUNG ALLER BERATUNGSAUFGABEN
AM BEISPIEL DER SYSTEMBERATUNG WEST
DER HONEYWELL BULL AG

W. Haag

Leiter der SB West der Honeywell Bull AG

5000 Köln 90

Überblick

In diesem Beitrag wird erläutert, wie durch ein Management Support System eine optimale Erfüllung aller Aufgaben der Beratungsorganisation eines EDV-Hersellers ermöglicht werden kann. Dabei wird zunächst kurz das Aufgabengebiet beschrieben und dargestellt, welche Einflüsse auf die Tätigkeiten der Beratungsmannschaft einwirken. Danach werden die Anforderungen an ein MSS für die Systemberatung spezifiziert und es wird ausgeführt, wie der heutige Istzustand aussieht. Abschließend werden dann die Erfahrungen mit dem MSS kommentiert und weitere Entwicklungsschritte aufgezeigt.

Das Aufgabengebiet der Systemberatung West

Die Aufgaben der Honeywell Bull AG sind in der Satzung folgendermaßen beschrieben:

"Gegenstand des Unternehmens ist

a) Entwicklung, Herstellung und Vertrieb von elektronischen Datenverarbeitungsanlagen und allen damit verbundenen Aggregaten und Betriebsmitteln, vornehmlich aus dem Lieferprogramm der CII Honeywell Bull, Paris;
b) die Vornahme aller Geschäfte, die mittelbar oder unmittelbar mit dem Gesellschaftszweck zu a) im Zusammenhang stehen und/oder geeignet sind, die Tätigkeit der Gesellschaft zu fördern;
c) die Beteiligung an anderen Unternehmen."

Abhängig von der jeweiligen Problemstellung nehmen die Kunden Kontakt zur Honeywell Bull AG oder zu den kooperierenden Partnern oder Subunternehmern auf. Die Gesprächspartner der Kunden bei der Honeywell Bull AG kommen dabei funktional aus den Bereichen

Vertrieb
Kundendienst
Regionale Beratung
Zentrale Beratung
Bildungswesen
Marketing
Administration

Direkte Kontakte der Kunden zum Headquarter der internationalen Gruppe Bull in Paris gibt es im Regelfall nicht. In **Abbildung 1** sind diese Kommunikationswege schematisch dargestellt.

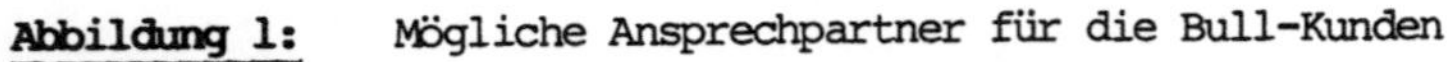

Abbildung 1: Mögliche Ansprechpartner für die Bull-Kunden

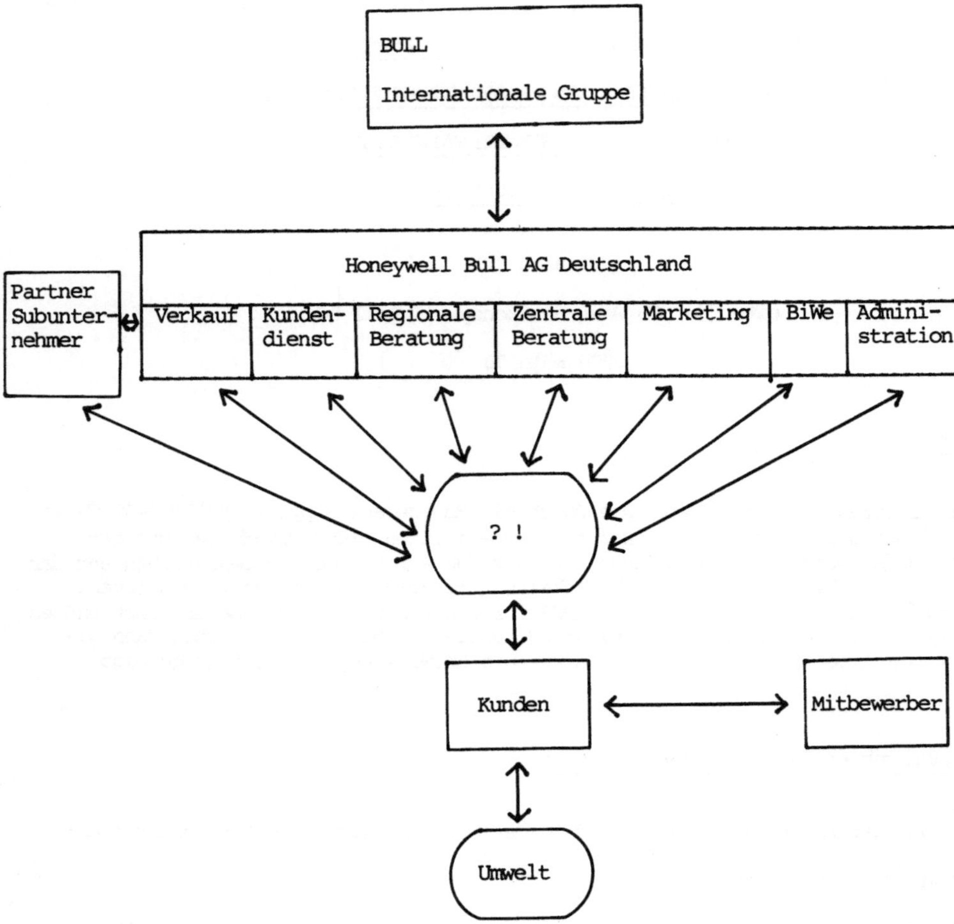

Im folgenden soll aber nur das Aufgabengebiet einer regionalen Beratung durchleuchtet werden. Die Systemberatung West hat 87 Mitarbeiter in Düsseldorf, Essen, Köln und Wuppertal. Diese Mitarbeiter sind in 5 Abteilungen organisiert, jedoch erfolgen die Einsätze abteilungsübergreifend im Kunden- und Interessentenpark der entsprechenden Geschäftsstellen. Darüber hinaus können dann auch Einsätze im Leistungsaustausch mit anderen Bereichen anfallen.

Als wesentliche Aufgabe läßt sich für den gesamten Bereich der Wunsch nach "optimalem Arbeiten" formulieren, wobei ein Optimum abhängig ist von dem Blickwinkel, unter dem es betrachtet wird.

Folgende Aspekte müssen dabei berücksichtigt werden:

Firmengesichtspunkte:	Zielvorgaben, übergeordnete Prioritäten, Leistungsaustausch, Presalesunterstützung, Abteilungsdenken usw.
Kundengesichtspunkte:	Dienstleistungsverträge, Werkverträge, Kurzfristberatungen, Analysen, Trouble Shooting, Betreuung, spezielle Kundeninteressen usw.
Personalgesichtspunkte:	Neueinstellungen, Kündigungen, Urlaube, Krankheiten, Ausbildungsangebote, persönliche Interessen usw.

Abbildung 2: Einflüsse auf das optimale Arbeiten

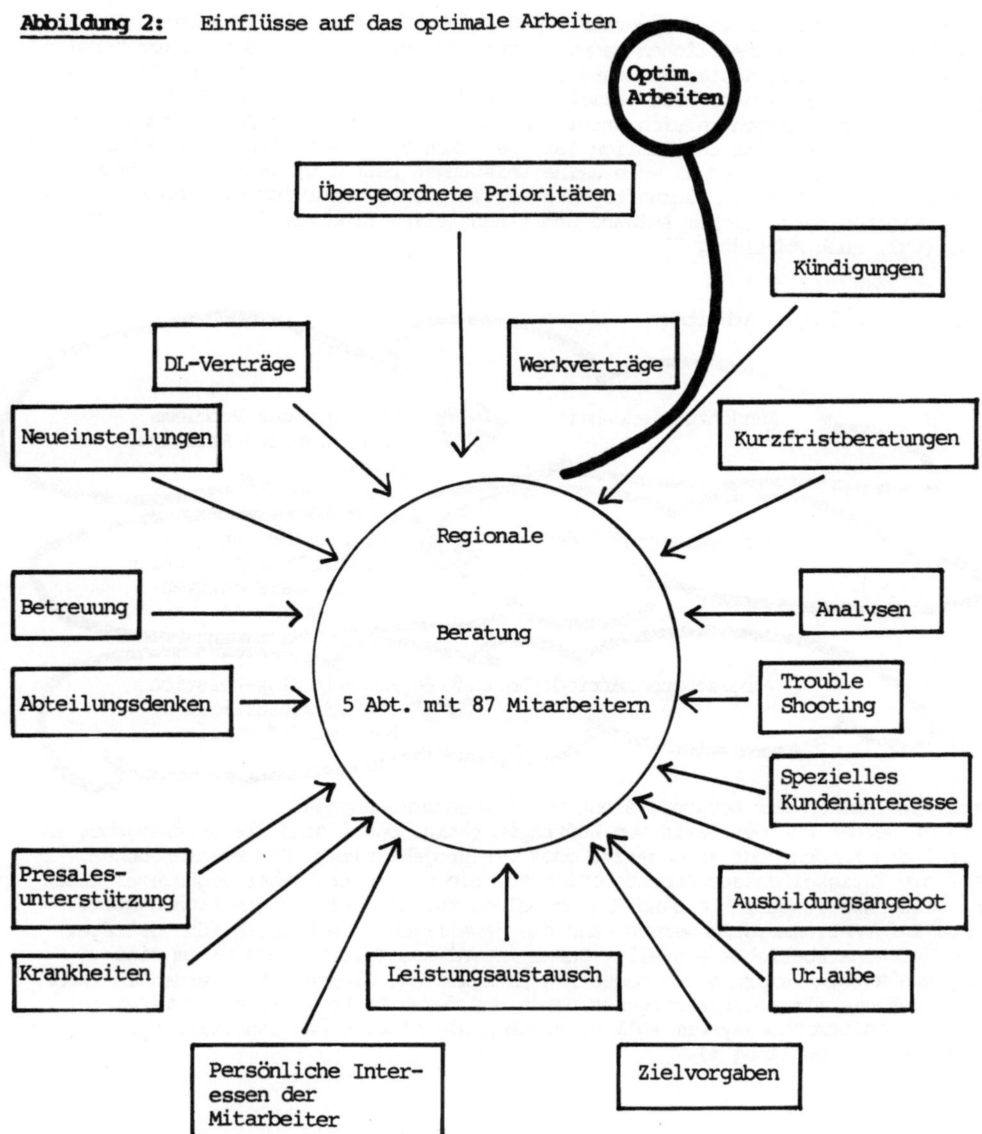

Abbildung 2 zeigt diese verschiedenen Einflüsse auf die Mitarbeiter der Systemberatung West im Zusammenhang, und alle diese Einflüsse wirken auf "optimales Arbeiten" ein.
Dabei läßt sich "optimales Arbeiten" durch drei Zufriedenheitsgrade messen:

die Kundenzufriedenheit
die Mitarbeiterzufriedenheit
und die Vorgesetztenzufriedenheit

Doch auch hierbei gibt es wieder verschiedene Blickrichtungen. Die Kundenzufriedenheit wird im wesentlichen dadurch erreicht, daß jedes Kundenproblem termingerecht mit akzeptabler Kosten-Nutzen-Relation gelöst wird. Vorgesetztenzufriedenheit läßt sich im wesentlichen dadurch erzielen, daß die Kosten-Erlöse-Relation stimmt und darüber hinaus der Bereich in sich stabil ist und möglichst keine Beschwerden aufkommen, wobei es letztlich unerheblich ist, wer sich beschwert. Ein Mitarbeiter ist im wesentlichen dann zufrieden, wenn seine Leistungen bestätigt werden, das Arbeitsklima stimmt und er für sich Zukunftsperspektiven sieht. Natürlich muß dabei auch die Relation zwischen persönlichem Aufwand und finanziellem Ergebnis für den einzelnen stimmen. **(Vgl. auch Abbildung** 3)

Abbildung 3: Optimales Arbeiten

Der Arbeitsablauf in der Beratung sieht nun folgendermaßen aus:
Die Berater werden auf der Basis von Aufträgen tätig. Dabei sind die Auftraggeber im Normalfall die Kunden, der Vorgesetzte oder der Projektleiter. Der Berater dokumentiert die Tätigkeiten auf Arbeitsberichten, die vom Auftraggeber gegengezeichnet werden. Diese Arbeitsberichte sind Eingabebelege für das Bull Information Center. Durch das Informationssystem werden dann die jeweiligen Abrechnungen für Verträge, Projekte und Monatsberichte erstellt. Dabei ist dieses Informationssystem eine Mischung aus automatisierten und manuellen Tätigkeiten. Gleichzeitig werden im Information Center die mitarbeiterbezogenen Daten und der Mitarbeiterkalender verwaltet. Ein Vertriebsinformationssystem soll u. a. auch die mittel- und langfristigen Bedarfe anzeigen. **(Siehe Abbildung 4)**

Abbildung 4: Arbeitsablauf in der Beratung

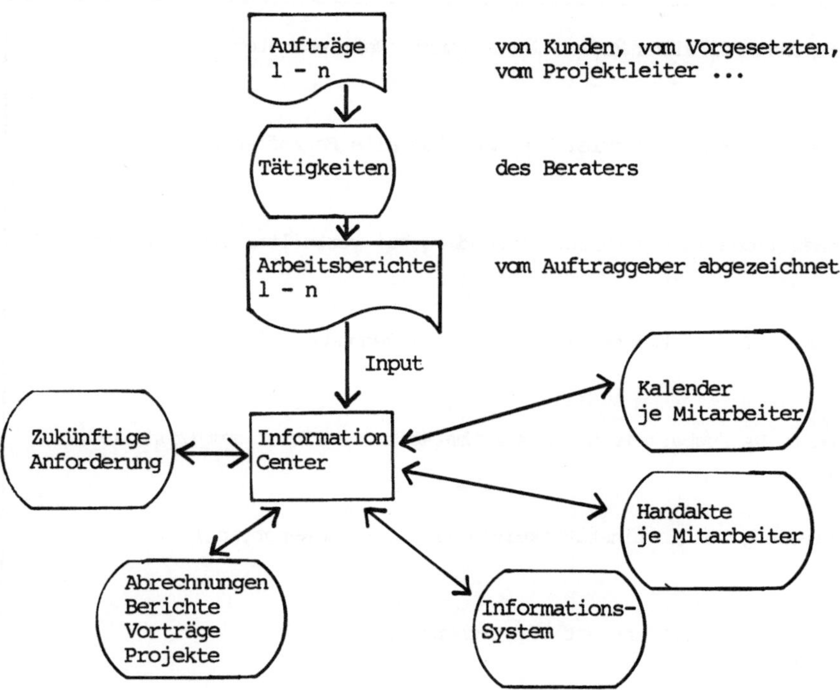

Ein Management Support System für die Systemberatung West

Damit ein MSS erfolgreich eingesetzt werden kann, müssen einige wesentliche Voraussetzungen erfüllt sein.
Zunächst muß das System bei allen Mitarbeitern akzeptiert sein. Insbesondere muß auch der Betriebsrat mit diesem System einverstanden sein. Die Akzeptanz ist um so einfacher zu erreichen, je mehr Steuerungsfunktionen anstelle von Überwachungsfunktionen vorliegen. Für alle Betroffenen muß klar sein, daß dieses MSS ihre Arbeit erleichtert und daß sie von Routinetätigkeiten, die insbesondere bei allen Statusberichten, Monatspräsentationen usw. anfallen, entlastet werden. Darüber hinaus muß das System so ausgelegt sein, daß auf der Basis von aktueller Informationsspeicherung eine direkte Verfügbarkeit und Auswertbarkeit ermöglicht wird. Dabei muß der Detaillierungsgrad der Auswertungen flexibel gestaltet sein und möglichst auch graphische Darstellungen erlauben. Man muß auch beachten, daß die Forderungen an den Datenschutz und die Datensicherheit wesentlichen Einfluß auf die Akzeptanz eines MSS ausüben. Und letztlich sollte bei verteilten Organisationen eine einheitliche Infrastruktur von Geräten und Programmen vorliegen, so daß man sich nicht an verschiedenen Standorten jeweils neu eindenken muß. **(Vgl. Abbildung 5)**

Abbildung 5: Voraussetzungen für ein MSS

* Akzeptanz bei allen Mitarbeitern (incl. Betriebsräten)
* Nachweis der Arbeitserleichterung (für alle Betroffenen)
* Einheitliche Infrastruktur (besonders bei verteilter Organisation)
* Aktuelle Informationsspeicherung (ohne Redundanzen)
* Direkte Verfügbarkeit und Auswertbarkeit (möglichst mit Graphiken)
* Entlastung von Routinetätigkeiten (insb. beim Reporting)
* Steuerungsmittel (anstatt Überwachungsinstrument)
* Datenschutz und Datensicherheit (im gesamten MSS)

Die Endausbaustufe des MSS der Systemberatung West ist in **Abbildung 6** dargestellt. Der Zentralrechner der SB West, das Information Center SB West, ist mit dem Information Center der Honeywell Bull AG verbunden. Für jede Abteilung gibt es einen Abteilungsmikro, der mit dem Information Center SB West über Terminalemulation und Datentransfer kommuniziert. Der Abteilungsmikro muß mehrplatzfähig sein, als Einzelplatz MS-DOS-Programme verarbeiten können und über komfortable Textverarbeitungs- und Kalkulationsprogramme verfügen.
Darüber hinaus muß im MSS ein sogenannter Steuermikro definiert werden, der neben den Funktionen des Abteilungsrechners auch Aufgaben einer Regie-Zentrale übernehmen kann. Diese Aufgaben umfassen Möglichkeiten zur Konsolidierung aller vorliegenden Informationen, die Netzüberwachung und die Steuerung des Datentransfers von und zum Zentralrechner der Honeywell Bull AG.

Abbildung 6: Endausbaustufe des MSS der SB West

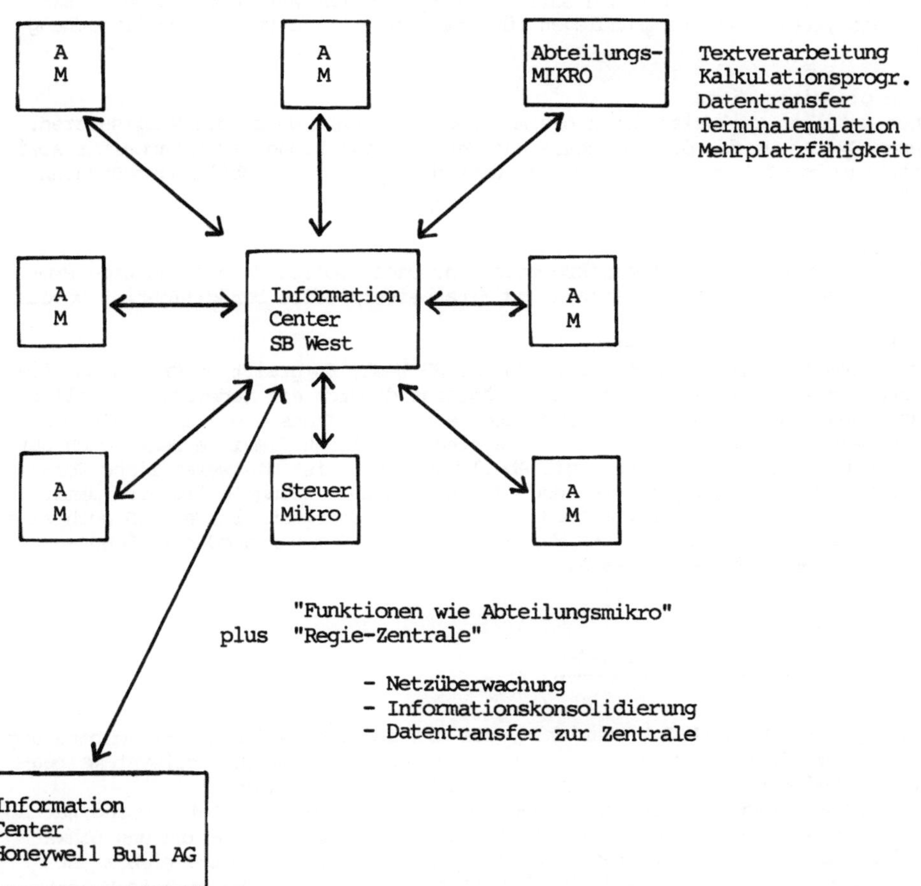

Auf dieser Hardware-Basis werden dann folgende Anwendungen realisiert:

a) Jahreskalender pro Mitarbeiter
Die Eingaben erfolgen durch die Mitarbeiter oder die Vorgesetzten und berücksichtigen die Urlaubstage, die Seminartage, die regional unterschiedlichen Feiertage, eine Vier-Wochen-Einsatzplanung und mittelfristige Verpflichtungen, die bis zu 6 Monaten oder noch länger absehbar sind.

b) Abrechnungssystem der Arbeitsberichte
Die Eingaben erfolgen durch die Mitarbeiter auf der Basis der abgezeichneten Tätigkeiten auf ihren Arbeitsberichten. Diese Eingaben sind die Schnittstelle zum zentralen Abrechnungssystem und die Grundlage für unsere Kundenjournale. Außerdem ermöglichen sie Analysen über die verschiedenen Tätigkeiten und ihre Verteilung.

c) Abrechnungssystem der Verträge
Eingaben werden teilweise aus den Arbeitsberichten übernommen oder durch den Abteilungsleiter eingegeben. Dieses Abrechnungssystem steuert und kontrolliert den Leistungs- und Erlösfluß, gibt Aussagen zum Year-to-date-Ergebnis und ermöglicht eine Jahreshochrechnung. Darüber hinaus ist es auch Schnittstelle zum zentralen Fakturierungssystem.

d) Abrechnungssystem der Projekte
Eingaben werden aus den Arbeitsberichten übernommen oder erfolgen durch den Projektleiter. Sie ermöglichen einen Soll-Ist-Vergleich der Aufwände. Durch dieses Abrechnungssystem sind die Grundlagen für Statusprotokolle und Personalzuordnung gelegt.

e) Handakte pro Mitarbeiter
Eingaben erfolgen teilweise durch die Mitarbeiter, sonst durch die Vorgesetzten. In diesem System werden die Personal- und Gehaltsentwicklung der Mitarbeiter sowie ihr Erfahrungsprofil und eine Übersicht über die erfolgten Ausbildungsmaßnahmen verwaltet.

f) Zukünftige Anforderungen
Eingaben sollen über den Steuermikro erfolgen. Dabei sollen dann zukünftige Produktentwicklungen, Kundenbedürfnisse und Mitarbeiterprofile berücksichtigt werden.

g) Informations- und Auskunftssystem
Dieses System ist das Kernsystem des MSS der SB West. Es greift natürlich auf die oben beschriebenen Systeme zurück und ermöglicht dadurch ein jederzeit aktuelles Berichtswesen, das darüber hinaus aber auch eine hohe Transparenz innerhalb des gesamten Bereiches sicherstellt. Dieses System ermöglicht flexible Reaktionen auf die verschiedenen Anforderungen **(vgl. Abbildung 2)** und ist die wesentliche Voraussetzung für die gruppenübergreifende Einsatzplanung. Zwangsläufig wird damit aber auch der Ausbau der Mitarbeiterqualifikation sichergestellt, so daß auch eine permanente zielgerichtete Aus- und Weiterbildung mit Seminaren oder im Schneeballsystem vorbereitet werden kann.

Beschreibung des heutigen Ist-Zustandes

Im vorigen Kapitel ist ein MSS beschrieben, das als Zielsystem für die Systemberatung West angestrebt wird. Im folgenden wird nun beschrieben, wie welche Teilsysteme realisiert werden und welche Erfahrungen dabei gemacht werden konnten.
Seit etwa 2 Jahren findet in den vier Standorten ein Pilotbetrieb statt, wobei für jeden Standort ein anderer Abteilungsmikro gewählt wurde, um die Stärken und Schwächen der einzelnen Geräte beurteilen zu können. Während dieses Probebetriebes ist zwar keine einheitliche und vollständige Lösung für den gesamten Bereich im Einsatz, allerdings helfen uns die Erkenntnisse aus den einzelnen Installationen bei der Realisierung des endgültigen MSS.
An jedem Standort ist der Jahreskalender pro Mitarbeiter automatisiert. Er wird monatlich ausgedruckt und liegt somit für den gesamten Bereich in Papierform vor.

Abteilungsübergreifende Abfragen werden zur Zeit telefonisch abgewickelt. Die endgültige Lösung wird eine Standardsoftware auf dem ausgewählten Mikro sein. Heute erfolgt eine Analyse der Abweichungen zwischen Kalenderplanung und Arbeitsberichten im Gespräch zwischen Abteilungsleiter und Mitarbeiter, so daß die Ursachenforschung bei Planabweichung vorgenommen werden kann. Das endgültige MSS soll Abweichungen von sich aus anzeigen, so daß gezielte Ursachenforschung möglich wird.

Für das Abrechnungssystem der Arbeitsberichte läuft seit Jahresanfang bei Honeywell Bull eine dezentrale Online-Lösung im Probebetrieb, die das bisherige zentrale Batch-System ablösen wird. Im Rahmen dieses Systems ist das Netzwerk Info Center SB West zum Info Center Honeywell Bull aufgebaut.

Das Abrechnungssystem der Verträge läuft auf dem Steuermikro. Zum Einsatz kommen MULTIPLAN und selbstgeschriebene BASIC-Programme. Auf dem Steuermikro ist der tagesaktuelle Stand. Den Abteilungsleitern wird monatlich ein Ausdruck zur Verfügung gestellt.

Das Abrechnungssystem der Projekte läuft mit unterschiedlichen Lösungen auf den Abteilungsmikros. Dabei kommen Standardsoftware für Projektmanagement und Textverarbeitung sowie Individualprogramme für Kundenjournale zum Einsatz. Monatlich erstellt jeder Abteilungsleiter sein "Projekttelex", in dem der Status der einzelnen Projekte formatiert dargestellt ist. Die verschiedenen Projekttelexe werden untereinander verteilt.

Die Handakte pro Mitarbeiter ist über verschiedene Rechner verteilt. Im Info Center der Honeywell Bull AG sind Programme zur Personal- und Gehaltsentwicklung, zur Ausbildungsübersicht und zum Erfahrungsprofil im Einsatz. Teile dieser Lösung sind über den Steuermikro auf das Info Center der SB West übertragen worden und können von dort auf die Abteilungsrechner übernommen werden. Dieses System stellt allerdings hohe Anforderungen an den Datenschutz.

Das System für die zukünftigen Anforderungen muß inhaltlich noch entworfen werden. Mit diesem Thema beschäftigt sich zur Zeit eine Arbeitsgruppe im Konzern.

Die übrigen regionalen Beratungen arbeiten mit analogen Management Support Systemen. Allerdings ist wegen der größeren Standortdistanzen das abteilungsübergreifende Arbeiten erschwert bzw. ineffizienter.

Erfahrungen mit dem bisherigen MSS

Alle Mitarbeiter akzeptieren die Notwendigkeit eines Management Support Systems. Der Betriebsrat ist bei allen Systemen involviert gewesen, da einer der Abteilungsleiter gleichzeitig Betriebsratsvorsitzender ist. Obwohl die inkompatiblen Abteilungsmikros noch zu zu vielen Papierausdrucken führen, sind sich die Beteiligten einig, daß in einem homogenen Netzwerk diese Informationen am Bildschirm verfügbar sein müssen. Die Administration ist spürbar zurückgegangen für die einzelnen Abteilungsleiter. Der Weg zur optimalen Mitarbeiter/Projektzuordnung wird dadurch beschritten, daß zweiwöchentlich halbtägige Abteilungsleitersitzungen stattfinden, bei denen dann anhand der Unterlagen aus den Abteilungsmikros Personaleinsatzplanung vorgenommen wird. Das eigentliche Zuordnungsproblem

"Der richtige Mitarbeiter zum richtigen Zeitpunkt beim richtigen Einsatz"

kennt folgende Parameter: 100 Mitarbeiter, 250 Werktage, 1000 Kunden
Die Komplexität ist noch nicht so groß, daß Mechanismen eines Expertensystems eingesetzt werden müßten. Einsätze, die über den Bereich der SB West hinausgehen, lassen

sich noch telefonisch abstimmen. Bei einem System für die gesamte Honeywell Bull AG gibt es etwa zwanzigmal so viele Parameter und sicherlich auch mehr regionale Besonderheiten, doch auf diese Aspekte soll nicht weiter eingegangen werden.

Durch das System wird die Transparenz für den gesamten Bereich mit seiner Problematik erreicht. Dadurch können Probleme gemeinsam gelöst werden, so daß Abteilungsdenken hinter dem Poolgedanken zurücksteht.

Alle Anforderungen an eine einheitliche Lösung sind spezifiziert. Die Mikro-Auswahl ist abgeschlossen. Die Hauptforderungen sind:

> Mehrplatzfähiger Mikro mit Möglichkeit zur Terminalemulation und zum Datentransfer zu den Hostrechnern im Info Center der SB West und im Info Center der Honeywell Bull AG. Der Mikro muß eine komfortable Textverarbeitungssoftware haben und in BASIC programmierbar sein. Außerdem muß MS-DOS als Betriebssystem verfügbar sein.

Die Datenspeicherung im Information Center der SB West soll zunächst in konventioneller Dateiorganisation mit Netzarchitektur erfolgen. Bei der Anwendung selbst gibt es keine zeitkritischen Komponenten. Die Datenspeicherung wird redundanzfrei erfolgen und eine Direktverbindung zur Honeywell Bull-Zentrale ermöglichen. Die Forderungen an Datenschutz und Datensicherheit sind organisatorisch gelöst.

Mittlerweile ist klar, daß die gesamte Systemberatung West im nächsten Sommer in ein Gebäude umziehen wird. Aus diesem Grunde werden in die heutige verteilte Organisation nur noch minimale Neu-Investitionen getätigt. Um so mehr konzentrieren wir uns aber darauf, daß mit dem Umzugstermin auch das vollständige MSS in Betrieb genommen werden kann. Darüber hinaus werden schon Schnittstellen zu den anderen Bereichen der Honeywell Bull AG beschrieben und grob über ein Konzept für die Dateneingabe über eine Telefonleitung oder mobile Datenerfassungsgeräte vom jeweiligen Tätigkeitsort der Berater nachgedacht.

Denn die bisherigen Erfahrungen zeigen, daß auch ein MSS keine statische Lösung sein darf, sondern sich dynamisch weiterentwickeln muß.

Fachgespräch
Juristische Expertensysteme und Formalisierung im Recht

In der allgemeinen Informatisierung aller Bereiche bleibt das Recht keine Insel. Potentielle Anwendungen der Informatik im Recht bieten hier einen starken Anreiz für die weitere Forschung und Entwicklung. Dabei sei auf folgende Beispiele verwiesen:

- Auskunftsdialog im Bildschirmtext für öffentliche Verwaltungen
- Textsysteme mit intelligenten Modulen für Anwälte und Notare
- Expertensysteme im Steuerwesen.

Die Fachgruppe "Formalisierung und Expertensysteme im Recht" in der GI widmet sich der Behandlung der folgender Themen:

- **Formalisierung im Recht:** Vor allen ist Formalisierung im Recht Voraussetzung für eine breite Informatisierung in diesem Gebiet. Neben der Übertragung von Methoden der Informationsmodellierung geht es dabei um grundsätzliche Entsprechungen von Recht und Informatik. Solche sind z.B. Vorschriften als Algorithmen, Ähnlichkeiten der Struktur von Gesetzen und Programmen sowie verschiedene Modellbildungen in Recht und Informatik.
- **Modellierung rechtlicher Vorschriften:** Von der Seite der Praxis gibt es vielfältige Anwendungen der Modellierung von Normen und Normerfüllung. Beispiele sind die Simulation der Auswirkungen von Gesetzen (z.B. Bafög), Programme der Steuerverwaltungen sowie Büroinformationssysteme für Notare und Anwälte.
- **Juristische Expertensysteme:** Problemlösen im Recht ist ein als beinahe klassisch zu bezeichnendes Beispiel für die Anwendung von Expertenwissen. Somit geht von der Entwicklung der Expertensysteme ein besonderer Stimulus für den Bereich Rechtswesen aus. Frühere Beispiele entscheidungsunterstützender Systeme finden sich bereits Mitte der siebziger Jahre so z.B. Taxman, Legol und Oecd-Ceri. Nunmehr sind Entwicklungen auf der Basis wissensbasierter Systeme im Gange, wofür Lex und Oblog genannt seien.
- **Autorensysteme in der juristischen Ausbildung:** Von der Verbreitung der Personal Computer geht für den CUU in der Juristenausbildung ein starker Antrieb aus. Als Beispiel dafür sei das Tübinger System erwähnt.

Die Fachtagung soll den Status quo in diesem Grenzgebiet zwischen Recht und Informatik präsentieren.

Programmkomitee für dieses Fachgespräch: H. Fiedler (GMD/Uni Bonn), S. Grundmann (Uni München), F. Haft (Uni Tübingen), L. Phillips (Uni München), R. Traunmüller (Uni Linz, Vorsitz)

FORMALISIERUNG IM RECHT UND JURISTISCHE EXPERTENSYSTEME

- Hintergrund und Zusammenhänge -

H. Fiedler, Rechts- und Staatswiss. Fak. d. Univ. Bonn/GMD
und
R. Traunmüller, Institut für Informatik d. Univ. Linz

Zusammenfassung

Die folgende Einführung zum Fachgespräch "Juristische Expertensysteme und Formalisierung im Recht" will nicht den state of the art der Formalisierung im Recht einerseits und der Arbeiten an juristischen Expertensystemen andererseits darstellen. Wichtiger ist es, als Grundlage der Kooperation von Informatikern und Juristen die Hintergründe und Zusammenhänge der Arbeit an einem letztlich gemeinsamen Themenbereich darzustellen. Dies geschieht im folgenden einerseits mehr aus der Sicht der Rechtsinformatik und allgemeinen Rechtstheorie (Abschnitt 1, 2), andererseits mehr aus der Sicht der Informatik und insbesondere der Methodik des Entwurfs von Informationssystemen (Abschnitte 3, 4). Abschließend wird versucht, beide Sichtweisen zu einer gemeinsamen Perspektive (Abschnitt 5) zusammenzufügen.

1. Wissensbasierte Systeme und das Paradigma richterlicher Rechtsanwendung im gewaltenteilenden Staat

1.1 Ausgangspunkte und Ähnlichkeiten

Die juristische Methodik und die "Philosophie" insbesondere richterlicher Rechtsanwendung wird gerade im Zusammenhang mit neueren Entwicklungen der IT für die Informatik interessant. Diese neueren Entwicklungen betreffen vor allem die Paradigmen "wissensbasierter" Systeme und der "Expertensysteme". Hierfür ist z. B. eine methodische Trennung zwischen Wissensbasis oder Regelbasis einerseits und logischem Inferenzapparat andererseits charakteristisch. So kann z. B. die Wissensbasis verändert werden, während der Inferenzapparat unverändert bleibt. Die Wissensbasis repräsentiert (in formalisierter Darstellung) das fachspezifische Wissen, während der Inferenzapparat allgemeine, insbesondere logische Methoden implementiert. Mit Hilfe des Inferenzapparats werden dann die Elemente der Wissensbasis u.a. auch auf konkrete einschlägige Fakten angewendet, um Probleme zu lösen, die im Bereich dieser Fakten bestehen.

Die skizzierte Grundkonzeption wissensbasierter Systeme (und insbesondere von Expertensystemen) ist im Prinzip recht ähnlich dem (aus ganz anderen Motiven entstandenen) Konzept der richterlichen Rechtsanwendung im gewaltenteilenden Staat: Das (objektive) Recht ist dargestellt in einem System von sprachlich formulierten Regeln (sozusagen einer Wissensbasis), dessen Schaffung und Fortentwicklung dem Gesetzgeber (Erste Staatsgewalt) obliegt. Dem Richter (Dritte Staatsgewalt) obliegt die Anwendung dieses Regelsystems auf konkrete Fakten, um streitige Rechtsprobleme im Bereich dieser Fakten zu lösen. Hierbei ist die ursprüngliche und grundlegende (wenn auch, wie sich zeigen wird, naive und nur näherungsweise zu erfüllende) Vorstellung die, daß der Richter die Regeln der Wissensbasis auf die konkreten Fakten mit ausschließlich logischen Methoden zur Anwendung bringt. Der Richter fügt also (nach dieser Grundvorstellung) zur Regelbasis und zu den Fakten seinerseits keine inhaltlichen Elemente hinzu. Deshalb ist, nach Montesquieu's Formulierung, die richterliche Gewalt "en quelque façon nulle", eben auf die Anwendung der allgemeingültigen, inhaltsneutralen Logik beschränkt.

Insofern scheinen die "Architekturprinzipien" von wissensbasierten Systemen und des gewaltenteilenden Staats (hinsichtlich der Rechtsanwendung) verwandt: In beiden sind einerseits die Wissensbasis, andererseits der Inferenzapparat verschiedenen Instanzen anvertraut. Die Inferenzmethoden sind dabei jeweils vor allem logischer Natur; sie können daher auch unverändert bleiben, während die Wissensbasis als fachspezifisches System sich ändert. Gerade in dieser Konstruktion wird der besondere Vorteil gesehen: Die Lösung aller Einzelprobleme muß nicht für die gesamte Fallklasse in einem einzigen geschlossenen Algorithmus programmiert werden, sondern es wird die Fallösung aufgeteilt in fachspezifische Regeln einerseits, die Anwendung ("inhaltsleerer") rein logischer Algorithmen andererseits. Vom Standpunkt der juristischen Methodik aus kann gesagt werden: Erst mit diesem Architekturprinzip wissensbasierter Systeme kommt die Informatik den üblichen

Vorstellungen von der "Rechtsanwendung" nahe. Andererseits kann die Informatik eigentlich erst seit dieser Annäherung erwarten, daß sie spezifische Anregungen aus dem Bereich der Rechtsanwendung erhält.

1.2 Unterschiede

Bei dieser Gegenüberstellung darf man natürlich nicht vergessen, daß trotz der Analogie der "Architektur" Instanzen und Methoden auf beiden Seiten recht verschiedenartig sind. Auf Seiten wissensbasierter Systeme natürlich Hardware/Softwarekomponenten mit formalen Darstellungen der Wissensbasis und der Inferenzmethoden. Auf seiten des gewaltenteilenden Staats natürlich jeweils menschliche Instanzen bei Gesetzgeber und Richter, informale Darstellungen der Wissensbasis in natürlicher Sprache und informale, wenig präzisierte Methoden logischer Inferenz.

Dazu ist wieder die weitere Bemerkung zu machen, daß Ähnliches oft für das Verhältnis IT-gestützter wissensbasierter Systeme zu ihrem Anwendungsbereich gilt: Wissensmengen und Schlußmethoden sind im Anwendungsgebiet zunächst informal und wenig präzisiert vorhanden - sie werden dann im Wege von Präzisierung und Formalisierung in das IT-gestützte System eingebracht. Gerade darin besteht ja z. B. die Aufgabe der "Wissensacquisition" für Expertensysteme. Immerhin ist für unseren juristischen Anwendungsbereich bemerkenswert, daß dort von vornherein eine als solche apostrophierte Regelbasis (Gesetze usw., objektives Recht) vorhanden ist, deren Entwicklung einer anderen Instanz (Gesetzgeber) anvertraut ist als der Instanz der Regelanwendung und Inferenz für den Einzelfall (Richter).

1.3 Weiterentwicklung und Verfeinerung der Methodik der Rechtsanwendung

Die juristische Methodenlehre und Methodenkritik hat sich über die Anfangsvorstellungen der Rechtsanwendung im gewaltenteilenden Staat (18. Jh.) hinaus dann rasch weiterentwickelt (insbesondere im 19. und 20. Jh.). Dies kann hier im einzelnen nicht verfolgt werden (vgl. dazu

Fiedler, (1) und (2)). Soviel soll jedoch festgestellt werden, daß die Methodenkritik vor allem die Vorstellung einer rein "logischen" Art der Rechtsanwendung durch den Richter betraf, etwa in der Form eines "Justizsyllogismus":

- Wenn eine Faktenkonstellation die Merkmale V hat, so treten für diese Faktenkonstellation die Rechtsfolgen R ein ("Obersatz", Element der Regelbasis)
- Die vorliegende Faktenkonstellation hat die Merkmale V ("Untersatz", "Subsumtion" oder Zuordnung der vorliegenden Fakten zu den Voraussetzungen der Rechtsregel)
- Für die vorliegende Faktenkonstellation treten die Rechtsfolgen R ein (Formallogisch gültiger Schluß aus den Prämissen und Rechtsfolgenfeststellung durch den Richter).

Die Methodenkritik richtet sich u.a. dahin, daß bei gegebenem Ober- und Untersatz der "Justizsyllogismus" als solcher natürlich logisch trivial ist. Die eigentlichen Leistungen liegen einerseits in der Gewinnung des Obersatzes aus der Regelbasis (in welcher er normalerweise nicht fertig vorliegt), wie auch andererseits in der Gewinnung des Untersatzes aus dem konkreten Problemsachverhalt. In der Methodendiskussion wurde dann das Gewicht teilweise mehr auf die Gewinnung des Obersatzes ("Auslegung" des objektiven Rechts), teilweise mehr auf die Gewinnung des Untersatzes (Klassifikation oder "Subsumtion" der konkreten Fakten) gelegt. Schließlich läßt sich - am grundsätzlichsten - problematisieren, ob eine getrennte Betrachtung der Gewinnung von Ober- und Untersatz überhaupt angemessen ist. Müssen nicht statt dessen Ober- und Untersatz in einem gemeinsamen Verfahren gegenseitiger Abstimmung, mit Rückkopplungen und Iterationen, gewonnen werden? (Vgl. insbes. Engisch (3): "Hin- und Herwandern des Blickes zwischen Obersatz und Lebenssachverhalt"). Die letztere Auffassung würde konsequent von der Vorstellung der Rechtsanwendung als hauptsächlich logischer Ableitung zu einer Vorstellung der Rechtsanwendung als hauptsächlich Modellbildungsprozeß führen.

1.4 Juristische Logik und Ansätze zur Formalisierung im Recht

Die Methodenkritik einer "rein logischen" Rechtsanwendung wurde wohl hauptsächlich juristisch-inhaltlich geführt, ausgehend etwa von der Befürchtung juristisch unangemessener Ergebnisse. Andererseits aber fand sich mit ähnlich kritischer Wirkung auch eine Linie, welche weniger von den juristischen Ergebnissen her motiviert ist, sondern mehr von den Ansprüchen einer präzisen Anwendung der formalen Logik.

Die Grundidee einer "rein logischen" Rechtsanwendung durch den Richter, welche so gut zur Architektur des gewaltenteilenden Staates paßt, war vor dem Hintergrund einer sehr ungenauen Vorstellung der Logik entstanden. Diese ungenaue Vorstellung entsprach eimem Tiefstand der zeitgenössischen Logikwissenschaft etwa in der Epoche des Rationalismus im 18. Jh., welche die Logik z. T. mit Psychologie oder Erkenntnistheorie verwechselte. Mit dem Erstarken der Logikwissenschaft im 19. und 20. Jh. (insbesondere auch mit den Anfängen der "mathematischen Logik" in der 2. Hälfte des 19. Jh.) wurde die juristische Methodenlehre dann mit genaueren Vorstellungen der (formalen) Logik konfrontiert. Dies führte auf juristischem Gebiet (nach dem damit nicht in Zusammenhang stehenden Irrweg der nur scheinbar sehr "logischen" sog. Begriffsjurisprudenz am Ende des 19. Jh.) dann zu Ansätzen einer auch formalen "juristischen Logik" und der Formalisierung juristischer Methoden überhaupt (z. B. K. Engisch, U. Klug). Diese neueren Ansätze vor dem Hintergrund einer präzisierten Vorstellung von formaler Logik verleugnen natürlich nicht etwa die logische Komponente richterlicher Rechtsanwendung. Diese wird nur präziser und enger gefaßt. Es wird versucht, den möglichen Anteil wirklich formaler Methoden an der richterlichen Rechtsanwendung (und auch sonst im Recht, z. B. bei Gesetzgebung, Rechtsberatung usw.) herauszuarbeiten. Hiermit ist dann auch der Stand der Entwicklung erreicht, welcher den Hintergrund der gegenwärtigen Ansätze zur Formalisierung im Recht und zur darauf beruhenden Anwendung informationstechnischer Methoden bildet.

2. Methodenlehre der Rechtsanwendung, Formalisierung im Recht und ihre Anregungen für Expertensysteme

Ausgangspunkt ist hier (zunächst noch ohne Verfeinerung) das Grundkonzept richterlicher Rechtsanwendung in der Architektur des gewaltenteilenden Staats: Durch den Gesetzgeber ist die Basis der Rechtsregeln vorgegeben; der Richter wendet diese durch Inferenz (im Kern logischer Art) auf Konstellationen von Fakten an, deren Umschreibungen in den Rechtsregeln auftauchen. Hierzu zwei Vorbemerkungen:

o Wie schon oben in (1.) dargestellt, entspricht dieser Ausgangspunkt einer starken Vereinfachung. Er wird hier nichtsdestoweniger gewählt, mit dem Ziel, zunächst die Grundstruktur von Expertensystemen zu approximieren und die Verfeinerungen erst danach als speziell juristische Anregungen für die Konstruktion von Expertensystemen einzubringen.
o Wenn hier speziell die richterliche Rechtsanwendung als Paradigma juristischer Verfahren gewählt wird, so ist dies eine weniger starke Einschränkung, als es zunächst scheint. Nicht etwa gilt nur historisch gesehen die richterliche Tätigkeit als Paradigma der "Rechtsanwendung" überhaupt. Sondern es sind auch praktisch Konventionen und Verfahren richterlicher Rechtsanwendung im juristischen Bereich weitgehend leitend, weil die Entscheidung juristischer Fragen im Streitfall häufig zu einem gerichtlichen Verfahren unter den Prinzipien der richterlichen Rechtsanwendung führt. Daher müssen sich z. B. sowohl die anwaltschaftliche Rechtsberatung wie auch die Rechtsanwendungspraxis von Behörden der öffentlichen Verwaltung auf die Methodik der richterlichen Rechtsanwendung einstellen.

2.1 Einige spezifisch juristische Anregungen zu Methoden der Wissensrepräsentation und Inferenz

Im folgenden sollen solche Anforderungen an Expertensysteme und deren Methoden möglichst ausgeklammert werden, welche auch über den juristischen Bereich hinaus von allgemeinem Interesse und insofern bereits bekannt sind. So z. B. Forderungen nach

o (Teilweiser) Berücksichtigung natürlicher Sprache
o (Teilweiser) Berücksichtigung von Alltagswissen
o Heuristischen Komponenten von Inferenzmethoden im allgemeinen.

Es ist klar, daß insbesondere die Behandlung natürlich-sprachlicher Elemente und von "Alltagswissen" ganz allgemein schwierige Probleme für Expertensysteme bilden, welche speziell auf juristischem Gebiet wiederkehren und auch hier dem heute Realisierbaren rasch Grenzen setzen. Insofern besteht die spezielle "Herausforderung" des juristischen Anwendungsgebiets nur in der Unterstreichung allgemeinerer Postulate.

Hierüber hinaus hat man bereits versucht, spezielle Aspekte der juristischen Methodik zusammenzustellen, welche für die Weiterentwicklung von Methoden der "Künstlichen Intelligenz" wichtig sein können. Mit dem Hintergrund des angelsächsischen Rechtskreises ist dies neulich in einem Panel der IJCAI 1985 (4) geschehen. Im folgenden werden einige dort aufgezählte Punkte kurz angedeutet:

o Die "Offenheit" ("open-textured nature") juristischer Begriffe;
o die Komplementarität regelorientierten und fallorientierten juristischen Schließens;
o die wichtige Rolle der Analogie im juristischen Schließen;
o die spezielle Rolle hypothetischer Rechtsfälle für die juristische Argumentation und Strategie;
o die Verflechtung zwischen juristischer Begründung, Erklärung und Argumentation.

Alle angeführten Aspekte sind offensichtlich für Wissensrepräsentation und Inferenz im juristischen Bereich wichtig, übrigens nicht beschränkt auf den angelsächsischen Rechtskreis.

Hier soll eine weitere Zusammenstellung von Punkten angefügt werden, welche mehr von den Traditionen hiesiger juristischer Methodenlehre ausgeht (und welche die obige Aufstellung z. T. ergänzt):

o Der normative (deontische) Charakter rechtlicher Regeln;
o Die Bedeutung "intensionaler" Aspekte im Recht, z. B. der Intentionen und Meinungen verschiedener Personen (z. B. Behandlung einander widersprechender Meinungen über denselben Gegenstand);
o die "Offenheit" vieler juristischer Begriffsbildungen (viele Begriffe nicht abschließend definiert; Möglichkeit von Ausnahmen, Gegenausnahmen, ...; in diesem Zusammenhang auch Bedeutung von Analogie, Ähnlichkeit und Unähnlichkeit);
o der "verstehende" Charakter juristischer Methodik (an menschlichem Sinnverständnis und menschlichen Zwecksetzungen orientiert, im

Gegensatz zu einer kausal-erklärenden Betrachtungsweise; Stichworte teleologische Methode, Hermeneutik, Pragmatik);

o die spezifische Strukturierung rechtlicher Regelsysteme, mit den zugehörigen Konventionen (z. B. Verhältnis allgemeiner zu besonderen Regelungen, Regel-Ausnahmeverhältnisse mit Konsequenzen für Beweislast und juristische Heuristik ...).

Die spezifische Relevanz der hier aufgeführten Punkte beruht darauf, daß dabei menschliche Entscheidungen, Vorgehensweisen und Meinungen ("als solche") thematisiert werden, und daß sich im Zusammenhang damit eine spezifische ("geisteswissenschaftliche") Methodik ihrer Behandlung herausgebildet hat. Es kann vermutet werden, daß hiervon Anregungen für die Weiterentwicklung von "Künstlicher Intelligenz" und Expertensystemen ausgehen können. Hierbei könnten wahrscheinlich viele Vorbilder und Erfahrungen ausgewertet werden, welche im juristischen Bereich seit langem vorliegen.

2.2 Ansätze zur Formalisierung im juristischen Bereich

Ansätze zur Formalisierung juristischer Zusammenhänge wurden seit langem unternommen, insbesondere im Zusammenhang mit der Anwendung formaler Logik innerhalb des Architekturmodells der Rechtswendung (s. oben). Bereits der Versuch des "Justizsyllogismus" im 18. Jh. ist ein solcher Ansatz. Versuche zur Formalisierung im Recht gehen also nicht etwa erst auf die Ansätze von "Künstlicher Intelligenz" oder "Expertensystemen" im Recht zurück, sondern waren umgekehrt deren Wegbereiter. Eine starke Förderung erfuhren solche Versuche dann natürlich mit der Entstehung der "mathematischen Logik" (und vieler Varianten von Logiksystemen) seit Mitte des 19. Jahrhunderts.

Viele Formalisierungsansätze waren hierbei jedoch nicht sehr "spezifisch" i. S. der oben (2.1) aufgelisteten Punkte. Dies schränkt natürlich ihr Verdienst nicht ein; nur war davon auch keine starke spezifisch anregende Wirkung für die Informatik zu erwarten. Eine stärker fruchtbare Wechselwirkung dürfte sich erst im Zusammenhang mit den Konzepten der "Künstlichen Intelligenz", der wissensbasierten Programmierung und der Expertensysteme erwarten lassen. Tatsächlich scheint es, daß sich eine solche Wechselwirkung gerade im Zusammenhang mit der neueren Entwicklung der Informatik ergibt. Man kann daher hier auch nur eine verhältnismäßig kurze Liste von Ansätzen oder Gebieten angeben, bei denen sich eine solche Wechselwirkung zu ergeben scheint (ohne Anspruch auf Vollständigkeit, eher im Sinne exemplarischer Angaben):

- o Bemühungen zur Implementierung logischer Inferenzmethoden (der klassischen Logik) mit spezieller Anknüpfung an juristische Regelbasen oder auch Falldokumentationen. Hierbei Instrumente zur Verknüpfung von Regeln mit Fällen; natürlich-sprachliche Elemente (vgl. z. B. das LEX-Projekt).
- o Spezielle Logik des Normativen (Varianten der "deontischen Logik") auch in formalisierter Gestalt. Charakteristisch für neuere Entwicklungen ist, daß man auch derartige Logiksysteme "computational" zu machen versucht. Hier zeigt sich sehr deutlich eine mögliche Wechselwirkung Recht/Logik/Informatik.
- o Formale Instrumente zur Behandlung "offener" oder vager Begriffsbildungen. Hierbei nicht nur Behandlung von "vagueness" im allgemeinen, sondern auch spezifisch juristisch motivierte Ansätze (z. B. prototypes/deformations bei McCarty, (5)).
- o Ansätze zur Programmierung "intensionaler" Zusammenhänge speziell im Recht (IPL, Fohmann (6)).
- o Ansätze zur Inferenz auf der Basis von Regel-Ausnahmeverhältnisssen (nichtmonotone Inferenzmethoden speziell im Zusammenhang mit rechtlichen Regelungen, z. B. OBLOG, (7)).

Die hier aufgeführten Ansätze und Arbeitsgebiete haben unmittelbar meist mit der "Logik" und dem Inferenzapparat zu tun. Es ist aber klar, daß sie damit zumindest mittelbar auch für die Art der Wissensrepräsentation von Bedeutung sind.

3. Wissensaufbereitung und Formalisierung als Voraussetzungen der Informationsmodellierung im Recht

3.1 Methodenadäquanz als Grundfrage

Bisher hat man sich noch wenig an eine Modellierung größerer Teile von Gesetzen herangewagt. Dies erklärt sich einmal mit hohem Aufwand und fehlendem wirtschaftlichen Druck. Doch stellt sich auch die Frage, ob das Instrumentarium der Methoden geeignet ist:
Sind derzeitige Methoden überhaupt zur Abbildung größerer Bereiche geeignet?
Kann der Corpus des Wissen beim Stand der Kunst adäquat modelliert werden?
Bilden sich auch Wissensdarstellungen genügend großem Umfangs, so daß damit eine Lösung praktischer Probleme verfolgt werden kann?

3.2 Antworten von der Informatik her

Von Seiten der Informatik ist diese Frage durch ein vermehrtes Interesse an den frühen Phasen der Informationsmodellierung zu beantworten.

Wissenserwerb: Dieser Phase kommt in Expertensystemen besondere Bedeutung zu, soll doch dabei das Wissen der menschlichen Experten in das System übertragen werden. Diese Aufgabe hat sich als wesentlich aufwendiger und schwieriger erwiesen als anfänglich angenommen worden war.

Systembeschreibung: Bei Informationssystemen werden die Methoden für die Beschreibung bestehender Realsysteme bzw. für die Konzeption neuer IT-gestützte Systeme fortlaufend verfeinert. Auch hier hat sich die Perspektive geändert. Waren es anfänglich vor allem Methoden später Phasen (Spezifikation, Programming, Test), so finden nunmehr solche für frühere Phasen (CIM, Prototyping,) besondere Beachtung.

3.3 Antworten von der Rechtsinformatik her

Von Seiten der Rechtsinformatik müssen wesentliche Vorarbeiten geleistet werden, soll ein Gebiet mittels IT modelliert werden.

Wissensaufbereitung: Ist ein Gebiet noch amorph und unstrukturiert, muß das Wissen aufbereitet werden. Sicherlich ist hierfür im Recht von der Jurisprudenz durch Jahrhunderte Vorarbeit geleistet, doch wird leicht übersehen, daß die Informationsmodellierung hohe Ansprüche an Detaillierung und Konsistenz stellt.

Formalisierung: Eine exakte und konsistente Darstellung wird im allgemeinen nur duch Abbildung auf formale Systeme, wie z. B. Logik oder Graphen usw. erzielt. Für die Formalisierung im Recht sind in den letzten Jahren wichtige Vorarbeiten geleistet worden, wobei auf die Übersichtsdarstellung UFORED (8) und ARI 21 (9) verwiesen sei. Zum Begriff der Formalisierung sei angemerkt, daß in diesem Zusammenhang vor allem eine Formalisierung der Regelungen gemeint ist, weniger eine solche von Arbeitsabläufen und Kommunikationsprozessen.

3.4 Multidimensionalität der aufgeworfenen Fragen

Eine besondere Schwierigkeit ist, daß es sich - wie im vorstehenden Beispiel der Formalisierung bereits angeklungen - um Probleme handelt, die im Spannungsfeld verschiedener Forschungsgebiete stehen.

So werden Abstraktion und Synthese unter verschiedenem Gesichtspunkt von Informationssystemen, Programmen, Daten, Künstlicher Intelligenz ausgehend behandelt. Viele Probleme sind kaum erforscht, wobei z. B. auf Begriffs- und Darstellungsergonomie, oder auch auf die Frage der Lernenden Systeme verwiesen sei. Darüber hinaus werden hierbei dringende Fragen aus "Informatik und Gesellschaft" angesprochen. Vermögen doch Expertensysteme das Selbstverständnis und die soziale Stellung eines ganzen Berufstandes in Frage zu stellen.

4. Die Einbeziehung besonderer Modellierungsaspekte in die Systementwicklung

4.1 Entwurf von Informationssystemen

Für die Anwendung von Methoden der Informatik ist es bedeutungsvoll, daß die oben diskutierten Gesichtspunkte einbezogen werden. Bei der Entwurfsmethode für Informationssysteme geschieht das durch besondere Betonung der frühen Phasen. Als Beispiel dafür können folgende Ansätze dienen:

ISAC betont besonders die Change Analysis.
CIM konzentriert sich auf die konzeptuelle Modellierung.

Prototyping versucht in einem Lernprozeß künftige Erfahrungen vorwegzunehmen.

4.2 Aufbau von Datenbanken

In gleicher Weise hat bei Datenbanken die Sicht der Benutzer zunehmend die Entwicklung bestimmt. Dies zeigt sich an einer Vielzahl von Beispielen:

Daten werden auf verschiedenen Abstraktionsebenen definiert (extern, konzeptuell, physisch). Datenmodelle, die semantische Beziehungen wie Generalisierung, Abstraktion und Assoziation ausdrücken, werden bevorzugt. In Datenbankbeschreibungen mittels Prädikatenlogik erster Stufe wird eine Verbindung zu logischer Programmierung gesucht (Prolog; Oblog). Abfragesprachen passen sich immer stärker der natürlichen Sprache an, wobei Unklarheiten in einem klarifizierenden Dialog abgehandelt werden.

4.3 Gestaltung von Wissensbasen

Bei Expertensystemen hat die Beschäftigung mit den Vorfragen der Modellierung zu einer sehr detaillierten Sicht geführt. Sowohl Vorgangsweise wie Dokumente der Wissenserhebung werden stark differenziert, womit eine Rückkopplung zu Wissensaufbereitung und Wissensstrukturierung geschaffen ist. Die Wissenserhebung umfaßt die Ebenen Wissensidentifikation, Konzeptformulierung und Analyse. Letztere kann in bezug auf Erkenntnis, logische Zusammenhänge und Implementierung vorgenommen werden. Als Ergebnisse der Wissenserhebung liegen damit verschiedene Dokumente vor, wobei formalisierte Darstellung, Konzeptformulierungen und Aussagen über Beziehungen genannt seien. Des weiteren ergeben sich Hinweise für Strategien und Deduktionsmechanismen.

4.4 Abstraktion und Kreative Synthese

Abstraktion ist der wesentliche Schritt jeder Informationsmodellierung, sei es bei Informationssystemen, Datenbanken oder Expertensystemen. Wesentlich ist dabei ein dialektischen Wechsel von Abstraktion und Synthese. In letzterer wird die Gestaltung funktionaler, technisch verwirklichbarer Systeme angestrebt.

Erste Untersuchungen zeigen, daß dabei das intuitive Vorwissen des Designers eine große Rolle spielt, der de facto nur einen kleinen Ausschnitt möglicher Lösungen verfolgt. Diese intuitiv-kreative Komponente des Entwurfes ist ein weites Feld, das noch erforscht werden muß.

Ubersichten zur Systementwicklung geben z. B. die Literaturstellen CRIS1 (10), CRIS2 (11), Brodie et al. (12) und Schachter-Radig (13).

5. Zur Einbeziehung von Juristen in den Entwurfsprozeß

5.1 Punkt 1: Historische Wurzeln der Informatik in den Anwendungsfächern

Bei der Informatisierung eines neuen Gebietes - die Jurisprudenz kann als solches angesprochen werden - sind vielfache Bedenken und Schwellenängste abzubauen. Es ist daher z. B. wichtig festzuhalten, daß viele der jetzigen Informatiker aus Anwendungsfächern kamen und in die Aufgaben der Datenverarbeitung hineinwuchsen - wie es auch bei den beiden Autoren mit den Fächern Recht und Mathematik bzw. Chemie und Physik war. Diese Wurzeln der Entwicklung der Informatik sollten für die Bewältigung der auf uns zukommenden Informatisierung weiterer Bereiche gesehen werden.

5.2 Punkt 2: Die Ausbildung eines EDV-Kastenwesens

Im allgemeinen Bewußtsein herrscht derzeit die Vorstellung eines EDV-Kastenwesens, welches eine strenge Trennung von Laien und Fachleuten vorsieht. Gerade Juristen, die ihrerseits in ihrem angestammten Bereich stark an einer Trennung Laie/Fachmann (Jurist/Nichtjurist) orientiert sind, übernehmen dieses Modell oft ziemlich unkritisch.

5.3 Punkt 3: Erleichterung der Zuammenarbeit

Dabei wird vielfach übersehen, daß bereits wesentliche Entwicklungen zur Überwindung des Kastenwesens eingeleitet sind:

- Benutzerbeteiligung: Mittels user participation soll eine Mitbeteiligung Betroffener bei der Systemgestaltung gesichert werden.
- Technische Hilfen: Durch entsprechende Gestaltung (Grafiken, Tabellen, problemrelevante Information) wird die Kommunikation von Systemanalytikern/Wissensingenieuren und Fachleuten des Anwendungsgebietes erleichtert.
- Schulung: Diese wird für konkrete Fragen derzeit meist von Herstellern bezogen auf das angebotene Produkt geleistet. Eine breitere und neutrale Form muß in der regulären Aus- und Fortbildung gefunden werden.

5.4 Punkt 4: Ausblicke auf mögliche Formen der Zusammenarbeit, insbesondere bei wissensbasierten Systemen

Es wird heute weithin angenommen, daß sich die Informatik zur vierten Kulturtechnik entwickelt und in Kürze ein allgemeines Grundwissen vorausgesetzt werden kann. Für die Rechtsinformatik bietet sich hier der hoffnungsvolle Ausblick auf eine Zeit, in der diese eher ein Fundament der Rechtswissenschaft denn eine Dependance der Informatik ist.

"Formalisierung" ist nicht nur allgemein ein im Zusammenhang mit KI und Expertensystemen eingebürgertes Schlagwort, welches für die Anwendung formallogischer Methoden, für formale Darstellungen und Analysen steht. Insbesondere im juristischen Zusammenhang bezeichnet dieses Schlagwort ein seit langem hergebrachtes und fachspezifisches Unternehmen, welches heute in ganz natürlicher Weise auf die Verbindung zur Informatik hinführt. Hierbei ist es von besonderer Bedeutung, daß die "Formalisierung" im Recht ein Gebiet betrifft, in welchem Quantifizierung, Metrik und Messbarkeit nicht an erster Stelle stehen. Für die Informatik könnte das Recht Bedeutung gewinnen als ein Gebiet, in welchem die formale Behandlung nicht-quantitativer Sachverhalte wesentlich ist. Die Aufgabe, die Bearbeitung derartiger Sachverhalte "computational" zu machen, insbesondere mit dem Hintergrund geeigneter Logik-Varianten, kann für die Informatik zu einer wichtigen "Herausforderung" werden.

All dies ergibt schon gegenwärtig wesentliche neue Impulse für Informatik, Rechtsinformatik und Rechtswissenschaft. Diese Impulse können fruchtbar werden, obwohl sich nach gegenwärtigem state of the art juristische Expertensysteme noch fast ausschließlich im Forschungs- und Laborstadium befinden. Erst die weitere Entwicklung wird zeigen, wieweit solche Systeme zu einsetzbaren "Produkten" werden - und welche Rückwirkungen, aber auch welche neuen Probleme dann von ihnen ausgehen.

Literaturangaben

(1) H. Fiedler, Zur logischen Konzeption der Rechtsfindung aus dem Gesetz und ihren historischen Bedingungen, in: Gesetzgebungstheorie, Juristische Logik, Zivil- und Prozeßrecht, Gedächtnisschrift für J. Rödig, hersg. von U. Klug u.a., Berlin-Heidelberg-New York 1978, S. 129 - 139.

(2) H. Fiedler, Die Rechtsfindung aus dem Gesetz im Lichte der neueren Logik und Methodenlehre, in: Festschrift für Ulrich Klug zum 70. Geburtstag, hersg. v. G. Kohlmann, Köln 1983, S. 55 - 67.

(3) K. Engisch, Logische Studien zur Gesetzesanwendung, 3. Aufl. Heidelberg 1963, S. 15 (Sitzungsberichte der Heidelberger Akademie der Wissenschaften, phil.-hist. Kl., Jahrgang 1960).

(4) AI and Legal Reasoning. Report of a panel chaired by Edwina L. Rissland. In: Proceedings der IJ CAI 1985, p. 1254 ss.

(5) McCarty, L.T. and Sridharan, N.S., The Representation of an Evolving System of Legal Concepts: II. Prototypes and Deformations, in: Proceedings IJCAI 1981.

(6) L. H. Fohmann, Die Informationale Programmiersprache IPL-Studie zur Operationalisierung regelorientierter schlechtdefinierter nichtschematischer Entscheidungen-, München u. Wien 1985 (Berichte der Gesellschaft für Mathematik und Datenverarbeitung, Nr. 147).

(7) Th. F. Gordon, Object-Oriented Predicate Logic and its Role in Representing Legal Knowledge, St. Augustin 1985 (Arbeitspapiere der GMD, Nr. 135).

(8) H. Fiedler, Th. Barthel und G. Voogd, Untersuchungen zur Formalisierung im Recht als Beitrag zur Grundlagenforschung juristischer Datenverarbeitung (UFORED), Opladen 1984 (Forschungsberichte des Landes Nordrhein-Westfalen, Nr. 3180, Fachgruppe Geisteswissenschaften).

(9) H. Fiedler und R. Traunmüller (Hrsg.), Formalisierung im Recht und Ansätze juristischer Expertensysteme, München 1986 (1. Workshop des GI-AK "Formalisierung und formale Modelle im Recht"; Arbeitspapiere Rechtsinformatik, H. 21).

(10) T. W. Olle, H. Sol und A. A. Verrijn-Stuart (Hrsg.), Comparative Reviews on Information Systems Design Methodologies - A Comparative Review, Amsterdam und New York 1982 (proceedings eines IFIP-TC8-Kongresses; North Holland Verl.).

(11) T.W. Olle, H. Sol und C. Tully (Hrsg.), Comparative Review on Information Systems Design Methodologies - A Feature Analysis, Amsterdam und New York 1983 (proceedings eines IFIP-TC8-Kongresses; North Holland Verl.).

(12) M. Brodie, J. Mylopoulos und J. Schmidt, On Conceptual Modelling, New York-Berlin-Heidelberg-Tokyo 1984 (Springer Verl.).

(13) M.-J. Schachter-Radig, Wissenserwerb und -formalisierung für den kommerziellen Einsatz wissensbasierter Systeme, in: Tagungsband wissensbasierte Systeme, GI-Kongress 1985, Hrsg. v. W. Brauer und B. Radig, New York-Berlin-Heidelberg-Tokyo 1985 (Informatik-Fachberichte 112, Springer-Verl.).

Erste computergestützte juristische Lehrprogramme in Deutschland - Ansätze und Perspektiven

Dr. Stefan Grundmann,
Wissenschaftliches Zentrum der IBM Deutschland GmbH in Heidelberg

Das Interesse am computergestützten juristischen Unterricht erwacht. Aus den USA und Großbritannien ist manches bestechendes Programm bereits bekannt. Nun wird auch an deutschen Universitäten daran gedacht, den Computer für die Lehre juristischer Dogmatik in traditionellen Rechtsgebieten einzusetzen.[1] Die wichtigste Frage ist dabei, inwieweit und auf welchem Gebiet computergestützte juristische Lehrprogramme herkömmlichen Medien überlegen sind (dazu 1)); ihre Beantwortung entscheidet über den Sinn ihres Einsatzes in der Rechtslehre. Die m.E. wichtigste Chance und Stärke computergestützten juristischen Unterrichts mag dabei angesichts der Fertigstellung von einigen ersten Programmen für die Ausbildung von Juristen im Bereich des Straf- und des Zivilrechts anhand von zwei Beispielen, die den m.E. didaktisch sinnvollsten Weg weisen, besonders unterstrichen werden: einem Programm zur Strukturierung von Fällen in der strafrechtlichen Klausur, einem anderen zum Fahrnissachenrecht (dazu 2).[2]

1. Mögliche Vorzüge computergestützten juristischen Lernens gegenüber traditionellen Methoden juristischen Lernens

Computergestützte juristische Lehrprogramme sollen nicht herkömmliche Ausbildungsmittel schlichtweg verdrängen. Sie können als *zusätzliches, vielleicht nicht nur zweitrangiges Medium* zur traditionellen Ausbildung hinzukommen. Dies liegt an der Verschiedenheit der Ziele einer juristischen Ausbildung, von denen manche mit traditionellen Medien, andere aber wohl mit dem Computer besser zu erreichen sind.

a) Ziele juristischer Ausbildung

Grob vereinfachend kann man die *wichtigsten Ziele*, welche die *juristische Ausbildung* verfolgt, in *zwei Gruppen* einteilen: zum einen will sie *Problemwissen* vermitteln, d.h. Kenntnis der Lösungen, welche Rechtsprechung und Literatur bestimmten juristischen Problemen, welche in Zentralfächern der Rechtswissenschaften auftreten, geben. Zum

---

[1] Symptomatisch ist das große Interesse, welches der von dem Arbeitskreis der Gesellschaft für Informatik 'Formale Modelle und Formalisierung im Recht' zu diesem Thema veranstaltete Informationstag in Bonn (18.10.1985) gefunden hat, an dem nahezu zwei Drittel der deutschen Universitäten vertreten waren.

[2] Herzlich danken möchte ich Herrn Prof.Haft und Dr. Ringwald für manche Diskussion zu dem Thema und die Zustimmung zu einer kurzen Darstellung des strafrechtlichen Fallstrukturierungsverfahrens, das zu einigen strafrechtlichen Lehrprogrammen gehört, die an der Universität Tübingen von ihnen ausgearbeitet wurden. Zu anderen dieser strafrechtlichen Programme z.B. schon: *Ringwald*, Automatisierte Subsumtion, DSWR 1984, 29 - 33 (bes. 31). Das sachenrechtliche Lehrprogramm wurde vom Verfasser dieser Zeilen im Rahmen eines Projekts zur Erstellung eines computergestützten juristischen Expertensystems (Zusammenarbeit des Wissenschaftlichen Zentrums der IBM und der Universität Tübingen) ausgearbeitet. Zu diesem Projekt u.a.: *Alschwee / Grundmann*, Systemdesign für ein computergestütztes juristisches Expertensystem, in: *Fiedler / Traunmüller*, Formalisierung im Recht und Ansätze juristischer Expertensysteme (Arbeitspapiere Rechtsinformatik, 21), S. 113 ff.

anderen ist in der juristischen Ausbildung *Methodenwissen* zu vermitteln, d.h. insbesondere das Verständnis für die Struktur eines Rechtsgebietes zu fördern, mit deren Hilfe die Fälle eingeordnet und gelöst werden können.

Die Bedeutung beider Ziele ersieht man aus den Schritten, welche bei einer Fallbehandlung zu vollziehen sind.[3] Die zunächst zu leistende Arbeit besteht in einer ständig sich verfeinernden Aufgliederung des Falles in Problembereiche.[4] Die Gliederung beginnt - nimmt man einmal das Beispiel des Zivilrechts, insbesondere des Sachenrechts - auf höchster Ebene bei einer Unterscheidung der (verschiedenen) Rechtsfolgen:[5] in einem ersten Gliederungsschritt sind die verschiedenen Arten des Begehrens voneinander zu unterscheiden, d.h. Anspruchsgrundlagengruppen dies für jeden Anspruchssteller gesondert. Diese Anspruchsgrundlagengruppen bestehen selbst wiederum aus mehreren einzelnen Anspruchsgrundlagen, die es dann zusammenzustellen gilt. Die Ordnung dieser Anspruchsgrundlagen - denn häufig besteht eine bestimmte Hierarchie zwischen ihnen - ist der nächste wichtige Gliederungsschritt. Ist man so weit gekommen, beginnt die Subsumtion unter nur eine Anspruchsgrundlage. Diese wird idR nur in ihre Tatbestandsmerkmale herunterzubrechen sein.[6] ,[7]

An diesem Punkt beginnt die Subsumtion unter eine konkrete Vorschrift, beispielsweise unter § 823 BGB. Im Prinzip wird hier gleich vorgegangen wie auf höheren Ebenen. Im Schwierigkeitsgrad aber ist ein Unterschied m.E. unverkennbar. Die Technik des Aufgliederns ist idR *auf der* (schon relativ tiefen) *Ebene der Anwendung einer einzelnen Vorschrift* noch *nicht zu schwer*. Sie wird auch auf dieser Ebene idR verhältnismäßig gut vom Juristen beherrscht. *Auf den höheren Ebenen* aber, auf denen gleichermaßen geordnet und gegliedert werden muß, *wird diese Arbeit schlechter verrichtet*.

---

[3] Vgl. ausführlicher insbes.: *Haft*, Juristische Expertensysteme - Personalcomputer in der juristischen Ausbildung, in: *H.Fiedler / B.Traunmüller* (o.Fußn.2), S. 61 ff.

[4] *Haft* (o.Fußn.3, S. 63) beschreibt diese Arbeit der Strukturierung (bei der strafrechtlichen Fallbearbeitung) plastisch mit dem Vokabular der Datenverarbeitung folgendermaßen: "... So wird zunächst zwischen 'Voraussetzungen' und 'Rechtsfolgen' getrennt, und es wird eine Reihenfolge der Prüfung festgelegt ('Erst die Voraussetzungen, dann die Rechtsfolgen'); also wird ... der Komplex 'Rechtsfolgen' in einem Zwischenspeicher abgelegt. Nunmehr kommt das ... Schema 'Tatbestand - Rechtswidrigkeit - Schuld', und es wird mit dem 'Tatbestand' begonnen; die anderen beiden Punkte werden in Zwischenspeichern abgelegt..."

[5] Bereits hieran sieht man, daß die Gliederungsebenen in den verschiedenen Rechtsgebieten von Beginn an verschiedene sind. Im Strafrecht z.B. entfällt diese Frageebene selbstverständlich, da die Rechtsfolge, nach der vorrangig gefragt wird, immer dieselbe ist: ist der Angeklagte strafbar oder nicht? Aber auch in anderen Frageebenen sind bedeutende Unterschiede festzustellen. Näher dazu bei der Beschreibung der beiden verschiedenen Programme unter 2).

[6] Ausnahmen ergeben sich z.B., wenn der Anwendungsbereich einer Norm noch gesondert geprüft werden muß. Vgl. für ein Beispiel im Sachenrecht unter 2 b).

[7] Im *Strafrecht* sind die entsprechenden Stufen: Trennung der zu prüfenden Sachverhaltskomplexe; (innerhalb jedes dieser Sachverhaltskomplexe) Trennung nach verschiedenen Personen, deren Strafbarkeit zur Debatte steht; Etablierung einer Ordnung unter diesen Personen, nach der die Strafbarkeit derselben geprüft wird; (für jede dieser Personen und jeden Sachverhaltskomplex getrennt) Unterscheidung und Ordnung der verschiedenen möglicherweise erfüllten strafrechtlichen Tatbestände. Danach kann mit dem bekannten Aufbau des Verbrechens (für jeden Tatbestand getrennt) angesetzt werden.

Meist stößt man erst bei dieser Subsumtion unter *eine konkrete Vorschrift* nach einer Aufgliederung in Tatbestandsmerkmale oder noch speziellere Ebene auf die konkreten Probleme des Falles. Die Aufgabe an diesem Punkt ist eine *zweifache*. Zum einen ist die *Zuordnung des Problems* zu einem der verschiedenen Tatbestandsmerkmale vorzunehmen. Dafür ist noch das Methodenwissen notwendig. Zum anderen ist das konkrete *Problem zu lösen*. Dabei hilft das Problemwissen, d.h. die Kenntnis der Lösung, welche die Rechtsprechung und Doktrin diesem Problem geben. Es ist aber ohne eine Zuordnung des Problems zu einem einzelnen Tatbestandsmerkmal mittels Methodenwissens (fast) wertlos.

Aus dem Gesagten ergeben sich *zwei Grundthesen*:

Die Methode des Gliederns und Ordnens (Methodenwissen) ist vorrangig, da der Einsatz von *Problemwissen erst nach Anwendung des Methodenwissens* möglich ist.

Dieses Methodenwissen ist umso wichtiger, je höher die Abstraktionsebene ist.

Für die zweite These gibt es *zwei Gründe*. Zum einen spielt die Beherrschung der Gliederungsmethode in um so mehr Fällen eine Rolle je höher die Stufe ist, auf der eine Ordnung zu erstellen ist. Zum anderen ist die Ordnung auf der höheren Abstraktionsebene auch für Weichenstellungen von fundamentalerer Bedeutung. So ist die Auswahl der richtigen Anspruchsgrundlagengruppe im Zivilrecht, d.h. die richtige Zuordnung des vom Anspruchssteller Gewollten zu einem von vielen möglichen Begehren, wichtiger (und häufig auch schwieriger) als die Erstellung einer Rangordnung unter den verschiedenen Anspruchsgrundlagen, auf welche solch ein Begehren gestützt werden kann. Dieses wiederum ist im Prinzip wichtiger als die Untergliederung einzelner Anspruchsgrundlagen in ihre Tatbestandsmerkmale.

Die Wichtigkeit der Ordnung auf der höheren Abstraktionsebene bei der Fallösung im Verbund mit der Tatsache, daß diese Ordnung idR schwerer zu realisieren ist als auf den tieferen Abstraktionsebenen (konkreter Vorschriften), führt zu der Forderung, gerade die Gliederung auf diesen höheren Ebenen besonders intensiv zu lehren.

b) Eignung des computergestützten juristischen Unterrichts zur Erreichung dieser Ziele

Vergleicht man nun *hinsichtlich der beiden Ausbildungsziele* (Vermittlung von Problemwissen und Vermittlung von Methodenwissen) die traditionellen Mittel der Ausbildung und die computergestützte Ausbildung, so ergibt sich folgendes Bild:

Auf dem *ersten Gebiet* ist der computergestützte Unterricht herkömmlichen Methoden durchaus unterlegen und wird ihnen den Rang nicht streitig machen. Das Buch ist bequemer zu lesen und leichter verfügbar. Anders ist dies auf dem *zweiten der genannten Gebiete*. Auf dem Gebiet der Vermittlung von Methodenwissen durch ständige Aufforderung zur Anwendung derselben liegt die Stärke des computergestützten juristischen Unterrichts. Hier ist die eigentliche Legitimation für den Einsatz des Computers in der juristischen Ausbildung zu suchen.[8] Beiden hier vor-

---

[8] Auf eher mechanische Vorteile, welche der Computer bietet, soll hier daher nicht näher eingegangen werden. Dies würde vom Wesentlichen ablenken. Einige dieser Vorteile können aber aufgezählt werden. So ist es möglich, statt Hinweisen zur Lektüre (z.B. einer grundlegenden Entscheidung) bei denen - z.B. weil der Student zuhause arbeitet oder die Entscheidung in einem anderen Bibliotheksraum steht - die Gefahr besteht, daß sie übersprungen werden, diese *Entscheidungen selbst einzublenden*. Solange ein Lehrprogramm nicht an eine umfangreiche Textdatenbank angeschlossen ist, ist zwar die Zahl der

zustellenden Lehrprogrammen ist gemeinsam, daß sie den *Schwerpunkt auf* die *Anwendung* und Erprobung immer *derselben Fragefolge auf verschiedene Fälle* legen. So soll die *Gliederung auf den höchsten (Abstraktions)ebenen* "eintrainiert" werden.

aa) Unterschiedliche Eignung verschiedener Typen von computergestützten Lehrprogrammen

Welche Art von Lehrprogrammen kann dieses Lernziel am besten erreichen? Sieht man einmal von den Programmen ab, welche Studenten selbst erstellen sollen, um durch den Versuch, ein Rechtsgebiet oder eine einzelne Rechtsnorm systematisch darzustellen, zu lernen,[9] so gibt es insbesondere zwei Typen von Lehrprogrammen. Bei ihnen ist der Student nicht der Ersteller des Programms, sondern der Benutzer. Bei dem einen Typ wird der Student jeweils nach dem Vorliegen eines bestimmten Elements (z.B. Tatbestandsmerkmal) gefragt. Die Frage kann er bejahen, verneinen oder - falls er sie nicht beantworten kann - offenlassen, um weitere Information anzufordern. Bei dem zweiten Typus hingegen wird der Student nicht sofort nach dem Vorliegen des Elements gefragt, die Frage wird offener formuliert, z.B. hinsichtlich einer Norm zunächst so gestellt, daß der Student die Elemente, deren Vorliegen er zu prüfen hat, erst einmal selbst nennen muß. Freie Antworten (nicht nur ja / nein), wie sie in solchen Programmen zugelassen werden, sind zwar vom System schwerer als richtig oder falsch zu erkennen. Das Problem wird beim juristischen Unterricht aber dadurch verringert, daß man nach ganz bestimmten Begriffen (z.B. im exakten Gesetzeswortlaut) oder Zahlen (Paragraphennummern) fragen kann. Solche Antworten sind wiederum analysierbar. Die Fragen werden möglichst offen und nichtssagend formuliert.[10] Unter beiden Typen ist m.E. der zweite vorzuziehen. Er leitet

---

so auf den Bildschirm zu rufenden Entscheidungen beschränkt, für den hier beschriebenen Zweck aber durchaus ausreichend. Solche Möglichkeiten sind in Programmier- wie Autorensprachen gleichermaßen gegeben (vgl. zu diesen beiden Programmerstellungshilfsmitteln: unter 2) zweiter Absatz). Gleichermaßen ist es möglich, evtl. aber nicht wünschenswert, den *Studenten zur Eingabe einer Antwort zu zwingen*, bevor er die Lösung betrachtet. Weiterhin kann ein computergestütztes Lehrprogramm eine *Frage*, welche an verschiedenen Stellen des Rechtsgebiets eine Rolle spielt (z.B. im Strafrecht der Begriff der "Wegnahme", im Sachenrecht die Unterscheidung zwischen "Herausgabe" und "Rückübereignung"), *an verschiedenen Stellen des Programmablaufs vorsehen*, die Entscheidung aber, ob die Frage dann tatsächlich gestellt wird, von einer Bedingung abhängig machen. Die Bedingung kann z.B. sein, daß der Student die Frage, als sie an anderer Stelle des Programms gestellt wurde, nicht richtig beantwortete. So wird der bereits in dieser Frage unterrichtete Student nicht gelangweilt, für die anderen Studenten aber eine Wiederholung ermöglicht. Der Vorteil dieser Möglichkeit, individuell auf den jeweiligen Studenten und seinen Kenntnisstand einzugehen, ist kaum zu überschätzen.

In einem ganz spezifischen Gebiet hat sich der Computer (in Verbindung mit Videoanlagen) insofern bereits als interessantes Lernmittel erwiesen, als hier eine Gerichtsverhandlung gezeigt und dem Studenten die Möglichkeit gegeben werden kann, bei jedem Verfahrensfehler den Film zu stoppen und den Verfahrensfehler mit einem terminus technicus zu nennen. Der Computer überprüft diese Antwort und kommentiert sie. Vgl. näher dazu: z.B. *Hudson* Legal Video Games Teach Students, H.C.L.I.P. 1983, pp.1/2; *Maggs*, Tube-watching in law school, TRIAL 1976, pp. 32 - 35. Dieses Programm ist aber speziell für das Prozeßrecht und für rechtsgestaltende Tätigkeit verwendbar, da es die typische Drucksituation simuliert, in seinen Prinzipien aber nur auf wenige andere Rechtsgebiete übertragbar: nicht überall besteht eine solche Drucksituation (hinsichtlich der zur Verfügung stehenden Überlegungszeit); daher muß sie nicht überall trainiert werden. Vgl. *Grundmann*, Pluralité des domaines juridiques - multiplicité dans les méthodes d'enseignement par ordinateur (erscheint im Tagungsband der Europaratskonferenz zum Thema "Informatique et droit", 9.-11.10.1985).

9 Solche Ziele werden an einigen Universitäten, z.B. Tübingen und München, verfolgt.

10 Bei diesem zweiten Typus mag es vorkommen, daß man den Studenten (z.B. auf der höchsten Ebene) unter allen möglichen Alternativen auswählen läßt, ihm also alle Möglichkeiten vorgibt, um sie ihm bei jedem Fall neu vor Augen zu führen. Diese

stärker als der erste nicht nur zum passiven, sondern auch zum aktiven Lernen an. Die später zu beschreibenden zwei Lehrprogramme sind bisher die beiden einzigen in Deutschland, die man diesem Typus zuordnen kann.

bb) Unterschiedliche Eignung von computergestützten juristischen

Unterricht und von programmierten Büchern

Nun wäre solch eine Anwendung derselben Fragefolgen auf eine Vielzahl von Fällen auch in Form des programmierten Buches (allerdings ohne jede Antwortskontrolle) möglich. Diese Form des programmierten Buches gibt es aber nicht. Das liegt vielleicht daran, daß beim *Computerprogramm als weniger prätentiösem Lehrmittel* eher eine Beschränkung auf die Lehre (durch ständige Wiederholung) von nur rudimentären Strukturen möglich ist. Und gerade deren Vermittlung ist wichtig und wohl um so besser möglich, je mehr man sich auf sie beschränkt. Dem Autor des Buches würde eine solche Beschränkung aber vielleicht psychologisch widerstreben.

Entscheidender aber ist wohl ein *zweiter Grund: Jede Programmierung* stellt in besonderem Maße einen *Zwang zur Strukturierung* dar. Dieser schlägt auch auf die Materie selbst durch. Jede Gleichheit der Fragefolgen bedeutet gleichzeitig auch eine Erleichterung und Verkürzung der Programmierarbeit, da diese Fragefolge an verschiedenen Stellen des Programms aufgerufen werden kann. Im Fahrnissachenrecht ist eine solche Vereinfachung der Fragenfolgen z.B. bei den Ansprüchen nach §§ 987 ff. möglich (Schadensersatz für Beschädigung der Sache, Nutzungsersatz, Verwendungsersatz). Eigentlich läßt sich die gesamte Problematik dieser Ansprüche (inklusive ihrer Sperrwirkung gegenüber anderen Vorschriften, die eine für die Gliederung vorrangige Frage vor der Subsumtion unter die einzelnen Vorschriften darstellt) auf jeweils drei Frage reduzieren: 1) ist der Anwendungsbereich dieser Vorschriften gegeben. Dies ist dann der Fall, wenn ein Eigentümer-Besitzer-Verhältnis nach §§ 985 / 986 BGB im entscheidenden Zeitpunkt vorlag. 2) Ist diese Frage bejaht, so ist die zweite Frage die nach der Sperrwirkung der §§ 987 ff. BGB. Sie ist aufgrund von §§ 993, 996 BGB immer dann gegeben, wenn nicht eine Ausnahme zu diese Sperrwirkung zutrifft. Die zweite Frage ist daher die nach einer Ausnahme von der Sperrwirkung. Diese sind je nach Begehrensart verschieden. Sie sind im Prinzip nicht von der Beantwortung der dritten Frage abhängig. 3) Geben die §§ 987 ff. BGB im konkreten Fall den gestellten Anspruch? Diese *Ordnung in drei Fragen* ist einfach und schematisch. Auf sie beschränkt sich aus didaktischen Gründen und aus Gründen der Leichtigkeit der Programmierung das Lehrprogramm zum Fahrnissachenrecht, sobald Begehren, welche in §§ 987 ff. BGB angesprochen sind, zur Debatte stehen.

Das Einüben gewisser grober Strukturen wird durch ein weiteres Charakteristikum computergestützten Unterrichts unterstützt. Im *Computerprogramm* ist - und hier kann das programmierte Buch auch nicht in Nachahmung dessen, was beim computergestützten Unterricht nahelag und seine Stärke ausmachte, dem Computerprogramm zumindest nahekommen - *eine spezifische Reaktion auf die Fehler des Benutzers* möglich.[11] Für typische Fehler kann eine Reaktion, z.B. eine Reihe weiterer vertiefender Fragen oder eine berichtigende Antwort vorgesehen werden, welche selbstverständlich dem, der sie nicht macht, erspart wird.

Diese Reaktionsmöglichkeit ist zwar das deutlichste Beispiel für ein Lehrmittel, welches das Buch nicht bieten kann, sie sollte aber m.E. vorrangig als Hilfsmittel zur Erreichung des Hauptzweckes angesehen werden: die Beschränkung

---

Präsentation eines Tableaus ist aber der Ausnahmefall. In der Regel soll nicht die Arbeit, welche im Finden der richtigen Frage liegt, durch das Lehrprogramm vorweggenommen werden.

[11] Vgl. bereits Fußn.8.

auf die wichtigsten hierarchischen Strukturen, welche es erlauben die Ordnung eines Falles zu trainieren, die hinführen soll bis zu einer sicheren Auffindung der relevanten Vorschriften und einer sinnvollen Ordnung unter denselben. Dieser Zentralinhalt computergestützten Lernens scheint ebenfalls - die bisherigen Beispiele (auch von Büchern in programmierter Form) sind angetan dies zu belegen - durch dieses Medium eindeutiger ins Bewußtsein gerückt werden zu können als durch traditionelle Medien juristischer Ausbildung.

2. Zwei Lehrprogramme für Teilgebiete des deutschen Rechts

Wie dieses Methodenwissen anhand von konkreten Rechtsgebieten vermittelt werden kann, sollen die zwei bereits angesprochenen Beispiele von Computerprogrammen, die in Heidelberg und an der Universität Tübingen im letzten Jahr entwickelt wurden, verdeutlichen. Es handelt sich dabei zum einen um ein Verfahren, welches dem Studenten die Aufgabe stellt, einen Fall, dessen strafrechtliche Bewertung gefragt ist, zu strukturieren. Zum anderen handelt es sich um ein Lehrprogramm zum Recht der beweglichen Sachen, welches die Möglichkeit gibt, aus einzelnen Sachverhaltskomponenten komplexere Sachverhalte zusammenzustellen und diese nach einem bestimmten gleichbleibenden Schema zu lösen.

Die *beiden Programme*, die auf das jeweilige Rechtsgebiet zugeschnitten sind,[12] sind *in Cobol bzw. Prolog programmiert.* Es wurde also keine der in Deutschland bekannten Autorensprachen verwendet, welche die für solche Programme notwendige Flexibilität nicht haben. Diese Autorensprachen ermöglichen es dem Autor zwar - ohne Kenntnisse im Programmieren - Erklärungen und Fragen in einer bestimmten Folge einzugeben, die möglichen richtigen Antworten für diese Frage festzulegen. Er muß nur einige wenige Symbole lernen für die Angabe, wo die Fragen beginnen, welches die möglichen Antworten sind, ob der Student sie alle oder aber nur eine von ihnen eingeben muß. Sie ermöglichen es aber z.B. nicht, immer wieder dieselbe Folge von Fragen auf ganz verschiedene Fälle anzuwenden. In einer Autorensprache müßte vielmehr für jeden Fall gesondert aufs Neue diese Folge von Fragen eingegeben werden. Daher wurden herkömmliche Programmiersprachen wie Cobol und Prolog gewählt, deren zweite gegenüber sonstigen Programmiersprachen den Vorteil hat, dem juristischen Denken entgegenzukommen und für den Juristen leichter erlernbar zu sein.[13]

---

[12] Trotz der im Prinzip in einer Vielzahl von Gebieten des deutschen Rechts immer vergleichbaren Dogmatik, welche ein hierarchisches Abarbeiten von Fällen perfektioniert hat (vgl. dazu: *Haft*, aaO (o.Fußn.3)), ist diese Hierarchie für jedes Rechtsgebiet unterschiedlich wichtig. Ein Lehrprogramm muß - wegen dieser Unterschiede in den Rechtsgebieten - wohl für jedes Gebiet gesondert konzipiert werden. In gewissen Gruppen von Rechtsgebieten sind allerdings die bei der Erstellung eines Programms in einem von ihnen gemachten Erkenntnisse leichter auf andere übertragbar als in anderen (vgl. *Grundmann* - o.Fußn.8 -).

[13] Die grundlegende Beschreibung dieser noch sehr jungen Programmiersprache geben *W.F.Clocksin / C.S.Mellish*, Programming in Prolog, Berlin, Heidelberg, New York 1981; zur Anwendung dieser Sprache im juristischen Bereich: *Grundmann*, Vorüberlegungen zur Ausarbeitung eines computergestützten juristischen Expertensystems, DVR 14 (1985) S. 175 ff. In Tübingen hingegen wird an einer Autorensprache gearbeitet, welche die Abfrage dieser für die Rechtswissenschaften typischen Baumstrukturen unterstützen soll, welche allerdings nur Lehrprogramme der ersten der oben genannten Lernsysteme unterstützen würde: das sog. Tübinger Dialogverfahren (DIALTUE 2).

Das strafrechtliche Fallstrukturierungsprogramm ist auf dem Personal Computer einsetzbar, das Lehrprogramm zum Fahrnissachenrecht z.Z. nur auf dem Großrechner. Das strafrechtliche Fallstrukturierungsverfahren ist bisher noch ein auf einen Fall beschränktes Fragment, dessen Ausdehnung z.Z. nicht geplant ist.

a) Das strafrechtliche Fallstrukturierungsverfahren

Die Grundidee des strafrechtlichen Fallstrukturierungsprogramms ist, eine gleichbleibende Folge von Fragen auf umfangreichere Fälle (z.Z. nur auf einen Fall) anzuwenden. Die Fälle sind etwa solche, wie der Student sie in einer Klausur erwarten könnte: mit mehreren verschiedenen Lebenssachverhalten, verschiedenen beteiligten Personen und unterschiedlichen Ereignissen. Gefragt ist nach der Strafbarkeit aller beteiligter Personen. Auf diese Weise wird der Student gezwungen, auf die umfassendste der möglichen Fragestellungen im Strafrecht einzugehen. Einschränkungen - wie z.B. die Frage nach der Strafbarkeit bestimmter Personen - würden seine Arbeit nur erleichtern.

Ausgehend von dieser umfassenden Fragestellung wird für jeden Fall eine gleichbleibende Folge von Fragen durchlaufen, an deren Endpunkt die Frage nach den einzelnen Tatbestandsmerkmalen jeder der Normen des Besonderen Teils des StGB, die der Beschuldigte erfüllt haben könnte, steht; dies für jede Norm gesondert. Zu diesem Punkt kommt man auf folgendem Wege: zunächst wird gefragt, wieviel Komplexe in dem vorgelegten Lebenssachverhalt zu unterscheiden sind. Diese Frage könnte z.B., wenn ein Student hier Schwächen zeigt, isoliert an einer Reihe von Fällen geübt werden. Letztendlich geht es darum, den Student das Wissen zu vermitteln, wodurch sich eine historische Tat im Sinne des Straf(prozeß)rechts sich auszeichnet. Die nächste Frageebene ist die nach den im jeweiligen Komplex beteiligten Personen. Für die Prüfung der Strafbarkeit einer jeder dieser Personen in jedem Komplex ist auf einer weiteren Frageebene eine Reihenfolge unter ihnen - z.B. der Täter vor dem Teilnehmer - zu etablieren. Danach folgt die Suche und Ordnung der möglicherweise erfüllten Strafnormen. An diesem Punkt angelangt betritt man das Terrain des klassischen Verbrechensaufbaus. Die Subsumtion unter einzelne Normen beginnt.

Entscheidend an diesem Verfahren ist die Erkenntnis, daß die Fragefolgen gleichbleiben, die Herausarbeitung und die oftmalige Wiederholung derselben.

b) Das Programm zur Bearbeitung fahrnisrechtlicher Fälle

Eine ganz ähnliche Zielsetzung verfolgt auf einem etwas anderen Weg das Programm zum Fahrnissachenrecht. Auf einen ersten Teil, in dem die wichtigsten Institute (Eigentum, Besitz, Anwartschaft) isoliert behandelt werden, folgt in einem zweiten Teil, der komplexere Zusammenhänge aufzeigen soll, zunächst die Erl&au.terung des Systems der in sachenrechtlichen Fällen bedeutsamen Anspruchsgrundlagen, besonders eingehend (gesondert) des wichtigsten Anspruchsgrundlagenkomplexes des Sachenrechts (§§ 985 - 1003 BGB), und danach das eigentliche Kernstück des Lehrprogramms, das dritte Kapitel des zweiten Teils. In ihm ist das dem strafrechtlichen Fallstrukturierungsprogramm entsprechende Stück zu sehen. Wieder soll der Student eine immer gleichbleibende Fragefolge auf ganz verschiedene Fälle anwenden. Das Fallmaterial umfaßt in diesem Programm allerdings bereits etwa 30 Fallkomponenten und deckt wichtigste Probleme weitgehend ab. Außerdem ist die Fragenfolge selbstverständlich eine andere als im Strafrecht.[14] Diese Hierarchie versucht wiederum die Methode zu lehren, auf die nach den obigen Ausführungen ein besonderes Augenmerk gelegt werden muß: die *Methode des Ordnens und Gliederns auf* einer *verhälnismäßig hohen*

---

[14] Ein weiterer Unterschied liegt darin, daß nicht zusammenhängende große Fälle angeboten werden, sondern Fallkomponenten, z.B. zum Eigentum, zum Besitz, zum Recht zum Besitz etc., die der Student zusammenstellen kann zu einem größeren Fall. Er hat so die Möglichkeit der Variation und ist gezwungen, sich schon beim Zusammenstellen Gedanken dazu zu machen, welche Probleme jede der Fallkomponenten betrifft. Sobald dann z.B. das Element Eigentum in einer Vorschrift geprüft werden muß, wird er aufgefordert, die Nummer der von ihm zu diesem Element gewählten Fallkomponente einzugeben.

Abstraktionsebene. Die in der Rechtsprechung und Literatur vertretenen Lösungen für konkrete Probleme hingegen und die Aufgliederung auf der Tatbestandsebene - zumindest soweit hier nicht eine ausführliche Untergliederung wie z.B. in den §§ 985 ff. BGB nötig ist - werden etwas in den Hintergrund gerückt. Im einzelnen sind folgende Schritte jeweils zu durchlaufen.

Die Ordnung von oben nach unten umfaßt im Wesentlichen allenfalls *fünf Ebenen*, von denen aufgrund ihrer geringen Zahl erwartet werden kann, daß der Student sie leichter überblickt. Auf der ersten Ebene ist nach den Rechtsfolgen zu ordnen: Was will der Anspruchssteller? Dabei sind im Sachenrecht m.E. sechs verschiedene Arten des Begehrens zu unterscheiden (vgl. unten das Schema). Von dieser Untergliederung muß der Student bei der Fallbearbeitung ausgehen. Lehrbücher gehen aber von ihr nicht aus. Eines von diesen Begehren ist z.B. das nach Nutzungsersatz. Auf einer zweiten Ebene wird nach den Anspruchsgrundlagen gefragt, auf die man sich stützen kann, um ein bestimmtes Begehren durchzusetzen. Im Falle des Begehrens von Nutzungsersatz sind dies §§ 987 f. und 812 BGB. Bei Herausgabe- bzw. Rückübereignungsverlangen sind dies §§ 985 f., 1007, 861, 812 BGB. Auf einer dritten Ebene ist eine Ordnung zwischen diesen Anspruchsgrundlagen zu etablieren, zu fragen, welche jeweils zuerst zu prüfen ist. Unter den Ansprüchen auf Nutzungsersatz ergibt sich solch eine Prüfungsfolge aus § 993 BGB: da §§ 987 ff. BGB den bereicherungsrechtlichen Anspruch ausschließen können, sind sie zuerst zu prüfen.[15] Aber auch unter den Herausgabe- und Rückübereignungsansprüchen ist die oben genannte Reihenfolge zumindest sinnvoll. Denn so wird die Eigentumslage, die auch für die anderen Vorschriften unter verschiedenen Gesichtspunkten relevant sein kann, gleich zu Beginn geklärt. Diese ersten drei Ebenen enthalten also in jedem Fall gleichgestaltete Fragen. Auf der *vierten Ebene* werden die Fragen verschieden. In der *einen Gruppe von Begehren* (z.B. bei den Herausgabe- und Rückübereignungsansprüchen) können nun bereits die einzelnen Anspruchsgrundlagen in ihre Tatbestandsmerkmale untergliedert und so geprüft werden. Anders ist dies *bei anderen Begehren*: solchen, die sich auf Ansprüche aus §§ 987 ff. BGB stützen können. Bei diesen ist auf weiteren Ebenen zunächst nach dem Anwendungsbereich der Anspruchsgrundlagen zu fragen. Dieser ist eröffnet, wenn ein Eigentümer-Besitzer-Verhältnis (§§ 985 f. BGB) vorliegt. Auf einer fünften Ebene ist dann, wenn diese Frage bejaht wurde, zu fragen, ob der jeweilige Anspruch vorliegt, und, ob im konkreten Fall eine Ausnahme von der prinzipiellen Sperrwirkung der §§ 987 ff. BGB, welche sich aus §§ 993, 996 BGB ergibt, gegeben ist. Auf einer sechsten Ebene sind, wenn diese letzte Frage zu bejahen war, die anderen Nutzungsersatzansprüche im einzelnen zu prüfen.

Somit ergibt sich erst ab der vierten Ebene eine andere Fragestellung je nachdem, welches Begehren gerade geprüft wird. Aber auch auf der vierten und fünften Stufe sind bei jeder der beiden unterschiedenen Gruppen von Begehren wiederum die Fragen gleich. Am Ende dieser Hierarchie von Fragen aber steht die (idR einfachere) Subsumtion unter eine einzelne Vorschrift mit den hier vorzunehmenden Untergliederungen in Tatbestandsmerkmale. Schematisch hätte die Hierarchie der gestellten Frage etwa das in Abb. 1 gezeigte (unvollständige) Aussehen.

Zwei Vorgehensweisen des Programms sollen das Erlernen dieser Fragefolgen fördern: zum einen wird diese auf jeden Fall in der gleichen Form angewandt; zum anderen werden die Gründe, welche dazu zwingen, in einer bestimmten Reihenfolge zu prüfen, möglichst offengelegt und immer wieder abgefragt. Gerade diese zweite Vorgehensweise, auf die im Programm großes Gewicht gelegt wird, liegt im Sachenrecht nahe. Denn der Zwang zu einer bestimmten Prüffolge kann hier durchaus auf bestimmte Regeln - bei der Frage nach der Ordnung der Anspruchsgrundlagen z.B. auf §§ 993, 996 BGB - zurückgeführt werden.

---

[15] *Medicus*, Bürgerliches Recht, § 1.

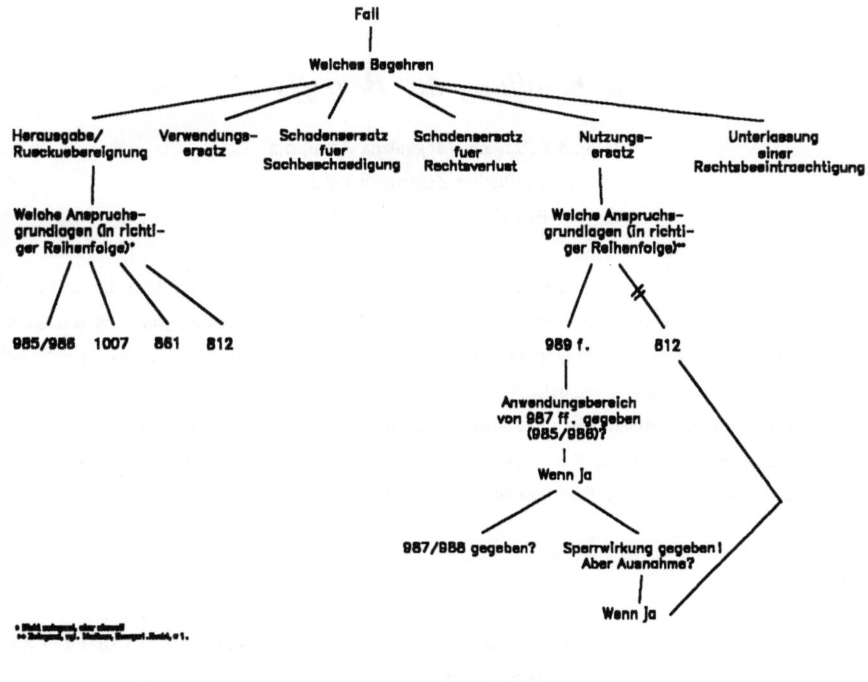

Abbildung 1.

Abgebrochen wird eine Fragenfolge immer dort, wo eine weitere Untergliederung nicht notwendig oder leicht durchzuführen ist. So wird z.B. die Prüfung abgebrochen, wenn nur noch fraglich ist, ob "verbotene Eigenmacht" geübt wurde. Die Probleme werden dann allenfalls stichpunktartig angedeutet. Beim Tatbestandsmerkmal "Eigentümerstellung des Veräußerers" hingegen, bei dem kompliziertere Strukturierungsüberlegungen (z.B. bei Fragen des Eigentumsübergangs) erforderlich sind, werden weitere Untergliederungen angefordert.

Schluß

So sind beide Lehrprogramme, die hier vorgestellt werden sollten, Ausdruck einer gemeinsamen Grundposition: wenn die Dogmatik ein Gerüst entwickelt hat, in welches prinzipiell jeder Fall eines Rechtsgebiets einzuordnen ist, so muß dieses Gerüst in den gröbsten Umrissen (ohne zuviel Gewicht auf dem Detail) vermittelt werden, um eine sichere Einordnung des Filigranwerkes zu gewährleisten. Beide Programme üben sich daher in Selbstbeschränkung. In der Vermittlung grundsätzlichen Methodenwissens wollen sie einen Beitrag zur juristischen Lehre leisten, der sich genuine Eigenschaften des computergestützten Unterrichts zu Zwecken der juristischen Ausbildung in einer Weise zunutze macht, die traditionelle Medien dieser Ausbildung nicht oder doch sehr viel weniger elegant nachvollziehen könnten.

Formale Behandlung des Begriffs „Pflicht"

Hubert Lehmann, Magdalena Zoeppritz
Wissenschaftliches Zentrum Heidelberg
IBM Deutschland GmbH

Kurzfassung: Der Begriff „Pflicht" ist ein zentraler Begriff der Rechtswissenschaft. Versuche, ihn zu formalisieren, führten zu Systemen der deontischen Logik, die allerdings bisher nicht zu praktischer Anwendung gelangt sind. Im Rahmen des Projekts *Juristisches Expertensystem auf der Grundlage von Linguistik und Logik (LEX)* haben wir einen neuen Ansatz der Formalisierung versucht, der sich einerseits enger an der möglichen sprachlichen Verwendung von „Pflicht" orientiert und andererseits die von Kamp vorgeschlagene Diskursrepräsentationstheorie als Grundlage für die Formalisierung benutzt. Das führt zu einer realistischeren Analyse dieses Begriffs und zu der Möglichkeit, Beweisverfahren einzusetzen, die für die Prädikatenlogik erster Stufe formuliert sind.

Einführung

Das Projekt *Juristisches Expertensystem auf der Grundlage von Linguistik und Logik (LEX)* (Alschwee &al [1985], Alschwee / Grundmann [1985], Grundmann [1986], Hein Lehmann [1986]), das gemeinsam von der Universität Tübingen und dem Wissenschaftlichen Zentrum Heidelberg der IBM durchgeführt wird, hat zum Ziel, juristisches Wissen, das in natürlicher Sprache formuliert ist, für zwei Arten von Anwendungen zu verarbeiten:

1. für ein juristisches Konsultationssystem, das dem Juristen helfen soll, Sachverhalte zu analysieren, so daß alle für die Beurteilung eines Tatbestands wesentlichen Kriterien untersucht werden und die bisherige Rechtsprechung berücksichtigt wird. Man kann dieses System als einen „aktiven Kommentar" charakterisieren, der den Juristen beim Aufbau seiner Argumentation vor Gericht unterstützt.

2. für ein juristisches Lehrsystem, das dem Jurastudenten die Möglichkeit gibt, sich in der Behandlung von Fällen einzuüben und so die juristische Methode zu erlernen.

Dabei haben wir uns für unsere Forschung einen sehr kleinen Bereich des Rechts herausgegriffen, an dem jedoch für die Rechtswissenschaft zentrale Fragestellungen gut demonstriert werden können, nämlich das Straßenverkehrs-Strafrecht.

Die Konstruktion solcher Systeme setzt voraus, daß es gelingt, juristisches Wissen zumindest in wesentlichen Teilen formal darzustellen, da nur so die notwendigen Schlußfolgerungen automatisch gezogen werden können. Hinzu kommt, daß eine systematische Übersetzung von Formulierungen auf Deutsch in Formeln der logischen Repräsentationssprache (und umgekehrt) gefunden werden muß (vgl. Guenthner / Lehmann / Schönfeld [1986] für eine ausführliche Diskussion dieser Aspekte).

In diesem Aufsatz konzentrieren wir uns auf die Analyse des Begriffs „Pflicht", der in der Rechtswissenschaft eine zentrale Rolle spielt, und der deshalb auch eine Reihe von Logikern und Philosophen dazu veranlaßt hat, sich mit seiner möglichen Formalisierung auseinanderzusetzen. Dies führte zur Definition von Systemen der **deontischen Logik** (der Begriff geht auf Von Wright zurück), die nach den Prinzipien der Modallogik formuliert sind. Dabei traten eine Reihe von Schwierigkeiten auf, die es bis heute verhindert haben, daß deontische Logik für praktische Rechtsprobleme eingesetzt werden konnte.

Wenn man die Aufgabenstellung, die wir im LEX-Projekt verfolgen, sehr eng sieht, könnte man sich sicher um eine detaillierte Analyse von „Pflicht" drücken, aber man müßte dann Formulierungen wie

Der Beschuldigte hat die Wartepflicht verletzt.

oder

Der Beschuldigte hat gegen die Feststellungspflicht verstoßen.

vermeiden — was möglich, aber unbequem ist.

Wir stellen hier einen neuen Ansatz zur Behandlung von „Pflicht" vor, der im Rahmen der Diskursrepräsentationstheorie (Kamp [1981]) formuliert ist, und der ohne modallogische Operatoren auskommt. Dieser Ansatz orientiert sich außerdem sehr stark an der sprachlichen Verwendung des Begriffs „Pflicht", und an den sich dabei ergebenden Zusatzbedingungen.

Wir diskutieren zunächst die linguistische Analyse der Verwendung des Begriffs „Pflicht" in juristischen Texten, wobei wir auf die verschiedenen Formulierungsmöglichkeiten eingehen und die Beziehung zwischen syntaktischer und logischer Form. Wir zeigen dabei auch Unterschiede zwischen Rechtssprache und Umgangssprache und deren Konsequenzen für die Interpretation von Formulierungen auf. Daran schließt sich eine kurze Diskussion der deontischen Logik und eine Darstellung der Grundbegriffe der Diskursrepräsentationstheorie an, als Voraussetzung für die Darstellung von Ereignissen, Handlungen und Pflichten.

Linguistische Analyse

Zweck der linguistischen Analyse ist, die verschiedenen sprachlichen Formen systematisch miteinander in Beziehung zu setzen, so daß als Ergebnis der Analyse Repräsentationen entstehen, in denen die wesentlichen Beziehungen für die weitere Verarbeitung explizit dargestellt sind. Dabei sollen mindestens formal verschiedene sprachliche Ausdrücke mit - im wesentlichen - gleicher Bedeutung zu gleichen oder gleichwertigen Repräsentationen führen. Umgekehrt sollen formal gleiche sprachliche Ausdrücke mit unterschiedlicher Bedeutung auch unterschiedlich repräsentiert werden.

So konstatieren die folgenden Ausdrücke die Existenz einer Pflicht, daß jemand etwas tun (oder lassen) soll, wobei eine Instanz (hier nicht im juristischen Sinn gemeint) spezifiziert oder mitverstanden sein kann, in bezug auf die diese Pflicht erfüllt werden soll. Seltener finden sich der Urheber der Pflicht, z.B. der Gesetzgeber, die auferlegende Instanz im gegebenen Fall (z. B. das beurteilende Gericht), die Existenzgrundlage der Pflicht (z.B. geltendes Recht), oder die Ursache für die Verpflichtung im gegebenen Fall.

die Pflichten des Unfallbeteiligten
seine Pflicht zur Benachrichtigung
der Angeklagte war nicht verpflichtet, ... die Polizei zu benachrichtigen
die ihm ... obliegende Pflicht
Ein Bagatellschaden erfordert keine über 20 Minuten ... Wartepflicht
Wartepflicht, Rückkehrpflicht, Meldepflicht
Rechtspflicht
Verzögerung ... verpflichtet ... zur Benachrichtigung der Polizei
der Gesetzgeber hat den Unfallverursacher verpflichtet, ... zu tun

kein Gründe ..., dem Angekl. die Information ... zur Pflicht zu machen
der Benachrichtigungspflichtige
der Angekl. wäre ihnen gegenüber vorstellungspflichtig gewesen

Wie man sieht, sind die oben erwähnten Instanzen nicht einer festgelegten grammatischen Kategorie oder Relation zugeordnet, sondern ihre Erscheinungsform richtet sich nach der Formulierung, in der sie auftreten. Die schematische Darstellung der Beispiele, in der gleiche Instanzen durch gleiche Buchstaben vertreten sind, soll das verdeutlichen. Dabei sei p die Pflicht, v derjenige, der sie tun soll, b derjenige gegenüber dem die Pflicht getan werden soll, und weiterhin u der Urheber, g die Existenzgrundlage, i die auferlegende Instanz im speziellen Fall und f die Ursache des Eintretens der Pflicht. Eine Formulierung, bei der alle diese Instanzen vertreten sind, kommt praktisch nicht vor. Sie könnte etwa so aussehen:

Der Urheber u hat auf der Grundlage von g bestimmt, daß der Verpflichtete v im Falle f gegenüber dem Begünstigten b die Pflicht hat, p zu tun, die auferlegende Instanz i hält einen Fall f für gegeben.

In den Beispielen oben treten folgende Kombinationen auf:

die Pflicht des v
v's Pflicht zu p
v ist verpflichtet, p zu tun
die Pflicht p besteht für/obliegt v
Ein Umstand f erfordert eine p-Pflicht
(v hat) p-Pflicht (gegenüber b)
g-Pflicht
ein Umstand f verpflichtet (v) zu p
u verpflichtet v zu p
(i) macht v zur Pflicht, p zu tun
der p-pflichtige
v ist p-pflichtig

Für Formulierungen wie oben besteht die Aufgabe der Analyse darin, die sprachlichen Kategorien und Relationen (Verben, Substantive, Adjektive bzw. Subjekt, Infinitivsatz, Adverbial) zu den Instanzen Verpflichteter, Begünstigter usw. richtig in Beziehung zu setzen.

Zielstruktur mag eine einzige kanonische Form sein, oder mehrere solche Formen, zwischen denen dann Äquivalenzbeziehungen formuliert werden müssen. Diese Beziehungen müssen auf der lexikalischen Ebene mit Bezug auf die syntakto-semantische Ebene dargestellt werden. Wenn die syntaktischen und die ihnen entsprechenden semantischen Rollen so aussehen:

	syntaktische Rollen		semantische Rollen	
verpflichten	(NOM:	Nominativ,	u, f, oder i	Ursache, Fall, etc.
	ACC:	Akkusativ und Subjekt des Infinitivs	v	Verpflichtete
	PP:	zu-Infinitiv oder zu PP)	p	Inhalt der Pflicht
Pflicht	(NOM:	Infinitivsatz	p	Inhalt der Pflicht
	PP:	gegenüber PP	b	Begünstigte
	PP:	zu PP)	p	Pflicht
	ATTGEN:	Genitivattribut	p oder v	Pflicht/Verpflichtete

Dann kann die Entsprechung nach Zuordnung der semantischen Rollen über eines der folgenden Zuordnungsschemata durch die Gleichheit der Rollennamen gegeben sein.

verpflichten	(NOM,ACC,PP)	→ verpflichten (u,v,p)	u Gesetzgeber
		→ verpflichten (i,v,p)	i Gesetzanwender
		→ verpflichten (f,v,p)	f Ereignis
Pflicht	(NOM,ATTGEN,gegenüber PP)	→ Pflicht (p,v,b) oder	
	(ATTGEN/zur PP,gegenüber PP)	→ Pflicht (p,-,b)	
	(ATTGEN,ATTGEN)	→ Pflicht (p,v,-)	

Für die Auswahl des passenden Zuordnungsschemas für eine gegebene Formulierung muß jeweils entschieden werden, ob z. B. ein vorliegendes Genitivattribut die Pflicht selbst, oder den Verpflichteten bezeichnet. Dazu müssen mögliche „Verpflichtete" von möglichen „Pflichten" unterschieden werden. Das kann durch Sortierung der Begriffe im Lexikon geschehen. Da Pflichten keine Personen sind, würde hier schon eine Unterscheidung zwischen Personen (einschließlich der juristischen) und Nicht-Personen zum Ziel führen. Entsprechendes gilt für Leerstellen in der Argumentstruktur, die durch andere Argumente im selben Satz oder durch Argumente abhängiger Strukturen mit bestimmt sind, gegenüber ausgelassenen und aus dem weiteren Kontext zu füllenden Argumentstellen. Beim Nomen „Pflicht" finden sich die „Verpflichteten" oft als Argumente desjenigen Verbs, zu dem auch „Pflicht" Argument ist, so der Dativ von „obliegen", und „auferlegen", das Subjekt von „haben", und die mit „für" eingeleitete Präpositionalphrase bei „bestehen".

Für Komposita sollte die Zuordnung teilweise bereits im Lexikon vorgegeben sein. Wie die folgenden Beispiele zeigen, spielen die ersten Elemente der Komposita mit „-pflicht" recht verschiedene Rollen.

Wartepflicht	→ Wartepflicht (p: warten,v)	Pflicht zu warten
Rechtspflicht	→ Rechtspflicht(p,v,g: Recht)	Pflicht, die sich aus dem Recht ergibt
Amtspflicht	→ Amtspflicht (p,v: Amtsinhaber,g: Amt)	Pflicht, die sich aus einem Amt ergibt
Schulpflicht	→ Schulpflicht (p: Schule besuchen,v)	Pflicht, die Schule zu besuchen
Bürgerpflicht	→ Bürgerpflicht (p,v: Bürger)	Pflicht jedes Bürgers
Gewissenspflicht	→ Gewissenspflicht (p,v,u: Gewissen)	Pflicht, die das Gewissen auferlegt

Soweit die Wörter selbst dem Bereich der Pflicht angehören, kann sich die Analyse auf lexikalisch bestimmte Rollen, Sorten und Zuordnungsschemata stützen.

Anders liegt der Fall bei Formulierungen wie den Folgenden, in denen „Pflicht" weder als Wort noch als Wortbestandteil, noch durch eines seiner Synonyme vertreten ist. Formulierungen wie „jemand muß etwas tun", „jemand hat etwas zu tun", „jemand darf etwas nicht tun", „etwas ist zu tun", und andere werden oft verwendet, um Verpflichtungen zu bezeichnen. Einige Beispiele sollen die Verhältnisse illustrieren.

(1) Nachdem ... hätte er die Polizei verständigen müssen
(2) Frist ... innerhalb der er, um straffrei zu bleiben,
die erforderlichen Mitteilungen hätte selbst machen müssen
(3) Ein Unfallbeteiligter ... muß sich nicht ... zur Verfügung halten
(4) Internat, wo er ... die Schule wieder antreten mußte
(5) welche Anforderungen an die Rechtspflicht ... gestellt werden müssen
(6) Diese Rechtsansicht muß ... zur Aufhebung der Verurteilung ... führen
(7) Er wußte, daß ... Feststellungen getroffen werden mußten ...
(8) Die Halterhaftung und ... waren gegeben,
ohne daß der Geschädigte ein Verschulden des Angeklagten nachweisen mußte.

In jedem dieser Sätze bezeichnet „müssen" die Notwendigkeit, etwas zu tun (Notwendigkeit ist hier im umgangssprachlichen Sinn gemeint, nicht im Sinne der Modallogik). Der Grund für die Notwendigkeit kann eine gesetzlich oder anders (Schule) festgelegte Pflicht sein, aber es gibt auch andere Gründe. Im 5. und 6. Beispiel ist die Notwendigkeit durch die juristische Logik (Denkgesetze) gegeben. Das siebte Beispiel konstatiert eine Notwendigkeit, die sich nur indirekt aus einer Pflicht ableiten läßt: die Pflicht, Feststellung zu ermöglichen, ist bestimmt erfüllt, wenn Feststellungen getroffen wurden. Im letzten Satz wird die Notwendigkeit aufgrund der Beweislast verneint, die gerade keine Pflicht ist. Ähnlich sind die Verhältnisse bei „hat zu":

(9) Gemäß § 8 Abs 1 Satz 1 StrEG hat der Senat darüber zu entscheiden ...
(10) ... der Unfallbeteiligte seiner Meldepflicht nachzukommen hat
(11) wie sich die Dauer ... gemäß § 142 ... nach den Umständen zu richten hat

Auch hier wird zunächst eine Notwendigkeit konstatiert, darüberhinaus kann ein Element der Berechtigung hinzukommen, das sich erst in der Negation wirklich zeigt, vergleiche:

Darüber mußt Du nicht entscheiden
Darüber hast Du nicht zu entscheiden

Dieses Element tritt nur bei geeigneten Subjekten hinzu (Satz 9), wird in Satz 10 von dem Pflichtelement verdrängt und ist in Satz 11 nicht mehr anwendbar.

Formen von „ist zu" haben noch eine größere Variationsbreite der Bedeutungen. Wie Satz 15 zeigt, ist die Notwendigkeit, etwas zu tun hier nicht fester Bestandteil der Bedeutung. Ob eine Formulierung mit „ist zu" die Möglichkeit („kann", Satz 15) oder die Notwendigkeit („muß", Satz 12, 14, 16, evtl. 13) ausdrückt, etwas zu tun, muß sich aus dem Kontext ergeben. Für die umgangssprachlich mögliche Bedeutung einer nicht zwingenden Vorschrift, („soll": „Lärm ist möglichst zu vermeiden") fanden sich keine Beispiele. Das muß nicht heißen, daß diese Bedeutung nicht vorkommt, deutet aber an, daß sie nicht eben häufig ist.

(12) Eine solche Entschädigung ist gemäß § 2 Abs 1 und 2 Nr 5 StrEG zu gewähren ...
(13) Zeitpunkt, in dem eine Schadensmeldung noch als unverzüglich erstattet anzusehen war
(14) sei ... die Zeitspanne, ..., größer zu bemessen.
(15) ... meldete, daß an seinem Fahrzeug kein Schaden festzustellen sei.
(16) ... ist die Sache nach § 121 Abs 2 GVG dem BGH zur Entscheidung vorzulegen

Es gibt noch eine Vielzahl anderer Formulierungen, mit denen auf Pflichten verwiesen wird. Vielleicht mit Ausnahme von „nicht dürfen", als Gegenstück zu „müssen", setzen sie die Erwähnung einer Pflicht im Kontext voraus, die aber, wie Beispiel 18 zeigt, dem Laien nicht notwendigerweise zugänglich zu sein braucht.

(17) Bis zum nächsten Morgen hätte er nicht warten dürfen.
(18) der äußere Tatbestand des § 142 Abs 2 Nr 1 StGB ist vom Angekl. nicht verwirklicht worden
(19) Allerdings war er ... gehalten, solche Feststellungen ... zu ermöglichen

Für viele der Formulierungen, in denen „Pflicht" nicht selbst erscheint, deckt sich die umgangsprachliche Interpretation nicht ohne weiteres mit der fachsprachlichen. Davon soll im nächsten Abschnitt die Rede sein.

Rechtssprache und Umgangssprache

Die juristische Fachsprache, der die von uns behandelten Texte angehören, hat Besonderheiten der Wortwahl und Konventionen für die Darstellung unterschiedlicher Meinungen, die der Laie besonders deshalb leicht übersieht, weil Wörter und Darstellungsmittel aus seiner Umgangssprache kommen. Einer „lernerorientierten L2-Vermittlung" sieht man die Fachsprache eher an, als einem Wort wie „Eigentum", und die Verwendung des Konjunktivs mag als förmlich empfunden werden, seine Funktion wird nicht notwendig gesehen. Stutzig wird man vielleicht bei Formulierungen wie „dem Beklagten wird nachgelassen, ... abzuwenden". (der Beklagte kann/darf ... abwenden) „einer

Erinnerung abhelfen" (dem gegen die Entscheidung eines Rechtspflegers eingelegten Rechtsmittel stattgeben, durch den Rechtspfleger selbst, oder den zuständigen Richter). Die Berücksichtigung solcher Konventionen bei der Analyse kann helfen, im Text nicht direkt benannte Information zu erschließen. Dafür zwei Beispiele:

Disambiguierung: Die Mehrdeutigkeit von „ist zu" kann auf „muß" eingeschränkt werden, wenn im Indikativ gesprochen wird. Die Erwähnung eines Paragraphen spricht dafür, daß eine Pflicht bezeichnet wird. Ist beides nicht gegeben, müssen andere Faktoren herangezogen werden.

Eine solche Entschädigung ist gemäß § 2 Abs 1 und 2 Nr 5 StrEG zu gewähren ...
... meldete, daß an seinem Fahrzeug kein Schaden festzustellen sei.

„Ellipse": In den beiden folgenden Sätzen sind bestimmte Argumentstellen nicht explizit enthalten, die für das semantischen Rollenschema relevant sind:

Gemäß § 8 Abs 1 Satz 1 StrEG hat der Senat darüber zu entscheiden ...
Eine solche Entschädigung ist gemäß § 2 Abs 1 und 2 Nr 5 StrEG zu gewähren ...

Man kann darin eine Sonderform der Ellipse sehen. Implizit sind die Argumente in den Paragraphen enthalten, und können von dort her ergänzt werden:

§8 Abs 1 Satz 1 StrEG: Pflicht (p: über Entschädigung entscheiden,
v: Gericht (f: dessen Urteil oder Beschluß das Verfahren abschließt)

§2 Abs 1 u. 2 Nr 5 StrEG: Pflicht (p: entschädigen (b: Person, die
(f: durch Strafvollzugsmaßnahmen
(Führerscheinentzug ist eine Strafvollzugsmaßnahme)
Schaden erlitten hat)),
v: Staatskasse)

So enthalten die Paragraphen die Information darüber, daß es eine Pflicht gibt, über eine Entschädigung zu entscheiden, wer zu dieser Entscheidung verpflichtet ist, wer entschädigt wird und durch wen entschädigt werden soll. Da die verpflichteten Instanzen hier staatliche Stellen sind, entspricht der Pflicht jeweils ein Rechtsanspruch der begünstigten Instanz, hier der Person, die entschädigt werden soll.

Noch komplizierter liegt der Fall im folgenden Satz:

der äußere Tatbestand des § 142 Abs 2 Nr 1 StGB ist vom Angekl. nicht verwirklicht worden

Der Satz besagt, daß eine Pflichtverletzung nicht vorliegt. Das kann bedeuten, daß die Pflicht erfüllt wurde, aber auch, daß die Person, die als Verpflichtete angesehen wurde, nach Prüfung des Falles nicht wirklich verpflichtet war.

Mit dieser kurzen Übersicht über die sprachliche Verwendung des Begriffs „Pflicht" und seiner linguistischen Analyse konnte hier nur ein erster Eindruck der damit verbundenen Probleme gegeben werden. Besprochen wurden im wesentlichen Formulierungen, die die Existenz einer Pflicht konstatieren. Nicht besprochen wurden Ausdrücke für die Erfüllung und Verletzung von Pflichten, für die Haltung des Verpflichteten zur Pflicht, oder dafür, wie man zu Pflichten kommt und wie man sich aus einer Verpflichtung löst:

Eine Pflicht erfüllen, ihr nachkommen/gehorchen/genügen/entsprechen, sie wahren/tun, pflichtgemäß handeln
Sich einer Pflicht entledigen,
Eine Pflicht verletzen, ihr zuwiderhandeln, gegen sie verstoßen, pflichtwidrig handeln
Eine Pflicht anerkennen/beachten, sie ignorieren/mißachten, etwas als Pflicht empfinden

Jemand eine Pflicht auferlegen, jemanden zu einer Handlung verpflichten, jemanden einer Pflicht unterwerfen
Jemanden von einer Pflicht entbinden/befreien

Die besprochenen Beispiele zeigen vor allem, daß der eingangs konstruierte Satz, der alle möglichen semantischen Rollen enthalten sollte, nicht zufällig in Texten so nicht vorkommt. Die sprachlichen Verhältnisse deuten auf eine kompliziertere Strukturierung der semantischen Rollen hin, als sie durch ein einfaches Prädikat mit einer Liste von Argumenten wiedergegeben werden können. Im zweiten Teil dieses Papiers soll die logische Struktur des Begriffs „Pflicht" und die sich daraus ergebenden Probleme untersucht werden.

Logische Analyse

Deontische Logik

Die meisten Ansätze zu einer logischen Analyse des Begriffs „Pflicht" benutzen eine modallogische Beschreibung, derart, daß der $\Box$-Operator (notwendig) durch einen O-Operator (obligatory) ersetzt wird. Dem $\Diamond$-Operator (möglich) entspricht dann ein P-Operator (permitted). Mit den verschiedenen aus der Modallogik bekannten Axiomensystemen und Schlußregeln wird dann versucht, eine möglichst intuitiv einleuchtende Beschreibung von Pflichten zu erreichen (Eine ausgezeichnete Übersicht über die verschiedenen Ansätze wird von Åqvist [1984] gegeben).

Die einfache Formulierung einer modalen deontischen Logik führt dazu, daß Pflichten verschiedener Handelnder nicht abgebildet werden können — man bekommt sogenannte *Single Agent Systems*. Dies mag für bestimmte Zwecke ausreichen, für die meisten praktischen Anwendungen aber wohl nicht.

Eine weitere Schwierigkeit, steckt darin, daß Pflichten über beliebige Sätze formuliert werden können, so zum Beispiel auch

$$O(2 + 2 = 4)$$

was wahrscheinlich besser vermieden werden sollte. Dieser Schwierigkeit versuchte Von Wright [1963] entgegenzuwirken, indem er eine modale Aussagenlogik formuliert, in welcher alle Aussagenvariablen für Zustände stehen. Zusätzlich führt er einen Operator T ein, der Zustandsänderungen beschreibt. Wenn man nun davon ausgeht, daß alle diese Zustandsänderungen von *einem* Handelnden hervorgerufen werden, kann man mit Formeln wie

$$O(pTq)$$

Pflichten dieses Handelnden beschreiben. McCarty [1983] versucht dieses Problem so zu lösen, daß er eine *Action language* definiert und in einer zweiten Sprachschicht Pflichten über Aktionen formuliert. Er bekommt dadurch eine von den üblichen modallogischen Ansätzen abweichende Interpretation, die aber intuitiv auch nicht vollständig befriedigen kann. Auch McCarty hat sein System als *Single Actor System* angelegt.

Die Formulierung von Systemen der deontischen Logik führt zu einer Reihe von sogenannten „Paradoxen", die unter anderem von Åqvist [1984] und Castañeda [1985] eingehend diskutiert werden. Diese „Paradoxe" kommen nicht durch unauflösbare Widersprüche in der Logik zustande, sondern durch Schwächen der Übersetzung von natürlich-sprachlichen Formulierungen von Pflichten in logische Formeln. Als Beispiel möge eine vereinfachte Form des von Castañeda zitierten Forrester-Paradoxes dienen:

(1) Es ist verboten, jemanden zu töten.
(2) Wenn man jemanden tötet, muß man ihn sanft töten.
(3) Wenn man jemanden sanft tötet, tötet man ihn.
(4) Wenn aus A B folgt, dann folgt aus der Pflicht zu A die Pflicht zu B.
(5) Hans tötet Paul.
(6) Hans muß Paul töten.

Aus (2) und (5) folgt, daß Hans Paul sanft töten muß. Aus (3) und (4) folgt dann (6), was im Widerspruch steht zu (1). Das Problem liegt hier einerseits in der Regel (4), die man so sicher nicht formulieren möchte, und andererseits in der Übersetzung von (2) in eine passende logische Form. Durch unseren Ansatz vermeiden wir diese Paradoxe — möglicherweise auf Kosten der Ableitbarkeit von intuitiv gewünschten Folgerungen. Das scheint uns aber eher vertretbar als die Ableitung unerwünschter Folgerungen, wie sie in den bisherigen Systemen auftreten.

Wenn man die sprachliche Verwendung von *Pflicht* mit den Ausdrucksmöglichkeiten der deontischen Logik vergleicht, stellt man eine Reihe weiterer Kritikpunkte fest:

1. Man kann über Pflichten nicht quantifizieren, d.h. man kann Sätze wie
   Paul hat alle seine Pflichten verletzt.
   nicht ausdrücken.

2. Man kann deshalb auf Pflichten auch nicht pronominal Bezug nehmen, d.h. Texte wie
   Paul hatte die Pflicht zu warten. Er hat sie nicht erfüllt.
   nicht ausdrücken.

3. Man kann die Kollision zweier Pflichten nicht beschreiben, ohne in Widersprüche zu geraten, d.h. ein Satz wie
   Bundesrecht bricht Landesrecht.
   ist nicht darstellbar.

Diese Liste ist keineswegs vollständig, soll aber für die Zwecke unserer gegenwärtigen Diskussion genügen.

Diskursrepräsentationstheorie

Die Diskursrepräsentationstheorie (DRT, Kamp [1981]) strebt eine einheitliche Behandlung semantischer und pragmatischer Aspekte natürlichsprachlicher Texte an, wobei insbesondere für die Behandlung kontextueller Referenz (Bezug von Pronomina, Tempus, u. ä.) neue Ansätze gefunden worden sind. Die **Grundbegriffe** dieser Theorie sind

1. **Diskursrepräsentationsstrukturen** (DRSen): Eine DRS ist ein Paar $<U,C>$, wobei U eine Menge von **Diskursreferenten** und C eine Menge von **Bedingungen** ist, und
2. **DRS-Konstruktions-Algorithmus**, der natürliche Sprache in DRSen übersetzt.

Bedingungen sind **atomar**, d.h. von der Form $P(u_1, \ldots, u_n)$, oder **komplex**. Komplexe Bedingungen sind

1. implikative Bedingungen: $K_1 \rightarrow K_2$
2. disjunktive Bedingungen: $K_1 \vee K_2$
3. negative Bedingungen: $\neg K_1$
4. Ereignisbedingungen: (siehe folgender Abschnitt)

wobei K_1 und K_2 DRSen sind, P der Name eines Prädikats und $u_1 \dots u_n$ Diskursreferenten.

Die Vorteile der DRT liegen in ihrer präzisen logischen Grundlage und daher wohldefinierten Semantik und entsprechenden deduktiven Theorie. Die DRT umfaßt die volle Prädikatenlogik 1. Stufe.

Die Darstellung von sprachlichen Begriffen und Einzelheiten des DRS-Konstruktionsalgorithmus ist in Guenthner / Lehmann / Schönfeld [1986] ausführlich diskutiert, ebenso die deduktive Behandlung von DRSen.

Zustände und Ereignisse

Die in der DRT eingeführten **Ereignisbedingungen** haben folgende Form

$$e: K$$

wobei wir in K gegenwärtig nur eine einzige atomare Bedingung zulassen. Diese Bedingung wird für die Zwecke von Beweisen umgeformt in ein n+1-stellige Prädikat der Form $P(u_1, \dots, u_n, e)$. Der Diskursreferent e kann dann auch eine Rolle spielen in Bedingungen, die räumliche oder zeitliche Verhältnisse ausdrücken.

Zwischen Zuständen und Ereignissen haben wir bis jetzt in den Diskursrepräsentationsstrukturen nicht unterschieden, da wir davon ausgehen, daß der Unterschied vor allem ein Unterschied der Perspektive ist, der sich in der *sprachlichen* aber nicht notwendigerweise in der *logischen* Form ausdrückt.

Handlungen und Ergebnisse von Handlungen

Handlungen fassen wir auf als Ereignisse, die einen oder mehrere Handelnde haben, d. h., die Prädikate, die solche Handlungen beschreiben, drücken eine bestimmte Beziehung zwischen einer Person und einem Ereignis aus.

Es ist hier zu überlegen, ob als Handlungen nur solche Ereignisse anzusehen sind, die **willkürlich** ausgeführt werden. Das ist sprachlich nicht sehr plausibel, da einerseits Begriffe wie *Reflexhandlung* durchaus üblich sind, und da andererseits das Verb *tun* als Handlungsverb *par excellence* benutzt werden kann, um auf andere nicht willkürlich bestimmte Ereignisse Bezug zu nehmen:

> *Der Beschuldigte prallte gegen eine Leitplanke. Das **tat** er, nachdem er ins Schleudern geraten war.*

Juristen neigen dazu, als Handlungen nur vom „vom menschlichen Willen getragene Verhaltensweisen" zuzulassen (nachzulesen z. B. bei Janiszewski [1979, S. 52], Haft [1980, S. 20ff]), was zu dem oben Gesagten im Widerspruch steht. Dem liegt zugrunde, daß nicht willkürliche Handlungen auch nicht Pflichten unterworfen werden sollen.

Sprachlich gesehen liegen die schlimmsten Probleme, die durch die juristische Handlungsdefinition verursacht werden, darin, daß Handlungen, die unter Hypnose, in geistiger Umnachtung, während Schlafwandelns oder auf ähnliche Weise begangen werden, nicht als solche charakterisiert werden dürften. Deshalb scheint es sinnvoller, Handlungen in willkürliche und unwillkürliche einzuteilen, wobei die ersteren mit der juristischen Handlungsdefinition übereinstimmen.

Ereignisse haben Folgen oder **Ergebnisse** Diese können wiederum Ereignisse, Zustände oder vielleicht auch anderes sein (man überlege, ob man z. B. *Schaden* als Zustand oder Ereignis charakterisieren möchte). Wir brauchen zur

Behandlung des Begriffs „Pflicht" auch Ergebnisse von Handlungen, da Pflichten oft im Hinblick auf ein Ergebnis formuliert werden und dabei offengelassen wird, wie genau dieses Ergebnis zu erreichen ist.

Wenn wir die Ergebnisse von Handlungen mitberücksichtigen, können wir auch *vorsätzliche* und *fahrlässige* Handlungen definieren, abhängig davon, ob das Ergebnis einer Handlung beabsichtigt war oder nicht und ob das Ergebnis für den Handelnden vorhersehbar war. Allerdings müßte man sich mit den Begriffen „Absicht" und „Vorhersehbarkeit" noch gesondert auseinandersetzen. Darauf verzichten wir hier ebenso wie auf eine ausführliche Behandlung von *Kausalität,* die notwendig wäre, wenn man den genauen Zusammenhang zwischen Handlungen und ihren Ergebnissen darstellen wollte. Wir werden lediglich — falls notwendig — ein Prädikat **Ursache(e,u)** verwenden, wobei **e** ein Ereignis und **u** das Ergebnis kennzeichnen soll.

Pflichten

Folgende Formulierung einer Pflicht

> *Ein Unfallbeteiligter hat gegenüber den anderen Geschädigten und Unfallbeteiligten die Pflicht, Feststellungen zu ermöglichen.*

legt die Definition eines dreistelligen Prädikats **Pflicht(p,v,b)** nahe (vgl. Hubert Lehmann [1986]) zwischen einer Pflicht **p**, einem Verpflichteten **v** und einem Begünstigten **b**. Es scheint jedoch so zu sein, daß es nicht in allen Fällen sinnvoll ist, einen Begünstigten einer Pflicht anzunehmen. Daher bietet es sich an, ein zweistelliges Prädikat **Pflicht(p,v)** anzusetzen und ebenso ein zweistelliges Prädikat **Begünstigt(p,b)**. Die durch die Pflicht geforderte Handlung wird dadurch angegeben, daß man ein weiteres Prädikat **erfüllen(v,p)** so definiert, daß gilt:

wobei *K* eine DRS ist, die die geforderte Handlung von v beschreibt. Das e kennzeichnet das Erfüllen als ein Ereignis und erlaubt eine zeitliche und räumliche Determinierung. Angewandt auf obiges Beispiel bekommt man dann:

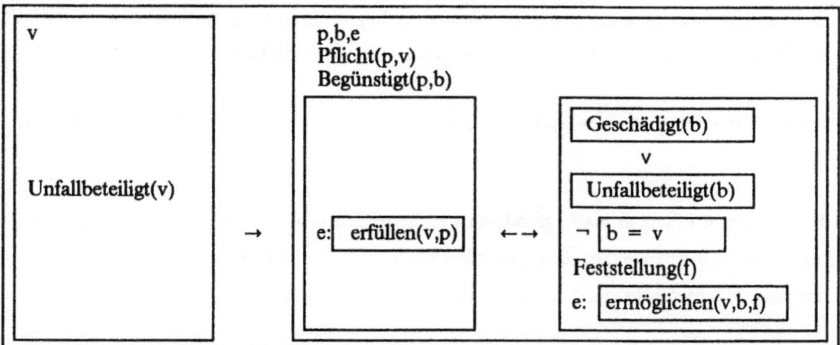

Wenn man nun zusätzlich weiß, daß ein Unfallbeteiligter in der Tat Feststellungen ermöglicht hat, kann man schließen, daß er auch die Pflicht p erfüllt hat. Umgekehrt kann man aus dem Erfüllen der Pflicht p schließen, daß er einem Geschädigten oder Unfallbeteiligten b Feststellungen ermöglicht hat.

Operationen mit Pflichten

Das Erfüllen einer Pflicht war schon die erste Operation, die man mit Pflichten vornehmen kann. In entsprechender Weise läßt sich dann auch ein Prädikat **verletzen(v,p)** definieren:

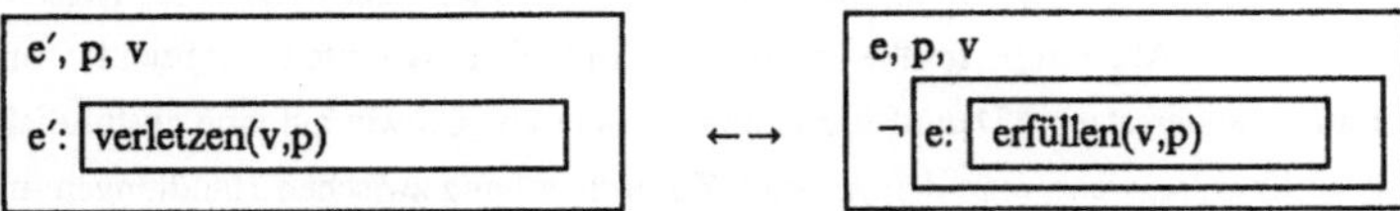

Damit wird ausgedrückt, daß eine Pflicht genau dann verletzt wird, wenn sie nicht erfüllt wird. Hier stellt sich die Frage, ob nicht durch die zeitliche Erstreckung von Handlungen Schwierigkeiten auftreten können. Ein gutes Beispiel dafür ist die in §142 StGB formulierte Wartepflicht, die wir wie folgt formalisieren

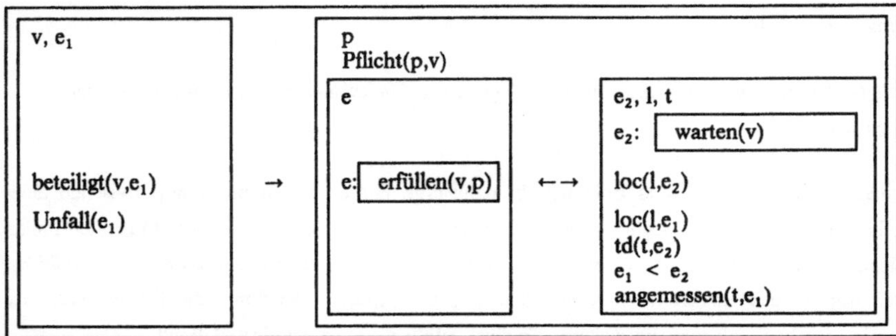

Nach dieser DRS ist die Wartepflicht erfüllt, wenn gewartet wurde, an der Stelle des Unfalls, nachdem der Unfall passiert ist, und angemessen lange. Wenn mindestens eine dieser Bedingungen nicht erfüllt ist, dann ist die Wartepflicht verletzt. Soweit scheint das unserer Definition von *verletzen* zu entsprechen. Was aber, wenn wir uns vorstellen, wir überprüfen die Erfüllung der Wartepflicht, bevor sie abgelaufen ist? Das können wir so darstellen, daß wir eine Semantik annehmen wie in Guenthner / Lehmann / Schönfeld [1986], wo mit einem partiellen Modell gearbeitet wird. In diesem Fall ist entweder der Wert von $td(t,e_2)$ noch nicht bekannt, demzufolge auch nicht, ob die Pflicht verletzt oder erfüllt wurde, oder aber die Pflicht ist verletzt, weil eine der anderen Bedingungen nicht erfüllt ist. Das Beispiel zeigt, daß die oben gegebene Definition für die Verletzung von Pflichten ausreichend ist.

Zur Anerkennung von Pflichten werden wir hier nichts weiteres sagen, da sie im Rahmen unserer Untersuchung keine große Rolle spielt.

Die Auferlegung und Befreiung von Pflichten macht mindestens zweierlei deutlich: 1. Man braucht eine Instanz, die Pflichten auferlegen kann und die gegebenenfalls davon befreien kann. 2. Man erkennt, daß Pflichten zeitlich begrenzt sein können, man kann Pflichten also ein Zeitintervall zuordnen, das ihre Geltungsdauer beschreibt.

Einige Theoreme

Um mit Pflichten sinnvoll operieren zu können, muß man wissen, wie sie sich in logischen Formeln verhalten. Wir stellen hier deshalb einige Theoreme vor, die in diesem Zusammenhang wichtig sind.

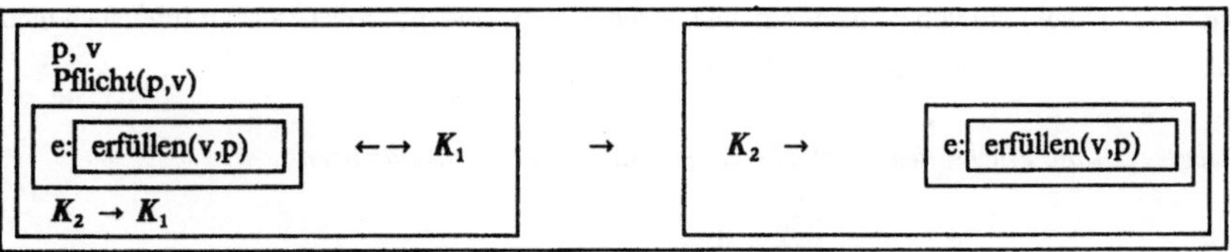

Dieses Theorem besagt, daß wenn eine Pflicht durch K_1 erfüllt wird und K_2 K_1 impliziert, sie dann auch durch K_2 erfüllt wird. Die nächsten beiden Theoreme betreffen Beziehungen zwischen Pflichten:

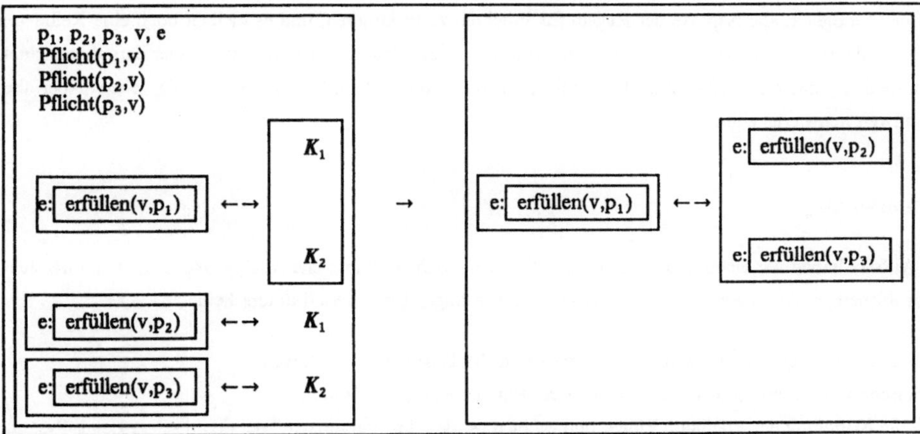

Dieses Theorem besagt, daß wenn eine Pflicht p_1 durch K_1 und K_2 erfüllt wird, Pflichten p_2 durch K_1 und p_3 durch K_2, dann folgt aus dem Erfüllen von p_1 das Erfüllen von p_2 und p_3, und umgekehrt. Man sieht aber auch, daß aus dem Bestehen von p_2 und p_3 allein nicht auf das Bestehen einer Pflicht p_1 geschlossen werden kann, die durch p_1 und p_2 erfüllt wird, wenn diese Pflicht nicht ausdrücklich gegeben ist.

Analog gilt für die Disjunktion:

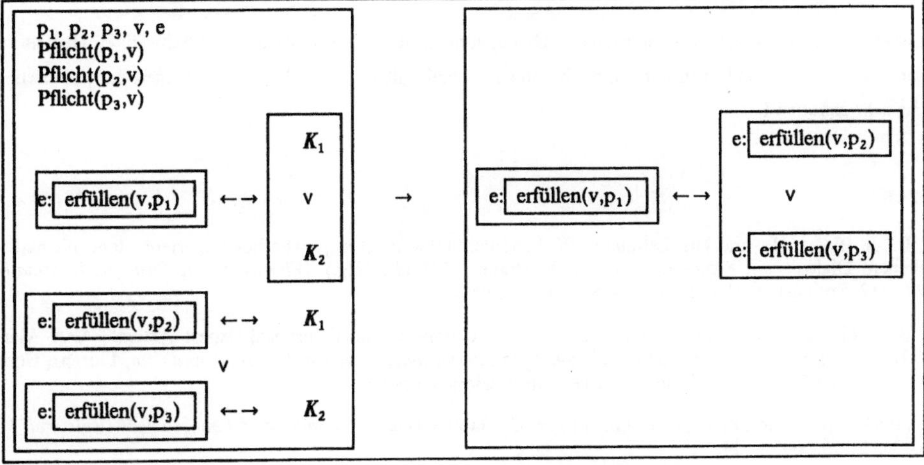

Auch hier muß gesagt werden, daß man von p_1 nicht auf die Existenz von p_2 oder p_3 schließen kann (und auch nicht umgekehrt). Das muß auch so sein — vgl. folgendes Beispiel:

Ein Unfallbeteiligter hat die Pflicht, den Geschädigten oder die Polizei zu verständigen.

impliziert nicht

Ein Unfallbeteiligter hat die Pflicht, den Geschädigten zu verständigen oder er hat die Pflicht, die Polizei zu verständigen.

Es ist hier nicht möglich, alle Aspekte der Regeln für Pflichten zu diskutieren, und es bleiben noch eine Reihe von Konsequenzen, die sich aus diesem Ansatz ergeben, zu untersuchen. Insbesondere haben wir hier darauf verzichtet, den Zusammenhang zwischen „Pflicht", „Erlaubnis", „Verbot" und „Recht" darzustellen. Wir sehen dabei aber keine besonderen Schwierigkeiten.

Zusammenfassung

In diesem Aufsatz haben wir einen neuen Ansatz für die linguistische und logische Analyse von Pflichten vorgestellt, der sich von bisherigen Ansätzen in der deontischen Logik in folgenden Punkten unterscheidet:

1. Der sprachlichen Verwendung wurde in viel stärkerem Maße Rechnung getragen.
2. Die logische Formulierung bleibt im Rahmen der Prädikatenlogik 1. Stufe.
3. Durch die Kopplung der Prädikate **Pflicht** und **erfüllen** werden die „Paradoxien" der deontischen Logik-Systeme vermieden.
4. Unser Ansatz ist nicht auf einen Handelnden beschränkt.
5. Pflichtenkollisionen lassen sich formulieren, ohne daß Widersprüche entstehen.

Es war hier nicht möglich, alle Aspekte dieses Ansatzes hinreichend zu diskutieren: Es fehlen genaue Angaben über die Übersetzung von natürlich-sprachlichen Formulierungen in Diskursrepräsentationsstrukturen, und es fehlt eine ausführliche Darstellung der sich aus diesem Ansatz ergebenden logischen Konsequenzen. Beides muß künftigen Veröffentlichungen vorbehalten bleiben.

Für diesen Aufsatz haben wir sehr von eingehenden Diskussionen mit unseren Kollegen B. Alschwee, U. Hedtstück, U. Mönnich und W. Schönfeld profitiert. Unser besonderer Dank gilt R. Herr, der uns zu Fragen der juristischen Fachsprache sehr geholfen hat.

Referenzen

Alschwee. B., A. Blaser, He. and Hu. Lehmann, W. Schönfeld (1985): „Ein juristisches Expertensystem mit natürlichsprachlichem Dialog - ein Projektbericht", in W. Brauer, B. Radig (Hg.): *Wissensbasierte Systeme, Informatik Fachberichte 112*, Springer, Berlin Heidelberg New York Tokyo.

Alschwee, B., S. Grundmann (1985): „System Design for a Computer-Aided Juridical Expert System", A. A. Martino, F. S. Natali (Hg.): *Atti preliminari del II. convegno internazionale: logica, informatica, diritto*, Florenz, Consiglio Nazionale Delle Recerche, Istituto per la Documentazione giuridica.

Åqvist, L. (1984): „Deontic Logic", in F. Guenthner, D. Gabbay (Hg.): *Handbook of Philosophical Logic Vol. II*, Reidel, Dordrecht, pp. 605 - 714.

Castañeda, H.-N. (1985): „Aspectual Action and the Deepest 'Paradox' of Deontic Logic" in A. A. Martino, F. S. Natali (Hg.): *Atti preliminari del II convegno internazionale logica, informatica, diritto*, Consiglio Nazionale Delle Recerche, Istituto per la Documentazione giuridica, Florenz, pp. 173 - 192.

Grundmann, S (1986): „Vorüberlegungen zu Ausarbeitung eines computergestützten juristischen Expertensystems", *Datenverarbeitung im Recht*, ???, S. 175 - 190.

Guenthner, F., H. Lehmann, W. Schönfeld (1986): „A Theory for Representing Knowledge", *IBM J. Res. Develop.* **30**, Nr. 1, pp. 39 - 56.

Haft, F. (1980): *Strafrecht — Allgemeiner Teil*, Beck, München.

Janiszewski, H. (1979): *Straßenverkehrs-Strafrecht*, Stollfuß, Bonn.

Kamp, H. (1981): „A Theory of Truth and Semantic Representation", in: J. A. G. Groendijk, T. M. V. Janssen, und M. B. J. Stokhof (Hg.), *Formal methods in the Study of Language*, MC TRACT 135, Amsterdam, p. 277.

Lehmann, Hein (1986): „Das juristische Konsultationsystem LEX aus software-technischer Sicht", in F. Haft (Hg.): *Computergestützte juristische Expertensysteme*, U. Tübingen.

Lehmann, Hubert (1986): „Formale Repräsentation juristischen Wissens", in F. Haft (Hg.): *Computergestützte juristische Expertensysteme*, U. Tübingen.

McCarty, T. L (1983): „Permissions and Obligations", in: A. Bundy (Hg.), *Proc. 8th IJCAI*, Kaufmann, Los Altos, CA, pp. 287 - 294.

Von Wright, G. H. (1963): *Norm and Action*, Routledge and Kegan Paul, London.

OBLOG-2:
Ein hybrides Wissensrepräsentationssystem zur Modellierung rechtswissenschaftlicher Probleme

Thomas F. Gordon

Gesellschaft für Mathematik und Datenverarbeitung (GMD)
Postfach 1240, Schloß Birlinghoven
D-5205 Sankt Augustin 1

Gerald Quirchmayr

Johannes Kepler Universität Linz
Altenbergerstraße 69
A-4040 Linz

Abstract OBLOG ist ein mit KRYPTON oder KL-TWO vergleichbares hybrides Wissensrepräsentationssystem. Es vereint einen terminologischen *reasoner* mit einem Horn-Klausel--Beweiser. Die terminologische Komponente unterstützt die Definition von Typ- und Attribut-Taxonomien. Entitäten sind Exemplare einer Menge von Typen. Prozeduren zur Bestimmung von Attribut-Werten sind typ-indizierte Horn-Klausel-Regeln. Die Menge der für eine Entität anwendbaren Regeln wird von den bekannten Typen dieser Entität bestimmt. Diese Menge verändert sich mit wachsender Verfeinerung des Wissens über die Typen der Entität, womit eine Form des nicht-monotonen *reasoning* unterstützt wird. Diese Struktur erlaubt die Aufteilung des Wissens über eine Klasse von Objekten in allgemeine Regeln und Ausnahmen. Der vorliegende Beitrag beschreibt die abstrakte Syntax und eine - informelle - operationelle Semantik von OBLOG-2.

1. Einleitung

OBLOG-2 (OBject-oriented LOGic) ist ein Wissensrepräsentations- und *reasoning-system*, das von der Forschungsstelle Informationsrecht (FS-INFRE) der GMD entwickelt wurde. Unser Ziel ist die Entwicklung automatisierter Reasoning-Hilfen für Juristen. Wir stellen uns dabei einen Juristen-Arbeitsplatz analog zu den CAD-Arbeitsplätzen, z.B. zum Entwerfen integrierter Schaltungen, vor [Fiedler 85]. Dies ist etwas anderes als ein Expertensystem im herkömmlichen Sinne, deren Ziel die Erfassung seltenen Expertenwissens zur Nutzung durch Laien ist. Obwohl unser Ziel die Repräsentation juristischen Wissens ist, sind die hier entwickelten Ideen vermutlich auch in anderen Gebieten anwendbar.

OBLOG-2 ist unser zweites Wissensrepräsentationssystem. OBLOG-1 [Gordon 85] war eine Erweiterung von MRS [Genesereth 82] zur strukturierten Wissenrepräsentation. Die Schwächen von OBLOG-1 waren unter anderem: 1. Taxonomien generischer Begriffe wurden als *similarity networks* interpretiert, um einen Konflikt zwischen der *property inheritance* und der Prädikatenlogik erster Stufe zu verhindern. Diese Interpretation erlaubt es zum Beispiel nicht, ein Exemplar des Begriffs "Elefant" auch als Exemplar des Begriffs "Tier" abzuleiten, was natürlich widersinnig ist. 2. Es unterstützt das plausible *reasoning* ungenügend, zumindest für die von uns beabsichtigen juristischen Anwendungen. Wegen des mit Faktensammlung und -interpretation verbundenen Aufwands erfordert die Deduktion im juristischen Bereich eine Methode, um vorläufige Schlußfolgerungen mit unvollständigen Informationen zu erzielen [Gordon 86]. Es wäre auch hilfreich, wenn zusätzliche Informationen zu Schlußfolgerungen führten, die etwas zuverlässiger als die früheren Schlußfolgerungen sind. Mit anderen Worten: die Konfidenz in Inferenzen soll mit der Angabe zusätzlicher Fakten monoton wachsen, obwohl die Inferenzmachine nicht-monoton ist.

Bei OBLOG-2, das wir ab jetzt einfach OBLOG nennen wollen, haben wir uns mit diesen Schwierigkeiten auseinandergesetzt und unseren Ansatz zum terminologischen *reasoning* neu überdacht. Die terminologische Komponente hat zwar nun eine gewisse Ähnlichkeit mit der TBox von KRYPTON [Brachman 85b] und NIKL von KL-TWO [Vilain 85], ist aber dennoch in vieler Hinsicht ganz verschieden. Wir werden einige dieser Unterschiede später an den entsprechenden Stellen der OBLOG-Beschreibung darlegen. Im Gegensatz zu KRYPTON und KL-TWO unterstützt OBLOG eine Form des plausiblen *reasoning*. Das Problem wurde von uns folgendermaßen angegangen: wir lassen als Horn-Klausen dargestellte *statements* der Prädikatenlogik erster Stufe zu, die in eine Partialordnung plausibler Aussagen gegliedert werden. Wir verwenden diese Partialordnung als Heuristik in der Kontrollstrategie eines resolutionsbasierten Theorem-Beweiser: die höheren Aussagen, d.h. die allgemeineren, werden zuerst ausprobiert. Basierend auf der Position der ausgewählten Klausel innerhalb der Hierarchie können Resolventen mit einer Art Sicherheitsfaktor assoziiert werden. Beim *backtracking* wird die Partialordnung durchlaufen, um die nächste Klausel zu erhalten.

Die terminologische Komponente von OBLOG unterstützt den Aufbau von Taxonomien generischer Begriffe, *types* genannt. Durch Abstraktionshierarchien können komplexe logische Aussagen in eine Partialordnung plausibler, einfacherer Aussagen umstrukturiert werden. Wir beschränken uns auf die Teilmenge der Horn-Klauseln aus der Prädikatenlogik und können daher die prozedurale Interpretation von Kowalski [Kowalski 79] verwenden, um diese einfacheren Aussagen als plausible Regeln für das vorläufige Berechnen von Attribut-Werten für Exemplare eines Typs aufzufassen.

2. Syntax und Semantik

In diesem Abschnitt stellen wir eine informelle operationelle Semantik für OBLOG vor. Die Syntax- und Semantik-Bereiche werden formal spezifiziert, die Semantik aber nur informell beschrieben. Da OBLOG als Erweiterung von Prolog gesehen werden kann, lassen wir die Teile unspezifiziert, die OBLOG von Prolog übernommen hat (siehe [Gordon 79] für eine Einführung in die denotationelle Semantik und [Jones 84] für eine operationelle und denotationelle Semantik von Prolog).

Wissensbasen werden in OBLOG aus vier Arten von *statements* aufgebaut: *types*, *attributes*, *entities* und *rules*. Eine abstrakte Syntax für diese Konstrukte folgt tieferstehend. Sie zeigt eine erweiterte BNF-Notation, lediglich die Schlüsselwörter sind in Fettdruck geschrieben anstatt sie in Anführungszeichen einzuschließen. Klammern können zur Vermeidung von Mehrdeutigkeit verwendet werden, falls erforderlich. Prädikate und Funktoren sind (nicht unbedingt disjunkte) Teilmengen von Symbolen.

```
Knowledge Base = {Statement}.
Statement = type Predicate {Predicate} {Clause}
          |(property | relation) Predicate {Predicate}
          | rule Predicate Predicate {Clause}
          | entity Functor {Predicate} {Predicate [Functor]}.
```

Zusätzlich zu den Semantikbereichen von Prolog benötigen wir

```
Typ = Typ* × Klausel*
Attribut = Attribut* × [Typ → Regel]
Entitäten = Typ* × Klausel*
Regel = [ Klausel* + {leere-Regel}]
```

Nun können wir die Bedeutung dieser OBLOG-Konstrukte und ihre Auswirkungen auf die Deduktion beschreiben.

a. **type** *name parents recognition-rules*

Beispiel: Ein Vater ist eine Person, die jemandes Vater ist.

```
type Vater(person)
     Vater(X) :- Vater(Y,X)
```

Ein *type statement* konstruiert ein Exemplar des Typ-Bereichs und assoziiert es mit dem unären Prädikat *name*. *Parents* ist eine Liste von Prädikaten, die unmittelbare Obertypen des definierten Typ darstellen. Wenn *parents* nil ist, dann ist der Typ ein primitiver Typ. (Es gibt keinen eingebauten universellen Typ wie "Ding" oder "Einheit", doch kann der Benutzer einen innerhalb OBLOG definieren, falls er dies wünscht.) Die *parents* sollten unvergleichbar sein, d.h. kein *parent* sollte ein eigentlicher Untertyp eines anderen sein. Wenn eine Entität e als Exemplar eines Typ t behauptet wird, dann gilt `t(e)`. Darüber hinaus gilt `p(e)` für alle `p`, wobei `p` ein Obertyp von `t` ist.

Die *recognition-rules* sind eine Folge von Horn-Klauseln, die ausreichende Bedingungen für ein Exemplar des Typ festlegen. Typ-Deklarationen sind keine Definitionen im üblichen Sinn, da die erforderlichen Bedingungen nicht festgelegt werden können. Erkennungsregeln können als Genera und Differentia angegeben werden, doch müssen Teilziele, die prüfen, ob die Entität ein Exemplar der einzelnen Genera ist, explizit eingefügt werden. Sie sind nicht automatisch enthalten, da es oft effizientere Verfahren gibt, Exemplare eines Typ zu erkennen, als das oben beschriebene. Alternativ kann ein Typ in Form von Untertypen definiert werden. Wenn keine Erkennungsregeln festgelegt werden, dann kann von den Entitäten behauptet werden, daß sie Entitäten des Typs sind, es ist jedoch unmöglich zu bestimmen, ob andere Entitäten Exemplare des Typs sind. Wir ziehen es vor, keine *closed-world* Annahme zu machen, so daß das Fehlen der Erkennungsregel uns nicht veranlaßt zu folgern, daß andere Entitäten keine Exemplare vom Typ sind, was bei einer *negation as failure* der Fall sein würde.

Im Gegensatz zu Regeln zur Bestimmung der Attribute von Entitäten haben Erkennungsregeln keine Ausnahmen. Die Sicherheit einer Ziellösung ist allerdings nicht nur eine Funktion der Abstraktionsebene der angewandten Regel, sondern auch der Sicherheit der Lösungen für jedes Teilziel der Regel. Auch bei Einsatz einer bestimmten Erkennungsregel für einen Typ können wir daher dennoch mit weniger als vollständiger Sicherheit ableiten, daß eine Entität ein Exemplar des Typs ist.

Typen sind mit den *concepts* in KRYPTON und KL-TWO vergleichbar. Der OBLOG-Ansatz zur Typ-Definition ist jedoch etwas anders. *Concepts* in diesem anderen System haben notwendige sowie ausreichende Bedingungen für die Zugehörigkeit zum *concept*. Während sie eine kleine Anzahl von *concept constructors* bereitstellen, lassen wir beliebige Horn-Klauseln als Erkennungsregeln zu. [Vilian] zeigt die Übereinstimmung zwischen NIKL-Ausdrücken und der Prädikatenlogik. Die Horn-Klauseln der Prädikatenlogik grenzen die Ausdruckfähigkeit unserer Erkennungsregeln etwas ein, zum Beispiel können keine Einschränkungen des Wertes und der Anzahl angegeben werden.

b. **property** *name superattributes*
   relation *name superattributes*

Beispiele:

```
property flies (moves)
relation grandparent (relative)
```

Die *property* und *relation statements* konstruieren ein Attribut und assoziieren es im Falle von Eigenschaften mit einem unären Prädikat oder einem binären Prädikat im Falle von Relationen. Durch Konvention werden `<Entität, Attribut, Wert>` Tupel als binäre Prädikate der Form `Attribut(Entität,Wert)` dargestellt.

`Superattributes` ist eine Liste von Prädikaten, die die unmittelbaren Oberattribute des definierten Attributes darstellen. Diese Oberattribute bestimmen vollständig die Position des Attribut innerhalb einer Taxonomie (in OBLOG eine Partialordnung) von Attributen. (Es ist zu beachten, daß in jeder OBLOG-Wissensbasis zwei Taxonomien vorhanden sind, eine für Typen und eine für Attribute.) Wenn `r` eine Relation ist und `r(a,b)` behauptet wurde, dann gilt für jedes Oberattribut `p` von `r`, `p(a,b)`. Bei Eigenschaften gilt dies entsprechend.

Obwohl sowohl Typen als auch Attribute durch Prädikate dargestellt werden, lassen wir bis zu einem gewissen Maße ein *overloading* der Prädikate zu: ein Prädikat kann sowohl einen Typ als auch eine Relation darstellen. Die jeweilige Stelligkeit des Prädikats zeigt an, worum es sich handelt.

Das Konzept der Attribut-Hierarchien wurde von KL-ONE [Brachman 85a] übernommen, wo sie *RoleSets* heißen. Wie in diesen Systemen können relationale Attribute mehrwertig sein. Aufgrund der Prolog-Basis von OBLOG ist es offensichtlich unmöglich, Zahlenrestriktionen zu erzwingen.

c. **rule** *type attribute clauses*

Beispiele:

```
rule bird flies flies(X)
rule ostrich flies
rule person grandfather
    grandfather(X,Y) :- father(X,Z), father(Z,Y)
```

Attribute statements spezifizieren ein Attribut, aber nicht vollständig. Eine Funktion der Art `[Type → Rule]`, wir wollen sie *lookup* nennen, wird von einer Menge von OBLOG *rule statements* bestimmt. Die *lookup*-Funktion für ein Attribut, eigentlich ein *dictionary*, wird extensional durch eine Menge von *rule statements* definiert. Das heißt, jedes *rule statement* erzeugt ein `[Type × Rule]` Paar im *dictionary* eines Attributes ein. Wenn für ein `[Type × Attribute]` Paar `(t,a)` kein *rule statement* vorhanden ist, dann ist `lookup(t)=nil`, wenn nicht anders angegeben, wobei `lookup` hier die spezielle Lookup-Funktion für das attribute bezeichnet. Es ist zu unterscheiden zwischen diesem Fall, wo es keine Regel gibt, und dem Fall wo die `clauses` einer Regel leer sind, in welchem Fall `lookup(t)=leere-Regel`.

OBLOG unterstützt die *multiple inheritance* von Regeln. Wenn für einen Typ und ein Attribut keine *rule statement* angegeben wurde, kann eine von den Obertypen des Typs geerbt werden. Die leere-Regel dient dazu, eine Vererbung aufzuheben wie im Beispiel mit dem *ostrich*. Präzise ausgedrückt heißt dies, daß die anwendbare *attribute rule* für einen Typ durch die folgende rekursive

Funktion bestimmt wird:

```
applicable-rule: [Type × Attribute] → Rule
applicable-rule(t1,a1) =
   let lookup = the lookup function of a1
    if  lookup(t1) ≠ nil then lookup(t1)
  if ∃ r1 ∀ t2 parent(t1,t2) → applicable-rule(t2,a1) = r1
     then r1
  else null-rule
```

Wenn eine Regel, selbst eine *null-rule* (leere-Regel), explizit angegeben wurde, dann ist sie die anzuwendende Regel. Wenn eine Regel nicht angegeben wurde, dann prüfen wir die *parents* des entsprechenden Typ. Die *parents* eines Typ sind genau jene Typen, die als *supertypes* des Typs behauptet wurden. Die Anordnung dieser *parents* in der *type statement* ist irrelevant. Wenn verschiedene Attribut-Regeln auf die *parents* anwendbar sind, dann spiegeln sie möglicherweise widersprüchliche Generalisierungen wider. Da wir keine Generalisierung der anderen automatisch vorziehen können, gilt in solchen Fällen die leere-Regel. (Eine andere Strategie in solchen Fällen wäre, die verschiedenen Regeln als Alternativen zu betrachten und sie alle anzuwenden.)

d. **entity** *name types*

```
   attribute1 : value
   property1
   attribute2 : value2 ...
```

Beispiele:

```
entity book1 (paperback)
     title : "the Concept of Law"
     important
     author : Hart
     interesting
entity family1 (family)
     mother : Gloria
     son : Mark
     daughter : Val
     son : Tom
     daughter : Lori
```

Ein *entity statement* konstruiert eine Entität und assoziiert einen Funktor mit ihr. Die im *entity statement* aufgeführten *types* sind die bekannten Typen der Entität und sollten unvergleichbar sein. Die Entität ist ein Exemplar dieser behaupteten Typen, aller Obertypen dieser Typen und jedes einzelnen Untertyps dieser Typen, dessen Erkennungsregel erfüllbar ist. Der `{Predicate [Functor]}` -Teil eines *entity statement* ist einfach eine kompakte Notation für eine Menge von *ground unit clauses* oder Fakten über die Entität. Während der Deduktion werden die Typen einer Entität auch als Fakten dargestellt. Somit würden Klauseln für `book1` folgendes beinhalten:

```
paperback(book1).
title(book1,"The Concept of Law").
important(book1).
author(book1,Hart).
```

Wie wir sehen werden, können zusätzliche Fakten durch die Beziehung der angegebenen Attribute zu anderen innerhalb der Attribut-Hierarchie impliziert werden. Zudem, da die *slots* einer entity durch Prädikate dargestellt werden, sind sie potentiell mehrwertig wie anhand der Söhne in `family1` gezeigt.

3. Die Inferenz-Maschine

Bisher haben wir kurz die verschiedenen Komponenten einer OBLOG-Wissensbasis beschrieben, d.h. Hierarchien von Typen und Attributen, typ-indizierte Regeln und eine Menge von Entitäten. Im folgenden geben wir einen Überblick über die nicht-monotone Inferenz-Prozedur von OBLOG, die als SLD-Resolution mit einer modifizierten *ordering rule* zur Auswahl von Programmklauseln [Lloyd] angesehen werden kann. In Prolog werden Klauseln einfach in der (festen) Reihenfolge ausgewählt, in der sie im Programm erscheinen. In OBLOG verwenden wir die Typ-Taxonomie zum Ordnen der Klauseln. Fakten, d.h. *ground unit clauses*, werden zuerst angewendet. Dann folgen relevante Regeln. Welche Regeln relevant sind, hängt vom Prädikat des Ziels und der bekannten und abgeleiteten Typen der betreffenden Entität ab. Das heißt, Regeln sind prädikat- und typ-indiziert. Die Reihenfolge der Regeln basiert auf der Partialordnung ihrer assoziierten Typen. Wenn der Typ einer Regel `r1` ein Obertyp des Typs einer anderen Regel `r2` ist, dann kommt in der Liste der auszuprobierenden Regeln `r1` vor `r2`.

Fakten ergeben sich in OBLOG aus verschiedenen Quellen. Die behaupteten Typen und Attribute einer Entität sind Fakten. Wir haben dies im obigen Beispiel zu `book1` gesehen. Fakten sind auch durch die Struktur der Typ- und Attribut-Taxonomien einer Wissensbasis impliziert. Genauer gesagt: zur Deduktion von Typ- und Attribut-Relationen werden spezielle Inferenz-Prozeduren eingesetzt. Diese Inferenz-Prozeduren generieren in Frage kommende *ground unit clauses*, die während der Resolution verwendet werden.

Zusammenfassend ist zu sagen: wenn ein *unit goal* `g` und eine Wissensbasis `kb` gegeben sind, wird unsere *ordering rule* durch die folgenden Funktionen definiert, wobei `relevant-clauses` *overloaded* ist:

```
relevant-clauses: [goal × knowledge base] → clause*
; the relevant clauses of a knowledge base concerning a goal
relevant-clauses(g, kb) =
     if the entity argument of g is bound then
       relevant-clauses(goal, e), where e is the
       entity denoted by the first argument of g
   else
       the sorted, appended relevant clauses of each of the
         entities in kb

relevant-clauses: [goal × entity] → clause*
; the relevant clauses of an entity concerning a goal
relevant-clauses(g,e) =
     if the predicate of g, p, denotes a type then
          if e is known to be an instance of the type, checking
               the taxonomy if necessary, then the ground unit
               clause p(f), where f is the functor representing e
          else
             the recognition rule for the type denoted by p
     if p denotes an attribute then
          append(known-attributes(g,e), relevant-rules(g,e))

known-attributes: [goal × entity] → clause*
; the known attributes of an entity concerning a goal
known-attributes(g,e) = p(f,v1) … p(f,vn)
     where p is the predicate of g, f is the functor representing
     e, and each vi is an asserted value for e of the attribute
     denoted by p, or subattribute of the attribute denoted by p

relevant-rules: [goal × entity] → clause*
; the relevant rules of an entity concerning a goal
relevant-rules(g,e) = append(r1 … rn) where each ri is an
     applicable rule of an asserted type, or subtype of an asserted
     type, of e, and for each rx, ry, if the type of rx is a supertype
     of the type of ry then rx precedes ry.
```

Das folgende kurze Beispiel aus dem Rechtswesen illustriert die Eigenschaften dieser Kontroll-Struktur. Eine Vereinbarung gilt als Vertrag, als einklagbare Vereinbarung. Eine Vereinbarung mit einem Minderjährigen gilt jedoch nicht als Vertrag. Aber eine Vereinbarung mit einem Minderjährigen, die vom Vormund des Minderjährigen genehmigt wurde, ist ein Vertrag. Dieses Beispiel stammt aus [Philipps 84]. In OBLOG können wir diesen Sachverhalt folgendermaßen darstellen:

```
type Vertrag                                               (1)
type Minderjähriger                                        (2)
relation partei                                            (3)
type Vertrag-mit-Minderjährigem (Vertrag)                  (4)
     Vertrag-mit-Minderjährigem (X) :-
          partei(X,Y),
          Minderjähriger (Y).
property genehmigt                                         (5)
type Genehmigter-Vertrag-mit-Minderjährigem                (6)
     (Vertrag-mit-Minderjährigem)
     Genehmigter-Vertrag-mit-Minderjährigem (X) :-
          Vertrag-mit-Minderjährigem (X),
          genehmigt (X).
property wirksam                                           (7)
rule Vertrag wirksam                                       (8)
     wirksam(X).  ; Horn-Klausel ohne Körper
rule Vertrag-mit-Minderjährigem wirksam                    (9)
     ; null-rule
rule Genehmigter-Vertrag-mit-Minderjährigem wirksam       (10)
     wirksam(X).
```

Nun noch einige fallspezifische Informationen:

```
entity v1 (Vertrag)                                       (11)
     partei : Siegfried
     genehmigt
entity Siegfried (Minderjähriger)                         (12)
```

Der SLD-Baum für die Verbindung dieser Wissensbasis mit der Zielklausel `wirksam(v1)` würde folgendermaßen aussehen:

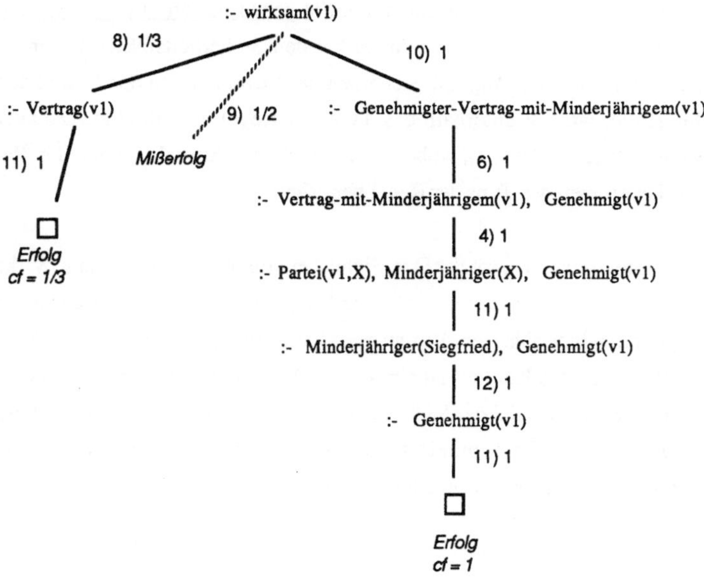

Die Knoten dieses Baums sind Zielklauseln. Die Wurzel ist unsere Frage. Die Kanten sind durch das im Inferenzschritt verwendete *statement* in der Wissensbasis bezeichnet zusammen mit einem Sicherheitsfaktor. Da durch ein einziges OBLOG statement mehr als eine Klausel dargestellt werden kann, können - wie bei *statement* 11 - Verweise zu einem einzigen *statement* vorkommen, die aber zur Lösung verschiedener Ziele eingesetzt werden.

Wir möchten zeigen, daß `v1` wirksam ist. Da `v1` eine Konstante ist, müssen wir nur die durch `v1` bezeichnete Entität betrachten, um relevante Klauseln zu finden. Wir sehen, daß `v1` als Vertrag angegeben ist und suchen Regeln zur Wirksamkeit von Verträgen, wobei wir die von *statement* 8 generierte Klausel finden. Diese Klausel hat keinen *body*, so daß wir sofort erfolgreich sind. Beim *Backtracking* suchen wir zusätzliche Wirksamkeitsklauseln für Untertypen von Vertrag und finden zuerst die leere-Regel von *statement* 9. Hätten wir angegeben, daß `v1` ein Vertrag mit einem Minderjährigen ist, hätte diese leere-Regel die Anwendbarkeit von *statement* 8 blockiert und damit auch unsere erste Lösung. In unserem Fall aber fahren wir einfach mit der Suche nach relevanten Regeln fort, wobei wir die Regel für den genehmigten Vertrag mit Minderjährigen finden. Die Klausel dieser Regel führt dann zu einem zweiten Beweis der Wirksamkeit des Vertrages.

4. Sicherheitsfaktoren

Jede Klausel in der Wissensbasis ist mit einem Sicherheitsfaktor assoziiert. Im Gegensatz zu den Sicherheitsfaktoren bei Produktionsregel-Systemen wie EMYCIN [vanMelle 80] sind in OBLOG diese

Faktoren in der Struktur der Wissensbasis enthalten. Sie geben nur an, inwieweit noch Ausnahmen auszuprobieren sind. Eine Regel ohne Ausnahmen hat den Sicherheitsfaktor 1, genau wie Fakten. Wenn Ausnahmen vorhanden sind, hängt die Sicherheit der Regel nur von der Anzahl der Ausnahmen ab. Es spielt keine Rolle, wie sie unterhalb des Typs der Regel verteilt sind. Genauer gesagt, der Sicherheitsfaktor einer Regel ist 1/(1+n), wobei n die Anzahl der Ausnahmen ist, d.h. Regeln, die das gleiche Prädikat für Untertypen des Typs der Regel betreffen.

Kehren wir zu unserem Beispiel zurück. Der Sicherheitsfaktor der Regel zur Wirksamkeit von Verträgen ist 1/3, da es zwei Ausnahmen gibt, eine für Verträge mit Minderjährigen und eine für genehmigte Verträge mit Minderjährigen. Wir sprechen auch von der Sicherheit der Knoten in einem SLD-Baum. Die Sicherheit eines Knotens ist einfach das Minimum der Sicherheiten der Kanten zum Knoten. Daher ist in unserem Beispiel der Sicherheitsfaktor der ersten Lösung 1/3 und der der zweiten Lösung ist 1. In diesem Beispiel zumindest wächst die Sicherheit, wenn wir nach alternativen Beweisen suchen, ein Verhalten, das wir im allgemeinen erhoffen.

5. Schluß

OBLOG ist noch in der Entwicklung begriffen. Es gibt eine Prototyp-Implementierung in Lisp. Eine Wissensbasis zum deutschen Stellvertreterrecht wurde von Gerald Quirchmayr aufgebaut *(vergleiche Anhang)*. Kai Diestelmeier schreibt gerade eine denotationelle Semantik. Außerdem hat Axel Kramer eine Grafik-Schnittstelle für das System entworfen. Mögliche Erweiterungen beinhalten eine selektive Form der Negation bei Mißerfolg (die es Benutzern ermöglicht, Prädikate hinsichtlich besonderer Entitäten zu schließen), Prototypen (die wir als imaginäre Entitäten eines Typs interpretieren, dessen Attributwerte die typischen Werte für Exemplare des Typs sind) und eine Unterstützung für Typ- und Zahl-Constraints für Attribut-Werte.

Anhang

Das Modell der Stellvertretung

1. Allgemeines zum Modellierungsvorgang

Als Beispiel für die Realisierung einer größeren Wissensbasis wurde das Stellvertretungsrecht gewählt, da es einen komplexen Bereich des BGB darstellt, der zudem noch Schnittpunkte zu vielen anderen Bereichen des Allgemeinen Teils des BGB aufweist. Gerade ein derart komplizierter Anwendungsbereich erlaubt es aber zu zeigen, wie auch schwierige juristische Probleme mit Hilfe von Wissensrepräsentationssprachen wie OBLOG relativ klar strukturiert dargestellt werden können. Hält man sich beim Entwurf des Modells an die Regeln der schrittweisen Verfeinerung, ist es möglich, die Schnittstellen zu den übrigen Teilen des BGB sauber zu definieren, was unter dem Aspekt der Erweiterbarkeit eines Modells von größter Bedeutung ist. Äußerst angenehm ist, daß es in Oblog zwei Hilfsmittel gibt, diese Ziele zu erreichen, erstens die Typenhierarchie und zweitens die Möglichkeit, einen Regelbaum zu erstellen.

2. Der Einsatz der Typenhierarchie

Der Vorteile der Typenhierarchie liegen im damit verbundenen Konzept der Vererbung, das dem Wissensingenieur ein Werkzeug zur Verfügung stellt, mit dem das zu modellierende Problem in mehrere Schichten unterteilen kann. Dazu ein kleines Beispiel:

```
type Person
     Erkennungsregel, ....
type Vertreter (Person)
```

Ein Objekt des Typs `Vertreter` ist gleichzeitig ein Objekt des Typs `Person`, was bedeutet, daß auf sämtliche Regeln und Attribute die mit dem Typ `Person` verknüpft sind, zugegriffen werden kann, wenn bekannt ist, daß ein Objekt ein `Vertreter` ist. Somit ist man in der Lage, eine Art von Modulen zu verwenden, die zusätzliche Informationen beinhalten. Gleichzeitig erhält man durch eine solche Strukturierung sauber definierte Schnittstellen, wie hier zum Personenbegriff des BGB. Ein weiterer bedeutender Vorteil des Typenkonzeptes liegt in der komfortableren Gestaltung der Schnittstelle, da ein Anwender in der Lage ist, mit der Frage `Person(X)` sämtliche im jeweiligen Fall vorkommende Objekte des Typs Person zu erhalten. Da jeder Jurist die an ihn herangetragenen Fälle mit seinen eigenen Denkmodellen lösen möchte, gewinnt dieser Vorteil von OBLOG zusätzlich an Bedeutung (man kann zum Beispiel innerhalb eines Modells sowohl Personen-, als auch Ereignisorientierte Problemlösungsmethoden unterstützen, wie dies im Modell des

Stellvertretungsrechtes realisiert wurde). Entscheidend ist dabei vor allem die Struktur der Typenhierarchie.

3. Der Regelbaum

Die Regelmodellierung in OBLOG entspricht dem Konzept der schrittweisen Verfeinerung, wie folgendes Beispiel zeigt, das jene Voraussetzungen beschreibt, die vorliegen müssen, damit eine Vertreterhandlung als wirksam gelten kann (§§ 164 ff BGB):

```
rule Stellvertretung wirksam
     wirksam(Self) :-
          Vertretungsmacht(Self,Vm),
          vorliegend(Vm).
     wirksam(Self) :-
          Genehmigung(Self,Genehmig),
          wirksam(Genehmig),
          Widerruf(Self,Widerr),
          unwirksam(Widerr).
```

Obige Oblog-Regel beschreibt die Voraussetzungen für das Vorliegen einer wirksamen Stellvertretung. Damit eine Stellvertreetung wirksam ist, muß also entweder im Zeitpunkt der Vornahme der Vertreterhandlung bereits Vertretungsmascht vorliegen, oder es muß eine nachträgliche Genehmigung durch den Vertretenen erfolgen, der aber kein wirksamer Widerruf des Geschäftsgegners entgegenstehen darf.

Die Wirksamkeit einer Stellvertretung wird in Oblog dadurch modelliert, daß die Alternativbedingungen für das Vorliegen der Wirksamkeit aufgelistet werden. Eine Stellvertretung ist also wirksam, `wirksam(Self)`, wenn es zu dieser eine Vertretungsmacht `Vm` gibt, `Vertretungsmacht(Self,Vm)`, die zum Zeitpunkt der Vertreterhandlung vorliegt, `vorliegend(Vm)`. Die zweite Alternative ist die, daß nachträglich eine Genehmigung `Genehmig` erfolgt, `Genehmigung(Self,Genehmig)`, die wirksam ist und daß dieser Genehmigung kein wirksamer Widerruf des Geschäftsgegners `Widerr` entgegensteht.

Die weiteren Untergliederungen des Baumes (z.B. Bedingungen für das Vorliegen von Vertretungsmacht) sollen hier nur noch kurz erwähnt werden. Zu nennen sind hier vor allem die Beachtung des Offenheitsgrundasatzes, das Vorliegen der Grundlage der Vollmacht, die gültige Erteilung der Vollmacht, das Fehlen von Willensmängeln, die Beachtung der Geschäftsfähigkeitserfordernisse und die Tatsache, daß die Vollmacht noch nicht erloschen sein darf.

4. Die Modellierung von Fällen

Nachstehend ein Beispiel für die Modellierung von Fällen aus dem Bereich des Stellvertretungsrechtes:

```
entity Stv0 (Stellvertretung)
    Genehmigung : Genehmigung0
entity Genehmigung0 (Genehmigung)
    wirksam
entity Stv1 (Stellvertretung)
    Genehmigung : Genehmigung1
    Widerruf : Widerruf1
entity Genehmigung1 (Genehmigung)
    wirksam
entity Widerruf1 (Widerruf)
    unwirksam
```

In diesem Beispiel werden zwei Stellvertretungen modelliert, deren Wirksamkeit zu untersuchen ist. Im Fall der ersten Stellvertretung `Stv0` ist bekannt, daß eine nachträgliche wirksame Genehmigung vorliegt. Dies genügt aber nicht, um zu zeigen, daß die Stellvertretung `Stv0` wirksam ist, da nicht bekannt ist, ob ein Widerruf des Geschäftsgegners entgegensteht und wenn ja, ob dieser unwirksam ist. Das System kann also das Vorliegen einer gültigen Stellvertretung nicht nachweisen. Ganz anders bei der Stellvertretung `Stv1`, bei der dieses Zusatzwissen vorhanden ist.

Bei der Frage nach einer wirksamen Stellvertretung beginnt Oblog zuerst, eine Stellvertretung zu suchen. Im zweiten Schritt wird dann versucht, zu beweisen, daß diese Stellvertretung wirksam ist.
Bei der Untersuchung des vorliegenden Falles findet Oblog zuerst die Stellvertretung `Stv0` und versucht, zu beweisen, daß diese wirksam ist. Da dieser Beweis nicht gelingt (es liegt weder Vertretungsmacht vor, noch eine nachträgliche Genehmigung, von der man weiß, daß ihr kein wirksamer Widerruf des Geschäftsgegners entgegensteht), wird mit Hilfe des Backtracking-Verfahrens versucht, eine andere Stellvertretung zu finden die in Gestalt von `Stv1` auch gefunden wird. Im Stellvertretungsmodell gibt es eine Regel, die besagt, daß eine Stellvertretung dann wirksam ist, wenn eine nachträgliche Genehmigung erfolgt, der kein wirksamer Widerruf des Geschäftsgegeners entgegensteht. Mit Hilfe dieser kann bewiesen werden, daß es sich bei `Stv1` um eine wirksame Stellvertretung handelt.

Literaturverzeichnis

[Brachman 85a] Brachman, R.J., and Schmolze, J.G.; *An Overview of the KL-ONE Knowledge Representation System*; Cognitive Science; 9(2); 1985; pp 171-216.

[Brachman 85b] Brachman, R.J.; Gilbert, V.P.; Levesque, H.J.; *An Essential Hybrid Reasoning System: Knowedge and Symbol Level Accounts of Krypton*; Proceedings of the Ninth International Joint Conference on Artificial Intelligence; 1985.

[Fiedler 85] Fiedler, Herbert; *Expert Systems as a Tool for Drafting Legal Decisions*; Proceedings of the Second International Congress on Logic, Computer Science, and Law (*Logica, Informatica, Dirritto*); Florence; 1985.

[Genesereth 82] Genesereth, M.R. and Smith, D.E.; *Meta-Level Architecture*; Stanford Heuristic Programming Project; Memo HPP-81-6; 1982.

[Gordon 79] Gordon, M.J.C.; *The Denotational Description of Programming Languages, An Introduction*; Springer-Verlag; 1979.

[Gordon 85] Gordon, Thomas; *Object-Oriented Predicate Logic and its Role in Representing Legal Knowledge*; In *Computer Power and Legal Reasoning*; ed. Walter, C.; West Publishing Co.; 1985.

[Gordon 86] Gordon, Thomas; *The Role of Exceptions in Models of the Law*; in *Formalisierung im Recht und Ausätze juristischer Expertensysteme*; J. Schweitzer Verlag; Munich; 1986 .

[Jones 84] Jones, N.D.; Mycroft, A.; *Stepwise Development of Operational and Denotational Semantics for Prolog*; International Symposium on Logic Programming; Atlantic City; 1984.

[Kowalski 79] Kowalski, R.A.; *Logic for Problem Solving*; North Holland; 1979.

[Lloyd 84] Lloyd, J.W.; *Foundations of Logic Programming*; Springer Verlag; 1984.

[Philipps 84] Philipps, Lothar; *Der Computer als Hilfsmittel zu einer interessengerechten Normierung*; DVR Beiheft 17; J. Schweitzer Verlag; Munich; 1984.

[vanMelle 80] vanMelle, William; *A Domain-Independent System that Aids in Constructing Knowledge-Based Consultation Programs*; Stanford Heuristic Programming Project; Report No. STAN-CS-80-820; 1980.

[Vilain 85] Vilain, Marc; *The Restricted Language Architecture of a Hybrid Representation System*; Proceedings of the Ninth International Joint Conference on Artificial Intelligence; 1985.

KOKON: Wissensbasierte Konfigurierung von Verträgen

Detlef L. Kowalewski ([1])
Josef Schneeberger ([2])

KOKON ist ein Akronym für Kontrakt-Konfigurierung und wird innerhalb des vom Bundesminister für Forschung und Technologie geförderten Verbundforschungsvorhabens WISDOM (Wissensbasierte Systeme zur Bürokommunikation: Dokumentenbearbeitung, Organisation, Mensch-Computer-Kommunikation) als anwendungsorientiertes Teilvorhaben von der Forschungsgruppe Künstliche Intelligenz der Technischen Universität München und der GEI Systemtechnik in München bearbeitet.

Weitere WISDOM-Partner sind die TRIUMPH-ADLER AG Nürnberg (Gesamtprojektleitung), GMD St. Augustin, Projektgruppe INFORM der Universität Stuttgart, sowie das FhG-Institut fuer Arbeitswirtschaft und Organisation in Stuttgart. Gemeinsam mit diesen Partnern wird insbesondere zu den Grundlagenthemen Mensch-Computer-Kommunikation, Hilfesysteme sowie Wissensrepräsentation und Inferenztechniken zusammengearbeitet, während das Anwendungsthema KOKON nur von den Münchener Partnern bearbeitet wird.

Das Ziel bei KOKON ist die Entwicklung eines wissensbasierten Systems zur Unterstützung der Konfigurierung von im Notariat anfallenden Verträgen. Im Rahmen der für WISDOM veranschlagten Laufzeit bis Ende 1988 ist die Entwicklung jeweils dreier aufeinander aufbauender Prototyp-Systeme vorgesehen. Nach einleitenden Untersuchungen der Aufgabenstellung wird z. Zt. (Juni 86) der erste Prototyp auf einer Maschine der Leistungsklasse "single user workstation" implementiert. Dieses Papier bezieht sich auf den ersten Prototyp.

---

(1) GEI Systemtechnik, Otto-Hahn-Str. 34, 8012 München-Ottobrunn, Tel.: 089-6097044, Fax: 089-6098182

(2) Forschungsgruppe Künstliche Intelligenz, zugeordnet dem Lehrstuhl für Rechnerarchitektur am Institut für Informatik, TU München, Postfach 202420, 8000 München 40, Tel.: 089-521099, Netzadresse: SCHNEEBERGER@TUMKI.UUCP

2. Die Problematik der Vertragsgestaltung

Die Entscheidung, sich innerhalb der gesamten Menge möglicher Verträge auf die Betrachtung derjenigen Kategorien von Verträgen zu beschränken, die in einem Notariat eine wesentliche Rolle spielen, hatte folgenden Grund: Es handelt sich hier um Verträge, welche der Form der Beurkundung unterliegen und die u. a. deshalb bereits die sonst bei Verträgen anzutreffende relative Freiheit in Bezug auf Form und Inhalt (und damit auch die Komplexität von zu implementierenden Prototyp-Systemen) wenigstens ein wenig einzuschränken versprechen. Vorab seien die Projektziele noch einmal kurz angesprochen.

2.1. Ziele der Entwicklung des ersten Prototyps

Durch die Realisierung des ersten Prototyps soll insbesondere der Einsatz von Methoden und Konzepten aus dem Bereich der sogenannten "Künstlichen Intelligenz" im Anwendungsgebiet erprobt werden. Außerdem sollen

* die Funktionen, die Einsatzmöglichkeiten und Grenzen eines solchen Systems im Notariat erforscht werden,

* im Umgang mit dem bereichsspezifischen Wissen Grundelemente desselben identifiziert und formal beschrieben werden, und

* die Ergebnisse in die Spezifikation einer Wissensrepräsentationssprache (z.B. für Verträge oder Gesetze) eingehen, die dann in den nachfolgenden Prototypen realisiert und verwendet wird.

2.2. Vertragsgestaltung und Rechtsanwendung

Bei Gestaltung von Verträgen sollen bekanntlich i. a. die Interessen verschiedener Parteien für die Zukunft in den Formen des Rechts so geregelt werden, daß sich die Parteien vertragen (können). Es wird versucht, den Willen der Klienten so in einer rechtsgeschäftlichen Erklärung zum Ausdruck zu bringen, daß erwünschte rechtliche Wirkungen für die Zukunft entstehen und unerwünschte vermieden werden.

Hier ist also insbesondere das Verhältnis zum Recht in Bezug auf in die Zukunft gerichtete Gestaltbarkeit angesprochen. Die Ausgangssituation und Sichtweise eines Vertragsgestalters unterscheidet sich also sehr von der Situation beispielsweise eines Richters, dessen Handeln sich insofern auf die Vergangenheit bezieht, als daß er abgeschlossene, für ihn nicht mehr beeinflußbare Fakten beurteilt.

Die (z.B. richterliche) Anwendung von Recht entspricht eher dem Paradigma der Diagnose-Problematik, während die Gestaltung von Verträgen mehr dem der Planungs-Problematik zuzurechnen ist. Nichtsdestoweniger wird ein Planungs-Problem üblicherweise durchaus über die Diagnose von Konsequenzen für eine mögliche Lösung unter hypothetischen Bedingungen gelöst (vgl. /Bibel 85/); auch ein Vertragsgestalter setzt einen vorläufigen Entwurf in Gedanken verschiedenen hypothetischen Situationen aus und wendet das Recht darauf an, um die potentiellen Konsequenzen für die Parteien zu analysieren. Insbesondere müssen dabei die vom Gesetzgeber (etwa durch Verordnungen) vorgesehenen Prozeduren berücksichtigt werden. Die Abwicklung eines Grundstückskaufs "...Zug um Zug..." wäre beispielsweise eine solche bewährte Prozedur.

Andererseits läßt sich die Gestaltung von Verträgen auch als Designaufgabe auffassen. Das Ergebnis ist der fertig konfigurierte Vertragstext. Dieser wird mit Hilfe des Wissens und oft unbewußter Fähigkeiten des Vertragsjuristen erstellt. Außerdem bedient er sich einiger Hilfsmittel und Werkzeuge (z. B. Texthandbücher, heute meistens schon Textverarbeitungssysteme mit Textbausteinsammlungen; als Referenz bezüglich der Fähigkeiten solcher "programmierbarer" Dokument-Zusammenstellungs-Systeme, die unabhängig vom Einsatzgebiet "juristische Dokumente" funktionieren, sei hier z. B. der ABF-Prozessor /Sprowl 78, 81/ genannt).

Deshalb gelten die grundlegenden Merkmale, Schwierigkeiten und Modelle von Design-Aufgaben (vgl. /Schnee 85/) auch bezüglich des Entwurfs und der Ausgestaltung von Verträgen.

2.3. Qualitätsmerkmale von Verträgen

Die Qualität eines Vertrages läßt sich anhand verschiedener Merkmale etwas weiter aufgeschlüsselt untersuchen. Nichtsdestoweniger kann ein Vertrag natürlich immer nur ein Kompromiß bei der Optimierung nach den einzelnen Merkmalen sein, da diese in der Tendenz zum Teil diametral auseinanderlaufen (ganz zu schweigen von der Problematik "Optimierung nach Interessenlage der beteiligten Parteien"). Ein Vertrag weist verschiedene Attribute auf, die natürlich sowohl generell einen unterschiedlichen Grad von Wichtigkeit besitzen, als auch im konkreten Fall von der konkreten Sachlage und den individuellen Vorstellungen der involvierten Parteien geprägt sind:

* Rechtswirksamkeit;
  die Konfigurierung eines Vertrags, der nicht rechtswirksam werden kann, weil er beispielsweise gegen die guten Sitten verstößt, macht keinen Sinn.

* Sachfragen sind geregelt;
  die beteiligten Parteien sind in ihren Funktionen bzgl. des Vertrages genannt, der Geschäftsgegenstand ist genau identifiziert und die Leistungen und Gegenleistungen sind spezifiziert.

* Risiken sind minimiert;
  hier geht es vor allem um übliche Risiken der Nichterfüllung oder -erfüllbarkeit der Verpflichtung; explizite Behandlung absolut abwegiger Risiken kann kein Merkmal guter Qualität sein.

* Sprache ist verständlich;
  auch für den juristischen Laien ist möglichst verständlich formuliert, was eigentlich alles in dem Vertrag vereinbart wird. Dies steht in der Tendenz ganz klar im Konflikt mit

* Sprache ist "gesetzbezogen";
  die Niederschrift soll klar und unzweideutig sein, damit jeder Jurist sofort erkennen kann, auf welche gesetzliche Regelung mit der Formulierung Bezug genommen wird; beispielsweise hätten wir im letzten Satz von "klar und eindeutig" sprechen können, wir wollten uns aber (offensichtlich?) auf Paragraph 17 Absatz 1 des Beurkundungsgesetzes beziehen, wo genau die Formulierung "klar und unzweideutig" verwendet ist.

* Redundanzarmut;
  ein Vertrag ist besser, wenn er nicht Vereinbarungen explizit erwähnt die unabhängig von der Erwähnung bereits durch die gesetzlichen Default-Regelungen gelten; natürlich kann die eine oder andere Regelung trotz ihrer impliziten Gültigkeit auch noch einmal explizit wiederholt werden, wenn sie in ihrer Wichtigkeit für eine

Vertragspartei besonders betont werden soll.

Kein Qualitätsmerkmal des Vertrages ist übrigens aus notarieller Sicht die Frage der Fairness des Vertrages; aus notarieller Sicht ist vielmehr wichtig, daß allen Parteien vor Abschluß des Vertrages klar ist, worauf sie sich mit dem Vertrag einlassen, und daß zumindest für die absehbaren Risiken geklärt ist, wie darauf reagiert werden soll, so daß Streit gar nicht erst entsteht und keine autoritative Entscheidung durch ein Gericht benötigt wird; dem Notar bleibt die Verpflichtung zur Aufklärung über die Risiken, aber ein "unfairer Vertrag" muß demzufolge noch lange nicht als "qualitativ eher schlecht" beurteilt werden.

2.4. Kategorisierung der Expertise bezüglich der Vertragskonfigurierung

In ein System zur Unterstützung der Konfigurierung von Verträgen fließt Wissen aus unterschiedlichen Quellen ein; für den ersten Prototypen von KOKON beschränken wir uns zunächst auf die auszugsweise Repräsentation von Wissen folgender Kategorien:

* Wissen über Gesetze und Verordnungen des Bundes und der Länder (HGB, BGB, AGBG, FGG, ...); konstruiertes Beispiel: Ein Sachverhalt X könne abgeleitet werden, "...wenn der Verkäufer eine angemessene Zeit lang..." irgendetwas unternimmt oder unterläßt;

* Wissen über Gerichtsurteile und Kommentare; dies sind eine Art "Bedienungsanweisungen" für die Gesetze und Verordnungen; Beispiel: Was ist "eine angemessene Zeit" in obigem Kontext nach herrschender Meinung?

* Wissen über öffentliche Institutionen und Prozeduren; z.B. Verfahren und öffentliche Beteiligte bei "Einsichtnahme in Grundbuch" oder "Anmeldung einer GmbH-Gründung beim Registergericht", etc.

* Wissen über potentielle bzw. übliche Klientenziele; z.B. Stärkung der Geschäftsführer-Position bei Ein-Mann-GmbH;

* Wissen über Strategien zur Erreichung von Klientenzielen;

* Wissen über Formulierungen und ihre juristische Relevanz; z.B.

"schenken" vs. "überlassen" vs. "leihen"

* Wissen über die Definition von Fachterminologie; z. B.: Was ist "Auflassung", "Zwangsvollstreckungsunterwerfung", etc.

* Wissen über illustrative Beipiele bezüglich Problemen, Risiken und Konsequenzen; z.B.: Was kann passieren, wenn man auf die Klausel "Der Verkäufer versichert, daß Rückstände von Leistungen dieser Art nicht bestehen." verzichtet?

Die ersten fünf genannten Kategorien implizieren bereits ein Modell der Vertragskonfigurierung; unter Hinzunahme der sechsten Kategorie (Formulierungswissen, Textfragmente für Klauseln) könn man grundsätzlich im Rahmen der Kompetenz eines mit solchem Wissen ausgestatteten Systems bereits vollständige Verträge generieren.

3. Zur Systemstruktur

Zur Einführung in die Thematik "Expertensysteme" und "Wissensbasierte Systeme" und die bezüglich dieser Thematik existierende Sprachverwirrung sei hier ganz allgemein auf die beiden sehr leicht lesbaren Artikel /Puppe 86/ und /Struß 86/ verwiesen.

3.1. Komponenten und Schichten

Wir adaptieren die in /Puppe 86/ verwendete Darstellung einer Systemstruktur bezogen auf unsere Problemstellung wie auf der folgenden Seite in Abb. 1 gezeigt: Um einen im wesentlichen anwendungsunabhängigen Systemkern ("shell") ist die Wissensbasis angelagert. Hier skizziert ist allerdings lediglich der anwendungsspezifische Teil der Wissensbasis.

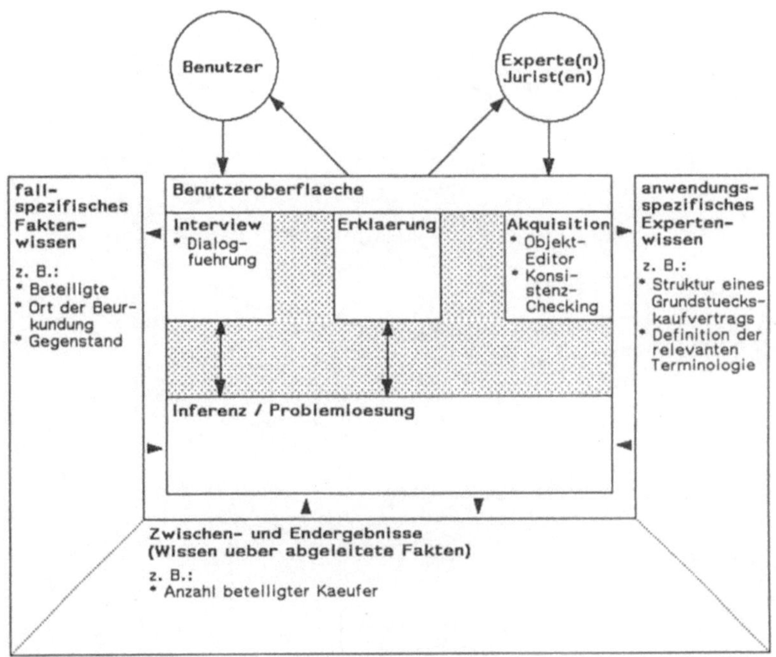

Abb. 1: Strukturkomponenten des Prototyp 1

Die folgende Abb. 2 zeigt eine etwas komplexere Sichtweise auf, die verschiedenen Aspekten qualitativ gerechter wird. Sie entspricht den beim ersten Prototypen tatsächlich vorliegenden Verhältnissen besser; wie in anderem Zusammenhang auch üblich, werden hier wenigstens drei (hier vertikal dargestellte) Schichten unterschieden:

* E/A-Schicht; hierunter fällen alle geräteabhängigen und anwendungsunabhängigen Funktionalitäten und Wissensteile (z. B.: windows, menus, mouse handling, file system, etc.)

* Dialog-Schicht; sind alle Funktionalitäten und Wissensteile subsummiert, die weder vom "Gerät" noch von der Anwendung abhängen (z. B.: Ablaufstruktur einer Sitzung am System)

* Anwendungs-System-Schicht; sie enthält ausschließlich Anwendungsspezifisches (z. B.: das im Abschnitt 2.4 kategorisierte Wissen)

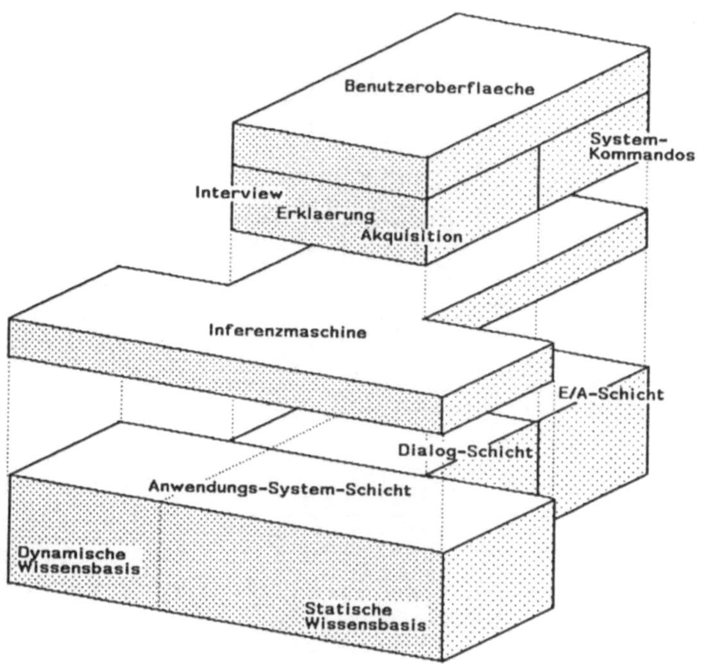

Abb. 2: Schichtungsaspekte

Die Wissensbasis (in Abb. 2 die unterste horizontale Schicht) enthält explizit repräsentiertes Wissen bezüglich aller drei o. a. vertikalen Schichten, wohingegen die Abb. 1 suggeriert, daß die Wissensbasis ausschließlich Wissen bezüglich der Applikation enthielte. Das Wissen ist wiederum unterschieden nach

* Dynamischem Teil (fallspezifisches Faktenwissen, abgeleitete Zwischen- und Endergebnisse) und

* Statischem Teil (z. B. Wissen über Ablaufstruktur einer Sitzung am System, anwendungsspezifisches Expertenwissen)

Die Anteile der einzelnen (vertikalen) Schichten (und deren unterschiedlicher Umfang in Bezug auf statische und dynamische Teile) an der ganzen Wissensbasis (WB) sind in der Tendenz in Abb. 2 ebenfalls skizziert.

Dabei sind die WB-Anteile der E/A- und Dialog-Schicht relativ klein gegenüber der Anwendungssystem-Schicht und die dynamischen Anteile werden naturgemäß erst im Laufe von Konfigurierungssitzungen aufgebaut.

Der Zugriff auf die WB geschieht immer über die mittlere horizontal dargestellt Schicht, der "Inferenzmaschine" - in unserem Fall ein PROLOG-System.

Die obere horizontale Schicht besteht aus LISP-Funktionen und -Prozeduren und "hat eine Benutzeroberfläche", die zum (kleineren) Teil in der Dialog-Schicht, zum Teil in der E/A-Schicht angesiedelt ist. In der Dialog-Schicht werden hier die Funktionalitäten Interview, Erklärung und Akquisition angeboten, also die eigentlichen "shell"-Funktionalitäten.

3.2. Die Wissensbasis

Wir haben uns bei der Aufbereitung und Identifizierung der Wissensinhalte und Heuristiken bezüglich des Themas "Vertragsgestaltung" für den ersten Prototypen auf das Teilgebiet "Generierung von Grundstückskaufverträgen" eingeschränkt. Diese Einschränkung scheint zweckmäßig, da an diesem Vertragstyp bereits fast alle Elemente der Grundstücksveräußerung, insbesondere die Behandlung von Mängeln des Kausalgeschäfts und Leistungsstörungen gut und vollständig dargestellt werden können (siehe /Wei 85/ Par. 6 "Der Grundstückskaufvertrag"). Den Einstieg für die Akquisition des Wissen bilden einige wenige fertig ausformulierte Verträge. Außerdem werden Textbausteinsammlungen (z. B. /Keim 81/) und kommentierte Vertragshandbücher (z. B. /HeiMei/) als Material verwendet. Die genauen Wissensinhalte werden u. a. auch mittels z. T. mehrtägiger, tonaufgezeichneter Interview-Sitzungen und Fallstudien mit Vertragsjuristen erarbeitet.

Für den ersten Prototyp wurde aus verschiedenen Gründen (unmittelbare Verfügbarkeit, Sicherheit, Handhabbarkeit, etc.) die Sprache PROLOG zur Repräsentation des Anwendungswissens herangezogen. Wie weiter oben bereits erwähnt, soll allerdings im Laufe der Implementierung nachfolgender Prototypen eine "adäquatere" Wissensrepräsentation eingesetzt werden.

R. Kowalski und M. Sergot haben ein Beispiel dafür angegeben, wie sich Gesetze mit Hilfe von Logik formalisieren lassen (siehe z. B. /KowSer 85/). Es folgt nun ein entsprechend adaptiertes Beispiel für eine solche mögliche Formalisierung relevanter Gesetzesteile in Form einer PROLOG-Skizze.

```
/* Buergerliches Gesetzbuch                   */
/* Erstes Buch. Allgemeiner Teil              */
/* Erster Abschnitt. Personen                 */
/* Erster Titel. Natuerliche Personen         */
/* § 1 Beginn der Rechtsfaehigkeit            */

ist_rechtsfaehig(Buerger) :-
  ist_geboren(Buerger).

/* § 2 Eintritt der Volljaehrigkeit           */

ist_volljaehrig(Buerger) :-
  alter(Buerger,N),
  N >= 18.

/* §§ 3 - 5 aufgehoben                        */
/* § 6 Entmuendigung                          */

kann_entmuendigt_werden(Buerger) :-
  eigener_entmuendigungsgrund(Buerger);
  entmuendigungsgrund_anderer(Buerger).

eigener_entmuendigungsgrund(Buerger) :-
  unselbstaendig(Buerger);
  verschwenderisch(Buerger);
  trunksuechtig(Buerger);
              :
              :
```

Abb. 3: Skizze einer Repräsentation von Gesetzesinhalten als logisches Programm

Besonders relevant sind in diesem Zusammenhang natürlich folgende Problemkreise, bzw. Repräsentation von Wissen bzgl. folgender Stichworte:

Personen, Sachen, Rechtsgeschäfte, Fristen / Termine, Verjährung, Sicherheitsleistungen (Bürgerliches Gesetzbuch, Erstes Buch);

Schuldverhälnisse aus Verträgen, Übertragung, Übernahme (BGB, Zweites Buch); Sachenrecht: Besitz, allgemeine Vorschriften über Rechte an Grundstücken, Inhalt des Eigentums, Erwerb und Verlust des Eigentums an Grundstücken, Erbbaurecht, Dienstbarkeiten, Vorkaufsrecht, Reallasten, Hypothek / Grundschuld / Rentenschuld (BGB, Drittes Buch); Formvorschriften bzgl. der Beurkundung (BeurkG); Problematik von Formularverträgen (AGBG); Pflichten des Notars (BNotO); Makler- und Bauträger-Verordnung (MaBV).

Der grundsätzliche Aufbau der gesamten (Anwendungs-System-Schicht der) Wissensbasis orientiert sich sehr stark an der durch die Tradition festgelegten Struktur der hier relevanten Verträge:

* Identifikation von Vertragspartner und Vertragsgegenstand
* Festlegung des Kaufpreises
* Planmäßiger Verlauf der Vertragserfüllung
* Behandlung (vorhersehbarer, üblicher) Risiken
* Weitere technische Regelungen (z. B. explizite Betonung von Regelungen, die bereits implizit gelten)

In der folgenden Abbildung sind die beiden top-level-Praedikate der Dialog-Schicht ("die_konfigurierungssitzung_ist_abgeschlossen") und der Anwendungs-System-Schicht ("ein_vertrag_aus_dem_kompetenzbereich_-des_systems_ist_konfiguriert") dargestellt und es ist im unteren Teil kurz angedeutet, wie auf niedrigerem Level die Struktur eines Vertrages je nach Kategorie in PROLOG-Prädikaten ausgedrückt werden könnte.

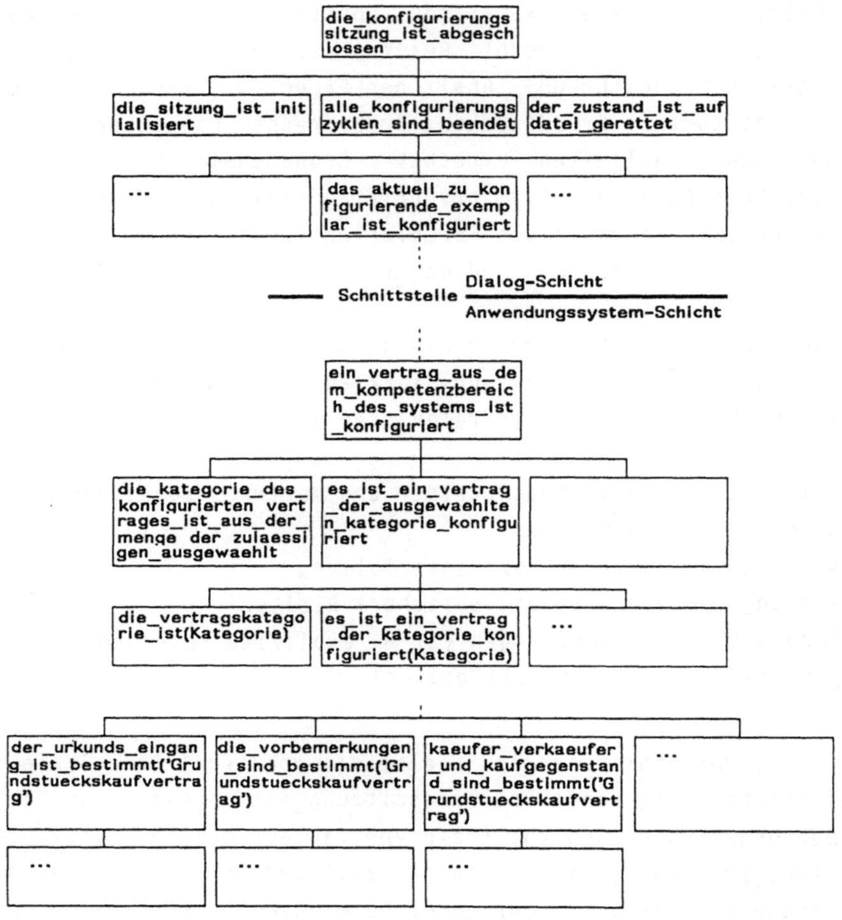

Abb. 4: Ausschnitt aus der Wissensbasis mit den top-level-Prädikaten der Anwendungs-System-Schicht und der Dialog-Schicht

3.3. Benutzeroberfläche

Über die Benutzeroberfläche sollen mehrere Funktionalitäten integriert zur Verfügung gestellt werden, die im Wesentlichen durch die Stichworte "Interview", "Erklärung", "Akquisition" und "Systemkommandos" umschrieben werden können. Die konkrete Ausprägung der Benutzeroberfläche ist auch selbst Forschungsgegenstand des WISDOM-Projektes. Wir verwenden bei der Implementierung des ersten Prototypen zunächst bereits auf unseren Entwicklungsmaschinen verfügbare Gestaltungselemente und Bearbeitungsfunktionen (verschiedene Menus, bit-map-Schriften, constrained frames, mouse handling, mouse sensitive items, etc.).

Der Konfigurierungs-Dialog ("Interview") verläuft entlang der fallspezifischen, noch offenen Fragen; d. h. erstens werden nur Fragen gestellt, die dem Benutzer noch nicht gestellt wurden, zweitens kann eine Konfigurierung fallbezogen inkrementell, auch über mehrere Sitzungen verteilt, geschehen. Nach jeder fallspezifischen, möglicherweise unvollständigen, Konfigurierung wird das dynamische Wissen bezüglich dieses Falles ausgelagert. Soweit möglich werden in Menüs Alternativen mit kontextabhängigen Voreinstellungen zusammengefaßt angeboten, die dann einfach über "mouse clicks" modifiziert oder bestätigt werden können.

Der Erläuterungs-Dialog ("Erklärung") wird ebenfalls über solche Menüs abgewickelt. Statt einer Antwort im Konfigurierungs-Dialog kann der Benutzer jederzeit mit einer "Gegenfrage" nach dem WARUM (oder WAS oder WIE) reagieren.

Die Generierung von Erklärungen erfolgt dann in der (von anderen Systemen her) bekannten Weise, indem der explizit repräsentierte (statische) und der dynamische (im Laufe der Sitzung aktivierte oder generierte) Teil des Wissens zur Verbalisierung herangezogen wird, WARUM bzw. aufgrund welcher Kette von Regeln und Vorbedingungen der aktuelle Status des Konfigurierungsdialog herrscht. Die Aufbereitung der formalen Repräsentation der aktiven Kausalkette (goal stack) und der Strukturdefinitionen (inheritence hierarchies) erfolgt dann in Pseudo-natürliche Sprache. Zur Kategorisierung verschiedener Fragetypen und zu Pseudo-natürlicher Sprache siehe auch /Ritter 85/.

Eine Erklärungskomponente kann i. a. die formale Repräsentation der aktiven Kausalkette (goal stack) und der Strukturdefinitionen (inheritance hierarchies) in Pseudo-natürliche Sprache aufbereiten. Damit käme man bei der üblichen Frage des Benutzers an das System WARUM? im Zusammenhang mit sagen wir dem Großvater-Enkel-Beispiel zu Systemreaktionen der Art:

> ICH VERSUCHE GERADE ZU ZEIGEN, DASS "grossvater(fritz,karl)" GILT. ICH WEISS, DASS ICH DAS ABLEITEN KANN, WENN ICH ZEIGE, DASS "vater(Z,karl) UND vater(fritz,Z)" GILT. ICH HABE BEREITS GEZEIGT, DASS "vater(wilhelm,karl)" GILT UND VERSUCHE JETZT ENTSPRECHEND NACHZUWEISEN, DASS AUCH "vater(fritz,wilhelm)" GILT.

Auf eine Frage vom Typ WAS IST DAS? könnte eine Antwort der Art

DAS OBJEKT "m. c. escher" IST EINE INSTANZ DER KLASSE "person".
"person" IST EINE SPEZIALISIERUNG DER KLASSE "lebewesen".

entsprechend der definierten Relationen über den Objekten generiert werden.

3.4. Abschließende Bemerkungen

Da die projizierte Einsatzumgebung für ein solches System nicht technisch-wissenschaftlicher Art ist und das theoretische Benutzerspektrum sich vom auszubildenden Notargehilfen (also dem absoluten Laien) bis zum Vertragsjuristen bewegt, sehen wir relativ großen Bedarf bezüglich Bedienungskomfort und vor allem an (Selbst-) Erklärungsfähigkeit für ein solches System.

In technisch-wissenschaftlicher Einsatzumgebung wären vielleicht Erklärungen oben angedeuteter Sprachqualität und Ausführlichkeit noch akzeptabel. Wenn man allerdings ein solches System als zusätzliches Medium für die Vermittlung der darin repräsentierten Expertise zu Weiterbildungszwecken einsetzen können möchte, ist beispielsweise sehr schnell mehr Hilfe und Erklärung erforderlich, als sie durch bloße Aufbereitung einer aktuellen Kausalkette in Pseudo-natürliche Sprache erreicht werden kann.

Beispielsweise ist die Abbildung eines Gesetzestextes auf eine formalsprachliche Wissensrepräsentation i. a. nicht eineindeutig, was sofort die Notwendigkeit begründet, dem Benutzer eine Frage vom Typ "WAS ist Paragraph N Absatz M des X-Gesetzes?" im Zweifelsfall durch Zugriff auf eine Textdatenbank beantworten zu können, so daß diese Frage durch Rückgriff auf den Original-Wortlaut geklärt werden könnte.

Ein weiterer Aspekt wäre etwa der Bedarf an Erläuterungen mittels illustrativer Beispiele. Eine Erklärung, die im Prinzip nur aussagt "...nach Regel X kann ich ableiten, dass..." erläutert noch nicht die Frage, warum Regel X überhaupt in einem System repräsentiert ist. Hier sind prägnante, kompakte Beispiele für entsprechende Situationen gefragt, anhand derer man eben leicht sehen kann "...worauf es dabei ankommt..."; solche Beispiele werden bei jedweder Ausbildung konstruiert und verwendet.

Literatur

/Bibel 85/ Wolfgang Bibel: 'A Deductive Solution for Plan Generation', New Generation Computing, Vol. 4, 1986

/HeiMei/ Heidenhain, Meister: 'Münchener Vertragshandbuch'

/Keim 81/ Benno Keim: 'Immobiliarverträge', Beck-Verlag, München, 1981

/KowSer 85/ Robert Kowalski, Marek Sergot: 'Computer Representation of the Law', Proceedings of the IJCAI 85

/Puppe 86/ Frank Puppe: 'Expertensysteme', INFORMATIK-Spektrum, Band 9 Heft 1, Februar 1986

/Ritter 85/ Gerhard Ritter: 'Eine Komponente zur Unterstützung eines Benutzers eines interaktiven Systems durch Erklärungen', WISDOM-Forschungsbericht, FB-TA-85-8

/Schnee 85/ Josef Schneeberger: 'Ein Expertensystem zur Generierung von flächenoptimalen VLSI-Layouts' Diplomarbeit an der TH Darmstadt, 1985

/Sprowl 78/ James A. Sprowl: 'The ABF-Processor: Part 1 - Primer, Preprint, American Bar Foundation, 1978

/Sprowl 81/ James A. Sprowl: 'Automating the Practice of Law: Redesigning the American Bar Foundation's Experimental Law Practice Computer System', Preprint, 1981

/Struß 86/ Peter Struß: 'Gibt es Expertensysteme?', in Computer Magazin 5/86, pp. 49 - 53

/Wei 85/ Hans-Armin Weirich: 'Grundstücksrecht', Verlag C.H. Beck, München 1985

MÖGLICHKEITEN DER BEARBEITUNG VON UMWELTSCHUTZ-VORSCHRIFTEN MITHILFE DER EXPERTENSYSTEM-TECHNIK

M. Hälker, F. Bubeck*, V. Stahl
SIEMENS AG
Bereich Datentechnik, Expertensysteme
Otto-Hahn-Ring 6, 8000 München 83

Zusammenfassung

Ein Informationssystem, basierend auf der Expertensystemtechnik, soll Ingenieuren und Technikern bei der Lösung von Fragestellungen aus Teilbereichen des Umweltschutzes Unterstützung bieten. Es sollen alle für eine Problemstellung relevanten Aussagen aus den Umweltschutzvorschriften ermittelt werden. Der Dialog mit dem Anwender wird skizziert. Die Vierte Verordnung zur Durchführung des Bundes-Immissionsschutzgesetzes /1, 2/ wird in Regelform beschrieben.

Einleitung

Für den Umweltschutz existieren inzwischen viele Gesetze, Verordnungen, Richtlinien und lange Listen von Grenzwerten für einzelne chemische Stoffe oder Stoffgruppen. Hierzu kommt eine ständige Erneuerung und Änderung von einzelnen Teilen des umfangreichen Vorschriftenwerkes. Dies führt zu einer mangelnden Transparenz bei den Personen, die sich nicht täglich damit auseinandersetzen.

Von immer mehr Personen müssen die Umweltschutzvorschriften bei immer unterschiedlicheren Aufgabenstellungen berücksichtigt werden. Hier sind beispielsweise die mit der Planung und Modifizierung von Industrieanlagen und Produktionsprozessen befaßten Ingenieure und Techniker zu nennen. Gleiches gilt für die Umweltschutzbeauftragten in den einzelnen Betrieben, wenn sie beurteilen müssen, ob die vorhandenen Altanlagen aufgrund neuer Gesetze und Verordnungen umgerüstet werden müssen. Hier ist beispielsweise die neue Technische Anleitung Luft /3/ zu nennen, die am 1. 3. 86 inkraft

---

* Kraftwerk Union AG, Erlangen

getreten ist. Diesen unterschiedlichen Anwendergruppen der Umweltschutzvorschriften ist eines gemeinsam: Während ihrer Ausbildung haben sie sich nicht oder kaum mit der Umweltthematik auseinandergesetzt. Von ihrer Arbeitsbelastung her sind sie nicht in der Lage, sich jetzt intensiv in diese Probleme einzuarbeiten.
Bisher gibt es zwei Lösungen: Die betroffene Person sucht in den Vorschriften nach den für ihre Fragestellung relevanten Aussagen. Dies ist in der Regel sehr zeitaufwendig und es ist zu befürchten, daß relevante Sachverhalte nicht berücksichtigt werden. Der zweite Weg ist die Beratung durch die entsprechenden Fachleute. Hiermit sind die verschiedenen Umweltinstitute gemeint. Die dort tätigen Experten informieren sich über neue Änderungen der Umweltschutzvorschriften und deren Auswirkungen auf die Betriebe. Weiter bemühen sie sich um eine Übertragung von wichtigen Teilen in eine dem Ingenieur und Techniker verständlichen Sprache /4/. Für die Beratung von Standardfällen ist ursprünglich wenig Zeit vorgesehen.
Ein Standardfall ist zum Beispiel:

> Welches Genehmigungsverfahren gilt für eine spezielle Anlage zur Aufarbeitung von organischen Lösungsmitteln durch Destillieren?

Aufgrund der oben beschriebenen Situation wird aber ein beträchtlicher Teil der Zeit mit Beratung in Standardfällen verbracht.
Hieraus resultiert die Frage: welche Möglichkeiten bietet die EDV, um einerseits die Fachleute zu entlasten und um andererseits die Anwender zu unterstützen?

Expertensysteme als Lösungsansatz

Nach ersten Gesprächen zwischen Fachleuten und Anwendern der Umweltschutzvorschriften auf der einen Seite und Wissensingenieuren auf der anderen Seite bot die Expertensystemtechnik einen vielversprechenden Lösungsansatz. Die Fachleute befinden sich in den Umweltinstituten. Anwender sind die Ingenieure, Techniker und Umweltschutzbeauftragte vor Ort. Da neben der Expertensystemtechnik auch ein Datenbankanschluß und eine Reihe von unterschiedlichen Prozeduraufrufen erforderlich sind, wird das Gesamtsystem im folgenden auch als Informationssystem bezeichnet.

Folgende Punkte sind anzumerken:

- Von dem Informationssystem soll und kann keine vollständige und rechtsverbindliche Gesetzesinterpretation vorgenommen werden. Unter Umständen werden in späteren Versionen Hinweise auf Urteile und/oder Grenzfälle aufgenommen. Grundsätzlich ist zu sagen, daß die Arbeit der Juristen von dem System unberührt bleibt.
- Die am häufigsten vorkommenden Anfragen sollen zuerst implementiert werden. Es wird also zunächst ein kleines engumgrenztes Gebiet bearbeitet. Nach einem relativ

kurzen Entwicklungszeitraum sollen die ersten Fälle bereits von Experten und Anwendern getestet werden.

- Der Benutzer soll fast ohne Einarbeitungszeit das Informationssystem anwenden können. Dies ist erforderlich, weil der Anwender nicht täglich das System einsetzt, sondern nach Bedarf, u.U. in größeren Zeitabständen. Die EDV-Kenntnisse beim Anwender werden als gering angenommen. Der Benutzer hat es nur mit einer komfortablen Oberfläche zu tun. Das System soll auf einer möglichst breiten Hardware-Palette einsetzbar sein.

In der ersten Projektphase wurde grundsätzlich die Eignung der Expertensystemtechnik für dieses Aufgabengebiet überprüft.

Folgende Punkte mußten geklärt werden:

- Wie sehen die möglichen Konsultationen zu den Standardfällen aus? Wie können sie mit Hilfe der Expertensystemtechnik verarbeitet werden?
- Können Vorschriften sinnvoll in Regeln formuliert werden?
  Können diese Regeln dann im Sinne der Expertensystemtechnik miteinander verknüpft werden?
- Wie werden die unterschiedlichen Tabellen - hierbei ist nicht nur an die Stofftabellen mit ihren Grenzwerten gedacht, sondern auch an die Vielfalt der in der Gesetzgebung verwendeten Begriffe - verarbeitet?

Mit Hilfe eines Demonstrationsmodells konnten diese Fragen positiv beantwortet werden.

Konsultationsablauf bei dem Demonstrationsmodell

Folgende Fragestellungen wurden in dem Demonstrationsmodell teilweise implementiert:

- Allgemeine Informationen
  Hier werden aus den Hauptgesetzen (Bundes-Immissionsschutzgesetz /1/, Wasserhaushaltsgesetz /5/, Abwasserabgabengesetz /6/ und Abfallbeseitigungsgesetz /7/) vom Benutzer näher spezifizierte Informationen (Gültigkeit, genehmigungspflichtige Vorhaben, usw.) herausgesucht. Auf andere Gesetze und Vorschriften wird hingewiesen, sofern sie im konkreten Fall relevant sind.
- Störfallverordnung /8/
  Ist in dem vorliegenden Betrieb die Störfallverordnung anzuwenden?
  Die Störfallverordnung ist dann anzuwenden, wenn bei der Lagerung oder bei der

Produktion bestimmte Stoffe in größeren Mengen anfallen bzw. bei Störfällen entstehen können.

- Grenzwerte
  Die relevanten Grenzwerte bei Immissionen und Emissionen in Luft und Wasser werden ermittelt. Sie können abhängen von der Art der Anlage, dem Standort, der Kombination mit anderen Stoffen usw.
- Genehmigungsverfahren /2/
  Welches Genehmigungsverfahren gilt für die konkrete Anlage?

Der Dialog zwischen Anwender und Informationssystem wird anhand der vom Benutzer ausgewählten Fragestellung "Allgemeine Informationen" kurz skizziert.

Die folgende Frage beschäftigt sich mit den für den Benutzer wichtigen Gesichtspunkten aus den Hauptgesetzen. Es erscheint ein Menü, so daß der Benutzer wählen kann aus: Begriffsdefinition, genehmigungspflichtige Vorhaben, usw. Jetzt werden zuerst die betreffenden Informationen aus den übergeordneten Umweltgesetzen, d. h. dem Wasserhaushaltsgesetz, dem Abwasserabgabengesetz, dem Bundes-Immissionsschutzgesetz und dem Abfallbeseitungsgesetz, ermittelt. Hat sich der Benutzer bei der Auswahl der Gesichtspunkte z.B. für genehmigungspflichtige Vorhaben entschieden, dann gilt in dem Wasserhaushaltsgesetz ein Paragraph, der einen Querverweis zu einer Rechtsverordnung über wassergefährdende Stoffe in Rohrleitungen enthält. An dieser Stelle wird der Benutzer gefragt, ob es sich um Betriebsgelände-überschreitende Rohrleitungen handelt und ob in den vorhandenen Rohrleitungen wassergefährdende Stoffe vorhanden sind.
Wieder stehen mehrere Möglichkeiten zur Auswahl:

- Die Situation trifft zu.
- Die Situation trifft nicht zu.
- Bitte um weitere Erklärungen.

Der Konsultationsverlauf ist so aufgebaut, daß der Anwender durch Antworten auf die Fragen stets den beschrittenen Pfad und den Genauigkeitsgrad selbst bestimmen kann. Das System gibt weitere Hilfestellungen, wenn die Fragen zu kompliziert sind. Am Ende der Konsultation sollte der Benutzer alle für sein vorliegendes Problem relevanten Informationen vorliegen haben.

Nachdem die Demonstrationsmodellphase beendet war, wurde die Erstellung eines Prototypen in Angriff genommen.

4. BImSchV in Regelform

In der ersten Version des Prototypen wurden ausschließlich Fragestellungen bearbeitet, die anhand von Teilbereichen aus dem Bundes-Immissionsschutzgesetz /1/, der Technischen Anleitung Luft /3/ und der Technischen Anleitung Lärm /9/ beantwortet werden können. Zunächst wird nach dem oben beschriebenen Prinzip ermittelt, welches Teilproblem geklärt werden soll.
Wie Regeln formuliert werden können, soll anhand der Vierten Verordnung zur Durchführung des Bundes-Immissionsschutzgesetzes (4. BImSchV) dargestellt werden /2/. Es wird darauf hingewiesen, daß die in den folgenden Regeln verwendeten Begriffe und/oder Formulierungen u.U. aus juristischer Sicht oder für den Anwender noch einer Klärung oder Präzisierung bedürfen.

Für die 4. BImSchV werden gemäß der Expertensystemtechnik Hypothesen aufgestellt, die mit Hilfe weiterer Regeln über backward-chaining bestätigt oder widerlegt werden. Die drei Hypothesen lauten:

Hyp. 1 : = Für die Anlage besteht keine Genehmigungspflicht.
Hyp. 2 : = Für die Anlage muß das förmliche Genehmigungsverfahren nach §10 BImSchG durchgeführt werden.
Hyp. 3 : = Für die Anlage muß das vereinfachte Genehmigungsverfahren nach §19 BImSchG durchgeführt werden.

Aus §1 und §2 der 4. BImSchV ergeben sich die Bedingungen für die einzelnen Hypothesen.
Folgende Abkürzungen werden verwendet:

F an B := Frage an den Benutzer
Regel := andere Regeln werden angesprochen (backward chaining)
System := anderweitig von dem Informationssystem ermittelt

Hieraus ergibt sich für die drei Hypothesen:

Hypothese 1:
Wenn

	"Betrieb der Anlage unter sechs Monate an demselben Ort"	F an B
oder	("Anlage gehört zu {2.9, 2.10, 7.4, 7.5, 7.13, 7.14, 9.1, 9.11, 10.1}"	Regel
und	"Anlage dient nicht gewerblichen Zwecken oder wirtschaftlichen Unternehmungen")	F an B
oder	"Anlage gehört zu keiner der Spalten"	Regel
oder	("Erweiterte Anlage gehört nicht zu Spalte 1"	Regel
und	"Erweiterte Anlage gehört jetzt zu Spalte 2")	Regel

Dann Hypothese 1 gilt.

Hypthese 2:

Wenn

	"Hypothese 1 gilt nicht"	Hypothese 1
und	[("Anlage gehört zu Spalte 1"	Regel
	und "Anlage nicht Versuchsanlage")	F an B
	oder ("Anlage gehört zu Spalte 1"	Regel
	und "Anlage Versuchsanlage"	F an B
	und "Betriebsdauer der Anlage über 2 Jahre")	F an B
	oder "Erweiterte Anlage gehört zu Spalte 1"	Regel
	oder "Anlage setzt sich zusammen aus Spalte 1 und Spalte 2"]	Regel

Dann Hypothese 2 gilt.

Hypothese 3:

Wenn

	"Hypothese 1 gilt nicht"	Hypothese 1
und	[("Anlage gehört zu Spalte 2")	Regel
	oder ("Anlage gehört zu Spalte 1"	Regel
	und "Anlage Versuchsanlage"	F an B
	und "Betrieb der Anlage nicht über 2 Jahre")	F an B
	oder "Erweiterte Anlage gehört jetzt zu Spalte 2"]	Regel

Dann Hypothese 3 gilt

Um den Wahrheitsgehalt der einzelnen Hypothesen zu überprüfen, müssen in Abhängigkeit von den einzelnen Antworten weitere Regeln überprüft werden:

Bei F1, F2, F3 und G1 handelt es sich um Prozeduren, die den Anlagentyp als Parameter haben. Anhand des zum Gesetzestext gehörenden Anhanges ermitteln sie, zu welcher Kategorie die vorliegende Anlage gehört.

F1 liefert wahr, wenn die Anlage zu Spalte 1 gehört.

G1 liefert wahr, wenn die Anlage zu Spalte 2 gehört.

F2 liefert wahr, wenn die Zuordnung der Anlage zu einer Spalte kapazitätsabhängig ist. Die Kapazitätsgrenzen für die einzelnen Spalten werden mitgeliefert und entsprechend in die Frage an den Benutzer eingebaut.

F3 liefert wahr, wenn die Anlage zu {2.9, 2.10, 7.4, 7.5, 7.13, 7.14, 9.1, 9.11, 10.1} gehört.

Z.B.: Liegt die Kapazität über 1000 t/d ?

Regel: Die-Anlage-gehört-zu-Spalte-1

Wenn
"Anlagentyp ist bekannt"
und "F1 (Anlage) ist in Spalte 1 vertreten" System
und [("F2 (Anlage) ist nicht kapazitätsabhängig" System
und "F3 (Anlage) ist nicht in {2.9, 2.10, 7.4, 7.5, 7.13, 7.14, 9.1, 9.11, 10.1}") System
oder ("F2 (Anlage) ist kapazitätsabhängig" System
und "Aufgrund der Kapazität gehört die Anlage zu Spalte 1" F an B
und "F3 (Anlage) ist nicht in {2.9, 2.10, 7.4, 7.5, 7.13, 7.14, 9.1, 9.11, 10.1}") System
oder ("F2 (Anlage ist nicht kapazitätsabhängig" System
und "F3 (Anlage) ist in {2.9, 2.10, 7.4, 7.5, 7.13, 7.14, 9.1, 9.11, 10.1}" System
und "Anlage dient gewerblichen Zwecken oder wirtschaftlichen Unternehmungen") F an B
oder ("F2 (Anlage) ist kapazitätsabhängig" System
und "Aufgrund der Kapazität gehört die Anlage zu Spalte 1" F an B
und "F3 (Anlage) in {2.9, 2.10, 7.4, 7.5, 7.13, 7.14, 9.1, 9.11, 10.1}" System
und "Anlage dient gewerblichen Zwecken oder wirtschaftlichen Unternehmungen")] F an B
Dann
Die Anlage gehört zu Spalte 1

Regel: Die-Anlage-gehört-zu-Spalte-2

Wenn
"Anlagentyp ist bekannt"
und "G1 (Anlage) ist in Spalte 2 vertreten" System
und [("F2 (Anlage) ist nicht kapazitätsabhängig" System
und "F3 (Anlage) ist nicht in {2.9, 2.10, 7.4, 7.5, 7.13, 7.14, 9.1, 9.11, 10.1}") System
oder ("F2 (Anlage) ist kapazitätsabhängig" System
und "Aufgrund der Kapazität gehört die Anlage zu Spalte 2" F an B
und "F3 (Anlage) ist nicht in {2.9, 2.10, 7.4, 7.5, 7.13, 7.14, 9.1, 9.11, 10.1}") System
oder ("F2 (Anlage ist nicht kapazitätsabhängig" System

und "F3 (Anlage) ist in {2.9, 2.10, 7.4, 7.5, 7.13, 7.14,
9.1, 9.11, 10.1}" System
und "Anlage dient gewerblichen Zwecken oder wirtschaftlichen
Unternehmungen") F an B
oder ("F2 (Anlage) ist kapazitätsabhängig" System
und "Aufgrund der Kapazität gehört die Anlage zu Spalte 2" F an B
und "F3 (Anlage) in {2.9, 2.10, 7.4, 7.5, 7.13, 7.14,
9.1, 9.11, 10.1}" System
und "Anlage dient gewerblichen Zwecken oder wirtschaftlichen
Unternehmungen")] F an B

Dann
Die Anlage gehört zu Spalte 2

Regel: Die-Anlage-gehört-zu-keiner-der-Spalten

Wenn
"Die Anlage gehört nicht zu Spalte 1"
und "Die Anlage gehört nicht zu Spalte 2"
Dann
Die Anlage gehört zu keiner der Spalten.

Regel: Die Anlage gehört zu {2.9, 2.10, 7.4, 7.5, 7.13, 7.14, 9.1, 9.11, 10.1}

Wenn
"F3 (Anlage) ist in {2.9, 2.10, 7.4, 7.5, 7.13, 7.14, 9.1, 9.11, 10.1}"
Dann
Die Anlage gehört zu {2.9, 2.10, 7.4, 7.5, 7.13, 7.14, 9.1, 9.11, 10.1}

Zur Ermittlung von: "Anlagentyp ist bekannt".

Zu der 4. BImSchV gehört ein Anhang, in dem alle Anlagentypen, die der Genehmigungspflicht unterliegen, aufgelistet werden.
Bei der Ermittlung der Gesamtanlage, die für die Art des Genehmigungsverfahrens ausschlaggebend ist, sind folgende Fälle zu unterscheiden:

(1) Es handelt sich um eine Anlage.
(2) Es handelt sich um mehrere Anlagen derselben Art, die in einem räumlichen und einem betrieblichen Zusammenhang stehen.
(3) Die Gesamtanlage setzt sich aus unterschiedlichen Anlagen zusammen.

Zunächst wird gefragt, welche Situation zutrifft.
Kann der Benutzer seinen vorliegenden Fall nicht einordnen, so bietet das System Hilfestellungen.
Im Fall von (2) wird folgende Regel angestoßen:

Wenn		
	"Mehrere Anlagen derselben Art vorliegen"	F an B
und	"Die Anlagen auf demselben Betriebsgelände sind"	F an B
und	"Die Anlagen durch gemeinsame Betriebseinrichtungen verbunden sind"	F an B
und	"Die Anlagen einem gemeinsamen technischen Zweck dienen"	F an B
Dann		
	(2) trifft zu.	

Nachdem die Zusammensetzung der Anlage(n) bekannt ist, wird nach dem Anlagentyp oder im Falle von (3) nach den Anlagentypen gefragt. Gegebenenfalls muß noch geklärt werden, ob es sich um eine Modifikation einer bestehenden Anlage handelt, die einer neu errichteten Anlage gleichzusetzen ist.
In dem Anhang zu der 4. BImSchV wurden etwa 150 verschiedene Anlagentypen aufgelistet, wobei die den einzelnen Anlagen zugeordneten Arbeitsvorgänge sehr genau beschrieben werden.
Wird der Benutzer nach der Anlage gefragt, dann wird die Frage derart formuliert, daß die im Gesetzestext vorliegende Definition von Anlage §2 (5) BImSchG inhaltlich wiedergegeben wird, wobei zusätzliche Angaben in der 4. BImSchV §1 (2) und §2 (2) stehen.
Zuerst wird durch die Frage nach der zugehörigen Branche (es liegt eine Unterteilung in 10 Branchen vor) die Anzahl der in Betracht kommenden Anlagentypen reduziert.

Regel: Erweiterte-Anlage-gehört-zu-Spalte-1

Wenn		
	"Eine Erweiterung der Anlage liegt vor"	F an B
und	("Anlage gehört zu Spalte 2"	Regel
	oder "Anlage gehört zu keiner der Spalten")	Regel
und	"F2 (Anlage) ist kapazitätsabhängig"	System
und	"Neue Gesamtleistung überschreitet die Grenze zu Spalte 1"	F an B
Dann		
	Erweiterte Anlage gehört zu Spalte 1	

Regel	Erweiterte-Anlage-gehört-jetzt-zu-Spalte-2	
Wenn		
	"Eine Erweiterung der Anlage liegt vor"	F an B
und	"Die Anlage gehört zu keiner der Spalten"	Regel
und	"F2 (Anlage) ist kapazitätsabhängig"	System
und	"Neue Gesamtleistung der Anlage gehört zu Spalte 2"	F an B
Dann		
	Erweiterte Anlage gehört jetzt zu Spalte 2	

Regel	Anlage-setzt-sich-zusammen-aus-Spalte-1-und-Spalte-2	
Wenn		
	"Gesamtanlage besteht aus mehreren Teilen"	F an B
	und ("Es liegt keine Versuchsanlage vor"	F an B
	und "Eine der Teilanlagen gehört zu Spalte 1"	Regel
	und "Eine der Teilanlagen gehört zu Spalte 2")	Regel
oder	("Es liegt eine Versuchsanlage vor"	F an B
	und "Betriebsdauer liegt über 2 Jahre"	F an B
	und "Eine der Teilanlagen gehört zu Spalte 1"	Regel
	und "Eine der Teilanlagen gehört zu Spalte 2")	Regel
Dann		
	Die Anlage setzt sich zusammen aus Spalte 1 und Spalte 2	

Ausgehend von den verschiedenen Hypothesen werden bei Bedarf die einzelnen Regeln angestoßen, die entsprechenden Fragen an den Benutzer gestellt und die Prozeduren aufgerufen. Einmal festgelegte Informationen sollen während der gesamten Konsultation dem System bekannt sein. Die Effizienz des Systems hängt neben einem sinnvollen Aufbau der einzelnen Regeln von einem guten, angepaßten Inferenzmechanismus ab.

§3 der 4. BImSchV gibt an, welche Modifikationen in der Wissensbasis vorgenommen werden müssen.
Der bisher gültige Sachverhalt wird durch den neuen ersetzt. Wenn es Übergangsregelungen gibt, müssen diese berücksichtigt werden.
§4 der 4. BImSchV bestimmt die Aufhebung von Rechtsverordnungen einzelner Länder.
§5 der 4. BImSchV erklärt die Gültigkeit für das Land Berlin.
Hieraus wird die Notwendigkeit sichtbar, daß die Wissensbasis sinnvoll untergliedert sein muß, so daß Teilbereiche schnell einzeln modifiziert werden können.

Im Anschluß an die 4. BImSchV sollte logischerweise die 9. BImSchV (Grundsätze des Genehmigungsverfahrens) /10/ bearbeitet werden. Nachdem der Benutzer weiß, welches Genehmigungsverfahren zutrifft, ist er daran interessiert zu erfahren, wem welche Aufgaben bei dem vorliegenden Genehmigungsverfahren zukommen.

Ausblick

Der weitere Projektverlauf wird vom heutigen Standpunkt aus zunächst in zwei Abschnitte unterteilt:

Der erste Abschnitt endet mit der Erstellung eines engumgrenzten Prototypen. Dieses System umfaßt ausschließlich Emissionen in die Luft von Anlagen. Neben der 4. BImSchV werden weitere Bundes-Immissionsschutzverordnungen eingebaut (u.a. 9. und 12. BImSchV). Weiteres Ziel ist es, umfangreiche Teile der Technischen Anleitungen Luft und Lärm einzubauen. Der Anschluß an eine Datenbank soll erfolgen. Eine weitere wichtige Aufgabe besteht darin, festzulegen, wie sich das System dem Anwender gegenüber darstellt.

Im zweiten Abschnitt wird der Prototyp weiterentwickelt. Hierbei sind folgende großen Aufgabengebiete zu nennen:

- Die im ersten Abschnitt noch nicht eingebauten Teile aus dem Bereich Emissionen in die Luft.
- Wasserhaushaltsgesetz und Abwasserabgabengesetz
- Abfallbeseitigungsgesetz
- Berücksichtigung von Ländergesetzen.

Ein weiteres, längerfristiges Ziel ist es, das Informationssystem auf einer breiten Hardware-Palette ablauffähig zu machen.
Die im zweiten Abschnitt genannten Aufgaben werden zu gegebener Zeit in kleinere, überschaubare Phasen unterteilt.

Literatur

/1/ Gesetz zum Schutz vor schädlichen Umwelteinwirkungen durch Luftverunreinigungen, Geräusche, Erschütterungen und ähnliche Vorgänge (Bundes-Immissionsschutzgesetz - BImSchG)

/2/ Vierte Verordnung zur Durchführung des Bundes-Immissionsschutzgesetzes - 4. BImSchV (Verordnung über genehmigungsbedürftige Anlagen)

/3/ Erste Allgemeine Verwaltungsvorschrift zum Bundes-Immissionsschutzgesetz (Technische Anleitung zur Reinhaltung der Luft - TA Luft)

/4/ Schiegl, W.-E.: Betrieblicher Umweltschutz: Immissionsschutz, Gewässerschutz, Abfallbeseitigung; Landsberg 1985

/5/ Gesetz zur Ordnung des Wasserhaushalts (Wasserhaushaltsgesetz - WHG)

/6/ Gesetz über Abgaben für das Einleiten von Abwasser in Gewässer (Abwasserabgabengesetz - AbwAG)

/7/ Gesetz über die Beseitigung von Abfällen (Abfallbeseitigungsgesetz - AbfG)

/8/ Zwölfte Verordnung zur Durchführung des Bundes-Immissionsschutzgesetzes - 12. BImSchV (Störfallverordnung)

/9/ Technische Anleitung zum Schutz gegen Lärm (TA Lärm)

/10/ Neunte Verordnung zur Durchführung des Bundes-Immissionsschutzgesetzes - 9. BImSchV (Grundsätze des Genehmigungsverfahrens)

Die Verfasser möchten sich an dieser Stelle herzlich bei allen bedanken, die durch ihre Ideen und Diskussionsbereitschaft dieses Projekt erst ermöglicht haben. Besonderer Dank gehört Herrn Dr. Schiegl und Herrn Dr. Mrotzek vom Referat Umweltschutz der Siemens AG für ihre tatkräftige Unterstützung.

ENTSCHEIDUNGSTABELLEN IN JURISTISCHEN EXPERTENSYSTEMEN

Walter Bergmann, Dortmund

0 EINFÜHRUNG

Die Kommunikation zwischen Mensch und Maschine (M-M-K) hat seit jeher Schwierigkeiten bereitet.

Wenn zwei Menschen miteinander sprechen, kommt die Verständigung nicht nur über das gesprochene Wort zustande. Die Gebärden- und die Körpersprache spielen dabei mit. Darüber hinaus wird eine ganze Skala menschlicher Fähigkeiten eingesetzt, um das Gesprochene aus dem Kontext heraus zu verstehen. Nicht viel anders ist es, wenn sich jemand an mehrere Menschen wendet. Auch hier wird ein Fehler, ein Versprecher, vermutlich bald erkannt. Genauer muß man sich schon ausdrücken, wenn eine Anweisung an abwesende Personen schriftlich gegeben wird. Immerhin wird der Empfänger ungenaue Mitteilungen oft verstehen und Fehler erkennen.

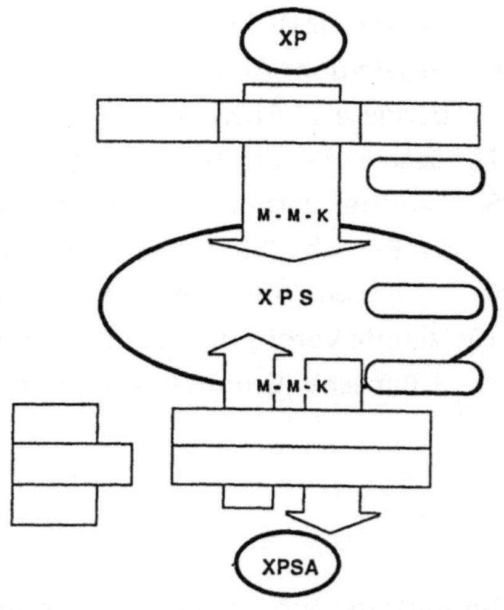

Bild 1

Anders ist das bei einer Maschine. Sie führt präzise aus, was ihr aufgetragen wird, hat aber noch kein Verständnis für Sinn und Zweck der Anweisungen, für das Umfeld. Auch Fehler werden nicht erkannt, sie werden ausgeführt. Es gibt zwar auch Kontrollprogramme; sie unterliegen jedoch denselben Eigenarten.

Das Problem der Verständigung mit der Maschine hat von maschinenorientierten zu problemorientierten Programmiersprachen geführt sowie zu dem Computer-Chinesisch der Informatiker, das von DV-Laien nur schwer verstanden wird. Wissen wird nicht nur durch Programme, sondern auch in Dateien erfaßt. Hier gibt es ähnliche Engpässe für Aufstellung und Pflege.

Bei Expertensystemen bestehen diese Probleme unverändert fort. Die Schnittstellen zwischen dem Experten (XP) und dem System (XPS) bei der Eingabe und zwischen dem System und dem Anwender (XPSA) im Dialogverkehr gelten als ausgesprochene Schwachstellen (Prof. Dr. Dr. Fiedler, Workshop "Computergestützte juristische Expertensysteme", Schlußreferat, Uni Tübingen, 1986). Sie stehen im Vordergrund dieser Betrachtungen.

1 EINGABE DES EXPERTENWISSENS

1.1 Allgmeines

Der Experte ist zuständig für die Eingabe seines Fachwissens in das System und für weisungsgerechte, unverfälschte Bearbeitung durch das System. Er ist verantwortlich

- für die Aufbereitung des Wissens,
- für den Nachweis der Korrektheit der Eingaben und ihre Verarbeitung durch das System.

Funktionstrennung ist geboten. Der direkte Weg ist anzustreben, ohne Einschaltung eines Wissensingenieurs. Der Experte muß autark sein. Er darf nicht vom System abhängig werden. Als Negativbeispiel sei an die Pionierzeit erinnert, in der die Fachabteilung sich oft von den EDV-Leuten das Heft aus der Hand nehmen ließ.

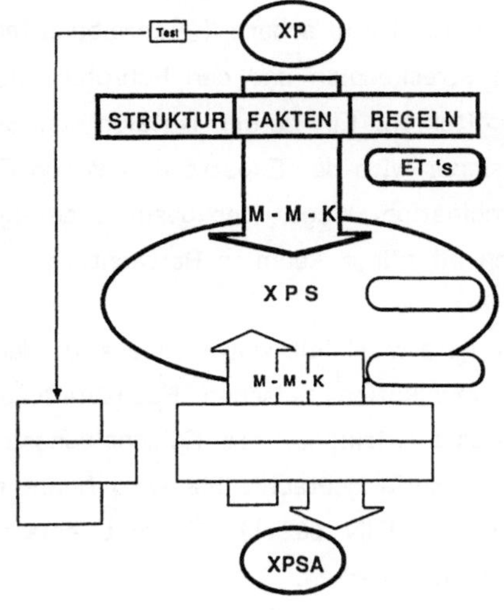

Bild 2

Der Experte sollte um die Möglichkeiten und die Grenzen des Systems wissen; er braucht dazu aber nicht über Spezialkenntnisse zu verfügen. Insoweit ist er in etwa mit einem Autofahrer vergleichbar. Man kann den Experten als DV-Laien einstufen.

Der Art nach ist bei dem einzugebenden Wissen u.a. zu unterscheiden zwischen Fakten und Regeln. So werden bei einem Expertensystem über einen Verkehrsverbund beispielsweise eingegeben:

- als Fakten die Strecken und die Haltestellen,
- als Regeln die Voraussetzungen, unter denen Umsteigen möglich ist.

Das Wissen des Experten muß zur Vermittlung an die Beteiligten aufbereitet werden. Daran werden folgende Anforderungen gestellt:

- Schriftform; sie ist allein deshalb erforderlich, weil mehrere Personen zu unterschiedlichen Zeiten erreicht werden müssen.

- Verständlichkeit für alle Beteiligten,

  - mit den fachlichen Aspekten für die Mitwirkenden im Expertenteam und für die Anwender,
  - mit den Aspekten der Informatik für den Systemgestalter, u.a. bei einer verbindlichen DV-Anweisung.

Die verbale Beschreibung des Wissens reicht zur Wissensaufbereitung praktisch nicht aus. Sie wird durch andere Beschreibungstechniken ergänzt. Das ist nicht neu. Man denke an den Streckenplan und den Fahrplan eines Verkehrsbetriebes oder an die Bauzeichnung des Architekten. Ein ganzer Katalog von Beschreibungstechniken steht zur Verfügung. Wie ein Designer wird der Experte daraus von Fall zu Fall die geeigneten wählen, oft in Methodenkombination. Wegen der oben aufgezeigten Anforderungen kommen dabei Programmiersprachen allerdings kaum in Betracht.

Vor geraumer Zeit wurde eigens zu dem bisher beschriebenen Zweck der Verbesserung der Kommunikation zwischen Fachabteilung und DV-Abteilung (allerdings bei konventioneller Systementwicklung) die Entscheidungstabelle konzipiert und zur methodischen und praktischen Reife gebracht. Sie wird heute routinemäßig in weiten Bereichen eingesetzt. Sie ist Standard (DIN 66241). Es gibt entsprechende Vorübersetzer für problemorientierte Programmiersprachen.

Hier sollen Entscheidungstabellen vorgestellt und auf ihre Eignung zur Verwendung in Expertensystemen untersucht werden. Es ist leider nicht möglich, auf die Entscheidungstabellen-Theorie im Rahmen dieser Ausführungen in allen Einzelheiten einzugehen. Auf die einschlägige Fachliteratur wird hingewiesen. Außerdem hat die ExperTeam GmbH freundlicherweise für die Teilnehmer dieser Veranstaltung die Kurzfassung zu ihrem Handbuch "ENTSCHEIDUNGSTABELLENTECHNIK" bereitgestellt.

1.2 Entscheidungstabellen als Mittel der Eingabe

1.2.1 Eigenschaften einer Entscheidungstabelle generell

Das Wesen einer Entscheidungstabelle wird beim Vergleich mit der verbalen Beschreibung des Entscheidungsfeldes bald deutlich. Dazu ist hier als Beispiel § 142 Abs.3 StGB gewählt worden (Bild 3 , Seite 5).

Der Originaltext ist wegen seiner Verschachtelung nur schwer verständlich. Zur Anwendung der Vorschrift ist eine Analyse erforderlich. Die in der Vorschrift enthaltenen Regeln sind nich t ohne weiteres erkennbar.

Einen besseren Überblick bietet eine strukturierte Schreibweise, bei der nach WENN- und DANN-Komponenten unterschieden wird.

Die Darstellung in einer Entscheidungstabelle kann aus der strukturierten Schreibweise entwickelt werden. Gegenüber dem Originaltext weist die Entscheidungstabelle folgende Veränderungen auf:

- Gesondert angeordnet sind
  - oben die rechtlichen Voraussetzungen als Bedingungen im Bedingungsteil,
  - unten die Rechtsfolgen als Aktionen im Aktionsteil.

- Je Bedingung und Aktion stehen links der Text im Textteil und rechts die jeweiligen Ausprägungen als Bedingungs- bzw. Aktionsanzeiger im Anzeigerteil.

- Die Verbindung zwischen Bedingungen und Aktionen wird rechts im Regelteil durch spaltenweise Anordnung der Entscheidungsregeln hergestellt.

- Bezeichner für Bedingungen, Aktionen und Regeln (B1, B2,....uws.) machen jede Stelle der Entscheidungstabelle ansprechbar.

- Die logischen Verknüpfungen ergeben sich aus der Anordnung. Der Bedingungs- und der Aktionsteil sind durch 'WENN....DANN' verbunden. Die Bedingungen sind untereinander durch das logische UND verknüpft, ebenso die Aktionen. Die Regeln werden durch das logische ODER verbunden, durch das Exklusiv-ODER bei Eintreffertabellen, durch das Inklusiv-ODER bei Mehrtreffertabellen.

Dies zu wissen genügt, um Entscheidungstabellen lesen und verstehen zu können.

Von der Verbalbeschreibung zur Entscheidungstabelle am Beispiel § 142 Absatz 3 StGB

Gesetzestext

Der Verpflichtung, die Feststellungen unverzüglich zu ermöglichen, genügt der Unfallbeteiligte, wenn er den Berechtigten (Abs.1 Nr.1) oder einer nahegelegenen Polizeidienststelle mitteilt, daß er an dem Unfall beteiligt gewesen ist, und wenn er seine Anschrift, seinen Aufenthalt sowie das Kennzeichen und den Standort seines Fahrzeugs angibt und dieses zu unverzüglichen Feststellungen für eine ihm zumutbare Zeit zur Verfügung hält. Dies gilt nicht, wenn er durch sein Verhalten die Feststellungen absichtlich vereitelt.

Gesetzestext strukturiert

Der Verpflichtung, die Feststellungen unverzüglich zu ermöglichen, genügt der Unfallbeteiligte, A1

wenn er den Berechtigten (Abs.1 Nr.1) oder einer nahegelegenen Polizeidienststelle mitteilt, daß er an dem Unfall beteiligt gewesen ist B1

und wenn er seine Anschrift, seinen Aufenthalt sowie das Kennzeichen und den Standort seines Fahrzeugs angibt B2

und dieses zu unverzüglichen Feststellungen für eine ihm zumutbare Zeit zur Verfügung hält. B3

Dies gilt nicht, A1

wenn er durch sein Verhalten die Feststellungen absichtlich vereitelt. B4

Entscheidungstabelle

§ 142 Abs.3 StGB		R1	E
B1	Der Unfallbeteiligte (U, Abs.4) hat den Berechtigten (Abs.1Nr.1) oder einer nahegelegenen Polizeidienststelle mitgeteilt, daß er an dem Unfall beteiligt gewesen ist	J	
B2	Er hat seine Anschrift, seinen Aufenthalt sowie das Kennzeichen seines Fahrzeugs angegeben	J	
B3	Er hat sein Fahrzeug zu unverzüglichen Feststellungen für eine ihm zumutbare Zeit zur Verfügung gehalten	J	
B4	Er hat durch sein Verhalten Feststellungen absichtlich vereitelt	N	
A1	U hat der Verpflichtung, die Feststellungen nachträglich zu ermöglichen, genügt (X) oder nicht genügt (-)	X	-

Bild 3

1.2.2 Vorteile der Entscheidungstabellen für Expertensysteme

In der Entscheidungstabelle sind die Anforderungen erfüllt, die eingangs an die Eingaben des Experten in das System gestellt worden sind:

- Die Beschreibung des Entscheidungsfeldes ist für alle Beteiligten leicht lesbar. Sie bietet eine schnelle Orientierung 'auf einen Blick'. Das wurde durch erhebliche Textreduktion erreicht. Durch die Anordnung erübrigen sich WENN, DANN, UND, ODER.

- Die Entscheidungsregeln sind explizit dargestellt. Sie können vorwärts und rückwärts gelesen werden (Vorwärtsverkettung, Rückwärtsverkettung, Rekursion).

- Die Entscheidungstabelle hat problemabhängige und problemunabhängige Bestandteile.

  - Die problemabhängigen Komponenten (Texte und Anzeiger) ermöglichen einen Vergleich mit dem Originaltext und den Nachweis der inhaltlichen Richtigkeit. Sie werden als aktuelle Parameter eingegeben.

  - Problemunabhängig sind die Analyse auf formale Korrektheit (Redundanz, Widerspruchsfreiheit, Vollständigkeit), Hinweise auf mögliche Transformationen und die Anwendung (Interpretation). Sie können systematisch und rechnergestützt vorgenommen werden.

- Die Entscheidungstabelle ist in ihrer präzisen und eindeutigen Sprache für verbindliche Eingaben in das System (als DV-Anweisung) besonders geeignet.

Zahlreiche Möglichkeiten der Transformation lassen Gestaltungen im Vorfeld zu, die bisher nur innerhalb des Systems in Angriff genommen worden sind:

- In den frei wählbaren Text können Hinweise aufgenommen werden (Erklärungskomponente). Kurzbezeichnungen wird man hier einführen; sie sind dann gleichsam 'selbstsprechend '.

- Mögliche Zusammenfassung von Bedingungen, Aktionen oder Regeln führt zu Minimierung und wirkt der kombinatorischen Explosion entgegen. Das gilt auch für die Aufteilung einer Entscheidungstabelle in mehrere Tabellen.

- Ablaufoptimierung wird erreicht, wenn man häufig relevante Regeln an den Anfang stellt, denn bei spaltenorientierter Interpretation kann die Suche nach der zutreffenden Regel abgebrochen werden, sobald diese gefunden worden ist.

- Möchte man eine Differenzierung nach Fehlerarten (Weil-Komponente), so wird man die Entscheidungstabelle als Mehrtreffertabelle gestalten. In Bild 4 werden Gestaltungsmöglichkeiten für den Regelteil der Entscheidungstabelle aus Bild 3 entsprechend gezeigt.

- Ein Entscheidungstabellen-Verbund gibt den Beurteilungsablauf für ein größeres Entscheidungsfeld wieder.

Gestaltungsmöglichkeiten für den Regelteil der ET aus Bild 3

		EINTREFFERTABELLE							MEHRTREFFERTABELLE				
		R1	E	R1	R2	R3	R4	R5	R1	R2	R3	R4	R5
B1	Bedingung 1	J		J	J	J	J	N	J	N	-	-	-
B2	Bedingung 2	J		J	J	J	N	-	J	-	N	-	-
B3	Bedingung 3	J		J	J	N	-	-	J	-	-	N	-
B4	Bedingung 4	N		N	J	-	-	-	N	-	-	-	J
A1	Aktion 1	X	-	X	-	-	-	-	X	-	-	-	-
A2	WEIL?								-	1	2	3	4

Bild 4

1.2.3 Vorteile von Entscheidungstabellen für juristische Expertensysteme

Ein erhblicher Teil des juristischen Fachwissens ist durch die Gesetzgebung in Rechtsvorschriften vorgegeben. In ihnen sind oft Regeln enthalten. Übergeordnet gibt es Regeln zur Anwendung der Vorschriften. Die Normendatenbank JURIS enthält Gesetzestexte. Daneben sind ergänzende Informationen aus Rechtsprechung, Fachliteratur und Verwaltungsanweisungen in gesonderten Datenbanken (JURIS, LEXinform u.a.) gespeichert.

Die Funktion der Datenbanken ist auf die Erklärungskomponente beschränkt. Die in den Rechtsvorschriften enthaltenen Regeln sind vom System nicht ohne weiteres erkennbar. Ihre Aufbereitung für eine operationale Verarbeitung sollte man nicht durch Inferenz innerhalb des Systems anstreben. Sie bleibt Angelegenheit des juristischen Experten.

"Man soll nicht Experte sein, wenn man Erbauer eines Expertensystems ist!" (R. P. BRÄGGER, Zürich, 'Regelbasierter Datenbankentwurf', Workshop Dortmund, 1986).

Gerade hier zeigt sich die Entscheidungstabelle als geeignetes Beschreibungsmittel. In Bild 5 wird das am Beispiel 'Berechtigung zum Widerspruch nach § 109 Abs.2 BGB' verdeutlicht.

Von der Normendatenbank zur Wissensbasis in Entscheidungstabellen

am Bespiel 'Berechtigung zum Widerspruch' § 109 Absatz 2 BGB

Gesetzestext

Hat der andere Teil die Minderjährigkeit gekannt, so kann er nur widerrufen, wenn der Minderjährige der Wahrheit zuwider die Einwilligung des Vertreters behauptet hat; er kann auch in diesem Falle nicht widerrufen, wenn ihm das Fehlen der Einwilligung bei dem Abschlusse des Vertrages bekannt war.

Gesetzestext strukturiert

Hat der andere Teil die Minderjährigkeit gekannt, B1
so kann er nur widerrufen, A1
wenn der Minderjährige der Wahrheit zuwider
die Einwilligung des Vertreters behauptet hat; B2
erkann auch in diesem Falle nicht widerrufen, A1
wenn ihm das Fehlen der Einwilligung bei
Abschluß des Vertrages bekannt war. B3

Entscheidungstabelle

	§ 109 Absatz 2 BGB	R1	R2	E
B1	Der andere Teil (VP) hat die Minderjährigkeit gekannt	N	J	
B2	Der Minderjährige hat der Wahrheit zuwider die Einwilligung behauptet	-	J	
B3	Dem VP war das Fehlen der Einwilligung beim Abschluß des Vertrages bekannt	-	N	
A1	Der VP ist zum Widerspruch berechtigt	X	X	-

Bild 5

Der Gesetzestext ist in seiner Originalfassung zur Speicherung in der Normendatenbank geeignet. Das ist auch weiterhin zweckmäßig, denn es ist immer wieder wichtig, auf den Originaltext einer Vorschrift zurückgreifen zu können. Für die Eingaben des juristischen Experten empfiehlt sich die Entscheidungstabelle vor allem aus folgenden Gründen:

- In der Entscheidungstabelle kann der Experte die Regeln explizit darstellen. Die Inferenz wird mit in das Vorfeld verlagert. Dadurch ist ein entscheidender Schritt von der Normendatenbank zum Expertensystem mit einer Wissensbasis getan.

- Sprachoberfläche bleibt die juristische Fachsprache. Eine starke Anlehnung des frei wählbaren Textes für Bedingungen und Aktionen an den Originaltext erleichtert den Nachweis gesetzeskonformer Darstellung.

- Die knappe, spaltenweise Schreibweise der Entscheidungsregeln ermöglicht die Wiedergabe einer größeren Anzahl von Regeln und damit die zusammenhängende Darstellung komplexer Entscheidungssituationen.

- Entscheidungstabellen sind wartungsfreundlich. Sie können daher bei Gesetzesänderungen schnell angepaßt werden.

- Durch Hinweise auf die vorausgehenden und die nachfolgenden Entscheidungsfelder wird das Rechtssatzgefüge deutlich.

- Schließlich liegt es nahe, das Ordnungssystem der Tabelle auch für die Strukturierung der Datenbanken zu übernehmen. Namen und Bezeichner der Entscheidungstabelle werden dann zu geeigneten Suchkriterien für die ergänzenden Informationen.

1.3 Einsatz von Entscheidungstabellen durch den Experten

Der Experte gibt die Entscheidungstabellen schriftlich als DV-Anweisung an das System zum Aufbau einer Wissensbasis in Entscheidungstabellen.

Es fragt sich, welche Rechtsnormen in Entscheidungstabellen dargestellt und eingegeben werden sollen:

- Grundsätzlich ist die Darstellung in Entscheidungstabellen zu empfehlen, wenn es bei Rechtsvorschriften darum geht, juristisches Schlußwissen zu beschreiben, besonders bei komplexen Entscheidungsfeldern.

- In Betracht kommen zunächst einmal Einzelvorschriften (Paragraphen oder Abschnitte davon), die durch syntaktische Bearbeitung aus dem Originaltext entwickelt werden können. Dabei lassen sich mehrere Vorschriften eines Entscheidungsbereichs zu einer Gesamttabelle oder zu einem ET-Verbund zusammenfassen. Das kann für integrierte Verarbeitung zweckmäßig sein.

- Zur Darstellung eignen sich auch Legaldefinitionen, wie etwa hier im Beispiel von Bild 3. Das sind oft ehemalige Typusbegriffe, die eine gesetzliche Begriffsbestimmung erfahren haben, z.B. der Begriff 'Gewerbebetrieb' nach dem GewStG.

- Wichtiger und nützlicher erscheint es jedoch, Typusbegriffe in einer Entscheidungstabelle aufzulösen und als Folge operational vollziehbarer Regeln zu beschreiben. Das kann jetzt auch in solchen Fällen realisiert werden, bei denen man sich bisher wegen der Fülle der möglichen Kombinationen nicht an einer schriftlichen Beschreibung versucht hat. Ein Beispiel dafür ist die Berücksichtigung der 'Grundsätze ordnungsmäßiger Buchführung (GoB)' bei der steuerlichen Gewinnermittlung.

- Schließlich kommen noch als 'Hintergrundinformationen' juristische Beurteilungsregeln in Betracht, die bisher nicht für operationale Bearbeitung aufbereitet worden sind (gesicherte Rechtserweiterungen, Lücken, gebotene oder nicht zulässige Analogie, Kollision, Subsidiarität,.....).

Vor der Eingabe prüft der Experte auf inhaltliche Richtigkeit (gesetzeskonforme Darstellung) und auf formale Korrektheit.
Nach der Eingabe läßt er sich durch das System den Nachweis der weisungsgerechten Verwendung innerhalb des Systems erbringen und überzeugt sich davon auch selbst, indem er Testfälle wie ein Anwender einbringt.

Die eingegebenen Entscheidungstabellen sind dann verbindlich und verläßlich. Ähnlich hat die Finanzverwaltung Programmablaufpläne für die Ermittlung der Lohnsteuer durch Unternehmen herausgegeben. Derartige 'amtliche' Entscheidungstabellen sind bereits vor der Eingabe in ein Expertensystem und vor der Implementierung dort im menschlichen Arbeitsbereich nutzbar.

2 DER DIALOG MIT DEM ANWENDER

2.1 Allgemeines

Der Dialog des Anwenders mit dem System erstreckt sich auf Anfragen und Antworten sowie auf die Eingabe von Fakten und die Ausgabe von Ergebnissen.

Bei der Gestaltung des Expertensystems geht es nicht darum, die vielseitigen Fähigkeiten der Anwender im menschlichen Arbeitsbereich zu ersetzen. Sie sollen durch das System lediglich ergänzt werden. Die Anwender werden in vielen Fällen und in manchen Bereichen Fachleute sein, allerdings mit unterschiedlichem Wissens- und Erfahrungsstand auf ihren verschiedenen Gebieten. Das Expertensystem dient dazu, für alle Bereiche ein gehobenes Standardwissen zur Verfügung zu halten. Bild 7 macht das deutlich.

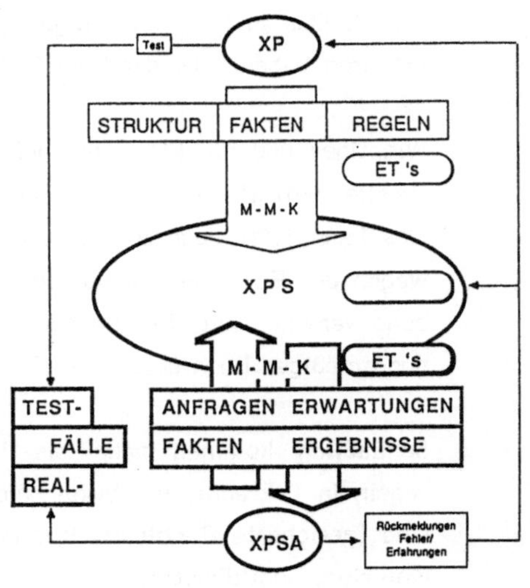

Bild 6

Neben der Anhebung und Aktualisierung des Wissensstandes kann das System dem Anwender Arbeitsmittel zur Verfügung stellen oder ihn durch Übertragung von Grunddaten bei rechnergestützter Verarbeitung in seiner eigenen Arbeitsplatzausstattung unterstützen.

Die Sprachoberfläche der Dialogschnittstelle sollte auf die Sprache des Anwenders ausgerichtet sein, bei juristischen Expertensystemen also auf die juristische Fachsprache.

2.2 Entscheidungstabellen bei Ausgaben aus einem Expertensystem

Die Angebote eines Expertensystems müssen nach den Bedürfnissen der Anwender ausgerichtet sein. Auch für die Anwender sind Entscheidungstabellen vorteilhaft, weil sie das Entscheidungfeld übersichtlich und leicht verständlich zeigen. Die Wissensbasis in Entscheidungstabellen enthält die Grundwerte (Parameter) einer jeden Tabelle. Daraus ist vollständige, aber auch bereichsweise Wiedergabe möglich.

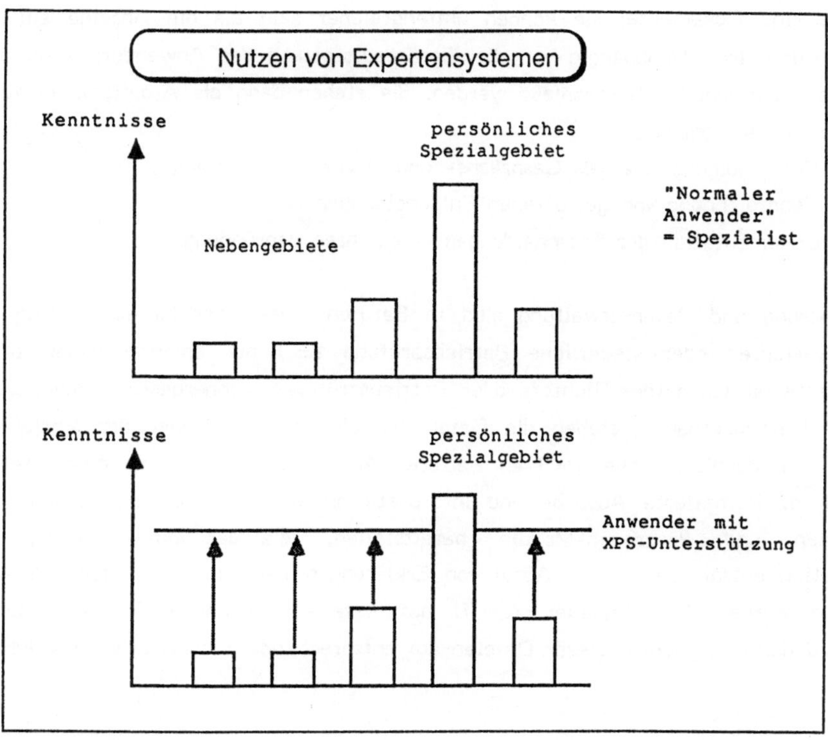

Bild 7

Der Katalog der sinnvollen und wünschenswerten Ausgaben in Entscheidungstabellen entspricht im wesentlichen den unter 1.3 angeführten Eingaben.

Der Anwender kann sich auf Korrektheit verlassen. Er bleibt aber auch verantwortlich für seine Entscheidung. Deshalb müssen sichergestellt sein:

- die Prüfbarkeit bis zur Rechtsquelle (Weil-Komponente) und
- der Zugriff auf Erläuterungen (Erklärungskomponente).

2.3 Vorteile von Entscheidungstabellen bei Ausgabe aus einem juristischen Expertensystem

Bildschirmanzeige von Entscheidungstabellen bietet Orientierungshilfe und Aktualisierung des Fachwissens für den Fachmann oder angehenden Fachmann. Durch die knappe Darstellung der Regeln (bei einem 80iger Bildschirm etwa 20 Regeln) können verhältnismäßig komplexe Entscheidungsfelder zusammenhängend gezeigt werden.

Ausdrucke sind Dokumente; sie können umfangreicher sein als die Anzeige auf dem begrenzten Bildschirm. Unabhängig von der Geräteausstattung des Anwenders kann ihr Abruf formalisiert und schriftlich veranlaßt werden. Sie stehen dann als Arbeitsmittel zur Verfügung . So sind sie geeignet

- zur Verständigung, u.a. als Gesprächs- und Dispositionsgrundlage,
- zur Kennzeichnung von getroffenen Entscheidungen und
- zur Dokumentation der Entscheidungen nebst ihrer Begründung.

Datenerfassung und Datenverwaltung sind in Berufen, denen der Gesetzesvollzug obliegt (Gerichtsverfahren oder steuerliche Betriebsprüfung z.B.) bei entsprechender technischer Arbeitsplatzausstattung (des Richters oder Betriebsprüfers) rechnergestützt möglich. Durch einmalige Datenübernahme stehen die Daten für die gesamte Dauer des Verfahrens dem Anwender zur Verfügung. Hier muß an weiteren Angeboten des Systems gearbeitet werden. Für Analyse, formatierte Ausgabe und Interpretation von Entscheidungstabellen sollte es Algorithmen und Programm-Module bereitstellen, die der vom Anwender benutzten Konfiguration entsprechen. Der Abruf von Erklärungen kann in den Entscheidungstabellen vorgesehen werden. Ein schneller Zugriff auf bereits vorhandene Dateien (siehe unter 1.2.3) wird durch Ergänzung dieser Dateien um entsprechende Suchkriterien möglich.

2.4 Sonderfall Interpretation

Interpretation einer Entscheidungstabelle bedeutet die Anwendung der Tabelle im Einzelfall (bzw. in Einzelfällen). Dabei kann es sich um Fälle der Realität oder um Testfälle handeln.

Die Interpretation umfaßt

- die Beschreibung des Falls,
- das Auffinden der zutreffenden Regel(n) und
- die Bestimmung der auszuführenden Aktionsfolge.

Die Bearbeitung entspricht also der den Juristen vertrauten Subsumtion.

Als Vorteil ist die knappe Beschreibung des Falls mit den in der Entscheidungstabelle vorgesehenen Bedingungsanzeigern hervorzuheben. Die Falleingabe durch den Anwender wird durch eine Dialogmaske formalisiert. Die Entscheidungsvariablen sind durch die Entscheidungstabelle festgelegt. Jede Entscheidungsvariable wird in einer Entscheidungstabelle nur einmal angesprochen.

Schwierig bleibt unverändert die Selktion der Tatbestanosmerkmale aus dem Sachverhalt. Für jede Bedingung (rechtliche Voraussetzung) muß ja definitiv entschieden werden, ob sie erfüllt ist oder nicht. Insoweit sind die Bedingungen als abstrakte Begriffe definiert. Sie enthalten oft aber Typusbegriffe.

Die Beschreibung des Falls ist Aufgabe des Anwenders und kann von ihm ggfs. durch Strukturierung des Sachverhalts und Formulierung der Selektionsanweisungen operationalisiert werden. Es ist denkbar und wünschenswert, daß ihm das System dafür Hilfen zur Verfügung stellt.

Nach der Eingabe des Falls oder der Fälle geschehen die weiteren Interpretationsschritte problemunabhängig und systematisch. Sie können durch das System oder durch die Anlage des Anwenders ausgeführt werden. Das gilt auch für die Ausgabe der Ergebnisse, die nach den Wünschen des Anwenders als Bildschirmanzeige, durch Druck oder durch Datenübertragung denkbar ist. Die Formatierung der Ergebnisliste kann nach individuellen Bedürfnissen gestaltet werden. Oft wird es sich empfehlen, Fälle und Ergebnisse gegenüberzustellen. Durch Ausdruck wird auch hier eine auf die Dauer benutzbare Arbeitsunterlage geschaffen.

Wünschenswert und möglich sind auch die schrittweise Verfolgung der Bearbeitungsspur (trace, Weil-Komponente) und die Ausgabe statistischer Werte (z.B. Häufigkeitsstatistik).

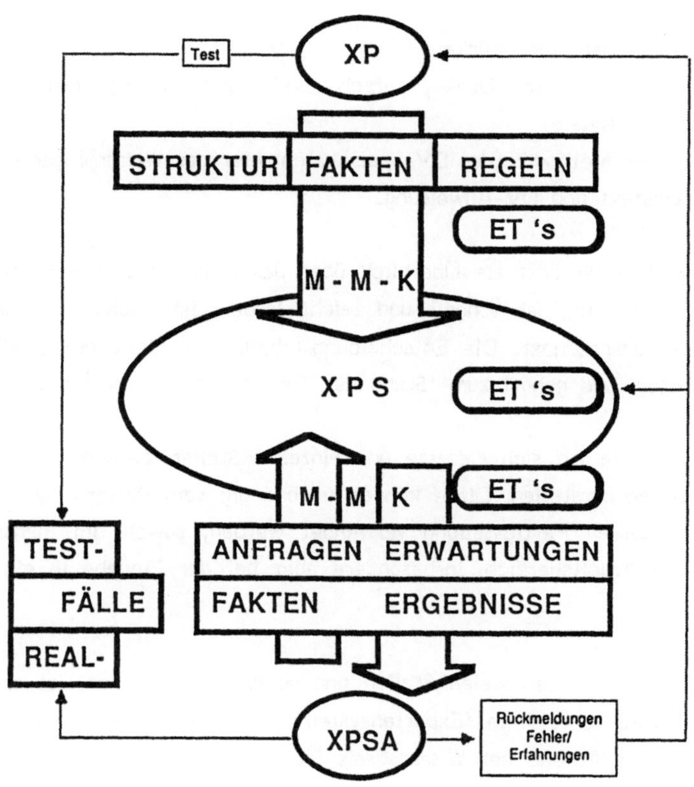

Bild 8

3 IMPLEMENTIERUNG DER ENTSCHEIDUNGSTABELLEN IM EXPERTENSYSTEM

Eine Wissensbasis in Entscheidungstabellen erweitert das Angebot des Systems an den Anwender. Das System ist dabei frei in der Datenverwaltung und Datenverarbeitung. Soweit Entscheidungstabellen ganz oder teilweise oder als Verbund ausgegeben werden sollen, sind lediglich die verschiedenen Arten einer formatierten Ausgabe zu programmieren. Für die Interpretation stehen etliche Verfahren zur Verfügung, von denen das System selbst das im Einzelfall optimale erkennen und einsetzen kann.

Es ist möglich, die gesamte Entscheidungstabellen-Theorie auch in der Operations- und Speichersystematik zu verwenden. Das sei hier lediglich als Denkanstoß erwähnt.

4 ZUSAMMENFASSUNG

Die Entscheidungstabelle ist eine Brücke
- zwischen problemorientierter Denk-, Sprech- und Verständigungsweise (des Experten und des Systemanwenders)
- und dv-orientierter Methodik (des DV-Spezialisten, hier des Wissensingenieurs),

z.B. zwischen Gesetzestext und DV-Anweisung.

Als Verständigungsmittel gewährt sie Überblick über das Entscheidungsfeld. Sie erleichtert die Analyse und Bearbeitung, ist schnell und leicht lesbar, ist nachprüfbar und in ihren Bestandteilen einzeln ansprechbar. Die Entscheidungstabelle hat nicht nur Lexikonfunktion, sie enthält auch Regeln und gehört zum 'Stand der Technik' der Informastionsverarbeitung.

Im juristischen Bereich lassen sich Gesetze und einzelne Stellen besonders vollzugstauglich in Entscheidungstabellen darstellen. Diese können unabhängig vom übrigen System aufbereitet und bereits vor dessen Fertigstellung verwendet werden, sowohl im menschlichen als auch im maschinellen Arbeitsbereich, insbesondere aber bei der Eingabe in ein juristisches Expertensystem.

Eine schrittweise Entwicklung, an vielen Stellen und zu vielen Bereichen, ist ohne weiteres möglich. FRANK PUPPE schreibt in 'Expertensysteme' (Informatik Spektrum 1986, 9, S7): "Der Wissenserwerb zum Aufbau der Wissensbasis ist z.Zt. der Flaschenhals bei der Entwicklung von Expertensystemen".

Erweitern wir diesen Flaschenhals durch Einsatz von Entscheidungstabellen!

Fachgespräch
Expertensysteme in der Medizin

Ansätze zur Entscheidungsunterstützung sind so alt wie Computerverfahren in der Medizin überhaupt. Im Laufe von jetzt nun fast drei Jahrzehnten haben unterschiedliche Ansätze Verwendung gefunden: Einfache deterministische Verfahren, probabilistische Ansätze und kombinierte Verfahren. Ziel war es immer, Unterstützung für die Entscheidung des Arztes bei der diagnotischen Klassifikation, der Bestimmung der diagnostischen Strategie oder der Therapie zu finden.

Eingang in die klinische Praxis haben bisher aber erst wenige Verfahren ausserhalb der direkten Entwicklungsbereiche gefunden. Die Ursachen hierfür waren vielfach: der Zwang der klinischen Situation, die Notwendigkeit aufwendiger Dateneingabe oder der fehlende Bezug der Anwendung des Systems für die aktuelle klinische Entscheidung. Regelbasierte Systeme fanden sich bereits sehr früh, zum Beispiel bei den ersten EKG-Auswertungsverfahren. miteinander zu verbinden. So ist es verständlich, dass auch die ersten Anwendungen von Expertensystemen in der Medizin zu finden sind: Die Darstellung der breiten Wissensbasis in der Medizin zur zusätzlichen Erarbeitung von Entscheidungen bei unterschiedlichen Verläufen, variierenden Bezugssystemen und Entscheidungssituationen.

Wissen in der Medizin beruht auf Empirie. Es geht aber auch die klinische Erfahrung ein, die schwer zu substantiieren ist. Die Beurteilung der Relevanz der verschiedenen Symptome ist schwierig und bedarf oft eigener klinischer Untersuchungen. So ist es verständlich, dass in dieses Fachgespräch Beiträge aufgenommen worden sind, die Beiträge zur Entscheidungsunterstützung insgesamt zu leisten versuchen und auch insbesondere solche, die sich um den Wissenserwerb und die Bedeutung klinischer Variablen bemühen.

Entscheidungssysteme können in der Medizin unterschiedliche Funktionen erfüllen: Die Vermittlung komplexen Wissens, auch zur diagnostischen Klassifikation, die Hilfestellung bei der Interpretation differenzierter Untersuchungsverfahren, die Unterstützung der Aktion (zur diagnostischen oder therapeutischen Handlung) und auch die Überwachung der klinischen Handlung im Hinblick auf bereits gespeicherte Daten oder Vorentscheidungen. So wird in dem Fachgespräch auch die Einbindung von Expertensystemen in klinische Informationssysteme behandelt. Ein Beitrag zur Technologiebewertung rundet die diskutierten Aspekte ab. Nicht aufgenommen werden konnten Validierungsaspekte, die wichtig sind, ehe Expertensysteme für die klinische Routine freigegeben werden können. Hier sind Validierungen erforderlich, die mit Prüfungen neuer Arzneimittel vergleichbar sind: Das Wissen eines oder weniger Experten ist nicht ausreichend, um hierauf eine allgemeine Handlungsmaxime aufzubauen.

Die Auswahl der Beiträge geschah bewusst in einer gewissen Vielfalt, um die unterschiedlichen Aspekte der Entscheidungsunterstützung in der Medizin darzustellen.

Programmkomitee für dieses Fachgespräch: J. Dudeck (Uni Giessen), R. Engelbrecht (MEDIS-Institut der GSF München), P. L. Reichertz (MH Hannover, Vorsitz)

Expertensysteme und das medizinische Umfeld
Eine Einführung in das Thema

P.L. Reichertz
Institut für Medizinische Informatik
Medizinische Hochschule Hannover
D-3000 Hannover 61

Versuche, die klinische Entscheidung zu verbessern bzw. zu unterstützen, sind so alt, wie die Anwendungen des Computers in der Medizin überhaupt. Bereits sehr früh fanden deterministische Verfahren Anwendung (z.B. LIPKIN/3/ in der Hämatologie) und klinische Regeln wurden formuliert und in Programme zur Erkennung des Elektorkardiogrammes (z.B. CACERES/3/) eingebracht. Später wurde von LUSTED/4/ das Bayes'sche Theorem für die Anwendung in diagnosenunterstützten Verfahren vorgeschlagen und erstmals von WARNER/7/ auf Probleme der Diagnose angeborener Herzfehler angewandt. Auch eigentliche Expertensysteme, d.h. Systeme unter Verwendung von spezieller Wissensrepräsentation und unter Nutzung schlußbildender Programmierverfahren, fanden sich sehr früh in der Medizin (GORRY/2/). Es ist ein medizinisches Expertensystem (SHORTLIFE/6/), welches heute als eins der Prototypen gilt und als Beispiel vieler Einführungsvorlesungen in dieses Sachgebiet dient.

Trotzdem hat die Unterscheidungsunterstützung mittels Computerverfahren noch keinen Platz in der täglichen Routine, vom Einsatz instrumentell integrierter EKG-Systeme abgesehen. Jedoch befaßt sich die Forschung auf breiter Front mit ihnen und es finden sich zunehmend Realisierungen auf den unterschiedlichen Gebieten mit erstaunlicher Leistungsfähigkeit. Ihre Einbindung in den klinischen Alltag setzt auch offensichtlich mehr voraus als die Lösung eines singulären Problems: Sie müssen sich in die Entscheidungsrealität einpassen und den zeitlichen, sowie operationellen Gegebenheiten entsprechen.

Die Entscheidungen in der Medizin sind vielfältig und beschränken sich nicht nur auf diagnostische Klassifikationen. Man kann unterschiedliche Anwendungsgebiete definieren, welche auch verschiedene Voraussetzungen bedingen und Lösungen ermöglichen.

Topologie der Funktion

1) Wissensvermittlung
   Ein breites Gebiet ist die Vermittlung komplexen Wissens. So hat sich auch bei MYCIN/5/ gezeigt, daß einerseits die Erklärungskomponente klassifizierender Verfahren sehr wichtig für die Akzeptanz ist, andererseits die hiermit mögliche Vermittlung komplexen Wissens ausgezeichnet für den Unterricht geeignet scheint.

2) Klassifikation
   Seit jeher ist es Ziel der Entscheidungsunterstützung in der Medizin gewesen, diagnostische Klassifikationen zu erreichen. Dabei liegt es im Wesen der Entscheidung in der Medizin/5/, daß hierbei hierarchische Stufen zu unterscheiden sind, die entsprechend der klinischen Situation ablaufen und hier angepaßt sein müßten.

3) Komplexes Berichtswesen
   Hierunter ist zu verstehen, daß die Resultate komplexer oder mehrerer Untersuchungen auf Spezialgebieten (wie z.B. von gerinnungsphysiologischen Untersuchungen, Lungenfunktionsergebnissen, Elektrokardiogramm etc.) interpretiert werden und als weitere Entscheidungsgrundlage für diejenigen dienen, die zwar die Ergebnisse solcher Untersuchungen zu werten wissen, aber nicht das Expertenwissen haben, die einzelnen Teilergebnisse zu einem Gesamturteil zusammenzufassen. Eine andere Anwendungsmöglichkeit ist auch die Bewältigung von Massendaten (EKG).

4) Aktionsunterstützung
   Der Arzt in der klinischen Situation möchte im Grunde genommen eine Unterstützung für seine Aktion und zwar dies
   - für weitere diagnostische Maßnahmen (siehe 2) und
   - Maßnahmen der Therapie, insbesondere in kritischen oder komplexen Situationen.
     So ist auch MYCIN/6/ ein System zur Aktionsunterstützung bei der Therapie infektiöser Erkrankungen.

5) Handlungsüberwachung
   Besondere Interessen finden in der letzten Zeit Systeme zur Über-

wachung medizinischer Handlungen (Aufdeckung von Arzneimittelinterferenzen oder - unverträglichkeiten, Inkonsistenz bei anästhesiologischen Maßnahmen etc.). Diese Systeme sind in Systeme zur Dokumentation oder Datenbankspeicherung von klinischen Befunden integriert (als Prototyp sei hier das HELP-System von WARNER/8/ genannt) und melden sich nur wie ein 'Wachhund' (Watchdog-Function), wenn eine Handlung von der vorgegebenen Norm abweicht.

Topologie der Lokalisation

Die Systeme variieren aber nicht nur in ihrer Bedeutung und Anwendungsmöglichkeit gemäß ihrer Funktion. Es läßt sich auch eine Topologie der Lokalisation umreißen:

a) Isolierte Anwendungen
dürften im Augenblick noch die Regel sein. Hierzu ist aber erforderlich, daß alle Angaben über den Patienten erneut eingegeben werden, was oft mit der klinischen Routine nicht zu vereinbaren ist.

b) Partielle Anbindungen an die Datenbank
Diese Anbindung kann der
- Wissenextraktion oder
- Erlangung von Zusatzinformationen
dienen.

c) Höherwertige Datenbankfunktion
Hierunter ist die 'Watch-dog'-Funktion zu verstehen, die sich meldet, wenn eine Einstellung von Handlungsinformationen in die Datenbank erfolgt und logische Inkonsistenzen der Handlung oder Anordnung mit den bereits gespeicherten Daten oder mit medizinischen Handlungskonzepten aufgedeckt werden. Eine solche höherwertige Datenbankfunktion kann als Funktionsschicht in medizinische Datenbanksysteme eingebaut werden und zur Qualitätsverbesserung medizinischer Handlung beitragen.

Validierung

Da die ärztliche Entscheidungsfindung meist zu einer Handlung am Patienten mit den daraus resultierenden medizinischen, aber auch juristischen Konsequenzen führt, ist für das Entscheidungssystem in der Medizin zu fordern, daß es ähnlichen Kriterien unterliegt, wie die Einführung einer neuen medikamentösen Therapie. Die Problemlösung selbst wird sich entsprechend der verschiedenen Funktionen und ihrer Lokalisation sehr unterschiedlich darstellen. Komplexe Problemlösungen werden Anteile mehrerer der oben aufgezeigten Einteilungskategorien aufweisen. Bereits jetzt ordnet die Federal-Drug-Administration Computer und Computersysteme den 'Medical Devices' zu. Ähnlich einem klinischen Versuch sollte man bei der Einführung von Entscheidungssystemen unterschiedliche Phasen in der Durchführung und Dokumentation voneinander trennen:

- In der Phase der Problemvalidierung sollte das klinische Problem in seiner Bedeutung untersucht und seine Relevanz für die klinische Entscheidung festgelegt werden.

- In der Phase der Wissensvalidierung muß das von den Experten erhaltene Wissen u.U. in prospektiven klinischen Versuchen überprüft und um empirische Wissenskomponenten angereichert werden.

- In der Phase der Entscheidungsvalidierung sollten die zur Diskussion stehenden Entscheidungen in ihrer Wertigkeit untersucht und u.U. auch in klinischen Versuchen auf ihre Anwendung in der tatsächlichen Situation überprüft werden.

- Die Phase der Systemvalidierung schließlich sollte die Entscheidungen des Systems mit entsprechenden klinischen Entscheidungen vergleichen zur Feststellung der Leistungsfähigkeit unter den im Versuchsansatz gelegten Kriterien, bzw. in bezug auf die zur Anwendung vorgesehenen Situation.

Es wird noch vieler Forschung bedürfen, bis Expertensysteme in der praktischen und täglichen Medizin ihren Eingang finden. Ihre Erforschung wird aber schon vor ihrer Anwendungsreife wertvolle Erkenntnisse über die Entscheidungssituation in der Medizin bringen. Ihre Einpassung in die Umgebung der Medizin wird wahrscheinlich schrittweise erfolgen und auf einigen Funktionsgebieten leichter zu erreichen sein. Dies wird um so eher möglich sein, je mehr man den ärztlichen Entscheidungsprozeß versteht und entsprechend seiner Analyse Teilfunktionen definieren und durch entsprechende Systeme unterstützen kann.

Literaturverzeichnis

/1/ CACERES, C.A., STEINBERG, S.A., ABRAHAM, S., Carbery, W.J., MCBRIDE, J.M. TOLLES, W.E., RIKLI, A.E.: Computer Extraction of Electrocardiographic Parameters. Circulation 25, 1962, 356-362

/2/ GORRY, G.: Knowledge-based System for Clinical Problem Solving. In: DE DOMBAL, F.T., GREMY, F. (eds.): Decisionmaking and Medical Care: Can Information Science Help?, Amsterdam, North-Holland, 1976, 23-32

/3/ LIPKIN, M., ENGLE, R.L., DAVIS, B.J., ZWORYKIN, V.K., EBALD, R., SENDROW, B.S.: Digital Computer as Aid to Differential Diagnosis. Arch.Int.Med. 108, 1961, 56-72

/4/ LUSTED, L.B., LEDLEY, R.S.: Electronic Computer Aids to Medical Diagnosis Medical Electronics, 1960, 415-423

/5/ REICHERTZ, P.L.: Wesen und Probleme der Urteilsfindung in der Medizin. In: Brauer, W. (Hrsg.): GI 11. Jahrestagung in Verbindung mit 3th Conference of the European Cooperation on Informatics (ECI), München: Oct. 22.-23. 1981. Proceedings. Informatik Fachbereich, Bd. 50, Berlin/Heidelberg/New York, Springer-Verlag, 1981, 549-556

/6/ SHORTLIFFE, E.H.: Computer-Based Medical Consultations: MYCIN New Artificial Intelligence Series 2 New York, American Elsevier Publishing, 1976

/7/ WARNER, H.R., VEASY, G.L., TORONTO, A.F., STEPHENSON, R.E.: Diagnosis of Congenital Heart Disease from Clinical Data with a Digital Computer. Circulation 22, 1960, 829

/8/ WARNER, H.R., PRYOR, T.A., CLARK, S., MORGAN, J.: Integration of Computer Support for Institutional Practice: The Help System. In: C. Weller (edit.)ß: Computer Applications in Health Care Delicery, Miami, Symposia Specialists, 1976, 121-133

WISSENSAKQUISITION UND INFERENZ IN EINEM EXPERTENSYSTEM ZUR DIAGNOSEUNTERSTÜTZUNG BEI DYSMORPHIESYNDROMEN

A. Berchtold[1] L. Gierl[1] B. Stengel-Rutkowski[2]

[1] Rechenzentrum der Universität München für die Medizinische Fakultät

[2] Abteilung für Pädiatrische Genetik und Pränatale Diagnostik der Universität München

1. Einführung

In der Abteilung für pädiatrische Genetik und pränatale Diagnostik der Kinderpoliklinik der Universität München werden Forschungsarbeiten auf dem Gebiet der Definition und Diagnostik von Dysmorphiesyndromen durchgeführt. Schwerpunkte bilden die Erfassung und standardisierte Beschreibung von Phänotypmerkmalen von Syndrompatienten aus eigener Praxis und aus der Literatur, sowie die Erstellung von Syndromkarten, welche die typischen Merkmalskombinationen einzelner Syndrome beschreiben.
Zu den Aufgaben der Abteilung gehört die genetische Beratung von Patienten bzw. deren Eltern, so daß die Forschungsarbeiten direkte Auswirkungen auf die Patientenversorgung der Abteilung haben. Unter dem Begriff Syndrom versteht man eine überzufällige, "regelhafte" Kombination verschiedener Krankheitsursachen (Neuhäuser, Opitz). Dysmorphiezeichen sind kleinere Anomalien der Körperform. Es handelt sich um morphologische Abweichungen, die eine Variation der normalen Morphe darstellen und die Körperfunktionen nicht beeinträchtigen. Für Dysmorphiesyndrome, bei denen außerdem Fehlbildungen (größere Anomalien) und häufig Entwicklungsretardierungen vorkommen können, ist die spezifische Musterkombination von mehreren Dysmorphiezeichen kennzeichnend. Die Merkmale werden nach standardisierten Kriterien überwiegend deskriptiv erfaßt, einige Gesichtsmerkmale können auch metrisch bestimmt werden (Beispiel Abb. 1).

Zur Beurteilung der Phänotypmerkmale werden die Kriterien "vorhanden", "nicht vorhanden" oder "unbekannt" verwendet. Auf der Basis der zu bestimmten Syndromen gehörenden Merkmale (Syndromkarten) und des Befundes eines speziellen Falles erfolgt die Diagnosestellung. Sie ist die Grundlage für die genetische Beratung bezüglich Prognose und Wiederholungsrisiko.

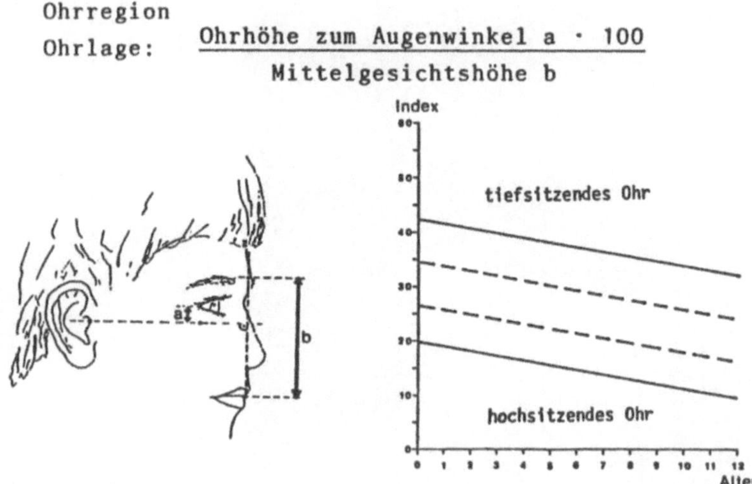

Abb. 1 Vermessung eines Gesichtsmerkmales

2. Diagnostische Praxis bei Dysmorphiesyndromen

Die diagnostische Praxis folgt bekannten Vorgehensweisen (Schorderet, Äbischer; Bergman, Pantell):

1. Systematische Erfassung aller Merkmale.
2. Auswahl einer begrenzten Anzahl von vorhandenen Merkmalen (typischerweise 3 - 7), deren spezifische Kombination auf einige Syndrome hinweist, sofern Kombinationen existieren.
3. Auswahl hochspezifischer Merkmale, sofern sich solche bei einem Fall identifizieren lassen.
4. Formulierung einer Liste möglicher Syndrome.
5. Verdachtsüberprüfung. Jedes Syndrom wird auf maximale Übereinstimmung von Merkmalskombinationen des Falles mit diesen Syndromen untersucht. Je größer die Zahl der Übereinstimmungen, desto größer die Wahrscheinlichkeit für diese Diagnose.

Die Diagnose des Arztes stützt sich auf Beschreibungen von Syndromen. Das "typische Aussehen" kann anhand von photographischen Phantombildern durch Übereinanderkopieren von Fallbildern qualitativ überprüft werden (Abb. 2). Die eigentliche Diagnosestellung stützt sich auf Syndromkarten und bei einigen Syndromen auf sogenannte Syndromwerte. Letztere stellen Summen von relativen Häufigkeiten des Vorkommens von Merkmalen bei einzelnen Syndromen dar (Ott; Zampa). Einen Ausschnitt aus einer Syndromkarte für das Williams-Beuren-Syndrom zeigt Tab. 1 (Ott).
Der Diagnosevorgang gestaltet sich insofern schwierig, als wenig gesicherte Erkenntnisse über die für bestimmte Syndrome signifikanten Merk-

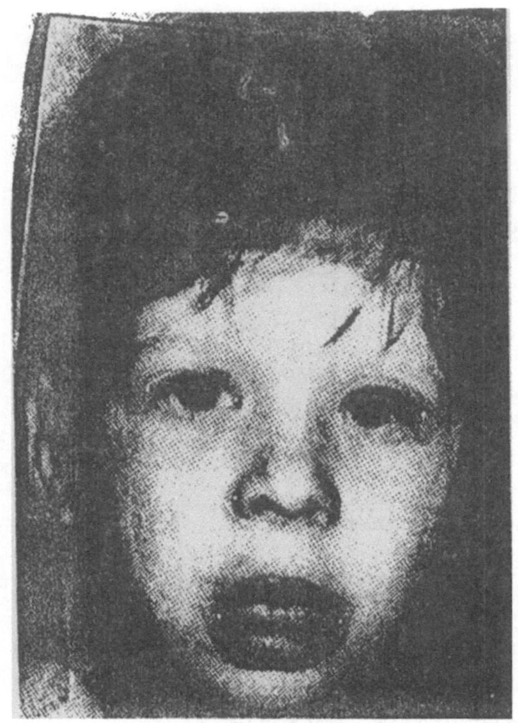

Abb. 2 Photographisches Phantombild des Williams-Beuren-Syndroms

malskombinationen vorliegen. Die teilweise geübte Praxis "Leitsymptome" festzulegen, die eindeutig auf Syndrome hinweisen, kann in vielen Fällen nicht zu verläßlichen Ergebnissen führen, da diese fehlen können und trotzdem das Vollbild eines Syndroms vorliegen kann. Eine bestimmte Kombination von Merkmalen muß deshalb nicht in jedem Fall für ein Syndrom beweisend sein. Erschwerend kommt hinzu, daß die Zahl der erhobenen Merkmale pro Syndrom ohnehin mit ca. 60 sehr umfangreich ist.

3. GS.52 - ein Expertensystem für Diagnoseunterstützung und Wissenserwerb bei Dysmorphiesyndromen

Die Gründe für eine Unterstützung von Diagnose und Wissenserwerb bei Dysmorphiesyndromen durch ein Expertensystem sind:

- Vermeidung von Fehlern bei der Verdachtsgenerierung wegen der hohen Variabilität der Syndrome (einige Hundert);
- Berücksichtigung aller Alternativen beim Diagnoseprozeß (Bergmann, Pantell) bei insgesamt gegen 1000 Merkmalen und vielfältigen Kombinationsmöglichkeiten der die Syndrome kennzeichnenden Merkmale;

Merkmale mit Häufigkeitsangaben

Merkmal	%	Merkmal	%
klinische Merkmale		spärliche Augenbrauen	39 %
geringes Geburtsgewicht	30 %	lateral abfallende Augenbrauen	29 %
Herzgeräusch	90 %	Strabismus convergens	52 %
schlechtes Gedeihen	77 %	**Nasenregion**	
Hypercalcämie	30 %	eingesunkene Nasenwurzel	23 %
Minderwuchs	75 %	breite Nasenwurzel	35 %
leichtes Untergewicht	67 %	kurzer Nasenrücken	22 %
retardierte Entwicklung	88 %	breiter Nasenrücken	32 %
Craniofacies		kugelige Nasenspitze	73 %
leichte Mikrocephalie	67 %	evertierte Nasenbodenebene	25 %
großflächige Stirn	17 %	antevertierte Nasenlöcher	63 %
dicke Backen	46 %	großer Nasenflügelabstand	54 %
kräftige Unterlidfalte	21 %	tiefer Nasenflügelansatz	36 %
Augenregion		**Mundregion**	
Weichteilverdickungen lateral über dem Oberlid	75 %	prominente Integumentaloberlippe	17 %
Weichteilverdickungen unter dem Unterlid	27 %	lange Integumentaloberlippe	24 %
weiter Interkanthalabstand	23 %	verstrichene Philtrumsäulen	72 %
breite Lidspalten	40 %	divergentes Philtrum	17 %
Mongolenfalte	39 %	Schleimhautoberlippe ohne Philtrumseinschnitt	68 %
Abweichung der Lidspaltenachsenstellung	36 %	bogenförmige Schleimhautoberlippe	82 %
medial diffus verbreiterte Augenbrauen	25 %		

Tab. 1 Merkmalskatalog des Williams-Beuren-Syndroms

- Geringe Inzidenz bestimmter Syndrome und damit das abgeschwächte Erinnerungsvermögen des Diagnostikers (Winter, Baraitser, Douglas);
- Notwendigkeit, den Diagnoseprozeß auf eine nachvollziehbare Basis zu stellen;
- Möglichkeit, bei erfahrenen Untersuchern lokalisiertes Wissen zu akkumulieren und weniger erfahrenen Untersuchern weiterzugeben;
- Unterstützung von Forschungsarbeiten zur Definition von Syndromen auf der Basis eigener Fälle und von Fällen aus der Literatur;
- Erleichterung der Verwaltung des umfangreichen Merkmals- und Syndromkatalogs sowie der Falldaten;
- Erweiterung des Wissens über das Vorkommen von Merkmalen in einer Population und dessen Nutzbarmachung für die Diagnose;

- Erweiterung des Wissens über das Vorkommen oder Fehlen signifikanter Merkmale oder Merkmalsgruppen bei einzelnen Syndromen.

4. Architektur von GS.52

Die nachstehende Abb. 3 zeigt die Struktur von GS.52. Es soll die Aspekte Datenverwaltung, Diagnose und Lernen unterstützen.
Das gesamte System ist auf einem Personal Computer (Siemens PC-D mit MS-DOS) in der Abteilung für pädiatrische Genetik und Pränatale Diagnostik (zum gegenwärtigen Zeitpunkt erst teilweise) implementiert.

Der Teil Datenverwaltung ist mit dBase II realisiert. Für die wesentlich umfangreicheren Teile Diagnose und Lernen wird TLC-LISP verwendet. Wesentliches Charakteristikum ist die Verknüpfung von Falldaten und Wissen über eine Dateischnittstelle zwischen dBase II und TLC-LISP.
Der LISP-Teil verwendet die Erweiterungen der TLC-LISP-Implementierung zur objektorientierten Programmierung. Das Klassenkonzept erlaubt ein message-passing zwischen Objekten, so daß verschiedene Verarbeitungsmethoden, die auf bestimmten Objekten arbeiten, definiert werden können (The Lisp Company; Stoyan, Görz, S. 191). Beispielsweise können im Wissensaquisitionsteil unterschiedliche Methoden zur Behandlung von Fallklassen wie Literaturfälle oder eigene Fälle vom Diagnostiker benutzt werden.

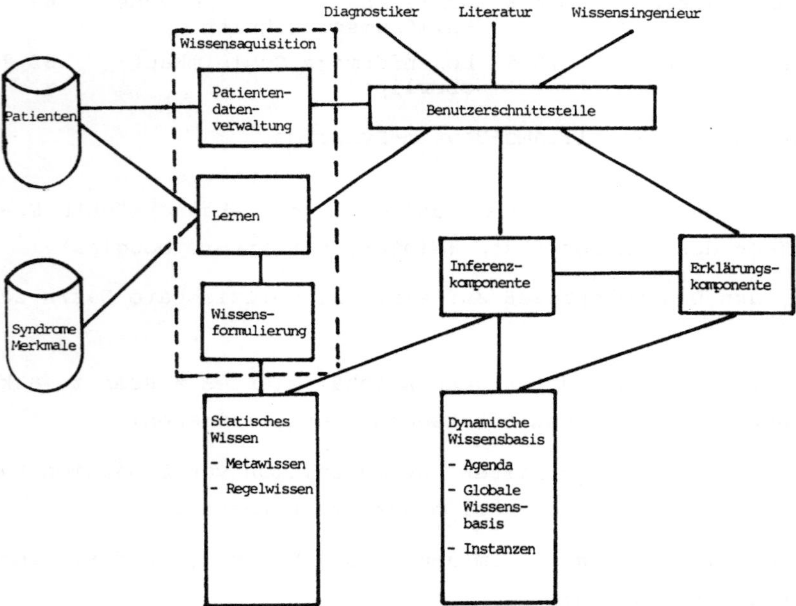

Abb. 3 Architektur des Systems GS.52

Merkmale und Syndrome sind Objekte, die in einfach strukturierten Frames realisiert sind. Sie sind als Prototypen in Dateien abgelegt (Aikins). Prototypen werden hierbei im Sinne Sowa's als typische Individualitäten aufgefaßt (Sowa). Beim Diagnosevorgang bzw. beim Lernvorgang werden Instanzen dieser Objekte im Arbeitsspeicher aufgebaut.

5. Inferenzkomponente

Unter Inferenzkomponente versteht man den eigentlichen Arbeitsmechanismus, der die Nachbildung der Expertenfähigkeit vermittelt. Hierzu gehört die Auswahl von Zielen, von Wissensquellen, die Überprüfung der Anwendung von Wissen, sowie die Kommunikation mit der Benutzerschnittstelle.

Das Entscheidungsproblem in der Diagnose von Dysmorphiesyndromen besteht in der Zuordnung einer Menge von Merkmalen $M = \{m_1, m_2, \ldots\}$ mit der Ausprägung "J" (vorhanden), "N" (nicht vorhanden) und "?" (unbekannt) zu einem Syndrom $S \in S_C$ wobei S_C die Menge aller bekannten Syndrome ist.

Eine Möglichkeit zur Lösung des Problems ist ein Matching-Verfahren, das eine ausgewählte Zahl von Merkmalen des Patienten in einer Syndromdatei sucht. Tritt mindestens eines dieser Merkmale bei einem Syndrom auf, wird es als mögliche Diagnose festgehalten (Bachmann, Terdiman, Gomes). Offensichtlich ist diese Methode relativ starr. Werden für ein Syndrom signifikante Merkmale nicht erfaßt, kommt es zu falschen Ergebnissen (ähnlich Pitt u.a.). Durch die Gewichtung von besonders signifikanten Merkmalen (Winter, Baraitser, Douglas) kann der Suchprozeß stärker fokusiert werden. Ein anderes System (Richards, Jeffery) verwendet eine normierte Likelihood-Funktion für die Ermittlung der Wahrscheinlichkeit eines Syndroms. Die dort verwendet Wahrscheinlichkeit P_{ij} entspricht der Häufigkeit für das Vorkommen eines Merkmals in einer Syndrompopulation.

In GENDIAG (Gouvernet, Caroboeuf, Ayme) werden Dempster-Shafer-Vertrauensfunktionen zur Ermittlung einer Diagnose-Rangfolge benutzt. In beiden Fällen wird kein Gebrauch von Expertenwissen über signifikante Merkmale oder Merkmalskombinationen gemacht. Eine Erklärung der Vorgehensweise ist nicht möglich. Die subjektive Bedeutung von Merkmalen bezüglich ihrer Syndrom-Signifikanz wird in SYNDROC (Schorderet, Äbischer) explizit verwendet. Zur Verdachtsgenerierung wird ein Pseudo-Bayes-Algorithmus benutzt, der die Häufigkeit des Vorkommens von Merkmalen der Population, die in SYNDROC erfaßt wurde, wiedergibt. Hinzu kommt die Häufigkeit von Syndromen in der Gesamtpopulation. Beide Häufigkeiten sind teilweise unbekannt.

Eine korrekte Anwendung der Bayes-Formel ist wegen der fehlenden Unabhängigkeit der Merkmale, der zeitlich nicht-stationären Wahrscheinlichkeiten usw. nicht möglich. Daher wird in GS.52 ebenfalls ein Pseudo-Bayes-Algorithmus verwendet. Man setzt

$$H(S/M(S)) = \frac{H(M(S)/S) * H(S)}{H(M(S))}$$

wobei H(M(S)/S) die Summe über die Merkmalshäufigkeiten eines Syndromes ist, H(S) die Häufigkeit für das Vorkommen eines Syndroms in der beobachteten Population und H(M(S)) die Summe der subjektiven Schätzungen über die Signifikanz von Merkmalen bezüglich eines Sysdroms. Die Signifikanz wird vom Diagnostiker geschätzt und auf das Intervall [1,100] abgebildet. Schließlich wird zusätzliches Wissen über Merkmalskombinationen verwendet.

Über die beschriebenen Verfahren hinaus wird eine spezifische Darstellung multidimensionaler Objekte (Tversky, Gati) auf Merkmale und Syndrome angewendet. Jedes Syndrom ist durch eine Menge von Merkmalen M gekennzeichnet. Mit M + F seien die Merkmale gekennzeichnet, die sowohl im Syndrom S als auch im Fall (eines Patienten) F gemeinsam vorkommen. Der Ausdruck M - F kennzeichnet die Merkmale, die im Syndrom S vorkommen, aber nicht im Fall F, analog sind F - M die Merkmale, die im Fall F eingetroffen sind, aber nicht zum Syndrom S gehören. Genau dieses - theoretische Begriffssystem - wird in der genetischen Praxis ebenfalls verwendet. Hier entspricht

M + F "vorhandene Merkmale"
M - F "nicht vorhandene Merkmale"
F - M "zusätzlich vorhandene Merkmale"

bezogen auf einen Syndrom-Prototyp.

Ein Beispiel aus einem Fall zeigt nachstehend Tabelle 2.

Damit kann man als Maß für die Verschiedenheit zwischen einem individuellen Fall und einem Prototyp eines Syndroms als lineare Kombination ansetzen

$D(S,F) = a\, f(M-F) + b\, f(F-M) - c\, f(M+F)$ a, b, c größer 0.

Diese Vorgehensweise von Diagnostikern wird auch in INTERNIST verwendet (Miller, Pople, Myers). Der Diagnosevorgang mittels GS.52 verläuft nun wie folgt:

1. $D(S,F) = f(M+F)$ für alle S; (f entspricht hier einer Summierung von Merkmalen)
   Es werden also alle Merkmale gezählt, die sowohl bei Fall F als auch bei Syndrom S vorkommen. Damit ergibt sich eine Reihenfolge

vorhandene Merkmale	fehlende Merkmale	zusätzliche Merkmale
- niedriges Geburtsgewicht psychomotorische Entwicklungsretardierung guter Sprachgebrauch (nach Therapie) neurologische Dysfunktion	Untergewicht Minderwuchs (25.Pz) schlechtes Gedeihen Hypercalcämie systolisches Herzgeräusch supravalvuläre Aortenstenose periphere Pulmonalstenosen hypotone Muskulatur Hyperreflexie Mikrocephalie	
- großflächige Stirn dicke Backen	kräftige Unterlidfalte	
- weiter Interkanthalabstand Mongolenfalte pigmentarme Iris mit sternförmigem Muster Strabismus convergens leicht mongoloide Lidspaltenachsenstellung	breite Lidspalten Weichteilverdickungen periorbital medial diffuse, lateral abfallende Augenbrauen	
- breite Nasenwurzel breiter Nasenrücken große, kugelige Nasenspitze großer Nasenflügelabstand evertierte Nasenlöcher	eingesunkene Nasenwurzel kurzer Nasenrücken evertierte Nasenbodenebene	
- breites, leicht verstrichenes Philtrum prominente Integumentaloberlippe leicht asymmetrische Mundspalte evertierte, bogenförmige Schleimhautoberlippe ohne Philtrumeinschnitt evertierte Schleimhautunterlippe kleines Kinn	langer Hasolabialabstand breite Mundspalte Zahnanomalien	
- breite Ohren	abstehende Ohren hypoplastischer Antitragus	verlängerte Helixwurzel
	Leisten- und Nabelhernien	etwas vorstehender Hautnabel
	Wirbelsäulenfehlhaltungen	etwas vorverlagerter Anus

Tab. 2 Merkmalsliste für ein Syndrom eines Patienten

der Syndrome gemäß D(S,F). Diese Reihenfolge wird am Bildschirm gezeigt. Der Diagnostiker kann selbst eine Schranke wählen, unterhalb der Syndrome nicht mehr weiter betrachtet werden.

2. D(S,F) = f(M-F) + f(F-M) - f(M+F) für alle verbliebenen S; (f entspricht einer Summierung von Merkmalen).
   Es wird festgesetzt
   D(S,F) > o => S scheidet aus,
   D(S,F) < o => S verbleibt.
   Diese Entscheidung wird am Bildschirm gezeigt. Der Untersucher kann sie teilweise oder ganz rückgängig machen.

3. Mit Hilfe des Pseudo-Bayes-Algorithmus wird eine Rangfolge der restlichen Syndrome erstellt und auf dem Bildschirm angeboten. Der Diagnostiker kann nun wählen, welche Syndrome er weiter betrachten will und welche nicht.

4. Schließlich wird in einem letzten Schritt die Möglichkeit angeboten, über die freie Bildung von Varianten von Merkmalskombinationen unter den verbleibenden Syndromen zu erproben, welches mit den gewählten signifikanten Merkmalskombinationen dieses Falles die beste Übereinstimmung aufweist.

Diese Vorgehensweise kehrt die übliche, oben beschriebene, bei der Diagnose um. Es werden also nicht signifikante Merkmalskombinationen zur Verdachtsgenerierung verwendet, sondern erst zur Verdachtsüberprüfung. Denn einerseits existieren starre syndromspezifische Merkmalskombinationen nicht immer oder sind noch unbekannt, andererseits ist mit dem eingeschlagenen Weg sichergestellt, daß auch seltene Syndrome bei der Verdachtsgenerierung nicht übersehen werden.
Der Anwender kann zwischen den Diagnoseschritten über die Erklärungskomponente Auskunft über nicht mehr weiterverfolgte Syndrome, Wissen über Merkmale, Syndromkarten usw. erhalten. Er kann seine Entscheidungen rückgängig machen und Alternativen wählen.

6. Wissensaquisitionsteil Datenverwaltung

Der Teil Datenverwaltung ermöglicht die Eingabe von Patientendaten (Falldaten), Merkmalen und Syndromen (Syndromkarten). Ein Beispiel für die Eingabe von Merkmalen eines Falles zeigt Abb 4. Die Erfassung basiert auf dem Katalog sämtlicher Merkmale, die für die Syndromdiagnostik von Bedeutung sind.

MERKMALE EINGEBEN PATIENTENDATEIVERWALTUNG

HELIXWURZEL

PROMINENTE HELIXWURZEL
BREITE HELIXWURZEL
FLACHE HELIXWURZEL
LANGE HELIXWURZEL
KURZE HELIXWURZEL
ABGEWINKELTE HELIXWURZEL
TRANSVERSAL VERLAUFENDE HELIXWURZEL
CRUS CYMBAE
HELIXWURZEL,SONSTIGES

MARKIEREN SIE MIT J = VORHANDEN, N = FEHLT, ? = UNGEWISS

EINGABE FORTSETZEN = CR, UNTERBRECHEN = C, ABBRECHEN = X

Abb. 4 Beispiel aus dem Wissensaquisitionsteil Datenerfassung

7. Wissensaquisitionsteil Lernen

Prinzipiell sind für GS.52 folgende Lernfunktionen denkbar:

1. Neudefinition von Syndromen. Das bedeutet eine Generalisierung von Fällen und deren Klassifizierung als zu einem bestimmten Syndrom zugehörig.
2. Aufspalten eines Syndroms in mehrere. Das entspricht einer Spezialisierung.
3. Zusammenfassung von Syndromen, die bisher als unterschiedlich bezeichnet wurden.
4. Erlernen neuer Merkmale.
5. Erlernen von Merkmalshäufigkeiten
6. Erlernen der Häufigkeit für das Vorkommen eines Syndroms in der Population H(S).
7. Erlernen der Syndromspezifität von Merkmalen.
8. Erlernen von Regelwissen über Merkmalskombinationen usw.
9. Erlernen von Metawissen über den Diagnoseprozeß.

Die Funktionen 4 und 9 werden in GS.52 nicht unterstützt. Die Neudefinition von Syndromen (Funktion 1) soll durch die Möglichkeit, in GS.52 mit

verschiedenen Fallpopulationen (eigene, Literatur) zu arbeiten, unterstützt werden. Hierbei kann ein Syndrom versuchsweise definiert werden. Die Treffsicherheit, die mit dieser geänderten Wissensbasis erreichbar ist, kann subjektiv durch Anwendung auf bekannte Fälle erprobt werden. Ähnliches gilt für Funktion 2 und 3. Analog wird das Erlernen von Merkmalskombinationen bzw. die Validierung ihrer Relevanz für den Diagnoseprozeß ermöglicht. Durch wahlweises Kennzeichnen von Merkmalskombinationen als signifikant, kann die Wirkung dieser Kombinationen auf den Diagnoseerfolg studiert werden. In allen Fällen soll der Diagnostiker in einer Dialogsitzung die Wissensbasis teilautomatisch verändern können. Die Beurteilung der Experimente und die tatsächliche Veränderung der Wissensbasis verbleiben bei ihm.
Die Verwaltung der Falldaten ermöglicht eine selbstlernende Fähigkeit des Systems. Jeder zusätzliche Fall leistet einen Beitrag zur automatischen Neuberechnung von Merkmalshäufigkeiten und Syndromhäufigkeit und damit zur Wissensbasis.
Die Lernvorgänge in GS.52 basieren teils auf "Lernen durch Beobachtung", teils auf "Lernen durch Beispiele" (Michalski, Carbonell).

Literatur

Aikins, J.S.: Prototypes and Production Rules: An Approach to Knowledge Representation for Hypothesis Formation, Proceedings of the 6. International Joint Conference on Artificial Intelligence, Tokyo, 1979,S.1-3

Bachmann, R.; Terdiman, J.; Gomes, E.: Computer-aided Diagnosis of Genetic Diseases, American Journal of Human Genetics, Vol. 36, 1984, S.43S

Bergmann, D.A.; Pantell, R.M.: The Art and Science of Mecidal Decesion Making, Journal of Pediatrics, Vol. 104, 1984, S. 649-659

Gouvernet, J.; Caraboeuf, M.; Ayme, S.: GENDIAG: A Computerassisted Facility in Medical Genetics Based on Belief Functions, Methods of Information in Medicine, Vol. 24, 1985, S. 177-180

Neuhäuser, G.; Opitz, J.M.: Mißbildungs-Retardierungs-Syndrome, Zeitschrift für Kinder- und Jugendpsychiatrie, Bd. 3, 1975, S. 265 ff.

Michalski, R.S.; Carbonell, J.G.(Hrsg.): Machine Lerning An Artificial Intelligence Approach, Berlin, 1984

Miller, R.A.; Pople, H.E.; Myers, J.D.: Internist-1, An Experimental Computer-Based Diagnostic Consultant for General Internal Medicine,in: Clancey, Shortliffe: Readings in Medical Artificial Intelligence, Reading, 1984, S. 190-209

Ott, E.M.: Nicht-chromosomale Dysmorphiesyndrome: Klinik und Genetik des Williams-Beuren-Syndroms, Dissertation, München, 1985

Pitt, D.B. u.a.: A Visual/Verbal Computer Assisted Syndrom Indentification System, American Journal of Human Genetics, Vol. 35, 1983, S.111A

Richards, B.; Jeffery, D.: The Computer Diagnosis of Congenital malformations, in: Lindberg, Kaihara (Hrsg.): proceedings of MEDINFO-80, Amsterdam, 1980, S. 779-783

Schorderet, D.; Äbischer, P.: SYNDROC: Microcomputer Based Differential Diagnosis of Malformation Patterns, Archives of Diseases in Childhood, Vol. 60, 1985, S. 248-251

Sowa, J.F.: Conceptual Structures, Reading 1984

Stoyan, H.; Görz, G.: LISP, Berlin 1985
The LISP Company, TLC-LISP Documentation, Redwood Estates, 1984

Tversky, A.; Gati, I.: Similarity, Separability and the Triangle Inequality, Psychological Review, Vol. 89, No. 2, 1982, S. 123-154

Winter, R.M.; Baraitser, M.; Douglas, J.M.: A Computerised data base for the Diagnosis of Rare Dysmorphic Syndroms, Journal of Medical Genetics, Vol. 21, 1984, S. 121-123

Zampa, C.: Nicht-chromosomale Dysmorphiesyndrome: Das Smith-Lemli-Opitz-Syndrom, Dissertation, München, 1985

Computerunterstützte Therapieentscheidung für das Maligne Melanom der Haut

STARY, Christian, Dipl.-Ing.
Institut für Angewandte Informatik
Abteilung für Verteilte Datenbanken
und Expertensysteme
TU Wien, Paniglgasse 16
1040 Wien

ADOLF, Wolfgang, Dr. med.
Pathologisch-Bakteriologisches Institut
des K. Elisabethspitals
(Vorstand:Prim. Dr.E. Schmalzer)
Huglgasse 1-3
1150 Wien

Zusammenfassung

Die Qualität eines Prognoseindexes, welcher die Basis der Entscheidung über eine postoperative Therapie für maligne Melanome darstellt, hängt sowohl von der Aussagekraft der beteiligten Faktoren als auch deren Verknüpfung zum Prognoseindex selbst ab. Mit Hilfe der Auswahl von sechs histopathologischen Charakteristika des Primärtumors (Tiefendicke, Level, Tumorgröße, Pigmentierungsgehalt, Ulceration, lymphocytäre Stromareaktion), einem Fuzzy-Logik-ähnlichen Skalierungsansatz und tabellengesteuerten Verknüpfungen wird versucht, folgenden Kriterien gerecht zu werden: objektive und leichte Meßbarkeit sowie spezifische Tumorbezogenheit der zugrundeliegenden Kenngrößen und leichte Interpretierbarkeit des Prognoseindex (vor allem für nicht fachspezifische, behandelnde Ärzte).

Das dreistufige Verfahren zur Bestimmung des Prognoseindex PI führt zu einem Prognosepaar (best case, worst case) aus dem ganzzahligen Intervall [1..5] und ermöglicht dem behandelnden Arzt die Entscheidung, ob für einen spezifischen Melanomträger eine postoperative Therapie angebracht ist oder nicht. Beobachtete Zusammenhänge zwischen dem Prognoseindex und der Überlebenszeit werden nach Anwendung der Methodik auf etwa 350 Patienten und nach Ablauf eines Beobachtungszeitraumes von 5 Jahren diskutiert.

EINFÜHRUNG IN DIE PROBLEMATIK

Die Prognose des malignen Melanoms wird von einer Vielzahl von Faktoren bestimmt. Ein wesentlicher Faktor ist hiebei das klinische Stadium, in welchem die Therapie des Melanoms durchgeführt wird.

Die 5-Jahresüberlebensquote von Melanomen ohne Rücksicht auf den Wuchstyp im Stadium I (Primärtumor ohne Metastasen) beträgt ca. 70 %, im Stadium II (Primärtumor mit regionären Lymphknotenmetastasen) etwa 20 %, im Stadium III (bereits Fernmetastasen) knapp über 0 %. Da die meisten jener überlebenden 20 % von Stadium II-Fällen nach dem Ablauf von 5 Jahren an Metastasen sterben, kann man die grobe, nur in Ausnahmefällen unrichtige Regel aufstellen, daß das Auftreten von klinisch faßbaren, regionären Lymphknotenmetastasen einem Todesurteil gleichkommt. Andererseits ist die Heilungschance eines Melanoms bei rechtzeitiger operativer Therapie im Stadium I sehr groß.

Die computerunterstützte Prognoseerstellung für das maligne Melanom der Haut befaßte sich bisher mit der Erstellung sogenannter Überlebensfunktionen. Zu diesem Zweck werden in den meisten Fällen auch Patientendaten ausgewertet, welche auf den momentanen Zustand des Primärtumors kaum Einfluß haben. Somit bieten die auf diesem Weg erstellten Prognosen dem behandelnden Arzt keine Hilfe für eine postoperative Therapieentscheidung. Eine weitere Erschwernis für die Anwendbarkeit bringt die mangelnde Interpretierbarkeit der ermittelten Koeffizienten mit sich, da sie ohne Vorkenntnis der Bestimmungsmethodik nicht möglich ist. Diese Sachverhalte haben zur Folge, daß wohl kaum Ärzte, welche mit dem betreffenden Patientengut in Berührung kommen, die reichlich vorgeschlagenen Methodiken nutzen.

Drzewiecki et al. [12] untersuchten 25 Kenngrößen bezüglich ihres Einflusses auf die Überlebenswahrscheinlichkeit von Melanompatienten im klinischen Stadium I. Das Ergebnis war, daß nicht alle untersuchten Kenngrößen Prognosefaktoren darstellen. Es verblieben fünf pathologische Prognoseparameter: Invasionsebene, lymphocytäre Stromareaktion, Differenzierung der Tumorzellen in epitheloid und spindelzellig, Ulceration und die Tiefendicke des Primärtumors. Die Anwendung eines Cox'schen Regressionsmodells führte zu folgenden Charakteristika schlechter Prognosen: große Tiefendicke, tiefe Invasionsebene, Lokalisation in mukösen Membranen, vorhandene Ulceration und epitheloide Zellen. Je größer der untere Rand des Tumors mit entzündlichem Zellinfiltrat durchsetzt ist, umso besser ist die Prognose für den Patienten. Betrachten wir die histopathologischen Faktoren, welche die Prognose laut Drzewiecki et al. beeinflussen, so sticht der Bezug zur Zelldifferenzierung ins Auge. Dies, obwohl es keinerlei Studien gibt, die Beweise dafür liefern, daß epitheloidzellige Melanome eine schlechte Prognose für den Patienten bedeuten. Die Erfahrung lehrt nur, daß epitheloide Zellen zu früherer Metastasierung neigen, nicht aber der Zustand des Primärtumors und damit auch nicht die Prognose beeinflußt wird.

Balch et al. [2] fanden bei der Untersuchung von 12 Prognosefaktoren und einem Patientengut von 185 Melanomträgern im Stadium II (Lymphknotenmetastasen) heraus, daß die Überlebensrate unabhängig voneinander durch Ulceration und durch die Anzahl der Lymphknotenmetastasen beeinflußt wird. Lokalität, Alter, Geschlecht, Tiefendicke, Invasionsebene, Pigmentierung und lymphocytäre Infiltration hatten keinen oder nur indirekten Einfluß auf die Überlebensrate. Die Tiefendicke beeinflußt die Vorhersage für das Risiko von Lymphknotenmetastasen nur bei im Stadium I befindlichen Patienten, bei Auftreten von Lymphknotenmetastasen besitzt sie keinerlei Aussagekraft. Die Ulceration hingegen besitzt als einziger Parameter prognostische Aussagekraft sowohl für im Stadium I als auch für im Stadium II befindliche Melanome. Diese Ergebnisse widersprechen z.T. vorangegangen Untersuchungen ([12],[18]).

Day et al. [8] bestätigen Balch et al. [2] bezüglich ihrer Aussagen über den Einfluß der Tiefendicke und Ulceration auf die Prognose für im Stadium I befindliche Melanome. Ein der Ulceration an Aussagekraft ebenbürtiger Faktor wird die Existenz von Mikro-Satellitenmetastasen in der Umgebung des Primärtumors genannt. In [10] finden wir weiters die Mitoserate, die Lokalisation ungleich dem Vorderarm oder dem Bein sowie die Ulceration als Prognosefaktoren für Eingeweide- oder Knochenmetastasen von Melanomen im Stadium II mit einer Tiefendicke zwischen 1.51 und 3.99 mm. Eine Auswertung patientenspezifischer Daten teilte die Melanomträger in zwei Risikogruppen: 1. jene mit Chance >= 35 % auf Eingeweide- oder Knochenmetastasen innerhalb der nächsten 5 Jahre ("high risk patients"); 2. jene mit Chance >= 85 % auf metastasenfreie 5 Jahre. Eine weitere Auswertung von 14 Prognosefaktoren [11] für Melanome im Stadium I mit Tiefendicke >= 3.65 mm unterstreicht die Bedeutung der lymphocytären Stromareaktion als Prognosefaktor für Eingeweide- oder Knochenmetasen. Die Ulceration hingegen weist in diesem Zusammenhang keinerlei Aussagekraft auf. Für eine Tiefendicke des Primätumors von 0.76 - 1.69 mm wurden bisher nur die Lokalisation und die Invasionsebene als Prognosefaktoren gefunden ([3], [9]).

Hacene et al. [15] nahm Größen, wie z.B. die Mitoserate in seinen Prognostic Index auf, die nach dem neuesten Stand von den Dermatohistologen als unwesentlich für die Prognose des malignen Melanoms betrachtet werden und überdies nicht objektiv beurteilbar sind. Am ehesten zielgerecht orientiert erscheint uns der 'Prognostic Score Sheet' von Hardmeier [17].

Aufgrund der widersprüchlichen Ergebnisse vorangegangener Untersuchungen war unsere Intention, ein Hilfsmittel für den Diagnostiker zu finden, welches er ohne mathematische Vorstudien interpretieren und anwenden kann. Das Ergebnis unserer Bemühungen ist die Entwicklung und Implementierung des Prospective Index PI, welcher einem spezifischen Melanomträger im klinischen Stadium I oder II für die Entscheidung über eine postoperative Therapie ein möglichst enges Prognoseintervall zuordnet. Die Methode zur Bestimmung des Prospective Index ist zielbewußt tumorbezogen. Der ganzzahlige Wertebereich des Prospective Index von 1 bis 5 läßt eine exakte Aussage über den morphologischen Zustand des Tumors zum Zeitpunkt der Resektion zu. Zur Bestimmung des PI sind 6 Kenngrößen relevant, die nach ihrer Wertigkeit beurteilt und verknüpft werden. Bei der Wahl dieser Kenngrößen erschien uns ihre objektive Meßbarkeit für jeden Histologen sowie ihre Bezogenheit auf den momentanen Zustand des Tumors von äußerster Wichtigkeit.

KENNGRÖSSEN (Operanden)

1. Tiefendickendurchmesser nach Breslow ([4],[5],[12],[16])

Die Tiefendickenmessung eines Tumors ist jene Methode, welche den Grad der Tumorinvasion objektiv mittels Objektmikrometer vom Stratum granulosum der Epidermis bis zum tiefsten Punkt der in die Haut vorgedrungenen Melanomzellen bestimmt. Je tiefer der Tumor in die Haut vordringt, umso schlechter ist seine Prognose.

2. Level of Invasion nach Clark ([6],[12],[21])

Die Methode von Clark beruht darauf, histologische Grenzen der Tiefe der Invasion zuzuordnen.

LEVEL	BEDEUTUNG
I	Tumorzellen lediglich intraepidermal
II	Tumorzellen infiltrieren das Stratum papillare des Coriums
III	Tumorzellen füllen das Stratum papillare aus
IV	Tumorzellen infiltrieren das Stratum texticulare des Coriums
V	Tumorzellen treten in die Subcutis ein

3. Tumorgröße

Unter der Tumorgröße verstehen wir den größten Durchmesser des Primärtumors, gemessen von Rand zu Rand der nicht veränderten Epidermis. Die Tumorgröße soll immer am noch nicht excidierten Tumor am Patienten gemessen werden, da sich das excidierte Hautstück an sich schon zusammenzieht und durch Formolfixierung die tatsächliche Tumorgröße noch weiter verfälscht werden kann. Die genaueste Messung ist mit einer Schublehre oder mit einem auf mm genauen Maßstab.

Bisher wurde in der Literatur noch nie die Tumorgröße in Relation zur Tumorprognose gesetzt. Wir wählten sie deswegen als Kenngröße mit dritthöchster Wertigkeit, weil sie aus unserer Erfahrung heraus sehr großen Einfluß auf die Tumorprognose ausübt ([19]). Je größer der Primärtumor, umso schlechter ist die Prognose.

4. Pigmentgehalt ([7])

Der Pigmentgehalt gibt den Melaningehalt der Melanomzelle an. Die Aufgabe des unveränderten, gesunden Melanozythen ist es, Pigment zu bilden. Je undifferenzierter, d.h. je bösartiger eine Zelle ist, umso weniger Pigment wird sie bilden.

Der Pigmentgehalt eines malignen Melanoms wurde bereits 1970 von Th. Hardmeier [17] in der modifizierten Form des 'Prognostic Score Sheet' von Cochran angeführt und mit schwach oder stark bewertet. Wir entschieden uns für fünf Ebenen des Pigmentierungsgrades, da diese feinere Gradierung eine wesentlich höhere Aussagekraft besitzt. Bei schwach pigmentierten oder amelanotischen Melanomen ist die Prognose eher ungünstig. Es wird vielfach angenommen, daß amelanotische maligne Melanome entdifferenzierte und darum malignere Tumore sind.

5. Ulceration

Die pathologische Definition der Ulceration lautet wie folgt: "Ulceration ist die histologisch festgestellte Nekrose und der Verlust des Deckepithels über dem malignen Melanom."

Die 5-Jahresüberlebensrate senkt sich von 80 % bei nicht ulcerierten auf 55 % mit Ulceration eines im Stadium I befindlichen malignen Melanoms ([1],[13]). Ulcerierte Melanome sind immer dick, haben immer einen nodulären Anteil (dieser exulceriert) und eine relativ schwache lymphocytäre Stromareaktion.

6. Lymphocytäre Stromareaktion ([12], [16])

Als lymphocytäre Stromareaktion bezeichnet man das Zellinfiltrat, welches die Tumorzellen cutiswärts abschirmt. Die bewertete zellige Infiltration besteht vornehmlich aus lympho-histiocytären Zellen und nur selten aus Plasmazellen. Nicht bewertet werden zellig exsudative Vorgänge als Folge von Exulceration.

Als schwache Entzündung (entspricht schlechter Prognose) gilt die Ansammlung von nur wenigen, lose angeordneten Rundzellen, wohingegen eine stärkere Entzündung (entspricht guter Prognose) dann angenommen wird, wenn eine dichte, knötchen- bis bandförmig ausgebreitete Infiltration vorliegt. Kann man die entzündliche Infiltration keiner der oben angeführten Definitionen zuordnen, liegt eine mittelmäßige Stromareaktion vor ([14]).

DIE BERECHNUNG DES PROSPECTIVE INDEX PI

1. Skalierung der Kenngrößen

Zur Schaffung einer einheitlichen Basis für die Verknüpfung der

Kenngrößen wird eine Skala von 1..5 (ganze Zahlen) angenommen. In folgendes Schema werden nun die Charakteristika eingetragen, wobei die Ergebnisse der Transformation bereits Prognosewerte darstellen:

TIEFENDICKE gemessener Wert in mm	Prognose	Wert der Prognose
0.010 - 0.375	sehr gut	1
0.376 - 0.750	gut	2
0.751 - 1.500	mittelgradig	3
1.501 - 3.000	schlecht	4
3.001 - offen	infaust	5

TUMORGRÖSSE gemessener Wert in cm	Prognose	Wert der Prognose
0.00 - 0.70 (M. in situ)	sehr gut	1
0.71 - 1.00	gut	2
1.01 - 1.50	mittelgradig	3
1.51 - 2.00	schlecht	4
2.01 - offen	infaust	5

LEVEL festgestellter Wert	Prognose	Wert der Prognose
I eigentlich dysplast. Naevus = Mel. in situ	sehr gut	1
II	gut	2
III	mittelgradig	3
IV	schlecht	4
V	infaust	5

PIGMENTGEHALT festgestellter Zustand	Prognose	Wert der Prognose
sehr stark pigmentiert	sehr gut	1
reichlich pigmentiert	gut	2
wenig pigmentiert	mittelgradig	3
sehr wenig pigmentiert	schlecht	4
amelanotisches Melanom	sehr schlecht	5

ULCERATION festgestellter Zustand	Prognose	Wert der Prognose
nicht vorhanden	sehr gut	1
vorhanden	sehr schlecht	5

LYMPHOCYTÄRE STROMAREAKTION festgestellte Reaktion	Prognose	Wert der Prognose
stark	sehr gut	1
mittelmäßig	mittelgradig	3
schwach	sehr schlecht	5

Entscheidende Bedeutung kommt der Stärke des Einflusses jeder Größe auf den Prospective Index zu. Neben der Möglichkeit, jeder Kenngröße einen eindeutigen und damit änderbaren Gewichtungsfaktor zuzuordnen, erachten wir die Methode einer operationalen Semantik als zielführend, wobei folgende Prioritäten eingebracht werden (das Zeichen > steht immer vor einer rangniedrigeren Größe): Tiefendicke > Level > Tumorgröße > Pigmentgehalt > Ulceration > Lymphocytäre Stromareaktion.

2. Verknüpfung der skalierten Kenngrößen mittels Operatoren (PIO, PIC)

Um einen möglichst hohen Grad an Differenzierbarkeit zu erreichen, realisierten wir folgende Ziele:

1. Die Verknüpfungen erfolgen paarweise, wobei sich die Elemente entweder aus elementaren Kenngrößen oder aus vorangegangenen Verknüpfungsergebnissen zusammensetzen.

2. Es gibt zwei unterschiedliche Verknüpfungsalorithmen PIO und PIC, welche jeweils Prognosepaare der Form (best case, worst case) liefern, welche schließlich zu einem einzigen Prognosepaar, dem PI, abgestimmt werden.

3. Der Prognosefaktor Tiefendicke beeinflußt aufgrund seiner hohen Priorität jeden Verknüpfungsschritt der beiden Operatoren. Wir stellen hiermit sicher, daß die Prognose durch Größen, wie z.B. Ulceration, welche bei verschiedener Tiefendicke unterschiedliche Aussagekraft besitzen ([8], [9], [10], [11]), nicht verfälscht wird. Zu diesem Zweck werden die bei der Skalierung definierten Intervalle modifiziert:

TIEFENDICKE gemessener Wert in mm	Intervallbezeichnung
0.010 - 0.1925	11
0.1926 - 0.375	12
0.376 - 0.563	21
0.564 - 0.750	22
0.751 - 1.1255	31

TIEFENDICKE gemessener Wert in mm	Intervallbezeichnung
1.1256 - 1.500	32
1.501 - 2.2505	41
2.2506 - 3.000	42
3.001 - 3.500	51
3.501 - offen	52

In der Folge sind die Ablaufdiagramme sowie Verknüpfungsvorschriften der beiden Operatoren angeführt:

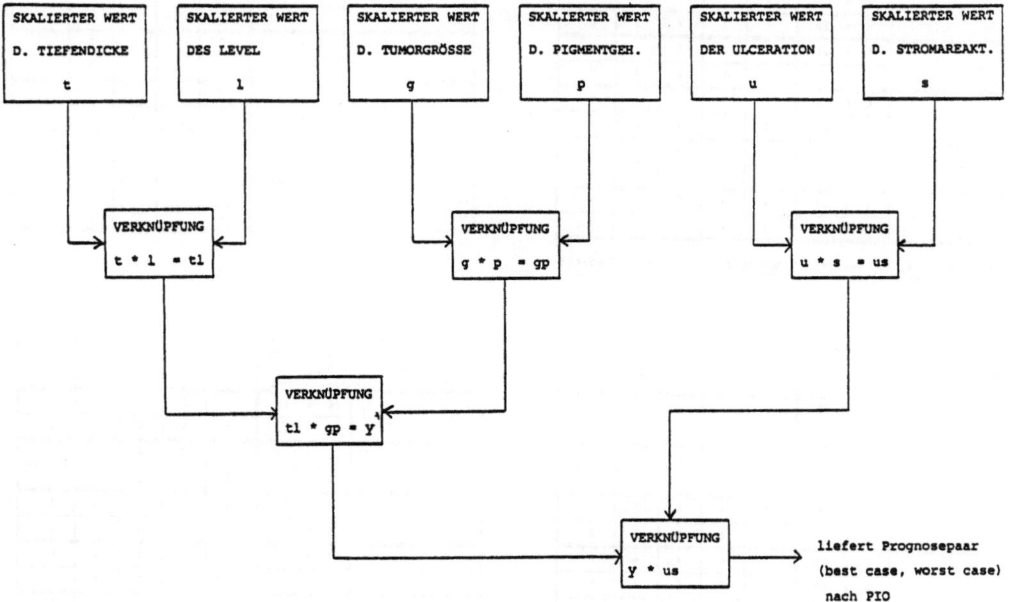

ABLAUFDIAGRAMM FÜR DEN PROSPECTIVE INDEX OPERATOR PIO

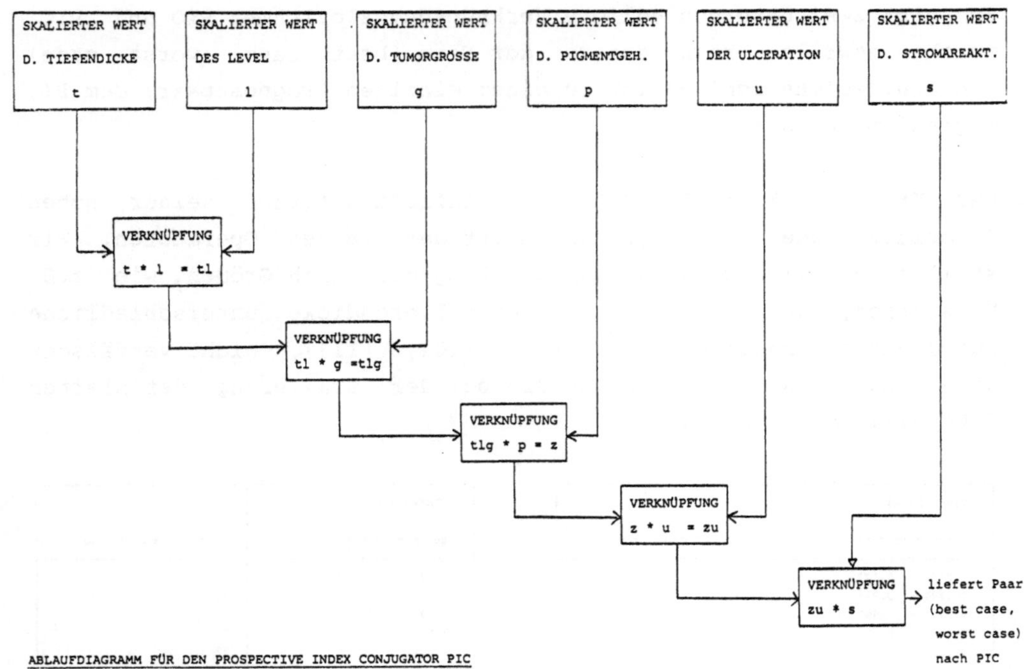

ABLAUFDIAGRAMM FÜR DEN PROSPECTIVE INDEX CONJUGATOR PIC

tl / Prognosewert Tiefendicke \ Prognosewert Level		1	2	3	4	5
1	t ε i1	1	1	2	2	3
	t ε i2	1	1	2	3	4
2	t ε i1	2	2	2	3	4
	t ε i2	2	2	2	4	4
3	t ε i1	2	3	3	3	4
	t ε i2	2	3	3	3	4
4	t ε i1	3	3	4	4	4
	t ε i2	3	3	4	4	5
5	t ε i1	4	4	5	5	5
	t ε i2	4	4	5	5	5

i ε (1, 2, 3, 4, 5) entspricht den Intervallen der Tiefendicke
t entspricht dem Prognosewert der Tiefendicke

gp / Prognosewert Tumorgröße \ Prognosewert Pigmentg.		1	2	3	4	5
1	t ε i1	1	1	1	2	2
	t ε i2	1	1	1	2	2
2	t ε i1	2	2	2	2	3
	t ε i2	2	2	2	2	3
3	t ε i1	3	3	3	3	4
	t ε i2	3	3	3	3	4
4	t ε i1	3	4	4	4	4
	t ε i2	4	4	4	4	5
5	t ε i1	4	5	5	5	5
	t ε i2	4	5	5	5	5

y / Prognosewert tl \ Prognosewert gp		1	2	3	4	5
1	t ε i1	1	1	2	2	2
	t ε i2	1	2	2	3	3
2	t ε i1	2	2	2	2	2
	t ε i2	2	2	2	2	3
3	t ε i1	2	3	3	3	3
	t ε i2	3	3	3	3	4
4	t ε i1	3	4	4	4	4
	t ε i2	4	4	4	4	5
5	t ε i1	4	5	5	5	5
	t ε i2	5	5	5	5	5

tlg / Prognosewert tl \ Prognosewert Tumorgröße		1	2	3	4	5
1	t ε i1	1	1	1	2	2
	t ε i2	1	2	2	2	3
2	t ε i1	2	2	2	2	3
	t ε i2	2	2	2	3	4
3	t ε i1	2	3	3	3	3
	t ε i2	3	3	3	3	4
4	t ε i1	3	4	4	4	4
	t ε i2	3	4	4	4	5
5	t ε i1	4	5	5	5	5
	t ε i2	4	5	5	5	5

us / Prognosewert Ulceration \ Prognosewert Stromareakt.		1	3	5
1	t ε i1	1	2	3
	t ε i2	1	2	3
5	t ε i1	3	4	5
	t ε i2	3	4	5

z / Prognosewert tlg \ Prognosewert Pigmentg.		1	2	3	4	5
1	t ε i1	1	1	1	1	2
	t ε i2	1	1	1	2	2
2	t ε i1	2	2	2	2	2
	t ε i2	2	2	2	2	3
3	t ε i1	3	3	3	3	3
	t ε i2	3	3	3	3	4
4	t ε i1	3	4	4	4	4
	t ε i2	4	4	4	4	4
5	t ε i1	4	5	5	5	5
	t ε i2	5	5	5	5	5

zu / Prognosewert z \ Prognosewert Ulceration		1	5
1	t ε i1	1	2
	t ε i2	1	3
2	t ε i1	2	3
	t ε i2	2	3
3	t ε i1	3	3
	t ε i2	4	4
4	t ε i1	4	4
	t ε i2	4	5
5	t ε i1	4	5
	t ε i2	5	5

PIO / Prognosewert y \ Prognosewert us		1	2	3	4	5
1	best case	1	1	1	1	2
	worst case	1	1	1	2	2
2	best case	2	2	2	2	2
	worst case	2	2	2	2	3
3	best case	3	3	3	3	3
	worst case	3	3	3	3	4
4	best case	3	4	4	4	4
	worst case	4	4	4	4	4
5	best case	4	4	5	5	5
	worst case	5	5	5	5	5

PIC / Prognosewert zu \ Prognosewert Stromareakt.		1	3	5
1	best case	1	1	1
	worst case	1	1	2
2	best case	2	2	2
	worst case	2	2	3
3	best case	2	3	3
	worst case	3	3	3
4	best case	3	4	4
	worst case	3	4	4
5	best case	4	4	5
	worst case	5	5	5

3. Auswertung der Operationen und Feinabstimmung zum PI

Ausgangssituation

PIO und PIC liefern je ein Paar von Prognosen (best case, worst case), d.h. es liegen zwei günstige und zwei ungünstige Prognosen vor, welche eine der folgenden Kriterien erfüllen müssen:

1. Günstige Prognose von PIO = günstige Prognose von PIC
   Ungünstige Prognose von PIO = ungünstige Prognose von PIC
2. Absolutbetrag der Differenz beider Prognosen = 1
3. Absolutbetrag der Differenz beider Prognosen = 2

Hier sei angemerkt, daß eine Differenz von 2 zwar nicht bei den jeweiligen Verknüpfungsschritten von PIO und PIC, aber bei einem Vergleich der Ergebnisse von PIO und PIC auftreten kann.

Klasseneinteilung der Prognosepaare

Wir entschieden uns für eine klassenweise Auswertung der Ergebnisse von PIO und PIC, um eine möglichst hohe Einengung der Grauzone zu erreichen. Daraus folgt die Notwendigkeit, alle möglichen Ergebnisse zu erfassen. 57 mögliche Konstellationen zerfallen in folgende Klassen:

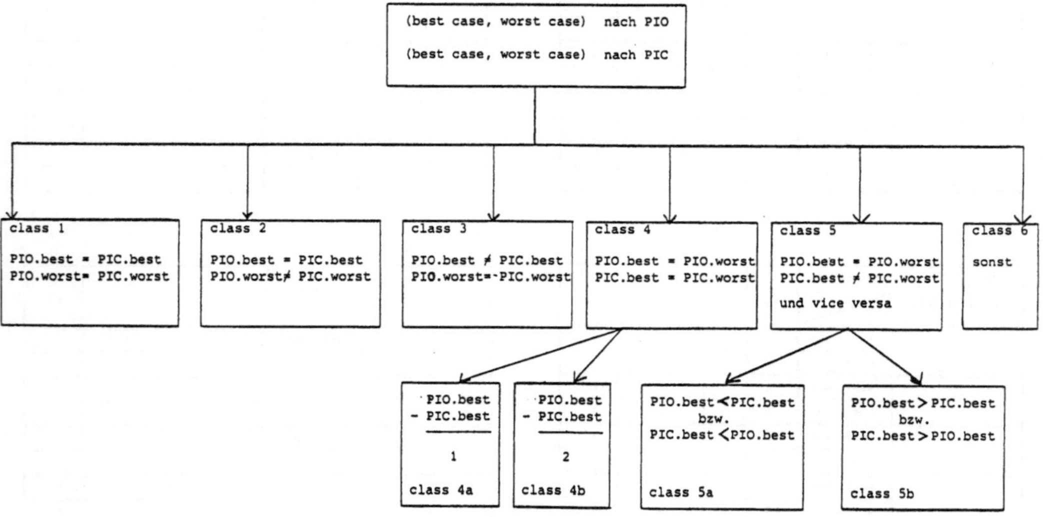

KLASSENEINTEILUNG ZUR FEINABSTIMMUNG DES PROSPECTIVE INDEX PI

Die Behandlung der einzelnen Klassen

Klasse	PI.best case	PI.worst case
1	PIO.best case	PIO.worst case
2	PIO.best case	jener Wert, welcher mit t, dem Prognosewert der Tiefendicke übereinstimmt, PIO.worst case oder PIC.worst case

Klasse	PI.best case	PI.worst case
3	jener Wert, welcher mit t, dem Prognosewert der Tiefendicke übereinstimmt, PIO.best case oder PIC.best case	PIC.worst case
4a	niedrigerer günstiger Prognosewert	höherer ungünstiger Prognosewert
4b	Mittelwert der beiden günstigen Prognosewerte	t = Mittelwert der beiden ungünstigen Prognosen oder (Mittelwert - 1): Mittelwert der beiden ungünstigen Prognosen t = Mittelwert + 1 höherer ungünstiger Prognosewert
5a	t = niedrigerer günstiger Prognosewert: niedrigerer günstiger Prognosewert t = höherer günstiger bis niedrigerer ungünstiger Prognosewert: höherer günstiger Prognosewert	Mittelwert der beiden ungünstigen Prognosewerte
5b	Mittelwert der günstigen Prognosewerte	t = niedrigerer günstiger bis niedrigerer ung. Prognosewert: niedrigerer ungünstiger Prognosewert t = höherer ungünstiger Prognosewert: höherer ungünstiger Prognosewert
6	t = niedrigerer günstiger Prognosewert: niedrigerer günstiger Prognosewert t = höherer günstiger bis höherer ungünstiger Prognosewert: höherer günstiger Prognosewert	t = niedrigerer günstiger bis niedrigerer ung. Prognosewert: niedrigerer ungünstiger Prognosewert t = höherer ungünstiger Prognosewert: höherer ungünstiger Prognosewert

FALLBEISPIELE

Das erste der nun folgenden Beispiele zeigt die Notwendigkeit einer postoperativen Therapie bei Melanomträgern mit einem PI >= 3, da diese als high-risk Patienten zu betrachten sind. Beobachtet wurde ein 23-jähriger Patient mit einem nodulären Melanom am Rücken. Chirurgisch wurden Primärtumor und regionäre Lymphknoten entfernt. Histologisch wurden folgende Parameter des Primärtumors festgestellt : t = 1.42 mm, l = III, g = 0.7 cm, p = wenig pigmentiert, u = nicht vorhanden, s = stark. Eine Auswertung dieser Daten ergab einen PI von best case 3, worst case 3. Die regionären Lymphknoten waren zum Teil vollkommen durch Tumorzellen substituiert. Der Patient wurde am 13.1.1982 operiert und verstarb 22 Monate später mit multiplen Organ- und Hautmetastasen.

Der Einfluß minder priorisierter Kenngrößen als die Tiefendicke wird an Hand des nächsten Beispiels deutlich. Eine Auswertung von t = 0.33 mm, l = II, g = 2 cm, p = reichlich pigmentiert, u = nicht vorhanden und s = stark führt zu einem PI von best case 2 und worst case 3. Hier zeigt sich, daß trotz geringer Tiefendicke die Gesamtprognose um einen Grad durch die noch beteiligten Kenngrößen, etwa die Tumorgröße, verschlechtert wird.

DISKUSSION

Bei der Betrachtung von 350 Patienten wurden bisher zwei Tendenzen deutlich [20]:

1. Bei mehr als 50 % der Melanomträger mit PI-Prognosewerten von 4 oder 5 traten nach einem beschwerdefreien postoperativen Intervall von durchschnittlich 14 Monaten Fernmetastasen auf.

2. Bei ca. 20 % der Melanomträger mit PI-Prognosewert 3 betrug das durchschnittliche postoperative metastasenfreie Intervall 18 Monate.

3. In einer erweiterten Studie [19] konnte ein direkt proportionaler Anstieg der Mortalitätsrate zum PI gezeigt werden.

Das Zusammenspiel PI/5-Jahresüberlebenzeit ergibt sich wie folgt:

PI	% - Angabe der meatastasen- und rezıtativfreien Patienten
1	100
2	90 - 95
3	60 - 70
4	30 - 40
5	0 - 20

Der wesentliche Vorteil der soeben gezeigten Methode besteht darin, daß man unabhängig von weiteren klinischen Daten des Patienten (vor allem regionäre Lymphknotenmetastasen, Organmetastasen und Tumorlokalisation) mit Hilfe des PI eine vollkommen eindeutige Aussage über das Verhalten und die Malignität des Primärtumors im Vergleich zu bisherigen Vorhersagemethoden treffen kann. Weiters schließt der PI die Aussagen einer Überlebensfunktion in sich ein, da ab PI = 3 high-risk-Patienten

1. behandelt werden und
2. weiter unter ärztlicher Kontrolle

verbleiben.

Mit Hilfe des Prospective Index kann nun ein weiteres Datum zum Patienten hinzugefügt werden, welches ein tumorbezogenes Prognosepaar darstellt, welches sich ausschließlich auf den momentanen Zustand des Tumors bezieht. So gelingt es, dem verantwortlichen Arzt ein leicht handhabbares und interpretierbares Hilfsmittel in die Hand zu geben, mit dessen Hilfe er die Entscheidung über die anzuwendende Therapie leichter und computerunterstützt fällen kann. Selbst wenn der behandelnde Arzt am Meßvorgang der Kenngrößen nicht beteiligt war, braucht er am Wert des Ergebnisses keine Zweifel zu hegen, da diese Kenngrößen objektiv von jedem Histologen feststellbar sind.

Literatur

[1] "The Prognostic Significance of Ulceration of Cutaneous Melanoma", Charles M. Balch, MD.; James A. Wilkerson, MD.; Torıq M. Muard, MD., PhD.; Seng-Jaw Soong, PhD.; Anna Lee Ingalls, RN.; William A. Maddox, MD.; CANCER, Vol. 45, No. 12, June 15th, 1980.

[2] "A Multifactorial Analysis of Melanoma", Charles M. Balch, MD.; Toriq M. Muard, MD.; Seng-Jaw Soong, PhD.; Anna Lee Ingalls, RN.; William A. Maddox, MD.; Annals of Surgery, Vol. 193, No. 3, March 1981.

[3] "Judging Prognosis in Malignant Melanoma of the Skin", M.S. Blois et al.; Annals of Surgery, Vol. 198, No. 2, August 1983.

[4] "Thickness, Cross-sectional Areas and Depth of Invasion in the Prognosis of Cutaneous Melanoma", A. Breslow; Annals of Surgery, Vol. 172, page 902 - 908, 1970.

[5] "Tumor Thickness, Level of Invasion and Node Dissection in Stage 1 Cutaneous Melanoma", A. Breslow; Annals of Surgery, Vol. 182, page 572 - 575, 1975.

[6] "The Developmental Biology of Primary Human Malignant Melanomas", Wallace H. Clark, Ann M. Anisworth, Evelina A. Bernardino, Chang-Hsu Yang, Martin C. Milun Jr. and Richard J. Reed; Seminars in Oncology, Vol. 2, No. 2, June 1975.

[7] "Histopathological Diagnosis of Malignant Melanoma", Molleurus Couperus, MD.; Rufus C. Rucher, MD.; A.M.A. Archives of Dermatology and Syphilology, June 1953.

[8] "Malignant Melanoma, Prognostic Significance of 'Microscopic Satellites' in the Reticular Dermis and Subcutaneous Fat", Calvin L. Day Jr. et al.; Annals of Surgery, Vol. 194, No. 1, July 1981.

[9] "Prognostic Factors for Melanoma Patients with Lesions 0.76 - 1.69 mm in Thickness. An Appraisal of 'Thin' Level IV Lesions", Calvin L. Day Jr. et al.; Annals of Surgery, Vol. 195, No. 1, January 1982.

[10] "Prognostic Factors for Patients with Clinical Stage I. Melanoma of Intermediate Thickness (1.51 - 3.99 mm). A Conceptual Model for Tumor Growth and Metastasis", Calvin L. Day Jr. et al.; Annals of Surgery, Vol. 195, No. 1, Jannuary 1982.

[11] "A Multivariate Analysis of Prognostic Factors for Melanoma Patients with Lesions >= 3.65 mm in Thickness. The Importance of Revealing Alternative Cox Models", Calvin L. Day Jr. et al.; Annals of Surgery, Vol. 195, No. 1, Jannuary 1982.

[12] "Survival With Malignant Melanoma", Drzewiecki, K.T., Andersen,K; CANCER, Vol. 49: 2414 - 2419, 1982.

[13] "Stage I Melanoma of the Skin: Evaluation of Prognosis According to Histologic Characteristics", E.P. van der Esch et al.; CANCER, Vol. 48, No. 7, October 1981.

[14] "Bedeutung freigeweblicher Befunde für die Prognose des malignen Melanoms", H. Gartmann und H. Tritsch; Deutsche Medizinische Wochenschrift 97, Seite 857 - 859, 1972.

[15] "Prognostic Index For Clinical Stage I Cutaneous Malignant Melanoma", Hacene, K., et al.; Cancer Research, Vol. 43: 2991 - 2996, June 1983.

[16] "Tumor Thickness and Lymphocytic Infiltration in Malignant Melanoma of the Head and Neck", Mulloy G. Hansen, Alan B. McCarten, MD.; The American Journal of Surgery, Vol. 128, October 1974.

[17] "Das maligne Melanom: Histologische Befunde und deren Bedeutung für die Prognosestellung", Th. Hardmeier; Schweizer Medizinische Wochenschrift 100, Nr. 23, Seite 967 - 971, 1970.

[18] "Prognostic Factors in Cutaneous Melanoma of the Head and Neck", Andrew G. Huvos et al.; American Journal of Pathology, Vol. 71, No. 1, April 73.

[19] "Das maligne Melanom", Kokoschka, E, Adolf, W., Stary, Ch.; Vortrag: Gesellschaft der Ärzte Wien, Februar 1984

[20] "Der Prospektive Index - ein computerunterstützter Entscheidungsalgorithmus zur prognostischen Vorhersage des Maliognen Melanoms der Haut", Ch. Stary, W. Adolf, 19. Jahrestagung für Biomedizinische Technik, Stuttgart, September 1985, Biomedical Engineering, Band 30

[21] "Malignant Melanoma of the Extremities: A Clinicopathologic Study Using Levels of Invasion (microstage)", Harold J. Wanebo, MD.; James Woodruff, MD.; Joseph G. Fortner, MD.; CANCER, Vol. 35, No. 3, March 1975.

ANALYSE VON PATIENTENDATEN MIT HILFE VON RELATIONEN

M. Schnabel, R. Thurmayr

Institut für Medizinische Statistik und Epidemiologie
der Technischen Universität München, Sternwartstr.2, 8000 München 80
(Direktor: Prof.Dr.H.-J. Lange)

Zusammenfassung

Von den bei einem Patienten vorkommenden Diagnosen, Operationen, ... wird abstrahiert, so daß sie als Objekttypen angesehen werden können. So lassen sich z.B. Diagnosen und Therapieangaben durch naheliegende Attribute wie Art-der-Erkrankung, Art-des-Eingriffs, Lokalisation,... gut beschreiben (z.B.SNOMED). Aufgrund solcher Attributnamen und -werte werden Relationen definiert, die es ermöglichen, ein vorgegebenes Datenmaterial mit Hilfe dieser Relationen einzuteilen, d.h. festzustellen, wie Diagnosen, Operationen und postoperative Komplikationen eines Patienten (bzw. einer Gruppe von gleichartigen Patienten) zusammengehören und welches Krankheitsproblem sie bilden.

1. Einleitung

Alle Expertensysteme versuchen, den Arzt bei seinen diagnostischen bzw. therapeutischen Entscheidungen zu unterstützen. Unabhängig von der Repräsentation des verwendeten Wissens lassen sich drei Typen von Beziehungen zwischen Manifestationen (M) und Hypothesen (H) feststellen [2] :

. M - M,
. M - H,
. H - H.

Als Manifestationen gelten Symptome, körperliche Zeichen und Laboruntersuchungen, als Hypothesen können Diagnosen oder Therapien auftreten. Dabei werden derartige Beziehungen (Relationen) mit Bewertungen versehen, von denen die Entscheidungen für oder gegen eine Diagnose/Therapie abhängen.
Beispiele von H-H-Beziehungen:

Taxonomien von Krankheiten, prädisponierende, kausale, zeitliche, klassifizierende Relationen [4,3,1] .
Für den Typ der H-H-Beziehung haben wir uns zwei Fragen gestellt:
. Welche Beziehungen gibt es in der Medizin?
. Wie lassen sie sich systematisieren?
Im folgenden wollen wir darlegen, welchen Ansatz wir dazu gewählt haben, und wie weit er bereits realisiert ist.

2. Beschreibung der Objekte

Diagnosen, Operationen, ... werden als Objekte angesehen. Jedes Objekt gehört zu einem bestimmten Objekttyp (Abb. 1) [5] .

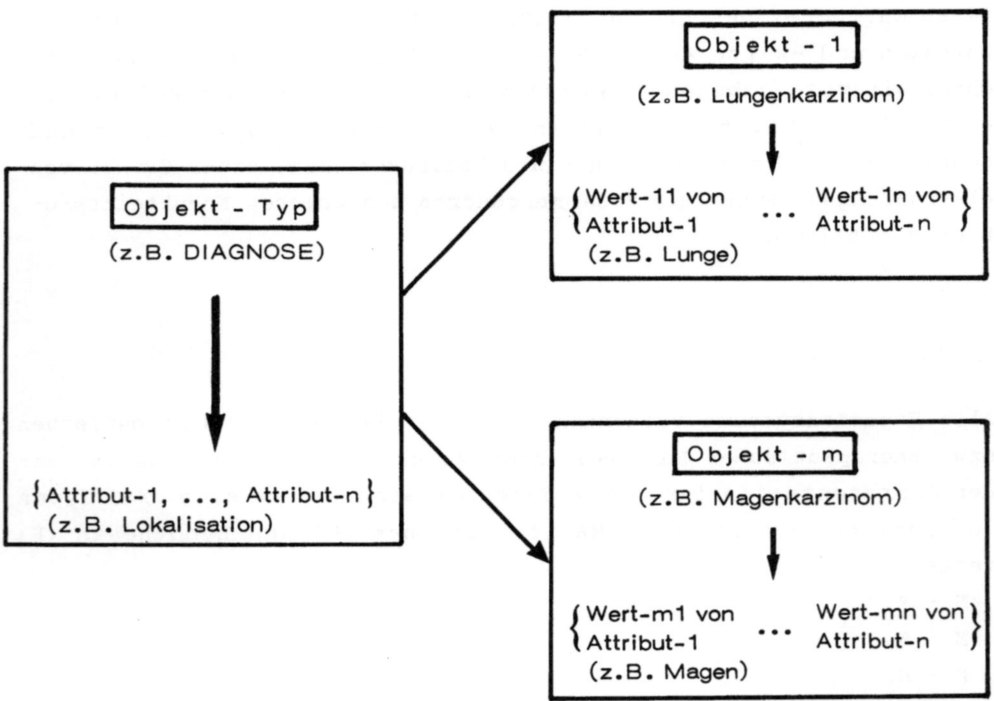

Abb. 1: Beschreibungen von Objekttypen und Objekten

Für die Definition der Diagnosenattribute werden die Facetten des SNOMED-Schlüssels als Ausgangsmenge benutzt [6] .
Folgende Objekttypen sind z.Zt. definiert:

- . DIAGNOSE
- . OPERATION
- . ZUSTAND NACH THERAPIE
- . HISTOLOGIE
- . MITENTFERNTES ORGAN
- . PRIMAERTUMOR.

Für sie wurden in ähnlicher Weise wie bei Diagnosen Attribute definiert.
Postoperative Komplikationen sind vom Typ DIAGNOSE, Eingriffe (z.B. Gastroskopie) vom Typ OPERATION.
Bei den Objekttypen unterscheiden wir drei Arten von Attributen:

- . Definitionsattribute
- . Attribute, deren Werte mit Hilfe der Definitionsattribute und des medizinischen Wissens ableitbar sind
- . Attribute, die erforderlich sind, um ein Objekt patientenbezogen zu beschreiben (Abb. 2).

3. Definition der Relationen

Zunächst seien die allgemeine Definition einer Relation und einer Datenstruktur noch einmal angegeben:
Seien $M_1, \dots, M_k$ endliche Mengen, k endlich, $k \geq 1$.
$R := \{(x_1, \dots, x_k) \mid x_i \in M_i \text{ für } i = 1, \dots, k, B(x_1, \dots, x_k)\}$
heißt k-stellige Relation, wobei B eine "Bedingung" ist, die die spezielle Relation R, also eine Teilmenge von $M_1 x \dots x M_k$, kennzeichnet.
Seien K und R endliche Mengen; $R := \{r_1, \dots, r_m\}$, $r_i \subseteq K \times K$
für $i = 1, \dots, m$.
Das Paar (K,R) heißt Datenstruktur. Die Elemente von K nennt man Knoten.
Die Objekte, die bei einem Patienten vorkommen, stehen in verschiedenen Relationen zueinander. Manche Objekte treten zufällig miteinander auf, manche stehen in inhaltlicher Beziehung.
Die bisher vorliegenden Programme behandeln folgende Objektmengen:
- $\{ D \mid D$ ist Objekt vom Typ DIAGNOSE $\}$

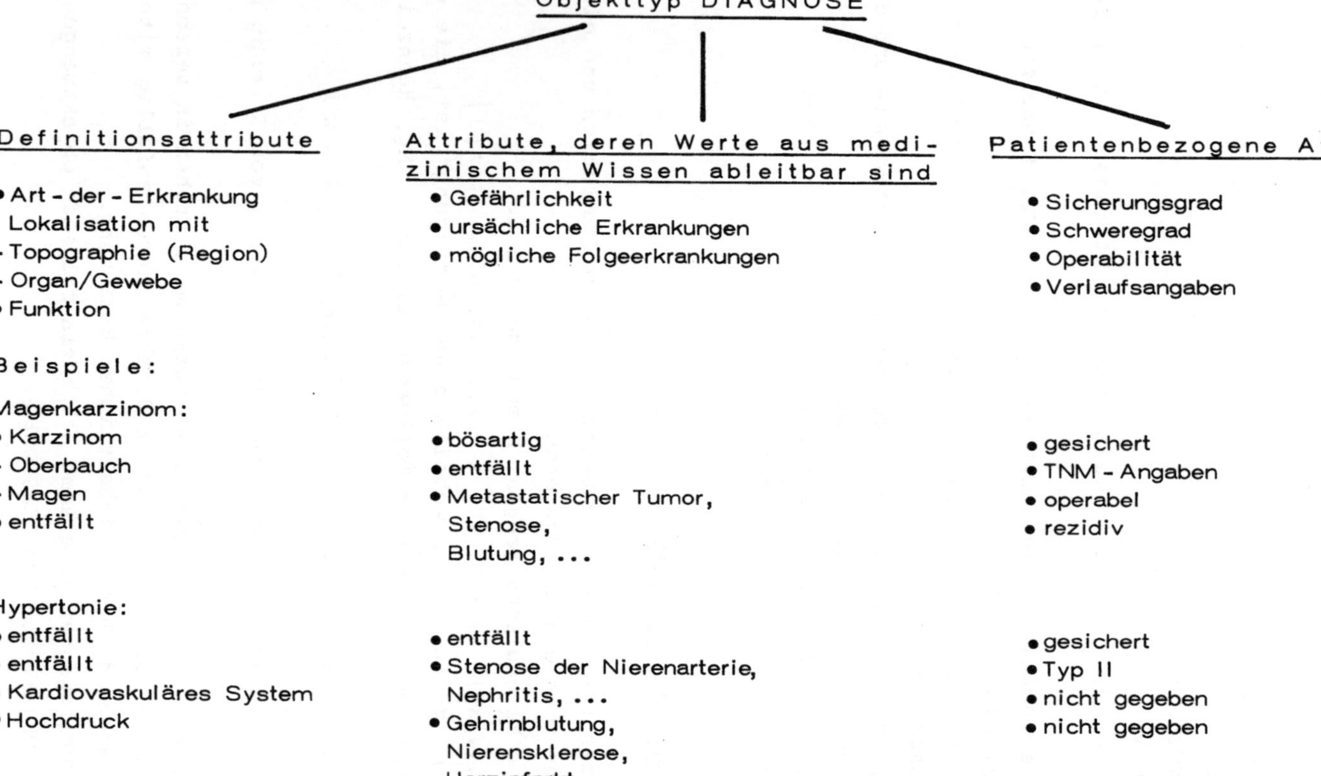

Abb. 2: Objekte vom Typ DIAGNOSE

- $\{ O \mid O$ ist Objekt vom Typ OPERATION $\}$
- $\{ K \mid K$ ist Objekt vom Typ DIAGNOSE und bedeutet postoperative Komplikation $\}$.

Es sei $M := \{D\} \cup \{O\} \cup \{K\}$.

Da wir von der Gesamtmenge der Relationen ausgehen wollen, definieren wir zunächst eine sogenannte All-Relation:

KOMMT-VOR-MIT := $\{(X,Y) \mid X,Y \in M,\ X \neq Y,\ B(X,Y)\}$,

wobei B(X,Y) bedeutet:

X tritt zusammen mit Y in demselben Aufenthalt eines Patienten P auf.

Aus dieser Menge von Objektpaaren werden solche herausgesucht, deren einzelne Objekte im Widerspruch zueinander stehen. Als Restmenge von KOMMT-VOR-MIT und WIDERSPRUCH wird eine Relation MOEGLICH festgelegt.

Als nächstes definieren wir:

ERKLAERT := $\{(X,Y) \mid (X,Y) \in$ MOEGLICH, $B(X,Y)\}$,

wobei B(X,Y) u.a. bedeutet:

X und Y sind vom Typ DIAGNOSE und die Art-der-Erkrankung von Y stimmt überein mit der Art-der-Erkrankung einer möglichen Folgeerkrankung von X (Abb. 3);

X ist vom Typ DIAGNOSE, Y vom Typ OPERATION. Die Werte der Lokalisationen für X und Y stimmen überein.

X = Magenkarzinom		Y = Lymphknoten Metastase
Art-der-Erkrankung von möglichen Folgeerkrankungen	Art-der-Erkrankung	Art-der-Erkrankung
• Metastatischer Tumor • Stenose • Blutung • Krebsiger Aszites • Pleuritis carcinomatosa	Karzinom	Metastatischer Tumor

Abb. 3: Beispiel für die Relation ERKLAERT

Als Umkehrung von ERKLAERT definieren wir:

SETZT-VORAUS := $\{ (Y,X) \mid (X,Y) \in \text{ERKLAERT} \}$.

Dann bildet (M, { ERKLAERT, SETZT-VORAUS }) eine Datenstruktur.

Bei manchen Patienten kann gelten

SETZT-VORAUS ∪ ERKLAERT = MOEGLICH, doch im allgemeinen gilt es nicht.
Dazu betrachten wir einen (bzw. eine Gruppe von gleichartigen) Patienten mit folgenden Objekten und Beziehungen:

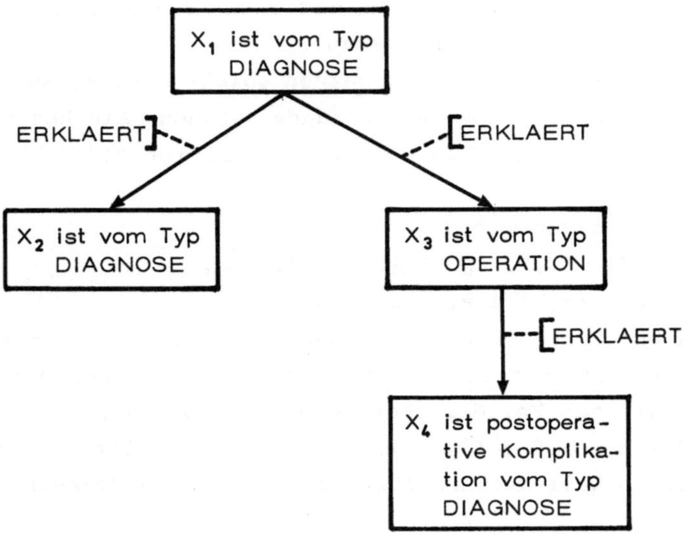

Abb. 4: Verketten von Relationen

Die Relation KOMMT-VOR-MIT besteht aus folgenden Paaren:

(X_1,X_2), (X_1,X_3), $\underline{(X_1,X_4)}$, $\underline{(X_2,X_3)}$, $\underline{(X_2,X_4)}$, (X_3,X_4),

(X_2,X_1), (X_3,X_1), $\underline{(X_4,X_1)}$, $\underline{(X_3,X_2)}$, $\underline{(X_4,X_2)}$, (X_4,X_3).

Weiterhin gilt:

ERKLAERT = $\{ (X_1,X_2), (X_1,X_3), (X_3,X_4) \}$

SETZT-VORAUS = $\{ (X_2,X_1), (X_3,X_1), (X_4,X_3) \}$.

Da kein Widerspruch vorliegen soll, sind die restlichen Paare (d.h. die unterstrichenen) aus MOEGLICH. Sie gehören aber weder zu ERKLAERT noch zu SETZT-VORAUS. Andererseits sind die Objekte dieser

Paare durch mehrere Relationen miteinander verbunden; z.B.:

(X_1,X_4) : X_1 ERKLAERT X_3
X_3 ERKLAERT X_4

(X_2,X_4) : X_2 SETZT-VORAUS X_1
X_1 ERKLAERT X_3
X_3 ERKLAERT X_4

(X_4,X_1) : X_4 SETZT-VORAUS X_3
X_3 SETZT-VORAUS X_1

Wir definieren nun:

VERBUNDEN := $\{(X,Y) \mid X,Y \in M$ und $B(X,Y)\}$,
wobei $B(X,Y)$ folgendes bedeutet:
Es gibt eine endliche Knotenmenge a_o, $a_1,\ldots,a_n$ für die gilt:

- . $n \geq 2$, $a_t \in M$ für $o \leq t \leq n$,
- . $X = a_o$, $Y = a_n$,
- . $(a_i, a_{i+1}) \in r_{i+1}$ mit $r_{i+1} \in \{$ERKLAERT, SETZT-VORAUS$\}$ und $i = o,1,\ldots,n-1$.

Die oben angesprochenen restlichen Paare aus MOEGLICH, d.h. die Paare (X_1,X_4), (X_2,X_3), (X_2,X_4), (X_4,X_1), (X_3,X_2) und (X_4,X_2) sind jeweils aus der Relation VERBUNDEN.

Diejenigen Paare aus MOEGLICH, die jetzt noch nicht definiert sind, wollen wir einer Relation ZUFALL zurechnen.
Sowohl die Relation SETZT-VORAUS als auch ERKLAERT und VERBUNDEN können weiter partitioniert werden.
Wir wollen hier nur noch die Relation VERBUNDEN betrachten. Die Paare dieser Relation sind medizinisch wenig aussagekräftig, da sie nur den Anfangs- und Endknoten einer Kette von Objekten enthalten, aber nicht den Weg selbst. Anstelle eines Paares (X,Y) betrachten wir deshalb den Weg, der dem Paar zugeordnet ist, d.h. die Abbildung

$$f: (X,Y) \longrightarrow f\,[(X,Y)] = \{(X,a_1) \in r_1,\ldots,(a_{n-1},Y) \in r_n\}.$$

Sei (X,Y) ein beliebiges Objekt aus VERBUNDEN. Aufgrund der Definition kann der zu (X,Y) gehörige Weg die Relationen ERKLAERT und SETZT-VORAUS in beliebiger Ordnung enthalten. Einige dieser Reihenfolgen wollen wir auszeichnen (siehe Abb. 5):

. $VERB_E = \{(X,Y) \mid (X,Y) \in VERBUNDEN, B(X,Y)\}$,
wobei B(X,Y) bedeutet:
Für jedes r_j ($j = 1,\ldots,n$)
des Weges $f[(X,Y)]$ ist r_j = ERKLAERT.

. $VERB_S = \{(Y,X) \mid (X,Y) \in VERB_E\}$

. $VERB_V = \{(X,Y) \mid (X,Y) \in VERBUNDEN, B(X,Y)\}$,
wobei B(X,Y) bedeutet:
Auf dem Weg $f[(X,Y)]$ gibt es ein j_o ($1 \leq j_o < n$)
und es gilt:
$r_1 = \ldots = r_{jo}$ = SETZT-VORAUS,
$r_{jo+1} = \ldots = r_n$ = ERKLAERT.

. Die Menge der übrigen Objektpaare aus VERBUNDEN bezeichnen wir mit $VERB_U$.

Es gilt dann:
$VERBUNDEN = VERB_E \cup VERB_S \cup VERB_V \cup VERB_U$.

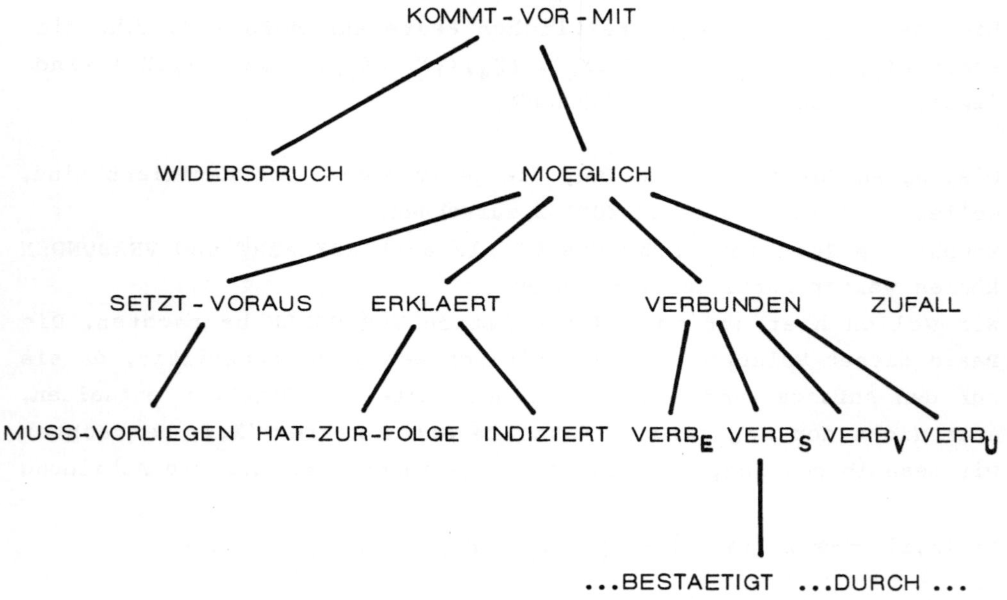

Abb. 5: Beziehungen zwischen Relationen

Von den Paaren aus $VERB_S$ können wir noch einige auszeichnen, wie am folgenden Beispiel gezeigt werden kann:
Der Histologiebefund Adenokarzinom am Magen bestätigt die Diagnose Magenkarzinom durch den Eingriff Gastroskopie (Abb. 6).

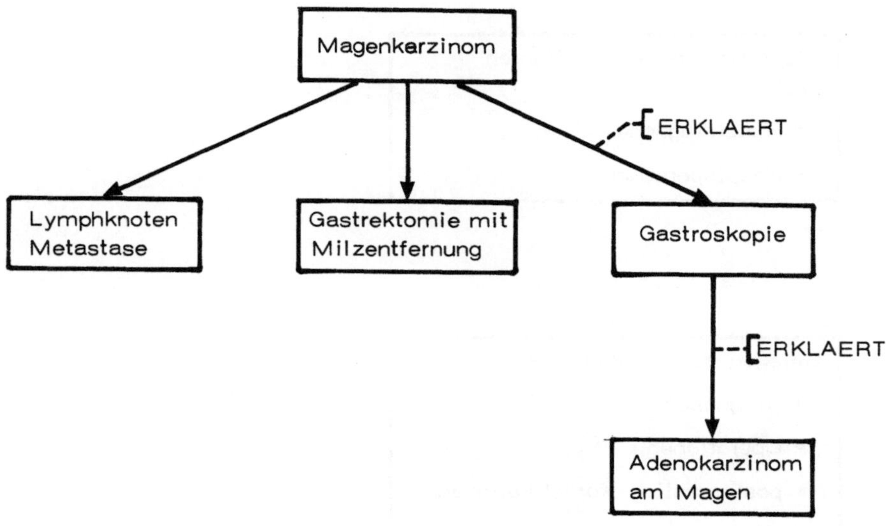

Abb. 6: Bestätigung einer Diagnose durch einen Eingriff

Insgesamt sind z.Zt. die in Abb. 5 aufgeführten Relationen definiert, von denen insbesondere die Wege aus VERBUNDEN bereits festgestellt werden können.

4. Analyse

Um die Analyse effektiv zu gestalten, wird sie auf Gruppen von Patienten angewendet. Dazu sind zwei Klassifizierungen bei einem vorgegebenen Patientenmaterial möglich; eine nach der Hauptoperation und eine nach der Hauptdiagnose (siehe Abb. 7). Eine weitere Voraussetzung für die Anwendung der Relationen ist die Besetzung der Attribute mit Werten (z.Zt. für Diagnose, Operationen und postoperative Komplikationen) . Sie werden aus drei Quellen gewonnen:

. betrachtetes Objekt selbst,
. Kontext,
. allgemeines medizinisches Wissen.

Mit Hilfe der Relationen wird dann festgestellt, welche Beziehungen zwischen den Objekten bestehen.

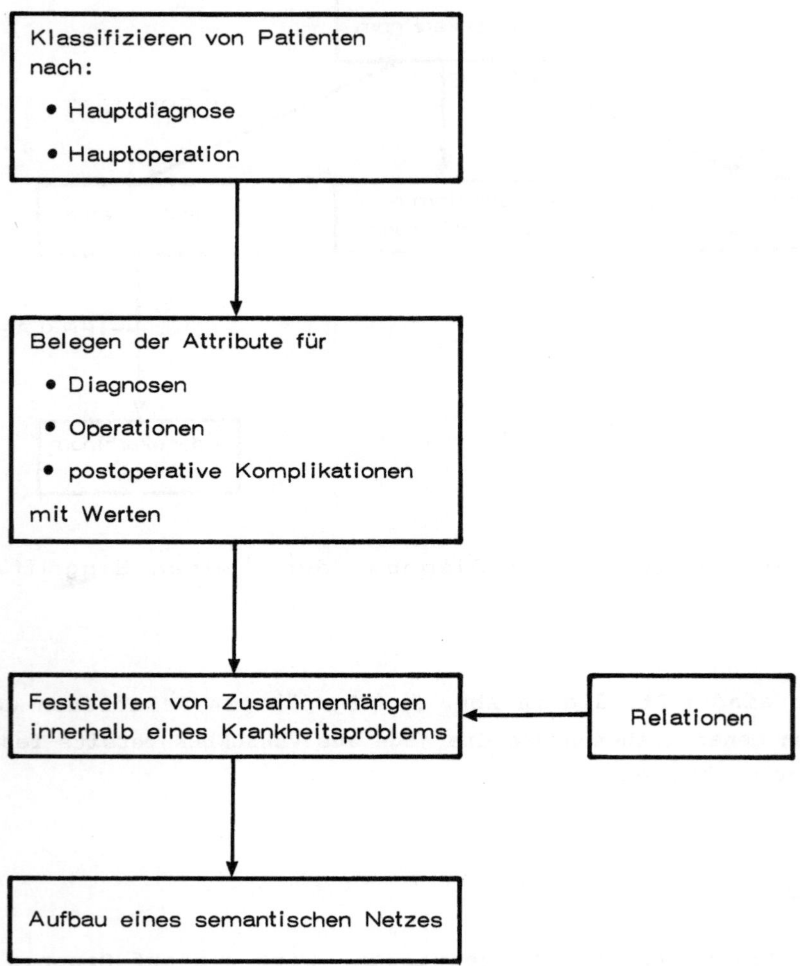

Abb. 7: Schritte zum Aufbau eines semantischen Netzes

5. Diskussion

Mit Hilfe der Relationen, die hier nur beispielhaft behandelt werden konnten, ist es möglich, Patientendaten zu strukturieren und Krankheitsprobleme festzulegen [7] . Dies gilt z.Zt. nur für einen Aufenthalt. Es macht jedoch keine Schwierigkeiten, die Relationen als Beziehungen über mehrere Aufenthalte eines Patienten zu definieren. Die momentan erzeugten Strukturen sind noch keine semantischen Netze, da die Beziehungen zwischen den Objekten noch nicht bewertet werden. Als ersten Schritt dazu werden wir Häufigkeiten festlegen, die aus unserer Datenbank der erweiterten Basisdokumentation gewonnen werden.

Wenn die semantischen Netze konstruiert sind, werden sie abgespeichert und sollen dann mit einer Anfragesprache zugreifbar sein.

Bei diesem Verfahren sehen wir folgende Vorteile:

. Die Einteilung der Patientendaten in Krankheitsprobleme. Bei der Erhebung und Erfassung der Daten wäre diese Strukturierung zwar auch möglich, ist aber bei Änderungen nur schwierig aufrechtzuerhalten und für mehrere Aufenthalte auch kaum zu realisieren.

. Die Patientendaten können dem Arzt bereits strukturiert angeboten werden.

. Auswertungen bzgl. der Multi-Morbidität sind leichter durchführbar.

LITERATUR

1. HORN, W.; BUCHSTALLER, W.; TRAPPL, R.:
Struktur der Wissensbasis für ein AI-System zur Unterstützung ärztlicher diagnostischer und therapeutischer Entscheidungen. In: Kongreßbericht der GI - 11. Jahrestagung 1981, München, 20.-23. Oktober. Hrsg.: W. Brauer - Berlin: Springer 1981, S. 606-613.
(Informatik-Fachberichte; 50)

2. MACHINE INTELLIGENCE:
Infotech State of the Art Report, Series 9, Number 3.- Maidenhead, Berkshire, England: Pergamon Infotech Ltd. 1981.

3. MILLER, R.A.; POPLE, H.E.; MYERS, J.D.:
Internist-1, An Experimental Computer-Based Diagnostic Consultant for General Internal Medicine. - The New England Journal of Medicine Vol. 307, No. 8, 1982, S. 468-476.

4. PAUKER, S.G.; GORRY, G.A.; KASSIRER, J.P.; SCHWARTZ, W.B.:
Towards the Simulation of Clinical Cognition.- American Journal of Medicine 60, 1976, S. 981-996.

5. SCHNABEL, M.; THURMAYR, G.R.; THURMAYR, R.; SCHÖFFEL, J.:
Pfadfindung in einer Datenbank durch schrittweise Kombination von Merkmalen.-
In: Proc. of the International Conference on Medical Computing 1979, Berlin, September 17-20. Ed.: B. Barber u.a. - Berlin: Springer 1979, S. 691-701.
(Lecture Notes in Medical Informatics; 5)

6. SNOMED:
Systematisierte Nomenklatur der Medizin. Herausgeber der amerikanischen Ausgabe R.A. Côté. Deutsche Ausgabe bearbeitet und adaptiert von F.Wingert.Berlin:Springer 1984.
Band 1: Numerischer Index. XVIII, 754 S.
Band 2: Alphabetischer Index. XVI, 1225 S.

7. WEED, L.L.:
Medical Records, Medical Education and Patient Care. Press of Case Western University, 1969.

Ein Computerprogramm zur Vorhersage von Suizidversuchen - Erfahrungen mit 40 Patienten

R.Kalb[1], I.Fehler[2], R.Grabisch[3]

1. Psychiatrische Universitätsklinik Erlangen
2. Rechenzentrum Erlangen (Priv.Doz.Dr.Stoyan)
3. Bezirkskrankenhaus Erlangen (Dir.: Prof.Dr.Schneider)

1. Einleitung

Die Abschätzung des Suizidrisikos ist eine alltägliche psychiatrische Aufgabe. So werden etwa dem an einer psychiatrischen Klinik tätigen Arzt fast täglich Patienten nach Suizidversuchen aus der Intensivstation der Medizinischen Klinik vorgestellt mit der Frage eines weiteren Suizidrisikos.

Aber auch der niedergelassene Arzt draußen wird immer wieder Patienten zu behandeln haben, die Suizidgedanken äußern. In jedem Fall wird der Arzt zu entscheiden haben, ob der Patient stationär aufgenommen werden muß, oder ob eine ambulante Lebensberatung genügt.

Die Beurteilung des Suizidrisikos wird allgemein als schwierig erachtet (Lungershausen 1968). Meist wird die Entscheidung aufgrund langjähriger klinischer Erfahrung und weniger aufgrund psychopathologischer Phänomene zu treffen sein.

Deswegen wurden früh Hilfsmittel entwickelt, die den Arzt bei dieser Entscheidung unterstützen sollten.

Im Anschluß an die Aufstellung von Charakteristika von Patienten, die sich das Leben nahmen (Pokorny 1960), entwickelten sich sogenannte Risikolisten (z.B. Devries 1966, Pöldinger 1968, Stork 1972, Kielholz 1974, Gustavson et al. 1974, Kreitman 1977, Lauter 1980).

Diese Listen, die statistisch vorgehen, sind jedoch im Einzelfall nur wenig aussagekräftig (Pöldinger und Sonneck 1980). Zu verschieden ist jeder einzelne Patient von dem anderen, als daß man über ihn mit einem solchen statistischen Rüstzeug eine Aussage machen könnte.

So hat der Praktiker, welcher entscheiden muß, wenig Nutzen von einem Verfahren, mit dem man 56% der Personen mit späteren Suizidhandlungen und 79% ohne späteres suizidales Verhalten richtig einordnen kann (Devries 1966). Die Irrtumswahrscheinlichkeit beim individuellen Fall ist einfach zu groß.

Auch die bekannteste Risikoliste, die von Pöldinger, die ab 100 Pumkten eine Hospitalisierung empfiehlt, während bei Werten unter 50 die Suizidgefährdung gering sei, konnte von Padrutt (1970) nicht erfolgreich angewandt werden. Dementsprechend folgerte er, daß die Anwendung auch dieser Risikoliste in der ärztlichen Praxis nicht empfohlen werden kann.

Pöldinger selbst (1968) hatte aber schon betont, daß seine Liste nur im Rahmen einer Exploration zur Gesamtbeurteilung herangezogen werden kann.

Fragebögen zur Abschätzung des Suizidrisikos haben sich daher nie durchgesetzt. Es gibt aber noch eine Möglichkeit, all das bisher erarbeitete zu nutzen. Mit Hilfe eines Computerprogramms könnte es gelingen, das generell bekannte Wissen auf einen individuellen Patienten anzuwenden und damit die Aussagemöglichkeiten auch im Einzelfall zu verbessern.

2. Material

Es werden zwei Gruppen von Patienten untersucht, die in unsere Klinik kommen. Die eine Gruppe ist depressiv und hat Suizidgedanken, ohne einen Suizidversuche unternommen zu haben.
Die andere Gruppe ist ebenfalls depressiv und hat Suizidgedanken, hat aber am Tag davor oder am Tag der Untersuchung einen Suizidversuch unternommen. Beiden Gruppen werden nun die Fragen gestellt, die dazu nötig sind, um später die Fragen des Programmes beantworten zu können. Dabei wird darauf geachtet, daß sich die Fragen an den Patienten natürlich nicht auf einen möglichen aktuellen Suizidversuch beziehen. In einem zweiten Schritt werden nun die Antworten des Patienten einem Computerprogramm eingegeben, welches voraussagen soll, in welche Gruppe der Patient gehört (in die mit oder ohne Suizidversuch).
Die beiden Patientengruppen gleichen sich also in ihrer depressiven Verstimmung und ihren Suizidgedanken. Vorausgesagt werden soll, ob ein bestimmter Patient den Schritt vom Suizidgedanken zum Suizidversuch vollzieht.
Diese Voraussage wäre deswegen so wichtig, weil ein Großteil der Patienten mit späteren Suizidhandlungen vorher ihre Suizidgedanken mitteilt.
So fand Linden (1969), daß bei seinen Patienten mit Suizidversuch 39% verbale Suizidinformationen und 56% insgesamt auffällige Informationen der Umwelt gegenüber äußerten.
Barraclaugh et al. (1974) fanden, daß 55% derjenigen, die Suizid begingen, ihre Absichten vorher der Umgebung mitteilten.
Nach Robins (1985) sprechen 50-80% aller Patienten, die Suizidhandlungen begehen, vorher von ihrer Absicht.
Man muß nun bedenken, daß Patienten vor einem Suizidversuch oder Suizid in einem hohen Prozentsatz einen Arzt aufsuchen. Die Zahlen schwanken zwischen 22% und 82% (Kurz und Möller, 1984).
Barraclaugh et al. (1974) berichteten, daß 69% derjenigen, die Selbstmord begingen in den vier Wochen vorher einen Arzt aufsuchten, 48% sogar während der Woche vor ihrem Tod. Ähnliche Zahlen werden auch von Motto und Green (1958) sowie Robins et al. (1959) angegeben.
Diese Zahlen machen deutlich, welche Verantwortung auf einem Arzt lastet, der sich einem Patienten mit Suizidgedanken gegenübersieht. Jeder Arzt weiß, daß die Frage, ob die Patienten ambulant behandelt werden können oder stationär gehen müssen, ihn

in größte Gewissensnöte stürzen kann.
Hier vernünftige Hilfe zu erhalten, erscheint beim Ertragen des Risikos, dem man als Arzt sich damit aussetzt, wünschenswert.
Die von uns untersuchten Patienten wurden zufällig aus dem Patientengut der Psychitrischen Universitätsklinik Erlangen ausgewählt.
Nicht aufgenommen wurden Patienten mit Psychosen, vielmehr handelte es sich durchwegs um Patienten mit abnormen Erlebnisreaktionen in einer krisenhaften Lebenssituation.
Klarheit mußte auch darüber bestehen, wann ein Suizidversuch vorgelegen hat und wann nicht: Es mußte eine selbstschädigende Intention (beim Vorliegen von Suizidgedanken) vorhanden sein, die von der Umgebung und/oder dem Patienten als lebensgefährlich erachtet wurde. Wir haben daher auch die Absicht, vom Hochhaus zu springen, als Suizidversuch gewertet!

3. Methode

Das Programm läuft in einer Version auf den am weitesten verbreiteten 16-bit-Rechner, nämlich dem IBM-kompatiblen Personalcomputer. Diese Klasse kommt von ihrem Preis-Leistungsverhältnis am ehesten für eine Anschaffung in der ärztlichen Praxis in Frage.
Der Dialog mit dem Programm sollte so einfach sein, daß man es ohne große Vorkenntnisse benutzen kann, d.h. es sollte auf natürlichsprachliche Eingabe reagieren.
Besonders am Anfang des Dialogs können einfache Sätze eingegeben werden, um dem Programm inhaltliche Anhaltspunkte zu liefern, an die es dann anknüpfen kann.
Im weiteren Dialog benutzt das Programm meistens Fragen, die mit 'ja' oder 'nein' zu beantworten sind, d.h. das Programm führt den Benutzer bis an bestimmte Stellen, wo wieder Inhalte eingeben werden usw.
Das Programm ist in GW-Basic geschrieben und mit dem Basic-Compiler 2.0 compiliert, so daß ein Dialog nur wenige Minuten dauert.
Wie der Dialog zwischen einem Arzt und dem Programm über einen Patienten geführt wird, wird in Abb.1 gezeigt.
Die Spracherkennung der einfachen eingebenen Sätze geschieht schrittweise: Anfangs wird der Satz daraufhin untersucht, ob gewisse Wörter Synonyma besitzen. Dann wird eine Menge von Spracherkennungsregeln, die nach dem Schlüsselwortprinzip arbeiten aktiviert. Eine solche Spracherkennungsregel hat die Form:"Wenn im eingegebenen Satz das Schlüsselwort 1 und/oder das Schlüsselwort 2 etc. vorkommt, dann hat das ... zu bedeuten". Die Bedeutung wird dann in abgekürzter Form in sogenannten Kürzeln oder Merkmalen notiert.
Bisher werden 50 solcher Kürzel verwendet. Die Abb.2 vermittelt einen Eindruck von dem Aussehen dieser Kürzel (links) und ihrer natürlichsprachlichen Bedeutung (rechts).

Diese Programm enthält das Wissen, um Sie bei der Frage beraten zu können, ob ein Patient (oder eine Patientin) mit Suizidgedanken und depressiver Verstimmung in Gefahr ist, einen Suizidversuch zu begehen oder nicht.

Warum hat der Patient Suizidgedanken?
--- Der Patient hat Streit mit seinen Eltern
Warum hat der Patient Streit mit seinen Eltern?
--- Die Eltern mögen die Freundin nicht.
Hat der Patient Probleme mit seinem Partner?
--- JA
Hat der Patient Kinder?
--- NEIN
Hat der Patient sonstige Verwandte oder Bekannte zu denen er im schlimmsten Falle gehen könnte?
--- NEIN
Ist der Patient irgendwie auf seine Eltern angewiesen?
--- JA
Ist der Patient irgendwie auf seinen Partner angewiesen?
--- JA
Hat der Patient eine Arbeit?
--- NEIN
Seit wann hat der Patient Suizidgedanken (Tage, Wochen, Monate oder Jahre)?
--- Der Patient hat seit Jahren Suizidgedanken
Hat der Patient schon einmal einen Suizidversuch unternommen
--- JA

Abb.1: Ausschnitt aus dem Dialog zwischen Arzt (---) und Programm über einen Patienten

Pat - ist - depr	Der Patient ist depressiv
Pat - denk - Woch	Der Patient denkt seit Wochen an Suizid
Part - verl - Pat	Der Patient wurde von seinem Partner verlassen
Pat - hat - Kind	Der Patient hat ein Kind
Pat - Str - Elt	Der Patient hat Streit mit seinen Eltern
Pat - brau - Part	Der Patient braucht seinen Partner
Elt - lieb - Part	Die Eltern des Patienten mögen seine Partnerin
Grund - geg - Sui	Der Patient gibt Gründe an, die gegen einen Suizidverusch sprechen

Abb.2: Im Kurzzeitspeicher verwendete Merkmale (links) und ihre natürlich-sprachliche Bedeutung (rechts)

Das Programm sammelt nun die während eines Dialoges über den jeweiligen Patienten in Erfahrung gebrachten Informationen (Kürzel) an einem Ort, den man Kurzzzeitspeicher nennen kann. Auf diesem Kurzzeitspeicher greifen dann eine Menge von Regeln an. Jede Regel hat wiederum die Form:"Wenn Kürzel 1 und/oder Kürzel 2 ... dann mache dies".

Jede Regel besteht also aus mehreren Prämissen und einer Konklusion. In den Prämissen steht dann das, über einen Patienten erfahrene Wissen, die Konklusion kann eine Frage enthalten, aber auch eine interne Hypothese bzw. am Ende des Dialoges eine Aussage über das Suizidrisiko bei dem gerade besprochenen Patienten. Natürlich bedarf es dazu nicht der persönlichen Daten des Patienten, so daß diese nicht in den Computer eingegeben werden müssen.

Das Programm verwendet insgesamt bisher an die 300 Regeln. Die Abb.3 zeigt für jede Regelart ein Beispiel.

Das Programm besitzt neben diesem Dialogmodus noch einen Lernmodus in welchem man durch die Mitteilung:"lerne" gelangt. Im Lernmodus zeigt einem das Programm den augenblicklichen Wissensstand über den jeweiligen Patienten und die Bereitschaft eine neue Regel zu lernen. Diese wird dann der Wissensbasis einverleibt und steht fortan für jeden Dialog zur Verfügung (s.Abb.4).

Schließlich besitz das Programm noch einen dritten Modus, den Erklärungsmodus den man mit der Frage :"warum" erreicht. Im Erklärungsmodus begründet das Programm die jeweils letzte von ihm gestellte Frage oder Schlußfolgerung, indem es auf die Regel verweist aufgrund welcher die Frage/Schlußfolgerung aktiviert wurde (s.Bsp.in Abb.5).

Das Programm gründet sein Wissen auf das psychoanalytische Modell der Suizidalität. Dieses Modell (Freud 1917) ging ursprünglich davon aus, daß "das Ich" sich nur dann töten kann, wenn es durch die Rückkehr der Objektbesetzung sich selbst wie ein Objekt behandeln kann, wenn es die Feindseligkeit gegen sich richten darf, die einem Objekt gilt und die die ursprüngliche Reaktion des Ichs gegen Objekte der Außenwelt vertritt." Später führte Freud dann einen Todestrieb ein, der sich in Form der auf die Umwelt gerichteten Aggression befriedigen läßt. Ist dies nicht möglich (z.B. durch ein strenges Über-Ich), dann richtet sich dieser Trieb gegen die eigene

1. Schlüsselwörter/Merkmal
   Patient und Streit und Eltern --→ Pat - Str - Elt
2. Merkmale/ Frage
   ! Pat - Str - Elt ---→ Warum hat der Patient Streit mit seinen Eltern?
3. Ø/ Frage
--→ Seit wann hat der Patient Suizidgedanken?
4. Merkmale/ Interne Schlußfolgerung
! Pat - Str - Elt und ! Pat - brau - elt --→ ! Pat - hemm - agg
5. Merkmale/ externe Schlußfolgerung
! Pat - gel - jem und ! Pat - denk - selt und ! Grund - geg - sui und
x Pat - denk - komk und x Pat - hat - Sui --→ Der Patient ist nicht akut suizidal
6. offene Merkmale/ Frage
! Pat - denk - --→ Hat der Patient konkrete Suizidpläne entworfen
7. Schlüsselwörter/ Oberbegriff
Freund oder Verlobter oder Ehemann oder Gatte --→ Partner

Abb.3: Ausschnitt aus dem Regelsystem

--- lerne
Bisher wurden folgende Merkmale gefunden:
! Pat - fuhl - mind ! Pat - verl - grup ! Pat - denk - Tag x Pat - denk - konk
x Pat - hat - sui
Aufgrund welcher der bisher erwähnten Merkmale würden Sie eine Frage/Schlußfolgerung stellen? (Bitte verwenden Sie die oben angegebene Schreibweise der Merkmale).
? ! Pat - fuhl - mind
?
?
?
?
Veto:? Pat - oft - alk
Wie sollte Ihrer Meinung nach die Frage (Schlußfolgerung) auf Grund diese Merkmale lauten?
--- Trinkt der Patient oft Alkohol?

Abb.4: Lernmodus: Lernen der Regel: ! Pat - fuhl - mind --→ Trinkt der Patient oft Alkohol?

Hat der Patient eine feste Arbeitsstelle?

--- warum

Zur letzten Frage/ Aussage kommt es aufgrund der Regel 70

Ihre Prmissen lauten:

! Pat - fuhl - mind

Von diesen Prämissen sind die folgenden erfüllt:

! Pat - fuhl - mind

Die selektierte Regel hat deshalb den Wert von 10

Abb.5: Erklärmodus - Das Programm erklärt, warum es die Frage nach der Arbeitsstelle gestellt hat.

Person. Ringel (1969, 1974) knüpft mit seinen Vorstellungen vom präsuizidalen Syndrom an diese Gedanken Freuds an, wenn er im 2.Punkt seines Syndroms die gehemmte , auf die eigene Person gerichtete Aggression wirken sieht. Indem die Befriedigung der Aggression an der Umwelt z.B. durch ein starres Über-Ich oder durch Erkrankungen mit einer Hemmung der seelischen Aktivität wie z.B. bei der endogenen Depression oder durch fehlende zwischenmenschliche Beziehungen aber auch durch kulturelle Verbote, für längere Zeit verhindert wird, steigt der Trieb immer stärker an und richtet sich schließlich als Ersatzobjekt gegen die eigene Person.

Die von Ringel angegebene emotionale, zwischenmenschliche und wertspezifische Einengung würde dann den Boden bereiten für die beschriebene Umkehr der Aggression. Ausgehend von diesem Modellvorstellungen fragt sich das Programm nun in die Situation der Patienten hinein. Dabei gilt es u.U. gemachte Angaben zu hinterfragen, etwa wenn Gründe angegeben werden, die gegen einen Suizidversuch sprechen und sich dann beim Nachhaken als nicht stichhaltig erweisen. Eine einfache Gewichtung der einzelnen Antworten u.ihre Aufsummierung, auch um die Suizidgefährdung zu errechnen, verwischt eher die Konturen: Zu leicht werden dadurch statistisch zwar gewichtige - individuell aber entscheidende - Faktoren eingeebnet. Unser Interesse ging darauf hinaus, auch die einzelnen Faktoren, die unter Umständen alle anderen überwiegen können, genügend zu berücksichtigen. Das heißt, man mußte das Verhalten des Experten modellieren, anstatt Statistik zu betreiben. Das Berücksichtigen von einzelnen, entscheidenden Faktoren geschieht dadurch, daß sie erst durch Nachbarfaktoren ihr eigentliches Gewicht erhalten.

Dieses Aufrechnen von Faktoren schafft ein Netzwerk, welches schließlich imstande sein sollte, zu einem individuellen Urteil über einen Patienten zu kommen.

So wird während eines solchen Dialoges besonders darauf geachtet, welche engen sozialen Beziehungen der Patient überhaupt noch hat. Wenn er hier bereits eingeengt ist, gewinnen die noch vorhandenen sozialen Beziehungen natürlich für ihn ein besonderes Gewicht. Eine Vielzahl intakter, sozialer Beziehungen kann dazu benutzt werden, Spannungen in der eigenen Beziehung durch andere Beziehungen zu kompensieren. Die Möglichkeit entfällt für jemanden, der z.B. nur ein oder zwei intakte soziale Beziehungen aufweist. In diesem Fall müssen auch Aggressionen gegen einige noch vorhandene soziale Partner dann um so eher zurückgehalten werden (dafür gibt es natürlich noch ander Gründe) und können sich dann gegen den Patienten selbst richten (Aggressionsumkehr).

4. Ergebnisse

Nach Buchanan und Shortliffe (1984) ist der Validierungsprozeß eines Systems eng mit seiner Entwicklung verbunden. Die Autoren unterscheiden neun Stufen dieses Prozesses (s. Tab.1).

1. Top-level design with definition of long-range goals
2. First version prototype, showing feasibilty
3. System refinement in which informal test cases run to generate feedback
4. Structured evaluation of performance
5. Structured evaluation of acceptability to users
6. Service functioning for extended period in prototype environment
7. Follow-up studies to demonstrate the system's large usefulness
8. Programm changes to allow wide distribution of the system
9. General release and distribution with maintenance and updating

Tab.1: Die verschiedenen Stufen bei der Implementierung eines Expertensystems (zitiert nach Buchanan und Shortliffe 1984)

Das von uns konzipierte Programm befindet sich nach dieser Einteilung in der dritten Phase: Wir haben bisher 40 Testfälle anhand von nicht strukturierten Krankengeschichten eingegeben, das Verhalten des Programms dabei beobachtet und sofern nötig das Regelsystem geändert (mit Hilfe des Lernmodus). Jedesmal wurde genau verfolgt, wie das System den Testfall behandelte, ein Protokoll des Kurzzeitspeicher-Inhaltes angefertigt und das Regelsystem einer kritischen Wertung unterzogen (siehe Tab.2) Wie man sieht, war bei 26 Patienten ein Anpassen des Regelsystems notwendig, weil das Programm keine Vorhersage abgeben konnte. Bei 9 Patienten davon wurde eine falsche Vorhersage getätigt, was ebenfalls eine Veränderung des Regelsystems notwendig machte.

14 Patienten wurden in den beiden Gruppen richtig zugeordnet. Diese Ergebnisse sind darauf zurückzuführen, daß sich das System noch weitgehend in der Lernphase befindet. Wenn die Zahl der richtigen Voraussagen weiter zunimmt, wird die 4. Phase der strukturierten Validierung vorzunehmen sein.

5. Diskussion

Die Methode die wir anwendeten, ist nicht neu: Schon 1973 veröffentlichte Greist et

al. eine Arbeit, in der sie einen Computer zur Diagnose des Suizidrisikos einsetzten.
Auch sie gingen von Patienten aus, die Suizidgedanken hatten. Dies begründeten die Autoren damit, daß Litman (1967) damals bei 75% der von ihm untersuchten Suizidanten gefunden hatte, daß diese innerhalb von vier Wochen vor ihrem Tode Suzidgedanken geäußert hatten.
Auch ihr Design ist dem unseren ähnlich: Sie untersuchten retrospektiv 20 Krankengeschichten von denen 10 Patienten 3 Monate nach Erstellung des Krankenblattes einen Suizidversuch unternahmen und 10 nicht. Sie fanden, daß ihr Programm 74% ihrer Patienten mit Suizidversuchen richtig voraussagte, (während Psychiater, denen sie die Krankenakten vorlegten nur 40% dieser Patienten richtig voraussagten).
Die Patienten, die keinen Suizidversuch unternehmen sollten, wurden vom Programm in 90% der Fälle richtig vorhergesagt, in gleichem Maße auch von den Psychiatern, denen man die Krankengeschichte vorlegte.
Greist et al. verwendeten noch das Bayes'sche Theorem, um ihre Ergebnisse zu erreichen. Unser Programm hingegen arbeitet regelorientiert.
Ihr Vorgehen unterscheidet sich auch von unserem dadurch, daß wir bis jetzt den Arzt-Programm-Dialog vorziehen.

6. Schlussbemerkung

Für einen Vergleich der statistischen Methode mit der regelorientierten Methode ist es heute noch zu früh. Erst in der Phase 4 der Systemvalidierung wird das möglich. Wir haben uns für diese Phase folgende Bedingungen gestellt:

1. Untersuchung an mindestens 100 Patienten, die zufällig ausgewählt wurden. Etwa die Hälfte der Patienten sollte der Gruppe mit Suzidversuch, die andere ohne Suizidversuch angehören.
2. Neben der Krankengeschichte wird sich die Dokumentation auf einen vom Patienten auszufüllenden Fragebogen stützen, welcher vor allem die Fragen des Programms beinhaltet.
3. Zum Ausschalten des Halo-Effektes d.h. der unbwußten Beeinflussungdes Arztes bei der Eingabe in den Computer durch sein Wissen um die Gruppen-Zugehörigkeit des Patienten, soll diese ihm vorenthalten werden.
4. Alle Patienten werden nach 1/4 - 1/2 Jahr nochmals nachuntersucht, bezüglich der Frage, ob ein Suizidversuch (oder gar Suizid) stattgefunden hat.
5. Bei den 100 Patienten soll entweder das Regelsystem konstant bleiben <u>oder</u> alle Krankengeschichten müssen am Schluß nochmals eingegeben werden.

Tab.2: Registrierung der Patienten deren Merkmale dem Programm eingeben wurden

Nr.	Sex	Klinik	SV?	Voraussage	Erfolg
1	f	Poli	+	keine	Lernfall
2	m	BKH	+	"	"
3	m	BKH	+	"	"
4	f	Poli	+	"	"
5	m	Poli	+	"	"
6	m	Poli	+	"	"
7	m	BKH	+	"	"
8	m	Poli	+	"	"
9	m	Poli	+	"	"
10	m	BKH	+	"	"
11	f	Poli	-	"	"
12	f	Poli	+	"	"
13	f	Poli	+	"	"
14	f	Poli	+	"	"
15	f	Poli	+	"	"
16	m	BKH	+	+	+
17	m	Poli	+	+	+
18	f	Poli	+	+	+
19	m	Poli	+	keine	Lernfall
20	m	Poli	-	-	+
21	m	BKH	+	-	Lernfall
22	m	BKH	+	+	+
23	m	BKH	-	keine	Lernfall
24	m	BKH	-	-	+
25	m	BKH	+	+	+
26	m	BKH	+	+	+
27	m	Poli	+	+	+
28	m	BKH	+	+	+
29	m	BKH	+	+	+
30	f	Poli	+	-	Lernfall
31	m	Poli	-	+	"
32	f	Poli	-	+	"
33	m	BKH	-	-	+
34	m	BKH	-	+	Lernfall
35	f	Poli	+	-	"
36	f	Poli	+	+	+
37	m	Poli	+	-	Lernfall
38	f	BKH	-	+	"
39	m	BKH	+	+	+
40	m	BKH	-	+	Lernfall

7. Zusammenfassung

Es wird ein Computerprorgamm vorgestellt, welches nach einem Dialog mit dem Arzt über einen bestimmten Patienten, dem Arzt einen Hinweis auf eine mögliche Suizidgefährdung dieses Patienten gibt. Das Programm arbeitet regelorientiert und läuft auf den üblichen leicht verfügbaren Personalcomputern.

Es zielt auf Patienten, die depressiv verstimmt sind und Suizidgedanken hegen und soll dem Arzt in der Praxis, in der Ambulanz oder im Nachtdienst helfen bei der Beurteilung, ob ein Patient wegen erhöhtem Risiko stationär aufgenommen werden muß oder nicht.

8. Summary

This paper presents a computer program which can be used by physicians to talk about a patient who is depressive and has suicidal thoughts.

The aim of the dialogue is a prediction of the program whether the patient would make a suicide attempt or not.

The program is a rule-based system which runs on the usual personal computers.

9. Literatur

1. Barraclough,B.M., J.Buch, P.Nelson and P.Sainsbury: A hundreds cases of suicide: Clinical aspects. Br.J.Psychiatry: 125, 355, 1974
2. Buchanan,B.G. and E.H.Shortliffe: The problem of evaluation. In: Buchanan,B.G. and E.H.Shortliffe (eds.): Rule-Based Expert Systems. Addison-Wesley Massachusetts 1984
3. Devries, A.G.: A Potential Suicide personality Inventory. Psychological Reports: 18 (3), 731-738 (1966)
4. Freud,S.: Trauer und Melancholie. Frankfurt, Fischer 1975 (1917)
5. Greist,I.H., D.H.Gustafson, F.F.Strauss, G.L.Rowse, T.P.Laughren, J.H.Chiles: A computer interview for suicide risk prediction. Am.J.Psychiatry: 130, 1327-1331, (1973)
6. Gustafson,D.H., J.H.Greist, F.F.Strauss, H.Erdman, Th.Laughren: A Probalistic System for Indentifying Suicide Attemptors. Computer and Biomedical Research: 10, 83-89, (1977)
7. Heñseler,H.: Narzißtische Krisen. Zur Psychodynamik des Selbstmordes. Reinbeck rororo 1974
8. Kielholz,P.: Diagnose und Therapie der Depressionen für den Praktiker. 3.Auflage, München Lehmanns 1974
9. Kurz,A. und H.J.Möller: Zur Wirksamkeit suizidprophylaktischer Versorgungsprogramme. In: Faust,V. und M.Wolfersdorf (Hrsg.): Suizidgefahr, Hippokrates, Stuttgart 1984
10. Kreitman,N.: Parasuizid. Wiley & Sons, London-New York-Sidney-Toronto 1977
11. Kreitman,N.: Prevention of suicidal behaviour. In: Wing,I.K.; Haefner,H. (eds.): Roots of Evaluation, London, Oxford University Press 1973
12. Lauter,H.: Akute Psychiatrische Notfälle. Internist: 21, 40-49, (1980)
13. Linden,K.-J.: Der Suizidversuch. Versuch einer Situationsanalyse. Enke, Stuttgart, 1969

14. Lungershausen,E.: Suizidprophylaxe in der ärztlichen Praxis. Landarzt: 44, 27, (1968)
15. Motto,J.A. and C.Green: Suicide and the medical community. Arch.Neur.Psychiatry: 80, 776 (1958)
16. Padrutt,H.P.: Die Abschätzung der Suizidalität. Überprüfung der Brauchbarkeit einer Risikoliste (Pöldinger). Schw.Rundschau f.Med.: 59, 403-404
17. Pöldinger,W.: Suizidprophylaxe bei depressiven Syndromen. In: Faust,V. und M.Wolfersdorf (Hrsg.): Suizidgefahr, Hippokrates, Stuttgart 1984
18. Pöldinger,W.: Die Abschätzung der Suizidalität. Huber, Bern-Stuttgart 1968
19. Pokorny,A.D.: Characteristics of Forty-Four Patients: Who Subsequently Comitted Suicide. Arch.of Gen.Psychiatry: 3, 314-323 (1960)
20. Ringel,E.: Selbstmord-Appell an die anderen. Kaiser/Grünewald München 1974
21. Ringel,E.: (Hrsg.): Selbstmordverhütung. Bern/Stuttgart/Wien - Huber 1969
22. Robins,E. et al.: Communication of suicidal intent: A study of 134 cases of successful (completed) suicide. Am.J.Psychiatry: 115, 727 (1959)
23. Stork,J.: Fragebogentest zur Beurteilung der Suizidgefahr. Müller, Salzburg 1972
24. Wellhöfer,P.R.: Selbstmord und Selbstmordversuch. Gustav Fischer, Stuttgart 1981

Anschrift des Verfassers: Dr.Roland Kalb

Psychiatrische Klinik mit Poliklinik

Schwabachanlage 6 + 10

8520 Erlangen

Entwicklungsstand und Perspektiven medizinischer Experten- und Konsultationssysteme. Ein Baustein zur Technologiefolgenabschätzung

M. Rothemund, P. Potthoff, R. Engelbrecht, D. Schwefel
Gesellschaft für Strahlen- und Umweltforschung mbH München (GSF)
Institut für Medizinische Informatik und Systemforschung (MEDIS)

1. Einleitung

Das MEDIS-Institut der GSF führt eine Studie zur Abschätzung der Chancen und Risiken von Expertensystemen in der Medizin durch. Wesentlicher Bestandteil der Technologiefolgenabschätzung ist eine Bestandsaufnahme über den gegenwärtigen Entwicklungs- und Anwendungsstand sowie über die Bedingungen, Möglichkeiten und zeitlichen Perspektiven der Diffusion von Expertensystemen in die medizinische Anwendung, über die in diesem Beitrag berichtet werden soll.

2. Methodisches Vorgehen

Das methodische Vorgehen bei dieser Technologiefolgenabschätzung bestand aus mehreren Schritten. Da es sich um eine Evaluationsstudie handelte, stand am Anfang eine breit angelegte Exploration von Vermutungen und Hypothesen über den Entwicklungsstand und die potentiellen Auswirkungen von Expertensystemen, die durch Vorkenntnisse aufgrund der Entwicklung von Expertensystemen im MEDIS-Institut, eine Literaturanalyse sowie mit nicht-standardisierten Experten-Interviews erfolgte. Interviewt wurden - annähernd 'gruppenrepräsentativ' - Entwickler, potentielle Anwender und Betroffene von Expertensystemen aus den Bereichen Informatik, Gesundheitssystemforschung und Gesundheitswesen.
Parallel hierzu wurden mit einer schriftlichen Befragung von Entwicklern und Anwendern medizinischer Expertensysteme Informationen über den Reifegrad, die Aufgabenbereiche, die Anwendungsfelder und die Anwendungsperspektiven existierender Expertensysteme erhoben.

Diese schriftliche Befragung, auf deren Ergebnisse sich der vorliegende Beitrag konzentriert, ist damit nur ein Teil der Technologiefolgenabschätzung. Sie war Hilfsmittel, um den Entwicklungsstand und bestimmte Perspektiven von medizinischen Expertensystemen abzuschätzen und Tendenzen und Entwicklungslinien aufzuzeigen.
Die Auswahl der befragten Entwickler und Anwender von Expertensystemen erfolgte, wenn man stichprobentheoretische Kriterien anlegt, vergleichsweise willkürlich. Es wurden alle diejenigen Personen angeschrieben, die den Autoren als Entwickler und Anwender aus persönlichem Kontakt, Literatur (einschließlich einer systematischen Literaturrecherche), Teilnehmerverzeichnissen von Kongressen, Teilnehmerverzeichnis des ESPRIT-Projekts, etc. bekannt waren. Durch die beschriebene Auswahl der Befragungsteilnehmer wurden verstärkt Personen angeschrieben, deren Aktivitäten bereits bekannt waren. Damit sind Neuentwicklungen unterrepräsentiert. Die Ergebnisse der Befragung sind also nach methodisch strengen Maßstäben nicht über die untersuchte Gruppe hinaus verallgemeinerbar. Dennoch halten wir die Ergebnisse aufgrund unseres persönlichen Eindrucks für aussagekräftig.
Es wurde ein standardisierter Fragebogen in einer deutsch- und einer englischsprachigen Version verwendet (er kann bei den Autoren angefordert werden). Pro Fragebogen konnten Angaben über bis zu drei Expertensysteme gemacht werden. Im Fragebogen wurde keine Definition der verwendeten Begriffe vorgegeben, sondern es wurde angenommen, daß eine aus dem fachsprachlichen Verständnis erfolgende Interpretation erfolgen würde. Hervorzuheben ist in diesem Zusammenhang, daß die Befragten im Fragebogen gebeten wurden, Angaben zu 'Experten- oder Konsultationssystemen' zu machen, d.h., daß die Auswahl der untersuchten Systeme operational nicht scharf durch eine vorgegebene Definition des Begriffes 'Expertensystem' eingeengt wurde. In der Erhebung sind daher Angaben sowohl über Expertensysteme im engeren Sinne (z.B. INTERNIST-1, MED-I), wie auch über 'intelligente' Systemkomponenten von Datenbank- und Informationssystemen (z.B. HELP, KLASSIK) enthalten.
Die Befragung wurde von März bis Mai 1986 durchgeführt. Auf die schriftliche Befragung antworteten 43 Personen, die aus der Bundesrepublik, England, Frankreich, Italien, Österreich, der Schweiz, Japan und den USA stammen. Es wurden 64 Experten- und Konsultationssysteme beschrieben.

Zu den folgenden Ergebnissen ist grundsätzlich zu bemerken, daß nicht die absoluten Anzahlen bewertet wurden, sondern aus den Verteilungen Trends abgeschätzt wurden.

3. Ergebnisse der schriftlichen Befragung

"Gegenwärtig sind nach Kenntnis des Autors nur drei Systeme künstlicher Intelligenz in täglicher klinischer Anwendung: ONCOCIN, PUFF und ... EXPERT zur Interpretation der Serumprotein-Elektrophorese (übersetzt vom Verf.)." (Kingsland 1986). Auch Buchanan (1986) nennt in einer Veröffentlichung nur noch ein weiteres System im Bereich der Medizin, das in der Routine angewendet wird. Dieses Bild eines von breiter Anwendung noch weit entfernten Reifegrades medizinischer Expertensysteme konnte durch unsere Studie bestätigt werden. Die Systeme befinden sich in verschiedenen Stadien des Reifegrades auf dem Weg vom Systementwurf bis hin zur routinemäßigen Anwendung. Abbildung 1 über den 'Reifegrad medizinischer Expertensysteme' zeigt diese Entwicklungsstufen und die Anzahl der in der schriftlichen Befragung erfaßten Experten- und Konsultationssysteme, die jeweils diese Stufe erreicht haben. Die Einteilung der Reifegrade erfolgte in Anlehnung an eine Vorlage von Davis (1985).
Von den meisten Systemen existiert erst ein Prototyp, der getestet und weiterentwickelt wird. Nur wenige Systeme befinden sich - wie schon erwähnt - in der routinemäßigen Anwendung. Unter den genannten acht Systemen, die praktisch angewendet werden, sind zudem noch zwei Systeme genannt (HELP und KLASSIK), die nicht im engeren Sinne Expertensysteme sind, sondern den Krankenhausinformationssystemen zugerechnet werden müssen. Die Anzahl der sich im Moment in der Entwicklung befindlichen Systeme ist mit Sicherheit höher; hier wirkt sich das oben beschriebene Auswahlverfahren der Befragten aus.
Die 'Aufgaben gegenwärtiger medizinischer Expertensysteme' (Abb. 2) sind vor allem Diagnose und Therapie. Die Unterstützung von Ausbildung und Interpretation folgen an dritter und vierter Stelle. Der Grund mag darin liegen, daß viele Systemersteller der Meinung sind, daß ihre Systeme, gleichgültig für welche andere Aufgabe sie konzipiert sind, auch zur Ausbildung und Interpretation herangezogen werden können.
Gegenwärtig werden medizinische Expertensysteme vor allem erst in medizinischen Forschungseinrichtungen und Universitätskliniken eingesetzt (Abb. 3: 'Anwendungsumgebungen von medizinischen Experten-

Abb. 1: Reifegrad medizinischer Expertensysteme

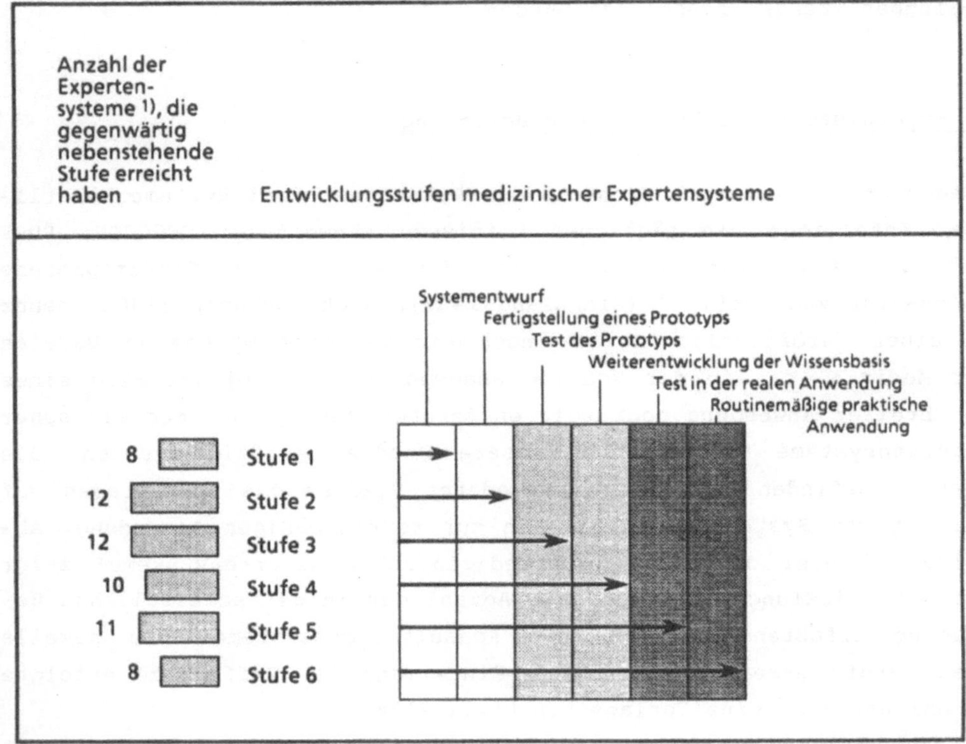

1) Anzahl der untersuchten Systeme k = 64; 3 Systeme ohne Angabe einer Entwicklungsstufe

Abb. 2: Aufgaben gegenwärtiger medizinischer Expertensysteme

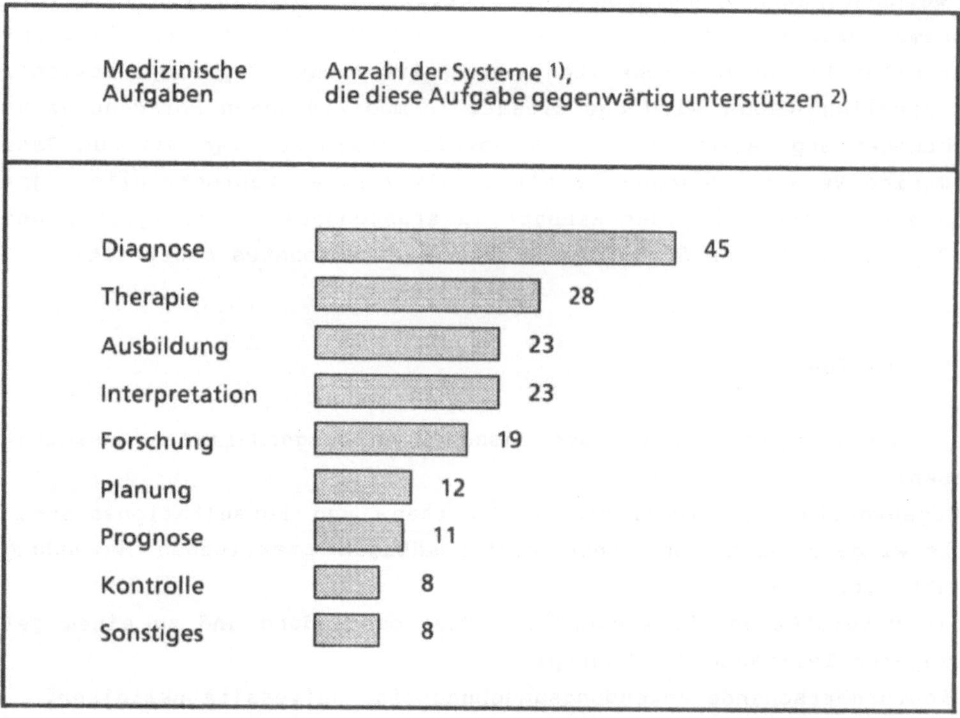

1) Anzahl der untersuchten Systeme k = 64
2) Mehrfachnennungen möglich

systemen'). Die Entwickler sehen die Anwendungsumgebungen ihrer Systeme bei geeigneter Weiterentwicklung bis zum Jahr 2000 jedoch verstärkt auch in den anderen aufgeführten Bereichen.
In welchen Anwendungsumgebungen generell der Einsatz von Expertensystemen erwartet wird, zeigt Abbildung 4 über die 'Beurteilung potentieller Einsatzmöglichkeiten von medizinischen Expertensystemen'. Als ziemlich sicher wird der Einsatz in medizinischen Forschungseinrichtungen angesehen. Auch in Universitätskliniken ist bis zum Jahr 2000 eine Verwendung wahrscheinlich. Als weniger wahrscheinlich, jedoch als denkbar wird der Einsatz in Krankenhäusern, Arztpraxen und in Einrichtungen des öffentlichen Gesundheitsdienstes beurteilt.

4. Diskussion

Die Ergebnisse unserer Umfrage lassen sich folgendermaßen zusammenfassen:

- Gegenwärtig sind medizinische Experten- und Konsultationssysteme überwiegend noch von einer routinemäßigen praktischen Anwendung entfernt.
- Sie unterstützen überwiegend die Diagnosefindung und zu einem geringeren Teil auch die Therapie.
- Die vorherrschende Anwendungsumgebung sind Universitätskliniken.

Bei den vorgestellten Ergebnissen wurde die Herkunft der Antworten aus den verschiedenen Ländern (Bundesrepublik, England, Frankreich, etc.) noch nicht berücksichtigt, obwohl natürlich neben technischen Voraussetzungen auch Gegebenheiten nationaler Gesundheitssysteme entscheidend auf eine Diffusion von medizinischen Expertensystemen Einfluß nehmen.
Die Untersuchung der Diffusionbedingungen wurde im Rahmen der Studie nach folgendem Schema untergliedert:

- Technische Entwicklungstendenzen von Expertensystemen
- Andere bedeutsame technische Entwicklungen
- Entwicklungen im Anwendungsfeld Medizin und den Anwendungsumgebungen
- Organisatorische und ökonomische Faktoren
- Einstellungen und Verhalten von Individuen und Gruppen
- Strukturelle Rahmenbedingungen.

Abb. 3:
Anwendungsumgebungen von medizinischen Expertensystemen

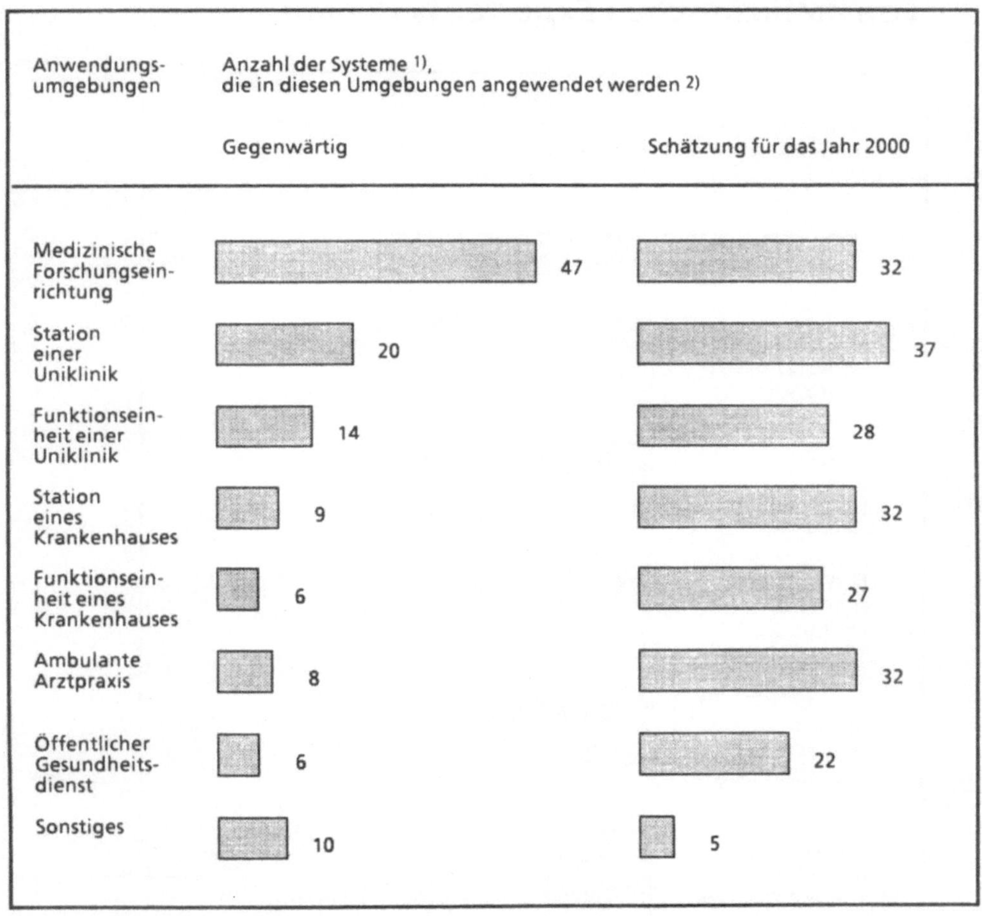

1) Anzahl der untersuchten Systeme k = 64
2) Mehrfachnennungen möglich

Abb. 4:
Beurteilung potentieller Einsatzmöglichkeiten von medizinischen Expertensystemen

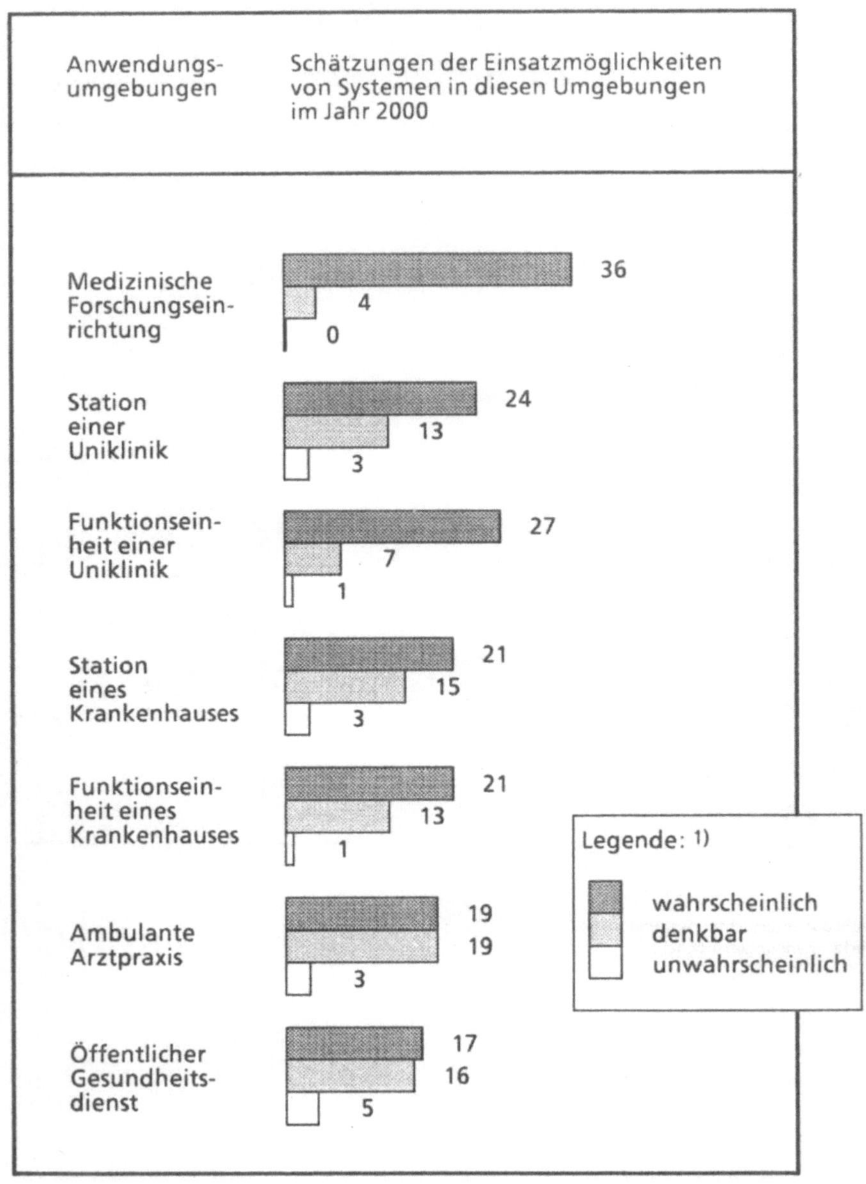

1) Doppelnennungen und Antwortauslassungen wurden nicht aufgeführt

Ebenso lassen sich die zukünftigen, denkbaren Einsatzfelder von Expertensystemen, wie sie von Entwicklern und Anwendern von Expertensystemen beschrieben werden, nur mit Hilfe mehrerer Dimensionen aufspannen und umschreiben. Diese reichen von der Domäne oder dem Fachgebiet (z.B. Neurologie), in der das Expertensystem verwendet wird, bis hin zu der menschlichen kognitiven Funktion (z.B. Reduktion kombinatorischer Vielfalt), die ein Expertensystem unterstützt. Dazwischen liegen die Beschreibungskategorien Anwendungsumgebung (z.B. Krankenhausstation), Aufgaben, für die ein Expertensystem eingesetzt wird (z.B. Diagnose) und Interaktionstyp eines Expertensystems (z.B. Auditsystem).
Angesichts des skizzierten Entwicklungs- und Diffusionsstandes medizinischer Experten- und Konsultationssysteme muß eine Technologiefolgenabschätzung gegenwärtig noch spekulative Anteile haben. Dennoch haben wir in unseren Gesprächen mit Entwicklern, potentiellen Anwendern und potentiellen Betroffenen den Eindruck gewonnen, daß ein frühzeitiges Nachdenken über und systematisches Erörtern der Chancen und Risiken dieser neuen Informationstechnologie als wichtige Ergänzung der mehr technisch orientierten Entwicklungsbemühungen angesehen werden kann. Die Ergebnisse unserer Studie sollen hierzu einen Beitrag leisten.

5. Literatur

Kingsland, L.C. III:
Artificial Intelligence: Promise and Reality.
In: A.H. Levy, B.T. Williams (Eds): AAMSI Congress 1986, Proceedings of the AAMSI Congress 86, Anaheim, California, May 8-10, 1986, p. 87-91

Davis, R.:
Amplifying Expertise with Expert Systems.
In: P.H. Winston, K.A. Prendergast (Eds): The AI Business. Commercial Uses of Artificial Intelligence. The MIT Press, Cambridge, Mass., 1985, p. 17-40

Buchanan, B.G.:
Expert Systems: Working Systems and the Research Literature.
Expert Systems, January 1986, Vol. 3, No. 1, p. 32-51

HELP - ein medizinisches Verwaltungs- und Informationssystem

J. Dudeck
Institut für Medizinische Informatik
Heinrich-Buff-Ring 44
Universität Gießen

1. Anwendungen entscheidungsunterstützender Verfahren in der Medizin

In der Medizin wurde im vergangenen Jahrzehnt eine Reihe von Expertensystemen zur Unterstützung diagnostischer und therapeutischer Entscheidungen entwickelt. Namen wie MYCIN /9/, INTERNIST /5/, CASNET /4/ sind inzwischen allgemein bekannt. Sie haben für die Wissenschaft interessante Aspekte der Anwendung von Expertensystemen bei medizinischen Problemstellungen aufgezeigt. Bisher gibt es aber nur sehr wenige Anwendungen solcher Systeme in der täglichen klinischen Routine. Die Gründe für die fehlende Verbreitung wurden bisher nicht eingehender analysiert. Prinzipielle Ablehnungen von entscheidungsunterstützenden Verfahren scheinen zumindest bei Ärzten nicht mehr im Vordergrund zu stehen (s. Abs. 5., /2,11/. Von SHORTLIFFE /10/ wurde die Fähigkeit der Systeme zur Erklärung der getroffenen Entscheidungen als besonders wichtig für die Akzeptanz herausgestellt. Bereits bei der automatischen EKG-Auswertung hat sich gezeigt, daß Ärzte Verfahren bevorzugen, die den Einblick in den Entscheidungsablauf ermöglichen. Aber auch diese Funktion reicht offensichtlich nicht aus, um den Weg in die Kliniken zu öffnen.

Es spricht deshalb vieles dafür, daß dem Interface zwischen Arzt und entscheidungsunterstützendem Verfahren wesentliche Bedeutung zukommt. Nahezu alle derzeit verfügbaren Systeme setzen Dateneingabe im Dialog voraus. Dazu wird der Arzt in der Hektik der klinischen Routine nur in Ausnahmefällen bereit sein. Hier unterscheidet sich die Situation im Krankenhaus sehr deutlich von vielen Anwendungen im industriellen Bereich. Bei der Konfiguration einer Rechneranlage kommt es z.B. vordringlich darauf an, eine richtige Lösung zu erarbeiten. Der dafür notwendige Zeitaufwand ist von geringerer Bedeutung, da er bei fehlerhafter Konfiguration in jedem Fall erheblich höher liegen würde. Selbst aufwendige Eingabeprozeduren werden deshalb in dieser Situation toleriert.

In der klinischen Routine dagegen müssen Entscheidungen in der Regel relativ schnell gefällt werden. Häufig sind sehr unterschiedliche Aspekte, wie Alter, Prognose etc. zu beachten. In dieser Situation ist der Arzt nur ausnahmsweise bereit, Daten in einen Computer einzugeben. Er würde angebotene Möglichkeiten der Computerauswertung aber sicher nutzen, wenn die Daten z.B. aus einem Kommunikationssystem bereitgestellt werden. Die Integration entscheidungsunterstützender Verfahren in klinische Kommunikationssysteme dürfte nach den bisherigen Erfahrungen eine wichtige Voraussetzung für die Anwendung entscheidungsunterstützender Verfahren in der klinischen Routine sein.

Das Krankenhaus-Informationssystem HELP /7,12/ ist eines der wenigen Systeme, das diese Voraussetzungen erfüllt. In HELP sind die in der Wissensbank in Form von Frames niedergelegten Entscheidungslogiken in die klinische Kommunikation integriert, so daß sie daten- oder zeitgesteuert aktiviert werden können. HELP wurde am LDS-Hospital in Salt Lake City, Utah seit 1970 entwickelt. Es ist inzwischen in mehreren amerikanischen Krankenhäusern im Einsatz. Wir sind derzeit bemüht, dieses System für Anwendungen in deutschen Krankenhäusern zu adaptieren.

2. Aufbau von HELP - Tools und Applikationen

HELP besteht aus einer Reihe von Tools und einer Vielzahl von Subsystemen für spezielle Anwendungen, sog. Applications, wie Subsyteme für Pharmazie, Leistungsanforderung, Ergebnis-Übermittlung, Intensivpflege, Blutgaslabor, Infektionskontrolle etc. Die Subsysteme wurden weitgehend unter Verwendung der Tools entwickelt. Sie sind bzgl. Datendefinition, Erfassung, Speicherung sowie Anwendungen der Wissensbank voll in das Gesamtsystem integriert. Abbildung 1 gibt einen Überblick über die in HELP verfügbaren Tools.

Es ist in diesem Rahmen nicht möglich, einen vollständigen Überblick über den Aufbau von HELP zu geben. Es sollen deshalb kurz nur die Tools beschrieben werden, die sich von anderen Systemen unterscheiden. Hier stehen das Data Dictionary PTXT und der Entwicklungsgenerator von HELP-Sektoren im Vordergrund.

2.1 Das Data Dictionary PTXT

Einer der zentralen Tools von HELP ist das sog. Data Dictionary PTXT (Primary Text Generator). PTXT ist ein hierarchisch strukturiertes Verzeichnis aller innerhalb des Krankenhauses vorkommenden Items. Jedes Item erhält einen 7 Byte-Code, der in PTXT definiert wird und der, unabhängig davon, ob es sich um ein Medikament, einen Befund

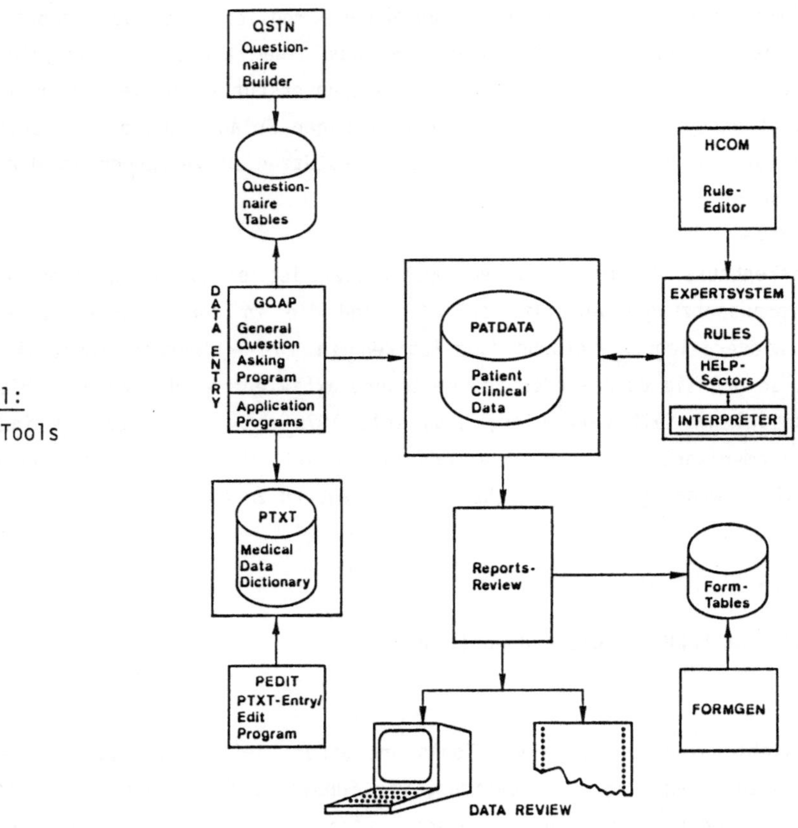

Abb. 1:
HELP-Tools

oder eine Diagnose o.ä. handelt, innerhalb des Systems verwendet wird. Unmittelbar nach Definition kann das Item im gesamten System verwendet werden.

Für die Codierung stehen 5 Hierarchie-Stufen zur Verfügung. Die erste Stufe ist die sog. Datenklasse (Data Class), die den Datenursprung beschreibt, wie Labor, Mikrobiologie, klinische Befunde, Diagnosen, Medikamente etc. Die zweite Hierarchiestufe, die sog. Field Codes, definieren Unterklassen, wie z.B. Antibiotika, Antihypertonika bei Medikamenten, Elektrolyte, Enzyme etc. bei Laborwerten. Für die exakte Definition jedes Items stehen dann drei weitere Hierarchiestufen zur Verfügung, die in der in HELP üblichen Terminologie als Nouns, Adjektive und Adverbien bezeichnet werden, ohne daß ein Bezug zur sprachlichen Bedeutung dieser Begriffe besteht. Für Medikamente wurden z.B. folgende Hierarchiestufen festgelegt:

2. Stufe Field Code - Medikamentenklassen lt. Rote Liste
3. Stufe Nouns - Generic Bezeichnungen
4. Stufe Adjectives - Präparate Bezeichnungen
5. Stufe Adverbs - Dosierung und Application (oral, im, iv)

Im Data Dictionary PTXT werden definiert

- PTXT-Codes für die interne Repräsentation der Daten
- Schlüsselworte (bis zu 16) für den Zugriff auf PTXT-Einträge
- beschreibender Text für die Kommunikation mit dem Benutzer
- weitere Merkmale (Einheiten, Applikationsform etc.)

Für abrechenbare Items wird zusätzlich eine sog. Account Nummer definiert, die bei Leistungserfassung an das Abrechnungssystem übergeben wird. Wir verwenden an dieser Stelle die im Klinikum bereits eingeführte Artikelnummer der Materialwirtschaft, so daß eine wichtige Schnittstelle zu dem bereits vorhandenen Verfahren gegeben ist.

Der beschreibende Text wird nur bei Kommunikation mit dem Benutzer ausgegeben. Der Benutzer kann wiederum über Schlüsselworte auf Einträge im Data Dictionary zugreifen, so daß der Anwender in der Regel mit dem internen Code überhaupt nicht in Berührung kommt. Ein besonderer Vorteil ist, daß auf verschiedenen Hierarchiestufen definierte Schlüsselworte bei der Suche kombinierbar sind. Dadurch ist eine sehr breite sprachliche Ausdrucksmöglichkeit beim Zugriff auf das Data Dictionary gegeben.

2.2 Die Wissensbank HCOM

Weitere Tools für die Definition von Ein- und Ausgabeprogrammen sind vorhanden (QSTN, GQAP, FORMGEN, PAL), die jeweils auf die Definitionen des Data Dictionary zugreifen. Ein sehr wichtiges Tool ist das Programmsystem zum Aufbau der Wissensbank HCOM. In HCOM wird das Wissen in sog. Sektoren niedergelegt, die nach heutiger Terminologie FRAMES entsprechen. Das Ergebnis der im Sektor erfolgenden Bewertung von Daten wird im sog. Sektor-Text zusammengefaßt, der, wie alle anderen Meldungen für die Kommunikation mit dem Benutzer, unter einem PTXT-Code abgespeichert ist. Der Text kann in Abhängigkeit von der Sektor-Logik modifiziert werden. Er wird ausgegeben, wenn die im Sektor definierten Bedingungen erfüllt sind, wobei Empfänger und Ausgabemodalitäten (Drucker mit Alarmsignal) ebenfalls im Sektor festlegbar sind.

Innerhalb der Sektorlogik kann weiterhin definiert werden, auf welche Items im Patientenfile in welchem Zeitbereich (innerhalb der letzten Tage, Stunden etc.) zugegriffen werden soll und ob der Zugriff datengesteuert erfolgt, d.h. immer dann, wenn das betreffende Item in den Patientenfile neu eingetragen wird oder nur auf besonderen Aufruf z.B. durch ein Programm.

Die Zusammenhänge werden deutlich bei Betrachtung der Interaktion zwischen Digitalis-Medikation und Kalium-Spiegel im Blut. Die Digitalis-Toxizität wird bei verminderten Kalium-Werten erheblich erhöht. Da zur Behandlung der Herzinsuffizienz zusammen mit Digitalis sehr häufig flüssigkeitsausschwemmemde, den Kalium-Spiegel vermindernde Präparate gegeben werden, kann diese Interaktion relativ häufig eintreten.

Ein HELP-Sektor, der diese Komplikation mit hoher Sicherheit vermeiden soll, muß
- bei jeder Digitalis-Medikation und
- bei jeder Kalium-Bestimmung

aktiviert werden.

Bei Digitalis-Medikation muß geprüft werden, ob ein aktueller Kalium-Wert, z.B. aus den letzten zwei Tagen vorliegt. Fehlt er, muß die Laboruntersuchung veranlaßt werden. Der Arzt erhält einen entsprechenden Hinweis und kann ggf. die Verordnung des Präparates aufschieben. Ein normaler Kalium-Wert löst keine Reaktion des Systems aus. Bei vermindertem Kalium-Wert wird der Arzt auf die erhöhte Toxizitätsgefahr hingewiesen und die Kalium-Substitution empfohlen. Dabei muß durch die Sektorlogik auch geprüft werden, ob nicht bereits eine Kalium-Substitution erfolgt, so daß lediglich die Dosis zu erhöhen ist.

Der entsprechende Sektor muß auch bei jeder Speicherung von Kalium-Werten in Patienten-Records aktiviert werden. Bei vermindertem Kalium-Wert muß ausgeschlossen werden, daß der Patient Digitalis erhält, damit ggf. die Medikation bis zur Normalisierung des Kalium-Spiegels ausgesetzt oder vermindert werden kann.

Das Beispiel zeigt deutlich die Unterschiede zwischen Dialog-Interface und Integration der entscheidungsunterstützenden Verfahren in ein Kommunikationssystem mit datengesteuerter Aktivierung der Elemente der Wissensbank. Während der Arzt beim Dialog-Interface in jedem Fall tätig werden muß, auch dann, wenn sich für ihn keine interessanten Aspekte aus dem Expertensystem ergeben, wird er bei Integration der Wissensbank in ein Kommunikationssystem nur dann angesprochen, wenn relevante Entscheidungen vorliegen.

Innerhalb der Sektorlogik können regelorientierte, arithmetische, Boole'sche Statements sowie als Besonderheit von HELP, auch Bayes'sche Algorithmen auf einfache Weise formuliert werden. Die Überprüfung der Statements kann auf bestimmte Zeiträume begrenzt werden. Diese Funktion ist für klinische Anwendungen von besonderer Bedeutung. Über eine sog. ASK-Funktion können entscheidungsrelevante, aber noch fehlende Werte vom Benutzer angefordert werden.

Sektoren können andere Sektoren aufrufen, so daß ein komplexes Entscheidungssystem entstehen kann.

Der Aufbau der Sektoren erfolgt interaktiv. Der Zugriff auf Daten des Patienten-Files geschieht über den jeweiligen PTXT Code.

In der Wissensbank sind derzeit zwischen 3 bis 4000 Sektoren verfügbar. Im Vordergrund stehen Anwendungen im Sinne eines Entscheidungs-Monitorings, vergleichbar mit dem beschriebenen Beispiel für Digitalis-Kalium-Interaktion. Beim Entscheidungs-Monitoring erfolgt die Entscheidung des Arztes unbeeinflußt durch den Computer. Das System reagiert nur dann, wenn die in der Wissensbank definierten Bedingungen verletzt werden. Fehler durch zufälliges Übersehen, Nicht-daran-Denken usw. sollen auf diese Weise vermieden werden, so daß die Qualität der Behandlung verbessert wird. Entscheidungs-Monitoring wird zukünftig bei der Anwendung entscheidungsunterstützender Techniken in der Medizin sicher eine wesentliche Rolle spielen.

3. Erfahrungen mit der Wissensbank

Eine zentrale Aufgabe bei der Anpassung von HELP ist die Übertragung und Adaptation der Wissensbank an die deutschen Verhältnisse. Diese verlangen die Übersetzungen der Sektor-Texte, d.h. der Mitteilungen, die aufgrund der Prüfung der Sektor-Logik an den Benutzer übermittelt werden sowie das Verständnis der Entscheidungslogik selbst. Die sprachliche Übersetzung ist ein geringes Problem. Hier müssen lediglich in Zusammenarbeit mit den zuständigen Spezialisten die adäquaten Formulierungen gefunden werden.

Schwieriger ist dagegen die Verdeutlichung der Sektorlogik. Unsere bisherigen Erfahrungen zeigen, daß das HELP-Tool HCOM für die Entwicklung von Sektoren durchaus benutzerfreundlich ist /1/. Zwar wird es nur in Ausnahmefällen von DV-Laien anwendbar sein. Bei entsprechender Erfahrung ist es mit vertretbarem Aufwand zu handhaben. Dagegen ist die Dokumentation der Entscheidungslogik im gegenwärtig verfügbaren System nicht optimal. Hier sind jedoch neue Konzepte in Entwicklung, um dieses Problem, das sich in voller Schärfe erst seit der Anwendung der Wissensbank auch außerhalb des Entwicklungszentrums gestellt hat, in benutzerfreundlicherer Form zu lösen /8/. Der modulare Aufbau der Wissensbank in Sektoren erleichert die Übernahme wesentlich, da bei jedem Sektor unabhängig geprüft werden kann, ob er in der eigenen Wissensbank verwendet werden soll.

Eine Untersuchung der Inhalte der Sektoren aus dem Pharmazie-Bereich hat folgende Schwerpunkte ergeben:

Hinweise auf Allergien	40%
Interaktionen zwischen Arzneimitteln	35%
Wechselwirkung Medikamente - Laborwerte	20%
sonstige	5%

Die Inhalte dieses Teils der Wissensbank sind weitgehend verallgemeinerbar, so daß sie auch in anderer Umgebung nahezu unverändert übernommen werden können. Dies wird nicht für alle Bereiche der Wissensbank gelten. Der Austausch von Wissensbanken wird sicher ein neuer, wichtiger Arbeitsbereich der Medizinischen Informatik werden.

4. Die Wissensbank in HELP als Expertensystem

In den vergangenen Jahren wurden durchaus heftige Diskussion geführt, ob die in HELP vorhandene Wissensbank als Expertensystem anzusehen ist. Die Frage läßt sich nicht ohne weiteres mit ja - nein beantworten. Am ehesten ist die Problematik durch eine Analyse der Problemstrukturen zu verdeutlichen. Expertensysteme werden zur Entscheidungsunterstützung bei durchaus unterschiedlichen Problemen angewandt. An einem Ende der Problemskala stehen sog. strukturierte Probleme. Strukturierte Probleme sind einfach definierbar, sie verlangen ein umgrenztes Fachwissen und führen zu wenigen, klar definierbaren Handlungsalternativen. Sie sind deshalb trainierbar und delegierbar an angelernte Fachkräfte. Prüfungen auf Allergien oder Arzneimittelinkompatibilitäten sind strukturierte Probleme. Kritisch ist bei strukturierten Problemen nicht so sehr die Entscheidung selbst, sondern das Erkennen der Entscheidungssituation.

So zeigte sich z.B. bei einer Untersuchung der durch Arzneiverordnungen ausgelösten Alarme im LDS-Hospital in Salt Lake City /7/, daß Inhalte der Wissensbank bei weniger als 7% der Patienten aktiviert wurden. Bei weniger als 2% wiesen die Meldungen auf bedrohliche Komplikationen oder Inkompatibilitäten hin. Da bei jedem Patienten mehrere Medikamente verordnet werden, bedeutet dies, daß wirklich bedrohliche Alarmmeldungen nur bei einer unter 2 bis 500 Arzneiverordnungen ausgelöst worden sind. Bei derartig seltenen Bestätigungen wird der menschliche Intellekt sehr unverlässig. Sie sind nur durch Entscheidungsmonitoring über einen Computer verläßlich zu beherrschen.

Am anderen Ende der Problemskala stehen sog. unstrukturierte Probleme. Diese sind von hoher Komplexität, wiederholen sich in gleichartiger Form kaum und erfordern deshalb zur Lösung umfassendes Fachwissen und langjährige Erfahrung von Spezialisten. Die zu treffenden Entscheidungen sind nicht delegierbar. Die Behandlung eines Polytraumas mit Verletzungen innerer Organe im Brustkorb, im Bauchraum und multiplen Knochenbrüchen ist ein Beispiel für ein unstrukturiertes Problem. Die Situation ist bei jeder derartig schweren Verletzung andersartig. Von erfahrenen Spezialisten muß jedesmal neu abgewogen werden, welche Behandlung zuerst einzuleiten ist, um die höchsten Überlebenschancen zu erreichen.

Alle auftretenden Probleme liegen in einem Kontinuum zwischen diesen beiden Extremen, wobei stark strukturierte Probleme in der Häufigkeit bei weitem überwiegen. Expertensysteme wurden entwickelt, um insbesondere bei unstrukturierten Problemen Hilfestellung und Unterstützung zu geben. Praktische Erfahrungen zeigen aber, daß Erfolge bisher vor allem bei der Lösung stark strukturierter Probleme erreicht worden sind. Unstrukturierte Probleme erfordern in nahezu allen Bereichen noch langjährige Wissensakkumulation und wahrscheinlich auch noch verbesserte Expertensystem-Shells.

Die in HELP für den Aufbau der Wissensbank verfügbaren Shells unterstützen die Lösung von strukturierten und partiell-strukturierten Problemen, die in der täglichen Routine der Kliniken eine sehr große und zur Verbesserung der Behandlungsqualität wahrscheinlich die wichtigste Rolle spielen. Für die Entwicklung von entscheidungsunterstützenden Verfahren für stärker unstrukturierte Probleme sind die bisher in HELP verfügbaren Werkzeuge noch nicht ausreichend. Hierfür wäre die Verwendung eines der verfügbaren Shells und die nachträgliche Übertragung der definierten Statements in die Wissensbank von HELP zweckmäßig. Ein entsprechender Ansatz wurde mit Teilbereichen von INTERNIST bereits erprobt /6/.

HELP bietet in der bisherigen Ausstattung Werkzeuge zur Lösung von Problemen, die in der klinischen Routine im Vordergrund stehen. Es wird in Problembereichen eingesetzt, in denen derzeit auch andere Expertensysteme erfolgreich sind. Weiterentwicklungen der Tools sind sicher notwendig, insbesondere um die Benutzerfreundlichkeit zu erhöhen. Eine weitere Diskussion der Frage, Expertensystem ja - nein erscheint uns aber überflüssig. Auch in den USA wurde zwischen den verschiedenen Arbeitsgruppen Übereinstimmung erzielt, daß die Ansätze von HELP den Bestrebungen von Expertensystemen entsprechen.

5. Akzeptanz entscheidungsunterstützender Verfahren

Die Problematik der Akzeptanz entscheidungsunterstützender Verfahren läßt sich unter prinzipiellen und sachlichen Aspekten betrachten. Prinzipielle Aspekte umfassen die grundsätzliche Einstellung der Ärzte zur Anwendung solcher Verfahren in der Klinik, sachliche Aspekte die Auseinandersetzung mit der Qualität der Inhalte der Wissensbank. Häufige, vom Arzt als nicht adäquat empfundene Empfehlungen vermindern die Akzeptanz eines entscheidungsunterstützenden Systems ebenso, wie die prinzipielle Furcht vor dem Ersetzwerden durch eine Maschine.

Zur Untersuchung der prinzipiellen Akzeptanz haben wir bei den Hochschullehrern des Gießener Klinikums eine Umfrage durchgeführt /2/. Im Fragebogen wurden verschiedene Formen der Entscheidungsunterstützung in klinischen Kommunikationssystemen beschrieben und um Beurteilung der Bedeutung für Krankenversorgung, Forschung und Lehre gebeten. Hier soll nur auf die Ergebnisse bzgl. der Krankenversorgung eingegangen werden. Als Antwortkategorien standen zur Verfügung:

unbedingt notwendig - Über die Bedeutung bestehen keine Zweifel. Sollte sobald wie möglich eingeführt werden.

sollte untersucht werden - Die Bedeutung ist nicht endgültig zu beurteilen. Die Problematik sollte untersucht werden auch im Hinblick späterer Anwendungen in nicht-universitären Krankenhäusern.

geringe Bedeutung - Unter den Aspekten des eigenen Fachgebietes vermutlich wenig relevant.

ohne Bedeutung - Nicht relevant.

Die spontane Antwortquote von 70% bei Abteilungsleitern, 60% bei anderen Hochschullehrern war erfreulich hoch. Die spezifischen, in HELP im Vordergrund stehenden Verfahren des Entscheidungs-Monitorings wurden von zwei Drittel der Befragten als unbedingt notwendig angesehen, ein Viertel war der Meinung, daß die endgültige Bedeutung untersucht werden sollte. Weniger als 10% maßen den Verfahren geringe oder keine Bedeutung zu. Bei der direkten Entscheidungsunterstützung in Form von diagnostischen Aussagen wurden ebenfalls von 90% die beiden ersten Antwortkategorien gewählt. Hierbei war allerdings nur die Hälfte der Meinung, daß die Verfahren unbedingt eingeführt werden sollten. Bei allen Fragen, die für die Krankenversorung relevante Verfahren betrafen, wählten mehr als 80% eine der ersten beiden Antwortkategorien.

Die Analyse der Antworten bzgl. Forschung und Lehre zeigt, daß die Beurteilungen nicht unkritisch positiv, sondern sorgfältig abgewogen worden sind. Nach diesen Ergebnissen kann davon ausgegangen werden, daß prinzipielle Ablehnungen entscheidungsunterstützender Techniken in der Klinik nicht mehr im Vordergrund stehen. Die vielfältigen Erfahrungen mit Personal Computern haben offensichtlich auch bei Ärzten zu realistischeren Einschätzungen der Möglichkeiten von Computern geführt. TEACH und SHORTLIFFE beschreiben ähnliche Ergebnisse /11/.

Die sachliche Akzeptanz der bestehenden Wissensbank zu überprüfen, ist eine unserer nächsten Aufgaben. Nach Erfahrungen in Salt Lake City nimmt die Akzeptanz mit der Qualität der Inhalte der Wissensbank deutlich zu /3/.

Zusammenfassung

Innerhalb unserer Arbeitsgruppe sind wir bemüht, das Krankenhaus-Informationssystem an deutsche Verhältnisse zu adaptieren und im Klinikum Gießen einzuführen. Bei den bisherigen Arbeiten hat sich HELP als ein sehr flexibles, anpassungsfähiges Werkzeug erwiesen, das auch in die völlig andere Umgebung deutscher Krankenhäuser übertragen werden kann. Besondere Vorteile von HELP sind die über das Data Dictionary zu erreichende Integration in administrative und Abrechnungssysteme und die Integration einer Wissensbank in die klinische Kommunikation. Die für den Aufbau der Wissensbank zur Verfügung stehenden Werkzeuge erlauben die Definition entscheidungsunterstützender Algorithmen bei stärker strukturierten Problemen, die bei klinischen Anwendungen im Vordergrund stehen. Eine Umfrage über die Bedeutung der von einem klinischen Informationssystem zur Verfügung gestellten Funktionen hat gezeigt, daß prinzipielle Ablehnungen derartiger Systeme nicht mehr vorhanden sind. Untersuchungen der sachlichen Akzeptanz der Inhalte der Wissensbank und entsprechende Erweiterungen sind der nächste Schritt unserer Arbeiten.

Literatur

/1/ Adams, J.B.:
Three surveillance and query languages for medical care
Clinical comp. 3 (1986), 11-19

/2/ Dudeck, J.:
Ergebnis einer Umfrage über die Bedeutung entscheidungsunterstützender Verfahren in klinischen Informationssystemen (in Vorbereitung)

/3/ Gardner, R.M.: pers. Mitteilung

/4/ Kulikowski, C.A., Weiss, S.M.:
Representation of Expert Knowledge for Consultation: The CASNET and EXPERT Projects.
In: Szolovits, P. (Ed.): Artificial Intelligence in Medicine, pp. 21-55, Westview Press 1982

/5/ Miller, R.A., Pople, H.E., Myers, J.D.:
Internist-I: An Experimental Computer-based Diagnostic Consultant for General Internal Medicine
New Engl. J. Med. 307 (1982) 468-476

/6/ Nguyen, L.T.:
Transferability of medical knowledge-base
A case study between INTERNIST-1 and HELP
PhD-Thesis Dept. Med. Informatics, University of Utah 1985

/7/ Pryor, T.A., R.M. Gardner, P.D. Clayton, H.R. Warner:
The HELP system
J. Med. Systems 7 (1983), 87-101

/8/ Pryor, T.A., D. Stansfield, P. Haug, P.D. Clayton:
An efficient integrated implementation of HELP
Medinfo 1986 (to be published)

/9/ Shortliffe, E.H.:
Computer-based Medical Consultations: MYCIN
New York 1976

/10/ Shortliffe, E.H.:
The computer as clinical consultant
Arch. Int. Med. 140 (1980), 313-314

/11/ Teach, R.L., E.H. Shortliffe:
An Analysis of Physician Attitudes Regarding Computer-based Clinical Consultation Systems
Comp. Biomed. Res. 14 (1981), 542-558

/12/ Warner, H.R.:
Computer-assisted medical decision-making
New York 1979

Ein Auskunftssystem für den rationellen Einsatz von Antibiotika

F. Loth, P. Koeppe
Freie Universität Berlin
Klinikum Steglitz

Zusammenfassung:
Es sollte anhand einer speziellen Aufgabe aus der klinischen Medizin untersucht werden, ob mit kommerziellen Anwenderprogrammen auf Mikrocomputern (sog. Personal Computer) praktisch brauchbare Auskunftssysteme entwickelt werden können. Damit wäre der Vorteil einer geringeren Einarbeitungszeit, einer besseren Wartung und einer wesentlich höheren Portabilität verbunden. Als Ergebnis stellte sich heraus, daß dieser Weg für eine begrenzte Aufgabenstellung möglich erscheint, daß aber für ein akzeptables Zeitverhalten ein PC der oberen Leistungsklasse (Intel 80286-Systeme) erforderlich ist.

1. Allgemeine Aufgabenstellung

Für die Entwicklung eines Auskunftssystems stehen derzeit zwei Möglichkeiten zur Verfügung:
a) Programmierung mittels einer konventionellen Programmiersprache (LISP und Prolog eingeschlossen),
b) Implementierung über ein Standard-Datenbank-System auf einem Großrechner.

Im Rahmen einer Dissertationsarbeit sollte als dritte Variante untersucht werden, ob handelsübliche, sogenannte "integrierte Softwarepakete", wie sie für Mikrocomputer zahlreich angeboten werden, ohne Zuhilfenahme einer klassischen Programmiersprache geeignet sind, Auskunftssysteme zu entwickeln, die den klinisch tätigen Arzt bei der Auswahl von Therapie-Alternativen unterstützen können.

Die Hardwarevoraussetzungen zur Lösung dieses Problems wurden folgendermaßen definiert:
IBM - PC bzw. PC - kompatibler Rechner (Compaq Portable) mit Intel 8088, 640 KB RAM Hauptspeicher und 20 MB Festplatte.

2. Darstellung des speziellen Problems

Das Auskunftssystem verfolgt zwei Ziele: Einerseits soll es dem Arzt eine Entscheidungsunterstützung bei der Auswahl von antimikrobiellen Chemotherapeutika einschließlich deren Dosierung bei bestimmten Erkrankungen bzw. Patienten ermöglichen. Andererseits entstand aufgrund jahrelanger Zusammenarbeit mit Prof. H. Lode, Dr. G. Höffken (Medizinische Klinik) und anderen bei der klinischen Prüfung von Antibiotika ein aktueller Bedarf nach einem Datenbanksystem, welches pharmakokinetische Daten von antimikrobiellen Chemotherapeutika verwaltet.

Darüber hinaus werden Antibiotika häufig relativ unkritisch eingesetzt (unnötiger Einsatz von Breitspektrum-Antibiotika in unangemessener Dosierung), in dem Glauben, den Patienten besonders gut zu behandeln (1). Als Beispiel sei hier nur die unnötige Verordnung eines Breitspektrum-Antibiotikums bei einer Streptokokkenangina erwähnt, obwohl diese auch heute noch penicillinempfindlich ist. Die Therapie mit einem Breitspektrum-Antibiotikum ist in diesem Fall nicht nur teurer als die gleich wirksame Penicillinbehandlung, sondern auch risikoreicher, da die Nebenwirkungen weniger gut abzuschätzen sind als die des Penicillins. Überdies führt eine unkritische Therapie mit hochpotenten Medikamenten zu unnötigen und schwer zu behandelnden Resistenzentwicklungen.

Für die Lösung der Aufgabe mußten folgende Module entwickelt werden:

a) Eine Datenverwaltung für alle im Klinikum Steglitz eingesetzten antimikrobiellen Chemotherapeutika in entsprechend organisierter Form. Hierbei mußte folgender Datenbestand verarbeitet werden:
Anzahl der Antibiotika:............ca. 60 (Handelsnamen)
Anzahl der Antibiotika unter
Berücksichtigung der verschiedenen
Applikationsformen:................ca. 120
Anzahl der Generica:...................49

Daraus resultiert eine Datenbank mit 49 Sätzen, sortiert nach Generica, die 22 Felder wie Indikationen, Kontraindikationen, Wechselwirkungen, Dosierung und ähnliches beinhaltet. In diesem Datenbankteil sind alle für Routineabfragen nötigen Informationen enthalten.

Außerdem wurde eine Datenbank mit 120 Sätzen und 65 Feldern angelegt, die nach Handelsnamen sortiert ist und alle Applikationsformen berücksichtigt, um die Verwaltung pharmakokinetischer Daten zu ermöglichen.

Das System beinhaltet ferner neun kleinere Dateien (ca. 50 Sätze und jeweils zwei Felder), die mit den beiden Hauptdatenbanken verbunden sind. Dies ist sinnvoll, um eine größere Datenbank nicht mit immer wiederkehrendem Text zu überladen, der einerseits Speicher kostet und andererseits beim herausfiltern von einzelnen Sätzen unnötig viel Zeit benötigt. Mit dieser Methode ist es möglich, nur nach einer maximal zweistelligen Codezahl zu suchen
(z.B.: "∞OR(CODE=1, CODE=15, CODE=35)"
statt: "∞OR(GENERIC="Amikacin", GENERIC="Amoxicillin", GENERIC="Mezlocillin")")
um die gewünschten Sätze herauszusuchen.

b) Ein Abfragemodul, welches dem ungeübten Benutzer die gespeicherten Informationen auf möglichst einfache Art und Weise zugänglich macht und mehrere Auskunftsinhalte vorsieht.

c) Ein Druckmodul, womit die angezeigten Informationen auf einem geeigneten Drucker ausgegeben werden können.

d) Eine Korrektur- und Aktualisierungsmöglichkeit um Falscheingaben zu korrigieren bzw. die vorhandenen Informationen auf den neusten Stand zu bringen.

3. Auswahl der Basissoftware

Zur Lösung dieses Problems wurden folgende Softwareprodukte in die engere Wahl genommen:

Open Access
Lotus Symphony
Framework (evtl. in Kombination mit dBASE III)

Bei den drei genannten Programmen handelt es sich um integrierte Softwareprodukte, die jeweils über folgende Module verfügen:

Textverarbeitung
Tabellenkalkulation
Datenbank
Grafik

Open Access kam schon deshalb nicht in Frage, weil es nicht speicherresident arbeitet und die Arbeitsgeschwindigkeit daher für die zu erwartende Datenmenge nicht ausreichen würde.

Framework wurde schließlich gegenüber Symphony bevorzugt, weil dieses Produkt nach Ansicht des Autors (F.L.) die größere Bedienerfreundlichkeit und die vielseitigeren Programmiermöglichkeiten bietet - Framework beinhaltet die "Programmiersprache" FRED (Frames Editor), die ähnlich wie die dBASE III-Sprache umfangreiche Datenmanipulationen zuläßt. Darüber hinaus war keine Einarbeitung in die Programmierung von Framework erforderlich. Hinzu kam die direkte Kommunikationsmöglichkeit mit dBASE III-Datenbanken, die im Gegensatz zu Framework-Datenbanken schon beim Einlesen in den Arbeitsspeicher nach bestimmten Kriterien selektiert werden können, was ein speichersparendes Arbeiten ermöglicht.
Zusätzlich zu den genannten gemeinsamen Merkmalen beinhaltet Framework folgende Programmteile:

- DOS - Zugriff mit der Möglichkeit, externe Programme (Basic, dBASE, Lotus 1-2-3, MS-Word, Reflex etc.) aufzurufen, ohne Framework verlassen zu müssen.
- Entwurfsplanung/Outlining
- Telekommunikation

Framework basiert auf einer konsequenten Fenstertechnik und wird mit Pull Down-Menüs gesteuert. Da das Programmpaket speicherresident arbeitet, wird ein großer Teil des vorhandenen 640 KB RAM bereits durch das Programm selbst belegt (mindestens 350 KB). Diese Technik bietet jedoch den Vorteil einer optimalen Verarbeitungsgeschwindigkeit. Sollte der Arbeitsspeicher nicht ausreichen, besteht im Gegensatz zu Symphony die Möglichkeit, Teile der bearbeiteten Dokumente auf die Festplatte auszulagern, allerdings um den Preis einer geringeren Ausführungsgeschwindigkeit.

4. Beschreibung

An dieser Stelle sei noch einmal darauf hingewiesen, daß es sich bei dem vorliegenden System nicht um ein Expertensystem im eigentlichen Sinne handelt, sondern vielmehr um ein Datenbank-Management-System.

Das Auskunftssystem ist vollständig menügesteuert, wobei bei den meisten Menüpunkten die Eingabe des Anfangsbuchstabens zur Auswahl genügt. Dieser Aufbau ermöglicht dem erfahrenen Benutzer, mit Buchstabenkombinationen das Abarbeiten von Menüs zu vermeiden. Außerdem sind an kritischen Entscheidungspunkten erläuternde Hilfetexte abrufbar.

Im Eingangsmenü sind folgende Auskunftsarten vorgesehen (Abb. 1):

Welche Auskunft wünschen Sie:

Therapieempfehlung bei einer bestimmten Erkrankung

Behandlungsempfehlung für einen bestimmten Patienten

Dosisberechnung bei bekanntem Erreger

Informationen über ein bestimmtes Medikament

Aktualisierung von Systemdaten

Auswahl mit ←,↑,↓,→ & ←┘, oder Anfangsbuchstabe

Der Menüpunkt "Therapieempfehlung bei einer bestimmten Erkrankung" erfragt die Angaben: Erkrankter Bereich, Organ, Diagnose und Schweregrad der Erkrankung (Abb. 2):

Es ist folgender Bereich erkrankt:

Augen
Cardio-Vaskuläres-System
Gastrointestinaltrakt
HNO-Bereich
Muskeln & Skelett
Respirationstrakt
Sepsis
Urogenitaltrakt
Venerische & Gynäkologische Infektionen
Weichteile & Haut
ZNS-Bereich
ENDE

Oberer Urogenitaltrakt, Unterer Urogenitaltrakt, Perinephritischer Abszeß

Als Ergebnis werden die häufigsten Erreger dieser Erkrankung sowie die empirisch wirksamen Medikamente samt Nebenwirkungen, Kontraindikationen und Wechselwirkungen aufgelistet, wobei nach Mitteln der ersten und zweiten Wahl unterschieden und nach Preis sortiert wird. Außerdem ist noch Platz für Anmerkungen und Warnhinweise vorgesehen (Abb. 3):

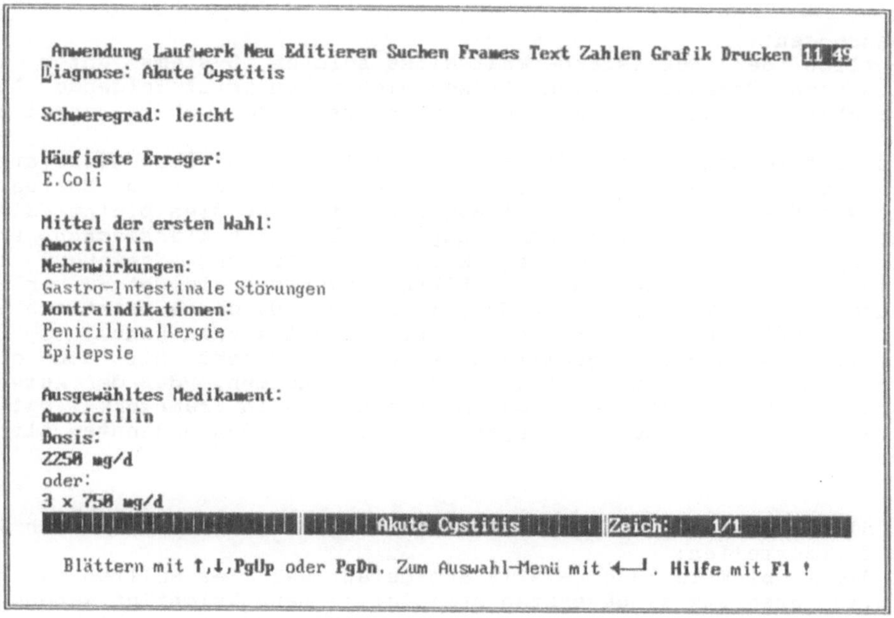

Anwendung Laufwerk Neu Editieren Suchen Frames Text Zahlen Grafik Drucken 11:49
Diagnose: Akute Cystitis

Schweregrad: leicht

Häufigste Erreger:
E.Coli

Mittel der ersten Wahl:
Amoxicillin
Nebenwirkungen:
Gastro-Intestinale Störungen
Kontraindikationen:
Penicillinallergie
Epilepsie

Ausgewähltes Medikament:
Amoxicillin
Dosis:
2250 mg/d
oder:
3 x 750 mg/d

Akute Cystitis Zeich: 1/1

Blättern mit ↑,↓,PgUp oder PgDn. Zum Auswahl-Menü mit ←┘. Hilfe mit F1 !

Nachdem der Benutzer alle Informationen zur Kenntnis genommen hat, wird er in einem letzten Menü aufgefordert, ein Präparat auszuwählen dessen Standarddosierung entsprechend dem Schweregrad der Erkrankung ausgeben wird. Für Patienten mit einer Einschränkung der Nierenfunktion besteht die Möglichkeit der Anpassung der Dosis an den Serumkreatininwert.

Der zweite Menüpunkt "Behandlungsempfehlung für einen bestimmten Patienten" ist vorgesehen, um bei wiederholter Abfrage für einen bestimmten Patienten die spezifischen Daten, wie Gewicht, Serumkreatinin, Grunderkrankungen und bestehende medikamentöse Therapie nicht immer wieder neu eingeben zu müssen. Diese Daten werden in einer temporären Patientendatei abgelegt und sind bei Bedarf über Initialen und ggf. Identifikationsnummer zugänglich. Ein Vorteil dieses Abfragemodus besteht in der Möglichkeit anhand der Patientendaten kontraindizierte Medikamente von vorneherein von der Auswahl auszuschließen, was eine deutliche Steigerung der Verarbeitungsgeschwindigkeit zur Folge hat. Zusätzlich kann man durch diese Vorgehensweise Therapieentscheidungen zu einem späteren Zeitpunkt noch einmal rekapitulieren.

Nach Santini et.al. (2), werden folgende Informationen von praktizierenden Ärzten am häufigsten verlangt:

Nebenwirkungen:	30%
Kontraindikationen:	15%
Arzneimittel-Interaktionen:	bis 10%

Damit decken die ersten beiden Menüpunkte bereits den größten Teil der gewünschten Informationen in der klinischen Praxis ab. Dennoch erscheint die Hinzunahme der Menüpunkte drei und vier sinnvoll, um eine exakte Dosierungsberechnung bei bekanntem Erreger zu ermöglichen (Menüpunkt drei) bzw. um genauere pharmakologische Daten mit Quellennachweis von einem bestimmten Präparat zu erhalten (Menüpunkt vier).

5. Erfahrungen

Hinsichtlich der Realisierbarkeit eines solchen Systems unter den geschilderten Voraussetzungen lassen sich schon jetzt folgende Aussagen machen (die allerdings nach einem Feldeinsatz noch zu erweitern wären):
Zunächst ist festzustellen, daß die Entwicklung eines Auskunftssystems in der vorliegenden Form auf der Basis eines integrierten Softwarepaketes wie Framework prinzipiell möglich ist. Überdies bietet diese Methode gegenüber der Programmierung mittels einer klassischen Programmiersprache die Vorteile einer kurzen Einarbeitung (Framework ist inklusive Befehlssprache auch für EDV-Anfänger sehr leicht zu erlernen) und einer unkomplizierten Systemwartung, da diese praktisch von jedem erfahrenen Framework-Anwender durchgeführt werden kann.
Leider läßt sich der Programmieraufwand nicht direkt mit den o.g. Alternativen vergleichen. Es ist jedoch anzunehmen, daß der Aufwand aufgrund der vorgefertigten Programmkomponenten in Framework (Datenbank, Menüsteuerung etc.) geringer ist, als bei den genannten Alternativen.

Trotz dieser überwiegend positiven Erfahrungen sind auch Einschränkungen festzustellen:
Obwohl die Problemstellung relativ eng gefaßt war - es sollten nur die im Klinikum Steglitz eingesetzten Antibiotika berücksichtigt werden - fallen bereits so viele Daten an (ca. 600 KB), daß ein speicherresident arbeitendes integriertes Softwarepaket wie Framework schnell an die Speichergrenze von 640 KB stößt. Dies ist zumindest der Fall, wenn man selten benötigte Daten, wie die pharmakokinetischen bei jeder Abfrage mit in den Arbeitsspeicher lädt. Gerade für dieses Problem bietet sich die bereits erwähnte Möglichkeit an, dBASE III-Datenbanken zu verwenden, um diese dann schon beim Einlesen zu selektieren und dadurch Arbeitsspeicher zu sparen. Eine weitere Möglichkeit, Speicher zu sparen bietet Framework selbst: Man muß selten benötigte Programmteile nicht grundsätzlich in den Arbeitsspeicher laden, sondern kann diese bei Bedarf nachladen lassen, was aber zu einer Verlangsamung der Verarbeitungsgeschwindigkeit wegen häufiger Plattenzugriffe führt. Mit dieser Methode bleiben für Benutzerdateien etwa 300 KB RAM frei.
Heute stellt die Beschränkung der Speicherkapazität allerdings kein unlösbares Problem mehr dar, da auch für Standard - PCs Speichererweiterungskarten bis zu einigen MB (Intel Above Board und kompatible) zur Verfügung stehen.

Es sind jedoch nicht nur bezüglich des Speicherbedarfes Einschränkungen zu nennen: Auch die Verarbeitungsgeschwindigkeit auf einem Standard - PC erweist sich für einen Routineeinsatz als unzureichend, obwohl zeitraubende Operationen bereits deutlich optimiert wurden.

Vergleichende Zeitmessungen zwischen einem Compaq Portable (8088 mit 4,77 MHz), einem Compaq Portable mit NEC V20 (8088 durch V20 ersetzt), einem Compaq Portable mit Mountain RaceCard-286 (8088 durch 80286-Platine mit 7,2 MHz ohne eigenen RAM ersetzt), einem Compaq Deskpro (8086 mit 8 MHz) und einem Compaq Deskpro 286 (80286 mit 8 MHz) erbrachten folgende Ergebnisse:

Compaq Portable 8088 (4,77 MHz)	Compaq Portable NEC V20	Compaq Portable mit RaceCard-286	Compaq Deskpro 8086 (8 MHz)	Compaq Deskpro 286 80286 (8 MHz)
ca. 120 s	ca. 65 s	ca. 33 s	ca. 55 s	ca. 18 s

Gemessen wurde vom Eingangsmenü bis zur Anzeige von fünf alternativen Medikamenten einschließlich deren Nebenwirkungen. Bei dieser Aufgabenstellung war es erforderlich, einige Module von der Platte in den Arbeitsspeicher zu laden, so daß die relativ große Differenz zwischen RaceCard und Deskpro 286 durch den schnelleren Plattenzugriff des Deskpro bedingt ist.

Zusammenfassend kann man sagen, daß Systeme dieser Größenordnung mit der gewählten Software auf einem Standard - PC realisiert werden können. Stellt man jedoch die im praktischen Betrieb erfahrungsgemäß stets anfallenden Erweiterungswünsche sowie die Ansprüche an eine kurze Antwortzeit in Rechnung, so ist ein PC der oberen Leistungsklasse (IBM - PC/AT bzw. ein kompatibler Rechner mit entsprechendem Speicherausbau und schneller Festplatte) erforderlich.

Literaturverzeichnis:

(1) C. M. Kunin, The Responsibility of the Infectious Disease Communitiy for the Optimal Use of Antimicrobial Agents, The Journal of Infectious Diseases, Vol. 151, No. 3, 1985, S.388-398

(2) Manell/Johannson (Hrsg.), The Impact of Computer Technology on Drug Information, North Holland Publishing Company, 1982, S.58

MeDoc Expertensystem:
Unterstützung der Differentialdiagnose bei Gelenkerkrankungen in einer orthopädischen Praxis

H. Borgmann[*]
B. Körner[+]
M. Rieskamp-von der Warth[+]
G. Schlageter[+]
R. Vieler[+]

[+] FernUniversität
Prakt. Informatik I
Postf. 940
5800 Hagen

[*] itb Unternehmensberatung GmbH
Westfalendamm 104

4600 Dortmund

Zusammenfassung

In diesem Papier wird ein medizinisches Diagnoseexpertensystem vorgestellt, das dem niedergelassenen Arzt im Orthopädiebereich Hilfestellung bei der Differentialdiagnose von Gelenkerkrankungen gibt. Es werden das Vorgehen in der orthopädischen Diagnostik, die funktionale Beschreibung des Expertensystems, der Aufbau der Wissensbasis als regelbasierte Framestruktur, die Systemkomponenten und die Integration in das MeDoc Arztsystem sowie Implementierungsaspekte aufgezeigt.

Diese Arbeit ist eine Gemeinschaftsentwicklung der FeU Hagen (Lehrstuhl Prof. Schlageter) und der Firma itb Dortmund, gefördert durch das BMFT (FIW 0240)

Einleitung

In den letzten Jahren sind eine Vielzahl von medizinischen Expertensystemen in den unterschiedlichsten Anwendungsgebieten vorgestellt worden (für eine kleine Auswahl s. z.B. /ADLA 83/, /BAFE 84/, /BUSH 84/, /PUPP 85/).
Das Haupteinsatzgebiet dieser Systeme ist der Klinikbereich bzw. Universitäre- oder Großlaboreinrichtungen (/WAHL 84/).

Das MeDoc-Expertensystem hat als Einsatzgebiet die Praxis des niedergelassenen Arztes zum Ziel. Das System ist so konzipiert, daß es ohne große Änderung des alltäglichen Praxisablaufs in den Praxisbetrieb als zusätzliches Hilfsinstrument integriert werden kann.
Hieraus ergeben sich völlig neue Anforderungen: Problemlose Eingliederung in den laufenden Praxisbetrieb (insbesondere bei der Datenerfassung), Berücksichtigung von unvollständiger Information während des Konsultationsprozesses, Mehrphasenmodell (Grob-/Verdachtsdiagnosen, Verfeinerungen) und Iteration, Berücksichtigung der zeitlichen Dauer der Diagnosephasen (bis zu mehreren Tagen), Einsatz des Systems über den gesamten Konsultationsprozeß hin (Vorzimmer bis Labor-/Therapiestation), individuelle Bewertungsschemata zur Einbringung des Erfahrungswissens des Arztes.

1. Vorgehen in der orthopädischen Diagnostik

Bevor ein Expertensystem erstellt werden kann, muß das Anwendungsgebiet analysiert und strukturiert werden. In diesem Kapitel wird das Modell einer Praxis eines niedergelassenen Orthopäden vorgestellt, und es werden Krankheitsstrukturen und -verlaufsmuster sowie die funktionalen Anforderungen an das Expertensystem beschrieben.

1.1 Praxismodell, Ablauf der Konsultation

Das Praxismodell orientiert sich an /MATH 84/ sowie an einer Analyse des Praxisbetriebs einer großen orthopädischen Praxis. Eine Übersicht gibt das Bild 1:

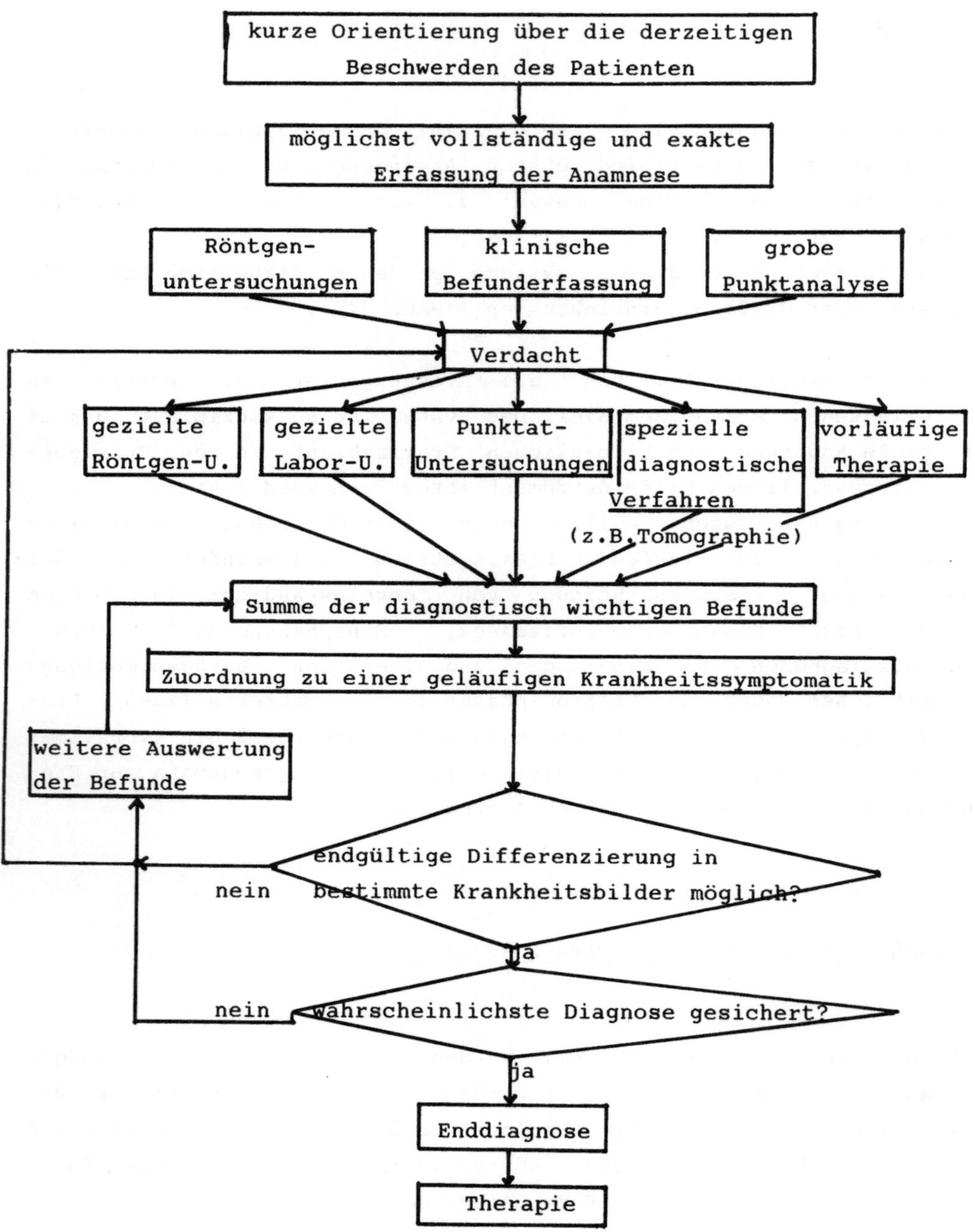

Schon in der Anmeldung werden- neben der Erfassung der Patientendaten (Name, Alter, Beruf, ...)- von der Arzthelferin erste vorbereitende, orientierende Fragen (evtl. auch Fragebögen) über derzeitige Beschwerden des Patienten gestellt. Im Anschluß daran erfaßt der Arzt mit Kenntnis der Antworten auf die orientierenden Fragen während der

eigentlichen Konsultation im Arztzimmer zunächst möglichst vollständig und exakt die Anamnese, so daß er unter Voraussetzung richtiger Bewertung der Angaben schon wichtige Hinweise für die vorliegende Erkrankung erhält.
Im Anschluß an die Anamnese erfolgt die klinische Befunderfassung (Inspectio, Palpatio, Functio). Bei Gelenkerkrankungen werden zusätzlich oft standardmäßig Röntgen- sowie Punktatuntersuchungen veranlaßt. Insbesondere die Betrachtung von gewonnenen Punktatflüssigkeiten (Farbe, Trübung, Flockung,...) gibt erste wichtige Aufschlüsse über den Krankheitstyp.
Zusammen mit den anamnestischen Angaben ergibt sich eine Aufstellung von Krankheitssymptomen, die schon auf eine bestimmte Erkrankung hinweisen oder zumindest eine bestimmte Krankheitsgruppe (z.B. entzündliches oder degeneratives Krankheitsbild) annehmen lassen (=Verdacht).

Dementsprechend wird versucht, durch eine gezielte Labordiagnostik weitere diagnostisch wichtige Hinweise zu erhalten und dadurch weitere Symptome zur letztlichen Diagnosesicherung zu gewinnen. Die Labordiagnostik sollte nicht planlos, sondern sollte, wie die weiteren Röntgenuntersuchungen, gezielt, d.h. auf die bisherigen klinischen Befunde ausgerichtet und kosten/nutzenoptimierend erfolgen. Außerdem kann der Arzt eine spezielle Laboranalyse des Punktats durchführen lassen, bzw. spezielle, teils neuere diagnostische Verfahren (z.B.: Thermographie, Szinitigraphie, Computertomographie) -sofern dem Arzt zugänglich- anwenden. Letztere sind jedoch nur selten diagnostisch von entscheidender Bedeutung.

Da dem Arzt i.a. in seiner Praxis Untersuchungsmöglichkeiten in nur begrenztem Umfang zur Verfügung stehen, werden Krankenhäuser bzw. spezielle Institute mit der Durchführung der aufwendigeren Untersuchungen (z.B.: histologische U.) und Analysen (z.B.: Analyse des Punktats) beauftragt. Zeitlich parallel zu diesen Untersuchungen wird der Arzt in einigen Fällen schon eine vorläufige Therapie einleiten.

Nach Eingang der Untersuchungswerte (bis zu 1 Woche) werden diese interpretiert, und der Arzt versucht nun, die insgesamt vorliegenden Ergebnisse (einschl. der evtl. vorhandenen Rückkopplung der Ergebnisse der vorläufigen Therapie), d.h. die Summe aller diagnostisch wichtigen Befunde einer geläufigen Krankheitssymptomatik zuzuordnen. Dabei ist eine endgültige Differenzierung in bestimmte Krankheitsbilder oft auch noch nicht möglich, so daß eine weitere Auswertung der vorliegenden Befunde bzw. zusätzliche Untersuchungen zur Bestimmung einer wahrscheinlichsten Diagnose notwendig sind.

Der Arzt versucht dann, die wahrscheinlichste Diagnose mit Hilfe von weiteren, speziellen Untersuchungen bzw. durch Ausschluß eventueller differentialdiagnostisch zu beachtender Erkrankungen zu sichern. Gelingt dieses, so liegt die Enddiagnose vor und der Arzt kann nun eine gezielte Therapie einleiten.

1.2 Krankheitsstrukturen und Verlaufsmuster

Dieses Kapitel kann selbstverständlich nicht erschöpfend die Krankheitsstruktur von Gelenkerkrankungen aufzeigen. Hier soll nur die Strukturierungsidee aufgezeigt und exemplarisch, allerdings längst nicht vollständig, die Krankheitsstruktur des rheumatischen Fiebers aufgezeigt werden.

Gelenkerkrankungen lassen sich gut mit einer Krankheitshierarchie strukturieren (/KEIT 79/):

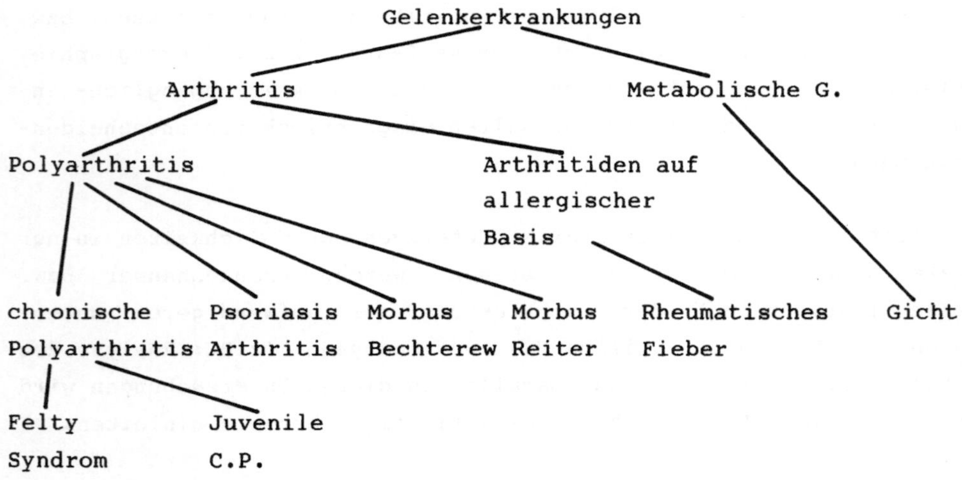

Eine wichtige Eigenschaft dieser Struktur ist, daß die Spezialisierungen die Eigenschaften und Merkmale der übergeordneten Krankheitsgruppierungen mit besitzen. Dies erlaubt ein sehr effizientes zielgerichtetes Vorgehen bei der Diagnosefindung, z.B. kann oft schon durch die Betrachtung der Punktatflüssigkeit entschieden werden, ob eine endzündliche (Arthritis) oder nicht entzündliche Gelenkerkrankung vorliegt. Der Suchraum wird damit sehr schnell eingeengt.

Die Tabelle im Anhang zeigt exemplarisch einige zu berücksichtigende Daten aus Anamnese, klinischer Befunderfassung, Untersuchungen für das rheumatische Fieber auf.

Eine erheblich detailliertere Beschreibung auch der anderen Krankheiten findet sich in /KÖVI 86/.

2. MeDoc Expertensystem

2.1 Ablaufstruktur und Funktionen

Das System läuft während der praktischen Diagnostik des Arztes als "Zuhörer" mit: Dies beginnt in der Anmeldung, wo die Arzthelferin Patientendaten erfaßt, erste vorbereitende orientierende Fragen (ggfs. mit Systemunterstützung) über Beschwerden stellt und die Antworten erfaßt (Konsultationsvorbereitung). Während der eigentlichen Konsultation werden ebenfalls von einer Arzthelferin Anamnesebefunde sowie klinische Befunde, die der Arzt z.T. in Kürzeltechnik bzw. in Fachterminologie diktiert, erfaßt. Erste grobe Einschätzungen z.B. von Punktatbetrachtungen (Aussehen, Farbe, Trübungsgrad,etc.) oder von Röntgenaufnahmen, welche der Arzt bei bestimmten Krankheitsformen standardmäßig veranlaßt, werden auf demselben Weg erfaßt (Eingabephase). Aufgrund dieser Eingaben ist das System in der Lage, vorab klinische Verdachtsdiagnosen zu generieren (Generierungsphase). Mit den erzeugten Verdachtsdiagnosen, die der Arzt erfragen, begründen und ergänzen lassen kann, -er kann auch seine eigene Verdachtsdiagnose auf Plausibilität überprüfen- schlägt das System gezielte, auf bisherige Befunde ausgerichtete und kostenoptimierte Labor- (Blut, Punktat etc.), Röntgen- oder neuere diagnostische Untersuchungsverfahren, sofern dem Arzt zugänglich, vor. Nach Eingang der Untersuchungswerte (Labor, serologisch, Punktat, etc.) nach ca. 3-7 Tagen werden diese interpretiert und einer geläufigen Krankheitssymptomatik zugeordnet. Das System versucht mit den vorliegenden Ergebnissen, die Verdachtsdiagnosen zu erhärten oder auszuschließen (Bestätigungsphase). In dem

Fall, daß keine Ausschließung oder Erhärtung (z.B. wenn der Umfang der Laboruntersuchung unzureichend war) möglich ist oder daß die Untersuchungswerte anormale Werte liefern, werden neue Verdachtsdiagnosen bzw. Untersuchungen und Auswertungen sowie Verfeinerungen vorgeschlagen und begründet. Der Arzt kann jederzeit seine eigene Diagnose mit den vom System generierten Werten vom System überprüfen lassen, Anfragen nach weiteren sinnvollen Untersuchungen stellen, Erklärungen erhalten etc.. Weiterhin beinhaltet das System eine Therapieplanung und eine Rückkopplung der Therapieergebnisse auf den Diagnoseprozeß: Nach Stellen der Verdachtsdiagnose wird ggfs. eine vorläufige Therapie vorgeschlagen (Therapiephase). Bei Eingang zusätzlicher Untersuchungsergebnisse, z.B. der Laboruntersuchungen, werden auch erste Therapieergebnisse bei der anschließenden Verfeinerung berücksichtigt.

Das folgende Bild gibt eine Übersicht über die beschriebene Ablaufstruktur:

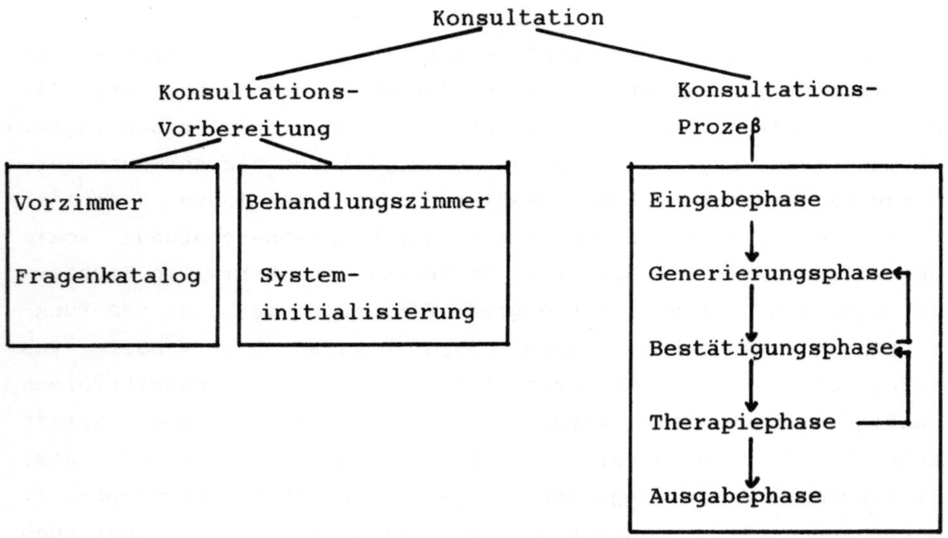

2.2 Wissensrepräsentation

2.2.1 Zur Wahl einer regelbasierten Framestruktur

Betrachtet man die beispielhafte Krankheitsstruktur aus Kap. 1.2, so bietet sich offensichtlich die Framestruktur an, da sie die "natürlichste" Form der Darstellung dieses Wissenstyps ist(s./SAUE 86/).

Durch die Verwendung von Frames ist eine Strukturierungsmöglichkeit des Wissens (Fakten und Regeln) gegeben, wobei sämtliches Wissen, das zu einem Objekt (=Krankheit) oder einer Situation gehört, zusammen mit dem Objekt abgespeichert wird. Außerdem werden durch diese objektorientierte Wissensdarstellung folgende vier "Techniken" zur Verfügung gestellt:

1) Vererbung: Sie ermöglicht, Eigenschaften und Werte von Eigenschaften, die in der Abstraktionshierarchie der Frames definiert werden, von oben (größte Abstraktion) nach unten zu übernehmen.
2) Die automatische Einhaltung von semantischen Integritätsbedingungen ist durch die innere Struktur der Frames gegeben (etwa durch sog. "possible_values").
3) Prozedurale Ankopplung: Es besteht die Möglichkeit, jedem Eintrag (=Slot) eines Frames eine Prozedur als Wert zuzuordnen. Ein bestimmter Typ von Prozedur ist in dem System die Produktionsregel. Damit erhält man die Möglichkeit, objektorientiert Regeln zu aktivieren.
   Durch explizite Gruppierung der Regeln wird
   * Kontroll- und "objekt-level" - Wissen explizit getrennt,
   * die Suche in einer großen Regelmenge durch Modularisierung viel effizienter,
   * die Änderung/das Hinzufügen von Regeln einfacher und überschaubarer (Seiteneffekte leichter erkennbar).
4) Kontext-spezifische Kontrolle: In einigen Slots eines Frames kann das für dieses Objekt spezifische Metawissen in Regelform enthalten sein.

2.2.2. Aufbau der Wissensstruktur

i) Frame- und Regeltypen

Die "frame-ähnlichen" Strukturen im MeDoc Expertensystem sind:

Krankheits-Frames
Komponenten-Frames
Merkmal-Frames

Die Krankheits-Frames sind entsprechend der Krankheitshierarchie (s. Bild oben) hierarchisch angeordnet.

Aufbau eines Krankheits-Frames:

Name: Identifikation des Frames durch das System

Beschreibung: natürlich-sprachl. Beschreibung der Krankheit

Literatur: Literatur, mit deren Hilfe dieses Frame mit Wissen gefüllt wurde

Vererber: Name des Vater(=übergeordneten)-Frames

Erben: Namen der Sohn(=untergeordneten)-Frames

Bewertung: Zahlenwert, der dem in der Bestätigungsphase ermittelten Wert, der den Grad der Bestätigung dieses Frames widerspiegelt, entspricht

Entscheidungsregeln:

Das Abarbeiten dieser Regeln regelt in der Generierungsphase den Übergang von einer Ebene zu der ihr untergeordneten Ebene

Entscheidungsuntersuchungsregeln:

Werden nur dann berücksichtigt, wenn beim erstmaligen Anwenden der Entscheidungsregeln keine zu bestätigende Hypothesen (d.h.Frames nächst unterer Stufe) ermittelt werden konnten. Diese Regeln werden dann abgearbeitet, um solche Untersuchungen und evtl. vorläufige Therapien vorzuschlagen, deren ausgewertete Ergebnisse Hinweise auf zu untersuchende Frames der nächsten Stufe geben.

Zum_Regel-Matchen-Fehlende-Daten:

Daten, die bei der Generierung noch hilfreich gewesen wären (zwecks Regelfeuerung), sind hier abgespeichert.

Bestätigungsregeln:

Durch Abarbeiten dieser Regeln wird das Frame zusätzlich bewertet, d.h. es wird ermittelt, ob die zu überprüfende Hypothese bestätigt oder nicht bestätigt ist.

Bestätigungsuntersuchungsregeln:

In Abhängigkeit der vorhandenen Daten werden hier diejenigen Untersuchungen und evtl. vorläufigen Therapiemöglichkeiten bestimmt, die zur Bestätigung hilfreich sind.

Diskrepanzregeln: Die vorher ermittelten und für diese Krankheit untypischen Werte werden hier erklärt.

Therapieregeln: Wenn die Enddiagnose feststeht, werden in Abhängigkeit der vorliegenden Daten Therapievorschläge zusammengestellt.

Komponenten: (Komponenten-Frames)
Der Wert des Komponentenslots entspricht einer Menge von "Sub-Frames" (=Komponenten-Frames). Hier ist das Wissen aus dem Anwendungsgebiet (object-level domain knowledge) spezifiziert.

Aufbau eines Komponenten-Frames:

KName: Identifikation der Komponente

Merkmale: Merkmal-Frames

Aufbau eines Merkmal-Frames:

MName: Identifikation des Merkmals

MBeschreibung: natürlich-sprachl. Beschreibung des Merkmals

Typischer_Wert: der für diese Krankheit typische Merkmalswert

Zeitpunkt_des_Auftretens:
Wann tritt dieses Merkmal im Verlauf der Krankheit normalerweise auf?

Symptomdauer: Über welchen Zeitraum ist das Merkmal beim Patienten normalerweise beobachtbar?

Häufigkeit_des_Auftretens:
Wie häufig tritt das Merkmal in der Regel bei dieser Krankheit auf?

Beweiskraft: Wie streng beweist das Merkmal diese Krankheit?

Aktueller_Wert: der tatsächlich beim Patienten ermittelte Merkmalswert

Sicherheitsgrad: beschreibt die Unsicherheit des erhobenen Wertes: (nicht vorhanden, fraglich vorhanden, vorhanden, unbekannt)

ii) Tabellen

Damit der Arzt das System seinen eigenen individuellen Gegebenheiten über Parametrisierung anpassen kann, sind folgende Tabellen vorgesehen: Synonyme-Tabelle,

Kürzel-Tabelle,

Bewertungs-Tabelle für Diagnosen,

Tabelle zur Festlegung von Wahrscheinlichkeitsintervallen.

2.2.3 Darstellung des unsicheren Wissens

Unsicherheiten (Schätzwerte) gehen auf drei Arten in ein Diagnosesystem ein:

1) Merkmalserhebung:

Feststellung des Vorhandenseins und der Ausprägungvon Merkmalen (subjektiver Eindruck vom Beobachter)

2) Merkmalsbewertung:

Festlegung der Bedeutung von Symptomen im Hinblick auf Diagnosen (ungenügendes Wissen, Vieldeutigkeit von Merkmalen)

3) Verrechnungsschema:

Verrechnung der Schätzwerte aus 1) und 2) zu einem Gesamtergebnis vergrößert die Unsicherheiten.

Auch statistische Verrechnungsverfahren verstärken die Unsicherheiten, da die Voraussetzungen zu deren Anwendung nicht eingehalten werden können. So sind z.B. für die Auflösung des Bayes'schen Theorems /DUHN 75/ Kenntnisse über die Häufigkeit der gesuchten Krankheiten zu den übrigen Krankheiten in einer definierten Bevölkerungsgruppe und über das Häufigkeitsverhältnis des Symptoms bei dieser Krankheit gegenüber dem Vorkommen bei allen anderen Erkrankungen und bei Gesunden erforderlich. Voraussetzungen zur Anwendung des Bayes'schen Thorems – in der Medizin nur selten gegeben – sind die wechselseitige Unabhängigkeit der Symptome und der wechselseitige Ausschluß der geprüften Krankheiten.

Aus diesen und aus Gründen der Übersichtlichkeit und Einfachheit (kein mathematisches Modell erforderlich) liegt unserem System ein "subjektives" Bewertungsschema zugrunde.

Zur Abstufung von Unsicherheiten bei der Merkmalserhebung gibt es folgende Kategorien:

-Merkmal vorhanden
-Merkmal fraglich vorhanden
-Merkmal nicht vorhanden
-Merkmal unbekannt.

Die Bewertung der Einzelmerkmale bzw. die Bewertung der Regeln erfolgt mit positiven oder negativen Punktzahlen, die der Experte abschätzt (judgemental knowledge). Die Punktzahlen der Einzelmerkmale (Bestätigung/Nicht_Bestätigung) und die Punktzahlen aus verschiedenen Regeln werden für jede Diagnose auf ein zugehöriges Bewertungskonto (Bewertungsslot) addiert. Deren Summe wird durch eine vom Experten festgelegte Intervalleinteilung (dadurch Möglichkeit der Evidenzverstärkung von Merkmalen) in eine von mehreren Wahrscheinlichkeitsklassen (ausgeschlossen, ..., gesichert) abgebildet.

2.3 Systemkomponenten

Das System besteht wie die meisten anderen Expertensystem (s./RAUL 82/) aus den folgenden Komponenten:

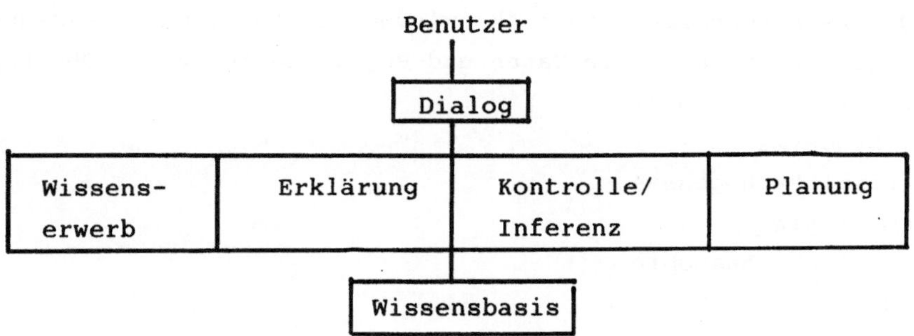

2.3.1 Dialogkomponente

Die Schnittstelle zum Benutzer wird durch Menuetechnik und Fenstertechnik dargestellt. (Zukünftige Ausbaustufe: "Natürlich-Sprachlichkeit", d.h. Verwendung einfacher Schlüsselwort- und Pattern-Matching-Verfahren sowie die Aufbereitung vorbereiteter Textpassagen)

2.3.2 Kontrollkomponente

Die Kontrollkomponente besteht aus der Inferenz-Komponente, dies ist im wesentlichen der Prologinterpreter bzw. -compiler, und aus einer Sammlung von Metaregeln, wobei die Metaregeln die Phasigkeit des Konsultationsprozesses nachmodellieren, sowie für die Instanzierung der Konsultationsframes und für die Kontrollübergabe verantwortlich sind.

2.3.3 Erklärungskomponente

Die Erklärungskomponente besteht in der Prototypversion unseres Systems aus einem Debugger mit natürlich-sprachlichen Komponenten.

2.3.4 Planungskomponente

Einsatzbereiche der Planungskomponente sind die Planung von noch durchzuführenden Untersuchungen unter Kosten/Nutzen-Gesichtspunkten und die Erstellung von Therapieplänen, wobei Randbedingungen wie z.B. die Minimierung der Therapiekosten oder des Risikos beim Patienten berücksichtigt werden.

2.3.5 Wissenserwerbskomponente

Die rudimentäre Wissenserwerbskomponente unseres Systems ermöglicht es dem Experten zunächst nur, Eintragungen in die Wissensbasis mit Hilfe eines "knowledge engineers" vorzunehmen. Doch da sich eine Wissensbasis erfahrungsgemäß in einem ständigen Wachstumsprozeß befindet, ist eine verbesserte, integrierte Wissenserwerbskomponente für die nächste Ausbaustufe des Systems unabdingbar. Ein Konzept hierzu ist in Vorbereitung. Es beschreibt einen "knowledge editor", mit dem Menue und Tabellen gesteuert, u.a. die Daten und Regeln zu folgenden Oberbegriffen erhoben werden können:

- Name, Synonyma
- Ätiologie, Pathogenese
- Epidemiologie
- Pathologische Anatomie
- Klinik
- Schmerzanalyse
- Diagnostik, Differential Diagnostik
- Laborchemische Untersuchungen
- Therapie
- Prognose
- Literatur
- Wertigkeit

2.5 Implementierung, Prototyp

Der erste Prototyp (entzündliche) Gelenkerkrankung wurde auf einer SUN-Workstation (32bit UNIX-Rechner) in Prolog implementiert.

Leistungsanalysen ergaben, daß auch eine Portierung auf einen low cost personal computer, der vom Preis her für einen Einsatz in einer Arztpraxis realistischer erscheint, möglich ist. So wurde eine Portierung auf einen IBM PC AT 02 mit Arity Prolog (s./ARIT 84/) vorgenommen, wobei festgestellt werden konnte, daß das Antwortzeitverhalten nur geringfügig schlechter als auf der SUN ist. Diese Beobachtung deckt sich mit der Aussage (s./ESTE 86/), der Arity Prolog Compiler erreiche auf einem PC ähnlich schnelle Verarbeitungsgeschwindigkeit wie das Quintus Prolog unter einem Mehrbenutzer-, Multitasking-Betriebssystem auf einem 32-bit Rechner. Somit ergibt sich die Möglichkeit, Expertensysteme in dieser komplexen Form auch im Arztbereich zu vertretbaren Preisen in Einsatz zu bringen.

3. MeDoc Arztsystem

Das MeDoc Arztsystem stellt dem Arzt Funktionen zur Verfügung, mit denen die administrativen Bürotätigkeiten, die in der Arztpraxis anfallen, erledigt werden können.
Das System ist auf einem IBM PC AT implementiert und wird von der MeDoc GmbH kommerziell vertrieben.

3.1 Komponenten

Das System ist modular aufgebaut und gliedert sich in einzelne Funktionsblöcke. Das folgende Bild beschreibt die Komponenten:

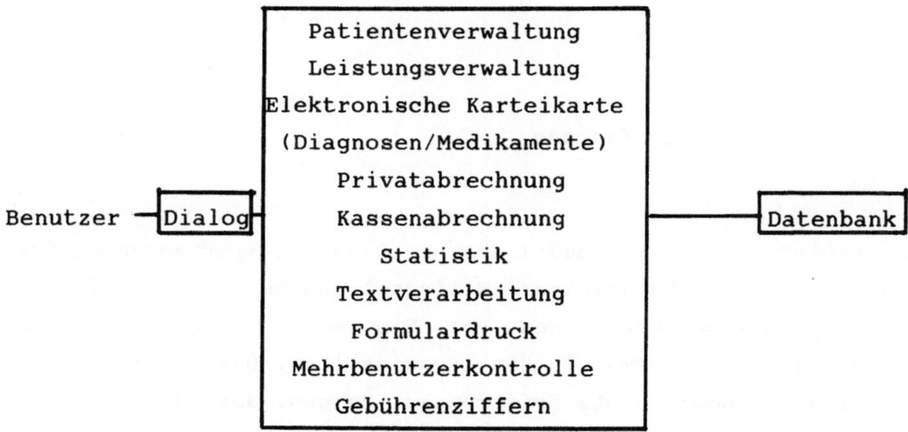

Der Benutzer arbeitet mit einer Fenster bzw. Menu orientierten Benutzerschnittstelle mit dem System. Über das Eingangsmenu können die Funktionen zur Datenverwaltung (Patientendaten, Leistungszifferndaten, elektronische Karteikarte), zur Abrechnung (Privatabrechnung, Kassenabrechnung, Statistik), zur Textverarbeitung (Briefe, Formulardruck) und zur Utilityverwaltung (Mehrbenutzerkontrolle, Password, Dateisicherung u.v.a.) abgerufen werden. Unterfunktionen wie z.B. Patientenauswahl oder Hilfefunktionen können über einen sehr komfortablen Window-Mechanismus angewählt werden. Sämtliche Daten des Systems werden mit einer rationalen Datenbank, die eine hohe Verarbeitungsgeschwindigkeit gewährleistet, verwaltet.

3.2 Integration

Durch das MeDoc Arztsystem wird bereits eine Vielzahl von Daten verwaltet, die als direkte Eingabe in das Expertensystem dienen können. So können etwa Patientendaten z.B. Alter, Geschlecht, oder Anamnesedaten (etwa aus der elektronischen Karteikarte) z.B. Vordiagnosen, Therapien, Medikamentenbehandlungen oder Diagnosedaten z.B. Kürzel, Synonyme, Beschreibung, Literatur oder Statistikdaten z.B. Krankheithäufigkeit direkt übernommen werden. Umgekehrt können die bei der Konsultation mit dem Expertensystem erhobenen Daten direkt in das Arztsystem übernommen werden. Viele Funktionen z.B. Dialogkomponente, Patientenauswahl u.s.w. können von beiden Systemen genutzt werden.
Ein wesentlicher Integrationsaspekt wird dabei die Ankopplung des Expertensystems an die Datenbank des Arztsystems sein. Kopplungen dieser Art sind heute Gegenstand von intensiven internationalen Forschungsaktivitäten (z.B. /SCHL 86/) der KI- bzw. Datenbankwelt.

4. Ausblick und Zusammenfassung

Dieses Papier stellt ein medizinisches Diagnoseexpertensystem für den niedergelassenen Orthopäden zur Hilfestellung bei der Differentialdiagnose von Gelenkerkrankungen vor. Ein wesentlicher Aspekt ist die Eingliederung des Systems in den Praxisalltag. Das System befindet sich im Testversuch: erste Erfahrungen zeigen, daß der Orthopäde in

ca. 20% der Fälle das Expertensystem als Hilfsinstrument benutzt. Über genaue Erfolgsquoten kann zum jetzigen Zeitpunkt aufgrund des Prototypcharakters noch nicht berichtet werden.
Die nächsten Ausbaustufen des Systems werden die Integration in das MeDoc Arztsystem und die Weiterentwicklung des Expertensystems zu einer Diagnoseshell zur Eingliederung weiterer Anwendungsgebiete sein.

5. Literatur

/ADLA 83/ Adlassnig, K.P.: Ein computerunterstütztes medizinisches Diagnosesystem unter Verwendung von fuzzy Teilmengen, Dissertation, TU Wien, 05.83

/ARIT 84/ Arity Corporation: Arity-Prolog: The Programming Language, Concord 1984

/BAFE 84/ Barr, A., Feigenbaum, E.A.: MYCIN, CASNET, INTERNIST, PIP, IRIS: Applications-Oriented AI Research: Medicine, The Handbook of AI, Vol. 2, Chapt. VIII

/BUSH 84/ Buchanan, B.G., Shortliffe, E.H.: Rule-Based Expert Systems (MYCIN), Addison-Wesley, 1984

/DUHN 75/ Duda, R., Hart, P., Nilsson, N.: Subjective Bayesian methods for rule-based inference systems, Stanford Research Institute, Menlo Park 1975

/ESTE 86/ Estenfeld, K.: Report on IJCAI85, ECCAI Newsletter, V.2, N.4

/KEIT 79/ Keitel, W.: Differentialdiagnostik der Gelenkerkran-kungen, 2. bearb. Aufl., VEB Gustav Fischer Verlag, 1979

/KÖVI 86/ Körner, B., Vieler, R.: MeDoc Expertensystem, Fernuni Hagen, Diplomarbeit, 1986

/MATH 84/ Mathies, H.: Leitfaden für Diagnose und Therapie rheumatischer Erkrankungen, Eular-Verlag, Basel 1984

/MIEH 80/ Miehle, W.: Sprechstunde: Gelenkrheuma, Gräfe und Unze GmbH, München 1980

/PUPP 85/ Puppe, F.: Erfahrungen aus drei Anwendungsprojekten mit MED1, GI-Kongreß Wissensbasierte Systeme, Informatik-Fachberichte 112, 10.85

/RAUL 82/ Raulefs, P.: Expertensysteme, Frühjahrsschule Teisendorf, 03.82, Informatik Berichte Nr. 59

/SAUE 86/ Sauer, W.: Methoden der Wissensrepräsentation in Expertensystemen, Fernuni Hagen, Diplomarbeit, 1986

/SCHL 86/ Schlageter, G.: Informationsverwaltung der fünften Generation: Integration von Expertensystemen, Projekt, Land NRW, 1986

/WAHL 84/ Wahlster, W.: KI-Verfahren zur Unterstützung der ärztlichen Urteilsbildung, Hamburg 1984

6. Anhang

Rheumatisches Fieber (Ausschnitt, unvollständig)

Komponentenname	Merkmal	Typischer Wert	Zeitpunkt d. Auftretens	Symptomdauer	Häufigkeit d. Auftret.	Beweiskraft	Besonderheiten
Befallsmuster	Anzahl Art	polyartikulär grosse Gelenke kleine Gelenke			 überwiegend selten	charakt.	oft von Gelenk zu Gelenk springend
Verlauf	Rh. Fieber			einige Wo. selten persistierend			
Schmerztyp	Art	Ruheschmerz, Bewegungsschm.					oder nur flüchtige Arthralgien
Schwellung	Art	weich					
Erguß	Erguß	leicht					
Allg. Symtome	Fieber	>38° C			80 %		
Gelenkrötung	G.Röt.	deutlich					
Begleitsymptomatik außerhalb des Bewegungsapparats	Herz	Karditis			50 % Kind. 10 - 25 % b. Erwachs.	charakt.	Präkordialschm. u./o. Schlaftachykardie u./o. PQ-Verlängerung
	Mund	Angina			60 %		A.tonsillaris
	Haut	Erythema anulare			3 %		
	Nerven	Chorea minor				charakt.	vorw. b. Kindern
Punktatlabor	Farbe	gelblich					
	Trübung	leicht					
	Viskosität	vermindert					
	Leuko	>5000					ca.50% Granulozy.
	Mucinpräzipität	fester Mucinklumpen					
Blutlabor	BKS	>30mm/1.Std. >50mm/1.Std.			70 %		
Labor	AST	>800 E			>80 %		
	CRP	mäßig erhöht bis 10 mg/dl			praktisch immer		Nachweismethode CRP-quantitativ
	Rachenabstrich	Streptokokkennachweis					

ZUR PROBLEMATIK DER INTEGRATION VON EXPERTENSYSTEMEN IN KRANKENHAUSINFORMATIONSSYSTEME

Reinhold Haux

Abteilung Medizinische Statistik und Dokumentation
der Rheinisch-Westfälischen Technischen Hochschule
Pauwelsstr., D-5100 Aachen

ZUSAMMENFASSUNG: Obwohl in vielen medizinischen Bereichen ein Bedarf an diagnose- und therapieunterstützenden Systemen besteht, scheint die Integration solcher Systeme in den klinischen Routinebetrieb bei einer Vielzahl von Anwendungen noch immer problematisch zu sein. In dieser Arbeit werden Überlegungen vorgestellt, wie eine solche Integration verbessert werden kann. Es wird vorgeschlagen, die Funktionsweise und - darauf aufbauend - die Architektur von Expertensystemen zur Diagnose- und Therapieunterstützung zu erweitern. Neben der Entscheidungsunterstützung, die solche Systeme dem Arzt geben sollen, sollen diese Expertensysteme auch eine qualitativ hochwertige Dokumentation der Patientendaten gewährleisten. Hierfür spielen unter anderem auch Aspekte der statistischen Versuchsplanung und Auswertung eine Rolle. Möglichkeiten der Integration solcher Systeme in Krankenhausinformationssysteme werden am Beispiel des Klinikums der RWTH Aachen beschrieben. Abschließend wird die Vorgehensweise diskutiert und mit verwandten Ansätzen verglichen.

1 EINLEITUNG

Das Interesse an Anwendungen von Expertensystemen in der Medizin hat in den letzten Jahren immer mehr zugenommen (vgl. z.B. Buchanan und Shortliffe, 1984; Clancey und Shortliffe, 1984). Die bisherigen Ansätze wurden jedoch häufig unter ´Laborbedingungen´ - losgelöst von der klinischen Routine - entwickelt. Dies hatte zur Folge, daß eine spätere Einbettung solcher Expertensysteme zur Diagnose- und Therapieunterstützung in den rechnergestützten Teil eines Krankenhausinformationssystems oft schwierig oder nicht möglich war.

Vorschläge, die Integration zu verbessern, befinden sich unter anderem in Bischoff, Shortliffe, Scott et al. (1983) für das System ONCOCIN. Der Schwerpunkt dieser Vorchläge liegt dort bei einer benutzerfreundlichen Erfassung und Präsentation von Patientendaten durch die Interviewer-Komponente von ONCOCIN und bei der intensiven Schulung von Onkologen, die dieses System benutzen möchten.

In dieser Arbeit wollen wir weitere Möglichkeiten für eine bessere Integration untersuchen. Die Vorschläge zielen darauf ab, durch solche Systeme auch Aufgaben bei der Dokumentation von Patientendaten übernehmen zu können. Zunächst wollen wir kurz festhalten, für welche Zwecke in einer Klinik Patientendaten benötigt werden. Die Daten dienen, unter anderem:

Z1. dem Arzt als Grundlage für die Diagnosestellung und für die Therapieplanung;

Z2. als empirische Grundlage, um neue Erkenntnisse über Krankheiten erhalten zu können;

Z3. zu administrativen Zwecken, z.B. für Kosten- und Leistungsnachweise.

(vgl. auch Koller und Wagner, 1975; insb. Immich und Wagner, 1975 und Reichertz, 1975).

Eine (klinische) Dokumentation von Patientendaten sollte möglichst alle drei Punkte berücksichtigen. Die Daten einer klinische Dokumentation werden dabei oft für mehrere Zwecke gleichzeitig verwendet. So kann beispielsweise eine Diagnose die weitere Therapie für einen Patienten bestimmen, für Morbiditätsstatistiken verwendet und außerdem noch als Leistungsnachweis benötigt werden. Für die klinische Routine ist es wichtig, daß solche Daten nur einmal erfaßt werden und dann innerhalb des rechnergestützten Teils des Informationssystems zur Verfügung stehen. Eine Mehrfacherfassung vermindert erfahrungsgemäß die Akzeptanz solcher Systeme erheblich. Wir werden im folgenden insbesondere die Beziehungen zwischen (Z1) und (Z2) näher betrachten. Folgendes sei noch angemerkt:

A1. Für die Diagnose- und Therapiefindung hat eine klinische Dokumentation die für den einzelnen Patienten spezifischen und zur Diagnose- und Therapiefindung wichtigen Patientendaten zu enthalten.

A2. Um empirisch begründete Erkenntnisse über Krankheiten erhalten zu können, muß eine klinische Dokumentation patientenübergreifend ausgerichtet sein. Da man solche Erkenntnisse in der Medizin üblicherweise mittels statistischer Verfahren gewinnt, muß man hier die methodischen Voraussetzungen, die diesen Verfahren zugrunde liegen, berücksichtigen. Zu den methodischen Voraussetzungen für Verfahren der schließenden Statistik gehören (u.a.):

V1. Es muß eine Grundgesamtheit (darunter versteht man die Zusammenfassung aller Beobachtungen (z.B. Patienten), über die Aussagen gemacht werden sollen) definiert sein; ebenso die Art und Weise, wie die Stichprobe, aufgrund der Aussagen gemacht werden sollen, zustande kommt.

V2. Daten verschiedener Patienten müssen untereinander vergleichbar sein (Kriterien: Beobachtungsgleichheit, Strukturgleichheit, Repräsentationsgleichheit vgl. z.B. Koller, 1975, Selbmann, 1978).

V3. Daten müssen möglichst vollständig sein; sonst können wir unter Umständen, aufgrund von Selektionseffekten, stark verzerrte und verfälschte Ergebnisse erhalten.

V4. Die Datenerhebung hat sich nach einer bestimmten Fragestellung (bzw. nach bestimmten Fragestellungen) auszurichten (vgl. z.B. Proppe, 1975).

2 FUNKTIONSWEISE UND ARCHITEKTUR VON EXPERTENSYSTEMEN ZUR DIAGNOSE UND THERAPIEUNTERSTÜZUNG

Expertensysteme dienen in der Medizin vor allem der Unterstützung des Arztes bei der Diagnostik und bei der Therapie (Clancey und Shortliffe, 1984; Szolovitz, 1982, de Lotti und Stefanelli, 1985; vgl. aber auch z.B. Ledley und Lusted, 1959; Jesdinsky, 1972; Reichertz, 1978; Victor, 1981 sowie die Literaturübersicht in Wagner, Tautu und Wolber, 1978). In Anlehnung an die Ausführungen von Richter (1986) wollen wir bei Expertensystemen zwischen der

- Funktionsweise (der Benutzersicht von ˊaußenˊ) und der
- Architektur (der Sicht auf die interne Struktur)

von Expertensystemen unterscheiden.

2.1 Funktionsweise

Bei diagnose- und therapieunterstützenden Systemen ist die Funktionsweise, aus der Sicht eines Benutzers, vor allem dadurch charakterisiert, daß wir

F1. als Eingabe im wesentlichen Angaben zu den Beschwerden, Symptomen, Laborbefunden und zu Ergebnissen von sonstigen Untersuchungen eines Patienten haben;

F2. als Ausgabe einen Diagnose- und/oder Therapievorschlag (bzw. Vorschläge), gegebenenfalls eine Begründung dieses Vorschlages (dieser Vorschläge) erhalten.

Die Inferenzmechanismen in solchen Expertensystemen richten sich danach aus, möglichst ˊguteˊ Diagnose- und Therapievorschläge geben zu können. Hierzu hat das System die jeweils für den Patienten spezifischen Befunde, Symptome, usw. zu ermitteln.

Wir wollen diesen Sachverhalt am Beispiel des von Wetter (1984) und Heinen, Reusch, Richter und Wetter (1986) eingeführten Informationsgraphen darstellen. Dieser Informationsgraph, im folgenden als HRRW-Graph bezeichnet, wurde für die Wissensrepräsentation und als Basis für Inferenzmechanismen bei einem Expertensystem zur Diagnoseunterstützung bei bestimmten Ohrenkrankheiten entwickelt. Der Ansatz ist hier etwas vereinfacht dargestellt. Eine detaillierte Beschreibung enthalten die beiden oben zitierten Arbeiten.

Der Einfachheit halber wollen wir im folgenden Beschwerden, Symptome, usw. als Merkmale bezeichnen.

2.2 Der HRRW-Graph

Wir haben einen Vektor mit $I \geq 1$ Merkmalsvariablen

$$S := (S_1, \ldots, S_I)$$

Jede Merkmalsvariable hat einen Wertebereich

$VS(S_i)$, $i=1,\ldots,I$,

wobei wir annehmen wollen, daß der fehlende (z.B. nicht erhobene) Wert, gekennzeichnet durch ´.´ , grundsätzlich Element der Wertebereiche sämtlicher Variablen ist.

Jeder Patient läßt sich zu einem bestimmten Zeitpunkt durch einen Informationsvektor mit den erhobenen bzw. (noch) fehlenden Merkmalsausprägungen

$$s := (s_1,\ldots,s_I), \quad s_i \in VS(S_i) , \quad i=1,\ldots,I$$

beschreiben.

Eine solche Situation ist insbesondere dadurch gekennzeichnet, daß Ausprägungen bestimmter Merkmale vorhanden sind bzw. fehlen. Um das Vorhandensein bzw. Fehlen zu beschreiben, führen wir einen Situationsvektor für s,

$$s' := (s'_1,\ldots,s'_I)$$

mit Ausprägungen boolscher Variablen

$$S'_i , \quad VS(S'_i) := \{ 'w' , 'f' \}$$

ein. Es gilt

$$s' := \begin{cases} 'w' & \text{falls } s \neq '.' \quad \text{(Wert vorhanden)} \\ 'f' & \text{sonst} \quad \text{(Wert fehlt)} \end{cases} , \quad i=1,\ldots,I.$$

Ein HRRW-Graph ist ein gerichteter Graph mit einer Knotenmenge

$$\underline{s}' \subseteq \{ (s'_1,\ldots,s'_I) \mid s'_i \in VS(S'_i), \; i=1,\ldots,I \} ,$$

und einer Kantenmenge

$$\underline{u} \subseteq \underline{s}' \times \underline{s}' .$$

Die Knoten sind die möglichen Situationsvektoren s'. Die Kanten des HRRW-Graphen sind markiert durch (mögliche) Untersuchungen u_j , $j=1,\ldots,J$, $J \geq 1$, (klinische Untersuchungen, Laboruntersuchungen, ...) zur Bestimmung der Ausprägungen bestimmter Merkmale

$$(S_{j_1},\ldots,S_{j_{I_j}}) \quad , I_j \geq 1 .$$

Eine Untersuchung u_j läßt sich als Abbildung

$$u_j : (S_{j_1},\ldots,S_{j_{I_j}}) \longrightarrow ((VS(S_{j_1})-\{'.'\}),\ldots,(VS(S_{j_{I_j}})-\{'.'\}))$$

beschreiben. Zwei Knoten s' und t' , $s',t' \in \underline{s}'$ sind genau dann mit einer Kante (s',t') verbunden, falls es eine Untersuchung u_j gibt, so daß

$$s'_i = 'f' \wedge t'_i = 'w' \qquad \text{für } i=j_1,\ldots,j_{I_j}$$

und falls

$s_i^{\prime} = t_i^{\prime}$ sowie

$s_i = t_i$ bei den entsprechenden Informationsvektoren sonst.

Wir haben in einem HRRW-Graphen also verschiedene Untersuchungs-´pfade´ zur Verfügung. Welche Knoten (Situationen) $s^{\prime}$ und welche Kanten (Untersuchungen) u in einem HRRW-Graphen tatsächlich vorhanden sind, hängt von dem jeweiligen Problem ab.

Bei der Diagnose- bzw. Therapiefindung interessiert man sich nicht nur für die Situationsvektoren $s^{\prime}$, sondern insbesondere für die entsprechenden Informationsvektoren s mit den tatsächlichen Merkmalsausprägungen.

Eine bestimmte Krankheit H beschreiben wir über prädikatenlogische Formeln. Diese Formeln basieren auf Aussagen über die I Merkmalsvariablen bzw. über einen Teil davon. Wir bezeichnen mit

H^+ die Formel, die bei Vorhandensein einer Krankheit zutreffen soll, mit

H^- die Formel für deren Ausschluß.

Falls wir eine Situation haben, in der für sämtliche Merkmale von H^+ (bzw. H^-) Ausprägungen vorliegen läßt sich H^+ (bzw. H^-) als wahr oder falsch bestimmen. In Situationen, in denen weniger Ausprägungen vorliegen, lassen sich nur Aussagen mittels modallogischer Operatoren machen, wie z.B.

$\Diamond H^+$: H^+ ist möglicherweise wahr; d.h. es gibt einen Pfad, so daß eine Situation erreicht werden kann, daß H^+ wahr sein kann.

$\Box H^+$: H^+ ist notwendigerweise wahr; d.h. in sämtlichen Situationen, die von der gegebenen Situation über einen Pfad erreicht werden können, ist H^+ wahr.

Das Ziel eines Expertensystems zur Diagnose- bzw. Therapiefindung ist es nun, mit möglichst minimalem Aufwand an Untersuchungen (bezogen auf die Belastung des Patienten, den Kosten für die Untersuchungen, usw.) Aussagen über Krankheiten machen zu können und damit zu Diagnose- bzw. Therapievorschlägen zu gelangen.

2.3 Beispiel

Das Beispiel ist bewußt sehr einfach gewählt. Für konkrete medizinische Anwendungen sind HRRW-Graphen üblicherweise viel umfangreicher.

Wir wollen einen HRRW-Graphen betrachten mit Merkmalen

$$S_1, S_2, S_3, \ldots, S_I ,$$

wobei für uns nur die ersten drei Merkmale von Interesse sein sollen. Der Einfachheit halber nehmen wir an, daß

$$VS(S_1) = VS(S_2) = VS(S_3) := \{ \text{´+´}, \text{´-´}, \text{´.´} \}$$

ist, daß wir also dichotome Merkmale haben, die zusätzlich noch den fehlenden Wert annehmen können. Wir haben ferner J Untersuchungen

$$u_1, \ldots, u_J ,$$

wobei für uns wiederum die ersten drei von Interesse sein sollen und wobei

$$u_j:\ S_j \longrightarrow \{\text{'+'}, \text{'-'}\}, \quad j=1,\dots,3$$

sei.

Der tatsächlich vorhandene Graph mit den Belegungsvektoren sei

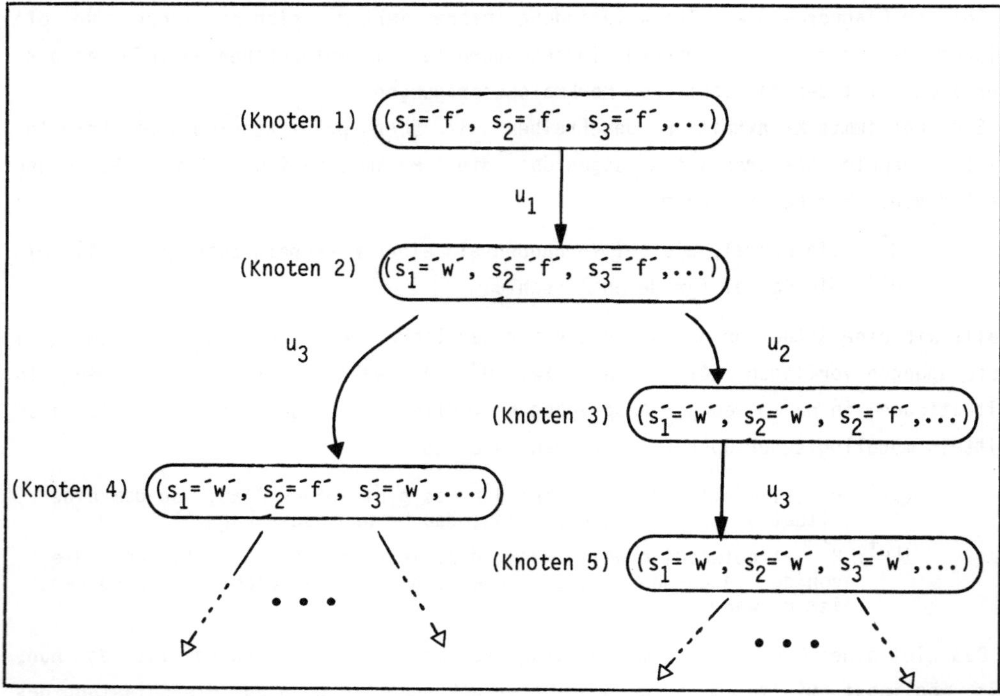

Für zwei Krankheiten A und B sollen folgende Formeln für eine Diagnoseunterstützung von Interesse sein:

$$H_A^+ := s_1 = \text{'+'} \wedge s_3 = \text{'+'} \quad ,$$

$$H_A^- := s_1 = \text{'-'} \quad ,$$

$$H_B^+ := s_1 = \text{'-'} \wedge s_2 = \text{'+'} \quad ,$$

$$H_B^- := s_1 = \text{'-'} \wedge (s_2 = \text{'-'} \vee s_3 = \text{'-'}) \quad .$$

Um mit möglichst minimalem Aufwand Diagnosevorschläge machen zu können, kann der Inferenzmechanismus hier folgendermaßen aussehen:

Bei Knoten 1:

Beginn; erste Untersuchung: u_1.

Bei Knoten 2

Falls s_1 = '+', gilt $\Diamond H_A^+, \Diamond\neg H_A^+, \Box\neg H_A^-, \Box\neg H_B^+, \Box\neg H_B^-$, sinnvollerweise müßte u_3 zur Bestätigung von H_A^+ angefordert werden.

Falls s_1 = '-', gilt $\Box\neg H_A^+, \Box H_A^-, \Diamond H_B^+, \Diamond\neg H_B^+, \Diamond H_B^-, \Diamond\neg H_B^-$, d.h. es mußte zur Bestätigung von H_B^+ bzw. H_B^- Untersuchung u_2 angefordert werden.

Bei Knoten 3:

Falls s_2 = ´+´, gilt $\Box H_B^+, \Diamond H_B^-, \Diamond\neg H_B^-$, d.h. es müßte zur Bestätigung von H_B^- Untersuchung u_3 angefordert werden.

Falls s_2 = ´-´, gilt $\Box\neg H_B^+, \Box H_B^-$, bzgl. H_A und H_B sind keine weiteren keine weiteren Untersuchungen nötig.

Bei Knoten 4:

Es sind keine weiteren Untersuchungen bzgl. H_A und H_B nötig, da durch die Bestimmung von S_3 H_A^+ bestätigt bzw. nicht bestätigt ist.

Bei Knoten 5:

Es sind keine weiteren Untersuchungen bzgl. H_A und H_B nötig, da durch die Bestimmung von S_3 H_B^- bestätigt bzw. nicht bestätigt ist.

Das Beispiel wird in Abschnitt 3.2 fortgesetzt.

2.4 Architektur

Die Architektur eines solchen Expertensystems ist üblicherweise dadurch gekennzeichnet, daß wir

A1. eine Wissensbank haben, in der wir, im wesentlichen, Formeln für Krankheiten und Angaben zu den möglichen Untersuchungen enthalten haben, ggf. Angaben zur Therapie;

A2. ein Wissensbankverwaltungssystem haben, d.h. ein Programm, das anhand von Inferenzmechanismen und anhand des in der Wissensbank enthaltenen Wissens Merkmalsausprägungen erfrägt bzw. Untersuchungen zur Ermittlung von Ausprägungen anfordert, um Diagnose- bzw. Therapievorschläge geben und diese gegebenenfalls erklären zu können.

3 INTEGRATION DURCH ERWEITERUNG VON FUNKTIONSWEISE UND ARCHITEKTUR

Wie bereits zu Beginn erwähnt, sollte eine klinische Dokumentation nicht nur als Grundlage zur Diagnosefindung und Therapieunterstützung dienen, sondern auch zur Ermittlung neuer Erkenntnisse auf empirisch-statistischer Basis. Wir wollen nun untersuchen, inwieweit wir dies auch bei einer rechnergestützten klinischen Dokumentation über Expertensysteme erzielen können.

Wir wollen erreichen, daß Expertensysteme

- zur Diagnose- und/oder Therapieunterstützung beitragen und daß sich außerdem
- die in einem Expertensystem gespeicherten Patientendaten statistisch auswerten lassen.

Für beide Punkte besteht in vielen klinischen Bereichen ein Bedarf, sodaß erfahrungsgemäß die Integration beider Aspekte bei Expertensystemen, die in der klinischen Routine angewandt werden sollen, häufig eine notwendige Voraussetzung ist.

3.1 Funktionsweise

Aus der Sicht eines Benutzers haben wir wiederum

F1. als Eingabe im wesentlichen die Angaben zu den Beschwerden, Symptomen, usw.. Da wir auch patientenübergreifend auswerten wollen, haben wir auch die Daten des einzelnen Patienten bzw., falls der Patient mehrmals behandelt wird, die Daten der Behandlungsphasen eines Patienten so zu kennzeichnen, daß man sie einem (bzw. der Behandlungsphase eines) Patienten eindeutig zuordnen kann.

F2. Als Ausgabe erhalten wir entweder Diagnose- und/oder Therapievorschläge oder, patientenübergreifend, Ergebnisse bestimmter statistischer Auswertungen.

Daß man sinnvolle statistische Auswertungen nicht ohne weiteres aus den Patientendaten von Expertensystemen, die sich ausschließlich an Entscheidungsstrategien orientieren, erhalten kann, soll das folgende Beispiel belegen.

3.2 Beispiel (Fortsetzung)

Wir wollen den in Abschnitt 2.3 eingeführten HRRW-Graphen nehmen. Wir wollen ferner annehmen, daß folgende Wahrscheinlichkeiten für das Vorhandensein bestimmter Merkmalsausprägungen gelten:

(1) $P(S_1='+') := 0.5$,

(2) $P(S_1='-') := 0.5$,

(3) $P(S_2='+' \mid S_1='-') := 0.1$,

(4) $P(S_2='-' \mid S_1='-') := 0.9$,

(5) $P(S_3='+' \mid S_1='+') := 0.9$,

(6) $P(S_3='-' \mid S_1='+') := 0.1$,

(7) $P(S_3='+' \mid S_1='-' \wedge S_2='+') := 0.9$,

(8) $P(S_3='-' \mid S_1='-' \wedge S_2='+') := 0.1$.

Es sei ferner

(9) $P(S_3='+' \mid S_1='-' \wedge S_2='-') := \frac{1}{90}$,

(10) $P(S_3='-' \mid S_1='-' \wedge S_2='-') := \frac{89}{90}$.

Der Einfachheit halber wollen wir uns nun eine Stichprobe von 1000 Patienten betrachten und für die folgenden Ausführungen annehmen, daß die Schätzer für die Wahrscheinlichkeiten, d.h. die jeweiligen relativen Häufigkeiten, genau den Wahrscheinlichkeiten entsprechen.

Nach Untersuchung u_1 haben wir dann je 500 Patienten mit $s_1='+'$ und $s_1='-'$. Von den ersten 500 Patienten haben 450 $s_3='+'$ und 50 $s_3='-'$ (Untersuchung u_3). Von den zweiten 500 Patienten haben 50 $s_2='+'$, 450 $s_2='-'$ (Untersuchung u_2); von den ersten 50 wiederum, über Untersuchung u_3, 45 $s_3='+'$ und 5 $s_3='-'$.

Eine mögliche Fragestellung, die wir anhand der Patientendaten beantworten wollen, könnte nun sein, ob eine (stochastische) Abhängigkeit zwischen den Merkmalen S_1 und S_3 besteht, d.h. ob die Nullhypothese

$$H_0\text{: } P(S_1 = i \wedge S_3 = j) \;=\; P(S_1 = i) \cdot P(S_3 = j) \quad \text{für alle} \quad i,j \quad ,$$

oder ob die Alternativhypothese

$$H_1\text{: } P(S_1 = i \wedge S_3 = j) \;\neq\; P(S_1 = i) \cdot P(S_3 = j) \quad \text{für mindestens ein } i,j \; .$$

gilt. Nach tabellieren der entsprechenden Daten erhalten wir

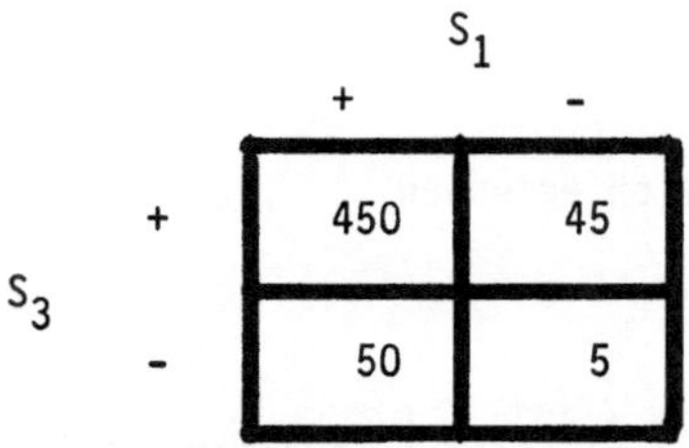

		S_1 +	S_1 -
S_3	+	450	45
	-	50	5

Anhand dieser Konfiguration müßten wir uns für die Nullhypothese entscheiden, da wir keine Abhängigkeit zwischen den beiden Merkmalen festellen können. Ein entsprechender statistischer Test, z.B. der Pearson´sche χ^2-Test auf Unabhängigkeit (z.B. Immich, 1974, S. 290ff.) würde dies auch bestätigen.

So beobachten wir hier, daß die relative Häufigkeit für einen positiven (negativen) Wert von S_3 0.9 (0.1) ist, unabhängig davon, ob S_1 positiv oder negativ ist.

Das Ergebnis täuscht jedoch einen völlig falschen Sachverhalt vor. Dieser falsche Sachverhalt wurde durch einen typischen Selektionseffekt hervorgerufen. Um dies zu zeigen, wollen wir zunächst die tatsächlichen Wahrscheinlichkeiten

$$P(S_3 = \text{'}+\text{'} \mid S_1 = \text{'}-\text{'}) \quad \text{und} \quad P(S_3 = \text{'}-\text{'} \mid S_1 = \text{'}-\text{'})$$

ausrechnen. Unter Verwendung von (3), (4), (7) - (10) erhalten wir

$$\begin{aligned} P(S_3 = \text{'}+\text{'} \mid S_1 = \text{'}-\text{'}) &= P(S_3 = \text{'}+\text{'} \mid S_1 = \text{'}-\text{'} \wedge S_2 = \text{'}+\text{'}) \cdot P(S_2 = \text{'}+\text{'} \mid S_1 = \text{'}-\text{'}) \\ &\quad + P(S_3 = \text{'}+\text{'} \mid S_1 = \text{'}-\text{'} \wedge S_2 = \text{'}-\text{'}) \cdot P(S_2 = \text{'}-\text{'} \mid S_1 = \text{'}-\text{'}) \\ &= 0.9 \cdot 0.1 + (1/90) \cdot 0.9 = 0.1 \end{aligned}$$

und

$$\begin{aligned} P(S_3 = \text{'}-\text{'} \mid S_1 = \text{'}-\text{'}) &= P(S_3 = \text{'}-\text{'} \mid S_1 = \text{'}-\text{'} \wedge S_2 = \text{'}+\text{'}) \cdot P(S_2 = \text{'}+\text{'} \mid S_1 = \text{'}-\text{'}) \\ &\quad + P(S_3 = \text{'}-\text{'} \mid S_1 = \text{'}-\text{'} \wedge S_2 = \text{'}-\text{'}) \cdot P(S_2 = \text{'}-\text{'} \mid S_1 = \text{'}-\text{'}) \\ &= 0.1 \cdot 0.1 + (89/90) \cdot 0.9 = 0.9 \quad . \end{aligned}$$

Die tatsächlichen Wahrscheinlichkeiten waren also den beobachteten relativen Häufigkeiten genau entgegengesetzt!

Wir können dies auch anhand der Daten nachvollziehen, indem man auch noch die Ausprägungen des Merkmals 3 für die Patienten ermittelt, bei denen Merkmal 2 negativ war. Die Tabelle sieht dann folgendermaßen aus:

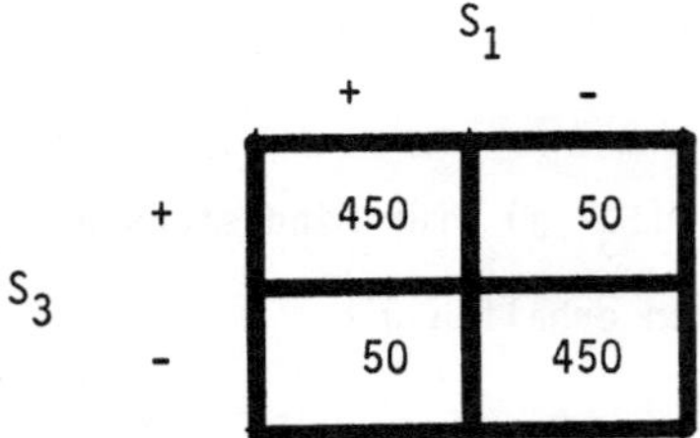

Die Abhängigkeit der Merkmale läßt sich deutlich erkennen.

3.3 Wissensbasierte Merkmalsselektion

Diese Selektionseffekte sind typisch für unvollständig erhobene Datenbestände. Der umgekehrte Effekt einer Selektionskorrelation (Berkson´s fallacy), d.h. einer nur scheinbar vorhandenen Abhängigkeit, ließe sich ebenfalls konstruieren. Auf die Effekte wurde auch von verschiedener Seite hingewiesen (z.B. Green und Byar, 1984; Jesdinsky, 1977; Rümke, 1970).

In der Medizin entstehen Selektionseffekte vor allem dadurch, daß besonders die ´pathologischen´ Werte interessieren und daß ´nicht-pathologische´ Werte dadurch unterrepräsentiert sind.

Beispielsweise könnten wir zwei Tumormarker ´TM1´ (im Beispiel: Merkmal S_1) und ´TM2´ (im Beispiel: Merkmal S_2) haben, anhand deren Aussagen über zwei Kehlkopftumoren möglich sind. Bei Tumor ´A´ (im Beispiel: H_A) sei eine Metastasierung der Lunge (im Beispiel: Merkmal S_3) sehr wahrscheinlich, sodaß hier auf jeden Fall ein Röntgenbild der Lunge (im Beispiel: Untersuchung u_3) gemacht wird. Bei Tumor ´B´ (im Beispiel: H_B) sei diese Untersuchung nur notwendig, falls Tumormarker TM2 positiv ist. Eine Überprüfung der Abhängigkeit zwischen Tumormarker TM1 und einer Metastasenbildung in der Lunge würde dann zu dem oben geschilderten verzerrten Ergebnis führen.

Zur Lösung des Problems bieten sich uns zunächst zwei Extreme an

L1. Man unterläßt jegliche statistische Auswertung der erhobenen Daten aufgrund möglicher Selektionseffekte.

L2. Man erhebt grundsätzlich sämtliche Merkmale und vermeidet damit jegliche Selektionseffekte.

Beide Extreme dürften voraussichtlich an der Praxis scheitern.

Zu Punkt 1: Es wird für den Benutzer eines Expertensystems unverständlich sein, daß seine oft unter großer Mühe ermittelten Daten nicht auch statistisch auswertbar sein sollen.

Zu Punkt 2: Eine vollständige Erfassung der Merkmalsausprägungen würde, falls überhaupt möglich, üblicherweise viel zu aufwendig und ebenfalls für eine routinemäßige Anwendung nicht akzeptabel sein.

Wir wollen versuchen hier einen praktizierbaren Mittelweg aufzuzeigen. Der Lösungsvorschlag lautet:

L3. Man erhebt die Merkmale so, daß ein bestimmter Teil der Merkmale Aussagen

- über die Grundgesamtheit aller, für ein Expertensystem relevanten Patienten, oder
- über die Grundgesamtheit(en) aller Patienten, die bestimmte Eigenschaften haben,

zulassen. Das Wissen, welche Merkmale für welche Grundgesamtheiten Aussagen zulassen sollen, wird in der Wissensbank eingetragen und bei dem Erfragen der Patientendaten durch das Expertensystem berücksichtigt.

Zur Vorgehensweise: Zunächst unterteilen wir die I Merkmale in

L Merkmale, die von dem Expertensystem bei allen Patienten abgefragt werden müssen, $L \leq I$ ('Muß-Merkmale' für sämtliche Patienten)

I - L Merkmale, die nur je nach Bedarf durch das Expertensystem erfragt werden ('Kann-Merkmale' für sämtliche Patienten).

Die L Muß-Merkmale

$$S_1,\dots,S_L$$

lassen Aussagen über die Grundgesamtheit zu, die der gesamten Stichprobe zugrunde liegt.

In Abhängigkeit der jeweiligen Ausprägungen der Muß-Merkmale lassen sich Grundgesamtheiten für Patienten mit bestimmten Eigenschaften definieren (z.B. alle Patienten, die rauchen oder alle Patienten, die eine künstliche Herzklappe haben, usw.). Für diese Teilgrundgesamtheiten lassen sich aus den verbleibenden I - L Merkmalen weitere Muß-Merkmale

$$M_{j_1},\dots,M_{j_{L_j}}$$

definieren. Diese Merkmale ermöglichen zwar keine Aussagen über die Grundgesamtheit sämtlicher (für ein Expertensystem relevanten) Patienten, jedoch über die spezifizierte Teilgrundgesamtheit. Diese Vorgehensweise läßt sich dann entsprechend fortsetzen. Voraussetzung ist allerdings, daß in der Wissensbasis des Expertensystems entsprechende Mechanismen für eine geeignete Merkmalsselektion implementiert sind.

In unserem Beispiel könnte dies folgendermaßen aussehen:

- Muß-Merkmal für alle Patienten: S_1 (S_1 ist auswertbar für die Grundgesamtheit, die für alle Patienten definiert ist),
- Muß-Merkmal für alle Patienten mit s_1='+': S_3 (S_3 ist auswertbar für die Grundgesamtheit der Patienten mit Eigenschaft s_1='+'),
- Muß-Merkmal für alle Patienten mit s_1= '-': S_2,
- Muß-Merkmal für alle Patienten mit s_1='-' und s_2= '+': S_3.

Wir können hier direkt sehen, daß S_3 nur für zwei Teilpopulationen (und - falls sinnvoll - für die Vereinigung der beiden Teilpopulationen) auswertbar ist, jedoch keine Aussagen über die ganze Grundgesamtheit zuläßt. Falls S_3 auch dafür verwendet werden sollte, müßte man es als Muß-Merkmal für die Grundgesamtheit aller Patienten spezifizieren. Dies hätte allerdings auch zur Folge, daß der Inferenzmechanismus des Expertensystems sich ändert und der Benutzer mehr Angaben machen muß.

3.4 Architektur

Die Architektur eines solchen Expertensystems sollte so gestaltet sein, daß

A1. - neben dem in 2.4 erwähnten Wissen - die Spezifikation für die Merkmalsselektion in der Wissensbank enthalten ist, daß

A2. die Patientendaten - das 'Patientenregister' - in der Datenbank eines Expertensystems gespeichert werden und daß

A3. das Wissensbankverwaltungssystem zu einem Daten- und Wissensbankverwaltungssystem erweitert wird, das neben den in 2.4 erwähnten Funktionen zur Diagnose- und Therapieunterstützung auch Datenverwaltungsaufgaben übernimmt. Beispielsweise sollten Schnittstellen zu Statistischen Auswertungssystemen vorhanden sein.

4 INTEGRATION DURCH KOMMUNIKATION MIT ANDEREN SYSTEMEN

Wir können den rechnergestützten Teil eines Krankenhausinformationssystems auf der konzeptuellen Ebene' als eine Menge semiautonomer Anwendersysteme (Daten- und Methodenbanksysteme) betrachten (Winter, Haux und Schleisiek, 1985). Zu den Anwendersystemen gehören Systeme zur Patientenaufnahme, Leistungsanforderung, Laborsysteme, usw..

Daten, die ein Expertensystem zur Diagnose- und Therapieunterstützung benötigt, liegen nun z.T. schon in solchen Systemen vor. Auf der anderen Seite besteht auch ein Bedarf, Daten aus Expertensystemen für andere Systeme zu erhalten.

Um diesem Bedarf gerecht zu werden, wurde für das Aachener Klinikum eine Zentrale Auskunftskomponente entworfen und implementiert (Winter, Emser, Haux et al., 1986). Über diese Zentrale Auskunftskomponente kann ein Expertensystem zunächst Daten zur Identifikation des Patienten erfragen. Damit soll eine mehrfache Erfassung von Patientendaten vermieden werden.

5 ANWENDUNGSBEISPIEL: EIN EXPERTENSYSTEM ZUR DIAGNOSE- UND THERAPIEUNTERSTÜTZUNG BEI TUMOREN DES HALS-, NASEN-, OHRENGEBIETES

Das Expertenystem, das gemeinsam mit dem Lehrstuhl für Hals-, Nasen- und Ohrenheilkunde der RWTH Aachen und mit dem Lehrstuhl für Praktische Informatik (Expertensysteme) der Universität Kaiserslautern entwickelt wird, dient:

- zur Diagnose- und Therapieunterstützung, wobei die Therapieunterstützung im Vordergrund steht und insbesondere auch Hinweise auf relevante Fachliteratur enthalten soll;

- zur Dokumentation und Auswertung von Befunden und Untersuchungsergebnissen bei Patienten mit tastbarem bzw. sichtbarem Kehlkopftumor.

Wir wollen hier versuchen, den Arzt bei diagnostischen und insbesondere therapeutischen Entscheidungen zu unterstützen und zusätzlich ein Register aufzubauen. Das System ist als autonomer Arbeitsplatzrechner (Workstation) konzipiert, der allerdings über das lokale Netz des Klinikums mit der zentralen Auskunftskomponente verbunden wird und Daten, die z.B. bei der Patientenaufnahme erhoben wurden, über diese Auskunftskomponente abrufen kann.

Der Datenbankentwurf für dieses Expertensystem orientiert sich an dem RM/T-Modell (Codd, 1979), einer Erweiterung des relationalen Modells. Die Merkmale sind so strukturiert, daß eine wissensbasierte Merkmalsselektion stattfindet (einfaches Beispiel: Rauchgewohnheiten werden nur für Raucher erfragt). Der Wissensbankentwurf orientiert sich an dem HRRW-Graphen. Aufgrund der wissensbasierten Merkmalsselektion wird der Inferenzmechanismus in erster Linie vorwärtsorientiert sein. Erst nach dem die Muß-Merkmale der jeweiligen Grundgesamtheiten erfragt sind, erfolgt eine zielorientierte Abfrage weiterer relevanter, noch ausstehender Kann-Merkmale. Eine Prototypversion des Expertensystems wird zur Zeit in SMALLTALK (Goldberg und Robson, 1983) implementiert.

6 ABSCHLIESSENDE BEMERKUNGEN

Die Problematik der Integration von Expertensystemen in Krankenhausinformationssysteme konnte hier nur kurz und z.T. stark vereinfacht erörtert werden. Detailliertere Ausführungen befinden sich in Haux (1986c). Bezüglich weiterer Informatik-Aspekte (Abstraktion, Erklärung, Entscheidung unter Unsicherheit, usw.), die hier zu beachten sind, sei auf Richter (1986), bezüglich Informatik-Anwendungen in der Medizin auf Reichertz (1982) verwiesen. Bezüglich der Aspekte zur statistischen Versuchsplanung und Auswertung, die in dieser Arbeit nicht angesprochen werden konnten (Konflikt zwischen Auswahl- und Zielgrundgesamtheit, Art der Erhebung, weitere Probleme bei Beobachtungsstudien (nichtrandomisierten Studien), Datenqualität, ...) sei auf die einschlägige Statistik-Literatur, z.B. Immich (1974) verwiesen.

Das Patientenregister, das wir über solche erweiterten Expertensysteme erhalten, läßt sich auch zur Überarbeitung der Wissensbasis, etwa im Sinne von Politakis und Weiss (1984) verwenden. Eine mehr oder weniger automatische ´Wissensgenerierung´ aus Datenbanken, wie sie z.B. Blum (1982) vorschlägt, sollte man jedoch mit äußerster Vorsicht betrachten (zur Kritik vgl. Haux, 1986b).

Expertensysteme, wie MYCIN (Buchanan und Shortliffe, 1984) oder auf EXPERT basierende Systeme (Weiss und Kulikowski, 1984) orientieren sich in erster Linie an der Entscheidungsunterstützung. Ihre Inferenzmechanismen sind zielorientiert ausgelegt um diesen Entscheidungsprozeß möglichst optimal zu unterstützen.

Bei dem MYCIN Nachfolgesystem ONCOCIN (Shortliffe, Scott, Bischoff et al., 1981) hat sich dies etwas geändert. Die Daten, die dort zur Therapieplanung verwendet werden, bilden auch die Grundlage für eine patientenorienierte - aber nicht für eine patientenübergreifende - Dokumentation. Ähnliches gilt für das System HELP (Pryor, Gardner, Clayton et al., 1983), in dem Auskunftsaspekte und entscheidungsunterstützende Ansätze integriert sind. Ein Unterschied zu dem hier vorgestellten Ansatz besteht in der zentralen Ausrichtung von HELP im Gegensatz zu dem rechnergestützten Informationssystem im Klinikum Aachen, das aus (semi-)autonomen Anwendersystemen besteht.

Danksagung: Die Arbeit hätte ohne die intensiven Diskussionen mit R. Repges und M.M. Richter nicht entstehen können. J. Höfener, J. Ingenerf, M.M. Richter und M. Schumacher haben dem Autor, durch ihre kritische Durchsicht einer ersten Fassung dieser Arbeit, wertvolle Anregungen gegeben. Der Autor ist ihnen allen sehr zu Dank verpflichtet.

7 LITERATUR

Bischoff, M.B., Shortliffe, E.H., Scott, A.C., Carlson, R.W.,Jacobs, C.D. (1983). Integration of a computer-based consultant into the clinical environment. Proc. 7th Symposium on Computer Applications in Medical Care, 149-152. Baltimore, Md.: IEEE Press.

Blum, R.L. (1982). Discovery and representation of causal relationships from a large time-oriented clinical database: the RX project. Berlin: Springer.

Buchanan, B.G., Shortliffe, E.H. (Hrsg.) (1984). Rule-based expert systems - the MYCIN experiments of the Stanford Heuristic Programming Project. Reading, Ma.: Addison-Wesley.

Clancey, W.J., Shortliffe, E.H. (Hrsg.) (1984). Readings in medical artificial intelligence - the first decade. Reading, Ma.: Addison-Wesley.

Codd, E.F. (1979). Extending the database relational model to capture more meaning. ACM Trans. Database Syst. 4, 397-434.

De Lotti, I., Stefanelli, M. (Hrsg.) (1985). Proc. int. conference on artificial intelligence in medicine. Amsterdam: North-Holland.

Goldberg, A., Robson, D. (1983). SMALLTALK-80: the language and its implementation. Reading, Ma.: Addison-Wesley.

Green, S.B., Byar, D.P. (1984). Using observational data from registries to compare treatments: the fallacy of omnimetrics. Statistics in Medicine 3, 361-370.

Haux, R. (Hrsg.) (1986a). Expert systems in statistics. Stuttgart: Fischer.

Haux, R. (1986b). Expert systems in statistics - some problems and some new views. In: Stoyan, H. (1986), 313-322.

Haux, R. (1986c). Expertensysteme in der Medizin - Beiträge zu ihrer Beschreibung, Bewertung und Anwendung. Bericht, Abt. Medizinische Statistik und Dokumentation der RWTH Aachen.

Heinen, P., Reusch, H., Richter, M.M., Wetter, T. (1986). Formal description of objects, processes and levels of expert reasoning. In: Stoyan, H. (1986), 285-294.

Immich, H. (1974). Medizinische Statistik. Stuttgart: Schattauer.

Immich, H., Wagner, G. (1975). Basisdokumentation in der Klinik. In: Koller, S., Wagner, G. (1975), 335-276.

Jesdinsky, H.J. (1972). Diagnose-Modelle in der Medizin. Meth. Inform. Med. 11, 48-59.

Jesdinsky, H.J. (1977). Statistische Auswertung großer Datenmengen - nur ein technisches Problem? Stat. Software Newsl. 3, 68-75.

Koller, S. (1975). Auswertung. In: Koller, S., Wagner, G. (1975), 335-276.
Koller, S., Wagner, G. (1975). Handbuch der medizinischen Dokumentation und Datenverarbeitung. Stuttgart: Schattauer.
Ledley, R.S, Lusted, L.B. (1959). Reasoning foundations of medical diagnosis. Science 130, 9-21.
Politakis, R., Weiss, S.M. (1984). Using empirical analysis to refine expert system knowledge bases. Artificial Intelligence 22, 23-48.
Proppe, A. (1975). Medizinische Befunddokumentation. In: Koller, S., Wagner, G. (1975), 187-198.
Pryor, T.A., Gardner, R.M., Clayton, P.D. Warner, H.R. (1983). The HELP system. J. Med. Systems 7, 87-102.
Reichertz, P.L. (1975). Datenbanken und Informationssysteme. In: Koller, S., Wagner, G. (1975), 913-939.
Reichertz, P.L. (1978). Computerdiagnostik: Möglichkeiten und Grenzen. Verh. Dt. Ges. Inn. Med. 84, 238-248.
Reichertz, P.L. (1982). Future developments of data processing in health care. Meth. Inform. Med. 21, 55-58.
Richter, M.M. (1986). Architecture and applications of expert systems. In: Haux, R. (1986), 3-19.
Roger, F.H., Grönroos, P., Tervo-Pellika, R., O'Moore, R. (Hrsg.) (1985). Medical Informatics Europe 85. Berlin: Springer.
Rümke, Ch.L. (1970). Über die Gefahr falscher Schlußfolgerungen aus Krankenblattdaten. Meth. Inform. Med. 9, 249-254.
Selbmann, H.K. (1978). Grenzen und methodische Schwierigkeiten bei multizentrischen Studien. Arzneim.-Forsch. 28, 2023-2026.
Shortliffe, E.H., Scott, A.C., Bischoff, M., Campbell,A.B., van Melle, W., Jacobs, C. (1981). ONCOCIN: an expert system for oncology protocoll management. Proc. International Joint Conference on Artificial Intelligence 7, 876-881.
Stoyan, H. (Hrsg.) (1986). GWAI-85. Proc. 9-th German workshop on artificial intelligence. Berlin: Springer.
Szolovits, P. (Hrsg.) (1982). Artificial intelligence in medicine. Boulder, Co.: Westview Press.
Victor, N. (1981). Probleme des Einsatzes entscheidungstheoretischer Methoden in der medizinischen Diagnostik. Brauer, W. (1981), 557-567.
Wagner, G., Tautu, P., Wolber, U. (1978). Problems of medical diagnosis - a bibliography. Meth. Inform. Med. 17, 55-74.
Weiss, S.M., Kulikowski, C.A. (1984). A practical guide to designing expert systems. London: Chapman and Hall.
Wetter, T. (1984). Ein modallogisch beschriebenes Expertensystem, ausgeführt am Beispiel von Ohrenerkrankungen. Rer.nat. Diss., RWTH Aachen.
Winter,A., Emser, K., Haux, R., Raab, F., Repges, R., Schleisiek, K.-P., Stoll, U., Valder, Ch. (1986). Entwurf und Implementierung einer zentralen Auskunftskomponente eines Krankenhausinformationssystems - methodische Überlegungen und Anwendungsbeispiele. Erscheint in: Proc. GMDS 1986.
Winter, A., Haux, R., Schleisiek, K.-P. (1985). Systematic development of a hospital information system with distributed data- and methodbase systems: the AACHMED project. In: Roger, F.H., Grönroos, P., Tervo-Pellika, R. et al. (1985), 487-591.

Fachgespräch
Digitale Bildverarbeitung und Computer-Graphik in der Radiologie

Die fortschreitende Durchdringung der klinischen Radiologie mit digitalen Verfahren zur Bildgebung, -verwaltung, -verarbeitung und -auswertung als auch zur zwei- und dreidimensionalen Bilddarstellung erfordert in zunehmendem Masse innovative Methoden der Informatik zur Informations- und Symbolverarbeitung. Das aus diesem Problemkreis resultierende und noch junge Forschungsgebiet "Computer Assisted Radiology" (CAR) is stark interdisziplinär ausgerichtet und erfordert einen synergetischen Ansatz zur Problemlösung, der Wissenschaftler aus den verschiedenen Disziplinen der Medizin und der Informatik zusammenführen muss.

Im Fachgespräch werden sowohl Vorträge mit Übersichtscharakter als auch Beiträge über aktuelle Forschungsarbeiten dargeboten, die in ihrer Gesamtheit einen sehr guten Querschnitt des für CAR relevanten Themenspektrums repräsentieren. Insbesondere werden die folgenden Aspekte behandelt:

> Bezüge zum internationalen Stand der Kunst und zu benachbarten Fachdisziplinen der Informatik, synoptische Darstellung von lokalen Forschungs- und Entwicklungsaktivitäten sowie von experimentellen Hardware/Software-Umgebungen, medizinische Motivation der technisch-wissenschaftlichen Fragestellung und Bedeutung für die klinischen Anwender, Überlegungen zum Entwurf, z.B. von medizinischen Arbeitsplätzen und zur Einbettung in das klinische Umfeld.

Das Fachgespräch soll insgesamt Workshop-Charakter haben und im Rahmen einer nachmittäglichen Diskussionsveranstaltung Probleme, Trends und Perspektiven der nationalen und internationalen Forschung aufzeigen. Darüberhinaus bietet das Fachgespräch erstmalig ein Forum während einer GI-Jahrestagung an, um ausgewählte Themen aus dem Forschungsgebiet "Computer Assisted Radiology" einem breiten Kreis von interessierten Informatikern vorzustellen. Thematische Ergänzungen und weiterführende relevante Problemgebiete werden in den Fachgesprächen "Expertensysteme in der Medizin" und "Graphische Datenverarbeitung und künstliche Intelligenz" behandelt.

Programmkomitee für dieses Fachgespräch: K. H. Höhne (Uni Hamburg), H. U. Lemke (TU Berlin, Mitvorsitz), H. Niemann (Uni Erlangen-Nürnberg), H. Oswald (Forschungsgemeinschaft Johanneum Graz), D. P. Pretschner (MH Hannover), W. Schlegel (Deutsches Krebsforschungszentrum Heidelberg), H. S. Stiehl (TU Berlin, Mitvorsitz)

IMAGE PROCESSING IN CARDIOVASCULAR RADIOLOGY

K. H. Hoehne* - M. Bomans* - M. Riemer* - G. Witte**

* Institute of Mathematics and Computer Science in Medicine,
** Department of Radiology,
University-Hospital Hamburg Eppendorf
2000 Hamburg, West Germany

ABSTRACT

In the past ten years digital image processing has contributed decisively to the advance of cardiovascular radiology. Not only images of better diagnostic value could be produced, but also in many cases the risk for the patient was diminished. From the variety of published methods three topics are discussed: One of the principal methods is digital angiography especially with functional imaging. In addition, because of the rapid progress of digital imaging data compression became a major issue. Finally there is a good chance that 3D-processing of MRI data will at least partly replace the present invasive techniques.

1. INTRODUCTION

Already in the early beginnings of digital image processing, radiology was among the first applications [1]. In the first stage the hope was to automate and/or to quantitate the interpretation process at least for certain classes of images. Not much success was achieved in this direction up to now. Some ten years ago, however, the direction of research changed to methods producing new and better images, leaving the task of interpretation to the radiologist. From that time on digital image processing became a standard tool in cardio-vascular radiology. Not only images of better diagnostic value could be produced but also in many cases the risk for the patient could be reduced. From the many described applications, we pick out here digital subtraction angiography with special respect to functional imaging. As the rapid change from analogue to digital techniques required digital storage, digital image processing came again into the game in the form of data compression techniques, which will be therefore covered in addition. Finally there is a good chance that Magnetic Resonance Imaging (MRI) will replace to some extent the invasive angiographic techniques. Therefore some attempts of image processing in this field are presented.

2. DIGITAL ANGIOGRAPHY

Digital Angiography is an imaging modality which has found increasing application in clinical work because it allows less invasive procedures than conventional techniques. Its principle is simple: instead of imaging the original organ, only intensity changes with time or with radiation energy are visualized. Result is an enhancement of interesting structures. The most trivial method of visualizing changes is simple image subtraction. Fig. 1 shows as an example the subtraction angiogram of a human kidney. Subtraction, however, is only a special case of a larger class of temporal filter operations resulting in parametric images or enhanced image sequences as shown in earlier publications [2]-[8]. It is now well known from signal processing theory, that the design and investigation of temporal filters is very suitably done in the frequency domain. Even if they are implemented in the time domain, their functions are better explained in the Fourier domain [9]. It will be shown that also in the case of digital intravenous angiography the processing and storage in the Fourier domain exhibits advantages for the extraction of morphological and functional information as well as for data compression and the convenient storage of data. This will be demonstrated with the examples of nonselective bypass angiograms and intravenous ventriculograms.

Fig. 2 shows one frame of a low contrast angiographic sequence produced as described in paragraph 2 showing three coronary bypasses. By looking through the whole image sequence in the time direction at the depicted regions of interest we obtain typical intensity time curves (ITC) as shown in fig. 3. In the shown case six heart cycles are observed. Their structure is produced both by the motion of the contrast medium (slowly varying component) and the periodic movement of the heart (cyclic component). The extraction or enhancement of such characteristic patterns is probable to lead to images or image sequences in a semiquantitative, more compact or at least enhanced form.

It is now very well known from signal processing that curves with such sinusoidal patterns are analysed best in the frequency domain after application of the Fourier transform. With the discrete Fourier transform the original curve F(t) is approximated as a sum of sine and cosine functions with frequencies i and corresponding coefficients a_i and b_i, where $\omega = 2\pi/T$, T is the basic period length (in units of images) and i is the harmonic number.

$$F(t) = \frac{a_0}{2} + \sum_{i=1}^{n} a_i \cos i\omega t + \sum_{i=1}^{n} b_i \sin i\omega t$$

where t is the discrete time $t_1 \ldots t_N$.

This equation may also be written in terms of an amplitude A_i and a phase φ_i for the ith frequency:

$$F(t) = \frac{a_0}{2} + \sum_{i=1}^{n} A_i \sin (i\omega t + \varphi_i)$$

where

$$A_i = \sqrt{a_i^2 + b_i^2}, \quad \tan \varphi_i = \frac{a_i}{b_i}$$

Since the A_i and $_i$ are better suited for interpretation than a_i and b_i, they are used throughout the following discussion. The idea of filtering the angiographic sequences in the time domain has already been used by the authors for data compression and for the enhancement of morphology in angiographic image sequences[10]. The aim of this paper is to show that nearly all procedures of digital subtraction, functional imaging and data compression can be performed most conveniently through simple manipulations of the coefficients A_i and φ_i.

When the ITCs are subjected to the Fourier transform, spectra of the amplitudes A_i are obtained as shown in fig. 4. Spectrum 1 is derived from a pixel on a bypass, whereas spectrum 2 is in a region through which a ring belonging to an artificial valve moved. In both cases a high amplitude at frequency zero, representing the static component, is observed. In the case of the bypass high amplitudes are also observed in the adjacent low frequency bins. These are due to the contrast medium motion. They are absent in the case of the moving ring. In both regions maxima at the heart frequency and its multiples are observed. These are due to motion. Parametric images showing the spatial distribution of the amplitudes A_1 - A_6 are shown in fig. 5. Again we observe that the main contributions stem from A_1 and A_6 (= heart frequency). Structure is typically no longer observable beyond four to five multiples of the heart frequency (A_{24}, A_{30} in the shown case). Fig. 6 summarizes a number of useful manipulations involving these frequency domain images. We now proceed to discuss these manipulations in detail.

Noise suppression

The most simple procedure is to omit the high frequencies and to retransform the image sequence into the time domain (case 8 in fig.6). In the retransformed sequence noise is suppressed without essential blurring of spatial detail. In an earlier publication [10] we have shown for intravenous ventriculograms that including four multiples of the heart frequency leads to less noisy images without loss of diagnostic information. This application alone, of course, would not justify the transformation into the Fourier domain, since filters with similar properties can be implemented very easily in the time domain.

Data compression

However, if only the amplitudes A_i and phases φ_i of the contributing frequencies are stored an appreciable compression of the data is also achieved. A sequence of 6 heart cycles taken at 50 images/sec may have 300 images (see fig. 3 and 4). If the reconstruction from all frequencies up to the 4th multiple of the heart frequency is performed, the value of n in formula (1) is 4*6 = 24. We therefore need only 49 coefficients, which results in a compression factor of 6 [10].

Phase synchronous integration

If the motion of the contrast medium is not of interest, a further compression is possible by just neglecting the frequencies between the heart frequency and its multiples (case 7 in fig. 6). The result is a phase synchronous integration, which can be applied e.g. for noise reduction in wall motion studies. A necessary condition, of course, for the success of this method is that the heart frequency must be stable during the observation period.

Blurred mask subtraction

It is known that the amplitude A_0 is the mean intensity over the observation time. Presented in image form it is nothing else but a "blurred mask". Omission of A_0 and retransformation therefore automatically leads to a blurred mask subtraction image sequence (case 1 and 4 in fig. 6).

Phase synchronous subtraction

Exact subtraction of angiographic image sequences of the heart can only be obtained by phase synchronous subtraction of sequences taken before and after the application of the contrast medium. In the time domain this works only if the heart rate is the same in both sequences. This is not necessary if the subtraction is done in the frequency domain (case 9 in fig. 6). Here only the number of cycles has to be equal. Although this method is quite elegant, the practical experience gained up so far indicates that the blurred mask subtracted sequences of the A_1 image are better diagnostically. This is obviously due to the inherent irreproducibility of the heart motion between the before and after sequences. Another source of error is that the individual motion characteristics do not all scale identically with a varying heart rate.

Selection of Contrast Medium Motion

If we look at the A_1 image (case 2 in fig. 6), we see that it is a very good approximation of a subtraction image (fig. 7). This is due to the fact that A_1 represents the slowly varying part of the bolus curve as shown in fig. 3. But there are at least two advantages compared to simple subtraction: Since A_1 is the result of a fit to the whole ITC, its signal to noise ratio is better than that from simple subtraction. The ripple due to the heart motion is also filtered out, which suppresses motion artefacts to a certain extent. For example the ring of the artificial mitral valve which is visible in the original image disappears in the A_1-image. The A_1-image is closely related to the images gained by matched filtering [11] or cross correlation techniques [7]. The φ_1-image is nothing else but a contrast medium arrival time image [2]-[5].

Selection of heart motion

If we are interested only in wall motion, we can select the amplitude and the phase of the heart frequency. This method has already been applied in nuclear medicine [12]. Due to its superior spatial and temporal resolution digital angiography seems to be a much more valuable technique [13]. Fig. 8 shows as an example the amplitude image of the heart frequency (case 3 in fig. 6) of a patient after pacing and after the application of nitroglycerine. In the first case a severe amplitude drop near the apex can be recognized, in the latter case a minor drop of amplitude near the anterior wall is visible. They are scarcely detectable from the native intravenous sequence.

The phase of the heart frequency (case 11 in fig. 6) is shown in fig. 9. A phase jump is visible at the apex of the paced heart, indicating a paradoxical motion. In the absence of pacing a slight dissynchronisation at the apex and the anterior wall can be seen.

Combined presentation of amplitudes and phases

An even more compact pictorial description of the image sequence is obtained when amplitude and phase are represented in a single image. Here the amplitude A_1 is coded as intensity and the phase $_1$ is coded in color. Besides enhancing morphological structures, simultaneous visualization of the propagation times through color reflects the different functions of the bypasses. Since the subjective impression of intensity and color are not independent of each other such images present certain problems in their interpretation.

Nevertheless this method shows a superior temporal differentiation as compared to methods where the arrival time is only measured at a fixed heart phase [14]. Color presentations of such images are found in [9].

Special properties concerning application in an image data base

The storage of the image sequences as the coefficients of a set of basic functions not only leads to a high data reduction, but also implies some interesting data-technical properties for the access of medical image data bases, which may become increasingly relevant [15] [16]. One such property is that different views of the data as described above can be obtained simply by retrieving a portion of the coefficients or through simple manipulations.

Another aspect concerns the limited transmission speed of conventional data links. Let us assume that we have a hardware system which performs the additions and table lookups necessary to reconstruct the sequence from the Fourier coefficients in real time. An image sequence with blurred image quality can be displayed as soon as the first three coefficient matrices (A_0, A_1, φ_1) have been transmitted from the database. As the endless film loop proceeds and more coefficients become available, the quality improves. The radiologist thus first has an overview of the organ and can then concentrate on special regions of interest, which become sharper in the course of time. Even with modest transmission speeds the radiologist is not forced to wait.

3. DATA COMPRESSION

We have seen that transforms such as the Fourier transform can among other advantages usefully be applied for data compression. It is now interesting to find out transforms which could be even better suited for this special purpose. The basic concept of transform coding is to transform a vector x (here an ITC) with correlated elements into a vector y with uncorrelated or less correlated elements, which can be coded effectively. The transform compacts the image energy into a few elements of y with a high magnitude. The other elements of y are relatively small, so that these coefficients do not need to be coded at all or are coded with a small number of code symbols only.

A one dimensional transform can be expressed in terms of the general relation

$$y(u) = \sum_{i=1}^{n} x(i) \quad T(i,u) \qquad u = 1 \, .. \, n$$

where y is the transform of x and T is the transformation kernel. If T is an orthogonal matrix, the inverse transform is given by

$$x(i) = \sum_{u=1}^{n} y(u) \quad T(i,u) \qquad i = 1 \, .. \, n$$

The nature of a transform is determined by the properties of its transformation kernel. If the basis vectors of the transformation matrix resemble typical ITCs, the energy compaction will be very high. Suitable transforms ar the Walsh -, Slant -, Fourier -, and Cosine transform [17].

Fig. 10 shows an example for the data compression with the Cosine transform for an intravenous ventriculogram. Images compressed by including the first 30 coefficients only (compression factor = 8.5) cannot be distinguished from the original visually. The difference image which shows the mean square error over each ITC, however, demonstrates that there are losses in regions with strong motion. This effect can be reduced if we use the adaptive Cosine transformation. Here only the coefficients with the highest amplitudes are taken into account. Fig. 11 shows as a further example a nonselective bypass arteriogram. Here the adaptive Cosine transformed does not give much further improvement. This is due to the fact that there is less motion present as compared to the ventriculogram.

For practical applications e.g., in a PACS, we must be sure that a certain error is not exceeded. We therefore have implemented a version of Cosine transform compression, that uses a variable number of coefficients for each ITC in a way that a given error is not exceeded. In the case of the ventriculogram (Fig. 10) we recognize that the number of coefficients is high at the location of the heart wall while for other regions it is very low.

Fig. 12 gives an overview over a set of transform which were tested [18]. The best results are livered by the Karhunen-Loeve-transform. It is, however, not feasible in practical application because of its computational cost. Yet it can be considered as the optimum achievable compression scheme. Next to it the Cosine transform delivers the best results. The computationally less expensive Walsh transform shows inferior results.

In addition a compression in the spatial domain can be applied. Thus compression factors between 40 and 80 can be achieved without destroying diagnostic information.

4. PERSPECTIVES: VASCULAR IMAGING WITH MRI

While angiography is an invasive technique using ionizing radiation, MRI is not dangerous to the patient. It would be a great advantage if angiography could at least to a certain extent be replaced by MRI. In general blood is imaged in MRI with a relatively good contrast. But there are two obstacles for its usibility for blood vessel imaging: the spatial resolution and the fact that only in special cases the vessels are within a tomographic plane. Concerning the spatial resolution we can expect that it will gradually improve in the future. As far as vessel imaging is concerned the availability of isotropic image data (slice distance = pixel width) will allow selective projections of blood vessels. We did some experiments with such 3D MR-volumes, the results of which are shown in figure 13. Figure 13a shows the 3D-surface display produced from a sequence of 26 MR slices of a human knee. Figure 13b shows a sagittal cut at about one third of the depth. Here the blood vessels are cut nearly orthogonally and therefore not very well visible. If a cut is set nearly tangential as shown in figure 13c, we can see vessels which are better located wihtin a slice. An improved presentation of vessels is obtained just by producing a projection image from a layer of 3 cm thickness below the surface of the leg (fig. 13c). So we can state that by a proper choice of 3D-regions containing vessels vascular images of reasonable quality can be procuced.

An even more selective presentation of vessels can be obtained from MR image sequences [19]. Here a gradient echo sequence with ecg-trigger mode is used to obtain images at different time points of the heart cycle. With cine mode technique a single plane can be imaged for various trigger delays with multiple intervals of the choosen repetition time. This method supplies images with different intensities of moving structures and without artifacts caused by patient movement. By calculating a standard deviation image [20] from the temporal series of images a new flow sensitive image is computed pixel by pixel. That means that the varying components belonging to arteries are displayed, while stationary tissue is eliminated. Fig. 14 shows the calculated image of the normal anatomy of the arterial neck vessels including the internal and external carotic arteries.

References

[1] R.H. Selzer: 'Digital Computer Processing of X-Ray Photographs' In: Enslein K.(ed.):'Data Acquisition and Processing in Biology and Medicine' vol.5, Pergamon Press, London 1967.

[2] K.H. Hoehne, M. Boehm, W. Erbe, G.C. Nicolae, G. Pfeiffer, B. Sonne: 'Computer Angiography - A New Tool for X-Ray Functional Diagnostics.' Med. Progr. Technol. vol.6, pp.23-28, 1978

[3] K.H. Hoehne, M. Boehm, W. Erbe, G.C. Nicolae, G. Pfeiffer, B. Sonne, E. Buecheler: 'Die Messung und differenzierte bildliche Darstellung der Nierendurchblutung mit der Computer-Angiographie' Fortschr.Roentgenstr. vol.129, pp.667-672, 1978

[4] K.H. Hoehne, M. Boehm, G.C. Nicolae: 'The Processing of X-Ray Image Sequences' in P. Stucki (ed.): 'Advances in Digital Image Processing', Plenum Press, 1979, pp.147-163.

[5] K.H. Hoehne, U. Obermoeller, M. Boehm:'X-Ray Functional Imaging - Evaluation of the Properties of Different Parameters'. Proc. Conf. on Digital Radiography, Stanford, Proc. SPIE 314, 1981, pp.224-228.

[6] R.A. Kruger, J. Nelson: 'A Method for Time Domain Filtering Using Computerized Fluoroscopy', Med. Phys. vol.8, pp.466-470, 1981.

[7] R. Brennecke, H.J. Hahne, J.H. Buersch, P.H. Heintzen: 'Optimization of Generalized Subtraction Operations' in P.H. Heintzen, R. Brennecke (eds.): 'Digital Imaging in Cardiovascular Radiology', Georg Thieme Verlag, pp.80-88, 1983.

[8] K.H. Hoehne, M. Boehm, G.C. Nicolae: 'The Processing of X-Ray Image Sequences'. in P. Stucki (ed.) 'Advances in Digital Image Processing'. Plenum Press, pp.147-163, 1979.

[9] K.H. Hoehne, U. Obermoeller,M. Riemer, G. Witte: 'Fourier Domain Techniques for Digital Angiography of the Heart'.IEEE Transactions on Medical Imaging vol. 5, pp. 62-67, 1984.

[10] K.H. Hoehne, U. Obermoeller, M. Riemer, G. Witte, M. Boehm: 'Data Compression

in Digital Angiography using the Fourier Transform', Med. Phys, vol.10, pp.899-905, 1983.

[11] R.A. Kruger, P. Liu: 'Digital Angiography using a Matched Filter', IEEE Trans. on Med. Imag., Vol. MI-1, Nr.1, 1982

[12] W.E. Adam, A. Tarkowska, F. Bitter, M. Strauch, H. Geffers: 'Equilibrium (Gated) Radionuclide Ventriculography', Cardiovasc. Radiol. vol.2, pp.161-173, 1979.

[13] G. Witte, U. Obermoeller, G. Jacobs, W. Roediger, E. Grabbe, K.H. Hoehne, E. Buecheler: 'Funktionsbilder des linken Ventrikels mittels venoeser Digitaler Angiographie', Fortschr.Roentgenstr. vol. 141, pp. 49-52, 1984.

[14] M.T. LeFree, R.A.Vogel: 'Digital Goes to the Heart', Diagnostic Imaging vol.5, pp.62-66, 1983.

[15] K. Assmann, K.H. Hoehne: 'Investigation of Structures and Operations for Medical Image Data Bases' Proc. 2nd Conf. on Picture Archiving and Communication Systems (PACS II), Proc. SPIE 418, pp.282-286, 1983.

[16] K. H. Hoehne: 'Pictorial Information Systems in Medicine', NATO-ASI Series, vol. 19, Springer, 1986.

[17] W. K. Pratt: 'Digital Image Processing', Wiley, 1978.

[18] M. Bomans, F.R.P. Boecker, M. Riemer, G. Witte, K.H. Hoehne: 'Data Compression in Digital Angiography Using Transform Coding' Proc. Intern. Symp. Computer Assisted Radiology (CAR 85), Springer, pp 297-302, 1985.

[19] G. Braeckle, M.Deimling,G.Laub, A. Weikl, R. Bachus, E. R. Reinhardt: 'Vessel Display with Methods of Fast Imaging Techniques', Fifth Annual Meeting of the Society of Magnetic Resonance in Medicine, Montreal 1986.

[20] K. H. Hoehne, M. Boehm, U. Obermoeller: 'X-ray Functional Imaging - Evaluation of the properties of differnt parameters', Proc. SPIE, vol. 314, 1981.

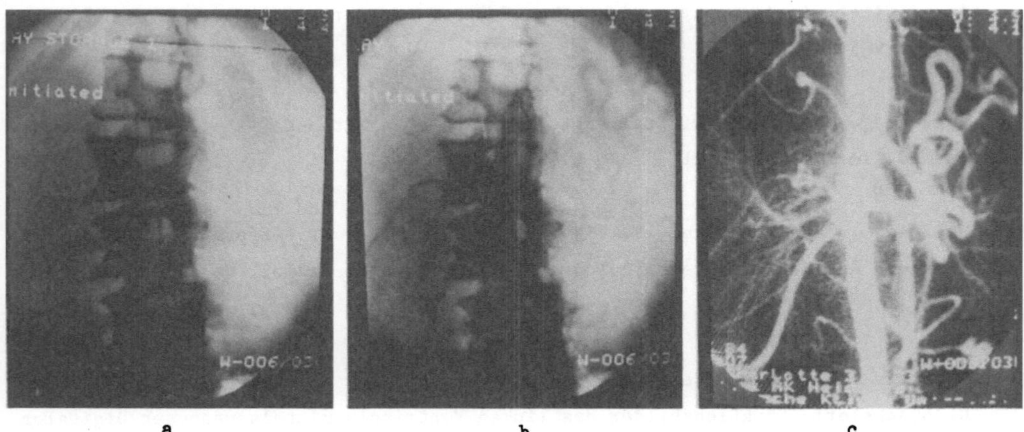

a b c

Fig. 1. Intravenous angiogram of a kidney. a) image before contrast medium injection b) image after contrast medium injection c) subtracted image

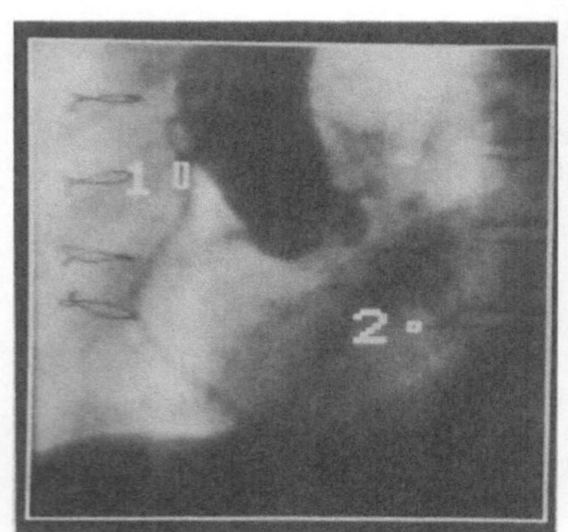

Fig. 2.
Frame of a nonselective arteriogram of a heart with two regions of interest: a bypass(1) and an artificial valve(2)

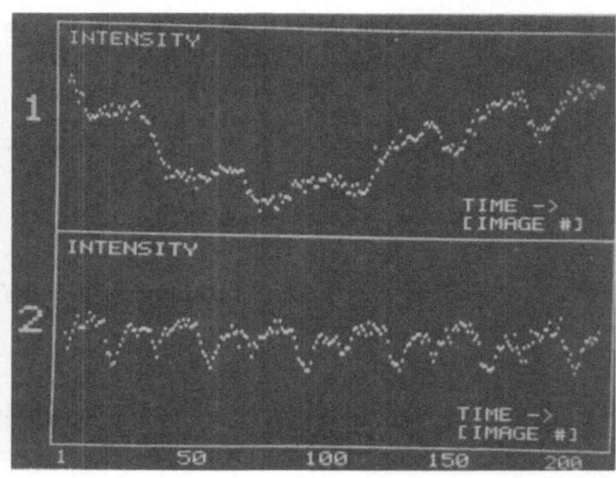

Fig. 3.
Intensity-time curves(ITC) at regions of interest of fig. 2.

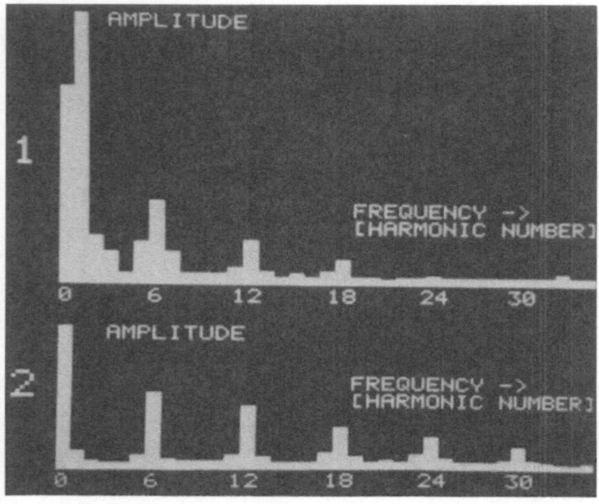

Fig. 4.
Frequency spectra of the sample ITCs at the regions of interest in fig 2.

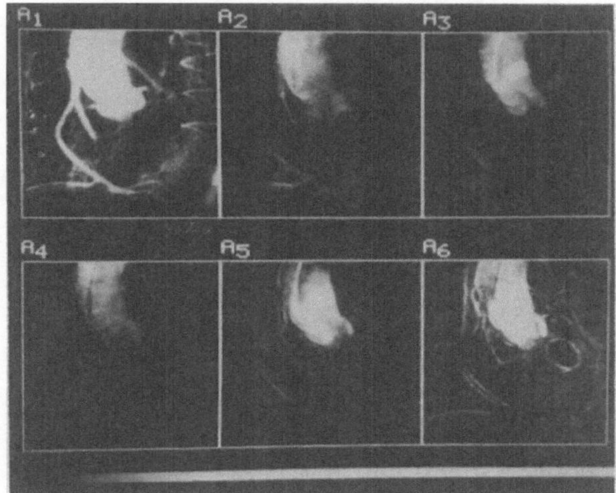

Fig. 5. Images of the amplitudes A_1 - A_6 of the image sequence of fig. 2 containing 6 heart cycles.

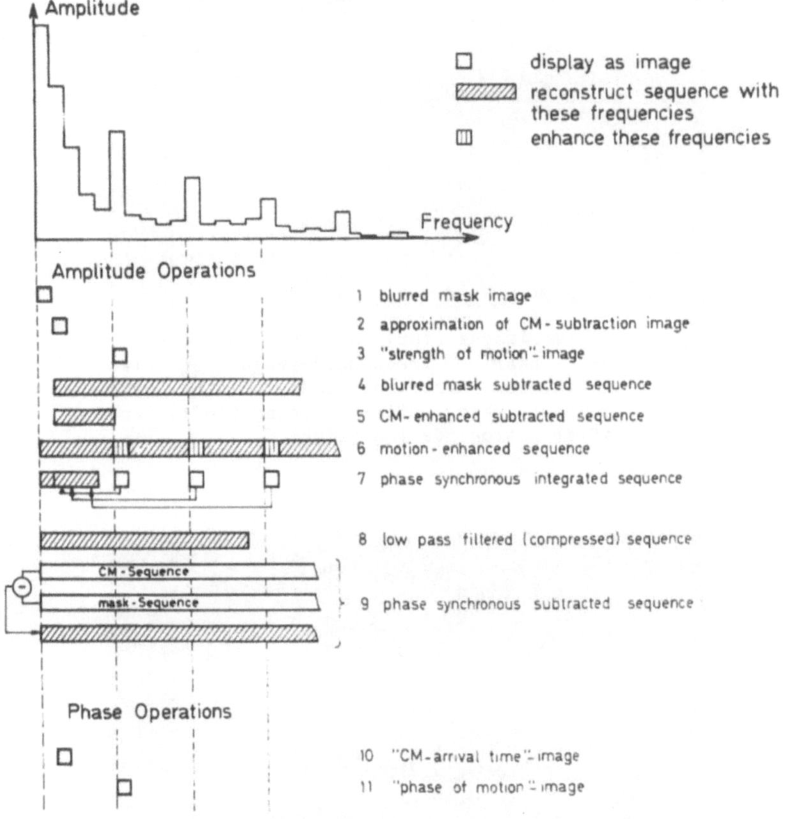

Fig. 6. Summary of possible manipulations of the Fourier coefficients and the resulting imaging operations.

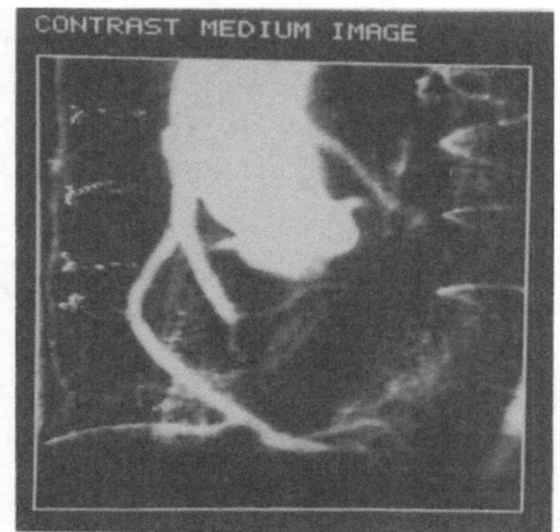

Fig. 7. A_1-image of the image sequence of fig. 2.

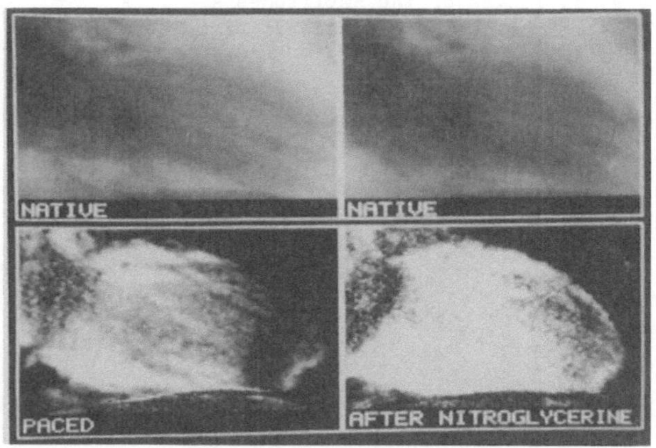

Fig. 8. Native images (top) and A_H (=amplitude of heart frequency)-image of two intravenous ventriculograms of the same heart taken after pacing (left) and after nitroglycerine (right).

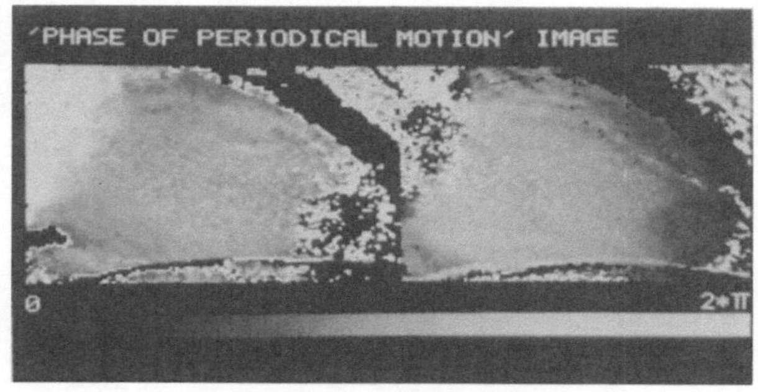

Fig. 9. φ_H (=phase of heart frequency)-image of an intravenous ventriculogram as in fig. 8.

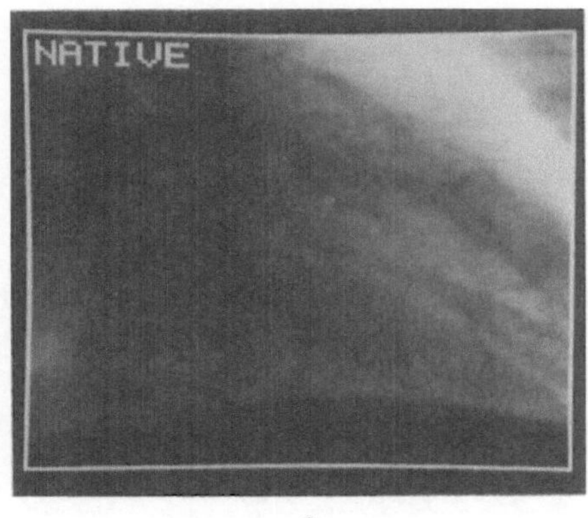

a

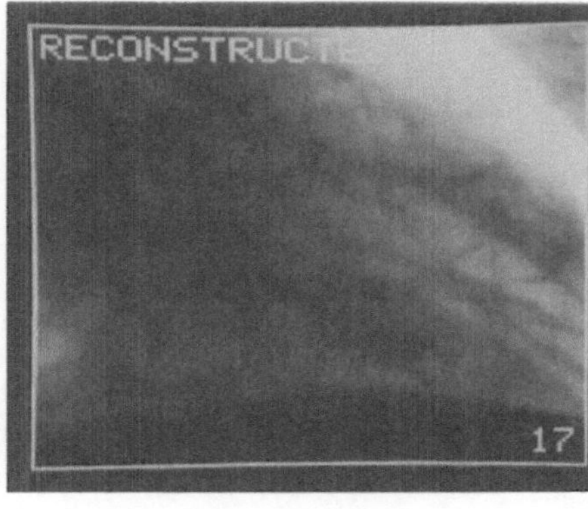

b

c

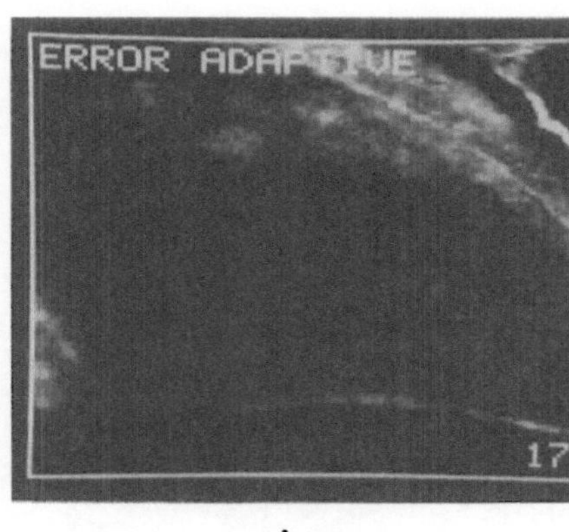

d

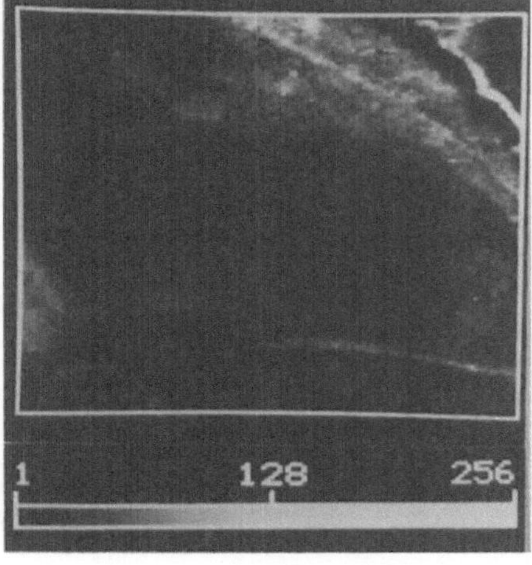

e

Fig. 10
Data compression of an intravenous ventriculogram, a)one of 512 native images, b) reconstructed from compressed sequence (comp. fact. =17), c) mean square error image(nonadaptive cosine), d) adaptive cosine, e) § of coefficients needed for maximum MSE of 5.5.

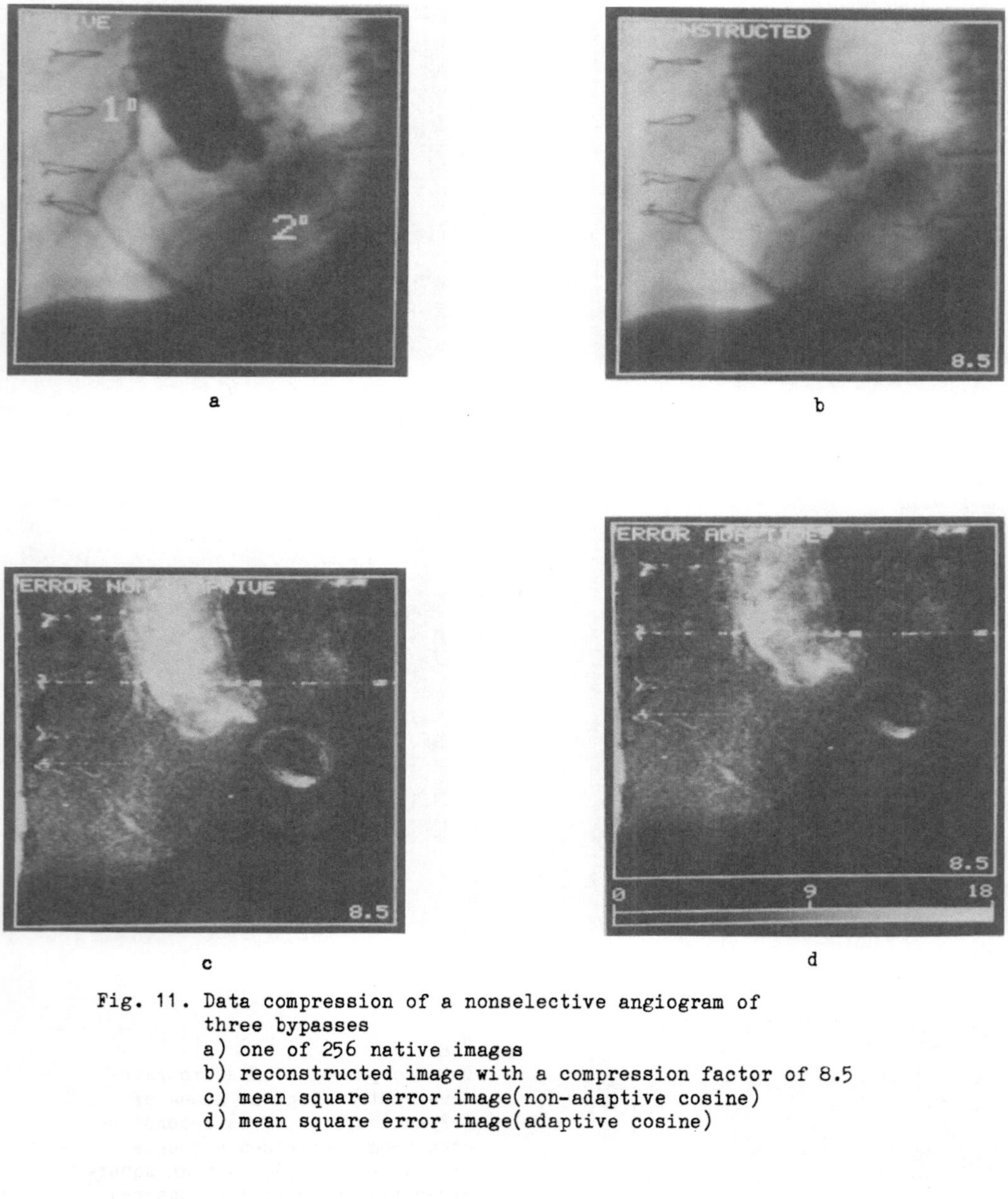

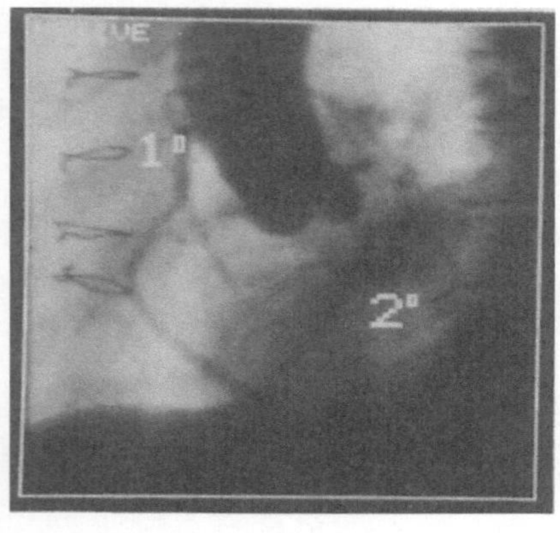

a

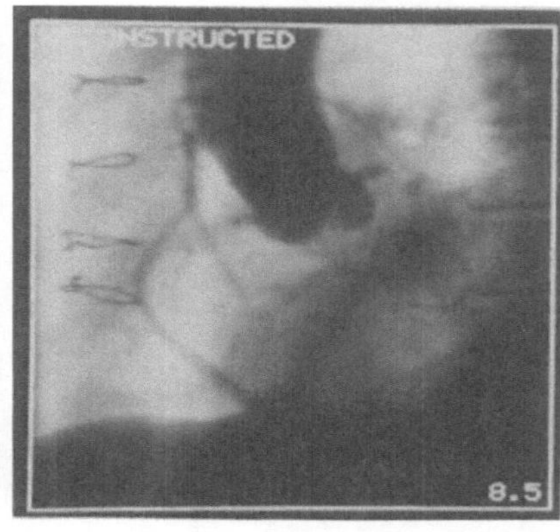

b

c

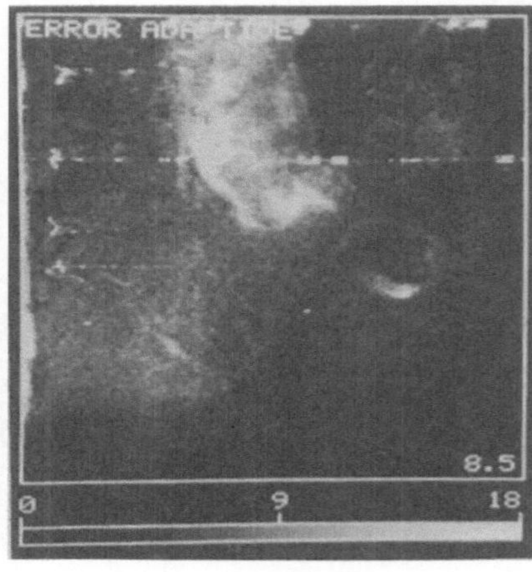

d

Fig. 11. Data compression of a nonselective angiogram of three bypasses
a) one of 256 native images
b) reconstructed image with a compression factor of 8.5
c) mean square error image(non-adaptive cosine)
d) mean square error image(adaptive cosine)

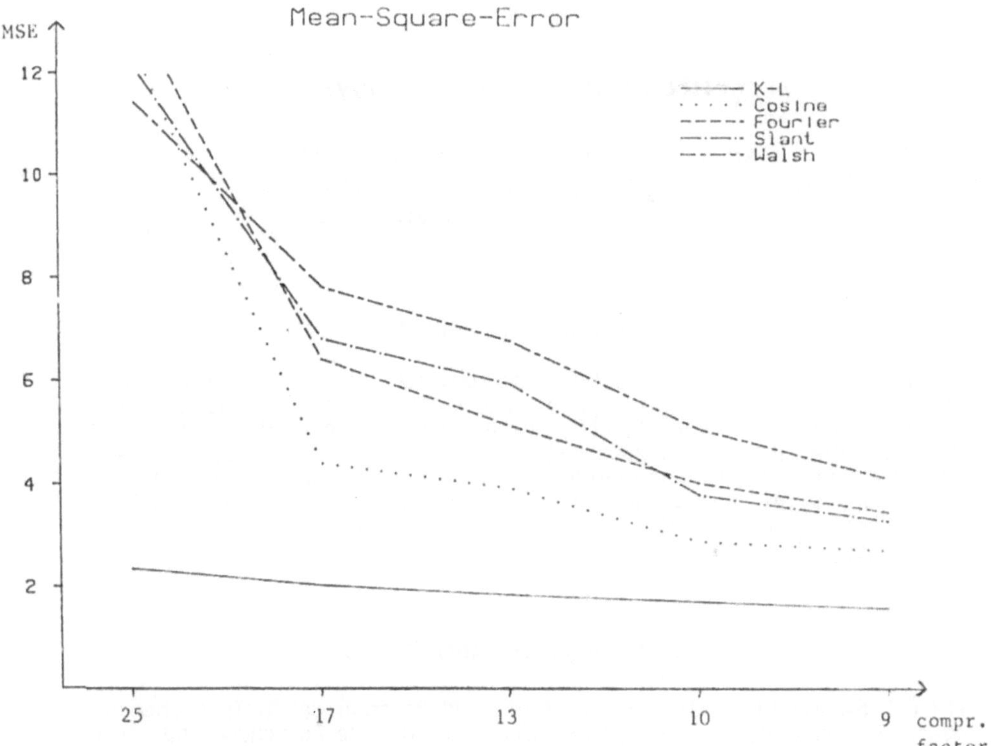

Fig. 12. Mean square error as a function of compression factor for different transforms applied to the image sequence of fig. 10.

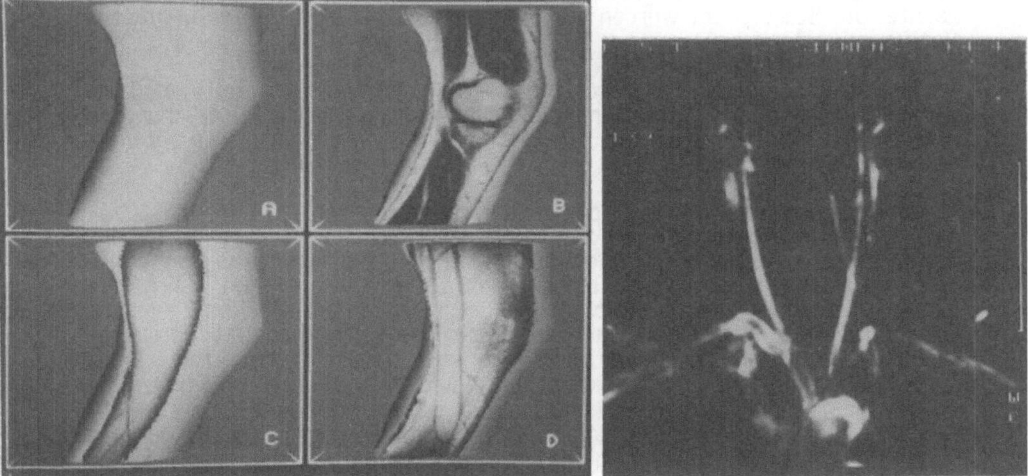

Fig. 13.
3D display of a human knee from MR images a) surface, b) cut at about one third of depth, c) tangential cut, d) projection through surface layer of 3cm

Fig. 14.
Standard deviation image of the normal anatomy of the arterial neck vessels computed from an MR image sequence (by courtesy of Dr. Reinhardt, Siemens)

Verteiltes Bildverarbeitungssystem

B. Fasel, Ch. Hemsing, W. Krybus, D. Meyer-Ebrecht
Th. Schilling, H. Toonen, F. Vossebürger, W. Winkler
Lehrstuhl für Meßtechnik - RWTH Aachen

Zusammenfassung

Die Aufgabe war, ein universelles Werkzeug für die experimentelle Bildverarbeitung zu schaffen mit den Leistungsmerkmalen (1) geringer Lernaufwand für den *newcomer*, (2) Effizienz bei der experimentellen Arbeit, (3) Basis für die Einbettung innovativer Technologien und Architekturen sowie (4) Unterstützung der Konzipierung und Implementierung von Applikations-Prototypen. Realisiert wurde ein verteiltes System aus konventionellem Hostrechner, bildverarbeitungsspezifischen Workstations, I/O-Cluster und Lichtleiter-Netzwerk.

Situation, Ausgangsbasis

Mitte 1984 stand fest, daß am Lehrstuhl für Meßtechnik der RWTH Aachen ein neuer Schwerpunkt "Digitale Bildverarbeitung" für die Forschung und Lehre geschaffen werden sollte. Auf vorhandenes Gerät (Rechner, Peripherie etc.) konnte nicht zurückgegriffen werden. Der völlige Neubeginn schaffte jedoch die günstige Gelegenheit, eine Bildverarbeitungsumgebung zu konzipieren, die unter optimaler Nutzung marktgängiger Hardware/Software in Kombination mit Eigenentwicklungen auf der Basis innovativer Technologien Leistungs/Kosten-optimal auf das geplante Aufgabenspektrum abgestimmt werden konnte. Die Startmittel wurden durch die *Stiftung Volkswagenwerk* zur Verfügung gestellt.

Vorangestellt seien einige Überlegungen zur Situation der digitalen Bildverarbeitung und zur Motivation, auf diesem Sektor Hochschulforschung zu betreiben - auf einem Sektor, auf dem bereits zwei Jahrzehnte intensiv geforscht worden ist.

Ein spezifisches Kennzeichen der Bildverarbeitung ist, daß ein Bild zunächst keine Zeichenkette sondern eine ganzheitliche Repräsentation des abgebildeten Objektes ist und als solche durch das Auge wahrgenommen wird. Seine Verarbeitung ist schon a priori "spektakulär", weil sie ein wahrnehmbares, unmittelbar interpretierbares Ausgangsprodukt erzeugt. Die Zerlegung des Bildes in Zeichenketten - notwendig, um es konventionellen Datenverarbeitungstechniken gefügig zu machen - wird jedoch seinem zwei- oder sogar dreidimensionalen Charakter in keiner Weise gerecht. Gleichzeitig ergibt ein in eine Pixel-Matrix zerlegtes Bild ein Datenvolumen in der Größenordnung *MegaByte* - eine Datensatzgrößenordnung, für die unsere Rechnerarchitekturen zunächst nicht konzipiert waren. Selbst leistungsfähige Rechner benötigen deshalb oft viele Minuten, um eine vom Algorithmus her simple zweidimensionale Bildoperation durchzuführen. Sie lassen *interaktives* Arbeiten - aus dem oben zitierten Grund gerade beim Arbeiten mit Bildern ausgesprochen wünschenswert - kaum zu.

Leistungsfähige Rechner mit kostspieliger Spezialperipherie sind heute das übliche Werkzeug für die experimentelle Bildverarbeitung. Das explorative Arbeiten ist dennoch mühsam: zeitraubend, wegen der langen Verarbeitungszeiten - und unbequem, weil die Kosten die Zahl der Spezialterminals stark einschränken und deren unmittelbare Anbindung an den Hostrechner der Freizügigkeit ihrer Aufstellung enge Grenzen setzt. Fernab von einer befriedigenden Lösung ist auch die Software-Situation. Universelle Softwarpakete für die Bildverarbeitung existieren, werden jedoch selten genutzt, da "trickreiche" Programmierung im Einzelfall immer erheblichen Geschwindigkeitsgewinn bringt. Der Preis: Individual-Software, optimiert und beschränkt auf spezielle Anwendungen, schwierig zu modifizieren und zu erweitern, selten portabel.

Daß digitale Bildverarbeitung dennoch praktischen Nutzen hat, ist evident. Jedoch der Weg zum Einsatz unter praxisgerechten Randbedingungen führt zur Zeit immer noch über die Entwicklung von Hardware-Spezialprozessoren, die allein das Geschwindigkeitsproblem bei vertretbarem Aufwand lösen können. Unzählige solcher Spezialentwicklungen sind in den unterschiedlichsten Anwendungsbereichen etabliert. Sie führen ein jeweils isoliertes Dasein: die Umsetzung neuer methodischer Ansätze aus einer Forschungsumgebung, in der simulativ an Großrechnern gearbeitet wird, erfordert oft eine völlige Neuentwicklung der Echtzeithardware. Sie sind von Anwendern - wenn überhaupt - nur mit großem Aufwand modifizierbar oder erweiterbar, so daß Anwendungserfahrungen nur auf Umwegen in Weiterentwicklungen einfließen können. Sie sind außerdem nur unter großen Schwierigkeiten vernetzbar, wie es etwa neue Trends im medizinischen Anwendungsbereich (*PACS* = Picture Archiving and Communication Systems) erfordern.

Eine Negativbilanz? Wenn auch opportunistischerweise die Schwachstellen der heutigen Situation in der digitalen Bildverarbeitung hier überzeichnet sein mögen, bieten sie doch genügend Ansatzpunkte für Forschungsaufgaben - Forschungsaufgaben, die sich allerdings nicht so sehr auf die Methodik der Bildverarbeitung, sondern auf die *Systeme der Bildverarbeitung* richten: die Architektur ihrer Hardware und Software, Konzepte für vernetzte Systeme, Entwicklungsmethoden und Implementierungsstrategien. Motivation für die Hochschulforschung? Unsere Meinung: die Bildverarbeitung wird durch die sich derzeit entwickelnden Technologien - insbesondere VLSI-Komponenten - zunehmend attraktiver und einsetzbarer ("Nach Numerik, Text und Graphic wird die DV nun die letzte Bastion, das *Bild* erobern!"). Hochschulforschung könnte - und sollte! - dem Abbau der Schwellen dienen, d.h. Systemlösungen erarbeiten, die dem Lernenden den Einstieg leicht machen, die dem Experimentierenden das Arbeiten effizient und mühelos machen, die die Arbeitsergebnisse in die Praxis transferierbar machen - Systemlösungen die offen sind für das Experimentieren mit neuen Methoden, neuen Technologien und neuen Anwendungsproblemen.

Das Konzept unserer Forschungsarbeiten, für die das im folgenden beschriebene Bildverarbeitungssystem gleichzeitig als *tool and testbed*, also Experimentierwerkzeug und Umgebung für die Einbettung innovativer Komponenten entworfen wurde, sieht vor, Forschungsarbeiten an Bildverarbeitungsmethoden, die Entwicklung neuer Architekturen für Bildprozessoren und -netzwerke und die Implementierung von Anwendungslösungen - besonders im Hinblick auf PACS-Trends zu vereinen. Im Vordergrund steht das *interaktive* Arbeiten mit Bildern, das gleichzeitig praxisrelevante Leistungseckdaten für die Konzeption von Bildverarbeitungsarchitekturen setzt und Erkenntnisse auf dem Gebiet der Mensch/-Maschine-Schnittstelle - Neuland z.B. im PACS-Bereich - zu vermitteln hilft. Die Entwicklung und Realisierung dieses Systems war bereits ein erstes Übungsfeld dafür.

Konzept

Grundsätzlich unterschiedliche Anforderungen innerhalb der sukzessive zu durchlaufenenen Arbeitsphasen erfordern ein Nebeneinander sehr unterschiedlicher Implementierungstechniken.

In der **Lern- und Explorationsphase** wird ein einfacher Zugang zu einer um- fassenden *Methodenbank*, die offen für die eigenen Erweiterungen ist, sowie zu einer *Bildbank* für Beispielbilder und Arbeitsergebnisse, unterstützt durch eine einfache Benutzersprache gewünscht. Die Laufzeit ist in dieser Phase von sekundärer Bedeutung. Der Schwerpunkt liegt auf Universalität. Ein leistungsfähiger Universalrechner mit hohem Verbreitungsgrad zur Nutzung existierender Sofware und gegebener Entwicklungsumgebung ist hierfür ein geeignetes Instrument.

Die problemorientierte **Experimentierphase** (Generieren von Bildmaterial, Bildung qualitativer und quantitativer Modelle, Optimieren der Bildoperationen und Operationsketten, Validieren gefundender Lösungen) fordert I/O-intensives Arbeiten und die Handhabung umfangreicher Bildensembles. Die Verarbeitung beschränkt sich auf problemspezifische Teilmengen der Bildverarbeitungsverfahren sowie Standardoperationen. Geschwindigkeit ist hier unverzichtbar, damit das interaktive Arbeiten nicht zur Frustration gerät - mit den bekannten Folgen, daß sich das Arbeiten schon früh auf wenige oder einen einzigen Lösungsansatz verengt und mit nicht-repräsentativ kleinen Bildmengen "validiert" wird. Basis hierfür sind *Arbeitsplatzsysteme* mit Spezialhardware und laufzeitoptimierter Software. Die Methodenbank des Hostrechners dient als Referenz, die Bildbank dient als Bildmassenspeicher und übernimmt das Bildmanagement. Ein *Hochgeschwindigkeitsnetzwerk* ermöglicht ein arbeitsgerechtes Zusammenwirken von Host und Arbeitsstationen.

Aufgabe der **Implementierungsphase** ist die Echtzeitrealisierung anwendungsspezifischer Lösungen zum Zweck der Felderprobung oder der Durchführung weiterführender Experimente unter realitätsbezogenen Randbedingungen. Um Echtzeitsysteme für eine Vielzahl unterschiedlicher Anwendungssituationen ökonomisch realisieren zu können, sind *modulare* Konzepte erforderlich, die - soweit möglich - marktgängige Standardkomponenten verwenden und Spezialhardware auf weitgehend entkoppelbare Inseln konzentrieren. Host und Netzwerk simulieren die Anwendungsumgebung.

Ein System, das all diesen Ansprüchen gerecht wird, kann nur ein *verteiltes* System sein. Seine Grobstruktur zeigt Bild 1. Die funktionale Aufteilung auf Teilsysteme sehr unterschiedlicher Natur erfordert eine sehr sorgfältige Abstimmung der Schnittstellen - die Schnittstelle zum Benutzer ausdrücklich einbegriffen - sowie ein Gesamtkonzept, das zu einem optimalen Zusammenspiel der auf die verschiedenartigen Teilaufgaben optimierten Teilsysteme führt. Wenn größtmögliche Freiheit für die Implementierungstechnik der einzelnen Teilfunktionen (Hardware, Betriebssysteme, Programmiersprachen) erlaubt sein soll, dann wird dies nur beherrschbar, wenn ein übergeordnetes Strukturkonzept durchgängig befolgt wird. Daß mit einem solchen Konzept, das von den besonderen Eigenschaften des Datentyps *Bild* und dessen Verarbeitung geprägt ist, neue Wege gegangen werden müssen, macht die Realisierung dieses Systems selbst zu einem Experiment für neue Systemansätze.

Geschwindigkeitskritisch für das Zusammenwirken der Systemkomponenten sind vor allem das Bildatenmanagement und der Datenfluß - sowohl innerhalb eines lokalen Teilssystems als auch zwischen den Teilsystemen. Daraus folgt für das Bilddaten**management**, daß Bewegungen von Bilddatenblöcken auf ein Minimum beschränkt werden müssen. Unterstützt werden muß dies durch die Verarbeitungsstrukturen von Bildoperationen. Für den Bilddaten**fluß** folgt, daß interne Bewegungen von Bilddatenblöcken möglichst selten durch

Adrian E. Scheidegger
Principles of Geodynamics
Third,completely revised edition

ERRATUM

The paragraph at the top of page 46 is incomplete.
The first sentence should read as follows:

On the other hand, subsidences rather than uplifts have been observed in the Ethiopian Rift valley [240], in the Rio Grande Rift [241], and in some Californian basins [242].

Springer-Verlag
Berlin Heidelberg New York 1982

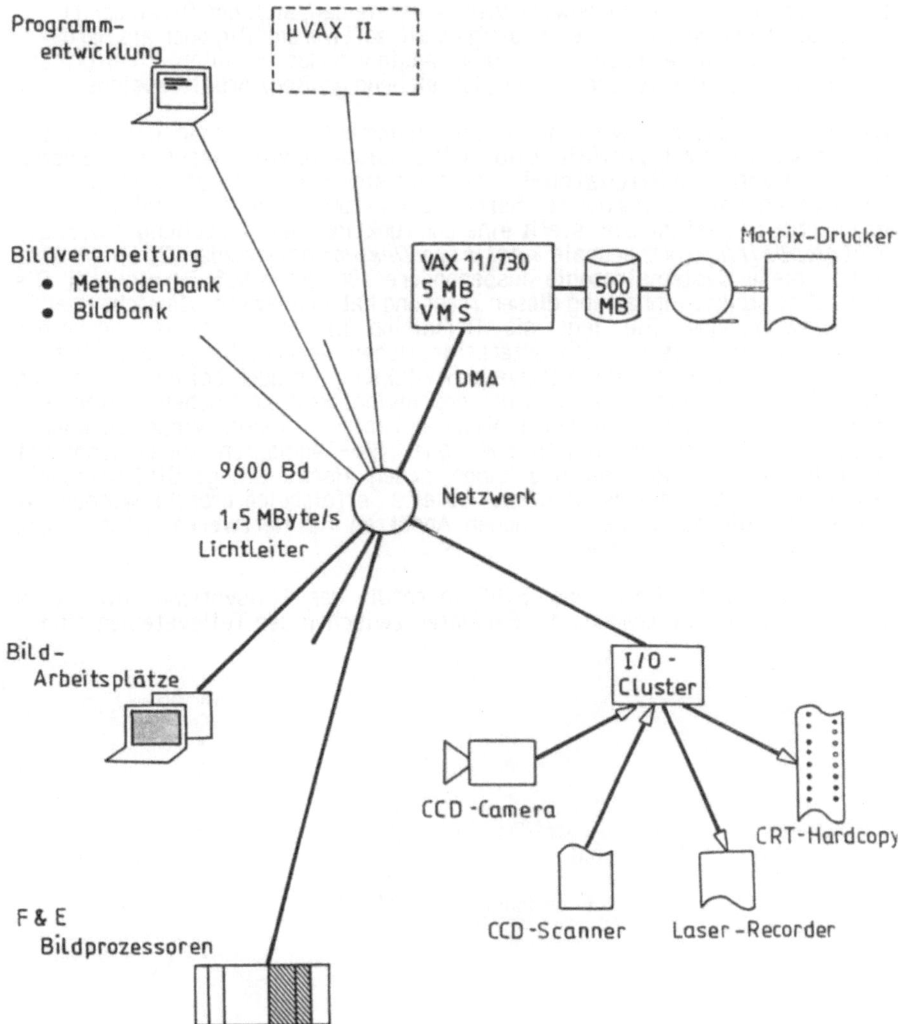

Bild 1: Verteiltes Bildverarbeitungssystem LfM/RWTH

Betriebssystemoperationen unterbrochen werden dürfen, externe Bewegungen einen möglichst geringen Protokoll-Overhead haben dürfen. Aus diesen Forderungen werden die folgenden Grundsätze abgeleitet:

- Verarbeitung und Transport der bezüglich Datenvolumina und Verarbeitungsanforderungen höchst unterschiedlicher Datentypen **Bild**, **Steuerkommandos** und **Text/Numerik ("Wissen")** müssen systemdurchgängig *entkoppelt* werden.

- Der Verteilung der Bildverarbeitungsprozesse muß eine Verteilung der Bildspeicherresourcen entsprechen. Die Verwaltung aller Speicherresourcen muß nach dem Prinzip des *virtuellen Speichermanagements* erfolgen.

- Um unnötige Bilddatenbewegungen zu vermeiden, muß der Pixelzugriff einer Bildoperation - gleichgültig ob sie softwaremäßig oder als Hardwareinsel implementiert ist - unabhängig von Matrixgrößen, Pixelformat und momentaner Allocation im (ausreichend großen) Arbeitsspeicher sein.

Der erste Grundsatz wird durch die Inplementierung einer Drei-Ebenen-Systemarchitektur [1] erfüllt (Bild 2). Die Aufspaltung in **"Wissens"-Ebene**, **Steuer-Ebene** und **Bilddaten-Ebene** zieht sich - unterstützt jeweils durch funktionsoptimierte Hardware, Softwarestrukturen oder Protokolle - durch das verteilte System. Sie stellt eine zur funktionellen Verteilung *(laterale Dekomposition)* orthogonale *vertikale Dekomposition* dar [2]. Entwickelt wurde diese Systemstrategie insbesondere für den PACS-Bereich [3]. Die möglichst strikte Einhaltung dieser Trennung hat in mehrerer Hinsicht positive Auswirkungen: Sie legt die Definition klarer, systemdurchgängiger Schnittstellen zwischen den unterschiedlichen Verarbeitungs- bzw. Datentypen nahe. Sowohl bei der Softwareentwicklung als auch bei der Konzeption neuer Hardwarelösungen können die geschwindigkeitskritischen Systemsegmente leicht isoliert werden. Isoliert optimierte Inseln wiederum können einfacher mit konventionellen HW- oder SW-Segmenten zusammengefügt werden. Bei der Realisierung einer neuen Hochleistungs-Bildprozessor-Architektur ist dieses Konzept bereits erfolgreich erprobt worden [4]. Ebenso hat dieses Konzept zu neuen Ansätzen für Netzwerke geführt, wie weiter unten beschrieben wird.

Die Isolierung des Datentyps "Bild" innerhalb der Teilsysteme sowie eine leistungsfähige Übertragung der Bilddaten zwischen den Teilsystemen sind

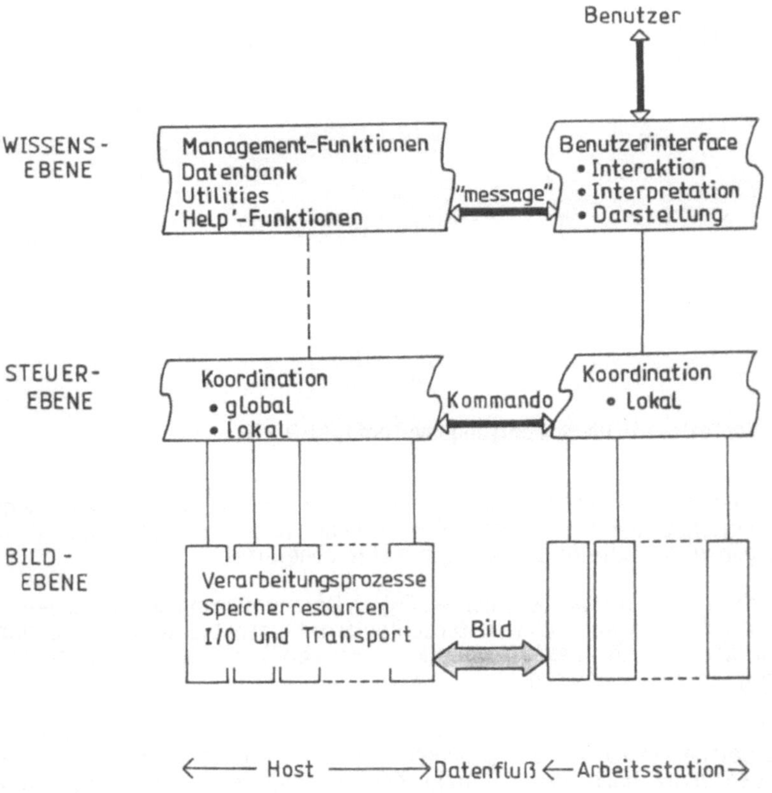

Bild 2: Drei Ebenen-Systemarchitektur

Voraussetzung für die Realisierung eines arbeitsgerecht verteilten Speicherkonzeptes. In Anbetracht des Datenmengenproblems tritt der Konflikt zwischen Zugriffszeit, Speichergröße und Speicherkosten stärker in den Vordergrund. Eine sorgfältige Differenzierung der Speicheraufgaben hinsichtlich tolerabler Zugriffszeit und erforderlicher Speichergröße führt zu einer differenzierten Speicherhierarchie, in der den einzelnen Aufgabeninseln die jeweils optimale Speichertechnologie zugewiesen werden kann [5]. Korrespondierend zu der Speicherhierarchie muß auch die Speicherverwaltung hierarchisch aufgebaut sein. Dabei dient die Verwaltung einer weiter im Hintergrund liegenden Speicherinsel der jeweils vorgelagerten als Support-Funktion. Die Vordergrund-Verwaltung ist benutzerspezifisch und beschränkt sich entsprechend auf Teilmengen der gespeicherten Bilder, ist daher effizient. Virtuell steht ihr aber der gesamte Speicherraum aller weiter im Hintergrund liegenden Speicher zur Verfügung.

Bei den gegebenen Prozessorarchitekturen wird die höchste Verarbeitungsgeschwindigkeit erreicht, wenn das jeweils zu verarbeitende Bild in einem fest zugewiesenen Speicherbereich geladen wird. Dies ist sogar unumgänglich, wenn Spezialprozessoren (z.B. Array-Prozessoren, I/O-Prozessoren, Display-Prozessoren) mit individuellen Arbeitsspeichern in das System eingebettet werden. Zusätzliche Bewegungen und Umformatierungen der Bildmatrizen sowie entsprechende Verwaltungsoperationen sind die Konsequenz, evtl. auch Einschränkungen der Formatfreizügigkeit. Freizügige Allocation und Formatwahl erfordert dagegen einen hohen Adressrechenaufwand. Dieser kann mit maschinennaher Programmierung (optimale Nutzung der gegebenen CPU-Struktur) reduziert werden. Ein Lösungsansatz zur Vermeidung des damit verbundenen hohen Programmieraufwandes wäre die Auftrennung der Bildoperation in Operationskern (Pixel-Algorithmus) und Zugriffsschale (Adress-Algorithmus) und die Schaffung in Hochsprachen eingebetteter generischer Zugriffsschalen. Dies führt logisch weiter zur Schaffung von Adressrechenwerken, z.B. als Co-Prozessoren. Die ultimative Lösung liegt allerdings in einer Rechnerarchitektur, die diese Zweiteilung durch Busstruktur, Speicherstruktur und Kooperationsweise der Rechenwerke von vornherein vorgibt [4].

Auf der Basis dieser Ideen ist das Konzept für das verteilte Bildverarbeitungssystem am Lehrstuhl für Meßtechnik der RWTH Aachen entstanden. Die Realisierung von Hardware, Software und Netzwerk wird in den folgenden Abschnitten beschrieben.

Hardware

Entsprechend der Aufgabenverteilung wurde die Hardware konzipiert. Sie besteht aus den vernetzten Teilsystemen

- Host-Rechner mit Massenspeicherperipherie (Vax-11/730 mit 5 MB-Arbeitsspeicher und RA81-456 MB-Massenspeicher)
- Arbeitsstationen für Routineaufgaben und Lehrbetrieb,
- autarke Systeme für Hardware-Experimente und Applikationsprototyp-Entwurf,
- Hochleistungsprozessor für die Bildarbeitsplatz-Forschung,
- I/O-Peripheriegeräte-Cluster mit eigenem Prozessor.

Als wichtige Komponente in dem verteilten Bildverarbeitunssystem soll das Konzept der Arbeitsstation im folgenden ausführlicher beschrieben werden.

Was ist eine Bild-Arbeitsstation? Eine Arbeitsstation in einem Mehrbenutzer-Bildverarbeitungssystem ist das Pendant zum "Terminal" eines Rechnersystems - also ein Gerät zur Darstellung ('display') der vom Rechnersystem gelieferten Information und zur Eingabe der vom Benutzer produzierten Information. Mehr zunächst nicht ...

Analog zu modernen alpha-numerischen Terminals, bei denen triviale (und zunehmend auch nicht-triviale) Datenmanipulationen bereits "vor Ort" mittels ohnehin vorhandenem lokalem Mikroprozessor durchgeführt werden um den Host-Rechner zu entlasten, stellt sich jedoch die Frage, ob und in welchem Umfang eine Bild-Arbeitsstation Bilder lokal verarbeiten können muß. Pragmatische Antwort: Je mehr, desto besser; denn in der Bildverarbeitung ist die Entlastung des Host-Rechners extrem wichtig - "es darf aber nichts kosten".

Bei beschränktem Budget ist die Zahl der realisierbaren Arbeitssstationen zu ihren Kosten umgekehrt proportional. Viele Arbeitsstationen (im Sinne eines leichten und breiten Zugangs zur Bildverarbeitung) zu realisieren setzt Bild-Terminals auf dem Kostenniveau von PC's voraus. Die heute angebotenen, auf einer aufwendigen Basis aufgebauten Bild-Displaygeräte waren für unsere Zwecke ungeeignet. Sie sind bei weitem zu teuer. Die Vielzahl unterschiedlicher Hardwarezusätze für schnelle Bildoperationen machen sie nicht attraktiver, da diese Operationen meist auf spezielle Anwendungen zugeschnitten sind, schwer in universelle Host-Rechner-Software einzubinden sind und daher erfahrungsgemäß kaum genutzt werden. Die Konsequenz war eine Eigenentwicklung, im folgenden beschrieben - eine auf die Grundanforderungen an ein Bild-Terminal abgemagerte Hardware ohne "bells and whistles", die vielleicht gerade dadurch interessante Leistungsmerkmale aufweist. Das Konzept zeigt Bild 3. Basis ist der VME-Bus. Systemkomponenten - realisiert jeweils als eine Doppel-Euro-Karte - sind MC68.000-Prozessor mit RAM und EPROM, Dual-Port-Bildspeicher 1/2 MByte für zwei 512^2 * 8bit-Bilder und random-access-Schnittstelle zum VME-Bus, Text/Graphic-Generator mit bildspeichersynchronem Videosignal, Lichtleiterinterface mit DMA-Controller sowie 2MByte-RAM-Einheiten.

Nach der oben skizzierten 3-Ebenen-Systemphilosophie ist die Lichtleiterkopplung zum Host-Rechner ausschließlich den Bilddaten und Bildübertragungs-Steuerkommandos vorbehalten. Der Austausch aller alpha-numerischen Daten für Benutzerdialog etc. findet konventionell über V.24-Verbindung statt. Der Transfer eines vollständigen Bildes ($512^2 \cdot$ 8bit) dauert nur ca. 0,5 s, die Geschwindigkeitsgrenze ist primär durch den Host-Rechner gesetzt.

Der lokale Mikroprozessor besitzt statt eines komplexen Betriebssystems nur einen EPROM-residenten Monitor. Auf lokale Massenspeicher wurde verzichtet. Diese Eigenschaften und nicht zuletzt der Verzicht auf komplexe Hardware- und Software-Strukturen waren Voraussetzung dafür, den Terminalprozessor neben üblichen Terminalaufgaben auch für die lokale Durchführung von Bildoperationen einzusetzen - und dies mit überraschender Effizienz! Einige Beispiele mögen dies im Vergleich mit dem Host-Rechner verdeutlichen.

Bildoperation, 512^2 x 8-Matrix	68.000	VAX (CPU-Zeit)
Speicher/Speicher-Transfer (SWAP)	1 s	{ 17 s (Assembler) 32 s (FORTRAN)
Zoom	2 s	19 s (Assembler)
Histogrammequalisierung	7 s	80 s (FORTRAN)
Laplace-Operator	14 s	150 s (FORTRAN)
Faltung mit 15 x 15-Matrix (gleichgewichtet)	16 s	71 s (FORTRAN)

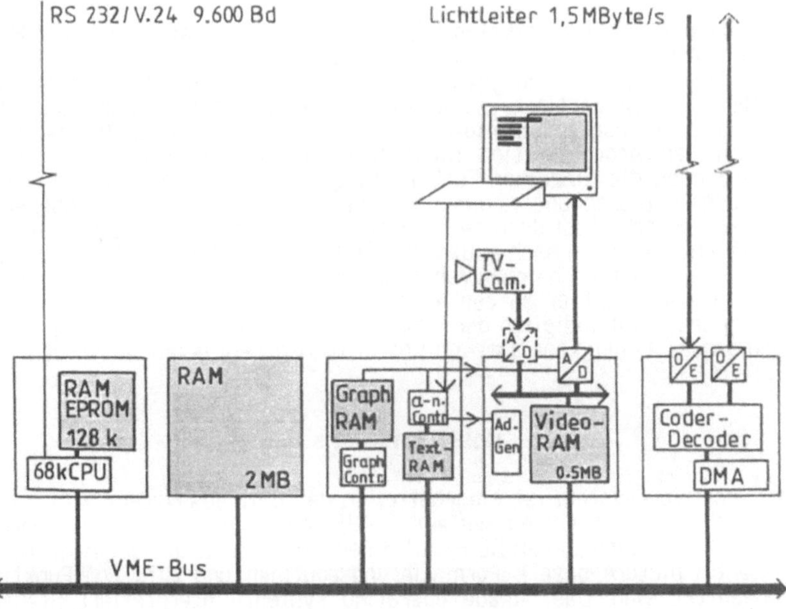

Bild 3: Bildarbeitsstation

Um dem Vorwurf, "Äpfel mit Birnen" verglichen zu haben, zuvorzukommen: der Vergleich beweist, daß lokale Bildverarbeitung trotz "spartanischer" Hardware-Ausstattung der Bild-Arbeitsstationen nicht nur möglich sondern sogar sehr sinnvoll ist. Der Preis ist allerdings ein hoher Programmieraufwand (Laufzeit-optimierte Assembler-Programmierung). Diese Tatsache und die geforderte Beschränkung auf einfache Softwarestrukturen werden den Umfang der lokalen Funktionen sinnvollerweise auf einen kleinen Katalog von häufig benutzten Operationen beschränken (siehe auch: Abschnitt Software). Dennoch ermöglicht diese Fähigkeit der Arbeitsstation zusammen mit der Möglichkeit, mit der 2MByte-RAM-Erweiterung lokal z.B. bis zu 8 512^2-Bilder zu speichern, eine effiziente interaktive Arbeitsweise. Bilder, Text und Graphic sind aus ergonomischen Gründen auf einem einzigen Bildschirm in Fenstertechnik zusammengefaßt.

Software

Die Verteilung der zusammenwirkenden Prozesse und die je nach Aufgabe unterschiedliche Allocation der Teilprozesse erfordert eine strenge Gliederung des Softwaresystems und eine einheitliche Definition der Schnittstellen innerhalb des Systems. Die Kommunikationsmechanismen innerhalb des Software-Systems müssen dem 3-Ebenen-Konzept der verteilten Hardware-Struktur entsprechen, d.h. zwei unterschiedliche Schnittstellentypen, die *orthogonal* zueinander sind, müssen identifiziert werden: *vertikale* Schnittstellen zwischen den Funktionsebenen und *horizontale* Schnittstellen zwischen den Segmenten innerhalb der Funktionsebenen. Prozesse innerhalb einer Funktionsebene müssen zusammenwirken können, um die Prozesse auf der jeweils darunterliegenden Ebene und deren Zusammenwirken zu steuern. Dem Benutzer muß sich das System - betrachtet durch das Fenster der höchsten Ebene - einheitlich und horizontal durchgängig darstellen.

Die Konzeption des Softwaresystems (Bild 4) erlaubt es, daß sowohl der Host als auch die Arbeitsstationen als autarke Systeme betrieben werden können. In beiden Teilsystemen sind jeweils alle Funktionssegmente - zumindest rudimentär - implementiert. Lediglich die permanente Speicherung von Bildern und Unterprogrammbibliotheken ist wegen der fehlenden Massenspeicher in der Arbeitsstation nicht möglich. Bezüglich der Funktionshierarchie finden die einzelnen Funktionssegmente in beiden Teilsystemen ihre jeweilige Entsprechung. Kommunikationswege auf allen Funktionsebenen ermöglichen der Arbeitsstation den Zugang zu allen Funktionen des Host. Für den Host (Sicht von innen nach außen) stellt sich dabei die Arbeitsstation als "user" dar - nicht unterscheidbar von einem Benutzer, der direkt auf der Host zugreift. Für den Benutzer an der Arbeitsstation dagegen (Sicht von außen nach innen) erscheint lediglich der Funktionsumfang erweitert. Das Springen zwischen den Systemen kann aber muß nicht transparent gemacht werden.

Host-Software

Das Host-Softwaresystem ist eingebettet in das Betriebssystem VMS. Sein Kern ist das "image operating system" CHRIS, eine Schale, in die wiederum Bildverarbeitungsroutinen (SPIDER-Bibliothek [6] und eigene Routinen), Bildmanagement ("picture-base"), Formatierungsroutinen und Bild-I/O-Funktionen eingebettet sind. Das "image operating system" interpretiert Steuerkommandos und aktiviert Prozesse in entsprechender Koordination (Beispiel: laden eines Bild-Files, umformatieren, aktivieren der BV-Routine, umformatieren, auslesen in den Displayspeicher). Steuerkommandos werden als "messages" in eine "mailbox" gelegt und nach Priorität abgearbeitet.

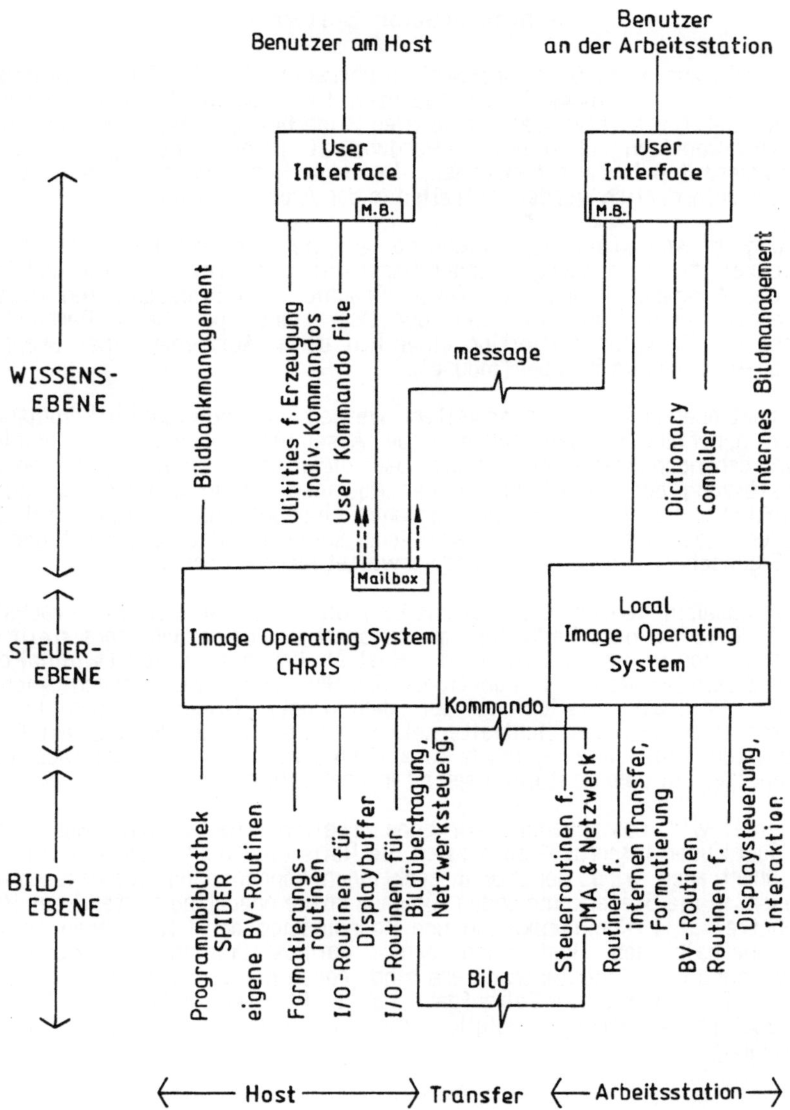

Bild 4: Software-System

Vermittler zwischen dem "image operating system" und dem Benutzer ist das benutzereigene "user interface". Benutzerkommandos werden aus Menus erzeugt oder direkt eingegeben. Der Benutzer kann - unterstützt durch entsprechende Dienstprogramme - seinen Kommandowortschatz individuell erweitern, z.B. Makrooperationen, Operationssequenzen etc., definieren. Die Kommunikation zwischen "user interface" und "image operating system" erfolgt bidirektional nach dem "mailbox"-Prinzip.

Arbeitsstation-Software

In Analogie zum Host-Software-System übersetzt das "local user interface" Benutzerinteraktionen in Steuersequenzen für das 'local image operating system'. Letzteres verwaltet den lokalen Bildarbeitsplatzspeicher, aktiviert lokale BV-Routinen und steuert die Hardware für Bildübertragung, Display und evl. Camera Input. Zwischenebenen, die beim Host durch die Multi-User-Struktur erforderlich werden, entfallen in der Arbeitsstation.

Die engere Anbindung der Bildebene an die Steuerebene eröffnet die Möglichkeit zu ineinandergreifender Darstellung von Text, Graphic und Bild. Ein- und Ausgaben können aus Text-, Graphic- und Bildsegmenten zusammengesetzt sein. (Beispiel: Wahl der Operationen per Menu, Parametereingabe per Tastatur, Definition einer ROI durch Aufziehen eines Graphic-Overlay-Rahmens im Bild per "mouse").

Der Funktionenumfang kann erweitert werden und individuelle Kommandos können generiert werden, indem neue Assemblerroutinen oder Kombinationen vorhandener Funktionen in den "user dictionary" compiliert werden. Zur Unterstützung der Entwicklung neuer Routinen ist in den Monitor außer Assembler und Editor ein Koppelprogramm eingebunden, über das - mit dem entsprechenden Gegenstück im Host - Programme und Daten unter Nutzung der VMS-Eigenschaften gespeichert und verwaltet werden können.

Für das Zusammenwirken der Systeme kann die Arbeitsstation im einfachsten Fall als "Bild-Terminal" arbeiten. Im Transparentmode des Monitors stellt die Arbeitsstation in diesem Fall für den Host ein konventionelles Terminal dar, über das dem Benutzer alle Funktionen des Host zugänglich werden (wichtig für die Programmentwicklung auf dem Host). Bilder werden in die Arbeitsstation über das Lichtleiternetz wie in ein an den Host direkt DMA-gekoppelten Bildspeicher geladen. Zusätzlich zum "local user interface" muß der Benutzer auf dem Host ein "user interface" aufmachen.

Effizienter wird das zusammenwirkende Arbeiten Arbeitsstation/Host, wenn dem "local user interface" zusätzlich die Rolle des "user interface" für den Host übertragen wird. Benutzerinteraktionen können dann Steuersequenzen auslösen, in die Steuerkommandos für das "image operating system" des Host eingebettet sind. Kommunikation und Koordination der Operationen erfolgt wie innerhalb des Host nach dem "mailbox"-Prinzip. Steuerung und Überwachung des Bilddatentransfers sind jedoch hiervon ausgenommen. Dies ist aus Effizienzgründen Teilaufgabe des Lichtleiter-Netzwerkes. Auf der "message"-Ebene erfolgt lediglich die Vorbereitung und abschließende Bestätigung.

Netzwerk

Eine essentielle Voraussetzung für das interaktive Arbeiten mit Bildern in einem verteilten System ist ein Netzwerk, das Bilder in akzeptablen Übertragungszeiten zwischen Host und Arbeitsstationen transportiert. "Akzeptabel ist alles, was unter einer Sekunde liegt!" Also lautet eine realistische Forderung : die *Nettoübertragungsrate* muß mindestens *1 MByte/s* sein, d.h. der Transport einer 1024^2· 8bit Bildmatrix dauert maximal 1 s.

Aus technologischer Sicht ist dies kaum spektakulär. Aber wo sind die LAN's, die diese Bedingung erfüllen? Und zu welchem Preis - Preis nicht nur in DM sondern auch in Bezug auf die Komplexität ihrer Handhabung? Eine "Datenrate" von 10 Mb/s, mit der beispielsweise ein *Ethernet* wirbt, schrumpft bei der Übertragung großer Datenmengen nach Erfahrungen an vielen Orten - wenn man Glück hat - auf etwa 1/10 dieses Wertes. Schuld daran sind komplexe Protokolle zur Koordinierung des Verkehrs, strukturbedingte Konflikte zwischen Netzwerk und Rechnern und nicht zuletzt die Überlagerung heterogener Transportaufgaben (Steuerinformation wird vom Transportmedium in gleicher Weise behandelt wie die Nutzinformation). Letzteres führt insbesondere dann zu Ineffizienz, wenn Rückkopplungen in der Steuerstruktur das Aufbrechen großer Datenblöcke in kurze Datensequenzen zugunsten einer kurzen Reaktionszeit des Netzwerks erfordern.

Es ist daher eine logische Konsequenz, die unterschiedlichen Informationsströme zu entflechten, indem das Netzwerk in mehrere sich überlagernde Ebenen aufgeteilt wird (Bild 5A) [7]. Dies korrespondiert mit dem 3-Ebenen-Konzept für die Verarbeitung:

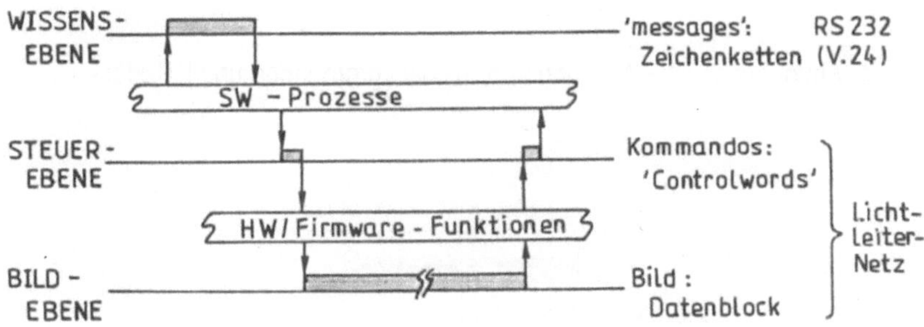

Bild 5A: Transsportaufgaben auf den drei Systemebenen

- ☐ Die Vorbereitung einer Bildübertragung erfolgt auf der *Wissens-(Management-)Ebene*. Die hier involvierten Softwareprozesse erfordern den Austausch kurzer Datensequenzen *(messages)* zwischen den Kommunikationspartnern. Das Kommunikationsmedium auf dieser Ebene kann ein konventionelles Netzwerk sein, das dem V.24-Protokoll genügt. Als Abschluß der Vorbereitungsphase wird ein Startkommando an die Steuerstruktur des Bilddaten-Transportmediums übergeben.

- ☐ Der *Bilddatenkanal* muß verträglich mit üblichen DMA-Schnittstellen sein. Dies wird durch eine wortweise *asynchrone* Übertragung erreicht. Zu jedem Zeitpunkt bestimmt das jeweils langsamste Glied der Übertragungskette Quelle-Kanal-Senke die Übertragungsgeschwindigkeit. Gleichzeitig wird es möglich, jederzeit Steuerworte (durch ein spezielles *modebit* gekennzeichnet) konfliktfrei in den Datenstrom einzuflechten (Bild 5B). Steuerdatenkanal und Bilddatenkanal sind *logisch* aber nicht physikalisch getrennt.

Die dem *"message"*-Netzwerk unterlagerten Netzebenen wurden als Lichtleiter-Netzwerk realisiert. Ein erstes Grundelement sind bidirektionale serielle *Punkt-zu-Punkt-Übertragungsstrecken* mit einer Übertragungsrate von 1,5 MByte/s und 16 bit-Parallelschnittstellen (Bild 5C und 5D). Trotz Ineinanderflechtung von Steuer- und Bilddaten sind die in beiden Fällen asynchronen Übertragungsprotokolle unterschiedlich, um den jeweils speziellen Anforderungen gerecht zu werden:

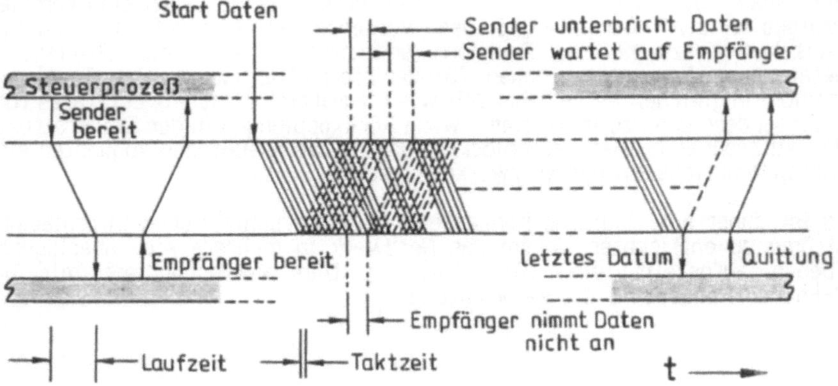

Bild 5B: Asynchrone Übertragung von Steuerkommandos und Bilddaten

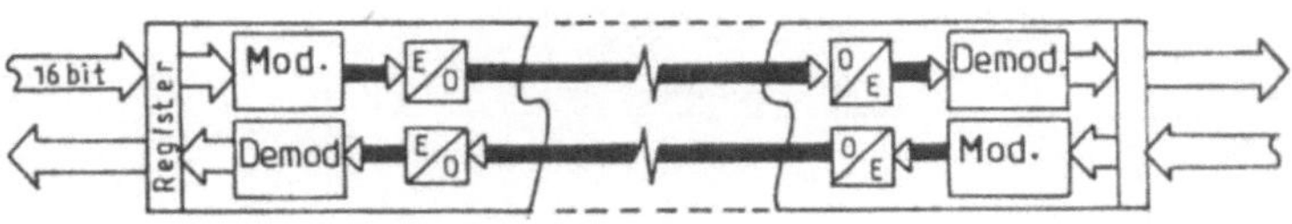

Bild 5C: Netzwerk-Grundelement 'Strecke'

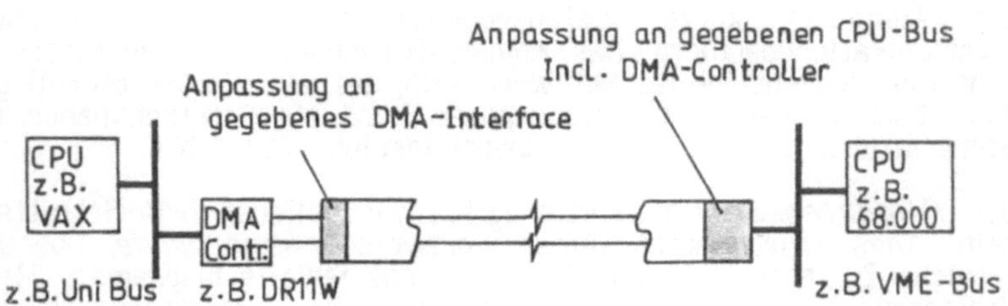

Bild 5D: DMA/DMA-Kopplung über Lichtleiter-'Strecke'

- *Steuerworte* : kein "acknowledge"-Signal über den Rückkanal, da Steuerwort als Anwort erwartet wird (wortweiser Duplex-Verkehr mit Zykluszeit = 2 · Übertragungszeit + Reaktionszeit der Steuer-Hardware/Firmware)

- *Bilddatenworte* : "acknowledge"-Signale über den Rückkanal (Semi-Duplex-Verkehr, da beide Kanäle gleichzeitig belegt sind). Durch ein "look-ahead-acknowledge"-Konzept (FIFO-Puffer am Empfangsort und entsprechend hohes "acknowledge"-Guthaben des Senders) sieht die Quelle die Laufzeit der Leitungen nicht. Die I/O-Schnittstellen der Strecke verhalten sich wie Register.

Das zweite Grundelement des Netzwerkes sind *Vermittlungsknoten*. Mit ihnen werden Übertragungsstrecken zu beliebigen Topologien - vorzugsweise Baumtopologien - zusammengeschaltet (Bild 5E). In einem Knoten werden die Parallelschnittsstellen der Übertragungsstrecken bezüglich ihrer Bilddatenflüsse paarweise für die Zeitdauer eines vollständigen Bildtransfers durchgeschaltet. Empfangene Steuerworte werden ausgesiebt, analysiert und in alle Richtungen weitergegeben. Obwohl das Netz bezüglich der Bilddaten "line-switch"-Charakter hat, verhält es sich bezüglich der Steuerworte permanent wie ein "Äther". Gesteuert wird jeder Knoten durch einen lokalen Mikroprozessor, der alle Informationen zum Auf- und Abbau von Verbindungen den passierenden Steuerworten entnimmt: Er benötigt weder Kenntnis der Netzwerktopologie noch Kenntnis über den Zustand der Teilnehmer. Erweiterungen des Netzwerkes und Anpassungen der Topologie an wechselnde Benutzerbedürfnisse erfordern daher keine Umprogrammierungen der Knoten.

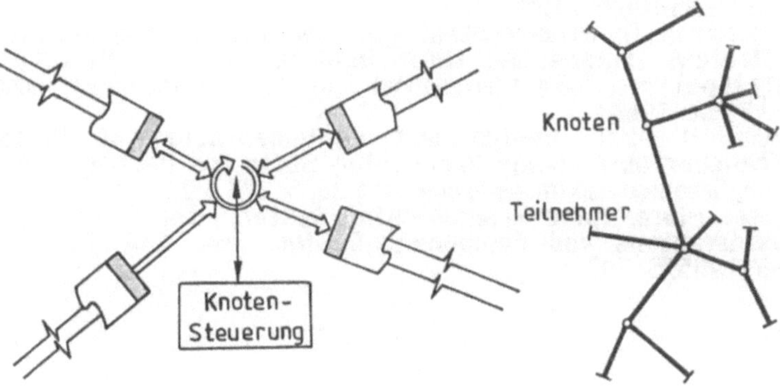

Bild 5E: Netzwerk-Grundelement 'Knoten', Baumtopologie

Das Lichtleiternetzwerk ist in sich autark. Jeder Teilnehmer kann zu jeder Zeit als Sender den Versuch machen, auf der Steuerebene eine Verbindung aufzubauen. Erfolgreich ist dies jedoch nur, wenn der angerufene Teilnehmer empfangsbereit ist. Dazu ist im allgemeinen ein vorheriger "message"-Austausch nötig. Durch die strikte Entkopplung zwischen "message"-Verkehr und Steuerdaten/Bilddaten-Verkehr kann der "message"-Austausch beliebig komplex sein (z.B. Benutzerdialoge beinhalten) ohne die Nettodatenrate des Bildtransports zu schmälern. Andererseits bedarf es keiner Eingriffe in die Struktur der Hardware- oder Software der Teilnehmer auf der Bilddatenebene, da sich das Netzwerk nach erfolgter Durchschaltung für beide Teilnehmer wie eine DMA/DMA-Kopplung darstellt. □

Wertvolle Hilfen beim Hardware- und Software-Design erhielten wir von Mitarbeitern des Philips Forschungslabors Hamburg, insbesondere von Karl Mönnich, Joachim Schmidt und Thomas Wendler. Hannu Jaansalu und Sven Olofsson von der Firma IMTEC, Uppsala trugen zur Reifung des Netzwerkkonzeptes bei. Mit Diplomarbeiten trugen L. Adams, N. Elshoff, R. Gerlach, M. Hauer, D. Krieger, P. Permien, B. Reifert, J. Schulze-Clewing und J. Wenger zum Aufbau des beschriebenen Systems bei. Schließlich wurden Start und Durchführung des Projektes erst ermöglicht durch die großzügige finanzielle Unterstützung der Stiftung Volkswagenwerk. Das vorliegende Papier ist eine gekürzte Fassung des Abschlußberichtes.

Literatur

[1] D. Meyer-Ebrecht: **The Management and Processing of Medical Pictures - an Architecture for Systems and Processing Devices.** Proc.IEEE Workshop on Picture Data Management and Description, 1980, Asimolar, Ca. S. 202

[2] D. Meyer-Ebrecht: **On the Architecture for Pictorial Information Systems**; in: K.H. Höhne (Hrsg.), Pictorial Information Systems in Medicine, NATO ASI Series F; Computer and System Sciences, Vol . 19, Springer 1986, S. 151

[3] D. Meyer-Ebrecht, Th. Wendler: **An Architectural Route through PACS.** IEEE Computer Vol. 16, Nr. 8, Aug. 1983, S. 19

[4] D. Böhring, D. Meyer-Ebrecht, J. Schmidt, H. Svensson, Th. Wendler: **A Modular Multiprocessor Picture Computer Architecture for Distributed Picture Information Systems,** Proc. SPIE Vol. 418 "PACS I" Jan.1982, S.125

[5] K.J. Moennich, Th. Wendler: **Strategies for Storage and Distribution of Medical Images and their Realisation in a Picture Base Prototype**, Proc. 1984 International Joint Alpine Symposium, Innsbruck, 11.-15. Feb. 1984

[6] Tamura, H. et.al.: **Design and Implementation of SPIDER - A Transportable Image Processing Software Package.** Computer Vision, Graphics and Image Processing 23, S. 273-294

[7] B. Fasel: **Fibre Optic Transmission Systems for PACS: Network Considerations and Component Design.** Proc. CAR '85, Springer, Berlin 1985, S. 303

RAMSES, EIN UNIVERSELLES VERARBEITUNGS- UND INFORMATIONS-SYSTEM IN DER NMR-DIAGNOSTISCHEN MEDIZIN

Thomas Tolxdorff*, Lutz Felsberg+, Bernd Mecking*und Klaus Gersonde+

*Abteilung Medizinische Statistik und Dokumentation,
+Abteilung Physiologische Chemie,
Klinikum der Rheinisch-Westfälischen-Technischen Hochschule,
D-5100 Aachen

EINLEITUNG

RAMSES ist ein universelles Software-System, das die in der medizinischen Diagnostik anfallenden NMR-spektroskopischen Daten (Nuclear Magnetic Resonance, NMR) verarbeitet und zur Verbesserung der Diagnosemöglichkeiten bereitstellt. Die NMR-Information wird in Form von Bildern und Graphen auf dem Bildschirm so dargestellt, daß der Nutzer (Mediziner aller Disziplinen) einen schnellen visuellen Zugriff zu dieser Information gewinnt [1]. Das NMR-Experiment kann - zugeschnitten auf das zu untersuchende Problem - in sehr vielen methodischen Varianten durchgeführt werden. Es liefert als parameter-selektive Kernspintomographie eine multivariate Information [2,3]. Hieraus ergibt sich eine besondere Komplexität sowohl bezüglich der Anwendung als auch hinsichtlich der Auswertung der Ergebnisse. In einer Vielzahl von Verarbeitungsschritten muß also das Experiment und seine Auswertung gesteuert werden. Schließlich müssen die Schlußfolgerungen aus der Fülle der Ergebnisse schnell gezogen werden können.

Das System RAMSES (RWTH Aachen Magnetic Resonance Software System) stellt auf dem Gebiet der NMR-Diagnostik eine neuartige Informationsverarbeitung dar [1]. RAMSES wird sich auch in den klassischen bildgebenden Verfahren der Medizin (CT,US) einsetzen lassen. Die Verarbeitungsvorgänge sind in RAMSES mit einer leicht erlernbaren Kommandosprache steuerbar. Das erlaubt Biophysikern, Biochemikern und Informatikern, die auf NMR-Experimenten basierenden Informationen so aufzubereiten, daß Mediziner sie zu diagnoseunterstützenden Darstellungen verwenden können. Die Entwicklung des Software-Systems RAMSES wurde erforderlich, um die bei der parameter-selektiven Kernspintomographie anfallenden multivariaten Daten zu verarbeiten. Bei hoher räumlicher Auflösung wird mit Hilfe der Relaxations-spektrometrie biochemische Information gewonnen, die zur Beschreibung bestimmter

Stoffklassen herangezogen werden kann. Mit Hilfe der Bilderzeugungsfunktion von RAMSES wird die Darstellung biochemischer Information mit der Darstellung anatomischer Details verknüpft [4]. Während die klassische Kernspintomographie Bilder auf der Basis von Magnetisierungswerten der Wasserstoff-Atome liefert und die Kontraste in den Bildern auf dem unterschiedlich hohen Wasseranteil der Organe und unterschiedlichen Relaxationsprozessen beruhen, können nun durch genaue Messungen und Analysen der Relaxationszeiten Stoffklassen wie Wasser, Fett und Eiweiß differenziert und sichtbar gemacht werden. Die Möglichkeit, bestimmte Stoffklassen aus der Gesamtheit aller in einem Schnitt durch einen menschlichen Körper vorhandenen Substanzen zur Bilddarstellung zu extrahieren, beruht auf der Messung der transversalen (T_2) und longitudinalen (T_1) Relaxationszeit [5].

Jede Substanz des menschlichen Körpers besitzt eine für sie charakteristische durch In-vitro-Versuche bekannte Relaxationszeit T_2. Durch Vorgabe bestimmter Intervalle auf der T_2-Achse in der T_2-Histogramm-Darstellung (siehe Fig. 1) können

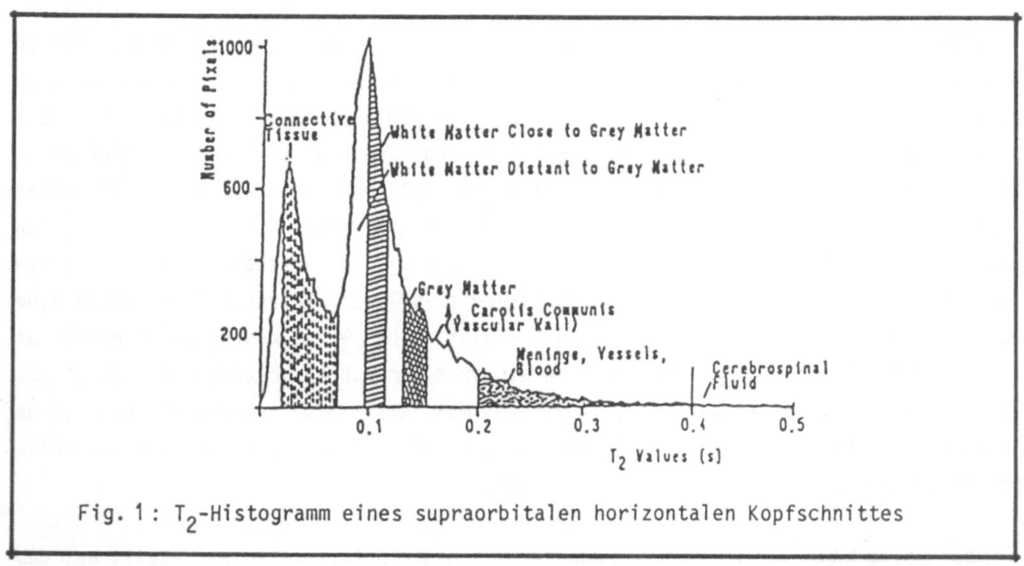

Fig. 1: T_2-Histogramm eines supraorbitalen horizontalen Kopfschnittes

die Substanzen, welche diesem "Fenster" zugeordnet sind, von Substanzen mit T_2-Werten, die außerhalb dieses "Fensters" liegen, getrennt werden. Man erzielt somit eine Selektion von Substanzen auf der Basis von T_2-Zeiten, die wiederum ein Gewebe charakterisieren. Bevor eine Selektion mit Bilddarstellung erfolgen kann, müssen zu jedem Volumenelement (Voxel) die in ihm enthaltenen T_2-Zeiten und die prozentualen Anteile (α) der mit T_2 relaxierenden Protonen-Klassen bestimmt werden. Unter der Annahme, daß die Soffklassen in den Volumenelementen Kompartimente mit nicht austauschbaren Protonen bilden, wurden mit den in RAMSES implementierten Auswerteverfahren bis zu drei verschiedene Stoffklassen ermittelt [6,7]. Die ermittelten Daten werden in einer voxelbezogenen Eigenschaftsdatenbank abgelegt. Wenn ein Anwender ein Kommando an RAMSES zur T_2-selektiven Bilddarstellung absetzt, werden aus der Datenbank alle diejenigen T_2-Werte herausgesucht, die innerhalb des vom Benutzer spezifizierten "Fensters" liegen. Da die T_2-Werte ortsbezogen abgelegt sind, können sie zur Darstellung eines T_2-Bildes verwertet werden (siehe Fig. 2).

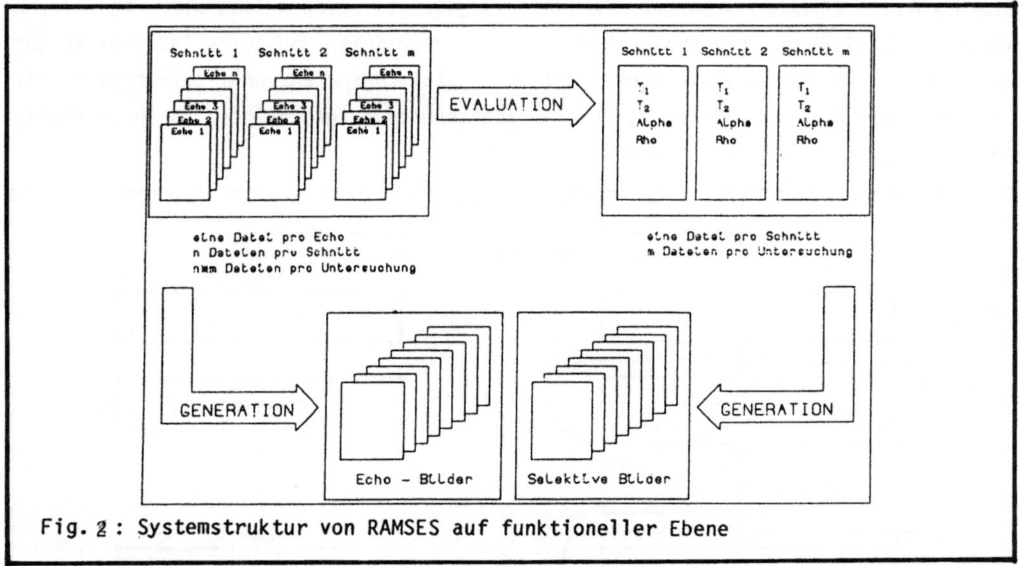

Fig. 2 : Systemstruktur von RAMSES auf funktioneller Ebene

Aus den NMR-Daten können weitere Parameter errechnet werden: Die longitudinale Relaxationszeit T_1 und die Protonendichte ρ. Diese Parameter sind mit mindestens einem Wert pro Voxel in der ortsbezogenen Voxeleigenschaftsdatenbank vertreten. Das System RAMSES enthält Routinen, die das Anlegen eines Experiment- bzw. Patientenbezogenen Informationssystems, die Experimentauswertung und die Bereitstellung eines ortsbezogenen Voxeleigenschaftsdatenbanksystems ermöglichen.

SYSTEMSTRUKTUR

Die Aufgaben, die RAMSES zu erfüllen hat, sind in streng modularen Subsystemen wie folgt realisiert:

- Experimentsteuerung,
- Protokollierung anamnestischer sowie aller während des Experimentes, der Auswertung und der Bildgebung anfallenden Daten,
- Auswerten der experimentellen Daten,
- Erstellung von graphischen Darstellungen der verschiedenen Daten als Kontrollinstrument und als Hilfsmittel für Auswertung und Bildgenerierung,
- NMR-Parameter-Selektion,
- Bilderzeugung auf der Basis von Echo-Daten und parameter-selektiven Daten,
- Bildverbesserung (Filter, Kontrastverstärkung, Kontursuche, ... etc.),
- Diagnoseunterstützung.

Diese Komponenten spiegeln in Blockform diejenigen Verarbeitungsmöglichkeiten wider, die dem Benutzer zu jedem Zeitpunkt der Betriebszeit des Systems zur Verfügung stehen (siehe Fig. 3). Der Forderung nach Systemübersichtlichkeit kommt RAMSES durch eine klare Strukturierung entgegen. Ein Benutzer wird mit Hilfe von Hinweiskürzeln ("PROMPT") darüber in Kenntnis gesetzt, welches Subsystem in diesem Augenblick aktiv ist. Der Nutzer kann sich so orientieren und seine Tätigkeiten gut verfolgen. Hohe Modularität unterstützt die Systemtransparenz und erleichtert die Programmpflege. Die Gliederung in klar abgetrennte Aufgabenblöcke durch eindeutig definierte Schnittstellen ist von großem Vorteil.

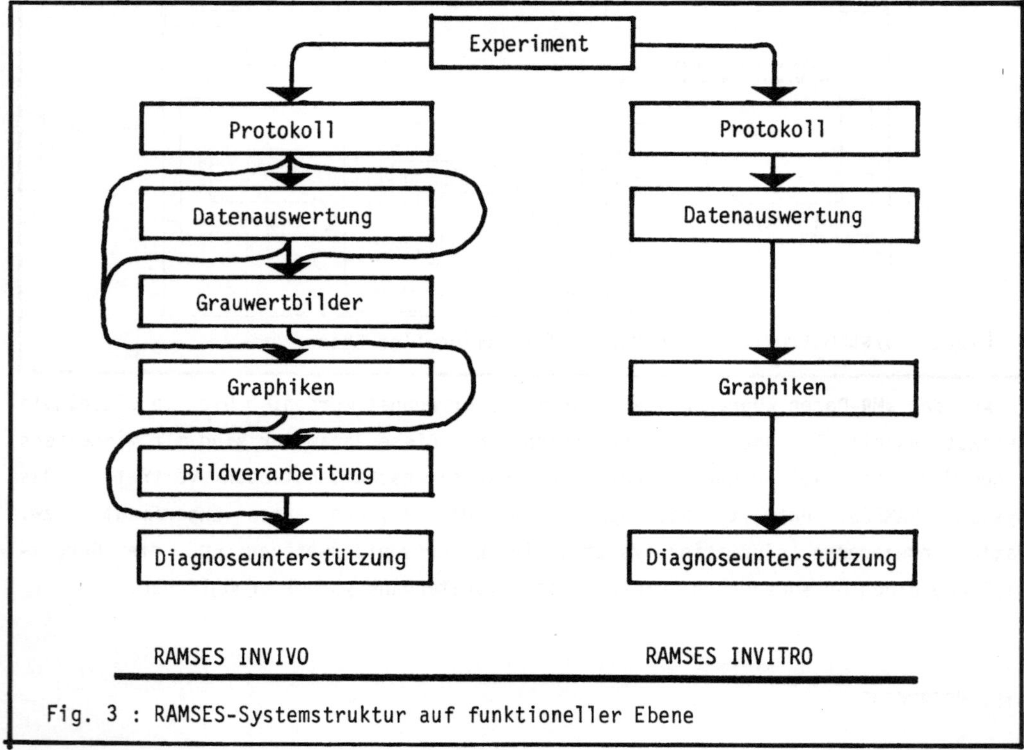

Fig. 3 : RAMSES-Systemstruktur auf funktioneller Ebene

Abgetrennt vom In-vivo-Verarbeitungsteil wird der Spezialfall der Verarbeitung von In-vitro-Experimenten behandelt. In diesem Falle gewinnt man Information nur aus einer 1x1-Matrix, also nur für ein Voxel. Im Unterschied zu dem In-vivo-Hauptteil von RAMSES ergeben sich im In-vitro-Teilsystem für viele Berechnungen starke Vereinfachungen. Dieser Teil des Programmsystems ist deshalb separat ausgeführt. Überflüssige Auswertemöglichkeiten sind entfernt, so daß an vielen Stellen ein höherer Systemdurchsatz erzielt werden kann. Die Entscheidung, in welchem der beiden Systemteile die Auswertung eines erfolgten NMR-Experiments vorgenommen werden soll, wird von RAMSES selbständig gefällt. Anhand der Größe der experimentellen Rohwertmatrizen wird in die zuständige Systemkomponente verzweigt.

Im Unterschied zu der in Fig. 3 dargestellten funktionellen Struktur mit vernetzten Aktivitätszusammenhängen ist die Struktur aus der Systemsteuerungssicht in einer hierarchischen Baumstruktur realisiert (siehe Fig. 4). Vom Hauptsteuerungsmodul ausgehend gelangt man mit Hilfe eines Kommandos in eines der Substeuerungsmodule. Hier erst wird je nach vorgegebener Option die gewünschte

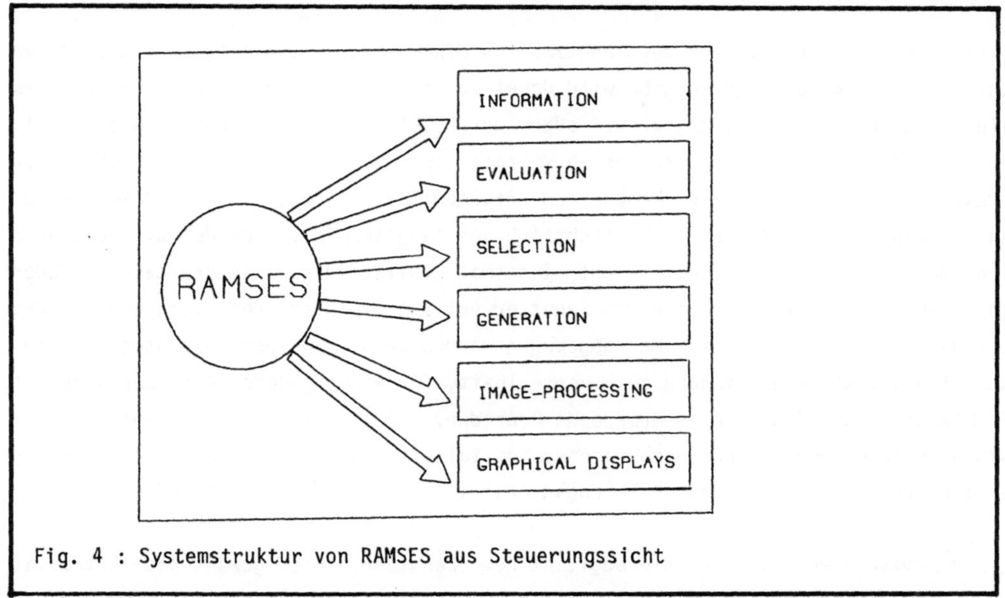

Fig. 4 : Systemstruktur von RAMSES aus Steuerungssicht

Reaktion aktiviert. Wenn beispielsweise vom Parser ein DISPLAY-Kommando erkannt worden ist, gelangt die Systemkontrolle erst zum DISPLAY-Substeuermodul. Von dort aus wird die Erstellung der gewünschten graphischen Ausgabemöglichkeiten in Gang gesetzt. Der Auswerteschritt in RAMSES berechnet für jedes Volumenelement die i Komponenten und darin die Parameter T_{1i}, T_{2i}, α_i und ρ_i und legt diese in einer voxelbezogenen Eigenschaftsdatenbank ab. Für eine parameter-selektive Bilderzeugung wird diese Datenbank vorausgesetzt. Ist der Auswerteschritt noch nicht durchgeführt worden und somit die Eigenschaftsdatenbank noch nicht existent, erlaubt RAMSES nur die Erstellung von Echobildern, die auf den experimentellen Rohdaten basieren. Durch entsprechende Kontrollmechanismen wird also versehentliches Abrufen von nicht existenten Auswertedaten verhindert, so daß eine Fehlbedienung des Systems weitgehend ausgeschlossen ist. Diese Struktur gewährleistet ein Höchstmaß an Übersichtlichkeit, so daß Änderungen oder Erweiterungen mit geringem Aufwand durchgeführt werden können.

SYSTEMSTEUERUNG

Für die Systemsteuerung eines interaktiv zu bedienenden Programmsystems mit der für RAMSES typischen Vielfalt der Anforderungen stehen die üblichen drei Steuerungstechniken zur Diskussion [8,9]:

- Menü-/Bildschirmmaskeneingabe,
- Kommandosteuerung,
- Dialogsteuerung.

Bei der **Menütechnik** kann der Benutzer aus einem Angebot von Aufgaben oder Werten wählen. Die gewünschte Aufgabe wird dabei in dem vorhandenen Angebot, das auf dem Bildschirm angezeigt ist, angekreuzt oder durch Bildschirmübertragung ausgewählt. Da der Platz auf dem Bildschirm aber beschränkt ist, sind oft zur Verdeutlichung der Verzweigungsvielfalt mehrere Menüseiten erforderlich. Blättern in diesen Seiten führt dazu, daß das System unübersichtlich und langsam wird. Bei der Dialogtechnik wird das vorhandene Angebot nicht jedesmal vollständig ausgebreitet. Jeder einzugebende Wert wird einzeln vom Benutzer erfragt. Ein starrer, vorgegebener Weg wird durchlaufen, der nicht immer abgekürzt werden kann. Für den ungeübten Benutzer ist eine vollständige Eingabe zwar vorteilhaft, für einen geübten Benutzer bedeutet die Dialogtechnik jedoch eine ermüdende Prozedur. Bei der hohen Anzahl der in RAMSES notwendigen Steuerungsparameter gestaltet sich eine Dialogsteuerung nicht benutzerfreundlich, jeglicher Änderungsdienst ist unflexibel und aufwendig.

Die **Kommandotechnik** dagegen ermöglicht dem Benutzer, die gewünschte Aktivität genau zu beschreiben, wobei obligatorische Parameterdefinitionen je nach Kommando vorhanden sein müssen. Nicht in der Kommandozeile aufgeführte Parameter nehmen festgesetzte Standardwerte an. Der Benutzer hat die Möglichkeit, einzelne Parameter mit Werten seiner Wahl vorzubesetzen, da bei gleichzeitiger Benutzung vieler Parameter die Eingabe unübersichtlich werden könnte. Ein kommandogesteuertes System hat insbesondere Vorzüge gegenüber dem Dialogsystem, wenn neue Kommandos oder zusätzliche Parameter zwecks Erweiterung einzufügen sind. Der Nachteil des Dialogsystems ist seine sequentielle oder baumartige Struktur.

Aus den genannten Praktikabilitätsgründen wurde zur **Dialogsteuerung** des Systems RAMSES eine Kommandosprache entworfen. Sie ermöglicht es dem Benutzer, durch Kommandos die gewünschte Tätigkeit des Systems genau zu beschreiben. Zur Analyse von Eingabezeilen steht dem Benutzer ein Parser zur Verfügung, der auf die speziellen Erfordernisse der Bildverarbeitungsanwendungen im medizinischen Bereich abgestimmt ist. Dadurch wird eine komfortable Mensch/Maschine-Schnittstelle zur Verfügung gestellt, die behutsam auf Eingabefehler reagiert und dem Benutzer eindeutige und leicht verständliche Fehlerhinweise gibt. Kommandosequenzen lassen sich zu Prozeduren zusammenfassen. Sie ermöglichen so den Ablauf komplexer Verarbeitungsschritte und verbessern zusätzlich die Akzeptanz des Systems. Jedes Kommando beschreibt eine Aktivität, deren Ausführung durch zusätzliche Angaben unterschiedlich beeinflußt werden kann. Die zusätzlichen Angaben zu einem Kommando heißen Optionen, die dem System mitteilen, wie der Benutzer die gewünschte Aktivität realisiert haben möchte. Durch Verwendung von Optionen werden jeweils bestimmte

Parameter mit Werten belegt, die dann bei der Ausführung der Kommandos berücksichtigt werden. Es werden Stellungsparameter, bei denen nur jeweils eine Marke gesetzt oder nicht gesetzt wird, von Zuweisungsparametern unterschieden. Einer Sequenz von Optionen kann ein Namensparameter folgen, der durch mindestens ein Leerzeichen abgetrennt ist. Er gibt an, mit wem das Kommando etwas tun soll und stellt den Experimentnamen dar, der einen zu bearbeitenden Datensatz eindeutig identifiziert.

Tabelle 1: Kommandos in RAMSES

Kommando	Bedeutung
EVALUATE	Auswerten eines experimentellen Datensatzes
GENERATE	Erzeugen eines Bildes
SELECT	Erzeugen eines parameter-selektiven Bildes über Formularmaske
DISPLAY	Erzeugen einer Liniengraphik
IMAGE	Aufruf des IMAGE PROCESSING Subsystems
INFORMATION	Aufruf des INFORMATION Subsystems
TABULATE	Ausgabe von Zahlentabellen
PREPARE	Vorbereiten einer Auswertung mit dem Verfahren der semilogarithmischen Linearisierung
SAVE	Speichern eines Parameterdatensatzes
RESET	Laden eines Parameterdatensatzes
DELETE	Löschen eines gespeicherten Parameterdatensatzes
SHOW	Ausgabe des eingestellten Parameterdatensatzes
SET	Voreinstellen einer beliebigen Option
INSTALL	Installation eines neuen Kommandos oder einer neuen Option
HELP	Abrufen von Erklärungen zum Gesamtsystem, einzelnen Kommandos oder Optionen
EXIT	Beenden der Arbeit mit RAMSES

Die zur Zeit gültigen 16 Kommandos sind in Tabelle 1 erläutert. Für jede der oben angesprochenen Aufgaben ist ein eigenes Kommando vorhanden, bei dessen Verwendung vom Steuermodul in die Sub-Steuermodule verzweigt wird. Die weiter auszuführenden Aktivitäten hängen von verschiedenen Parametern ab. Notwendige Parameterdefinitionen können an das eingegebene Kommando angefügt sein. Nicht in der Eingabe aufgeführte Parameter nehmen vorbesetzte Standardwerte an. Der Benutzer hat die Möglichkeit, einzelne Parameter mit Werten seiner Wahl vorzubesetzen. Die Umsetzung der Kommandos in die entsprechende System-Aktivität übernimmt in RAMSES ein Kommando-Interpreter, in dem die Eingabe zunächst eine Syntaxanalyse durchläuft. Bei Syntaxfehlern wird ein fehlerhafter Teil der Eingabe und die Art des analysierten Fehlers ausgegeben. Ist die Eingabe formal einwandfrei, so wird als Teil der Semantikanalyse die Zusamensetzung des Kommandos auf Widersprüche und unsinnige Angaben geprüft. Die Plausibilität der eingegebenen Werte wird erst im entsprechenden Sub-Steuermodul überprüft, damit bei Erweiterungen oder Änderungen nur in dem Zweig, in dem auch die Modifikation durchgeführt wird, der Wertebereich der entsprechenden Parameter geändert werden muß. Die Änderung oder Erweiterung des Kommandovorrats kann interaktiv vom Anwender ohne eigene Programmiertätigkeit durchgeführt werden. Im System wird durch diesen Dialog der Syntaxgraph erweitert und dann vorteilhafterweise aus dem erweiterten Syntaxgraphen der neue Parser generiert. Der im speziell für diese Aufgabe vorgesehenen INSTALL-Kommando eingebettete automatische Parsergenerator übernimmt diese Aufgabe selbsttätig.

DAS INFORMATIONSSUBSYSTEM

Das RAMSES-Subsystem INFORMATION übernimmt zentral alle Datenbankfunktionen und stellt darüberhinaus eine Verbindung zu anderen Daten- und Methodenbankverwaltungssystemen eines Klinikums her. Alle im NMR-Experiment anfallenden Daten, unter anderem die Patientenstammdaten, die Daten zum Experiment oder die Ergebnisse von Auswertungen werden so gespeichert und verwaltet, daß jederzeit schneller Zugriff und damit schneller Informationsfluß gewährleistet ist. Über eine gemeinsame Schnittstelle bietet die Anbindung von AACHMED (Aachener Medizinisches Datenbanksystem) die Möglichkeit des Datenabgleichs und somit zusätzlich die Komplettierung und Korrektur von Patientenstammdaten, die bei der Patientenuntersuchung fehlerhaft oder unvollständig erhoben wurden. Vorbereitete Schnittstellen zu statistischen Auswertesystemen (BMDP, SAS, SPSS) erlauben Berechnungen von statistischen Aussagen über das Patientengut oder Studien über Behandlung und Therapie.

Die Verwaltung sämtlicher Daten durch das RAMSES-Subsystem INFORMATION basiert auf dem Relationenmodell. Alle erhobenen Daten werden als Attribute von Relationen aufgefaßt, die in einer dem Verarbeitungsgang angepaßten hierarchischen Struktur angeordnet sind [10]. Bei jedem Verarbeitungsschritt werden dort neu entstehende Informationen sowie alle durchgeführten Operationen protokolliert, so daß jederzeit ein aktueller Stand der zu verarbeitenden Information abrufbar ist. Es besteht weiterhin die Möglichkeit zusammen mit Ergebnisbildern den Verarbeitungsweg, d.h. die **Geschichte des Verarbeitungsvorgangs**, in der Bilddatenbank abzulegen. Es haben die verschiedenen Benutzergruppen (Arzt, Experimentator und Systemmaster) zu jedem Zeitpunkt der Betriebszeit die Möglichkeit, gemäß Autorisation Information abzurufen.

Aufbau des Subsystems INFORMATION

Die für die NMR-Tomographie wichtigen Informationsebenen sind passwordgeschützt bestimmten Nutzergruppen zugänglich. Die Informationsebenen entsprechen den beschriebenen Relationen. Der Reihenfolge der Verarbeitung entsprechend sind die Ebenen hierarchisch angeordnet. Die Informationsebenen oder Relationen sind:

- Patientendaten (Stammdaten des Patienten)
- Vorgabedaten (Anamnese und Krankheitsgeschichte)
- Experimentdaten (Daten der Experimentsteuerung)
- Vorauswertung (Verfahren und Modalitäten der Anwendung)
- Auswertung (Beschreibung der Anwendung des Auswerteverfahrens und der Ergebnisse)
- Echobild (Bildentstehung und inhaltliche Beschreibung)
- parameter-selektives Bild (Beschreibung von Darstellung und inhaltlicher Funktion)

Diese oben beschriebenen Blöcke lassen sich entsprechend der natürlichen Reihenfolge, in der sie bei der Verarbeitung anfallen, in folgende Relationenhierarchie einbetten (siehe Fig. 5). Jeder Verarbeitungsvorgang wird durch die ge-

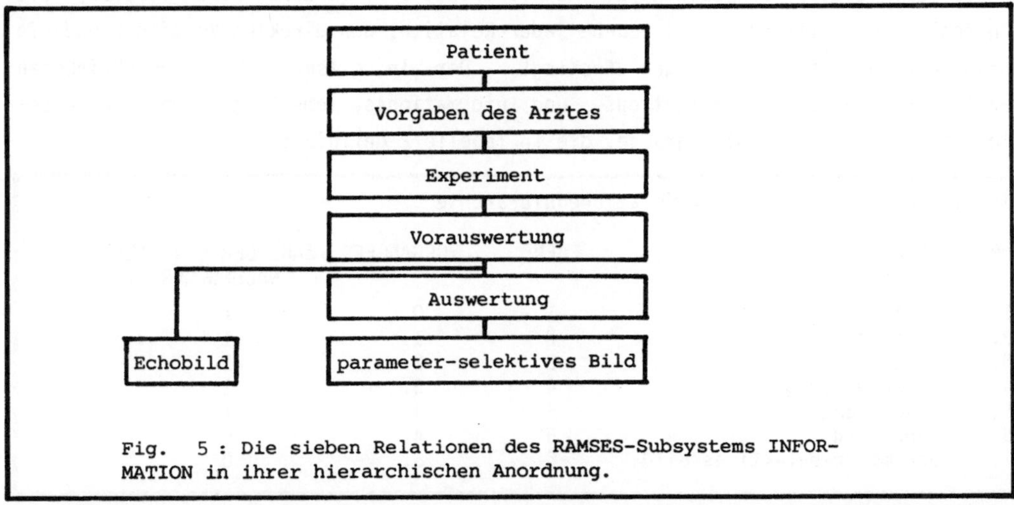

Fig. 5 : Die sieben Relationen des RAMSES-Subsystems INFORMATION in ihrer hierarchischen Anordnung.

speicherten Daten und Parameter eindeutig beschrieben. Bei der Verarbeitung großer Datenmengen, beispielsweise bei der Auswertung der experimentellen Daten, speichert das Informationssubsystem nur die für den Verarbeitungsvorgang notwendigen Parameter sowie einen Verweis auf die Ergebnisdatei. Die Beschreibung eines Vorgangs, d.h. die inhaltlichen Daten einer Gruppe, bilden jeweils eine Relation, die sich aus den einzelnen Parameterbeschreibungen, den Attributen, zusammengesetzt. Dabei ist die Anzahl der Attribute einer Relation für einen Verarbeitungsvorgang nicht einheitlich, denn es werden abhängige und unabhängige Attribute unterschieden. Die unabhängigen Attribute sind einer Relation fest zugeordnet, während abhängige Attribute vom Wert eines unabhängigen Attributs bestimmt sind. Das Attribut "Auswerteverfahren" ist beispielsweise deshalb unabhängig, weil es in jeder Relation, die den Auswertevorgang beschreibt, vorhanden sein muß. Da jedoch die verschiedenen Auswerteverfahren unterschiedliche Parameter haben, ist ein Attribut, das ein bestimmtes Auswerteverfahren beschreibt, abhängig vom Wert des Attributes "Auswerteverfahren". Es existieren also zu jeder der oben angesprochenen Gruppe verschiedene Relationen, die in den unabhängigen Attributen übereinstimmen, sich aber in den abhängigen Attributen unterscheiden. Das Subsystem INFORMATION verwaltet hierarchisch organisierte Relationen beliebigen Inhalts und beliebiger Anordnung. Als Beispiel sei die folgende Baumstruktur gegeben.

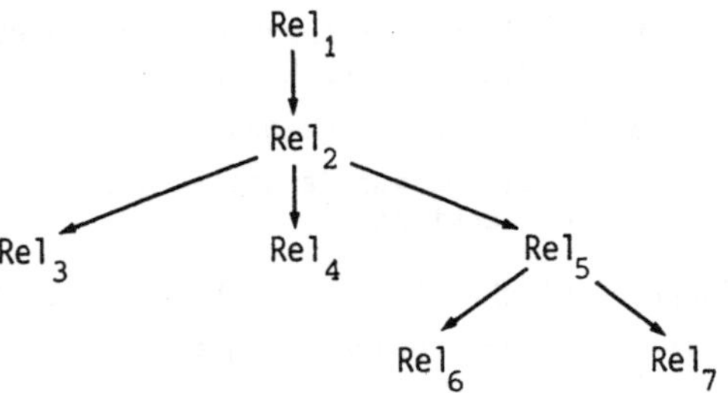

Die Definition einer jeden Relationenhierarchie erfolgt durch eine Tabelle, die innerhalb der Hierarchie die Ebene jeder Relation, den direkten Vorgänger und die Anzahl der direkten Nachfolger festlegt. Der in dieser Arbeit beschriebenen Realisierung eines Dokumentations- und Informationssystems liegt eine Relationenhierarchie (siehe Fig. 5) zugrunde, die in Tabelle 2 definiert ist.

Tabelle 2 : Definition der Relationenhierarchie

NR	RELATION	EBENE	VORGÄNGER	ZAHL DER DIREKTEN NACHFOLGER
1.	Patient	1	0.	1
2.	Vorgabe	2	1.	1
3.	Experiment	3	2.	1
4.	Vorauswertung	4	3.	2
5.	Auswertung	5	4.	1
6.	Echo-Bild	5	4.	0
7.	parameter-selektives Bild	6	5.	0

Jede dieser Relationen ist definiert durch eine beliebige Anzahl von Attributen mit jeweils verschiedenen Wertebereichen und Datentypen. Als Datentypen werden unterstützt:

- INTEGER*2
- REAL*4
- CHARACTER*1,2,3,4,5,6,10,20,30,40,50,60,100,...
- Aufzählungstypen: diskreter Wertebereich, der vom Benutzer durch Aufzählen der möglichen Werteausprägungen definiert wird.
- INTEGER-Intervall
- REAL-Intervall

Bei den Attributen einer Relation lassen sich außer den fest zugeordneten Attributen auch solche definieren, die nur dann auftreten, wenn bestimmte fest zugeordnete Attribute einen bestimmten Wert annehmen. Dieses sind die abhängigen Attribute (auch Case-Attribute), die im Wertebereich als Datentyp die "Aufzählung" besitzen. Das bedeutet, daß jedes Attribut, das im Wertebereich den Datentyp "Aufzählung" besitzt, für jeden der möglichen Werte unterschiedliche Blöcke von abhängigen Attributen definiert. Nur einer dieser Blöcke von abhängigen Attributen tritt in Erscheinung, und zwar genau dann, wenn der ihm zugeordnete Aufzählungswert angenommen wird. Die Relation "Experiment" entspricht im Attribut "Imaging-Methode" beispielsweise dem Typ "Aufzählung". Nimmt sie den Wert "2DFT" an, treten hier als Folge drei abhängige Attribute in Erscheinung, während bei dem Wert "Projektion-Rekonstruktion" nur ein abhängiges Attribut möglich ist.

Bei der Realisierung des RAMSES-Subsystems INFORMATION wurde besonderer Wert darauf gelegt, den Platzbedarf im Zentralspeicher so gering wie möglich zu halten. Deshalb wurden sämtliche Relationen auf einer Reihe indexsequentiell organisierter Dateien abgelegt. Dieser Dateityp erfüllt den Anspruch auf schnellen Zugriff, und seine Größe wächst dynamisch mit den Platzanforderungen. Der Zugriff zu den Relationen erfolgt über einen speziellen Schlüssel, der neben der eindeutigen Identifizierung auch Aufschluß über deren Lage innerhalb der Relationenhierarchie gibt. Dieser eindeutige Schlüssel ist jeder Relation zugeordnet und ergibt sich aus dieser und aus den hierarchisch höher liegenden Relationen. Im Zentralspeicher wird lediglich ein Repräsentant einer jeden Relationenklasse vorrätig gehalten. Die Werte der Attribute einer Relation liegen in einem Bytefeld an der durch die Attributtabelle definierten Stelle. Hier liegt entweder der Wert direkt oder bei Characterstrings ein Index, der den Zugriff zum Wert in einer indexsequentiellen Datei erlaubt.

Steuerung des Subsystems INFORMATION

Zur Steuerung des RAMSES-Subsystems INFORMATION sind die folgenden vier Funktionen vorgesehen.

- Festlegen und Modifizieren von Relationen (Funktion DEFINITION)
- Dateneingabe (Funktion INPUT)
- Änderungsdienst in der Datenbasis (Funktion EDIT)
- Datenausgabe nach vorgegebenen Bedingungen (Funktion OUTPUT)

Die Aktivierung dieser vier Funktionen ist von der RAMSES-Kommandoebene aus über die drei Optionen DEFINITION, EDIT und OUTPUT des Kommandos INFORMATION möglich (siehe Fig. 6).

Die Funktion DEFINITION ist durch ein Password geschützt und damit nur befugten Benutzern zugänglich. Durch diese Schutzmaßnahme soll Mißbrauch oder versehentliche Falschbenutzung ausgeschlossen werden. Die Definition oder Modifikation von Relationen erfolgt nur, wenn ein neuer Verarbeitungsvorgang, also eine neue Datengruppe geschaffen wird oder wenn die Parameter einer vorhandenen Datengruppe geändert werden.

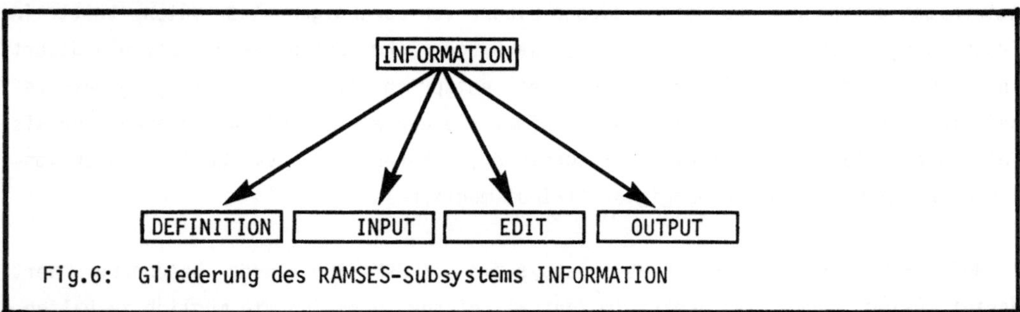

Fig.6: Gliederung des RAMSES-Subsystems INFORMATION

Die Funktion INPUT, d.h. die Eingabe von Daten in die Datenbasis, ist auf zwei Wegen möglich. Die Gruppen der Stammdaten, das sind die Relationen der Patientendaten, der ärztlichen Vorgaben und der experimentellen Parameter, werden bei der Durchführung der Messungen in den Experiment-Steuerrechner eingegeben. Beim Datentransfer der experimentell erhobenen Meßergebnisse ins Verarbeitungssystem RAMSES werden auch diese Stammdaten übergeben und direkt in die Datenbasis des Subsystems INFORMATION eingespeist. Die Gruppe der verarbeitungsbedingten Datensätze (Beschreibungen der Vorverarbeitung, der Auswertung, der Selektion und der Bilderzeugung) werden selbsttätig durch interne Verzweigungen vom jeweils ausführenden Subsystem direkt dem Informationssubsystem zur Protokollierung zugeführt. Die INPUT-Funktion des Subsystems INFORMATION wird also ausschließlich vom Benutzer unbemerkt verwendet.

Die Funktion EDIT ist wie bereits die Funktion DEFINITION ebenfalls gegen Mißbrauch durch das Passwordsystem geschützt. Sie ermöglicht es dem Benutzer, fehlende Daten nachzutragen, fehlerhafte Eingaben zu korrigieren oder ganze Relationen mit neuen Werten zu belegen. Das betrifft jedoch nur die Stammdaten, die bei der Durchführung des Experiments eingegeben wurden. Bei den verarbeitungsbedingten Datensätzen können mit Hilfe der EDIT-Funktion Relationen gelöscht werden, bei denen sich Einträge von unbrauchbaren Ergebnissen ergeben haben. In einem solchen Fall werden alle diejenigen Einträge gelöscht, in denen diese fehlerhafte Relation enthalten ist. Hat sich beispielsweise eine Auswertung als fehlerhaft erwiesen, so werden mit dem Eintrag der Auswertung alle mit den Ergebnissen durchgeführten Selektionen und Bilder gelöscht. Bei bestimmten Attributen wird durch Plausibilitätsprüfung direkt bei der Eingabe das Einschleusen sinnloser oder fehlerhafte Werte unterbunden. Dadurch ist die Datenbank gegenüber jeder Art von Manipulation geschützt. Dieses gilt insbesondere für Attribute, deren

Werte automatisch von den Auswerteroutinen übernommen werden.

Über die Funktion OUTPUT erhält der Benutzer den inhaltlichen Zugang zu dem ihm zugeordneten und durch das Passwordsystem zugriffsüberwachten Datenbereich. Mit der Funktion OUTPUT können für jedes Attribut aller Relationen beliebige Auswahlkriterien definiert und dadurch bestimmte Teilmengen der Datenbasis extrahiert werden. Die Spezifikationen des Auswahlkriteriums zu den Attributen einer Relation sind konjunktiv miteinander verknüpft. Es stehen die Operatoren $=, \neq, <, \leq, >, \geq$ und ein Operator zur Intervalldefinition zur Verfügung. Da die Anzahl der Attribute sehr hoch ist und sich durch Modifikationen und Definitionen jederzeit ändern kann, ist die Kenntnis aller Attribute für die Wahl der Auswahlkriterien nicht vorauszusetzen. Deshalb wird dem Benutzer als Hilfsmittel für die Festlegung der Auswahlkriterien ein Menü angeboten, mit dessen Hilfe er für jede Relation bei den Attributen seiner Wahl gültige Werte oder Wertebereiche angeben kann. So wird die Vollständigkeit der gewünschten Auswahlkriterien gewährleistet. Ist mit dem Menü die Wahl der Kriterien beendet, kann mit einem eigenen Kommando die Auswahl gestartet werden. Anhand einer die Auswahlkriterien darstellenden Selektionsmaske werden Relationen ermittelt. Diese Relationen werden mit ihren Schlüsseln auf einer neuen Datei abgelegt. Die ausgewählten Daten können sowohl zu anschließenden statistischen Auswertungen verwendet werden als auch als Informationsbasis für zukünftige Experimente und Auswertungen dienen. Das Ergebnis der Auswahl kann entweder auf den Bildschirm gebracht oder als separate Datei gespeichert werden. Die so produzierte Datei dient in diesem Fall als Schnittstelle nach außen. Der Inhalt dieser Datei kann am Terminal ausgegeben, ausgedruckt oder durch andere Benutzerprogramme weiterverarbeitet werden. Mit dem RAMSES-Subsystem INFORMATION steht ein Hilfsmittel zur Verfügung, das eine begleitende und nachauswertende Informationsversorgung ermöglicht.

DAS SELEKTIONSSUBSYSTEM

Für die parameter-selektive Bilderzeugung stehen die vier beschriebenen, im folgenden Selektionsvariablen genannten, Parameter T_1, T_2, α, ρ zur Verfügung. Nur eine Variable kann der Grauwerttransformation zur Erzeugung eines Bildes unterworfen werden. Sie heißt Repräsentationsvariable und führt, sofern beispielsweise T_2 als Repräsentationsvariable gewählt wurde, zu einem T_2-Bild. Hierzu werden die T_2-Werte linear auf den Wertebereich der zur Verfügung stehenden Grauwertcodes $\{G \mid 1 \leq G \leq 255\}$ abgebildet.

Jeder Parameter kann zur Repräsentationsvariablen erklärt werden. Die Transformation des Wertebereichs der Repräsentationsvariablen in darstellbare Grauwertcodes erfolgt in Abhängigkeit von Randbedingungen, die alle vier

Bildvariablen gleichzeitig an den Transformationsvorgang stellen. Der mit Selektion bezeichnete Vorgang beinhaltet zunächst die Wahl einer Repräsentationsvariablen. Danach wird für jeden Parameter ein Intervall seines Wertebereiches als Randbedingung festgelegt. Dadurch wird ein Kriterium dafür geliefert, welche Bildpunkte den Grauwertcode Null oder aber einen Grauwertcode ungleich Null erhalten sollen, und zwar unabhängig davon, welche der vier Selektionsvariablen als Repräsentationsvariable gewählt wurde. In dieser Funktion heißen die vier Parameter Selektionsvariable und die gewählten Intervalle, entsprechend der ihnen zugeordneten Selektionsvariablen, T_1-Fenster, T_2-Fenster, α-Fenster und ρ-Fenster. Die Selektionsvariablen bilden aufgrund der Wahl von Fenstern Randbedingungen, die in ihrer Gesamtheit diejenigen Bildpunkte auswählen, die einen Grauwert größer Null erhalten. In dieser Funktion definieren die Selektionsvariablen die Auswahl der Bildelemente, die zum Bild einen Beitrag liefern, während die Repräsentationsvariable den Bildinhalt bestimmt. Bei der parameter-selektiven Bilderzeugung erhalten nur diejenigen Bildelemente dort einen Grauwertcode größer Null, deren Werte für die Selektionsvariablen innerhalb der jeweiligen Fenster liegen. Liegt der Wert von nur einer Selektionsvariablen an einem betrachteten Bildpunkt außerhalb des gewählten Fenster, ist die Selektionsbedingung für diesen Bildpunkt nicht erfüllt. An diesem Bildpunkt erhält die Repräsentationsvariable den Grauwertcode für Schwarz und erscheint nicht auf dem Bildschirm. Durch Setzen eines Fensters für die Repräsentationsvariable wird ein beliebiges Teilintervall des Wertebereichs dieses Parameters festgelegt. Dieser gewünschte Bereich wird durch die in der Selektion enthaltene Transformation in Grauwertcodes auf den zur Verfügung stehenden Grauwertebereich (0-255) abgebildet. Bei der Grauwertzuweisung für jedes Bildelement wird untersucht, ob in dem zugeordneten Volumenelement die Selektionsbedingung erfüllt ist. Ist dies der Fall, wird dem Bildelement der entsprechende Grauwertcode zugewiesen. Wenn nicht, wird der Grauwertcode Null vergeben. So erhält man ein Bild, in dem nur diejenigen Bildelemente hervortreten, bei denen ein bestimmter Wert der Repräsentationsvariablen und damit eine bestimmte stoffspezifische Protonenklasse auftritt.

Die Zuordnung von Substanzen zu ihren spezifischen T_1- und T_2-Fenstern erfolgte durch In-vitro-Messungen und bildet so eine Wissensbasis, die das Setzen von substanzselektierenden Fenstern ermöglicht. Werden bei einem gesetzten Fenster der Selektionsvariablen, die auch Repräsentationsvariable ist, mehr als nur ein Wert am betrachteten Bildpunkt erfaßt, muß in besonderer Weise verfahren werden. Es ist nämlich nur die Darstellung eines Wertes pro Bildpunkt möglich. Bei den beiden prozentualen Selektionsvariablen α und ρ wird untersucht, ob die Summe der Teilkomponenten noch innerhalb des Fensters liegt, während bei den beiden Selektionsvariablen T_1 und T_2 der mit α gewichtete Mittelwert gebildet wird.

$$\bar{T}_j(x,y) = \frac{\sum_{j=1}^{n} \alpha_j(x,y)\cdot T_{ij}(x,y)}{\sum_{k=1}^{n} \alpha_k(x,y)}$$

$T_{ij} \in T_i$-Fenster, $i = 1,2$ und
n = Komponentenanzahl im entsprechenden Volumenelement

Soll bei einer Selektion eine der vier Selektionsvariablen keine einschränkende Bedingung darstellen, ist ihr gesamter Wertebereich bei der Wahl des entsprechenden Fensters anzugeben. Wird beispielsweise für die Selektionsvariable α das Intervall 0 bis 100% gesetzt, stellt dieses Fenster keine einschränkende Randbedingung bezüglich α dar. Setzt man jedoch ein α-Fenster auf 99 bis 100%, erhalten nur solche Bildpunkte einen Grauwertcode größer Null, bei denen die Substanz mit entsprechendem T_1- oder T_2-Wert mit 99 bis 100% in dem Volumenelement vertreten ist. Über Einschränkungen des α-Fensters erhält man Aussagen über die Homogenität der Volumenelemente.

Der Zusammenhang zwischen der Repräsentationsvariablen und den vier Selektionsvariablen läßt sich durch eine Boole´sche Funktion S_R beschreiben, die sich aus vier weiteren mit dem logischen UND verknüpften Boole´schen Funktionen f_R zusammensetzt:

$$S_R(x,y) = f_{T_1}(x,y) \wedge f_{T_2}(x,y) \wedge f_\alpha(x,y) \wedge f_\rho(x,y) \quad \text{mit}$$

$$S_R : [X \times Y] \rightarrow \{0,1\},$$

$$f_R : [X \times Y] \rightarrow \{0,1\},$$

$$R \in \{T_1, T_2, \alpha, \rho\}, \qquad X = Y := \{i \mid 1 \leq i \leq 256\}.$$

Jeder Selektionsvariablen ist dabei eine der vier Boole´schen Funktionen zugeordnet. Die Boole´schen Funktionen sind ortsabhängig und bilden jedes Voxel mit den Koordinaten x und y ($1 \leq x,y \leq 256$) auf die Menge $\{0,1\}$ ab. Der Wert R steht je nach der gewählten Repräsentationsvariablen für T_1, T_2, α und ρ. Die Boole´sche Funktion S_R ist also für alle möglichen Repräsentationsvariablen gleich und beschreibt den Selektionsvorgang. Die Funktionen f_R beschreiben Einschränkungen des Wertebereichs für die Seleketionsvariablen mit Hilfe der gesetzten Fenster. Bei der Selektion wird für jeden Bildpunkt mit den Rasterkoordinaten x und y geprüft, ob er den Bedingungen genügt, die durch die Boole´schen Funktionen f_R gestellt sind. Nimmt an dem betrachteten Bildpunkt (x,y) die Selektionsvariable R einen Wert innerhalb des gesetzten Fensters an, so ergibt sich $f_R(x,y)$ zu 1, andernfalls gilt $f_R(x,y) = 0$. Die Definition der Boole´schen Funktion für die Selektionsvariablen T_1 und T_2 ergibt sich zu:

$$f_{T_{1,2i}} = \begin{cases} 1 & \text{falls } T_{1,2i}(x,y) \in T_{1,2i}\text{-Fenster für} \\ & \text{mindestens ein } i \in \{1,2,3,4\} \\ 0 & \text{sonst}\ . \end{cases}$$

Für die Boole'schen Funktionen für α und σ muß geprüft werden, ob eventuell mehrere Komponenten als Summe am betrachteten Bildpunkt (x,y) im jeweiligen Fenster liegen oder nicht.

$$f_{\alpha,\rho} = \begin{cases} 1 & \text{falls } \sum_{i=1}^{n} \delta_i \in \delta\text{-Fenster, mit } n = \text{Anzahl der Komponenten im zugehörigen Volumenelement } \delta \in \{\alpha,\rho\} \\ 0 & \text{sonst} \end{cases} .$$

Nach Auswerten der vier durch die Selektionsvariablen gegebenen Fenster wird der Wert der Boole'schen Funktion $S_R(x,y)$ gebildet. Es gilt:

$$S_R(x,y) = \begin{cases} 1 & \text{falls } \sum f_i(x,y) = 4, \quad i = T_1, T_2, \alpha, \rho \\ 0 & \text{sonst} \end{cases} .$$

Ist am betrachteten Bildpunkt (x,y) $S_R(x,y) = 1$, wird durch eine lineare Transformation ein Grauwertcode ungleich Null für die Repräsentationsvariable errechnet. Andernfalls erhält dieser Bildpunkt den Grauwertcode Null und erscheint im Bild schwarz.

Bei einer Selektion mit der Repräsentationsvariablen $V \in \{T_1, T_2, \alpha, \rho\}$ wird zwischen primären und sekundären Fenstern unterschieden. Das primäre Fenster F_V^1 bezeichnet den Wertebereich der Repräsentationsvariablen, auf den der von Null verschiedene Bereich des Grauwertcodes mittels der Funktion $G_V(x,y)$ abgebildet wird und heißt deshalb auch Repräsentationsfenster.

$$F_V^1 := V\text{-Fenster} := \{r \mid \min(F_V^1) \leq r \leq \max(F_V^1)\}$$

$$G_V(x,y) : F_V^1 \rightarrow \{1,2,\ldots,255\} ,$$

$$G_V(x,y)(r) = \frac{r - \min(F_V^1)}{\max(F_V^1) - \min(F_V^1)} \cdot 254 + 1 .$$

Das sekundäre Fenster F_V^2 bezeichnet das gewählte Fenster derjenigen Selektionsvariablen, deren zugehöriger Parameter V zur Repräsentationsvariablen erklärt wurde und heißt deshalb auch Selektionsfenster. Dieser Wertebereich kann kleiner, höchstens aber gleich groß wie der des Repräsentationsfensters gewählt werden. Ist das Selektionsfenster gleich dem Repräsentationsfenster, wird der gesamte Grauwertcodebereich zur Bilddarstellung verwendet. Ist das Selektionsfenster kleiner als das Repräsentationsfenster, wird ein entsprechend kleinerer Bereich aus dem gesamten Grauwertcodebereich für die Darstellung dieses Bildes verwendet (siehe Fig. 7). Die Unterscheidung von primärem und sekundärem Fenster ist nur für den Parameter $V \in \{T_1, T_2, \alpha, \rho\}$ erlaubt, der durch die Wahl zum abzubildenden Parameter gleichzeitig Repräsentations- und Selektionsvariable ist. Den Selektionsvariablen, die nicht Repräsentationsvariable sind, werden nur Selektionsfenster zugeordnet. Eine Unterscheidung von primärem und sekundärem Fenster ist in diesem Fall nicht möglich.

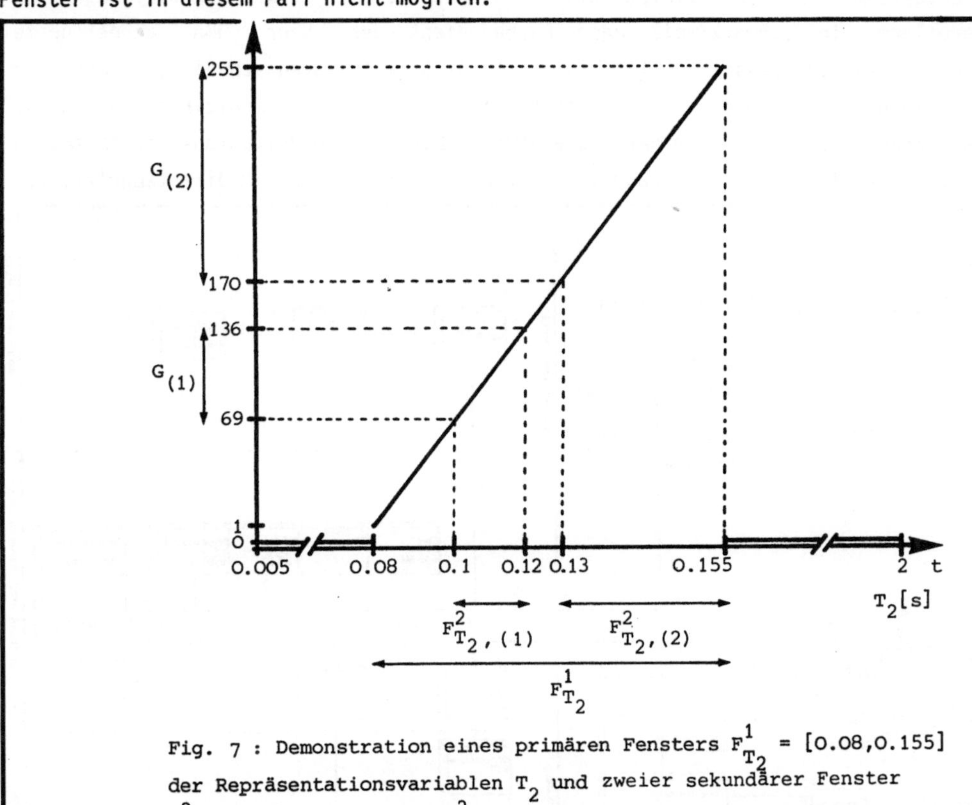

Fig. 7 : Demonstration eines primären Fensters $F^1_{T_2}$ = [0.08,0.155] der Repräsentationsvariablen T_2 und zweier sekundärer Fenster $F^2_{T_2,(1)}$ = [0.1,0.12] und $F^2_{T_2,(2)}$ = [0.13,0.155] innerhalb des primären Fensters. Die Darstellung des Bildes zum ersten sekundären Fenster $F^2_{T_2,(1)}$ erfolgt im Grauwertcodebereich $G_{(1)}$ von 69 bis 136, während die Darstellung eines zweiten Bildes mit dem sekundären Fenster $F^2_{T_2,(2)}$ im Grauwertcodebereich $G_{(2)}$ von 170 bis 255 erfolgt.

Die Unterscheidung in Repräsentations- und Seletionsfenster wird deshalb gewählt, um Bilder, die durch verschiedene Selektionen mit unterschiedlichen Selektionsfenstern, aber gleichem Repräsentationsfenster erzeugt werden, in vergleichbarer Grauwertcodierung nebeneinander auf den Bildschirm zu bringen. Gerade in der für die parameter-selektive Bilddarstellung bevorzugten Farbcodierung ist die Unterscheidung von primären und sekundären Fenstern hilfreich. Sie erlaubt bei der Wahl eines primären Fensters, das für alle Bilder auf dem Bildschirm gelten soll, durch unterschiedliche Wahl von sekundären Fenstern eine gesteigerte und vergleichbare Feindifferenzierung in Farbcodierung [3].

IMPLEMENTIERUNG

Das System RAMSES wurde auf einer Rechenanlage VAX 11/780 (DEC) unter dem Betriebssystem VMS 4.3 implementiert (siehe Fig. 8). Zur Darstellung von Rasterbildern in schwarz/weiß oder Farbe dient der über DMA angesteuerte Bildverarbeitungsprozessor PICTUREVISION 1024/15 (VTE, Braunschweig), an den über D/A-Wandlung ein Farbfernseh-Monitor angeschlossen ist. Beim medizinischen Nutzer stehen farbgraphikfähige Terminals, die RAMSES über ein Kommunikationsnetz ansteuern können, zur Verfügung. Speicherung von Bildinformationsdateien im Direktzugriff, von

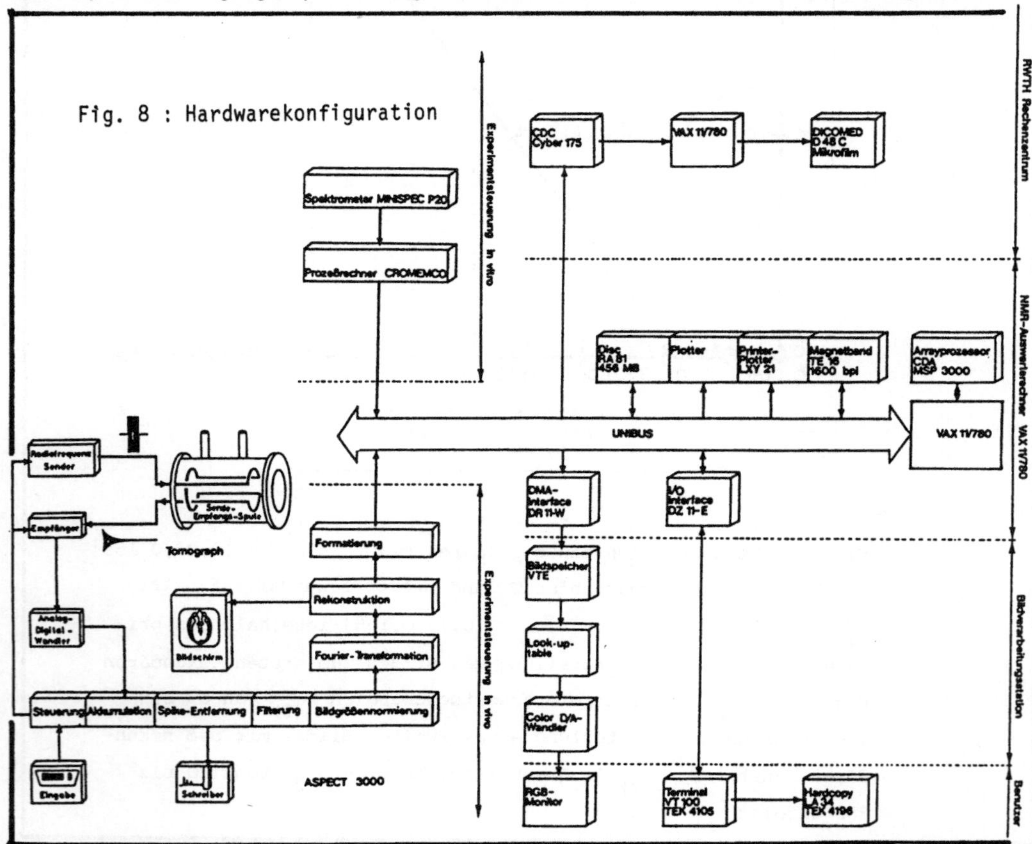

Fig. 8 : Hardwarekonfiguration

experimentellen Daten und Informationsdateien erfolgt auf RA81-Plattenlaufwerken (DEC). Die Ausgabe von Graphiken oder Hardcopies erfolgt entweder auf dem BENSON-Plotter 1102 oder dem DEC Printer-Plotter LXY-21. Langzeitarchivierung von Experiment- und Bilddateien erfolgt über das TE16-Bandgerät auf Magnetbändern. Ein Interface zur DICOMED-Mikrofilmanlage D48C der CYBER 175 ermöglicht eine Archivierung auf Mikro- oder Diafilm. Über eine Rechnerkopplung ist die VAX 11/780 mit einem Prozeßrechner ASPECT 3000 (Bruker Medizintechnik, Karlsruhe) verbunden. Dieser Rechner dient zur Steuerung des NMR-Imaging-Systems und der Aufnahme der Meßdaten vor Ort. Es werden im ASPECT 3000 Vorverarbeitungsschritte bis zur Erstellung der Echobilder durchgeführt und die Übertragung zur VAX 11/780 vorbereitet [11].

LITERATUR

1. Felsberg, L., Mecking, B., Tolxdorff, T., Repges, R. and Gersonde, K. : A Data Base System for Parameter-Selective NMR Imaging Realized in the RWTH Aachen Magnetic Resonance Software System (RAMSES). Proceedings of the International Symposium CAR 85, Springer-Verlag, Berlin, 9-14, (1985).
2. Gersonde, K., Felsberg, L., Tolxdorff, T., Ratzel, D. and Ströbel, B. : Analysis of Multiple T_2 Proton Relaxation Processes in Human Head and Imaging on the Basis of Selective and Assigned T_2 Values. Magn. Reson. Med. 1, 463-477, (1984).
3. Gersonde, K., Tolxdorff, T. and Felsberg, L. : Identification and Characterization of Tissues by T_2-Selective Whole-Body Proton NMR-Imaging. Magn. Reson. Med. 2, 390-401, (1985).
4. Tolxdorff, T., Breuer, B., Felsberg, L., Repges, R. and Gersonde, K. : A Visualization Technique for Parameter-Selective NMR Imaging. Proceedings of the International Symposium CAR 85, Springer-Verlag, Berlin, 30-35, (1985).
5. Gersonde, K., Felsberg, L. and Tolxdorff, T. : A Pulse Sequence for the Simultaneous T_1 and T_2 Determination in Whole-Body Proton Imaging. T_1, T_2 Selection Method for Tissue Characterization. Abstracts, XIth International Conference on Magnetic Resonance in Biological Systems, Goa, 33-34, (1984).
6. Provencher, S.W. : DISCRETE - A Program for the Automatic Analysis of Multicomponent Exponential Decay Data. Makromol. Chem. 180, 201-224, (1979).
7. Repges, R., Tolxdorff, T., Felsberg, L., Broszio, G. and Gersonde, K. : Decomposition of Multi-Exponential Transverse Magnatization Decays in T_2-Selective NMR Imaging Employing Subsystem EVALUATION of RAMSES. Proceedings of the International Symposium CAR 85, Springer-Verlag, Berlin, 25-29, (1985).
8. Haralick, R.M. : Interactive Image Processing Software. In: Simon, J.C. and Rosenfeld, A. (Eds.): Digital Image Processing and Analysis, Noordhoff International Publ., Leyden, 295-315, (1977).
9. Preston, Jr.K. : Image Processing Software - A Survey. In: Kanal, L.N. and Rosenfeld, A. (Eds.): Progress in Pattern Recognition, Vol.1, North-Holland, Amsterdam, 123-148, (1981).
10. Codd, E.F. : A Relational Model for Large Shared Data Banks. Comm. ACM 13, 377-387, (1970).
11. Staemmler, M. and Gersonde, K. : Echo Shape Analysis and Image Size Adjustment on the Level of Echoes : Improvement of Parameter-Selective Proton Images. Magn. Res. Med. 3, 418-424, (1986).

DIE METHODE DER EIGENSCHAFTS-SEGMENTIERUNG ZUR DIAGNOSEUNTERSTÜTZENDEN DIGITALEN BILDGEBUNG IN DER PARAMETER-SELEKTIVEN NMR-TOMOGRAPHIE

Lutz Felsberg*, Klaus Gersonde*, Thomas Tolxdorff+

*Abteilung Physiologische Chemie und +Abteilung Medizinische Statistik und Dokumentation , Klinikum der Rheinisch-Westfälischen Technischen Hochschule, D-5100 Aachen, Germany

EINLEITUNG

Schnittbilder durch den menschlichen Körper sind wichtige Hilfsmittel in der Diagnostik. Sie werden durch NMR-, Röntgen-, Ultraschall- und andere Verfahren erzeugt. Eine Computerunterstützung der bildgebenden Diagnostik basiert vor allem auf der Erkennung und Verwertung von interessierenden Regionen (ROI) aufgrund von Konturen und kontrastierenden Strukturen. Bisher standen für diesen Zweck Grauwertbilder mit anatomischer Korrelation zur Verfügung, deren strukturelle Bildinhalte bestmöglich darzustellen waren. Grundlage des Grauwertbildes ist bei Anwendung der klassischen bildgebenden Verfahren nur ein Parameter ,z.B. in der Röntgenbildgebung die Absorption. Die parameter-selektive NMR-Tomographie liefert hingegen eine multivariate Information für jedes Volumenelement (Voxel) der Schnittebene /1,2/. Den fünf Parametern (T_1, T_2, Spindichte, partielles Volumen, dynamischer Parameter) werden bis zu neun Zahlenwerte zugeordnet, da bestimmte Parameter eines Voxels in maximal drei Komponenten aufgelöst werden können. Aus der Vielzahl der vorliegenden NMR-Daten, die stoffspezifische Eigenschaften der in jedem Voxel vertretenen Substanzen beschreiben, soll die für die Bildgebung und somit für die Diagnoseunterstützung relevante Information extrahiert werden. Hierfür werden im Folgenden Vorschläge gemacht und die resultierenden Ergebnisse diskutiert.

METHODEN DER SEGMENTIERUNG

Mit Hilfe der parameter-selektiven NMR-Tomographie werden zwei Bild-Typen erzeugt: Die anatomisch korrelierten Echobilder und die biochemisch korrelierten parameter-selektiven Bilder. Echobilder sind Grauwertbilder, welche aufgrund von Kontrasten in den Magnetisierungswerten die Anatomie der Schnittebene beschreiben. Die parameter-selektiven Bilder sind farb-codierte Bilder, welche Stoffzusammensetzung und Funktion aufgrund von biophysikalischen Konstanten zur Darstellung bringen. Ein wichtiges Instrument der computer-unterstützten Diagnostik ist die Segmentierung interressierender Gebiete. Die Segmentierung kann wie bisher anhand von anatomischen Strukturen durchgeführt werden. Neu ist hingegen die Segmentierung anhand biochemisch charakterisierter Eigenschaften. Es ist das Ziel, ein Bild einer bestimmten biochemischen Eigenschaft von einer durch den Nutzer ausgewählten Region zu erhalten.

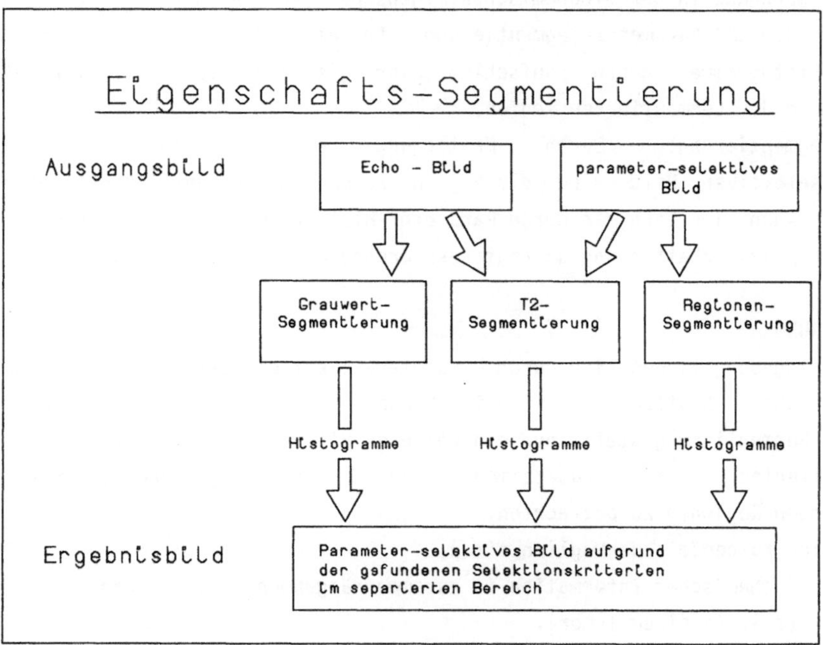

Die Diagnoseunterstützung durch den Computer kann auf drei Wegen durchgeführt werden. In jedem Falle ist das Ergebnis ein biochemisch korreliertes Bild.

- Grauwert-Segmentierung: Durch Festlegung eines Punktes (z.B. mit Lichtgriffel oder Fadenkreuz) im Echobild (Grauwertbild) wird wie bisher üblich eine durch gleiche Grauwerte ausgezeichnete Region separiert. Die Pixel, die einer Struktur angehören, werden indiziert. Durch Erstellen von Parameter-Histogrammen (T_1, T_2, Spindichte, partielles Volumen, dynamischer Parameter) erhält man Aufschluß über die biochemischen Eigenschaften der segmentierten Pixel. Auf diese Weise kann man mit den gefundenen Eigenschaftsfenstern (Selektionskriterien) dem Anatomiebild ein biochemisches Eigenschaftsbild überlagern und mit Hilfe der Eigenschaftsfenster in der Wissensbank die Art der vorhandenen Substanzen ermitteln.
- NMR-Parameter-Segmentierung: Durch Wahl eines Punktes, entweder in einem Echo-Bild oder in einem parameter-selektiven Bild, wird eine relativ kleine Umgebung festgelegt (z.B. eine 5x5-Matrix). Aus der Parameter-Datei erhält man nun die Informationen über die Eigenschaften dieser kleinen Region. Die Segmentierung erfolgt nun aber nicht im Bild, sondern in der Parameter-Datei. Wie bei Anwendung der bekannten Segmentierungsalgorithmen werden ausgehend von dem gewählten Punkt alle Pixel mit einer bestimmten Eigenschaft, die eine direkte

Verbindung zum Ausgangspixel haben, als zur gemeinsamen Region gehörig betrachtet. Dadurch können Substanzen, die in Echobildern einen nahezu gleichen Grauwert besitzen, aufgrund der biochemischen Eigenschaft getrennt werden. Was also bisherige Segmentierungsalgorithmen als eine homogene Region interpretiert haben, kann sich durchaus in der biochemischen Eigenschaft voneinander unterscheiden und somit durch die NMR-Parameter-Segmentierung getrennt werden. Die resultierenden Parameter-Histogramme geben Aufschluß über die Verteilung der vorhandenen Substanzen in der segmentierten Region.

- Regionen-Segmentierung: Durch Festlegung eine Punktes in einem parameter-selektiven Bild wird die Region, welcher der gewählte Punkt angehört, separiert. Auch hier kann man durch Parameter-Histogramme Informationen über die separierten Pixel erhalten und das interessierende Gebiet betrachten.

SCHLUSSFOLGERUNGEN

In der NMR-Bildgebung ließen sich durch Parameter-Selektion bestimmte Eigenschaften von biologischen Stoffen in Schnittebenen bereits gut abgrenzen. Die Eigenschafts-Segmentierung stellt nun ein weiteres Hilfsmittel zur Verfeinerung der Selektionskriterien dar. Zusätzlich besteht die Möglichkeit, nur die interessierenden Regionen zu betrachten.

Es ergeben sich folgende neue Möglichkeiten:

- Gewinn von biochemischer Information in zusammenhängenden anatomischen Strukturen (z.B. in einem Tumor).
- Darstellung einer Region aufgrund bestimmter biochemischer Eigenschaften, die im herkömmlichen Grauwertbild nicht abzugrenzen ist.
- Erkennung von Eigenschaftsänderungen innerhalb anatomisch geschlossener Regionen.
- Einzeldarstellung nicht zusammenhängender Gebiete mit gleicher Eigenschaft.

Die hier vorgestellten Verfahren erfüllen unterschiedliche Aufgaben. Sie ergänzen sich und liefern zusammen eine bestmögliche Verwertung der vorhandenen NMR-Information. So wird eine Verbesserung der diagnoseunterstützenden Bildgebung mit Hilfe der parameter-selektiven NMR-Tomographie erreicht.

/1/ Gersonde, K., Felsberg, L., Tolxdorff, T., Ratzel, D., and Ströbel, B. , Analysis of Multiple T_2 Proton Relaxation Processes in Human Head and Imaging on the Basis of Selective and Assigned T_2 Values. Magn. Reson. Med. 1 , 463-477 (1984).

/2/ Gersonde, K., Tolxdorff, T. and Felsberg, L. , Identification and Characterization of Tissues by T_2-Selective Whole-Body Proton NMR-Imaging. Magn. Reson. Med. 2 , 390-401 (1985).

3D - A GUIDE FOR PROSTHESES

Michael L. Rhodes
Yu-Ming Kuo
Stephen L.G. Rothman
Charles Woznick[1]
Robert Bruce[1]
Clyde Pratt[1]

MPDI Medical Science Center
2730 Pacific Coast Highway
Torrance, California 90505

[1]Techmedica, Inc.
487A Calle San Pablo
Camarillo, CA 93010

ABSTRACT:

Routine CT imaging has been enhanced by the availability of sophisticated computer graphics systems and nationwide computer communications. In this work, lifesize models of anatomic structures using CT data are used to fabricate individualized prostheses for patients. The technique used for custom prostheses and/or model production as applied to 450 patients is reviewed. The system combines an algorithm for three-dimensional edge detection, computer communications, and computer aided design and manufacturing (CAD/CAM) with clinical imaging. The integration of technologies outlined here brings recent advances in computer aided design and manufacturing to the local community CT scanning clinic in a cost effective manner. Via computer communications, remote medical imaging centers can have their CT scanner connected on-line to CAD/CAM facilities that they could otherwise not support alone.

This work is a joint effort by a computer graphic and imaging processing company for clinical imaging and a custom prostheses manufacturer.

INTRODUCTION:

The availability of sophisticated computers and programs specifically written for design and manufacturing has allowed remarkable advancement in the ability to fabricate complex structures. It is only recently that these devices have found their way into use in the medical field. This article summarizes early experience using a computer aided design (CAD) and computer aided manufacturing (CAM) system married to CT data for the production of life size three-dimensional models and custom made prostheses. Our most common applications have been in orthopedic and oral surgery.

This work is a blend of computer science and clinical medicine. It rests on landmark contributions to clinical orthopedics which have introduced the sub-millimeter spatial resolution of CT image data to preoperative planning, anatomic model manufacturing and custom prostheses design. In 1979 two clinical research groups independently introduced methods by which CT image data was used to manufacture models of patient anatomy. Tonner [1] and his colleagues in Hamburg recommended the use of CT to construct an actual sized three-dimensional model for the conservative resection of malignant lesions of the pelvis. A coincident effort by Burri [2] and his colleagues in Ulm(Donau) reported on a similar approach for total hemipelvectomies. Anatomic models were made to precise dimensions. Surgery was planned using these hand-held models and custom prostheses were then manufactured. The entire surgical procedure was based on the three-dimensional data reported by CT.

In 1980 Mendes [3, 4] used CT exams for precise preoperative measurements of the congenitally dislocated hip. Image data from CT was used to determine the orientation and dimensions of the transverse section of the femoral head, neck, and medullary canal at various levels. Nerubay [5] in 1981 and later Aldinger [6] in 1983, and their co-researchers extended this appropach to other orthopedic disorders.

Image processing and computer graphics contribute to this effort by means of edge detection. CT image segmentation by Rhodes [7] delivered three-dimensional presentations of bone structures isolated from surrounding tissue. Where past clinical use of CT data [1-6] determined bone edge information by off-line analog (photo-optical) or manual methods, this work describes a system that automates the outlining step to speed the process for CAD/CAM interaction.

Custom CAD/CAM methods have already used CT contour data to further modify prostheses to aid their implantation. For example, the shape of proximal femoral prostheses (upper leg bone) have been modified so they can be inserted with minimum loss of skeletal mass. The insertion process is simulated, prior to surgery, to locate intersecting volumes of bone and prosthesis (See Robertson, et. al. [8]). Such volumes are then eliminated by a modification to the insertion path and/or changes to the shape of the prosthesis. The end result is an optimal press-fit design. Press-fit designs tend to eliminate, or minimize, the use of bone cement materials (typically methyl methacrylate).

Recently, exciting 3D presentations and special interactive hardware reported by Dev [9], Meagher [10], and their colleagues have been extended to include planning for structure model and custom prosthesis manufacturing. Their work is based on hardware systems developed as facilities to accept CT and MR data from multiple manufacturers. The approach described here is different. It is software based, using computational resources standard to CT scanner systems with inexpensive computer communications capability added.

Without custom image analysis techniques, the types of implants currently available are restricted to standard, pre-manufactured dimensions. These prostheses are made in standard sizes, much like shoes and clothes. In most cases, such prostheses are the appropriate clinical choice. They are readily available and relatively inexpensive when compared to a custom prosthesis manufactured by traditional, non-CAD/CAM methods. Standard femoral hip prostheses cost approximately $1500. Custom femoral hip prostheses can cost from $2,000 to beyond $6,000 depending on the complexity of the construction. With such a cost discrepancy, why even consider the manufacturing of custom prostheses? There are several reasons.

Candidate patients for custom prostheses include those who require revisions, have congenital degenerative hip (CDH) disease, need limb salvage due to carcinogenic or traumatic disorders and patients who are young and active. Standard prostheses for these patients are often not available. There are other reasons why custom prostheses should be considered. When a standard, off-the-shelf prosthesis is used, few, if any, changes are made to the standard implant. Most adjustments, unfortunately, are made by sculpting the patient's anatomy in order to have a firm, stable, functional reconstruction. The system outlined here helps to minimizes the removal of patient skeletal mass by manufacturing implants customized for each patient. It also makes possible custom prostheses that have, until now, been impossible to manufacture without a complete description of structure shape. In other words, some implants simply cannot be made from plane-film X-ray images alone.

The goal of our efforts is to reduce the time to manufacture and cost of custom prostheses, when they are clinically appropriate, by applying CAD/CAM methods that minimize design and subsequent manufacturing expense. In addition, our goal is to make this service available to CT scanners nationwide by concentrating the infrequent needs of multiple facilities.

Computed tomographic data has been used to produce two different types of three-dimensional structures: life size plastic models of anatomical parts and custom implants. This review will survey the first 208 bone models and the first 350 custom implants produced. On a total of 450 patients some patients who had models produced had no prostheses built, some had only prostheses and no models and some had both.

Models and implants of the knee and hip make up the majority of the devices produced. There were 73 knee models and 144 implants and 53 hip models and 143 implants. Mandibular models were the third most commonly produced devices. A summary of the anatomic areas modeled is found in Table 1.

METHODOLOGY:

CT scanning begins the procedure. Scans are taken in such a way as to form a series of cross-section slices of the structure to be examined.

Once scans are taken each CT image is examined by an edge detection program to deliver contour data that represent the outer surface of cortical bone and its inner surface. The inner surface corresponds to the bone interface with marrow (as in the medullary canal along the femur's shaft). Edge detection described here is a process that executes on the computer system of a CT scanner. Edges found are represented as a binary file stored in a raster format. These files are compressed then transmitted to computers in California using auto-dial modems and a synchronous communication protocol over standard telephone lines [11].

Contours in raster form arriving at the California facility are decompressed and converted once again. Now raster edges are changed to a series of vectors. These specially formatted files of vectors are then transmitted to a McAuto™ CAD/CAM system in Camarillo, California (Techmedica, Inc.). The bone outlines are then available for CAD/CAM interaction and machine tool preparation.

CASE PRESENTATIONS:

For the purpose of this report only one very brief case summary will be provided to illustrate the utility of the process for each anatomic zone which was modeled. These include representations of the hip, knee, face, and mandible. The majority of patients undergoing modeling and implant production of the hips had either chronic dislocation or prior hip replacement surgery that failed. In all of these cases the femoral heads and acetabulae were grossly deformed preoperatively.

A 33-year-old woman who sustained multiple facial fractures secondary to an automobile accident two years previously became a special candidate for a custom prosthesis. Following an attempt at surgical repair, she was still left with a significant defect in the bone structure around her left eye (left zygomatic arch and greater sphenoid wing). There were numerous attempts made by several surgeons to correct this deformity. The area became infected after a plastic (Silastic) implant was placed through an intra-oral route. The implant had to be removed leaving the patient with further aesthetic deformity over the zygoma, with scarring and retraction of the lower lid of the eye. Several other operative procedures were necessary in order to resolve the infection.

Following three-dimensional CT scanning and the formation of a skeletal model, operative procedure was undertaken. Figure 1 shows a nonsmoothed plastic skull model. Note the open defect in the patient's left posterior orbital wall. A prosthetic plate was then fabricated which would exactly fit the bony defect. The prosthetic prototype was used to model a bone graft which was obtained from the patient's hip and this oseous plate was then fit into the orbital defects. The patient's postoperative course was uneventful. Her postoperative cosmetic result has been excellent without any sign of infection.

Figure 2 is a radiograph of degenerative hip disease. CT images in Figure 3 show degenerative changes in both sides of the same patient. As a preoperative aid a model of the proximal femur is shown in Figure 4. The model and CT image data showing the deformed acetabulum help guide the position of surgical screws, acetabular cup and the femoral prosthesis shown in Figure 5.

Our most common prosthesis is a resurface plate for the patello-femoral groove. Candidates for such a prosthesis are those patients that develop intractable pain by bone irregularities on this surface. The femur at that point is very thin with soft vascular marrow below. In this circumstance, no standard, off-the-shelf re-surface plate can be fitted by removing cortical bone. Only a custom designed plate is appropriate. This is done by taking a series of CT slices 1.5 mm thick every 1 mm across this area of the distal femur. From contour information that shows the femur outline, a plate is formed to fit precisely and rest firmly between the condyles with two fixation screws (see Figure 6).

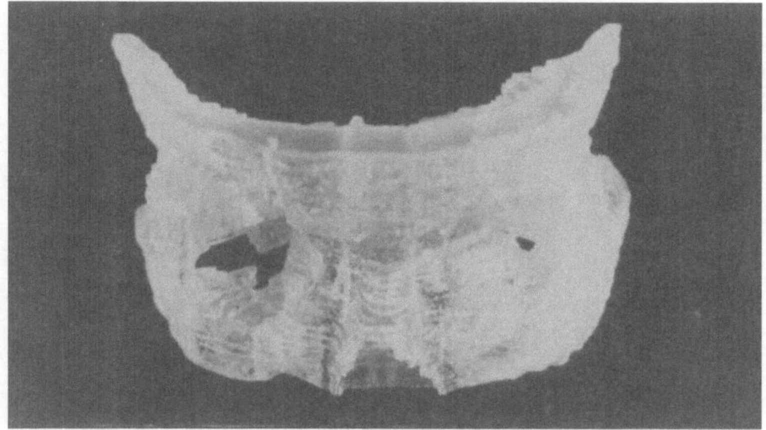

Figure 1 Plastic model of frontal skull illustrating a defect in the patient's right orbit.

Relatively few patients are candidates for subperiosteal (below the gums, next to the jaw) reconstruction. However, those that are candidates face a painful and difficult procedure. Patients with marked bone loss of the alveolar ridge (upon which the lower teeth attach themselves to the jaw) experience difficulty with standard dentures. They frequently fit poorly and are painful. Because of this a metal subperiosteal dental implant has been used for over 35 years to allow patients to function more comfortably than with a conventional full lower denture [12].

This procedure has in the past required two surgical interventures. The first requires stripping the periosteum away from the mandible in order to produce a cast of the bone. From this cast a metallic prosthesis would be designed. A second surgery was required to install the completed device. The actual denture is then fixed to the metalic device after the second operation [13].

Computerized tomography can now be used to produce a morphologic replication of the mandible in order to eliminate the need for a direct bone impression in the fabrication of a subperiosteal implant.

Patients are CT scanned with a stabilizing device placed intraorally. The mandible (jaw) is then positioned parallel to the scan plane and as low or near the table as possible. Figure 7 demonstrates the model of the patient's mandible which was made from the CT data, Figure 8 shows the metallic prosthesis as it will be installed subperiostially.

The cost of the CT replicated model is offset by elimination of one of two surgeries, the potential toxic effects of foreign bodies of impression material, uses of anesthesia, and increased radiation exposure.

In all cases, the end result of this approach is an accurate, customized prosthesis which should increase the longevity of such orthopaedic, orthodontal, and cranio facial reconstructions and minimize the occurrence of subsequent corrective procedures.

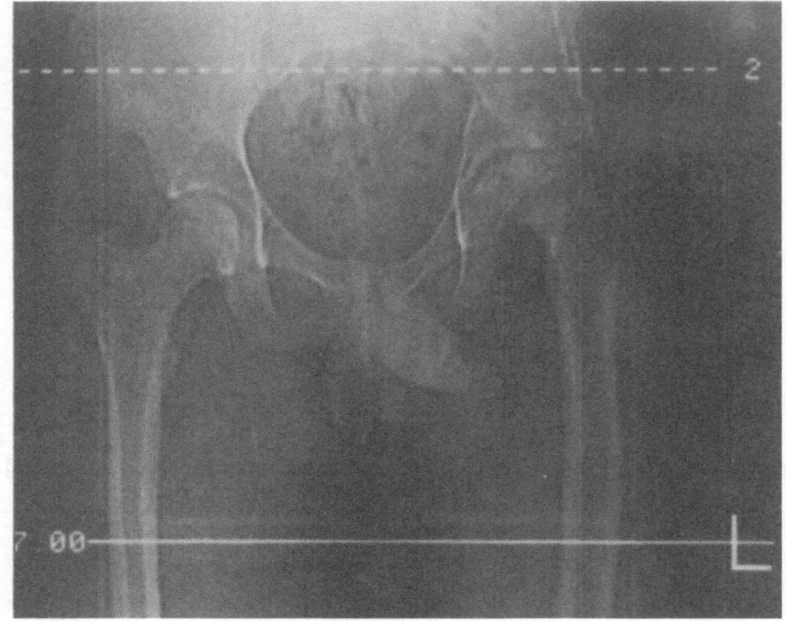

Figure 2 Radiograph showing degenerative hip disease clearly evident on patient's left side.

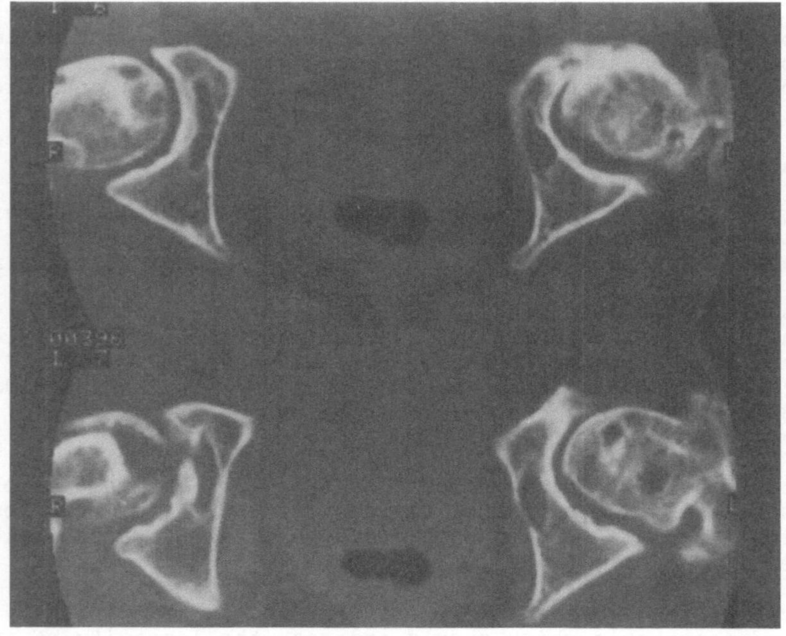

Figure 3 CT scan data showing a degenerative process in both hips of patient in Figure 2.

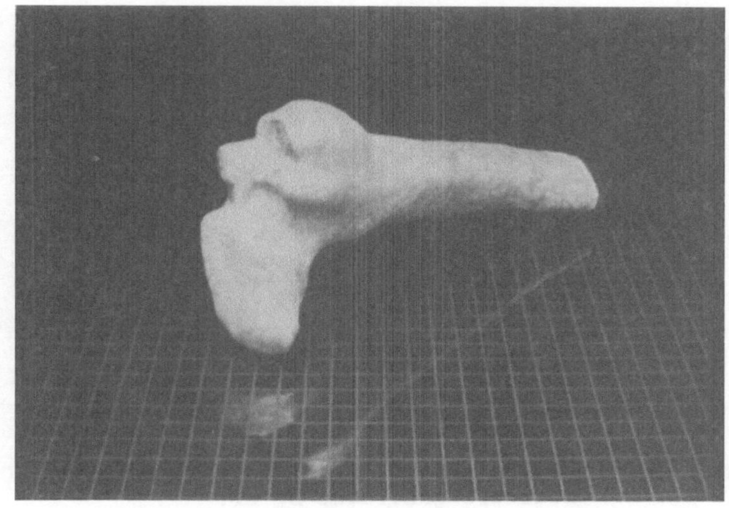

Figure 4 Plastic model of the degenerative left hip of Figure 2.

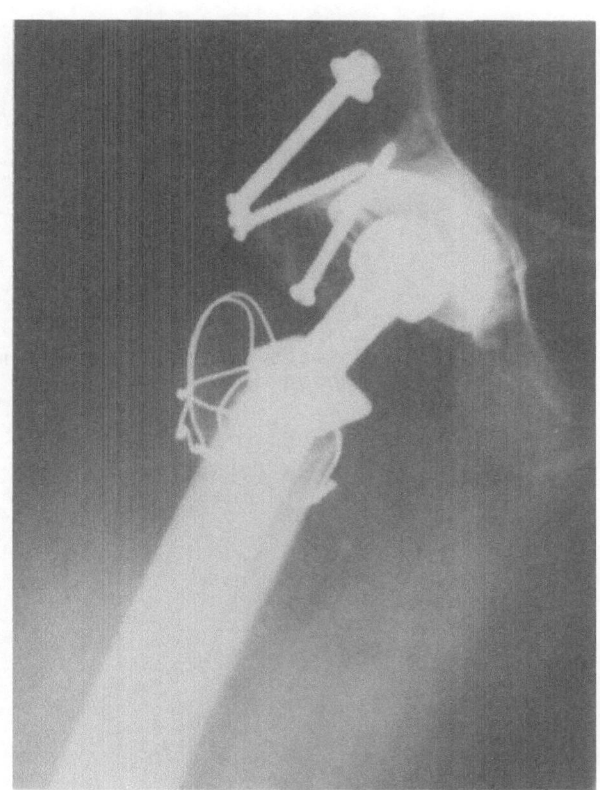

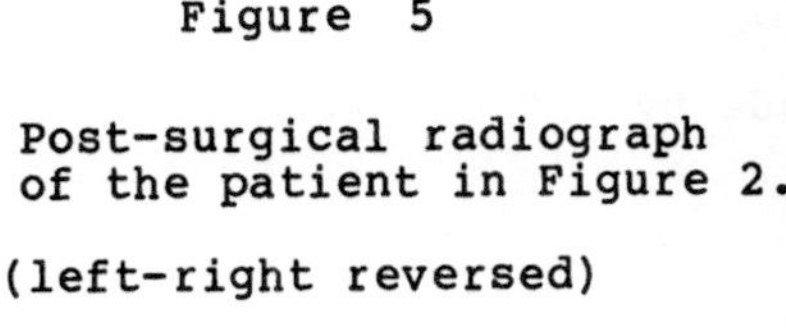

Figure 5

Post-surgical radiograph of the patient in Figure 2.

(left-right reversed)

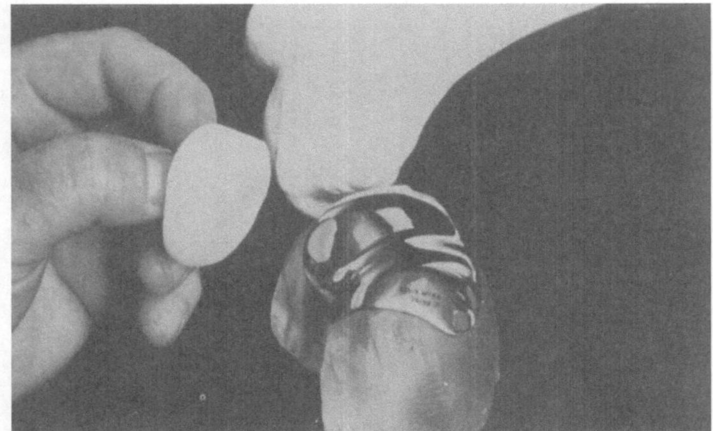

Figure 6 Custom cobalt-titanium plate molded by CAD/CAM contours generated by CT.

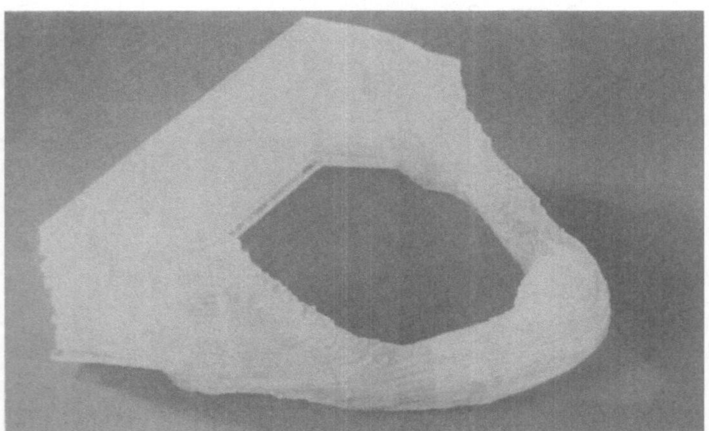

Figure 7 Plastic mandible model made by CAD/CAM from CT scan data.

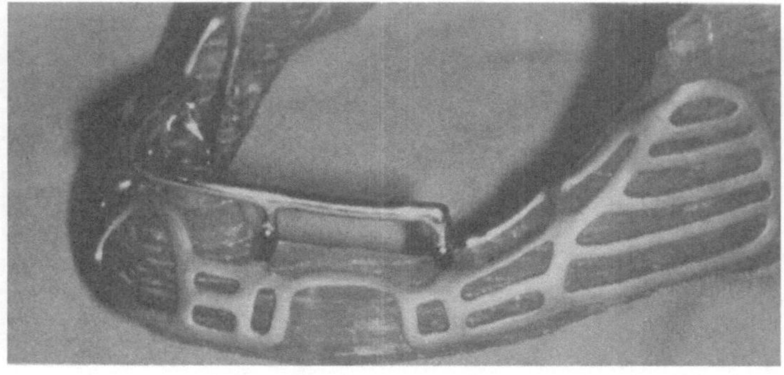

Figure 8 Custom mandible reconstructive prosthesis fit to CT generated model.

SUMMARY:

In the past researchers have illustrated stacked contours of anatomic structures using computer graphic vector display devices. At near instantaneous speed users can maneuver objects to best view their shape--this fast motion in itself, is one of the strongest cues we have to perceive 3-D shapes. Unfortunately, primary patient care providers, an image center's referring physicians (orthopaedic physician, neurosurgeons, general practitioners); are unlikley to have routine access to such interactive devices. In this work '3D hard copy' presentations are made possible. The result is a hand-held model of an anatomic structure, a prosthesis, or both delivered directly to referring physicians. Table 1 summarizes our efforts in CT guided custom prosthesis and model manufacturing.

At the time of this writing over 160,000 non-prostheses CT exams have been processed by a digital image processing network service connected to over 75 health centers across the United States. This network service has been focused for CT exams of the spine but allows general digital file transmissions at rates of up to 9600 baud with full duplex capability. As a further application of this network the prosthesis modeling and manufacturing capability is distributed to network sites. The expertise of a custom prosthesis manufacturer has become more accessible. The message here is that custom prosthesis manufacturing need not be restricted to large orthopaedic research institutions but can now reach out to small, isolated community hospitals as well. With relatively inexpensive telecommunications added to a CT scanner, bone contour files are transmitted routinely across the U.S. over a public computer communications network. One must also add that by no means is such a network approach limited to our particular service. This integration of technologies, CT, computer communications, CAD/CAM and medical imaging is generic in nature. Similar approaches to resource sharing and distribution of services will become more commonplace in medical imaging.

This paper has reported on a system that integrates several computer disciplines for an application in clinical medicine. As such it illustrates the need to listen carefully to the application specialists, in this case, most often surgeons. Enthusiasm for custom structure models and prostheses must be tempered by genuine clinical need. Only in this way can our disciplines cross-fertilize constructively.

ACKNOWLEDGEMENTS:

This work would not be possible were it not for the close collaboration of Clyde Pratt and his colleagues at Techmedica, a custom model and prostheses manufacturing facility in Camarillo, California. Design and manufacturing of all models and all prostheses shown here were done at Techmedica. In addition, several physicians, Martin Blazina, Phillip Truitt, Lawrence Dorr and others were instrumental in making this effort clinically useful. Thanks also go to our close colleagues at MPDI, Eva S. Tivattanasuk, Alex T. Pang, Karen Ly, Hema Panicker, and Virginia Ku, all gifted computer scientists.

1 On a total of 450 patients some patients who had models produced had no prosthesis built, some had only prosthesis and no model and some had both.

Table 1

Summary of Custom Models and Implants on 450 Patients

Anatomic Area	Models	Implants
Pelvis		
Oncology	3	3
Trauma	1	0
Hips		
Congenitally Dislocated Hip (CDH)	21	28
Juvenile Rheumatoid Arthritis	11	11
Oncology	0	10
Revision	21	94
Knees		
Juvenile Rheumatoid Arthritis	5	5
Primary Total Knee Replacement	3	10
Oncology	0	10
Revision	0	30
Patello-femoral syndrome	65	65
Shoulders	5	30
Elbows	4	30
Osteotomy Models	6	
Maxillo-Cranial	6	0
Subperiosteal Dental Implant Models		
Mandible	50	
Maxilla	7	
Totals	208	350

REFERENCES:

1. Tonner HD, Engelbrecht H: Ein Neues Verfahren zur Herstellung alloplastischer Specialimplantate fur den Becken-Teilersatz, Fortschr. Medicine 97(16) 1979, April, pp 781-783.

2. Burri C, Claes L, Gerngross H, Mathys Jon R: Total internal hemipelvectomy, Archives of Orthopaedic and Traumatic Surgery, 94, 1979, 219-226.

3. Mendes DG: Total Hip Arthroplasty in Congenital Dislocated Hips, Clinical Orthopaedics and Related Research, 161, 1981, Nov-Dec, pp 163-179.

4. Mendes DG: The Role of Computerized Tomography Scan in Preoperative Evaluation of the Adult Dislocated Hip, Clinical Orthopaedics and Related Research, 161, 1981, Nov-Dec, pp 198-202.

5. Neruby J, Robinstein Z, Katznelson AM: Technique of building hemipelvic prosthesis using computer tomography, Proj. Clinical and Biol. Research, 99, 1981, Alan R. Liss, Inc, NY, NY, 147-152.

6. Aldinger G, Fischer A, Kurtz B: Computer aided manufacture of individual endoprostheses, Archives of Orthopaedic and Traumatic Surgery, 102, 1983, 31-35.

7. Rhodes ML: An algorithmic approach to controlling search in 3-D image data, ACM SIGGRAPH'79, Proc. August 1979, 134-142.

8. Robertson DD, Nelson P, Hirano S, Granholm J, Walker P: Orthopaedic Implant Design from Three-Dimensional Reconstruction of CT Data, Radiology, Vol. 157, 1985, pp 341.

9. Dev P, Fellingham LL, Wood SL, Vassiliadis A: A Medical Graphics System for Diagnosis and Surgical Planning, roceedings of the International Symposium of Computer Assisted Radiology [CAR'85], Berlin, June 1985, pp 602-607.

10. Meagher DJ: Applying Solids Processing Methods to Medical Planning, Proceedings of the National Computer Graphics Conference [NCGA'85], Dallas, April 1985, pp 101-109.

11. Rhodes ML, Azzawi YM, Quinn JF, Glenn WV, Rothman SLG: CT Image Processing Using Public Digital Networks, Proceedings from Symposium on Computer Applications in Medical Care, November 1984, IEEE CH2090-9/84/0000/0871, pp 871-874.

12. Gershkoff A, Goldberg NI: Implant Dentures, J.B. Lippincott Co., Philadelphia, PA, 1957, pp 18-31.

13. Cronin N, (Ed): Oral Implantology, Charles C. Thomas, Springfield, IL, 1970, pp 39-50.

DARSTELLUNG VON BANDINSTABILITÄTEN DES KNIEGELENKS UND DIAGNOSEUNTERSTÜTZUNG MIT EINEM ARBEITSPLATZRECHNER

H. STENZEL[1], H.-W. STEDTFELD[2], M. STROBEL[2]

[1] Institut für Angewandte Mathematik der Universität Bonn, Sonderforschungsbereich 72 der DFG

[2] Abteilung für Unfall- und Handchirurgie der chirurgischen Klinik und Poliklinik der Universität Münster

Beitrag zum Fachgespräch "Digitale Bildverarbeitung und Computer-Graphik in der Medizin" im Rahmen der GI-Jahrestagung 1986

Zusammenfassung.

In diesem Beitrag wird über einige Ergebnisse einer noch andauernden Zusammenarbeit zwischen Ärzten der Chirurgischen Universitätsklinik in Münster und Mitarbeitern des Instituts für Angewandte Mathematik der Universität Bonn und des Sonderforschungsbereichs 72 der Deutschen Forschungsgemeinschaft berichtet. Im Rahmen der unfallchirurgischen und orthopädischen Diagnostik werden die durch Verletzungen der Bandstrukturen am Kniegelenk hervorgerufenen Instabilitäten untersucht. Mit Methoden aus der Mathematik und der Informatik konnten praktikable Beiträge zur Lösung dabei auftretender Fragestellungen geleistet werden.

An der Chirurgischen Universitätsklinik in Münster entwickelte Untersuchungsmethoden gestatten erstmals eine systematische, vollständige und reproduzierbare quantitative Erfassung der Instabilität. Für die dabei anfallenden Datenmengen wurden Darstellungsmethoden erarbeitet, die die komplexen, mehrdimensionalen Zusammenhänge durchschaubar machen. Mit ihrer Hilfe wurde deutlich, daß ein eindeutiger Zusammenhang zwischen den gemessenen Instabilitätswerten und den zugrunde liegenden Verletzungen besteht - die Messungen können also zur Diagnose herangezogen werden.

Eine Fragestellung bestand darin, die Diagnoseverfahren zu optimieren. Das bedeutete, die Zahl der Messungen, mit denen eine Diagnose gestellt werden kann, zu minimieren. In einer anderen Arbeit wird gezeigt, warum konventionelle biomathematische Methoden nicht zu einer Lösung geführt haben, und mit welchen, an die Clusteranalyse angelehnten Methoden, Verfahren zur Lösung des Diagnoseplanungsproblems entwickelt wurden.

Hier beschreiben wir, wie die graphischen Darstellungsverfahren und die Methoden zur Diagnoseunterstützung auf einem Arbeitsplatzrechner implementiert wurden. Im folgenden Abschnitt wird zunächst die medizinische Fragestellung erläutert.

Die medizinische Fragestellung.

Die Biomechanik des Kniegelenks kann noch nicht als geklärt angesehen werden. Der Aufbau der gelenkbildenden Knochenflächen sowie der elastischen Strukturen, der Bänder, Sehnen und Gelenkknorpel, ist sehr komplex, um den starken Belastungen und der mehrfachen Funktion des Gelenks zu genügen, siehe z.B. [1,2,3]. Man ist im Augenblick nicht in der Lage, mit mathematischen Modellen der Kniegelenksmechanik zu Schlüssen über die Funktion und, bei Verletzungen, über die Fehlfunktion und die Instabilität zu gelangen. Darüber hinaus bilden sich auf Grund der physiologischen Unterschiede von Mensch zu Mensch einzelne Strukturen sehr unterschiedlich aus [2,3], so daß zu bezweifeln ist, daß ein einziges, allgemeingültiges mathematisches Kniegelenksanalogon überhaupt erstellt werden kann. Deshalb bleibt als Ausweg, mit heuristisch motivierten Methoden vorzugehen und nach experimentellen Bestätigungen zu suchen.

Zur Erhellung der Zusammenhänge zwischen Verletzungen der Bänder im Bereich des Kniegelenks und der Stabilität des Gelenks sind von den beteiligten Ärzten der Chirurgischen Klinik der Universität Münster systematisch Bandverletzungen an Kniegelenkspräparaten untersucht worden [5]. Die Auswirkung der Durchtrennung einzelner Bänder und Bandgruppen auf die Stabilität des Kniegelenks in der Sagitalebene wurde bei Variation von Kniebeugung und Fußrotation gemessen, indem die Verschiebung von Oberschenkel zu Unterschenkel beim Einwirken einer zusätzlichen Kraft auf das Schienbein vor und nach der Verletzung gemessen wurde. Der Beuge- und der Rotationswinkel durchlaufen immer das gleiche Raster. Als sogenannte *Schublade* wird die Differenz der Verschiebungen bezeichnet (Bild 1).

Instabilitätslandschaften.

Um die zahlreichen Daten einer systematischen Erfassung der Schubladenwerte für die Mediziner interpretierbar zu machen, werden, einer Anregung von H. Werner [8] folgend, die Differenzen der Schubladenwerte am gesunden und am verletzten Knie als Funktionen über der Ebene abgetragen, die durch die beiden Koordinaten Beugungswinkel des Knies und Drehwinkel des Fußes bestimmten wird. Durch Interpolation zwischen den Meßwerten und eine geeignet gewählte Projektion entsteht ein Bild einer Fläche, die als sogenannte *Instabilitätslandschaft* dem Arzt ein eindrucksvolles Bild von der Auswirkung der vorliegenden Verletzung gibt.

Eine Reihe von verschiedenen Darstellungsarten wurde erprobt und wieder verworfen, bis sich die Beteiligten auf eine befriedigende Form geeinigt hatten. Die Erfahrung zeigt, daß eine Approximation der Fläche mit einem bivariaten Polynom höchstens vom Gesamtgrad 3 einen guten Kompromiß zwischen genügend genauer Wiedergabe der Messung und erforderlicher Glättung der Fläche darstellt. Eine Parallelprojektion und eingezeichnete Rasterlinien lassen die wesentlichen dreidimensionalen Eigenschaften der typischerweise vorkommenden Flächen erkennen, ohne daß die Darstellungen zuviele Details enthalten oder schwierig zu erstellen sind. Diese Landschaften sind inzwischen im klinischen Alltag erprobt und haben Verwendung

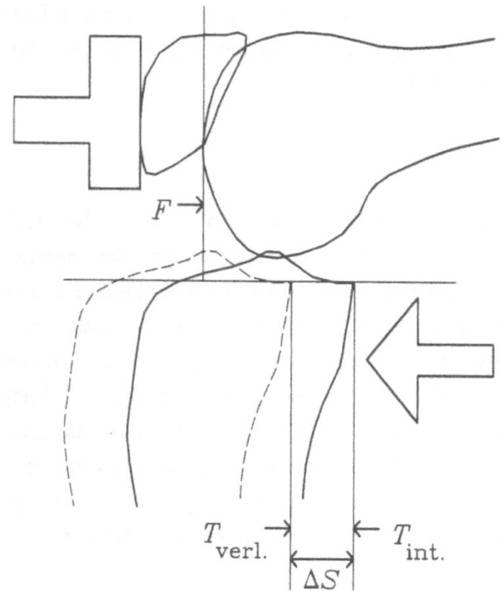

F: Position des Oberschenkels (Femur)

$T_{int.}$: Position des Unterschenkels (Tibia) beim Einwirken der Kraft, Kniegelenk intakt

$T_{verl.}$: Position des Unterschenkels (Tibia) beim Einwirken der Kraft, Kniegelenk verletzt

ΔS: Schublade

BILD 1: Schubladenmessungen am Kniegelenk (nach [4])

in mehreren Publikationen gefunden. Einige Instabilitätsphänomene konnten mit ihrer Hilfe erstmals klar und einfach verständlich dargestellt werden.

Beim Ausmessen einzelner Kniegelenke fällt auf, daß die festgestellten Schubladenwerte recht stark streuen. Das liegt natürlich auch an unvermeidlichen Meßfehlern, aber noch mehr an der großen physiologischen Variabilität der Kniegelenksgeometrie. Die Untersuchungen [4,5] zeigen jedoch, daß die Mittelwerte über eine Anzahl von Kniegelenken deutlich eine für die Verletzungsart typische Abhängigkeit von den beiden Winkeln aufweisen, um die gebeugt bzw. gedreht worden ist (Bild 2).

Die charakteristischen Formen der Instabilitätslandschaften finden sich auch bei den einzelnen Individuen wieder und haben sich als ein wertvolles Hilfsmittel bei der Diagnosestellung und bei der Quantifizierung von Behandlungserfolgen herausgestellt. Bei der klinischen Anwendung genügt es im allgemeinen, einen Seitenvergleich zwischen dem gesunden und dem verletzten Knie durchzuführen. Natürlich sind auch Vergleiche der Werte des gleichen Knies vor und nach Behandlungen sehr aufschlußreich. Darüberhinaus sind Untersuchungen im Gange, um aus den vorhandenen Daten durch Eichung mit einigen physiologischen Daten ein *Knie-Normal* für Vergleichszwecke zu bestimmen.

Klinische Anwendung.

Die Anzahl der zur Bestimmung einer vollständigen "Landschaft" nötigen Messungen ist für den klinischen Routinebetrieb nicht tragbar. Deshalb ergab sich die Frage, ob es nicht möglich ist, aus der Vielzahl der möglichen Gelenkstellungen eine kleine Anzahl auszuwählen, aus deren gemessenen Schubladengrößen eine gute Diagnose der Verletzung gewonnen werden kann. In [6]

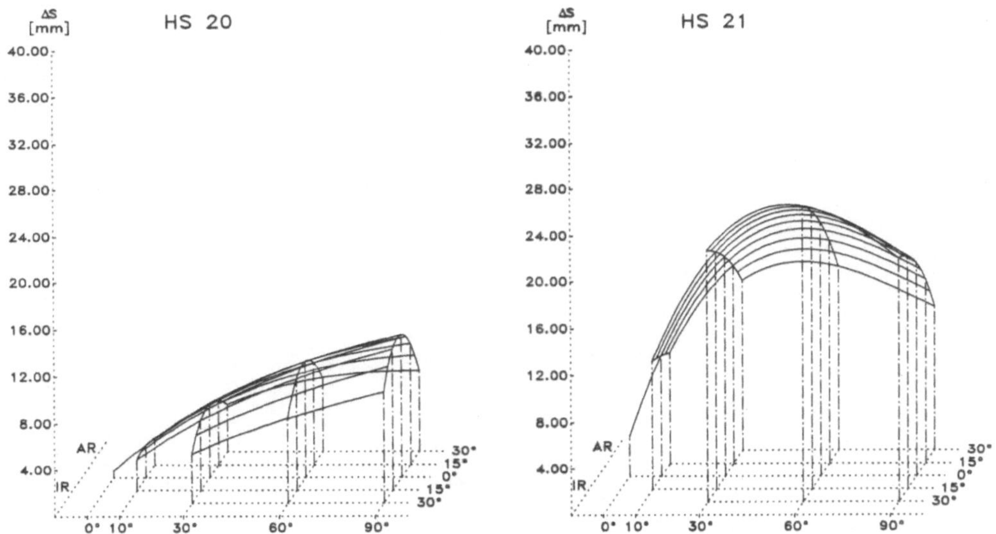

BILD 2: Instabilitätslandschaften [5] am Beispiel der hinteren Schublade bei der isolierten Läsion des hinteren Kreuzbandes (HS 20) und bei zusätzlicher Läsion von Kapselbandstrukturen (HS 21).

werden Diagnoseplanungsverfahren angegeben, die gestatten, drei oder vier Gelenkstellungen zu bestimmen, mit denen eine sichere Klassifikation des vorliegenden Datenmaterials möglich ist.

Die Darstellungsprogramme geben bei diesen Anwendungen die Landschaften als geneigte Ebenen wieder (Bild 3). Hier ist es noch keine "beste" Darstellungsform gefunden worden. Weitere Bemühungen werden in diesem Zusammenhang dahin gehen, auch bei wenigen Stützpunkten die typischen Extrema der Landschaften wiederzugeben, indem Erfahrungswerte und Modelle der Kniegelenksmechanik berücksichtigt werden. Aber auch die vorliegende, vereinfachte Form gibt den Medizinern Aufschluß über den "Trend" der Instabilität zusammen mit den Ergebnissen des Algorithmus zur Zuordnung eines Befundes zu möglichen Diagnosen.

Die ersten Ergebnisse der Bemühungen um Unterstützung der Diagnose durch graphische Darstellungen und Klassifikationen wurden von den beteiligten Medizinern sehr positiv beurteilt. Sie waren deshalb daran interessiert, diese Verfahren in einem routinemäßig einsetzbaren System von Hard- und Software zur Verfügung zu haben.

Ein System zur Erhebung der Daten und Unterstützung der Diagnose.

Damit die Mediziner in Münster ihre Arbeiten effizient fortsetzen können, möchten sie die erarbeiteten Verfahren auch "vor Ort", im klinischen Betrieb, benutzen können. Zuerst waren die Programme nur auf dem Recher des Instituts für Angewandte Mathematik in Bonn implementiert, so daß die Daten und Ergebnisse hin und her geschickt werden mußten.

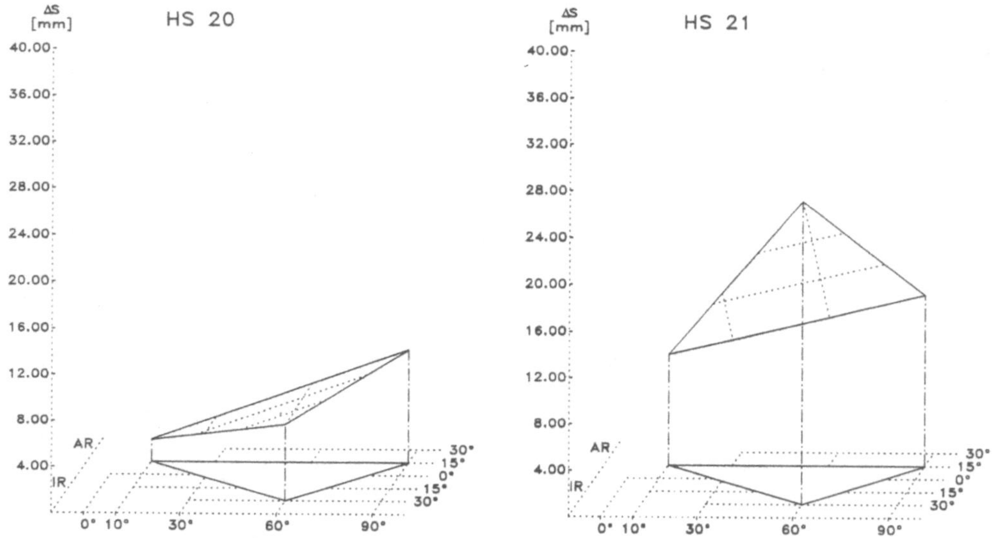

BILD 3: Die Kniegelenkslandschaften aus Bild 2 als Schiefebenen, Beschränkung auf Messung der Schublade in drei Gelenksstellungen.

Ein System wurde gewünscht,

- mit dem während der Untersuchung die Meßwerte erfaßt werden können,
- das unmittelbar die interpolierten Kniegelenkslandschaften darstellt, wie sie in [5] beschrieben sind,
- das eine Verwaltung der Patientendaten gestattet,
- mit dem ein Diagnosevorschlag nach den vorhandenen Klassifikationen gegeben werden kann.

Ein solches System ist auf einem kompakten, unter Umständen sogar tragbaren Arbeitsplatzrechner (einem *Personal Computer*), implementiert worden. Das Softwaresystem ist ohne große Schwierigkeiten an Rechner verschiedener Hersteller anpaßbar.

Mit diesem System werden im Augenblick die für die Anpassung der Verfahren an die Bedürfnisse der klinischen Praxis noch nötigen Erfahrungen gemacht. Es werden einerseits weitere Daten gesammelt und andererseits können die Auswirkungen veränderter Parameter der Verfahren von den Medizinern unmittelbar gesehen werden. Darüberhinaus dient es als Prototyp für ähnliche Systeme für den routinemäßigen Einsatz in verschiedenen Kliniken.

Die Hard- und Software.

Für die Rechner-Hardware bot sich auf Grund der positiven Erfahrungen und der weiten Verbreitung ein IBM-PC oder ein damit kompatibles Gerät mit dem Betriebssystem MS-DOS an. Mit einem Rechner, der von der Firma COMPAQ zur Erprobung zur Verfügung gestellt wurde, konnte sogar der Wunsch nach einer transportablen Lösung realisiert werden.

Die Ausgabe der graphischen Darstellung der interpolierten Instabilitätswerte ließ sich nicht mit einem Standard-Graphik-System mit 200x400 Punkten Auflösung realisieren. Aber mit einer Ergänzungskarte der Firma Hercules mit 340x720 Punkten lassen sich ohne großen finanziellen Aufwand akzeptable Bilder erstellen. Die augenblickliche Entwicklung des Marktes läßt annehmen, daß dieser Aspekt in nächster Zeit auch von Standardgeräten erfüllt wird.

Die ersten Implementierungen der Algorithmen auf dem Rechner im Institut für Angewandte Mathematik waren in FORTRAN vorgenommen worden, die Versionen für den Arbeitsplatzrechner sind in der Programmiersprache PASCAL geschrieben worden. Im TURBO-PASCAL-Compiler der Firma Borland stand ein sehr effizientes Hilfsmittel zur Programm-Erstellung zur Verfügung [7]. Die kurzen Übersetzungszeiten gestatteten eine schnelle Realisierung der während der Entwicklung eines solchen Softwarepaketes nötigen Änderungen und Korrekturen.

Die Programmorganisation.

Das Programmsystem ist in der augenblicklichen Version vollständig in PASCAL geschrieben und ist umfaßt mehrere 1000 Anweisungen. Neben den speziellen Routinen für die graphische Darstellung der Instabilitätslandschaften und für die Erstellung von Diagnosevorschlägen enthält es Standard-Bausteine, z.B. zum Lösen von Gleichungssystemen und zur Verwaltung der Datenbestände, und einen größeren Raum nehmen Routine-Funktionen ein, z.B. zum Aufbau und zur Abarbeitung der Bildschirmmasken.

Um auch den in der Datenverarbeitung unerfahrenen Benutzern die Bedienung des Programmsystems und die Eingabe der Daten zu erleichtern, wird der Dialog über Bildschirmmasken abgewickelt. Jeder Funktion ist eine Maske zugeordnet, die ihrerseits in einer Baumstruktur nach Problemkreisen zusammengefaßt sind und ausgewählt werden können. Im Anhang sind die einige Masken einer Erprobungsversion der Programme als Kopien der Bildschirminhalte wiedergegeben.

Die Vorteile der Verfahren.

Für die Mediziner sind die Vorteile der beschriebenen neuartigen Verfahren zur Untersuchung der Instabilitäten des Kniegelenks mit Hilfe der graphischen Datenverarbeitung an einem Arbeitsplatzrechner die folgenden:

1. die Ergebnisse werden in eindrucksvoller Form dreidimensional dargestellt
2. der Aufwand für die Auswertung der Meßwerte ist gering
3. die Benutzung des Verfahrens ist einfach durch die Benutzerführung durch Menüs
4. die Ergebnisse sind nutzbar zur
   * Diagnoseunterstützung
   * Therapiekontrolle

Ohne die seit kurzem verfügbaren kostengünstigen Arbeitsplatzrechner mit ihren Möglichkeiten, große Datenmengen zu speichern und ihren graphischen Fähigkeiten wäre nicht daran zu denken, solche Verfahren im klinischen Alltag einzusetzen.

LITERATUR

1. J.Hoschek, U.Weber, *Mathematische Modellbildung zur Entwicklung und Überprüfung von Kniegelenksendoprothesen*, Tagungsband der 3. Vortragsreihe des Arbeitskreises "Implantate" (1984).
2. R.L.Piziali, W.P.Seering, D.A.Nagel, D.J.Schurman, *The Function of the Primary Ligaments of the Knee in Anterior-Posterior and Medial-Lateral Motions*, J. Biomechanics **13** (1980), 777-784.
3. W.P.Seering, R.L.Piziali, D.A.Nagel, D.J.Schurman, *The Function of the Primary Ligaments of the Knee in Varus-Valgus and Axial Rotation*, J. Biomechanics **13** (1980), 785-794.
4. H.-W.Stedtfeld, *Instabilitäten des Kniegelenkes*, Habilitationsschrift (1984).
5. H.-W.Stedtfeld, M.Strobel, H.Stenzel, *Beitrag zur Frage der Posteromedialen Instabilität des Kniegelenkes*, Unfallheilkunde **87** (1984), 290-297.
6. H.Stenzel, "Algorithmen zur Auswahl von Tests - ein mathematischer Beitrag zur Diagnose", Dissertation, Bonn, 1985.
7. "TURBO PASCAL, Reference Manual", Borland International, Scotts Valey, 1985.
8. H.Werner, *Zur Analyse verletzter Knie - ein Identifikationsproblem*, ISNM, Vol. 67, Numerical Methods of Approximation Theory **7** (1984), 139-148.

ANHANG: BILDSCHIRMMASKEN DES PC-SYSTEMS

Der Text der folgenden Maske 0 erscheint auf dem Bildschirm, wenn das System eingeschaltet wird. Der Benutzer wird durch das Untersuchungs- und Auswertungsprogramm geführt. Er wählt die Nummer der gewünschten Teilfunktion, und nach ihrer Erledigung wird die nächste Funktion vom System vorgeschlagen.

```
+--<Maske 0>--------------------------------------------------------+
              Instabilitätsdiagnostik des Kniegelenks        20.08.1985
                       DiaGon3/VO.1/85-03-20
      Chir.Universitätsklinik Münster - Abt.Unfall u.Handchirurgie
            Institut für Angewandte Mathematik Univ. Bonn

       1 - Patientendaten-Erfassung
       2 - Patientenmaße-Erfassung
       3 - Untersuchungsdaten-Erfassung
       4 - Testdaten-Erfassung
       5 - Auswertung / graphische Darstellung
       6 - Diagnosevorschläge
       7 - Untersuchungsdatenverwaltung

      99 - Ende des Untersuchungsprogramms

      Auswahl :  1
+-------------------------------------------------------------------+
```

Mit den Masken 1, 2 und 3 können Daten über den Patienten, seine Verletzung und die Untersuchung erfaßt werden. Mit der Eingabe der Patientendaten wird dem Datensatz eine laufende Nummer zugeordnet, über die danach alle seine Daten im System verwaltet werden.

In allen Masken zur Erfassung von Daten hat der Benutzer die Möglichkeit, Fehler zu korrigieren oder das Abspeichern irrtümlich eingegebener Werte zu verhindern. Wo immer möglich, versucht das System, die Korrektheit der Eingabedaten zu prüfen, z.B. bei der Angabe des Geschlechts oder des Geburtsdatums. In eckigen Klammern wird vom System angegeben, welche Teildaten zu diesem Datensatz bisher vorhanden sind.

```
+--<Maske 1>-------------------------------------------------------------+
               Instabilitätsdiagnostik des Kniegelenks
                          Patientendaten

 Name, Vorname.......Meyer, Hugo.........
 Straße..............Am Knie 14..........
 PLZ, Wohnort........5344 Münsterbonn....
 Telephon............*...................
 Geburtsdatum........01.01.1944..........
 Krankenblatt-Nr.....2323................
 Geschlecht..........männl...............
 Untersuchungsdatum..20.08.1985..........
 ........................................
 Erfassungsschritte..[ D ]

  Eingabe in Ordnung ? ja
  Daten speichern ? ja
+------------------------------------------------------------------------+

+--<Maske 2>-------------------------------------------------------------+
               Instabilitätsdiagnostik des Kniegelenks
                          Patientenmaße
 00003 20.08.1985 Meyer, Hugo [ D M ]

 Größe[ cm]..........183.................
 Gewicht[ kg]........87..................
 Alter...............41..................
 Umfänge rechts [ cm]
 OS 20 cm........... 42.00.............
 OS 15 cm........... 40.00.............
 KG-Spalt........... 32.00.............
 US 15 cm........... 32.00.............
 Umfänge links [ cm]
 OS 20 cm........... 43.00.............
 OS 15 cm........... 39.00.............
 KG-Spalt........... 31.00.............
 US 15 cm........... 32.00.............

  Eingabe in Ordnung ? ja
  Daten speichern ? ja
+------------------------------------------------------------------------+
```

```
+--<Maske 3>---------------------------------------------------------------+
                   Instabilitätsdiagnostik des Kniegelenks
                             Untersuchungsdaten
 00003 20.08.1985 Meyer, Hugo [ D M A ]

 Patient/Proband/L...Patient.............
 Seite...............links...............
 Rö?.................Nein................
 Rö-Nr...................................
 gehaltene Rö?.......Nein................
 gRö-Nr..................................
 U.Dauer [ min].......100.................
 Untersucher.........Hel.................
 Bemerkungen.........Unklare Knieverl....
 Bemerkungen.........vor 10-15 Jahren....
 Bemerkungen.........*...................

  Eingabe in Ordnung ? ja
  Daten speichern ? ja
+--------------------------------------------------------------------------+
```

Mit der folgenden Maske 4 wird gezeigt, wie Testdaten eingegeben werden können. Die Werte für Flektion, Rotation und Kraft werden vom System nach den Angaben aus einer Parameterdatei vorgeschlagen und müssen vom Benutzer nur quittiert oder geändert werden.

```
+--<Maske 4>---------------------------------------------------------------+
                   Instabilitätsdiagnostik des Kniegelenks
                                 Testdaten
 VSR für 00003 20.08.1985 Meyer, Hugo [ D M A VsR ]

 Flektion           Rotation          Kraft           delta S
  0.00                0.00             6.00            3.40
 10.00              -15.00             6.00            4.39
 10.00               15.00             6.00            4.70
 30.00              -30.00             6.00            3.76
 30.00                0.00             6.00            3.65
 30.00               30.00             6.00            3.24
 60.00              -15.00             6.00            3.36
 60.00               15.00             6.00            3.08
 90.00              -30.00             6.00            1.99
 90.00                0.00             6.00            2.27
 90.00               30.00             6.00            1.71
(Eine Messung wird übersprungen durch Eingabe einer Kraft von Null)

  Weitere Werte ? nein
  Eingabe in Ordnung ? ja
  Daten speichern ? ja
+--------------------------------------------------------------------------+
```

Mit Maske 5 können verschiedene Variationen der graphische Darstellung der eingegebenen Messungen gewählt werden. Auswahl 1 bis 3 ergibt die unmittelbare Darstellung der “Landschaft” für die gemessenen Werte. Bei Auswahl 5 und 6 werden die Differenzen zwischen (möglicherweise) verletzter und gesunder Seite dargestellt. Auswahl 7 bis 10 ermöglichen, die Differenzen zwischen den Messungen und einem (an die Patientendaten anzupassenden) Normalverlauf darzustellen. Daneben ist vorgesehen, die Daten auf einem Drucker oder Plotter ausgeben zu können.

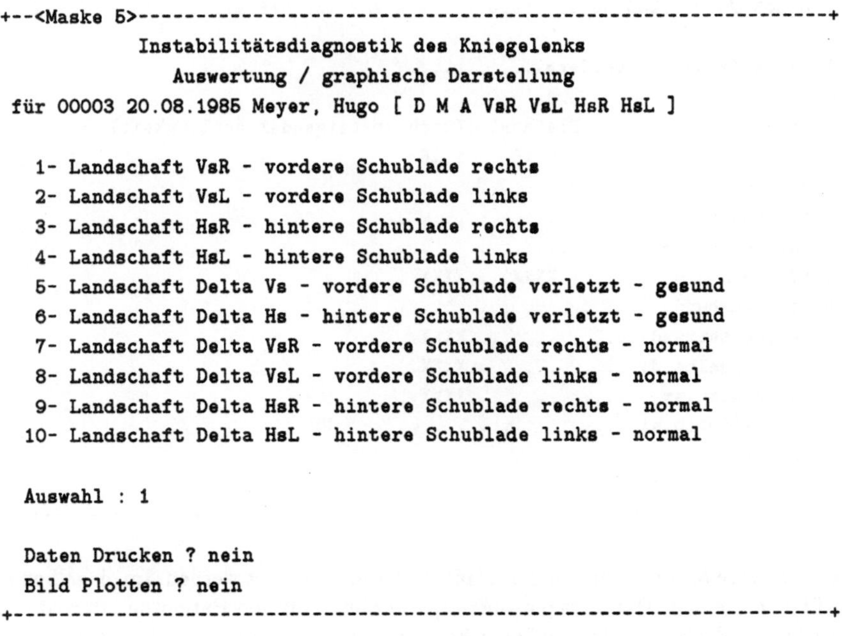

```
+--<Maske 5>----------------------------------------------------------+
           Instabilitätsdiagnostik des Kniegelenks
              Auswertung / graphische Darstellung
 für 00003 20.08.1985 Meyer, Hugo [ D M A VsR VsL HsR HsL ]

  1- Landschaft VsR - vordere Schublade rechts
  2- Landschaft VsL - vordere Schublade links
  3- Landschaft HsR - hintere Schublade rechts
  4- Landschaft HsL - hintere Schublade links
  5- Landschaft Delta Vs - vordere Schublade verletzt - gesund
  6- Landschaft Delta Hs - hintere Schublade verletzt - gesund
  7- Landschaft Delta VsR - vordere Schublade rechts - normal
  8- Landschaft Delta VsL - vordere Schublade links - normal
  9- Landschaft Delta HsR - hintere Schublade rechts - normal
 10- Landschaft Delta HsL - hintere Schublade links - normal

 Auswahl : 1

 Daten Drucken ? nein
 Bild Plotten ? nein
+---------------------------------------------------------------------+
```

Das folgende Bild ist ein Beispiel für die graphische Darstellung einer Kniegelenkslandschaft. Es handelt sich um eine direkte Kopie des Inhalts des Rasterbildschirms.

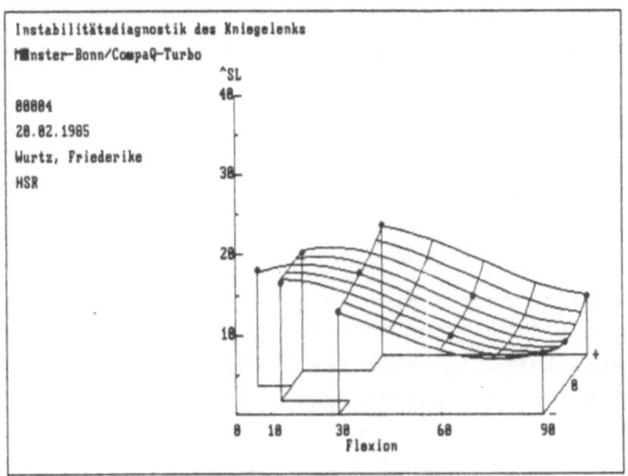

Mit der (noch experimentellen) Maske 6 wird eine Zuordnung der gemessenen Daten zu den vorhandenen Diagnosedaten gegeben. Jede Diagnose stellt die Zusammenfassung einer Gruppe von typischerweise gemeinsam verletzten Bändern und Sehnen dar. Die Distanz der ausgewählten Meßwerte zu den jeweils nächstliegenden Diagnosen wird ausgegeben, und darunter sind die bei den Diagnosen jeweils zerstörten Strukturen angegeben.

```
+--<Maske 6>-----------------------------------------------------------+
                 Instabilitätsdiagnostik des Kniegelenks
                           Diagnosevorschlag
  für 00003 20.08.1985 Meyer, Hugo [ D M A VsR VsL HsR HsL ]

  Schublade (v/h).....vordere.............

    Diagnose.............Distanz...(nach absteigender Ähnlichkeit)
                           0.45    1.25
    med.Kapselband........................
    med.Seitenband........................
    dorso-med.Kapselb.....................
    vord.Kreuzband..........XXXX....XXXX..
    hint.Kreuzband........................
    later.Seitenband................XXXX..
    later.Kapselband................XXXX..
    Arcuatumkomplex.................XXXX..
    Tract.illiotibial.....................
    Bizepssehne...........................

+----------------------------------------------------------------------+
```

Über einige weitere Masken können die erfaßten Daten verwaltet werden. Im einzelnen können alle Datensätze von einem Datenträger angezeigt werden, einzelne Patientendatensätze gezielt gelöscht werden, und einzelne Datensätzen kopiert werden, gegebenenfalls auf einen anderen Datenträger oder unter einer neuen laufenden Nummer.

```
+--<Maske 7>-----------------------------------------------------------+
                 Instabilitätsdiagnostik des Kniegelenks
                    Untersuchungsdaten-Verwaltung

   1 - zeige alle Erfassungen
   2 - lösche Daten eines Patienten
   3 - kopiere Daten
   4 - setze Parameter

   9 - zurück ins Hauptmenü

  Auswahl : 1
+----------------------------------------------------------------------+
+--<Maske 7.1>---------------------------------------------------------+
                 Instabilitätsdiagnostik des Kniegelenks
                     Liste aller erfaßten Daten

   00002 01.01.1980 Müller, Otto [ D M A VsR VsL ]
   00003 20.08.1985 Meyer, Hugo [ D M A VsR VsL HsR HsL ]
   xxx   ENDE der LISTE   xxx

+----------------------------------------------------------------------+
```

ALGORITHMEN UND DATENSTRUKTUREN FÜR DIE INTERAKTION IN DREIDIMENSIONALEN MEDIZINISCHEN SZENEN.

F.R.P. Boecker, K.-H. Hoehne, U. Tiede, M. Riemer.

Institut für Mathematik und Datenverarbeitung in der Medizin
Universitätskrankenhaus Eppendorf, Martinistr. 52,
2000 Hamburg 20, F.R.G.

Abstrakt

In den letzten Jahren haben dreidimensionale (3D) Szenen in der Medizin zunehmende Bedeutung erlangt. Zahlreiche Verfahren zur Oberflächenrekonstruktion und Darstellung von 3D-Szenen wurden entwickelt. Trotzdem sind 3D-Szenen gegenüber 2D-(Schicht)-Bildern in der klinischen Routine eher die Ausnahme als die Regel. Ein Grund dafür ist, daß die Arbeit mit 3D-Szenen völlig anders ist als die Auswertung von Röntgen- und Schichtbildern, was einen Lernprozess beim Mediziner erfordert. Ein weiterer Grund ist, daß die Informatik bisher keine überzeugenden Interaktionstechniken für 3D-Szenen entwickelt hat. Dabei sind viele der Techniken, die für die Medizin entwickelt werden müßten, auch im CAD/CAM-Bereich anwendbar.

Die Verfahren zur Oberflächenrekonstruktion und Darstellung von 3D-Szenen müssen sich daher für die Bilddarstellung und die Implementierung von Interaktionsmöglichkeiten eignen. Der vorliegende Artikel gibt unter diesem Aspekt einen Überblick über die wichtigsten, bei uns zum großen Teil implementierten, Verfahren. Es wird darüber hinaus eine neue Variante der Klasse der Back-To-Front (BTF)-Algorithmen vorgestellt.

1 EINLEITUNG

Bis ins 19. Jahrhundert hinein war das einzige Bildgebungsverfahren in der Medizin die zeichnerische Darstellung von medizinischen Objekten. In der Regel wurden Oberflächen von Objekten dargestellt, unter Umständen zu Schemata vereinfacht. Mit der Erfindung der Fotographie wurde dieses Abbildungsverfahren perfektioniert. Zeichnung und Fotographie simulieren in 2 Dimensionen das dreidimensionale Erscheinungsbild von Objekten, wie es in der natürlichen Umwelt auftritt. Die Bildinterpretation unterschied sich nur unwesentlich vom Prozeß des normalen visuellen Erkennens. Wissen über Licht, Reflektion oder andere physikalischen Parameter der Bildgebung war nicht erforderlich.

Dies änderte sich entscheidend mit dem Eindringen der Röntgenstrahlen in die Medizin. Der Arzt mußte nun den physikalischen Prozeß der Bildgebung rational bei der Interpretation von Projektionsbildern nachempfinden. Er mußte die dreidimensionale Wirklichkeit aus dem zweidimensionalen (2D) Bildinhalt bewußt erschließen.

Mit der Einführung der tomographischen Bildgebungsverfahren wie Computertomographie (CT) und Kernspintomographie (MRI) wurde die Interpretation von Schnittbildern, die in der Anatomie und Pathologie seit langem existieren, in der Radiologie immer wichtiger (Abb. 9 a). Das bewußte Schließen von 2D auf 3D findet sich wie bei Röntgenbildern auch bei der Betrachtung von räumlichen Schnittbildfolgen, wenn auch in anderer Form. Hierbei werden im Geiste des Radiologen mit Hilfe anatomischen Wissens 3D-Objekte instanziiert. Die "Stützstellen" für die Instanziierung liegen in den Einzelbildern, die man sich zu einer 3D-Szene interpoliert denkt. Beiden Bildarten, Projektionsbildern und Schnittbildfolgen, ist gemeinsam, daß wesentliche kognitive Verarbeitungsprozesse geometrischer Natur sind. Es ist bekannt, daß das menschliche Gehirn ein quantitativ wenig exakter, langsamer "Geometrieprozessor" ist (8),(9),(35).

Mit dem Eindringen von digitalen Bildern in die Medizin eröffnet sich in der Geschichte der Medizin zum ersten Mal die Möglichkeit, den Arzt beim Prozeß der Bildinterpretation zu unterstützen. Es gibt Teilbereiche des Interpretationsprozesses, die sich relativ einfach algorithmisieren lassen. Dazu gehören geometrische Berechnungen, wie sie beim Übergang von 2D-Schnittbildern zu 3D-Szenen auftreten. Interpolation und Projektion von Daten sind Berechnungen, die schneller und präziser von Rechnern als vom Menschen durchgeführt werden können. Der Arzt kann somit entlastet werden und sich verstärkt auf die medizinischen Inhalte konzentrieren.

Im folgenden werden 3D-Szenen definiert und die existierenden Visualisierungstechniken für solche Szenen vorgestellt. Es wird weiter geschildert, in welchen Bereichen und wie erfolgreich diese Verfahren eingesetzt werden. Anschließend wird die Relevanz von 3D-Technkiken für die Radiologie aufgezeigt. Es wird auf die Frage eingegangen, welche Techniken entwickelt werden müssen, um den Radiologen, der heute weitgehend mit 2D-Bildmaterial arbeitet, in die Lage zu versetzen, mit 3D-Szenen zu arbeiten.

2 VISUALISIERUNG VON 3D-SZENEN

Eine diskrete 3D-Szene ist definiert durch ein diskretes dreidimensionales Intervall S und eine Abbildung F:S->I, die jedem Punkt des Intervalls ein Attribut aus einer Wertemenge I zuordnet. Die Elemente von S heißen Voxel (für Volumenelement), ein Element von I wird oft auch als "Dichte" bezeichnet. Besteht I nur aus den Werten 0 und 1, so heißt S auch Binärszene. Für ein Element v aus S ist F(v) die durchschnittliche "Dichte" innerhalb des Voxels v. Als Beispiel diene eine Sequenz von CT-Bildern, die zu einer 3D-CT-Szene interpoliert ist. Jedem diskreten Volumenelement der Szene wird dann ein Attribut "CT-Wert" zugeordnet.

3D-Szenen sind raumfüllende Daten. Genau wie physikalische Körper kann man sie visuell nicht vollständig erfassen, da Strukturen, die näher beim Betrachter liegen als andere, zu Verdeckungen führen. Es gibt zwar Ansätze für die Visualisierung von 3D-Szenen mit Hologrammen und varifokalen Spiegeln (30). Sie werden jedoch im Bereich der Medizin bisher nicht eingesetzt. Gängige Visualisierungstechniken extrahieren vielmehr relevante Information aus einer 3D-Szene und stellen diese Information als 2D-Bild dar.

Man kann nun versuchen, in 3D-Szenen ein interessierendes Objekt, z.B. Knochenstrukturen eines Schädels, durch Angabe aller zugehörigen Objektvoxel zu markieren. Die Objektzugehörigkeit eines Voxels v kann mit Hilfe einer charakteristischen Funktion ausgedrückt werden:

Für ein Element v aus S sei B definiert durch:
B(v) = 1 <==> v gehört zum Objekt.
B(v) = 0 <==> v gehört nicht zum Objekt.

Diese Funktion kann interaktiv durch Spezifikation Voxel für Voxel, durch schichtweises Eingrenzen von Regionen mit Konturen oder durch automatische Klassifikation berechnet werden.

Im allgemeinen ist die Frage der Objektzugehörigkeit kompliziert, und eine voxelbezogene Segmentierung ohne Miteinbeziehung des räumlichen und medizinischen Kontextes ist in der Regel nicht ausreichend. Daher ist die interaktive Segmentierung durch den Arzt besonders bei komplexen Objekten der Normalzustand.

Ein Beispiel für die Objektidentifikation mit Mustererkennungsverfahren ist das in der Medizin häufig angewandte Schwellwertverfahren:

```
       Merkmals-                        Trennungs
voxel ----------------> Merkmalsvektor -------------> Objektklasse
       Extraktion                       Funktion
```

z.B. thresholding:

```
          F                      dichte > t
   v ----------->     Dichte    ------------>  wahr ==> Objektvoxel
                                              falsch ==> Hintergrundvoxel
```

Extrahierte Objekte werden üblicherweise durch ihre äußeren Oberflächen visualisiert, was einer 2D-Projektion einer 3D-Oberfläche entspricht.

Für die Objektoberfläche sind verschiedene Definitionen vorgeschlagen worden (18),(24),(28). Herman setzt die Oberfläche aus quadratischen 2D-Flächenelementen zusammen, die als Grenzfläche zwischen 2 Voxeln definiert sind. Davon abweichend definiert Oswald die Oberfläche als Menge von Grenzpunkten. Darüber hinaus sind Oberflächen, die sich aus Dreiecken zusammensetzen, in Gebrauch. Allen Oberflächendefinitionen ist gemeinsam, daß sie nur Approximationen der tatsächlichen Oberflächen darstellen.

Das Ziel der Oberflächenbestimmung ist die Darstellung von Objekten in einem Bild. Man unterscheidet zwei verschiedene Ansätze zur Visualisierung von 3D-Objekten:

1. Segmentierung zu Binärszenen - Die 3D-Szene wird durch einen interaktiv oder automatisch durchgeführten Segmentierungsvorgang in eine Binärszene abgebildet (Abb. 1). Dabei geht der größte Anteil der in der 3D-Szene vorhandenen Information verloren. Man beschränkt sich in der Regel auf ein relevantes Organ, z.B. Knochen.

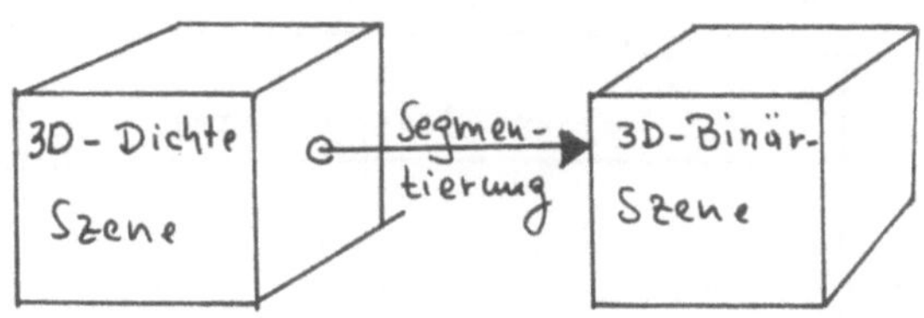

Abb. 1: Segmentation zur Binärszene

2. Reprojektion - Von einer Bildebene aus werden Projektionsstrahlen durch die Szene verfolgt (Abb. 2). Entlang eines Projektionsstrahls ergibt sich ein bestimmter Dichteverlauf d(z), wobei z die Achse in Blickrichtung ist (Abb. 3). Aus diesem Verlauf wird ein Projektionswert berechnet (z.B. der erste Punkt entlang des Strahls, bei dem ein bestimmter Schwellwert überschritten wird) und als Grauwert in die x,y-Koordinate des Projektionsstrahls auf der Bildebene eingetragen. Dabei können für verschiedene (x,y)-Koordinaten der Bildfläche durchaus verschiedene - auch interaktiv spezifizierte - Projektionswerte berechnet und dargestellt werden. Hierin liegt die Flexibilität des Verfahrens, weil man die Möglichkeit hat, verschiedene Bildteile während des Visualisierungsprozesses interaktiv zu verändern und dem Untersuchungsziel anzupassen. Im Gegensatz zur Darstellung über Binärszenen ist dabei stets die gesamte Dichteinformation der Szene im Zugriff. Man kann sozusagen "direkt" auf der Szene arbeiten.

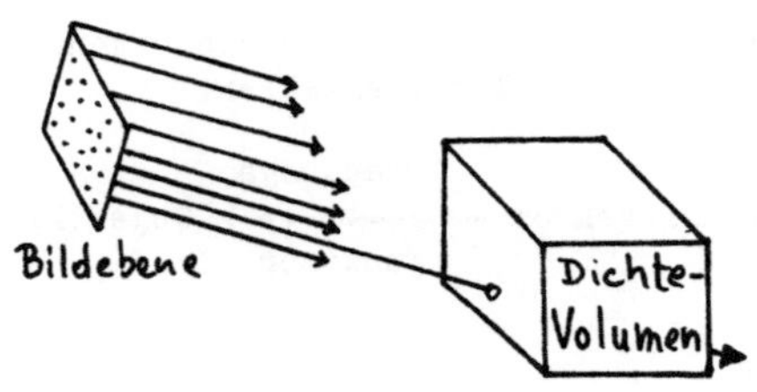

Abb. 2: Reprojektion

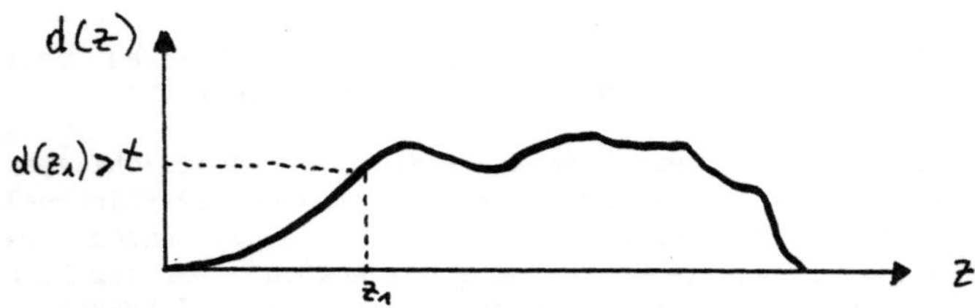

Abb. 3: Projektionswert aus einem Projektionsstrahl

Während 1. gut erforscht ist und die Möglichkeiten und Grenzen bekannt sind, ist 2. bis auf wenige Ansätze nicht erforscht und bietet eine Fülle von Möglichkeiten.

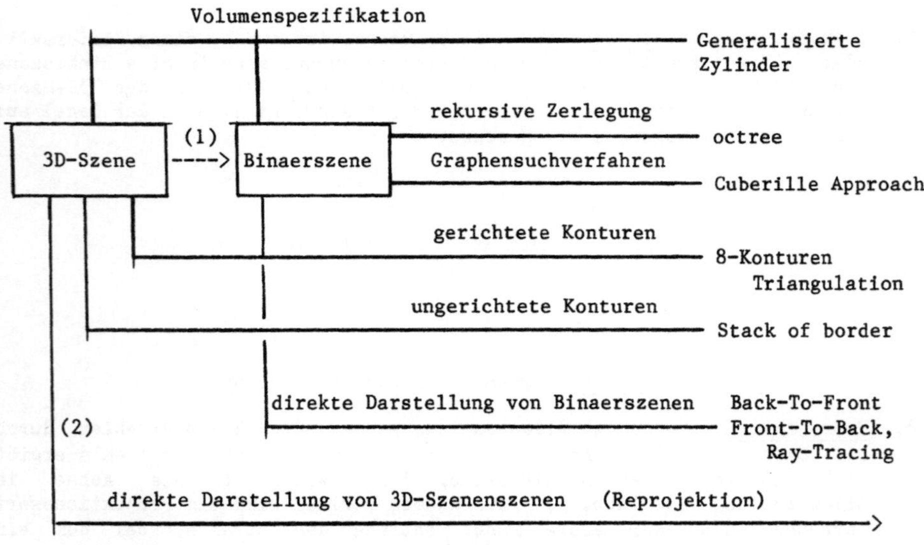

Abb. 4: Übersicht über die 3D-Rekonstruktionsverfahren

Die Ansätze lassen sich auch aufteilen in Verfahren, welche ausgewählte Aspekte der Szene direkt auf die Bildfläche projizieren (Back-To-Front (BTF), Front-To-Back (FTB), Ray-Tracing, Reprojektion) und solche, die erst eine Zwischendarstellung erzeugen und von dieser Zwischendarstellung aus ein Bild erzeugen (Octree, Cuberille Approach, Verfahren von Udupa,

Triangulationsverfahren)(Abb. 4).

Im folgenden wird ein Überblick über die verschiedenen Verfahren gegeben. Dabei werden Generalisierte Zylinder als geeignete Methode der Volumenspezifikation eingeführt. Da verschiedene Schattierungen für die interaktive Manipulation von sekundärer Bedeutung sind, gehen wir auf die Vielfalt möglicher Schattierungsverfahren nicht ein (6), (15), (19), (40).

2.1 Direkte Darstellung von Binärszenen

Die Binärszene, die das Objekt repräsentiert, definiert ein 3-dimensionales Koordinatensystem, welches wir als Objektkoordinatensystem bezeichnen. Betrachterstandpunkt, - orientierung und - blickrichtung definieren das Betrachterkoordinatensystem. Wir definierten das Objektkoordinatensystem als Rechtssystem, das Betrachterkoordinatensystem als Linkssystem. Die xy-Ebene des Betrachtersystems dient als Projektionsebene, welches auf den Bildschirmausschnitt des Sichtgerätes abgebildet wird (Abb. 5).

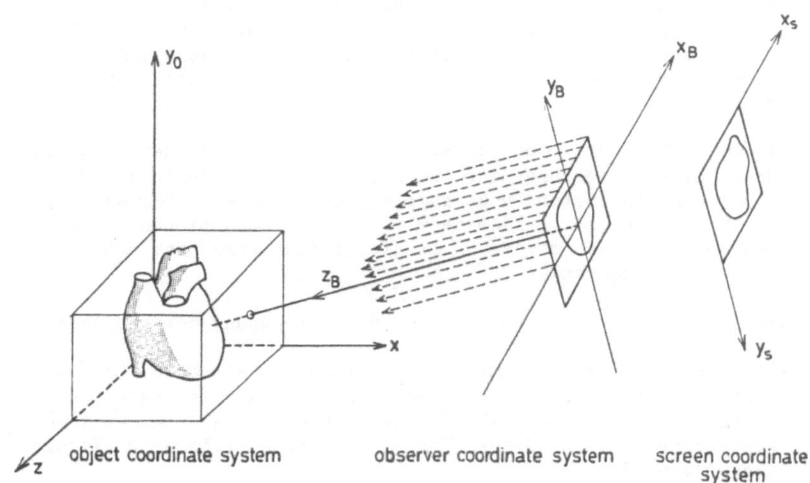

Abb. 5: Koordinatensysteme und Prinzip der Darstellung

Es wird meist Parallelprojektion realisiert. Abb. 12a zeigt einen Schädel in tiefenkodierter Schattierung und Abb. 12b mit einer darauf aufsetzenden Gradientenschattierung (6),(15),(19),(40).

2.1.1 Ray Tracing

Ein wichtiges Verfahren zur direkten Darstellung und Interaktion von Binärszenen ist das Ray-Tracing Verfahren (3),(43). Die Bildgenerierung wird durch einen Abtastvorgang der Objektoberfläche realisiert. Das Abtasten der Oberfläche erfolgt so, daß für jeden Bildpunkt des Fensters der xy-Ebene im Betrachterkoordinatensystem ein Strahl parallel zu seiner z-Achse simuliert wird, bis er entweder auf die Oberfläche des Objektes stößt oder auf der Rückseite des 3D-Rahmens des Objektsystems wieder heraustritt. Im letzteren Fall wird der Bildpunkt mit dem Grauwert 0 besetzt, im Falle des Auftreffens auf die Oberfläche wird entfernungsabhängig eine Tiefenschattierung vorgenommen. Der Strahlverlauf wird durch einen dreidimensionalen Geradengenerator bestimmt (z.B.: Digital Differential Analyzer).

Das Ray-Tracing-Verfahren ist relativ langsam, wenn ganze Szenen dargestellt werden sollen. Es eignet sich jedoch gut zur Implementierung von lokalen, interaktiven Objektmanipulationen. Dabei ist es den anderen Verfahren immer dann überlegen, wenn es auf einem lokalen Objektbereich arbeiten kann. Dies ist der Fall bei Abtastvorgänen zum Vermessen eines Objektes, beim "Editieren" der Szene auf Voxelebene oder bei Schneideoperationen mit Hilfe eines laserähnlichen Gerätes.

2.1.2 Back-To-Front und Front-To-Back Verfahren

Diese Klasse von Algorithmen zur Oberflächendarstellung projizieren Voxel für Voxel einer 3D-Szene auf eine diskrete Bildfläche. Bei Projektionen mehrerer Voxel auf denselben Bildpunkt entscheidet die Entfernung zur Projektionsfläche, welcher Voxel welchen verdeckt. Dies ist das bekannte hidden-line/surface Problem. Zwei Lösungen dieses Problems existieren für die Klasse der Back-To-Front-Algorithmen, das klassische z-Buffer-Verfahren oder eine oktantabhängige, modifizierte Version des Painter-Algorithmus (11),(28),(29). Dabei wird die Szene vom betrachterfernsten zum betrachternächsten Punkt durchlaufen. Bereits abgebildete "fernere" Voxel werden dabei von "näheren" Voxeln überschrieben.

Die Front-To-Back Algorithmen unterscheiden sich von den Back-To-Front Algorithmen durch eine Umkehrung der Durchlaufrichtung durch die Binärszene. Dabei wird beim betrachternächsten Punkt angefangen und beim betrachterfernsten Punkt aufgehört. Kein Pixel der Bildebene wird zweimal beschrieben. Über bereits besetzte Pixel muß buchgeführt werden. Im folgenden wird nur noch auf die Back-To-Front Verfahren eingegangen.

Die Komplexität dieser Verfahren liegt in der Berechnung der Projektionen.

In (11) wird die Transformation mit einer Transformationsmatrix berechnet, die den Übergang zwischen Objekt- und Betrachterkoordinatensystem beschreibt. Dabei werden Zwischenergebnisse in Tabellen zur Einsparung von arithmetischen Operationen gespeichert. Als Hidden-Voxel Verfahren wird die Version des Painter-Algorithmus verwendet.

In (40) wurde ein Verfahren entwickelt, bei dem die Transformation nicht mehr Voxel für Voxel durchgeführt wird, sondern der 3D-Raum in Koordinaten des Betrachtersystems durchlaufen wird. Als Hidden-Voxel Algorithmus wird das Z-Buffer-Verfahren verwendet.

In beiden Verfahren wird leerer Raum, das sind Bereiche, wo kein Objekt liegt, sehr schnell durchlaufen, indem abhängig von der Wortlänge des Rechners mehrere Voxel parallel auf Objektzugehörigkeit abgefragt werden. Bei der Analyse der Rechenzeit ergibt sich ein Laufzeitvorteil des Algorithmus in (40) gegenüber dem Algorithmus in (11), genauere Angaben sind wegen der unterschiedlichen Maschinenstruktur nicht existent.

Eine Verringerung der Komplexität erreicht man, wenn man die Tatsache ausnutzt, daß medizinische Objekte oft kompakte, zusammenhängende Gebilde sind. Dabei wird eine Gruppe von Voxeln v1,..,vn mit B(vi)=1, für i=1,..,n, die in Richtung einer der Hauptachsen benachbart liegen, zu einem Vektor (v1,vn) zusammengefaßt. Die Wahl der Hauptachse ist beliebig. Ein isolierter Voxel v wird dabei zum Vektor (v,v). Die Binärszene läßt sich dann durch eine Menge von parallelen Binärvektoren beschreiben. Der Quotient

Anzahl__der__Objektvoxel / Anzahl__der__Objektvektoren

ist ein Maß für die Kompaktheit des Objektes.

Man kann die geringe Vektoranzahl von kompakten Objekten ausnutzen, indem man sie zu Vektoren zusammenfaßt und lediglich die Anfangspunkte und Längen eines jeden Objektvektors im Betrachterkoordinatensystem ermittelt. Die Vektoren können dann direkt auf der Bildfläche gezeichnet werden. Entfernungsvergleiche sind nicht notwendig, wenn man als Hidden-Voxel Methode die Version des Painter-Algorithmus verwendet (11),(28),(29). Da alle Vektoren zueinander parallel sind, kann man einen Kettenkode für alle Vektoren mit Hilfe eines Geradengenerators im Betrachterkoordinatensystem vorausberechnen. Auch große Szenen mit einer Objektkomplexität von 500 000 - 1 000 000 Voxeln sind mit diesem Verfahren in weniger als 20 Sekunden (Vax 11/780) darstellbar, wenn man eine entfernungsabhängige Schattierung zu Grunde legt. Damit liegt das Verfahren in einem Bereich, in dem man auch auf konventionellen Maschinen mit Interaktion auf medizinischen Objekten experimentieren kann. Für den ärztlichen Routinebetrieb ist das Verfahren jedoch immer noch zu langsam. Dieses neue "Vektor-Back-To-Front Verfahren" eignet sich jedoch zum Experimentieren mit neuen Interaktionsformen, da es Testzeiten erheblich reduziert und bei kleinen Objekten fast in Real-Zeit arbeitet.

2.2 Darstellung von Szenen über Zwischendarstellungen.

Für Anwendungen, in denen viele Ansichten desselben Objektes produziert werden müssen, kann es von Vorteil sein, die Objektoberfläche mit Hilfe einer besonderen Datenstruktur zu verwalten. Dadurch wird ein 3D-Objekt (Volumen) zu einem 2D-Objekt (Fläche) reduziert, was eine schnellere Bildgenerierung erlaubt.

Abb. 6: gerichtete Konturen

Man unterscheidet Schicht-für-Schicht-Techniken auf der Basis von Konturen, die Technik der 3D-Oberflächengenerierung (Cuberille Approach) und die rekursive Objektraumzerlegung (octrees).

2.2.1 Schicht-für-Schicht-Techniken

Bei der interaktiven schichtweisen Segmentierung mit Hilfe von Konturen (Abb. 6) unterscheidet man zwei Ansätze, gerichtete und ungerichtete Konturen.

Der Ansatz mit ungerichteten Konturen ist nur für sehr einfache Objekte geeignet, da hier verschachtelte Objektstrukturen nicht eindeutig dargestellt werden können. Trotzdem bietet diese Technik bei einfachen Objektoberflächen eine nützliche und einfach zu realisierende Visualisierungstechnik, wenn man die Konturen als Stapel übereinanderlegt und auf eine Bildfläche projiziert (Abb. 11a). Interaktive Szenenbearbeitung ist bei dieser einfachen Methode denkbar, die Möglichkeiten sind jedoch begrenzt.

Bei der Berechnung der Objektoberflächen aus gerichteten Konturfolgen gibt es im wesentlichen zwei Ansätze:

Beim Ansatz von Udupa (44),(45),(46),(47) wird eine spezielle Konturart (8-Contours) definiert, welche die interaktive Segmentation stark unterstützt und vom Ergebnis her mathematisch äquivalent zur Segmentation ist: Die ermittelten Konturen definieren pro Schicht eindeutige Objektregionen und damit eine Binärschicht. 8-Konturen sind diskrete Versionen von geschlossenen, sich nicht selbst schneidenden Konturen in einer Ebene. Die durch die Konturen definierten Regionen werden gefüllt. Zusammengenommen bilden die Einzelschichten dann die Binärszene, sodaß ein Volumenmodell entsteht. Die Oberfläche wird von diesem Volumenmodell abgeleitet. Die Oberfläche ist wie bei Herman als eine Menge von Voxelseitenflächen definiert. Die Oberfläche ist eindeutig aus den Konturen ableitbar. Das Verfahren ist vollautomatisch, nachdem die Konturen gezeichnet sind. Es wird auch mit Konturen komplexester Form fertig. Optimierung und damit verbundene Suchvorgänge sowie Mehrdeutigkeiten der Oberfläche wie bei den im folgenden beschriebenen Triangulationsverfahren gibt es nicht.

Das Verfahren ist auch gut für interaktive Szenenmanipulationen geeignet, da Algorithmen existieren, die die Manipulationen direkt auf den Konturen ausführen. Echte, schichtunabhängige 3D-Operationen erlauben jedoch nur eingeschränkte Betrachterpositionen.

Die Ansätze der Oberflächengenerierung durch Triangulation gehen wie das Verfahren von Udupa von der Objektspezifikation durch gerichtete Konturen aus (12),(13),(22),(38)-(42). Der Übergang zur Oberflächendarstellung erfolgt dann jedoch nicht über ein Volumenmodell, sondern durch Interpolation zwischen den Schichten durch Dreiecke (Abb. 7). Das Objekt wird also über eine reine Begrenzungsfläche definiert, ohne den Zwischenschritt eines Volumenmodells.

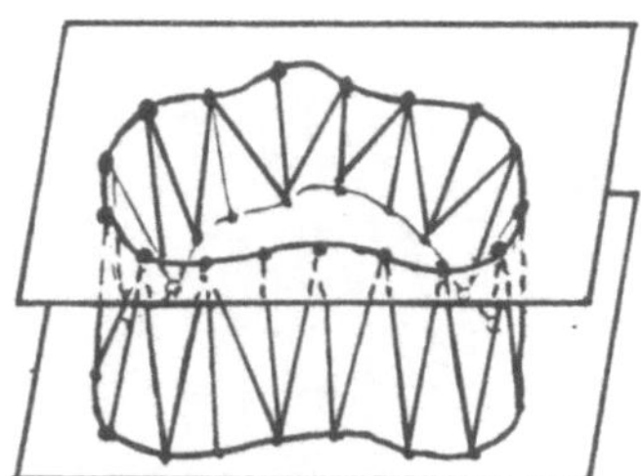

Abb. 7: Triangulation

Optimierungskriterien wie Minimierung der Seitenlängen der Dreiecke oder Minimierung der erzeugten Oberfläche bestimmen die Dreiecksgenerierung. Im Gegensatz zu dem Ansatz von Udupa ergeben sich je nach angewandter Heuristik für die Dreiecksgenerierung andere Oberflächen. Interaktion ist im allgemeinen notwendig, weil

1. mehrere Konturen pro Schicht im allgemeinen Fall nicht automatisch behandelt werden können. Selbst bei einer Kontur pro Schicht können falsche Resultate entstehen.

2. die Oberfläche je nach eingesetzter Heuristik für die Dreiecksgenerierung verschieden ist. Es kann Situationen geben, wo falsche Resultate entstehen.

Die Visualisierung der triangulierten Oberfläche liefert optisch ausgezeichnete Ergebnisse, da die verwendete Datenstruktur den Einsatz des gesamten Spektrums der in der Computer Graphik entwickelten Schattierungsmodelle erlaubt. Die Triangulationsmethoden setzt im Gegensatz zu den übrigen Ansätzen keine voll interpolierte 3D-Szene voraus. Es ist gerade eine Stärke der Triangulationsverfahren, daß die Interpolation objektabhängig erfolgt. Es ist durchaus möglich, die Optimierungskriterien durch Heuristiken unter Verwendung von explizit formuliertem medizinischen Wissen zu ersetzen, um so eine modellgesteuerte Interpolation vorzunehmen. Damit sind diese Verfahren auch bei geringer Schichtanzahl einsetzbar, wenn die Erzeugung einer 3D-Szene durch Interpolation auf Voxelbasis nicht mehr möglich ist. Die Einsetzbarkeit für die interaktive Manipulation von medizinischen Objekten ist jedoch trotz möglicher Implementierungen in Realzeit (13) aus folgenden Gründen begrenzt:

Triangulationsverfahren sind gut geeignet für die reine Volumenabgrenzungen, wie bei der Spezifikation eines Tumorvolumens für die Strahlentherapie. Alle Objektrepräsentationsformen (31) durch Begrenzungsflächen sind jedoch besonders im Hinblick auf Interaktionsformen problematisch. Wenn nämlich ein einziges Oberflächensegment herausgeschnitten wird, ist Innen und Außen für das Objekt (und damit sein Volumen) nicht mehr definiert.

Nach unserer Auffassung ist daher die Klasse der Triangulationsalgorithmen nur für einen engen Anwendungsbereich geeignet. Für das allgemeine Problem der Visualisierung von 3D-Szenen und Interaktion ist die Objektrepräsentation durch Begrenzungsflächen zu einseitig (Optische Erscheinung wie Abb. 11b).

2.2.2 Der Ansatz nach G.T. Herman

Die bisherigen Techniken können auch als Schicht-für-Schicht-Techniken bezeichnet werden. Einen ganz anderen Ansatz ist der von Herman, auch als Cuberille Approach bezeichnet (1),(10),(17), der von einem Oberflächenelement ausgehend eine zusammenhängende Oberfläche generiert. Durch einen Abtastvorgang wird ein erstes Oberflächenelement gesucht. Von diesem ausgehend wird mit Hilfe eines Graphensuchverfahrens die Oberfläche verfolgt, bis alle Oberflächenelemente gefunden wurden. Dabei durchläuft der Algorithmus den 3D-Raum unabhängig von den einzelnen Schichten. Ergebnis des Verfahrens ist eine Menge von Oberflächenelementen, welche die Oberfläche eines zusammenhängenden Objektes definiert. Der Ansatz zeichnet sich durch eine mathematisch saubere Objektdefininition aus. Dadurch wird es möglich, mehrere Objekte in einer Binärszene, die räumlich getrennt liegen, unabhängig voneinander zu ermitteln und als verschiedene Objekte zu behandeln. Es gibt keine andere Datenstruktur in der medizinischen 3D-Literatur, die in der Lage ist, mehrere in einer Binärszene existierende zusammenhängende Organteile individuell zu behandeln. Damit bietet sich eine Grundlage für die objektbezogene Verarbeitung. Dies macht die Herman´sche Oberflächendarstellung zu einer geeigneten Datenstruktur zur Wissensrepräsentation in medizinischen Szenen. Bisher ist diese Möglichkeit in der Literatur jedoch nicht erwähnt worden.

Die in der Literatur verwendete Datenstruktur für die Menge der Oberflächenelemente ist eine lineare Liste. Verwaltet man die Menge mit Hilfe von Baumstrukturen (z.B. B-Bäumen), wobei man die lineare Ordnung der reellen Zahlen auf 3D-Koordinaten fortsetzen muß, kann man effizient verschiedene Oberflächen durch mengentheoretische Operationen miteinander verknüpfen. Dies erlaubt z.B. die Berechnung der gemeinsamen Oberfläche von Objekten in verschiedenen Szenen.

Wie für die Triangulation gilt, daß hier kein Volumenmodell, sondern nur eine Begrenzungsfläche vorliegt. Nach jeder interaktiven Objektmanipulation, die nur auf der Binärszene direkt ausgeführt werden kann, muß die Oberfläche neu ermittelt werden. Der Vorteil dieser Zwischendarstellung ist die Möglichkeit, schnell Ansichten von verschiedenen Betrachterpositionen zu erzeugen. Die Methode ist kaum geeignet für die interaktive Objektmanipulation (Optische Erscheinung wie Abb. 12).

2.2.3 Octrees

Der Octree ist eine hierarchische Datenstruktur, mit der eine Binärszene auf verschiedenen Auflösungsstufen durch eine rekursive Zerlegung eines Objektraumes schrittweise approximiert wird (25),(26),(27),(34). Der Prozeß der rekursiven Zerlegung beginnt bei einer (2**n x 2**n x 2**n)-Szene, die sukzessive in Oktanten unterteilt wird, bis diese homogen sind, d.h. nur aus den Binärwerten wahr oder falsch bestehen. Dieser Prozeß wird in einem 8-fach verzweigten Baum dargestellt (Abb. 8).

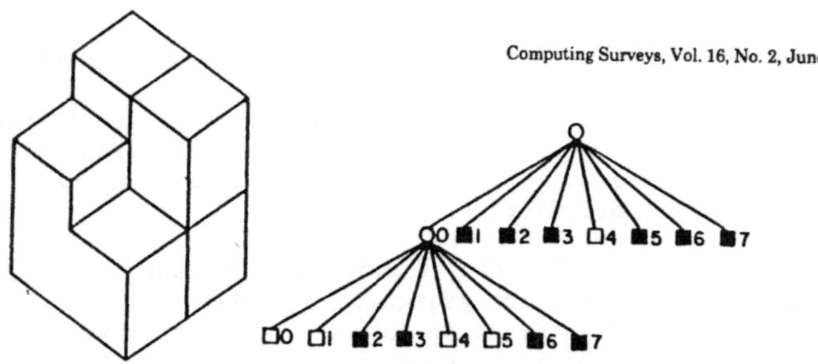

Abb. 8: Octrees.

Die Octree-Methode bietet die Möglichkeit, verschiedene Regionen in verschiedener Auflösung zu betrachten. Die Auflösung hängt von der Baumtiefe ab, die für die einzelne Region benutzt wird.

Viele der Algorithmen, die für Quadtrees entwickelt wurden, lassen sich auf einfache Weise für Octrees erweitern.

Die Visualisierung der Objekte einer als Octree repräsentierten Szene erfolgt durch Traversieren des Baumes vom betrachterfernsten Oktant zum betrachternächsten Oktant. Der Prozess der Oberflächendarstellung ist somit trivial. Back-To-Front und Front-To-Back Traversieren ist in der Literatur beschrieben worden.

Interaktive Szenenmanipulation kann auf dem Octree direkt durchgeführt werden. Octrees besitzen daher nicht die Einschränkun, welche bei der Triangulation und dem Cuberille Approach auftauchen. Allerdings sind die Algorithmen von der Betrachterposition abhängig. 90-Grad Rotationen sind weit weniger aufwendig als beliebige Rotationen, die in der Medizin jedoch den Normalfall darstellen. Eine Untersuchung zu diesem Thema ist zur Zeit in Arbeit (16) (Optische Erscheinung wie Abb. 12).

2.3 Direkte Darstellung von Grauwert-Szenen

Echte 3D-Szenen mit voller Dichteinformation wurden bisher wenig bearbeitet. Ein Grund dafür ist die gewaltige Datenfülle. Ein Datenwürfel in Bytedarstellung mit einer Seitenlänge von 256 stellt ein Datenvolumen von 16 MB dar. Abb. 2 zeigt das allgemeine Verarbeitungsschema für 3D-Szenen. Die Forschung beschränkt sich zur Zeit noch darauf, geeignete Projektionswerte für die Visualisierung zu extrahieren, die zu medizinisch sinnvollen Ergebnissen führen. Einige wenige Ansätze experimentieren mit Interaktionsformen auf solchen Szenen (Abb. 14). Schneideoperationen und Translation von Teilszenen wurden beschrieben (19),(20),(23),(33),(51).

Es gibt auch Prototypen zur Handhabung solcher Szenen mit Spezial-Hardware (14),(21). Zur Zeit ist jedoch noch nicht geklärt, welche Algorithmen überhaupt benötigt werden. Dieses Teilgebiet der 3D-Szenenbearbeitung befindet sich noch in einem Stadium des Experimentierens, ist aber, wie im nächsten Abschnitt gezeigt werden soll, die vielleicht zur Zeit interessanteste Weiterentwicklung in der Welt der radiologischen 3D-Szenen (50).

2.4 Interaktive Volumenspezifikation

Die Spezifikation einer beliebigen 3D-Teilszene ist ein wichtiges Problem, für das es bisher keine zufriedenstellende Lösung gibt. Schicht-für-Schicht-Techniken sind zeitaufwendig und stellen hohe Anforderungen an das 3D-Vorstellungsvermögen. Es soll gezeigt werden, daß Generalisierte Zylinder als echte 3D-Manipulationstechnik geeignet sind.

Generalisierte Zylinder sind definiert durch eine beliebige 3D-Kurve, genannt Hauptachse, entlang der sich zu ihr senkrecht stehende Querschnittsflächen anordnen. Jede solche Fläche ist durch eine beliebige, geschlossene Kurve definiert, welche vollständig in einer Ebene liegt. Intern kann man (36) Generalisierte Zylinder als Liste von Querschnittsflächen definieren. Jede Querschnittsfläche wird durch eine 2D-Punkteliste dargestellt, die Hauptachse durch eine 3D-Punkteliste. Die Gesamtstruktur entsteht aus der internen Darstellung durch Interpolation.

Bisher werden Generalisierte Zylinder nur zur Objektrepräsentation und zur Objekterkennung eingesetzt. Ein wichtiges Problem bei der interaktiven Bearbeitung von 3D-Szenen ist die komfortable, interaktive Spezifikation von 3D-Teilbereichen. Unseres Erachtens eignen sich Generalisierte Zylinder hervorragend zur Lösung dieses Problems, da sie allgemein genug sind, um jede beliebige Form erfassen zu können und eine leicht verständliche und leicht zu handhabende Spezifikationsmethode sind: Die 3D-Raumachse kann eindeutig durch Angabe zweier 2D-Projektionen spezifiziert werden. Danach kann man den Betrachter visuell an den verschiedenen Stützstellen der Hauptachse entlangbewegen, wo er die Querschnittsflächen interaktiv unter optischer Kontrolle spezifiziert. Generalisierte Zylinder könnten eine Vermittlerrolle zwischen Datenraum und höheren Beschreibungsebenen medizinischer Szenen spielen. So spezifizierte Teilszenen könnten von wissensbasierten Systemen aus dem Bereich der Anatomiemodellierung aufgegriffen werden, die Generalisierte Zylinder als Objektrepräsentationsmethode benutzten.

3 BRAUCHT DIE RADIOLOGIE 3D-DARSTELLUNGEN ?

Nachdem die verschiedenen Visualisierungstechniken besprochen und an Beispielen demonstriert wurden, soll nun eine kurze Diskussion darüber folgen, wie 3D-Techniken in der Medizin sinnvoll eingesetzt werden können. 3D-Techniken haben ihre Nützlichkeit bewiesen und finden schrittweise Eingang in die klinische Routine (48). Sie werden zunehmend eingesetzt in der

1. Strahlentherapie (2)

2. Gesichtschirurgie (4),(5),(44)

3. Prothesenplanung bis hin zur NC-gesteuerten Fertigung von Prothesen (32).

Kaum eingesetzt werden 3D-Techniken bisher im Bereich der radiologischen Diagnostik. Obwohl die Brillanz und Präzision der 3D-Darstellung von Objektoberflächen von Radiologen anerkannt werden, spielen sie für den diagnostischen Entscheidungsprozeß bisher keine Rolle. Dies liegt nicht allein daran, daß der Radiologe durch seine intensive 2D-Ausbildung für die 3D-Welt "verbildet" ist. Mit Ausnahme der Bearbeitung von 3D-Dichteszenen versteckt die Schönheit der 3D-Oberflächendarstellung, wie wenig von der ursprünglich vorhandenen Grauwertinformation in den Einzelschichten tatsächlich für die

3D-Rekonstruktion genutzt wurde.

1. 3D-Oberflächendarstellungen sind in der Regel auf einige oder wenige Objekte reduziert. Wenn man den Anteil der Information eines CT-Schnitts, der für die 3D-Rekonstruktion von Abb. 12 benutzt wurde (Abb. 9b) mit der tatsächlich vorhandenen Information (Abb. 9a) vergleicht, sieht man, wie gering der Anteil der Gesamtinformation ist, der tatsächlich in der Oberflächendarstellung enthalten ist.

2. auf Grund der Oberflächendarstellung treten Verdeckungen auf, die in der Bildfolge nicht existieren. Dies bedeutet, daß bei der Darstellung sogar nur ein Teil der in Abb. 9b sichtbaren Information visualisiert wird.

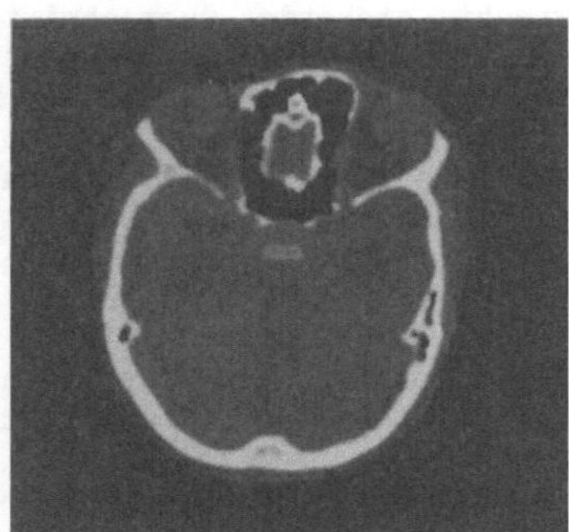

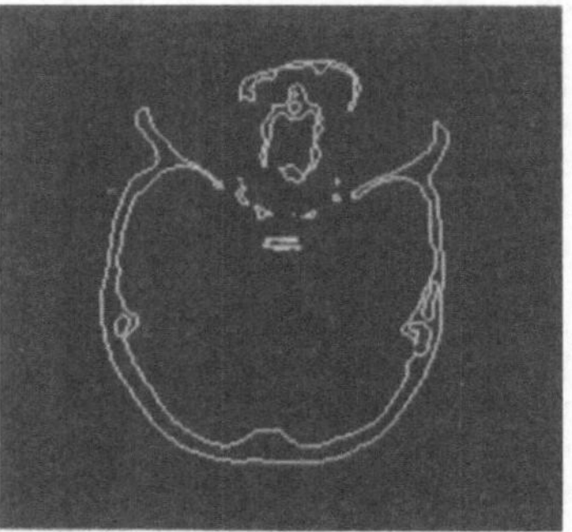

Abb. 9: volle (a) und tatsächlich (b) genutzte Information bei der 3D-Rekonstruktion.

Aus der Beobachtung der Arbeitsweise des Radiologen kann vermutet werden, daß er aus den Einzelbildern einer räumlichen Bildfolge ein Volumenmodell erzeugt, welches allerdings partiell ist, d.h. sich nur auf die Region des gerade betrachteten Gebiets bezieht. Dabei ist die Information nur qualitativ korrekt und erreicht nicht die Präzision der computerberechneten Modelle. Entscheidend ist jedoch die Fähigkeit des Radiologen, in jedem ihn interessierenden Bereich eine mentale 3D-Rekonstruktion durchzuführen. Er kann mit seinem medizinischen Wissen jede Fazette, die ihn interessiert, dynamisch entwickeln: "Der Radiologe denkt in einer 3D-Szene ohne Verdeckungen". Die gesamte in der Bildsequenz vorhanden Information steht ihm dabei zur Verfügung. Diese Möglichkeit der partiellen Instanziierung bietet bisher keine 3D-Visualisierungstechnik.

Eine Segmentierung des 3D-Volumens zu einer Binärszene wird allenfalls nach der Diagnose sinnvoll (z.B. nachdem das Tumorvolumen diagnostiziert wurde). Unter diesem Gesichtspunkt ist es keinesfalls verwunderlich, daß die 3D-Methoden bisher kaum Eingang gefunden haben in die radiologische Diagnostik.

Für die allgmeine Radiologie sind Informationen über die 3D-Dichte unerläßlich. In einer langen Ausbildung wird der Radiologe gelehrt, 3D-Morphologie aus Bildfolgen zu erschließen. Es ist wichtig, daß der Radiologe die 3D-Struktur richtig und schnell erkennt. Ein wesentlicher Teil der Ausbildung betrifft daher das Denken im Raum.

Neue Bildgebungsverfahren wie MRI erlauben es in zunehmendem Maße, ganze Volumina in einer Messung in Quaderform abzubilden. Die Inspektion solcher Volumina ist für den Radiologen ungleich schwieriger als das Betrachten von Schnittbildfolgen. Beliebige wählbare Projektionsrichtungen erschweren die Orientierung im Raum. Beschränkung auf standardisierte Projektionen erleichtern zwar die Orientierung im Raum, nutzen jedoch nicht die verfügbare Information aus. Die Interpretation einer 3D-Szene als Bildfolge ist besonders bei großen Folgen unökonomisch. Folgen von 100 bis 200 Bildern sind manuell nicht mehr handhabbar. Der Trend hin zu immer höherer Auflösung in allen drei Dimensionen übersteigt die menschliche Verarbeitungskapazität. Es gibt derzeit weder manuelle noch rechnergestützte Verfahren, solche digitalen 3D-Szenen zu handhaben. Hier sind in Zukunft 3D-Methoden unerläßlich.

Wenn man an die Möglichkeit zur nichtinvasiven Inspektion von ganzen Körperregionen denkt, kann kein Zweifel an der Nützlichkeit der in einem 3D-Volumen befindlichen Information bestehen. Operationen (nicht nur im Knochenbereich) können geplant und simuliert werden, die Ausbildung kann wesentlich verbessert werden. Im Idealfall könnten dem Radiologen Techniken für 3D-Szenen zur Verfügung gestellt werden, wie sie sonst nur von Anatomen oder Pathologen auf Präparaten bekannt sind. Sollen die in Zukunft immer perfekteren Abbildungsmöglichkeiten im Bereich der medizinischen Bildgebung medizinisch sinnvoll genutzt werden, müssen völlig neue Interaktionsformen entwickelt werden, die einem Mediziner 3D-Volumina zugänglich machen. Die Frage "braucht die Radiologie 3D-Szenen ?" ist eindeutig mit ja zu beantworten. Allerdings ist Auswahl der Interaktionsmöglichkeiten für 3D-Szenen bisher nicht geklärt. Die Frage, wie eine Benutzerschnittstelle aussehen müßte, ist noch vollständig offen. Die Akzeptanz von 3D-Methoden im medizinischen Bereich steht und fällt jedoch mit der Gestaltung der Benutzerschnittstelle. In diesem Artikel konnte nicht im Detail auf diese Problematik eingegangen werden.

4 AUSBLICK

Im letzten Abschnitt wurde versucht zu verdeutlichen, warum die Benutzerschnittstelle so wichtig ist für die Bearbeitung von 3D-Szenen. Die Benutzerschnittstelle ist definiert durch die Gesamtheit der realisierten Szenen-Bearbeitungmöglichkeiten.

Existierende Interaktionstechniken (4),(5),(44) lassen sich grob in drei Klassen einteilen.

1. schichtorientierte Techniken.

2. Schnitte auf den erzeugten Projektionen senkrecht zur Betrachterebene.

3. Boolsche Operationen wie sie aus dem CAD/CAM-Bereich bekannt sind.

Eine räumliche Bildfolge, wie sie bei tomographischen Bildern entsteht, entspricht der Messung eines oder mehrerer physikalischer Werte an ausgewählten 3D-Stützstellen. Man kann sie auch als eine Simulation eines medizinischen Präparats ansehen. Techniken zur Visualisierung von Präparaten sind aus Anatomie und Pathologie bekannt: Schneiden, Freipräparieren von Objekten sowie Färbetechniken zur Isolierung von Objekten. Bisher wurden kaum interaktive Techniken entwickelt, die diesen Vorgang des Präparierens auf simulierten Präparaten auf Rechnern implementieren.

Echte 3D-Techniken, die aus der Welt des Arztes stammen, müssen entwickelt werden, sonst wird die Fülle der Information, die in einem solchen elektronischen Präparat enthalten ist, nicht genutzt werden können. Eine kleine, aber wichtige Auswahl notwendiger 3D-Techniken wäre:

1. Bewegen entlang beliebiger Trajektorien (Freie Bewegung im Präparat).

2. Freilegung eines interessierenden Bereichs durch Generalisierte Zylinder (Organteile entfernen, Organteile bewegen).

3. Simulation von Laserstrahl-ähnlichen Schneidegeräten.

4. Messen mit Hilfe eines Laserstrahl-ähnlichen Abtastvorgangs.

5. Betrachten

Diese Techniken sind als Insellösungen weitgehend vorhanden. Es fehlt jedoch die Vereinigung einer kompakten, vollständigen Menge von Operationen zu einem Paket, das es dem Arzt ermöglicht, sich ganz auf seine medizinischen Kenntnisse und seine medizinische Denkweise zurückziehen zu können. Als Interaktionsform kommt dabei nur die Methode der direkten Manipulation (37),(49) in Frage, wie sie aus Videospielen und Texteditoren bekannt ist. Dabei müssen 2 Prinzipien realisiert werden: einfache Spezifikation und schnelle Exekution der Operationen auf 3D-Szenen.

5 SCHLUSSFOLGERUNG

In diesem Artikel wurden existierende Algorithmen und Datenstrukturen für die Darstellung und Manipulation von Objekten in medizinischen 3D-Szenen überblicksartig dargestellt. Die Eignung der verschiedenen Verfahren für verschiedene Interaktionsformen wurde diskutiert. Besonderes Gewicht wurde darauf gelegt, die Begrenztheit der meisten Verfahren für die radiologische Diagnostik zu zeigen.

Neuere Ansätze, welche die volle Dichteinformation der 3D-Szenen berücksichtigen, zeigen jedoch, daß 3D-Methoden zunehmend auch in diesen Bereich der Medizin eindringen werden. Dabei erweist sich die Gestaltung der Benutzerschnittstelle als kritisch für die Akzeptanz durch den Arzt.

Bildgebungsverfahren, die die Erzeugung von 3D-Szenen erlauben, stehen erst am Anfang. Die Geräte für die Computertomographie gibt es seit 12 Jahren, Geräte für die Kernspintomographie sind gerade in der klinischen Validierungsphase. Es ist zu erwarten, daß 3D-Verfahren auch in technische Bereiche eindringen (CAD/Cam und Materialprüfung) werden. Damit kommt der 3D-Szenenbearbeitung eine größere Bedeutung zu, als bisher allgemein bekannt ist.

Referenzen

(1) Artzy, E.; Frieder, G.; Herman, G.T.: The Theory, Design, Implementation and Evaluation of a Three-Dimensional Surface Detection Algorithm. Computer Graphics and Image Processing 15 (1981) 1-24.

(2) Block, P.; Udupa, J.K.: Application of Computerized Tomography to Radiation Therapy and Surgical Planning. Proceedings of the IEEE 71, 3 (1983) 351-355.

(3) Boecker, F.R.P.; Hoehne, K.H.; Witte, G.: Experiments with Three-Dimensional Reconstruction from Ventriculograms. In Hoehne, K.H. (ed.):Pictorial Information System in Medicine, ASI Series, Springer Verlag 1986, 469-485.

(4) Boecker, F.R.P.; Tiede, U.; Höhne, K.H.:Combined Use of Different Algorithms for Interactive Surgical Planning. Proceedings Car'85, Berlin 1985, 572-577.

(5) Brewster, L.J.;Trivedi, S.S.;Tuy, H.K.;Udupa, J.K.:Interactive Surgical Planning. Computer Graphics and Application, 4,3(1984)31-40.

(6) Chen, L.S.;Herman, G.T.;Reynolds, R.A.;Udupa, J.K.: Surface Shading in the Cuberille Environment. Computer Graphics and Application, 5,12(1985)33-43.

(7) Christiansen, H.N.;Sederberg, T.W.:Conversions of Complex Contour Line Definitions into Polygonal Element Mosaics. Proc. SIGGRAPH 1978, Computer Graphics 12,3 (1978) 187-192.

(8) Cooper L.A.; Shepard, R.N.:Turning something over in the mind. Scientific American, 251,6(1984)114-126.

(9) Finke, R.A.:Mental Imagery and the Visual System. Scientific American,

254,3(1986)76-83.
(10) Frieder, G.; Herman, G.T.; Meyer, C.;Udupa, J.K.:Large Software Problems for Small Computers: An Example from Medical Imaging. Software 2,5(1985) 37-47.
(11) Frieder, G.; Gordon, D.; Reynolds, R.A.: Back-to-Front Display of Voxel-Based Objects. Computer Graphics and Applications 1 (1985) 52-60.
(12) Fuchs, H.;Kedem, Z.H.;Uselton,S.P.:Optimal Surface Reconstruction from Planar Contours. Communications of the ACM 20, 10 (1977) 693-702
(13) Fuchs, H.;Abram, G.D.;Grant, E.D.:Near Real-Time Shaded Display of Rigid Objects. Computer Graphics, 17,3 (1983) 65-72. BSP-Trees.
(14) Goldwasser, S.M.;Reynolds R.A.;Bapty, T.; Baraff, D.; Summers, J.; Talton, D.A.; Walsh, E.:Physician's Workstation with Real-Time Performance. Computer Graphics and Applications 5,12(1985)44-57.
(15) Gordon, D.; Reynolds, R.A.: Image Space Shading of treedimensional Objects. Computer Vision Graphics and Image Prozessing, 19,(1985) 361-370
(16) Gruber, L.: Untersuchung der Octree-Datenstruktur im Hinblick auf Interaktionsmöglichkeiten in medizinischen 3D-Szenen. Diplomarbeit, FB Informatik, Universität Hamburg, in Vorbereitung.
(17) Herman, G.T.; Liu, H.K.: Three-Dimensional Display of Human Organs from Computed Tomograms. Computer Graphics and Image Processing 9 (1979) 1-21.
(18) Herman, G.T.: Three-Dimensional Imaging from Tomograms. In: Höhne, K.H.(ed.): Digital Image Processing in Medicine, Proceedings Hamburg, Oct. 1981, Springer Verlag.
(19) Höhne, K.H.; Bernstein, R.: Shading 3D-Images from CT using Gray Level Gradients. IEEE-Transactions of Medical Images, MI-5(1986)45-47.
(20) Höhne, K.H.; Delapaz, R.L.;Bernstein, R.;Taylor, R.C.:Combined Surface Display and Reformatting for the 3D-Analysis of Tomographic Data (CT or MRI). Submitted for Publication, 1986.
(21) Jackel, D.:The Graphics PARCUM System: A 3D Memory Based Computer Architecture for Processing and Display of Solid Models, Computer Graphics Forum 4(1985)21-32.
(22) Keppel, E.:Approximating Complex Surfaces by Triangulation of Contour Lines IBM Journal of Research and Development, 19,1(1974),2 - 11.
(23) Lenz, R.;Gudmundsson, B.;Lindskog, B.:Manipulation and Display of 3D-Images for Surgical Planning. Proc. SPIE, Cannes, 1985.
(24) Maziotta, J.C.; Huang, K.H.:THREAD (three-dimensional reconstruction and display) with biomedical applications in neuron ultrastructure and computerized Tomography, Americ. Federation of Inform. Proces. Soc., 45 (1986) 241-250.
(25) Meagher, D.J.:Applying Solids Processing Methods to Medical Planning, Proceedings of the NCGA, 1985.
(26) Meagher, D.J.:Geometric Modeling Using Octree Encoding, Computer Graphics and Image Processing 19(1982) 129-147.
(27) Meagher, D.J.:A New Mathematics for Solids Processing, Computer Graphics World, 1984.
(28) Oswald, H.:Three-Dimensional Imaging from Computed Tomograms. In Huang, T.S. (ed.):Image Sequence Processing and Dynamic Scene Analysis, ASI Series, Springer Verlag 1983, 710-724.
(29) Oswald, H.; Kropatch, W.; Leberl F.: A Perspective Projection Algorithm with Fast Evaluation of Visibility for Discrete Three-Dimensional Scenes. Proceedings of the ISMII, 1982 Berlin, 464-467.
(30) Pizer, S.M.:Systems for 3D Display in Medical Imaging. In Hoehne, K.H. (ed.):Pictorial Information System in Medicine, ASI Series, Springer Verlag 1986, 235-250.
(31) Requicha A.A.G.:Representations for Rigid Solids: Theory, Methods, and Systems. Computing Surveys, 12,4(1980) 437-464.
(32) Rhodes, M.L.;Azzawi, Y.M.;Cgu, E.S.;Pang A.T.;Glenn, W.V.;Rothman, S.L.G.: A Network Solution for Strukture Models and Custom Prostheses Manufactoring from CT-Data. Proceedings Car'85, Berlin 1985, 583-592.
(33) Robb, R.A.; Hoffmann, E.A.; Sinak, L.J.; Harris, L.D.;Ritman, E.L.:

High-Speed Three-Dimensional X-Ray Computed Tomography: The Dynamic Spatial Reconstructor. Proceedings of the IEEE 71, 3 (1983) 308-319.

(34) Samet, H.:The Quadtree and Related Hierarchical Data Structures. Computing Surveys, 16,2 (1984) 187-260.

(35) Shepard, R.N.; Metzler, J.: Mental Rotation of three-dimensional Objects. Science 171, 701-703.

(36) Shani, U.:Understanding Three-Dimensional Images - Recognition of Abdominal Anatomy from CAT Scans, UMI Research Press, Ann Arbor, Michigan, 1984.

(37) Shneiderman, B.:Seven Plus or Minus Two Central Issues in Human-Computer Interaction. Proceedings ACM Chi'86, Boston, 1986, 343-349.

(38) Sungaroff, A.; Greenberg, D.: Computer Generated Images for Medical Applications, Computer Graphics, 12 (1978) 196-202.

(39) Tiede, U.;Boecker, F.R.P.;Witte, G.;Höhne, K.H.:Eine neue Heuristik für die 3D-Rekonstruktion medizinischer Bildsequenzen mittels Triangulation. Proceedings des 7. DAGM-Symposiums, Erlangen, 1985, 207-212.

(40) Tiede, U.:Vergleich von Voxel- bzw. triangulierter Oberflächenrepräsentation für die 3D-Darstellung medizinischer Objekte. Diplomarbeit, FB Informatik, Universität Hamburg, 1986.

(41) Tönnies, K.D.; Jackel, D.:Automatische drei-dimensionale Oberflächenrekonstruktion aus Konturlinien zur Visualisierung von komplexen anatomischen Objekten. Proceedings der 27. Jahrestagung der GMDS in Hamburg, Springer Verlag, 1982.

(42) Tönnies, K.D.:Erzeugung von 3D-Objectrepräsentationen durch Triangulation. Technischer Bericht 86/2, Technische Universität Berlin, FB 20, 1986.

(43) Tuy, H.K.;Tuy, L.T.: Direct 2-D Display of 3-D Objects. Computer Graphics and Applications 10 (1984) 29-33.

(44) Udupa, J.K.:Display and Analysis of 3D Medical Images Using Directed Contours. Proc. of the NCGA, 1985, 145-155.

(45) Udupa, J.K.: Interactive Segmentation and Boundary Surface Formation for 3-D Digital Images. Computer Graphics and Image Processing 18 (1982) 213-234.

(46) Udupa, J.K.: Display of 3D Information in Diskrete 3D Scenes Produced by Computerized Tomography. Proceedings of the IEEE 71, 3 (1983) 420-431.

(47) Udupa, J.K.; Hung, H.M.; Chen, L.S.:Interactive Display of 3D Medical Objects. In Hoehne, K.H. (ed.):Pictorial Information System in Medicine, ASI Series, Springer Verlag 1986, 445-459.

(48) Vannier, M.W.; Mash, J.C.; Warren, J.D.:Three Dimensional Computer Graphics for Craniofacial Surgical Planning and Evaluation. Computer Graphics 17 (1983) 263-274.

(49) Wendler, T.; Grewer, R.; Mönnich, K.J.; Svensson, H.:Design Considerations for Multi-Modality Medical Workstations. In Hoehne, K.H. (ed.):Pictorial Information System in Medicine, ASI Series, Springer Verlag 1986, 401-420.

(50) Wood, E.H.: Digital Angiography and Ventriculometry. Herz 10,4 (1985), 183-192.

(51) Yasuda, T.; Toriwaki, J.I.;Yokoi, S.;Katada, K.:A Three-Dimensional Display System of CT Images for Surgical Planning. Proceedings ISMII 1984, 322-328.

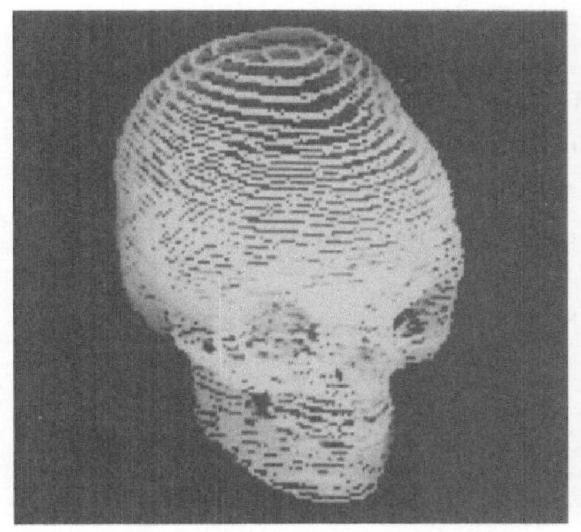

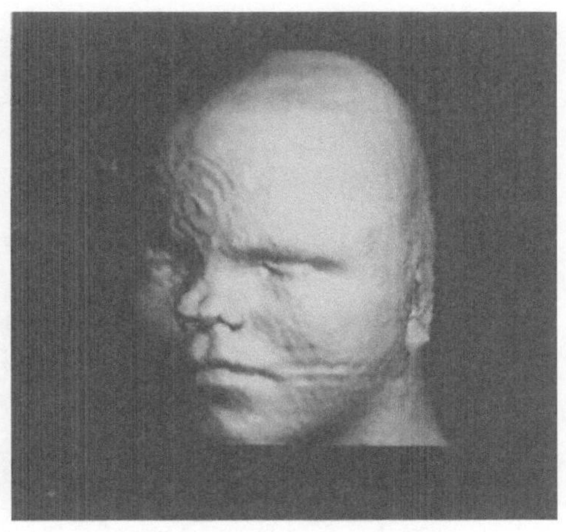

Abb. 11: a:Schädel, als Stack of border b:Triangulierter Kopf (Weichteile)

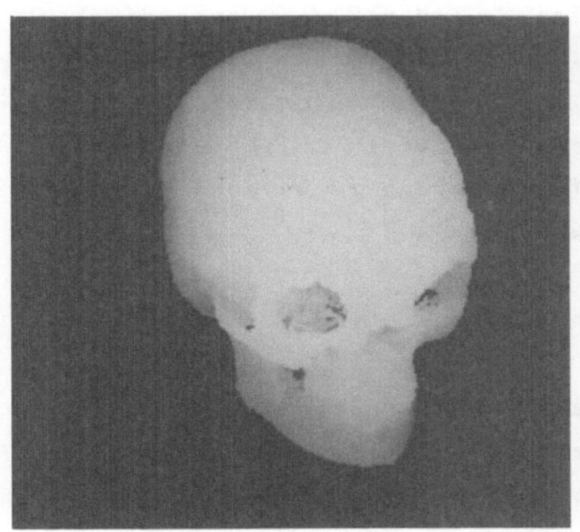

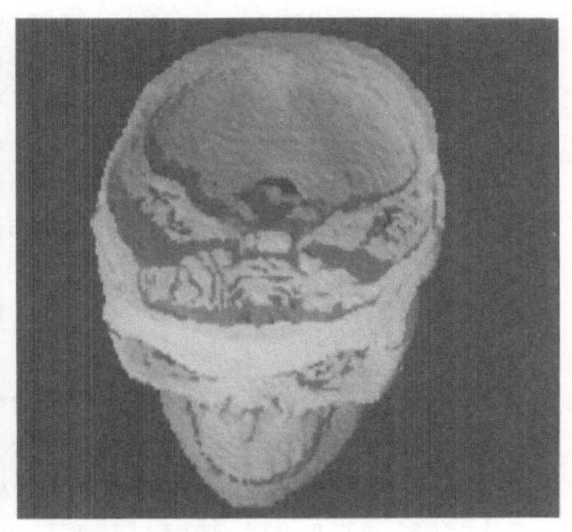

Abb. 12: a:Tiefenschattierter Schädel b:Gradientenschattierter Schädel

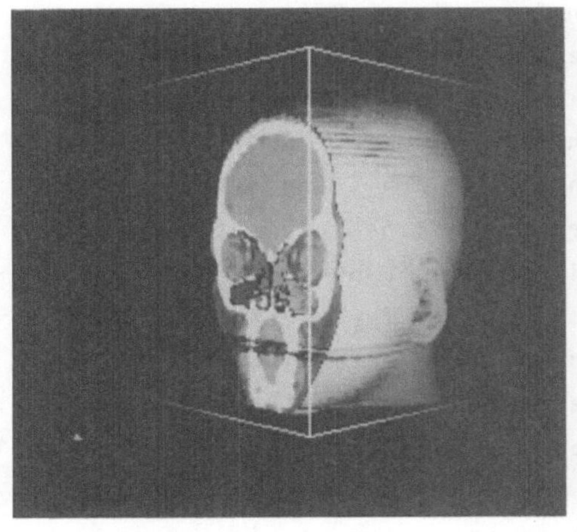

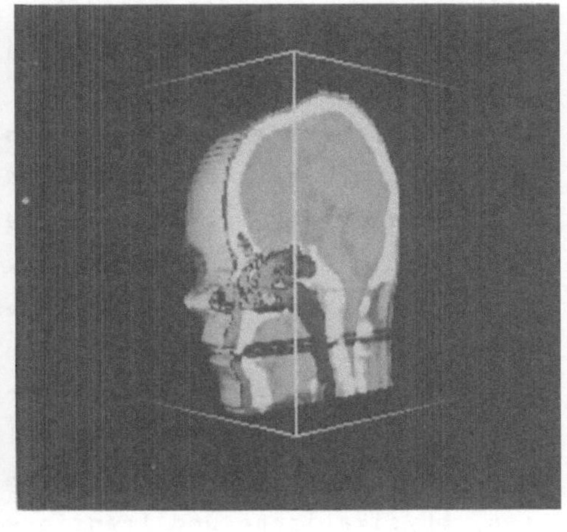

Abb. 13: a:Grauwert-Szene Kopf, koronar b:Grauwert Szene Kopf, sagittal

Problemorientierte Kontrastoptimierung in der Kernspintomographie mit Methoden der Mustererkennung

H.A.Koenig, G.Laub, R.Bachus, E.R. Reinhardt

Siemens UB Med STEM 5
Henkestrasse 127
8520 Erlangen

Von entscheidender Bedeutung fuer die klinische Anwendung der KST ist die Trennbarkeit von normalen, gutartigen und boesartigen Geweben. Ueblicherweise werden die anatomische Information von Spinechobildern, sowie die daraus ableitbaren physikalischen Parameter T1, T2 und die Prontonendichte zur klinischen Diagnosestellung verwendet. Um zu objektivierbaren Aussagen bezueglich der Gewebsdifferenzierung zu gelangen werden Methoden der Mustererkennung angewandt.

Innerhalb dieser Studie sollen folgende Fragen beantwortet werden.

- Welche Parameter tragen die relevante Information ?
- Kann eine Kontrastoptimierung bezueglich bestimmter diagnostischer Fragestellungen erreicht werden ?
- Laesst sich die Spezifitaet der KST durch KI verbessern ?

Ausgehend von den Messdaten in Form einer Bildserie werden physikalische Parameter abgeleitet. Von besonderer Bedeutung sind dabei Relaxationsprozesse, die sich in guter Naehrung durch eine biexponentielle Analyse beschreiben lassen. Weitere linear unabhaenige Parameterbilder lassen sich durch Transformation der Bildserie in den Merkmalsraum berechnen. Eine Realisation hierfuer ist die Berechnung des euklidschen Abstandes im Merkmalsraum, der durch die Grauwerte der Bildserie fuer jeden Bildpunkt aufgespannt wird (Fig.1). Von diesen Parameterbildern werden pixelweise ueber Nachbarschaftsbeziehungen morphologische Merkmale bestimmt (Fig.2). Somit laesst sich jeder Bildpunkt ueber einen Merkmalsvektor beschreiben, der Information ueber Messdaten, physikalische und Transformationsparameter, sowie ueber die Morphologie enthaelt.

Ein wesentlicher Gesichtspunkt dieses Verfahrens liegt in der objektivierten Beurteilung der Merkmale /2/. Hierzu bedarf es einer gekennzeichneten, repraesentativen Bild- und Wissensdatenbank. Mit Hilfe der aus der Datenbank abgeleiteten Merkmalsstatistik kann die Reduktion des Merkmalsvektors in Hinblick auf die Trennspezifitaet der einzelnen Merkmale vorgenommen werden.

Mit den verbliebenen Merkmalen wird ein Polynomklassifikator trainiert /1/,/4/. Die Multiplikation von Merkmalsvektoren mit den in der Lernphase ermittelten Schaetzpolynomen ergibt die Wahrscheinlichkeit eines Bildpunktes fuer die Klassenzugehoerigkeit zu einer bestimmten Gewebsklasse. Das Wahrscheinlichkeitsbild beinhaltet einen **optimierten Kontrast** bezueglich der vorgegebenen Gewebsklassen (Fig.3). Anhand der Wahrscheinlichkeitsbilder laesst sich eine bildpunktweise Gewebsdifferenzierung realisieren, indem man sich fuer die Gewebsklasse mit der maximalen Wahrscheinlichkeit entscheidet (Fig.4). /3/

Die Methode wurde unter anderem in einer Studie mit 50 Cerebraltumoren angewandt.

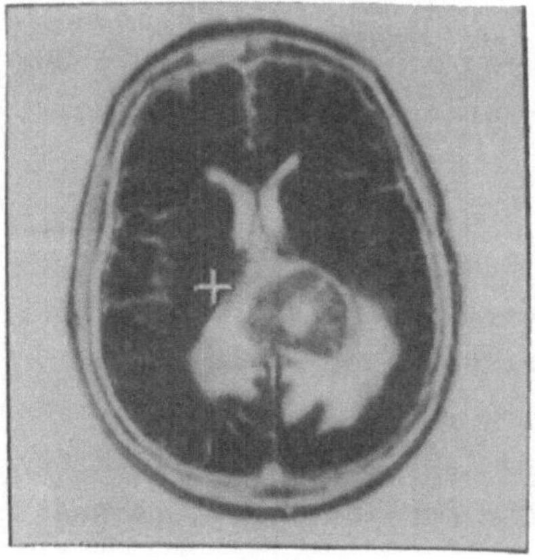

Fig.1: Euklidscher Abstand zu einem Aufpunkt im 16 dimensionalen Echoraum. Das Kreuz stellt den Aufpunkt dar. Dunkler Grauwert bedeutet geringer Abstand, heller Grauwert grosser Abstand.

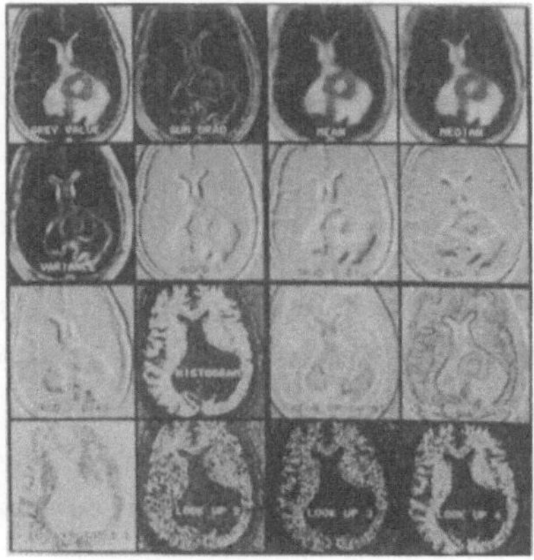

Fig.2: 16 Merkmalsbilder berechnet ueber ein 5*5 Koppelfeld.

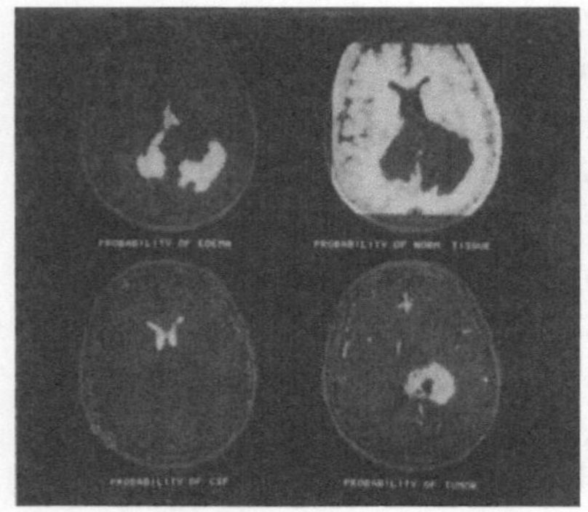

Fig.3 Wahrscheinlichkeitsbilder als Overlay in hellen Grauwerten. Helle Grauwerte korrespondieren zu hoher und dunkle Grauwerte zu geringer Wahrscheinlichkeit fuer die entsprechende Gewebsklasse.

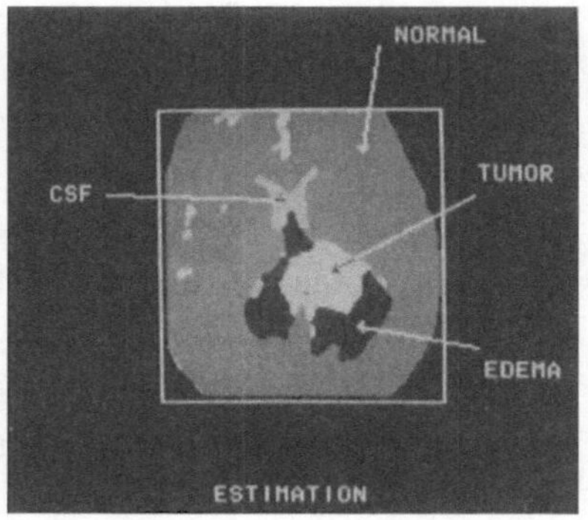

Fig.4: Klassenzuweisung als Ergebnis der Klassifikation bei einem Fall einer Hypernephrommetastase.

Literatur:

/1/ Blanz W.-E., Reinhardt E.R., General approach to image segmentation 6th Int. Conf. on Pattern Recognition, Munich, Oct. 82, IEEE

/2/ Blanz W.-E., Doerrer R.H., Reinhardt E.R., Problemorientierte Beurteilung einzelner Verfahrensschritte in der Bildverarbeitung, DAGM/OEAGM Symposium, Graz Oct. 84

/3/ Koenig H.A., Bachus R., Reinhardt E.R., Analysis of MR-images for tissue characterization, SPIE 2nd int. Symp., Cannes, Dec. 85

/4/ Schuermann J., Polynomklassifikatoren fuer die Zeichenerkennung, Oldenburg, 77

SYSTEMS DESIGN FOR MEDICAL WORK STATIONS

Heinz U. Lemke

Technische Universität Berlin
Institut für Technische Informatik, FR 3-3
Franklinstr. 28-29, 1000 Berlin 10

Abstract

An increasing number of specific work stations for medical diagnosis and/or therapy planning are being introduced into the medical community. In most cases the design strategy for these work stations appears to be with emphasis on bottom-up rather than top-down design. Eventually, however, top-down design issues must be addressed if effective user interface design and software engineering criteria are important. Some of the problems encountered in this approach are outlined in the paper.

Introduction

Within the area referred to as Computer Assisted Radiology, a number of digital imaging modalities supply 3-D source data in sliced form. In the main, they are: CT, US, SPECT and MRI. Together these imaging modalities may compose up to 25% of patient imaging procedures in a hospital and may be used as a basis for diagnosis and/or therapy planning in many medical disciplines. 3-D information modelling and display are of particular interest to radiology, radiotherapy, neurology, orthopaedics, cardiology and ENT medicine.

Components of a 3-dimensional Computer Graphics oriented medical work station for slice oriented imaging modalities are currently being developed at the Technical University, Berlin. The system is being designed to process patient specific imaging data as well as anatomic models. The following aspects of system components are being given special attention:

1) Object Detection
2) Object Reconstruction
3) Object Modelling
4) Idealised Display and Distributed Graphics
5) Realistic Display
6) Hardware Support
7) Medical Applications

(Further details of these activities are being given in (1), (2), and (4)).

The aim of the project is the design, implementation, and testing of a prototype computer based system to assist medical activities in the area of diagnosis and therapy planning by supporting various modes and representations of digital imaging. In the main, this implies computer assisted generation, processing, analysis, communication and display of those parts of a patient medical record which are related to image and graphics information. From a user point of view, a medical work station should allow:

a) access to the information in the medical record in the right place, at the right time by the right people, and

b) flexible conferencing and consulting mode facilities with all models of communication (i.e. word, picture, and voice communication).

It is suggested for the project that these requirements for information management and evaluation can be maximally satisfied by using a medical work station in a distributed computing network (3).

Design Problems

A long list of specific user requirements may be derived from these global aims, and during recent years many different types of work stations have been designed and also have entered clinical trials. Widespread clinical acceptance or a breakthrough towards any standard design features, however, has not been achieved. The medical work station-like personal computer for the radiologist is not yet round the corner. At this point in time, it is easier to see problems than solutions.

First of all, there are still many unsolved problems in medical imaging and associated image processing. Table 1 is an edited display of diagnostic problems outlined by M. Vannier (5). Technical solutions to these problems are available, at least conceptually, from image and graphics processing activities in fields such as Computer Aided Design, Film and Advertising Industry, Office Automation, Space Research, Robotics, etc.

Table 1. Diagnostic Problems

No.	Problem	Modality	Image Processing
1.	Coronary Arteries	DSA	Misregistration, poor image contrast
2.	Tomographic Tissue Characterization	CT, NMR	Extraction of signatures from multi-spectral images. Extension of signatures
3.	3-D Visualisation	CT, NMR, US, SPECT	Image segmentation, reconstruction, idealised and realistic display
4.	Image Information	All	Picture Archiving and Communication Systems (PACS)
5.	Cancer Screening	?NMR	System cost, speed, efficacy
6.	Vascular Stenosis	DSA	Extraction of quantitative information from image intensifier-TV system
7.	Brain Activity Imaging	PET, SPECT, NMR, BEAM	Reconstruction from projections, data acquisition
8.	Fracture Healing	?CT, ?NMR, ?digital x-ray	Spatial resolution, speed, cost, efficacy
9.	Pulmonary Emboli	DSA	Misregistration, spatial resolution
10.	Hip Disease	NMR, ?CT	Sensor-based variability, image quantification and calibration, signature extraction

The real problem of medical work station systems design is in the area of man-computer-interaction interface design. Medical disciplines which are potential users of 3-D work stations are radiology, radiotherapy, orthopaedics, neurology, cardiology, and ENT. Each work station application must satisfy specific user facilities which are based on the demand of these specialities. This is in general not very problematic as a suitable algorithm can always be found, tuned or developed. Embedding this algorithm into a medical work station user interface represents more of a problem, and a combination of human systems and software engineering design concepts must be adhered to.

No human systems engineering solution verified in a clinical environment exists, for example, for the man-computer-interaction problems outlined in Table 2.
Also in a similar manner software engineering problems may be outlined, see Table 3.

Table 2. Man-Computer Interaction Problems and Concepts

No.	Problem	Requirement	Design Concept
1.	Interface to systems function	Independent of specific devices or network	Virtual terminals
2.	Execution of multiple tasks	Simultaneous	Window systems
3.	Command interaction	Natural and consistent	Voice input, object oriented, 3-D interaction devices
4.	Response time	Similar to existing systems (e.g. light box), faster than existing systems (e.g. film archive)	Transformation based retrieval
5.	Multiple image source data	Multiple image display	Composite modelling, 3-D memories
6.	Inter work station communication	Distributed medical problem solving, standard protocols & interfaces	PHIGS, VGTP, ISO-OSI, ACR-NEMA, GKS

Table 3. Software Engineering Problems and Design Concepts

No.	Problem	Requirement	Design Concept
1.	Generality	User facilities should serve a wide scope of applications	Basic function library
2.	Flexibility	Changes in user facilities should easily be incorporable	Multiple model schemes
3.	Efficiency	Effective resource utilisation	Distributed processing
4.	Maintainability	Minimal system downtime	Modular design
5.	Adaptability	Easy adjustment to changes in hardware and software	Standard interfaces
6.	Reliability	Correct operation of user facilities	Debugging and backtracing aids, error detection and correction facilities
7.	Performance	High throughput	Macro facilities

Specific work station designs to satisfy particular clinical environments may be derived from these concepts. Compatibility with 2-D work stations, which typically will always outnumber 3-D work stations, should also be aimed for. This imposes a comprehensive checklist for which to design or on which to evaluate a medical work station. It must therefore be expected that the design, implementation and clinical evaluation of medical work stations will be a very long term activity.

Applications

Applications of 3-D work stations can be found in a number of medical disciplines. Some of the functions of these systems are outlined in Table 4. With improved human software engineering design, an increase in the acceptance to the medical community can be expected. For the patient this development means

a) the quality of diagnosis and measures taken for therapy will improve (e.g. accuracy, reliability, reproducability, quantifiability),

b) diagnosis and therapy can be better coordinated with respect to timing and information flow,

c) less burden or danger to the patient (e.g. fewer retakes, less invasive procedures, reduced application of contrast media, less radiation exposure).

These are sufficient reasons to encourage the use of computer methods in general and medical work station systems in particular, for medical diagnosis and therapy planning. However, a balanced approach with respect to top-down vs. bottom-up design should be searched for.

DIAGNOSIS / MED. SPECIALITY	MORPHOLOGY		FUNCTION	
	QUALITATIV	QUANTITATIV	QUALITATIV	QUANTITATIV
NEUROLOGY	Position and extent of lesion	Surface areas and volumes	Diffusion of metabolic markers	Composit imaging data
CARDIOLOGY	Shape of cardio-vascular structures	Flow velocities and volumes	Extent of normal vs deficient circulation	Time tracking of markers
ORTHOPAEDICS	Position and degree of deformations	Bone density and dimensional data	Degrees of freedom	Stress analysis
ENT	Position and extent of lesion	Distances between objects of interest	------	------

Table 4a 3-D Work Station Applications in Medical Diagnosis

THERAPY / MED. SPECIALITY	SURGERY	RADIATION
NEUROLOGY	Target point finding and path simulation	Isodose distribution
CARDIOLOGY	Shape and metrics of transplantation objects	------
ORTHOPAEDICS	Custom design of endoprothetic devices	------
ENT	Collision detection	Isodose distribution

Table 4b 3-D Work Station Applications in Medical Therapy

References

(1) D. JACKEL
"Eine Rechnerarchitektur zur Visualisierung und Verarbeitung von 'Cellular Space'-Repräsentationen", Ph.D. Thesis, Technical University, Berlin, to be submitted October 1986

(2) H.U.LEMKE, K.BÖSING, M.ENGELHORN, D.JACKEL, B.KNOBLOCH, H.SCHARNWEBER, H.S.STIEHL, K.D.TÖNNIES
"Interactive 3-D Computer Graphic Work Station for Biomedical Information Modelling and Display", to be presented at the 1986 Workshop on Interactive 3-D Graphics, October 22-24, 1986, University of North Carolina, Chapel Hill, N.C., USA

(3) H.U.LEMKE, D.JACKEL, H.SCHARNWEBER, S.STIEHL
"Applications of Picture Processing, Image Analysis and Computer Graphics Techniques to Cranial CT Scans", Proceedings, Joint Conference of IEEE and ACR on Computers in Radiology and Computer Aided Analysis of Radiological Images, Newport Beach, Ca., USA, June 1979

(4) H. SCHARNWEBER, H.S.STIEHL
"Digitale Bildverarbeitung, Bildanalyse und dreidimensionale Darstellung in der Biomedizin", Handbuch der modernen Datenverarbeitung, Vol. 115/1984, Wiesbaden, Forkel-Verlag (1984), pp 91-114

(5) M.W.VANNIER, R.G.EVENS
"Nasa Image Processing Technology Applied to Medicine: Ten Unsolved Problems in Medical Imaging", Proceedings of the Twenty-First Space Congress-New Opportunities in Space, Florida, 1984